Otto
Handbuch der Stiftungspraxis
2. Auflage

Handbuch der Stiftungspraxis

– Stiftungsrecht, Steuerrecht und Rechnungslegung bei Stiftungen –

Dr. Lieselotte Otto
Rechtsanwältin/Steuerberaterin

Bearbeitung durch:

Tei 1: Stiftungsrecht
Dr. Lieselotte Otto
Rechtsanwältin/Steuerberaterin
Dr. Otto & Kollegen GmbH, München

Teil 2: Stiftungsteuerrecht
Dr. Fabian Schmitt-Homann
Rechtsanwalt/Steuerberater
Dr. Otto & Kollegen GmbH, München und
Dr. Schwarz & Partner GbR, Fürth

Teil 3: Stiftungsaktivitäten im Ausland
Prof. Dr. rer. pol. Olaf Gierhake
applife AG, Rapperswil-Jona, Schweiz

Teil 4: Rechnungswesen, Rechnungslegung und Prüfung
Dr. Daniel Wolf
Wirtschaftsprüfer/Steuerberater
Schneider & Geiwitz GmbH, München

Teil 5: ABC der Stiftung und Teil 6: Dokumentation
Martin Geißer
Rechtsanwalt/Steuerberater
Dr. Otto & Kollegen GmbH, München

2. überarbeitete und erweiterte Auflage

Carl Heymanns Verlag 2015

Bibliografische Information der Deutschen Nationalbibliothek
Die Deutsche Bibliothek verzeichnet diese Publikation in der Deutschen Nationalbibliografie; detaillierte bibliografische Daten sind im Internet über http://dnb.d-nb.de abrufbar.

ISBN 978-3-452-28044-2

www.wolterskluwer.de
www.carl-heymanns.de

Umschlagkonzeption: Martina Busch, Grafikdesign, Fürstenfeldbruck
Satz: Satz-Offizin Hümmer GmbH, Waldbüttelbrunn
Druck: Williams Lea & Tag GmbH, München

Gedruckt auf säurefreiem, alterungsbeständigem und chlorfreiem Papier.

Vorwort 2. Auflage

Die lebhafte Entwicklung des Stiftungswesens in den Bundesländern sowie zahlreiche Änderungen des Steuerrechts und der stiftungsrechtlichen Vorschriften des Bürgerlichen Gesetzbuches machten eine gründliche Überarbeitung des bewährten Praktikerhandbuchs nunmehr unumgänglich. Ein einzelner Autor kann dies aber neben seiner »laufenden« Kanzleitätigkeit nicht mehr bewerkstelligen. Deshalb habe ich mich, zusammen mit dem Verlag, dafür entschieden, die Last auf mehrere Schultern zu verteilen. Die Bearbeiter sind allesamt erfahrene Stiftungspraktiker, denen das Werk neben der Aktualisierung auch eine Fülle von Anregungen zu seiner Erweiterung und Fortentwicklung verdankt. Ihnen allen gilt mein herzlicher Dank. Dank habe ich aber auch den fleißigen Händen und Augen abzustatten, allen voran Frau Katharina Haslberger, ohne deren Fingerfertigkeit schon die erste Auflage nicht zustande gekommen wäre, von der nunmehr vorliegenden zweiten ganz zu schweigen. Mein Dank gilt unverändert Frau RA/StB/FStR Dr. Annette Kuhli für das Mitwirken an der Grundlegung der ersten Auflage sowie Herrn RA/FStR Dr. André Rockoff und Frau Ronja Marie Schregle für die Durchsicht von Literatur und Rechtsprechung bei der jetzigen 2. Auflage. Ich danke zudem allen, die wiederum mit großer Sachkunde und noch größerer Geduld gelesen und korrigiert haben – verbleibende Ungereimtheiten gehen ausschließlich zu meinen Lasten. Ich wünsche unserem Buch, auch in der 2. Auflage wiederum den Zuspruch und das Wohlwollen seiner Leser zu erreichen und ihnen den größtmöglichen Nutzen zu bringen.

München, im August 2014

Dr. Lieselotte Otto
Dr. Otto & Kollegen GmbH
Rechtsanwaltsgesellschaft
Steuerberatungsgesellschaft

Vorwort 1. Auflage

Stiftungen erfreuen sich in Deutschland, zumal in Nordrhein-Westfalen und in Bayern, den beiden größten Stiftungsländern, einer zunehmenden Beliebtheit. Nicht umsonst wird bereits seit längerem vom »Stiftungs-Boom« gesprochen. Beide Bundesländer weisen in absoluten Zahlen die meisten Stiftungserrichtungen der vergangenen Jahre auf. Betrachtet man allerdings die »Stiftungsdichte«, also das Verhältnis von Stiftungen zur Einwohnerzahl, wäre Hamburg, gefolgt von Bremen und Hessen als eindeutiger Spitzenreiter zu nennen. Nach neuesten Erhebungen des Bundesverbandes Deutscher Stiftungen lagen zum Ende des Jahres 2004 rd. 15.500 Stiftungen aller Rechtsformen vor. Pro Jahr kommen derzeit ca. 850 Stiftungen hinzu, so dass Anfang des Jahres 2007 mindestens 17.000 bis 17.500 Stiftungen – bei einer generell hohen »Dunkelziffer« – bestehen dürften. Die jährlichen Steigerungsraten der letzten 50 Jahre sind dabei beeindruckend.

Deutschland ist demnach nicht nur das Land mit einer etwa tausendjährigen Stiftungskultur, sondern zeigt auch, dass für das noch immer moderne Rechtskonzept »Stiftung« ein gesellschaftliches Bedürfnis besteht. Stiftungen sind in diesem Sinne Ausdruck einer bürgerlichen Freiheitskultur, in der ein Stifter Teile seines Vermögens dauerhaft einer Aufgabe zuweist, deren Verfolgung er für notwendig oder wünschenswert erkannt hat. In diesem Sinne erweitert der Einzelne seinen persönlichen Wirkungskreis und übernimmt unmittelbar eine gesamtgesellschaftliche Verantwortung. Über 95 % aller Stiftungen in Deutschland sind demnach auch »gemeinnützige« d. h. steuerbegünstigte Stiftungen. Zweidrittel davon wiederum wurden als Förderstiftungen begründet, lediglich das verbleibende Drittel ist selbst operativ tätig. Dabei rangieren die sozialen Zwecke vor Wissenschaft und Forschung, gefolgt von Bildung und Erziehung, Kunst und Kultur, danach kommen der Umweltschutz und das zahlenmäßig große Feld der sonstigen Stiftungszwecke.

Über die tatsächliche Finanzkraft aller Stiftungen in Deutschland lässt sich nur spekulieren. Erstaunlicherweise verfügt man aber über ein ziemlich deutliches Stifterprofil. Danach sind Zweidrittel aller Stifter natürliche Personen, während ein knappes Drittel durch Unternehmen als Ausdruck einer »corporate citizenship« errichtet wird. Unter den Stifterpersönlichkeiten führen die Unternehmer mit weitem Vorsprung das Feld an. Sie mussten häufig in ihrem Leben Verantwortung für andere übernehmen und wollen aus dieser Verantwortung heraus und meist in Dankbarkeit für ihren wirtschaftlichen Erfolg auch der Gesellschaft nunmehr »etwas zurückgeben«. Oder, wie es der Unternehmer und Stifter Karl Ludwig Schweissfurth so unnachahmlich formulierte, als er seine Zuhörer aufforderte, ihr Geld zu verschenken, da sie es ohnehin nicht mitnehmen könnten: »Stiften macht Freude und hält am Leben«.

Es ist durchaus beeindruckend, zu sehen, wie sich die Stiftungslandschaft in den letzten Jahrzehnten zunehmend belebt hat und Stiftungen wieder Funktionen übernehmen, die den Staat und das Gemeinwesen in freier Selbstverantwortung entlasten. Dies wurde und wird vom Staatswesen zu Recht in der Form von Steuervorteilen für Stifter und Spender honoriert und gefördert. Daneben sollte aber auch weiterhin den rechtlichen Bedürfnissen der Stiftung staatliches Verständnis und Aufmerksamkeit entgegengebracht werden. Die Reform des Stiftungsrechts war ein Einstieg. Vieles bliebe aber noch zu tun, insbesondere eine weitere Vereinheitlichung der Landesstiftungsgesetze, um Stiftungen in einer sich schnell ändernden Umwelt modern und konkurrenzfähig zu erhalten.

Dieses Handbuch entstand aus dem praktischen Bedürfnis, sich an zentraler Stelle über die vielfältigen rechtlichen und steuerlichen Themen des Stiftungsalltags und der zugehörigen Fragen zum Rechnungswesen rasch orientieren zu können. Stiftungsmanagement und Berater finden, ungeachtet der zahlreichen hochkarätigen Beiträge der Fachliteratur, zu wichtigen und komplexen Fachfragen meist nur nach mühevoller Suche Zugang und selbst damit ist häufig noch keine verlässliche Entscheidungsgrundlage gegeben. Hier soll der systematisch aufgebaute Textteil Orientierung bieten, um sich zu den Fragen des Stiftungsrechts, des Steuerrechts der Stiftungen und zum Rechnungswesen von Stiftungen einen fundierten Überblick zu verschaffen. Das Stiftungs-ABC enthält einen alphabetisch geordneten Fundus zu den für den Stiftungsalltag bedeutsamsten Suchbegriffen als Ergänzung der Textdarstellung. Schließlich soll das Buch potentiellen Stiftern und allen an Stiftungen Interessierten auch einen zielgerichteten Einstieg erlauben. Die in zahlreichen Gesprächen und Seminaren immer wieder aufgeworfenen Fragen (FAQ – frequently asked questions) wurden zusammengefasst und können hoffentlich so eine sichere Grundlage bieten, damit auch einem fachlich nicht versierten aber motivierten Stifter eine nachfolgende Vertiefung der Materie anhand des Textteils oder die Vorbereitung des unerlässlichen Beratungsgespräch erleichtert wird.

Das Handbuch widmet sich im Wesentlichen den selbständigen Stiftungen des privaten Rechts (zu den öffentlich-rechtlichen Stiftungen → vgl. dort); der Schwerpunkt liegt dabei wiederum auf den »gemeinnützigen« Stiftungen, die die Stiftungspraxis in Deutschland prägen.

Stiftungsrecht ist zu großen Teilen Landesrecht – trotz der Gesetzesnovelle zum BGB vom 15. Juli 2002. Da aus Gründen der Übersichtlichkeit und Lesbarkeit nicht 16 Landesgesetze zitiert werden sollten, beziehen sich die Hinweise in der Regel auf die Gesetze Bayerns und Nordrhein-Westfalens. Diese Bundesländer sind insbesondere durch die größte Anzahl an Stiftungsgründungen in Deutschland für die Stiftungspraxis bedeutend. Das Stiftungsrecht der anderen Bundesländer findet sich im Internet über die Links der Stiftungsaufsichtsbehörden.

Das Buch gibt den Rechtsstand zum 31.12.2006 wieder, enthält aber auch Hinweise auf zu diesem Zeitpunkt bereits bekannte oder absehbare Veränderungen, die insbesondere im Steuerrecht noch für 2007 anstehen dürften.

Allen – und es sind viele –, die mit Geduld und Sachkunde zum Entstehen dieses Buches beigetragen haben, danke ich sehr herzlich für ihren Einsatz. Alle Fehler aber, die sich eingeschlichen und hartnäckig gehalten haben mögen, gehen ausschließlich zu meinen Lasten. Ich wünsche mir interessierte und diskussionsfreudige Leser; dem

Buch wünsche ich, dass es seinen Anteil an der Verbreitung des Stiftungsgedankens wird leisten können.

München im Januar 2007
Dr. Lieselotte Otto

Inhaltsverzeichnis

Abkürzungsverzeichnis

%	Prozent
Abs.	Absatz
aE	am Ende
AEAO	Anwendungserlass zur AO
AG	Aktiengesellschaft
AK/HK	Anschaffungskosten/Herstellungskosten
AktG	Aktiengesetz
AO	Abgabenordnung
Art.	Artikel
AStG	Gesetz über die Besteuerung bei Auslandsbeziehungen (Außensteuergesetz)
Aufl.	Auflage
Az.	Aktenzeichen
BayStiftG	Bayerisches Stiftungsgesetz
Betr., betr	Betreff, betrifft
BewG	Bewertungsgesetz
BFH	Bundesfinanzhof
BGB	Bürgerliches Gesetzbuch
BGH	Bundesgerichtshof
BMF	Bundesminister(ium) der Finanzen
BpO	Betriebsprüfungsordnung
BSHG	Bundessozialhilfegesetz
bspw.	beispielsweise
bzgl.	bezüglich
bzw.	beziehungsweise
CHF	Schweizer Franken
DB	Der Betrieb (Zeitschrift)
DBA	Doppelbesteuerungsabkommen
ders.	derselbe
d.h.	das heißt
DStR	Deutsches Steuerrecht (Zeitschrift)
DStZ	Deutsche Steuerzeitung
entspr.	entsprechend
ErbStG	Erbschaftsteuer- und Schenkungsteuergesetz
EStDV	Einkommensteuer-Durchführungsverordnung
EStG	Einkommensteuergesetz
EStR	Einkommensteuer-Richtlinien
EU	Europäische Union
EUR	Euro
evtl.	eventuell
e. V.	eingetragener Verein
€	Euro

f., ff.	folgend, folgende
FA	Finanzamt
FG	Finanzgericht
FGO	Finanzgerichtsordnung
FIFO	First In First Out
gAG	gemeinnützige Aktiengesellschaft
gem.	gemäß
GewStG	Gewerbesteuergesetz
ggf.	gegebenenfalls
gGmbH	gemeinnützige Gesellschaft mit beschränkter Haftung
GmbH	Gesellschaft mit beschränkter Haftung
grds.	grundsätzlich
GrEStG	Grunderwerbsteuergesetz
GrStG	Grundsteuergesetz
GuV-Rechnung	Gewinn- und Verlustrechnung
HGB	Handelsgesetzbuch
hrsg., Hrsg	herausgegeben, Herausgeber
HS	Halbsatz
i. d. R.	in der Regel
IDW	Institut der Wirtschaftsprüfer
IDW RS HFA	Stellungnahmen des Hauptfachausschusses des IDW
IDW PS	Prüfungsstandard des Hauptfachausschusses des IDW
i. e. S.	im engeren Sinne
insb.	insbesondere
InsO	Insolvenzordnung
i. S. d.	im Sinne des (der)
i. S. e.	im Sinne eines (einer)
i. S. v.	im Sinne von
i. V. m.	in Verbindung mit
i. w. S.	im weiteren Sinne
KapESt	Kapitalertragsteuer
KG	Kommanditgesellschaft
KostO	Gesetz über die Kosten in Angelegenheiten der freiwilligen Gerichtsbarkeit
KSt	Körperschaftsteuer
KStG	Körperschaftsteuergesetz
KStR	Körperschaftsteuer-Richtlinien
lfd.	laufende
LG	Landgericht
LStR	Lohnsteuer-Richtlinien
lt.	laut
m. a. W.	mit anderen Worten
m. w. N.	mit weiteren Nachweisen

NV-Bescheinigung	Nicht-Veranlagungs-Bescheinigung
Nr., Nrn.	Nummer, Nummern
NRW	Nordrhein-Westfalen
NRW StiftG	Nordrhein-Westfalen, Stiftungsgesetz
NStiftG	Niedersächsisches Stiftungsgesetz
OFD	Oberfinanzdirektion
OHG	Offene Handelsgesellschaft
OLG	Oberlandesgericht
p.a.	pro Jahr
PublG	Publizitätsgesetz
rd.	rund
Rdn.	interne Randnummer
Rn	externe Randnummer
Rspr.	Rechtsprechung
S.	Satz
s.	siehe
SGB	Sozialgesetzbuch
sog.	sogenannte(r) (n)
SolZ	Solidaritätszuschlag
StiftG	Stiftungsgesetz
StiftG Bln	Berliner Stiftungsgesetz
StiftG NRW	Stiftungsgesetz für das Land Nordrhein-Westfalen
str.	strittig
Tz.	Textziffer
u.	und
u. a.	unter anderem; und andere
u. ä.	und ähnliches
u. a. m.	und anderes mehr
UmwG	Umwandlungsgesetz
UmwStG	Umwandlungssteuergesetz
UStDV	Umsatzsteuer-Durchführungsverordnung
UStG	Umsatzsteuergesetz
UstR	Umsatzsteuer-Richtlinien
usw.	und so weiter
u. U.	unter Umständen
v.	vom (von)
vgl.	vergleiche
v. H.	vom Hundert
z. B.	zum Beispiel
ZPO	Zivilprozessordnung
z. T.	zum Teil
zzgl.	zuzüglich

Teil 1 Stiftungsrecht

A. Grundlagen

I. Stiftungsdefinition

Der Gesetzgeber hat bislang davon abgesehen, den Begriff der Stiftung zu definieren. 1
Kennzeichnend für rechtsfähige und nichtrechtsfähige (unselbständige) Stiftungen des Privatrechts ist, dass vielmehr

- eine verselbständigte Vermögensmasse
- deren Erträge nach dem Willen des Stifters
- für einen von ihm bestimmten Zweck
- dauerhaft und nachhaltig genutzt werden.

Eine Stiftung unterscheidet sich im deutschen Recht von allen anderen Rechtsformen 2
dadurch, dass sie weder Eigentümer noch Mitglieder oder Gesellschafter, also keinerlei Verbandstruktur kennt. Sie hat statt dessen lediglich Begünstigte, Destinatäre, als Nutznießer (→ vgl. dort), denen die Erträge der Stiftung zufließen. Die Stiftung gehört daher »sich selbst«. Sie ist in Ermanglung einer übergeordneten Herrschaftsbefugnis und einer grundsätzlich auf zeitlich unbegrenzte Dauer angelegten Struktur sozusagen »unsterblich«. Damit kann sichergestellt werden, dass die Stiftung ohne Bedrohung ihrer Existenz von außen ihren satzungsmäßigen Zweck durch Einsatz ihres Vermögens ohne Rücksicht auf Änderungen von Gesellschafterinteressen dauerhaft und ungestört verfolgen kann.

Die §§ 80 ff. BGB normieren, unter welchen materiellen Voraussetzungen eine Stif- 3
tung des bürgerlichen Rechts Rechtsfähigkeit erlangen kann. Die drei Grundkriterien einer Stiftung sind:

- Stiftungszweck,
- Stiftungsvermögen,
- Binnenorganisation.

Der Stiftungsbegriff ist im deutschen Recht nicht unumstritten. Nach h. M. soll es sich 4
bei den genannten Kriterien jedoch abschließend um die drei konstitutiven (notwendigen) Elemente dieser Rechtsform handeln. Eine Ergänzung um weitere Merkmale, wie die mit dem amerikanischen Recht vergleichbare Stiftungsabsicht (general charitable intention) wird überwiegend abgelehnt. Den Grundkriterien ist insbesondere bei der Abfassung der Satzung erhöhte Aufmerksamkeit zu schenken; sie werden daher dort ausführlich dargestellt.

Die Stiftungsrechtsreform im Jahre 2002 erfolgte mit dem Ziel größerer Vereinheit- 5
lichung, infolge der immer größeren Kluft zwischen Bundes- und Landesrecht. Diese Kluft wurde durch die weiterhin unterschiedlichen Landesstiftungsgesetze (→ vgl. dort) nicht beseitigt. Ein Landesstiftungsgesetz vermag sich zwar nur innerhalb des vom Bundesgesetz, hier also den Vorschriften des BGB, vorgegebenen Anwendungsrahmens wirksam zu entfalten; aufgrund bisheriger Erfahrungen bleibt aber festzustellen, dass das Stiftungsrecht in seiner Anwendung nach wie vor praxisgesteuert und standortsbezogen ist (→ vgl. Dokumentation).

6 ▶ Die einzelnen Stiftungsaufsichtsbehörden legen unterschiedliche Maßstäbe bei der Anwendung und Auslegung der bundesgesetzlichen und der ohnehin wieder deutlich divergierenden landesgesetzlichen Regelungen zugrunde. Dem muss bei einer Stiftungsgründung praktisch dadurch Rechnung getragen werden, dass die Stiftungsaufsicht frühzeitig in den Gründungsprozess einbezogen wird und auch die Standortwahl der Stiftung verstärkt überdacht wird.

II. Allgemeine Motive für die Errichtung einer Stiftung

7 Die Gründe für den seit einigen Jahren zu beobachtenden »Stiftungsboom« sind vielschichtig. Ein wesentlicher Aspekt der Stiftungsgründungen ist die Verfolgung altruistischer Zwecke: Der Stifter kann mit den erwirtschafteten Erträgen die unterschiedlichsten gemeinnützigen Projekte fördern, wie bspw. im Umweltschutz, in der Forschung oder in der Altenhilfe. Über 90 v. H. aller Stiftungen in Deutschland gehören zu den gemeinnützigen Stiftungen. Hinzu kommt, dass ein gemeinnütziges Engagement in der Regel öffentlichkeitswirksam ist; und zunehmend auch zur Pflege des Marktauftritts von Unternehmen u. a. durch sog. »corporate social responsibility schemes« national und international Verwendung findet (→ vgl. CSR-Programme).

8 Gleichwohl kann der Unternehmer auch dauerhafte Familienvorsorge durch die Gründung einer privatnützigen Stiftung (Familienstiftung) oder einer komplexeren Gestaltung unter Einbeziehung einer steuerbegünstigten Stiftung betreiben. Insbesondere im unternehmerischen Bereich kann der Einsatz einer Stiftungsgestaltung gegenüber den klassischen erbrechtlichen Instrumenten von Vorteil sein, da sie ein Unternehmen dauerhaft als Ganzes zu erhalten vermag. Erbauseinandersetzungen, die häufig zu einer Zerschlagung von Unternehmen führen, können durch Stiftungsgründungen vermieden werden. Nicht nur dem Stifter sondern auch seiner Familie sollte dabei aber bewusst sein, dass mit der rechtsfähigen Stiftung eine eigenständige, vom Willen des Stifters in der Zukunft weitgehend unabhängige juristische Person entsteht. Sie wird mit nicht unerheblichem Vermögen ausgestattet, das nach der Errichtung nicht mehr für den Stifter verfügbar ist. Eine anerkannte Stiftung genießt mit ihrem spezifischen Stiftungszweck staatlichen Änderungs- und Bestandsschutz – auch gegenüber dem Stifter.

9 In jüngerer Zeit ist zudem verstärkt die Errichtung von sog. »Bürgerstiftungen« zu beobachten, durch die möglichst vielen Bürgern die Möglichkeit geboten werden soll, sich mit kleinen Beiträgen und mehr noch, mit persönlichem Engagement an der Lösung lokaler Probleme zu beteiligen.

10 Dagegen mögen zwar auch steuerliche Gründe nach wie vor bei der Errichtung einer Stiftung ein wichtiges Motiv des Stifters bilden, sie sollten bei näherer Betrachtung jedoch bei der Entscheidungsfindung keine maßgebende Rolle spielen, da das der gemeinnützigen Stiftung gestiftete Kapital aus dem Vermögen des Stifters dauerhaft ausscheidet und die damit erzielbaren steuerlichen Vergünstigungen für den Stifter diese Vermögensminderung auch nicht annähernd ausgleichen. Die Errichtung einer privatnützigen, also steuerlich nicht privilegierten Familienstiftung dagegen erfährt zwar einige erbschaftsteuerliche Besonderheiten, kann aber im Regelfalle infolge der sofortigen Steuer-

belastung bei der Vermögensübertragung auf die Familienstiftung und die nachfolgende Erbersatzbesteuerung im 30-jährigen Turnus keinesfalls als Steuerprivilegierung angesehen werden; ganz im Gegenteil ist die Vermögensbündelung in einer Familienstiftung (→ vgl. dort) sogar häufig mit deutlichen steuerlichen Nachteilen verbunden.

III. Stiftungsarten – Überblick

Das Bürgerliche Gesetzbuch befasst sich vordringlich mit den rechtsfähigen Stiftungen 11
des Privatrechts und erwähnt die Stiftung des öffentlichen Rechts nur am Rande (§ 89 Abs. 2 BGB). Stiftungen des öffentlichen Rechts verfolgen ausschließlich öffentliche Zwecke und stehen mit dem Staat, einer Gemeinde oder einer sonstigen Körperschaft des öffentlichen Rechts in einem organisatorischen Zusammenhang. Da im Rahmen einer Stiftungsgründung durch Unternehmer bzw. durch andere natürliche Personen nur eine Stiftung des Privatrechts in Betracht kommt, wird im Folgenden auch nur dieser Stiftungstyp näher betrachtet.

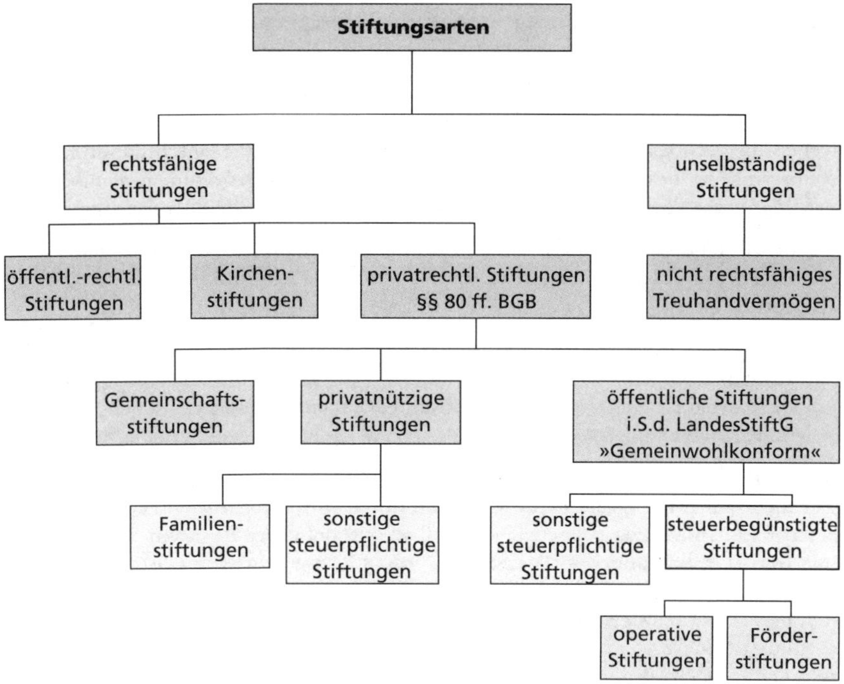

Stiftungen des Privatrechts können je nach Ausrichtung des Stiftungszwecks in zwei 12
große Gruppen unterteilt werden, die steuerbegünstigten (»gemeinnützigen«) und die nicht steuerbegünstigten (»privatnützigen«) Stiftungen. Nach dem Stiftungszweck lässt sich die Gruppe der nicht steuerbegünstigten Stiftungen wiederum insbesondere in die Familienstiftung und Unternehmensstiftungen teilen. Daneben gibt es Rechts-

gebilde (→ vgl. »unechte Stiftungen«), die zwar den Begriff »Stiftung« im Namen führen oder auch Strukturelemente der Stiftung übernommen haben, jedoch keine Stiftungen im eigentlichen Sinn sind.

1. Rechtsfähige Stiftungen

13 Rechtsfähige Stiftungen sind kraft staatlicher Anerkennung selbständige juristische Personen, also verselbständigte Rechtsträger. Ihr Grundtypus ist in §§ 80 ff. BGB als rechtsfähige Stiftung privaten Rechts angelegt. Ist ihre Ausrichtung gemeinwohlorientiert, also der Öffentlichkeit verpflichtet, sprechen Landesstiftungsgesetze (z. B. Art. 1 Abs. 3 BayStG) vereinzelt auch von »öffentlichen Stiftungen bürgerlichen Rechts«. Die rechtfähige Stiftung unterliegt der staatlichen Stiftungsaufsicht, die durch die Landesstiftungsgesetze geregelt wird. Da dieser Stiftungstypus die weitaus häufigste Erscheinensform der Stiftung bildet, wird sie im Rahmen dieser Abhandlung ausführlich dargestellt, nämlich in der für die Praxis wichtigsten Ausprägung der steuerbegünstigten Körperschaft. Wenn daher nachfolgend lediglich die Bezeichnung »Stiftung« verwendet wird, ist von der rechtsfähigen, zumeist steuerbegünstigten Stiftung des bürgerlichen Rechts die Rede.

2. Unselbständige Stiftungen

14 Neben die rechtsfähige Stiftung tritt als einfachere Form die unselbständige, nicht rechtsfähige Stiftung. Stiftern bietet sie eine unkomplizierte Möglichkeit, auch kleinere Vermögenswerte nachhaltig einem bestimmten Zweck zu widmen.

15 Die unselbständige Stiftung ist keine juristische Person; es fehlt ihr das Merkmal eines eigenständigen Trägers von Rechten und Pflichten. Sie wird insofern jedoch zu Recht als Stiftung bezeichnet, als sie alle Wesensmerkmale einer Stiftung aufweist:

- Stiftungszweck,
- Stiftungsvermögen,
- Dauerhaftigkeit und Nachhaltigkeit (wenngleich eingeschränkt),
- Mindestmaß an innerer Organisation.

16 Unselbständige Stiftungen bedürfen keines formalisierten Stiftungsaktes und unterliegen nicht der Stiftungsaufsicht Sie werden durch privatschriftlichen Vertrag, i. d. R. einen Treuhandvertrag, zwischen dem Stifter und dem sog. Stiftungsträger errichtet, mit der Verpflichtung des Treuhänders, die stiftungsgemäßen Leistungen in der Zukunft zu erbringen. Sie können sowohl zu Lebzeiten des Stifters als auch durch Verfügung von Todes wegen errichtet werden. Bei unselbständigen Stiftungen müssen Stifter und Stiftungsträger personenverschieden sein, m. a. W. die Errichtung einer unselbständigen »Eigenstiftung« wäre unzulässig.

17 Die unselbständige Stiftung bietet sich insbesondere dann an, wenn kleinere und damit kostensensiblere Vermögenswerte nachhaltig einem bestimmten Zweck gewidmet und mit dem Namen des Stifters verbunden werden sollen. Es können Vermögenswerte schon ab € 5.000–€ 10.000 eingesetzt, die damit deutlich unter dem zumeist (Landesrecht) für rechtsfähige Stiftungen geforderten Mindestkapital von € 50.000 und noch

deutlicher unter dem empfohlenen Mindestkapital von € 250.000 liegen. Diese Möglichkeit ist eindeutig vorteilhaft, wird sich aber nur für Förderstiftungen und Stifter eignen, die selbst keine eigenen Projekte betreiben möchten oder können.

Beim Stiftungsträger (Treuhänder) bildet die Stiftung ein Treuhand-Sondervermögen, 18
das im vollen rechtlichen Eigentum des Treuhänders steht. Hierin liegt einer der gravierendsten Nachteile gegenüber der rechtsfähigen Stiftung. Dem Stifter kommt im Gegenzug dafür ein vererblicher, pfändbarer und übertragbarer Herausgabeanspruch auf dieses Sondervermögen zu. Die Rechtsbeziehungen aller Beteiligten zum Stiftungs-Sondervermögen unterliegen dem Schuldrecht oder Erbrecht; eine direkte oder entsprechende Anwendung des Stiftungsrechts der §§ 80 ff. BGB ist ausgeschlossen. Alle Rechte und Pflichten des Treuhänders, aber auch alle Kontrollrechte des Stifters ergeben sich aus dem zwischen den Parteien im Übrigen frei zu vereinbarenden Stiftungsträger- oder Treuhandvertrag. Dabei handelt es sich meist um ein Auftragsverhältnis (§§ 662 ff. BGB) im Falle der Unentgeltlichkeit bzw. des Aufwandsersatzes oder um ein Geschäftsbesorgungsverhältnis (§ 675 BGB), wenn wie üblich der Treuhänder ein Entgelt für seine Tätigkeit beziehen soll.

Im Rahmen dieses Treuhandvertrages verwaltet der Treuhänder das Vermögen in eige- 19
nem Namen, aber im Interesse des vom Stifter vorgegeben Zwecks. Problematisch ist in der Praxis das jederzeitige Widerrufs- und Kündigungsrecht eines Treuhandverhältnisses gem. § 671 Abs. 1 BGB. Dem kann in gewissem Umfange mit einer Kündigung aus wichtigem Grund entgegengewirkt werden. Der Vertrag kann vom Stifter oder seinen Erben dennoch grundsätzlich durch eine Kündigung beendet werden. Da die unselbständige Stiftung nicht den Status einer juristischen Person genießt, ist sie in ihrer fortgesetzten rechtlichen und wirtschaftlichen Existenz letztlich somit stets auf den fortdauernden Willen des Stifters und seiner Nachfolger angewiesen. Der Fortbestand der Stiftung kann aber ggf. auch durch den in eine wirtschaftliche Notlage geratenen Stifter bzw. dessen Gläubiger bedroht sein.

Die unselbständige Stiftung – und dies ist eher als ein Nachteil zu werten – unterliegt 20
nicht der Stiftungsaufsicht. Damit fehlt es zumindest in der Zeit »nach dem Stifter« an einer wirksamen Kontrolle.

In der Praxis hat es sich als zweckmäßig erwiesen, wenn der Stiftungsträger über eine 21
eingerichtete Organisation verfügt, deren eigene Kontrollmechanismen die Verwendung der treuhänderisch übertragenen Mittel für den gewählten Stiftungszweck sicherstellen. Naturgemäß hängt die Verwirklichung des Stiftungszwecks von dem Engagement des Treuhänders ab. Vor diesem Hintergrund ist eine juristische Person als Treuhänder nicht nur nachhaltiger, sondern in der Regel auch geeigneter. Dies spiegelt sich auch in der Praxis wieder, indem die Stifter Kommunen, Universitäten, Kirchen oder rechtsfähige Stiftungen, zunehmend auch Banken oder Banken-Tochtergesellschaften als institutionalisierte »Stiftungsfonds« zum Treuhänder einsetzen.

Wichtige Regelungen, die ein Stiftungs-Treuhandvertrag enthalten sollte, sind: 22

- Name,
- Sitz,

- Zweck,
- Stiftungskapital,
- Anlagegrundsätze für das Stiftungsvermögen,
- Organisationsstruktur (Leistungen des Treuhänders),
- Kontrollmechanismen (Beirat, Genehmigungspflichten),
- Einflussnahmen auf die Person/Eignung der handelnden Personen,
- Haftungsbestimmungen bei Zweckverfehlung oder Verwaltungsverschulden,
- Einrichtung eines gesonderten Rechnungswesens für das Stiftungsvermögen,
- Verwaltungsmäßige Vermögenstrennung vom sonstigen Treuhändervermögen,
- Begrenzung zulässiger Verwaltungskosten,
- Kündigungsrechte von Stifter und Treuhänder,
- Widerrufsrechte, ggf. Rücktrittsrechte,
- Vergütungsregelung/Aufwandsersatz des Stiftungsträgers,
- Verpflichtung auf Einhaltung der steuerlichen Gemeinnützigkeitsvorschriften,
- Bezeichnung des Anfallsberechtigten nach dem Stifter bei Vertragsbeendigung (ggf. nicht die Erben).

23 Eine in der Praxis weniger bedeutende Untergruppe der unselbständigen Stiftung baut auf einer Schenkung unter Auflage auf. Dabei darf der Beschenkte das ihm zugewandte Vermögen behalten und muss lediglich die Erträge zur Erfüllung des Stiftungszwecks verwenden. Dem Stifter stehen vertraglich zu konkretisierende Rückforderungsrechte zu, insbesondere wenn der Beschenkte die Auflagen, d. h. den Stiftungszweck nicht erfüllt. Diese rechtliche Konstruktion bietet für die Stiftung zumeist ein höheres Maß an Bestandssicherung von der Stifterseite, nicht jedoch, wenn das Vermögen des Beschenkten in Verfall geraten sollte.

3. »Gemeinnützige« Stiftung

24 Richtigerweise müsste von steuerbegünstigten Stiftungen gesprochen werden, da die Gemeinnützigkeit nur eines von mehreren steuerlichen Begünstigungskriterien bildet. Im allgemeinen Sprachgebrauch ist allerdings der Begriff der gemeinnützigen Stiftung insgesamt gebräuchlicher. Schließlich wird sogar in der steuerrechtlichen Terminologie verallgemeinernd vom Gemeinnützigkeitsrecht gesprochen. Die Bezeichnungen »gemeinnützig« und »steuerbegünstigt« finden im Rahmen dieses Buches somit synonyme Anwendung und umfassen auch mildtätige und kirchliche Zwecke, sofern keine ausdrückliche Unterscheidung getroffen wird.

25 Schätzungen zufolge dienen 90 v. H. aller neu errichteten Stiftungen in Deutschland gemeinnützigen Zwecken. Gemeinnützige Stiftungen fördern ausschließlich und unmittelbar die Allgemeinheit, indem sie gemeinnützige, mildtätige oder kirchliche Zwecke verfolgen.

26 Neben der Verwirklichung ideeller Zwecke liegt der große Anreiz im Falle der Gemeinnützigkeit in der weitgehenden Steuerbefreiung (→ vgl. dort) der Stiftung. Die Grenzen der steuerlichen Begünstigung verlaufen dort, wo die Stiftung – zumindest partiell – den Bereich der Vermögensverwaltung oder des Wirtschaftens unter Erfüllung ihrer

satzungsmäßigen Zwecke verlässt und sich auf wirtschaftlichem Gebiet in Wettbewerb zu steuerpflichtigen Unternehmen begibt.

4. Nicht steuerbegünstigte Stiftungen

Die steuerlichen Privilegien fallen bei nicht gemeinnützigen Stiftungen weitgehend 27
weg. Mittelbar oder unmittelbar unternehmerisch tätige Stiftungen unterliegen insoweit den allgemeinen Regeln des Steuerrechts wie jeder andere Steuerpflichtige (→ vgl. Steuerrecht).

5. Stiftungs-GmbH und gGmbH

Die sog. Stiftungs-GmbH, die in ihrer gemeinnützigen Form dann auch wieder als 28
gGmbH anzutreffen ist, ist eine Gesellschaft mit beschränkter Haftung, die die Bezeichnung »Stiftung« lediglich in ihrem Namen führt. Sie weist, wie jede Gesellschaft eine Verbandsstruktur – hier die Gesellschafter – auf und gehört damit gerade nicht zu den Stiftungen i. e. S. wie sie in den §§ 80 ff. BGB (→ vgl. auch »unechte Stiftungen«) angelegt sind.

Durch die Ergänzung des § 4 GmbHG im Rahmen des Gesetz zur Stärkung des Ehren- 29
amtes wird klargestellt, dass GmbHs, die steuerbegünstigte Zwecke nach den §§ 51 bis 68 AO verfolgen, ermöglicht wird, ihre Firma mit der Abkürzung »gGmbH« zu bilden. Diese wurde bisher bereits von zahlreichen Gesellschaften verwendet. Die Abkürzung »gGmbH« ist dabei kein besonderer Rechtsformzusatz, sondern lediglich die verkürzte Wiedergabe der Langfassung »gemeinnützige GmbH«.

6. Familienstiftung

Die Motive für die Errichtung von Familienstiftungen können außerordentlich viel- 30
gestaltig sein. Nachfolgend sollen einige der wichtigsten Zielsetzungen angeschnitten werden:

- Familienstiftungen können, anders als die auf 30 Jahre limitierte Testamentsvollstreckung, auf unbegrenzte Zeit eine professionelle Verwaltung des Stiftervermögens sichern,
- Familienstiftungen können das Stiftervermögen vor einer Zersplitterung durch Erbfolge schützen,
- Familienstiftungen können Stiftervermögen, das sich zur Teilung nicht eignet (z. B. Sammlungen) zusammenhalten und ein einheitliches Nutzungskonzept entwickeln,
- Familienstiftungen können das Stiftervermögen vor der Verfügungsgewalt einzelner Erben schützen,
- Familienstiftungen können das Stiftervermögen dem Gläubigerzugriff einzelner Erben entziehen,
- Familienstiftungen können in geeigneten Fällen einen fehlenden Unternehmensnachfolger substituieren oder bei mehreren Nachfolgern das Unternehmen vor der Aufteilung bewahren,

- Familienstiftungen können im unternehmerischen Umfeld dauerhaft den Familieneinfluss auf Führung sichern,
- Familienstiftungen können z. B. behinderten oder minderjährigen Abkömmlingen Schutz und Auskommen sichern.

31 Die Familienstiftung ist keine Stiftung eigener Art. Ihre Bezeichnung leitet sich lediglich aus der auf die Familie fokussierten Zweckverfolgung ab. Eine gesetzliche Definition findet sich im Zivilrecht überhaupt nicht und im Steuerrecht lediglich in der Form von Umschreibungen z. B. in § 1 Abs. 1 Nr. 4 ErbStG oder in § 15 Abs. 2 AStG. Die Familienstiftung verfolgt generell das Ziel, zumindest primär die Mitglieder einer bestimmten Familie materiell zu fördern. Notwendigerweise schließen sich damit Familienstiftung und gemeinnützige Stiftung wechselseitig aus. Allerdings erfolgt die Verwendung der Bezeichnung in der Praxis, speziell in Zusammenhang mit ausländischen Stiftungsformen, leider keineswegs immer mit dieser inneren Trennschärfe. Unverändert für Diskussionen sorgt die Frage, in welchem Umfang eine Stiftung letztlich eine bestimmte Familie fördern muss, um als Familienstiftung angesehen zu werden. (→ Zur Auslegung des ErbStG hinsichtlich der Voraussetzungen einer Familienstiftung vgl. ErbStG).

32 Die Landesstiftungsgesetze weisen hinsichtlich der Familiennähe unterschiedliche Intensitätsgrade auf, so § 6 Abs. 3 StiftG NRW der auf »überwiegend oder ausschließlich private Zwecke« abstellt und Art. 1 Abs. 3 S. 1 BayStG der »ausschließlich private Zwecke« aus dem Anwendungsbereich des Landesstiftungsgesetzes ausklammert (→ vgl. Dokumentation). Zudem bestimmen die Landesstiftungsgesetze uneinheitliche Rechtsfolgen für privatnützige Stiftungen. In beiden Bundesländern unterliegen die Familienstiftungen aber keiner bzw. nur einer sehr begrenzten stiftungsaufsichtlichen Kontrolle. In der Fachliteratur findet sich daher zu Recht die Auffassung, bei der Familienstiftung handle es sich nicht so sehr um eine Rechtsform, als um eine spezielle Anwendungsform.

33 Im Gegensatz zu Familiengesellschaften gehört auch die Familienstiftung sich selbst. Sie hat demzufolge keine Einflussnahmen von Familienstämmen/-Gesellschaftern durch Stimmrechtsausübung zu berücksichtigen. Sie kann weder gekündigt werden, noch können Anteile an ihr übertragen, verpfändet, gepfändet, noch kann die Stiftung als solche gegen den Willen des Stifters aufgelöst werden. Fremdeinflüsse jenseits der Besetzung der Organe sind weitestgehend ausgeschlossen. Den Destinatären stehen keine Informations- oder Kontrollrechte zu, soweit ihnen diese nicht in der Satzung eingeräumt wurden oder einzelne Mitglieder aus dem Kreis der Destinatäre den Stiftungsorganen angehören.

34 Die Satzung einer Familienstiftung bedarf der besonderen Aufmerksamkeit. Dies gilt nicht nur wegen steuerlicher Folgen von Satzungsänderungen (→ vgl. dort), sondern insbesondere wegen der gewiss nicht immer einfachen Balance zwischen Familien- und Fremdeinflüssen in den Stiftungsorganen sowie dem Erfordernis eines über mehrere Generationen fortdauernden Interessenausgleichs zwischen den Destinatären.

Häufig wird eine Familienstiftung nicht isoliert errichtet, sondern findet sich meist zusammen mit einer sog. »Familienverfassung« im unternehmerischen Umfeld in verschiedenen Kombinationen, so als sog. Doppelstiftung mit anderen unternehmensnahen, teilweise gemeinnützigen Stiftungsmodellen (→ vgl. dort). 35

7. Unternehmensstiftung

Unternehmensnahe Stiftungen sind durch zwei Grundtypen gekennzeichnet, die in der Praxis untereinander auch in unterschiedlichen Formationen kombiniert werden. Die Stiftung kann selbst ein Unternehmen betreiben – man spricht bei diesem Typus dann von unternehmensbezogenen Stiftungen oder Unternehmensträgerstiftungen. Verwaltet die Stiftung dagegen lediglich die Beteiligungen an einem oder mehreren Unternehmen, handelt es sich um eine sog. unternehmensverbundene Stiftung oder Beteiligungsträgerstiftung. 36

Einige Bundesländer (→ vgl. Dokumentation) haben die Anerkennung unternehmensbezogener Stiftungen eingeschränkt, wenn der Hauptzweck der Stiftung letztlich darauf gerichtet ist, ein erwerbswirtschaftliches Unternehmen zu betreiben, weil damit die Stiftung überwiegend eigennützige Interessen des Stifters oder seiner Erben verfolgt. 37

a) Unternehmensträgerstiftung

Die Unternehmensträgerstiftung ist eine unternehmensbezogene Stiftung. Wesensmerkmal einer Unternehmensträgerstiftung ist, dass sie ein Wirtschaftsunternehmen selbst betreibt. Diese Stiftung tritt am Markt auf und bildet mit dem gewerblichen Unternehmen eine Einheit. Die Stiftung ist Kaufmann wegen des betriebenen Handelsgewerbes und muss nach handelsrechtlichen Vorschriften Bücher führen. Eine Unternehmensträgerstiftung wird im Regelfall in Gestalt einer Familienstiftung betrieben. Eine gemeinnützige Stiftung ist als Unternehmensträger kaum geeignet, da das Finanzamt bei einem am Markt tätigen Unternehmen in der Regel keine Gemeinnützigkeit anerkennt. 38

Große Bedeutung hat die Unternehmensträgerstiftung als Unternehmensform jedoch bislang nicht erlangt. Dies liegt u. a. an der allgemein als starr und für rasche, unternehmerische Entscheidungserfordernisse zu unflexibel empfundenen Rechtsform. Ein gelungenes Beispiel, dass dies nicht so sein muss, ist die bekannte Carl-Zeiss-Stiftung, die aus dem Jahr 1889 datiert und die großen wirtschaftlichen Veränderungen des vergangenen Jahrhunderts meistern musste. 39

▶ Aus diesem Grund ist es meist empfehlenswert, dass bereits die Satzung umfangreiche Vorkehrungen für die Probleme trifft, die im Rahmen solcher Unternehmensstiftungen auftreten können und werden. Satzungsänderungen sind z. B. bei Familienstiftungen steuerlich problematisch (→ vgl. dort) und bei gemeinnützigen Stiftungen der Stiftungsaufsicht gegenüber nur eingeschränkt durchsetzbar. 40

Im Allgemeinen gilt die Organisation einer Stiftung strukturell für die operative Führung eines Unternehmens als weniger gut geeignet. Stellt sich beispielsweise heraus, 41 dass der Stiftungsvorstand nicht in dem Maße über die unternehmerischen Qualitäten verfügt wie angenommen, müsste die Stiftungsverfassung von vornherein Regelungen enthalten, unter welchen Voraussetzungen Mitglieder des Vorstands bestellt und (auch vorzeitig) abberufen werden können. Wird Angehörigen bei Familienstiftungen ein ausschließliches oder eingeschränktes Besetzungs- oder Bestimmungsrecht bei den entscheidenden Organen eingeräumt, können sich zudem unerwünschte Streitigkeiten über die Besetzung ergeben.

42 Im Übrigen ist die Bedeutung der Stiftung als eigenständige Unternehmensform in der Praxis auch dadurch eingeschränkt, dass sich bei unmittelbarer unternehmerischer Tätigkeit keine steuerlichen Vorteile gegenüber anderen Gesellschaftsformen erzielen lassen.

b) Beteiligungsträgerstiftung

43 Anders verhält es sich zumeist mit unternehmensverbundenen Stiftungen die oftmals selbst steuerbegünstigt sind, oder in Konstellation mit gemeinnützigen Stiftungen errichtet werden. Beispielsweise wird bei einer sog. Doppelstiftung (→ vgl. dort) eine gemeinnützige Stiftung in Form einer Beteiligungsträgerstiftung neben einer Familienstiftung eingesetzt, um hierdurch eine Trennung von unternehmerischer Entscheidungskompetenz und Kapital zu erreichen. Stiftungsaufgabe ist es dann, mit den Unternehmenserträgen den Stiftungszweck zu fördern und damit den Erhalt des Unternehmens über den Generationswechsel hinaus zu sichern. Damit besteht für die Stiftung die Verpflichtung die Erhaltung des Stiftungsvermögens im Interesse des Stiftungszweckes zu gewährleisten und für ausreichende Stiftungserträge zu sorgen, wobei allerdings die Ertragsfähigkeit des Beteiligungsunternehmens nicht gefährdet werden darf.

44 Eine Beteiligungsträgerstiftung hält selbst nur die Beteiligungen an einer Personen-, Personenhandels- oder Kapitalgesellschaft. Die Funktion einer solchen Stiftung ist vielfältig. So kann sie sich auf das bloße Halten der Beteiligung beschränken, als persönlich haftende Gesellschafterin auftreten oder als Organträger in Grenzen sogar unmittelbar geschäftsleitende Funktionen ausüben. Im Bereich der Unternehmensnachfolge ist diese Stiftungsart von besonders großer praktischer Relevanz.

45 Die Übernahme der unbeschränkten persönlichen Haftung durch eine Beteiligung an einer KG, OHG oder GbR führte allerdings dazu, dass die Stiftung in einigen Bundesländern bislang nicht genehmigt wurde. Die Übernahme der unbeschränkten persönlichen Haftung könnte allerdings die Verpflichtung der Stiftung zum ungeschmälerten Vermögenserhalt unterlaufen und bedarf daher wohl einer ausdrücklichen satzungsmäßigen Ermächtigung durch den Stifter. Liegen die in § 80 Abs. 2 i. V. m. § 81 Abs. 1 BGB genannten Voraussetzungen aber vor, besteht allerdings ein Rechtsanspruch des Stifters auf Anerkennung der Stiftung. Dem tragen die Stiftungsaufsichtsbehörden der Länder in der Regel auch Rechnung.

46 Die Beteiligung an einer Kapitalgesellschaft ist stets genehmigungsfähig. Die mit dieser Rechtsform verbundene Haftungsbegrenzung schließt eine Gefährdung des Stiftungsvermögens aus der Beteiligung selbst aus. Eine Durchgriffshaftung auf natürliche Per-

sonen ist im Falle der Stiftung ausgeschlossen, da die Stiftung nicht über Gesellschafter verfügt. Insofern wäre auch eine Insolvenz der Beteiligungskapitalgesellschaft für die Stiftung und die Destinatäre der Beteiligungsträgerstiftung über den entsprechenden Vermögensverlust hinaus ohne Folgen.

8. »Unechte Stiftungen«

Der Begriff der Stiftung kann sich sowohl auf die Rechtsform der juristischen Person beziehen, kann aber auch als bloßer Namensbestandteil Verwendung finden. Der Begriff der Stiftung ist nicht in der Weise geschützt, dass er, wie etwa die Rechtsformzusätze des Gesellschaftsrechts, wie z. B. GmbH, nur dieser einzigen Rechtform hinzugefügt werden dürfte. Schutz, und zwar namensrechtlichen Schutz, erlangt der Begriff erst, wenn er zum Bestandteil des Stiftungsnamens wird, z. B. »Herz für Herz – Stiftung für Leben!« 47

In der Praxis sind daher eine Reihe weiterer Rechtsgebilde entstanden, die sich zwar Stiftung nennen oder als Stiftung bezeichnet werden, aber tatsächlich keine »echten« Stiftungen sind. Eine der Wichtigsten unter ihnen ist die unselbständige Stiftung (→ vgl. dort), die auch treuhänderische oder fiduziarische Stiftung genannt wird. 48

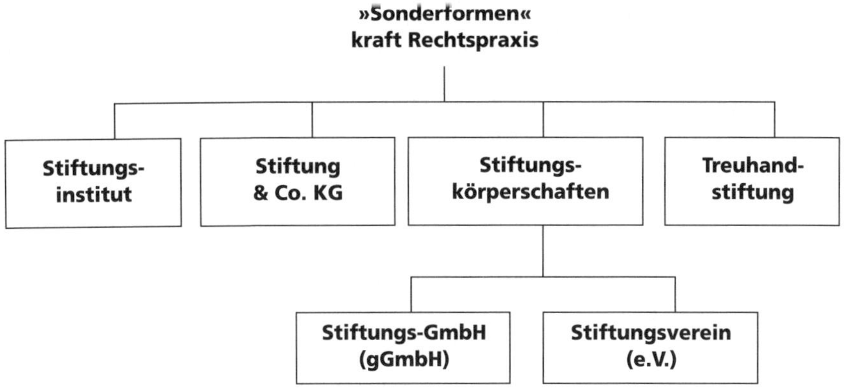

Daneben bestehen Stiftungs- GmbH oder Stiftungsverein, Stiftungs- GmbH & Co. KG bei denen der Begriff der Stiftung lediglich namensgleiche Verwendung findet. Ähnlich verhält es sich mit einem Stiftungsinstitut oder einer Stiftungsakademie oder Treuhandvermögen in der Form der Stiftungstreuhand oder Stiftungsfonds. 49

B. Stiftungserrichtung

50 Die Entstehung einer rechtsfähigen Stiftung ist an zwei Voraussetzungen geknüpft.

- Zum einen erfordert eine Stiftungsgründung den eigentlichen Errichtungsakt durch den Gründer, d. h. das sog. Stiftungsgeschäft,
- zum anderen muss die Stiftungsaufsichtsbehörde die Stiftung im hoheitlichen Anerkennungsverfahren gem. § 80 Satz 1 BGB anerkennen.

I. Stifter und Stifterwille

51 Stifter kann jede unbeschränkt geschäftsfähige, natürliche oder juristische Person sein, hierunter fallen z. B. Gesellschaften in der Rechtsform der GmbH, der AG oder der SE. Wollen KG, OHG oder Gesellschaften bürgerlichen Rechts eine Stiftung errichten, kann dies nur über den Umweg aller oder einzelner Gesellschafter erfolgen. Nicht stifterfähig ist damit z. B. auch die Erbengemeinschaft als solche; an ihrer Stelle müssen die einzelnen (Mit-)Erben die Stiftung gemeinsam errichten.

52 Auf der Grundlage des Gesetzes zur Weiteren Stärkung des Ehrenamtes (BGBl. I, 2013, S. 566) kann die Stiftung als rechtsfähige Körperschaft nunmehr selbst als Stifter einer »Tochterstiftung« in Betracht kommen. Das sog. »Endowment-Verbot«, das heißt die kapitalmäßige Ausstattung einer weiteren Stiftung mit Vermögen der errichtenden »Mutter-Stiftung« ist durchbrochen, damit verstößt die Kapitalausstattung des zu errichtenden Rechtsträgers nicht mehr grundsätzlich gegen das Gebot der Kapitalerhaltung bei der Stifterin selbst, obgleich diese im Gegenzug gerade keine Anteile an der »Tochterstiftung« erhält, wie dies z. B. bei der Errichtung einer gemeinnützigen oder steuerpflichtigen Tochtergesellschaft der Fall wäre. In Betracht kommen für die Kapitalausstattung z. B. Erträge aus dem eigenen Stiftungsvermögen oder in gewissem Umfang aus sonstigen zeitnah zu verwendenden Mitteln (→ vgl.dort) oder, sofern die Satzung hierüber entsprechende Bestimmungen enthält, sogar aus dem eigenen Grundstockvermögen.

53 Der Stifterwille ist für die Stiftung das »Maß aller Dinge«. Dabei wirkt insbesondere der historische Stifterwille, wie er seine Ausprägung bei der Errichtung in der Formulierung des Stiftungszweckes erfährt, sich aber auch in einer Vielzahl anderer Satzungsbestimmungen manifestiert, in die Zukunft der Stiftung hinein und bestimmt diese für die Dauer ihres Bestehens.

54 ▶ Fehlt es an der Geschäftsfähigkeit des Stifters, ist dieser Mangel nicht heilbar. Daran ist insbesondere bei Stiftungserrichtungen »im letzten Moment« zu denken.

55 Mehrere natürliche oder juristische Personen können auch gemeinsam eine Stiftung errichten. Voraussetzung beim Zusammenwirken mehrerer Stifter ist allerdings stets, dass ein gemeinsamer Stifterwille formuliert wird und jeder Stifter einen genau zu beziffernden Teil des Stiftungsvermögens einbringt. Eines der Hauptbeispiele bieten die Bürgerstiftungen (→ vgl. dort), die in den letzten Jahren zunehmend an praktischer Bedeutung gewonnen haben.

II. Stiftungsgeschäft

1. Stiftungsgeschäft unter Lebenden

Das Stiftungsgeschäft muss die verbindliche Erklärung des Stifters enthalten, ein Vermögen zur Erfüllung eines von ihm vorgegebenen Zweckes dauerhaft zu widmen. Der Stifter kann sich bei der Errichtung durch einen Bevollmächtigten vertreten lassen. Rechtlich gesehen liegt in der Errichtungserklärung eine einseitige, nicht empfangsbedürftige Willenserklärung, die der Stifter auch bis zur Erteilung des Anerkenntnisses durch die Stiftungsaufsicht widerrufen kann. Ab Antragstellung muss der Widerruf der Stiftungsaufsicht zugehen (§§ 80 Abs. 2, 130 Abs. 3 u. Abs. 1 S. 1 BGB). 56

▶ Nach dem Tode des Stifters geht dieses Recht zum Widerruf auf seine Erben über. Hatte der Stifter den Antrag bereits gestellt, steht den Erben das Widerrufsrecht nicht mehr zu. Wird der Antrag auf Anerkennung z. B. über einen bevollmächtigten Rechtsanwalt erst nach dem Tod des Stifters eingereicht, steht die Errichtung der Stiftung bis zur Anerkennung zur Disposition der Erben. Dies sollte der Stifter bei Stiftungserrichtungen »im letzten Moment« bedenken. In kritischen Fällen hilft die Errichtung der Stiftung von Todes wegen, verbunden mit der Anordnung der Testamentsvollstreckung. Alternativ hilft die Beurkundung des Stiftungsgeschäfts noch zu Lebzeiten des Stifters durch den Notar, verbunden mit dem Auftrag an ihn, den Anerkennungsantrag zu stellen. 57

In der Regel ist einem Stifter, der z. B. auch Verhältnisse für die Zeit nach seinem Tode regeln möchte, anzuraten, bereits zu Lebzeiten eine Stiftung zu errichten. Der große Vorteil gegenüber einer Errichtung von Todes wegen besteht darin, dass der Stifter das Anerkennungsverfahren selbst und insbesondere die Überlegungen zur Ausgestaltung der Satzung aktiv begleiten kann. 58

Sofern die Gründung einer gemeinnützigen Stiftung erwogen wird, kommt der Stifter bei Zuwendungen unter Lebenden ferner in den Genuss von steuerlich zu berücksichtigenden Sonderausgaben (→ vgl. dort). 59

Die Errichtung der Stiftung zu Lebzeiten des Stifters hat die zwingende Folge, dass die zur Ausstattung der Stiftung verwendeten Vermögensbestandteile dem Vermögen des Stifters dauerhaft entzogen werden. Mit Verfügungen, die er für die Stiftung treffen wollte, wäre er insoweit ausgeschlossen, als sie dem Stiftungszweck widersprechen würden. Der Stifter kann somit über dieses Vermögen keine persönlichen Verfügungen mehr treffen. In diesen Zusammenhang muss bei steuerbegünstigten Stiftungen aber noch der Stifter- und Angehörigenunterhalt des § 58 Nr. 5 AO (→ vgl. dort) berücksichtigt werden; danach kann die Stiftung jährlich bis zu einem Drittel ihres gesamten Einkommens für den Stifter und seine nächsten Angehörigen verwenden. 60

▶ In der Praxis wird häufig der Wunsch geäußert, das vom Stifter übertragene Vermögen zu Lebzeiten doch noch für die eigene Absicherung in »Notfällen« bereit halten wollen. Für diese Fälle bietet sich in einem zweistufigen Vorgehen zum Beispiel an, zunächst lediglich einen kleinen Teil des Vermögens (mind. EUR 50.000) in eine Stiftung einzubringen. Durch die bereits zu Lebzeiten gegründete Stiftung 61 mit einem vergleichsweise geringen Vermögen kann der Stifter aktiven Einfluss auf die Arbeit der Stiftung nehmen, sozusagen eine Stiftungstradition begründen. Mit seinem Tod wird das Vermögen der Stiftung sodann durch letztwillige Verfügung aufgestockt. Auf diese Weise behält der Stifter zu Lebzeiten seine uneingeschränkte finanzielle Disposition über sein eigenes Vermögen vor und vergibt dennoch nicht die Chance, die Stiftung in ihren Gründungsjahren wesentlich mitzugestalten und über den Wortlaut der Stiftungssatzung hinaus in ihrer Geschäftsführung zu prägen. Die Zweistufigkeit sollte aber in der Satzung einen unmissverständlichen Ausdruck finden, sowohl, was die Vermögenserwartung oder den Rechtsanspruch der Stiftung betrifft, als auch die von der Stiftung entsprechend ihrer gestaffelten Vermögensausstattung jeweils zu erfüllenden Aufgaben innerhalb ihrer Stiftungszwecke.

a) Form

62 Das Stiftungsgeschäft unter Lebenden unterliegt der Schriftform. Es genügt die maschinenschriftliche Abfassung der Errichtungserklärung, die vom Stifter unterzeichnet wird. Die handschriftliche Form ist bei einem Stiftungsgeschäft unter Lebenden ebenso wenig erforderlich wie eine notarielle Beurkundung. Die Landesstiftungsgesetze von Bayern und Nordrhein-Westfalen verlangen ferner auch keine Beglaubigung der Unterschrift des Stifters; sie entsprechen darin den Anforderungen der meisten anderen Landesstiftungsgesetze (→ vgl. Dokumentation).

63 Formmängel führen hierbei zur Nichtigkeit.

64 ▶ Noch nicht abschließend geklärt ist die Frage, ob eine Erstausstattung der Stiftung mit Grundstücksvermögen oder Rechten an Grundstücken zwingend der notariellen Form bedürfen. Eine Meinungsmehrheit scheint sich jedoch für die notarielle Beurkundung herauszubilden. Der Stifter sollte sich aber ohnehin nicht dem Risiko eines Fehlschlages der Stiftungserrichtung aussetzen und die mit der Beurkundung der Vermögensübertragung verbundenen Kosten nicht scheuen. Verbindet er mit der Übertragung auch das Stiftungsgeschäft selbst, kann dies mit Kostenvorteilen verbunden sein. Will der Stifter nach Errichtung der Stiftung dieser ein Grundstück zur Verstärkung des Stiftungskapitals übertragen, ist die notarielle Beurkundung unumgänglich. Ebenso verhält es sich bei der Übertragung und Abtretung von GmbH-Anteilen.

b) Bedingtes Stiftungsgeschäft

65 Die Bedingungsfeindlichkeit des Stiftungsgeschäftes soll nach überwiegender Ansicht die Ursache dafür sein, dass eine Stiftungserrichtung unter Lebenden auf den Todesfall oder durch Schenkung von Todes wegen nicht in Betracht kommt. Die staatliche Anerkennung der Stiftung würde erst nach Eintritt der aufschiebenden Bedingung, also dem Todesfall erteilt werden können. Für eine Umdeutung in eine Stiftungserrichtung von Todes wegen wird es regelmäßig an der dafür erforderlichen Form fehlen. So genannte auflösende Bedingungen sind dagegen in Zusammenhang mit der Stiftungs-

errichtung eindeutig unzulässig, da zu jedem Zeitpunkt Sicherheit über den Bestand der Stiftung bestehen muss.

c) Pflichtteilsrecht und Stiftungsgeschäft

Zuwendungen an Stiftungen, auch an gemeinnützige Stiftungen, unterliegen dem 66 Pflichtteilsrecht (§§ 2287, 2325 BGB); dies ist durch die Rechtsprechung zwischenzeitlich geklärt. Dabei ist es unerheblich, ob die Zuwendung als Ausstattung mit Stiftungskapital, als Zustiftung oder in der Form der freien oder zweckgebundenen Spende erfolgt. Pflichtteilsberechtigt sind Kinder, Eltern und Ehegatten, sowie die Kinder der Kinder unter bestimmten Voraussetzungen (§ 2303 Abs. 1 S. 1, Abs. 2 BGB). Der Anspruch eines Pflichtteilsberechtigten berechnet sich damit also grundsätzlich so, als wäre die Zuwendung an die Stiftung nicht erfolgt. Der oder die Pflichtteilsberechtigten können sogar in bestimmten Fällen die erlangten Zuwendungen unmittelbar von der Stiftung wieder nach § 2329 BGB zurückverlangen.

▶ Die frühzeitige Übertragung von Vermögen auf die Stiftung kann ganz entschei- 67 dend zur Reduzierung von Pflichtteilsansprüchen im Wege der Abschmelzung führen.

Sofern die Stiftung noch zu Lebzeiten des Stifters errichtet wird, können Pflichtteils- 68 ansprüche wirtschaftlich aber unter bestimmten Voraussetzungen gemindert werden. Vermögen, das der Erblasser noch zu Lebzeiten auf die Stiftung überträgt, wird bei der Errechnung der Pflichtteilsansprüche nur dann hinzugerechnet, wenn zwischen der Zuwendung und dem Erbfall weniger als 10 Jahre verstrichen sind. Zuvor übertragene Vermögensbestandteile bleiben dann für immer pflichtteilsfrei. Die Frist beginnt frühestens mit der Anerkennung der Stiftung oder einer nachfolgenden Vermögensübertragung auf die Stiftung. Wird Immobilienvermögen übertragen, kommt es auf den Zeitpunkt der Eigentumsumschreibung im Grundbuch an.

Der Stiftung dürfte die Anerkennung versagt werden, wenn Probleme mit Pflichtteils- 69 rechten erkennbar werden sollen.

2. Stiftungsgeschäft von Todes wegen

Die Errichtung der Stiftung von Todes wegen kann durch letztwillige Verfügung, also 70 durch Testament oder durch Erbvertrag erfolgen. Das Stiftungsgeschäft selbst muss dann aber zugleich Bestandteil des Testaments oder des Erbvertrags sein. Dabei sind für das gesamte Stiftungsgeschäft insbesondere die Formvorschriften des Erbrechts zu beachten. Im Falle der testamentarischen Verfügung gilt daher die Handschriftlichkeit für sämtliche Bestimmungen erforderlich und sollte trotz jüngerer Entwicklungen in der Rechtsprechung aus Gründen der Vorsicht auch die vollständige Stiftungssatzung umfassen. Ist dies nicht durchführbar oder nicht gewollt, ist eine notarielle Beurkundung der Gesamtverfügungen angeraten. Fügt der Stifter seinen Anordnungen nichts weiter hinzu, sind seine Erben mit der Stiftungserrichtung beschwert.

▶ Errichtet der Stifter die gemeinnützige Stiftung von Todes wegen, können die belas- 71 teten Erben keine Steuerbegünstigung in Anspruch nehmen. In der (letzten) Einkommensteuererklärung des Stifters findet nach Auffassung der Rechtsprechung aber ebenfalls keine Berücksichtigung der Übertragung des Stiftungskapitals statt. Diese Errichtungsform »verschenkt« somit alle steuerlichen Gründungshilfen.

72 Die Stiftung kommt zwar erst mit ihrer Anerkennung zur Entstehung. Dennoch kann eine von Todes wegen errichtete, also künftige Stiftung sogleich sowohl als Allein- oder Miterbin, Nacherbin, Ersatzerbin, als Vermächtnisnehmerin oder Nachvermächtnisnehmerin auf den Tod ihres Stifters eingesetzt werden (§ 84 BGB).

73 ▶ Die Möglichkeit, die Stiftung kraft gesetzlicher Fiktion noch vor ihrer Entstehung zum Erben einzusetzen, steht aber nur dem Stifter selbst offen, nicht Dritten. Errichtet demnach nur einer von beiden Ehegatten die Stiftung, sollte der andere Ehegatte dieser (künftigen) Stiftung sein Vermögen daher im Wege eines auf den Entstehungszeitpunkt aufschiebend bedingten Vermächtnisses zuwenden, da andernfalls seine Verfügung ins Leere ginge, sollten die Ehegatten z. B. durch einen Unfall gleichzeitig versterben.

74 Ungeklärt ist bislang noch die Frage, ob die Stiftung, vergleichbar einer Vorerbin, auch als Vor-vermächtnisnehmerin, in Betracht kommen kann. Zweifel werden angesichts des Konzeptes der Dauerhaftigkeit geäußert, auf das sich die Stiftung in ihrer gewöhnlichen Form berufen kann. Dieses Konzept wurde vom Gesetzgeber zwar mit der Verbrauchsstiftung bereits durchbrochen. Dennoch überzeugt, dass eine Vorerbenstellung der Stiftung zumindest überall dort ausscheiden muss, wo es um die Ausstattung mit Dotationskapital geht. Der Eintritt des Nacherbfalles würde nämlich die Auflösung der Stiftung nach sich ziehen. In allen anderen Fällen aber, in denen die Stiftung auch als Empfängerin von Nutzungsrechten in Betracht käme, muss es grundsätzlich auch möglich sein, z. B. das Grundstockvermögen ihr als Vorausvermächtnis zuzuwenden und zugleich als Vorerbin zusätzlich »Kapital auf Zeit« zu überlassen.

75 Die Errichtung der Stiftung in der Weise, dass der Erblasser der künftigen Stiftung durch Schenkung von Todes wegen Vermögen zuwendet, ist nach § 2301 BGB ausgeschlossen. Dem Stifter bleibt es aber unbenommen, die Errichtung der Stiftung als Auflage anzuordnen und damit einen Erben oder einen Vermächtnisnehmer zu verpflichten. Wählt der Erblasser diesen Weg, wird er selbst noch zum Stifter. Zum Zeitpunkt des Erbfalls existiert die Stiftung allerdings noch nicht, so dass sie als Empfängerin des zugewandten Vermögens an sich nicht in Betracht käme. Das Gesetz (§ 84 BGB) unterstellt, was den Zeitpunkt der Zuwendung betrifft, dass die Stiftung bereits mit dem Tod des Stifters entstanden ist. Mithin stehen der Stiftung ab dem Erbfall sowohl das Vermögen als auch die Erträge daraus zu (→ zur steuerlichen Betrachtung vgl. dort).

76 ▶ Im Falle einer bloßen Auflage, die Erben oder Vermächtnisnehmer zur Stiftungserrichtung verpflichtet, dürfte es allerdings regelmäßig ratsam sein, Testamentsvollstreckung anzuordnen. Auch hier hat der Stifter zuvor zumindest rudimentäre eigene Festlegungen über Stiftungszweck und Vermögen zu treffen. Der Testamentsvollstrecker sollte dann aber durch das Testament auf jeden Fall in die Lage versetzt werden, Mängel oder Lücken in der Satzung durch Änderungen oder Ergänzungen noch auszuräumen.

Besonders wichtig ist in diesem Zusammenhang, dass die Bestimmung des Stiftungszwecks, des Stiftungsvermögens und der Begünstigten nicht einfach Dritten überlassen werden kann. Insoweit ist eine rechtzeitige Regelungsvorsorge durch den Stifter unerlässlich. Mindestens alle wesentlichen Satzungsinhalte muss der Stifter noch selbst festlegen. 77

▶ Bestimmt der Stifter als Stiftungszweck ohne weitere Konkretisierung nur ganz allgemein »gemeinnützige Zwecke«, muss unterstellt werden, dass er eine Förderstiftung errichten wollte. 78

Fehlen Einzelregelungen zur Stiftung in der letztwilligen Verfügung völlig oder bestimmt der Erblasser dagegen, dass die Stiftung durch die Erben aus Mitteln des Nachlasses errichtet werden soll, so kommt es zu einer Stiftungserrichtung unter Lebenden. Die Erben werden selbst zu Stiftern. Erhält die Stiftung noch vor ihrer Anerkennung Zuwendungen von dritter Seite, so muss sich die Rechtspraxis mit der Konstruktion aufschiebend bedingter Zuwendungen oder Nacherbeneinsetzungen behelfen. 79

Wieweit das Steuerrecht dieser zivilrechtlichen Rückwirkung folgt, ist umstritten. So wird ertragsteuerlich der Erbe die Einkünfte, die er in der Interimszeit aus dem auf die Stiftung zu übertragenen Vermögen erzielt, versteuern müssen, obwohl die Erträge zivilrechtlich bereits der Stiftung zustehen. Die neuere Steuer-Rechtsprechung stellt dazu fest, dass die Steuerbefreiung einer durch Verfügung von Todes wegen errichteten Stiftung jedenfalls nicht automatisch an die rückwirkende staatliche Anerkennung der Stiftung anknüpfen kann. Zivilrecht und Steuerrecht gehen grundsätzlich getrennte Wege. Eine auch steuerliche Rückwirkung kommt aufgrund einer Einzelfallprüfung überhaupt nur dann in Betracht, wenn eine vollständige Satzung vorlag und im Todeszeitpunkt alle sonstigen Kriterien der Gemeinnützigkeit zweifelsfrei erfüllt waren. Dies gilt insbesondere auch für die unwiderrufliche Vermögensbindung zu gemeinnützigen Zwecken, die bereits durch das Testament begründet sein musste. 80

In der Praxis wird daher häufig der Umweg über die Vorratsstiftung (→ vgl. dort) gewählt, der diesem Problem aus dem Wege geht. Der Stifter errichtet unter Lebenden noch eine nur gering kapitalisierte Stiftung, der er schon in der Satzung die Übertragung weiteren Vermögens von Todes wegen in Aussicht stellt. Die Vorratsstiftung ist zulässig, wenn die Zuwendung im Erbfalle wahrscheinlich und die Erfüllung des Stiftungszwecks möglich ist. 81

▶ Unklarheiten und Mängel bei der Errichtung einer Stiftung von Todes wegen, insbesondere Defizite der Stiftungssatzung können im Anerkennungsverfahren kaum behoben werden. Es empfiehlt sich deshalb, die Genehmigungsfähigkeit der von Todes wegen zu errichteten Stiftung vorab mit der Stiftungsaufsicht zu klären. Will der Stifter dabei definitiv ausschließen, dass seine Stiftung z. B. wegen Satzungsmängeln nach seinem Tode nicht anerkannt werden kann, sollte er die Erteilung einer Zusage nach § 38 VwVfG beantragen. Die Stiftungsaufsichtsbehörde kann dabei einerseits rechtzeitig Mängel der Stiftungserrichtung prüfen und Abhilfe schaffen, andererseits hat der Stifter Gewissheit, dass die Stiftungserrichtung nicht scheitern wird, da die Behörde an die Zusage gebunden ist. 82

3. Testamentsvollstreckung

83 Zur Sicherung der Errichtung einer Stiftung von Todes wegen kann die Anordnung einer Testamentsvollstreckung empfehlenswert sein. Hat ein Verstorbener in seinem Testament eine Stiftung errichtet, ist der Testamentsvollstrecker befugt, die Zulassung der Stiftung gerichtlich einzuklagen. Die Aufgaben des Testamentsvollstreckers können sich – entsprechend der letztwilligen Anordnungen – auch auf die noch ausstehende Einholung der Anerkennung sowie die Vermögensübertragung selbst erstrecken. Die ausdrückliche Befugnis des Testamentsvollstreckers, Anerkennungshindernisse im Stiftungsgeschäft oder in der Stiftungssatzung oder zur Erlangung der Steuerbegünstigung zu beseitigen, ist überaus zweckmäßig und sollte im Regelfalle möglichst durch Vollmacht auf den Todesfall oder durch Vollmacht über den Tod hinaus noch erleichtert werden. Als weitere Aufgabe könnte der Testamentsvollstrecker mit der Erstberufung und anschließend der Überwachung des Vorstands der Stiftung betraut werden. Grundsätzlich ist es sogar möglich, für den Testamentsvollstrecker eine dauerhafte Mitwirkung bei der Tätigkeit der Stiftung vorzusehen. Allerdings endet sie als Dauervollstreckung spätestens 30 Jahre nach dem Erbfall gem. § 2210 BGB. Wäre allerdings der Testamentsvollstrecker selbst Vorstand der Stiftung oder Mitglied des Aufsichtsgremiums käme die 30-Jahresfrist des § 2210 BGB nicht zur Anwendung.

4. Besonderheiten der Familienstiftung und familienspezifische Stiftungszwecke

84 Die Errichtung der Familienstiftung ist zulässig und unterliegt wie die einer jeden anderen rechtsfähigen Stiftung den Bestimmungen der §§ 80 ff. BGB. In der Praxis kann die Errichtung der Familienstiftung bei der Stiftungsaufsicht allerdings auf große Zurückhaltung stoßen. Die Familienstiftung ist keine eigene Stiftungsart sondern bestimmt sich nur aus ihrem spezifischen Stiftungszweck. Die Stiftungserrichtung der Familienstiftung folgt dem zweistufigen Errichtungsakt der sonstigen rechtsfähigen Stiftungen: Auf das Stiftungsgeschäft folgt die Anerkennung durch die Landesstiftungsbehörde. Diese ist unabhängig davon erforderlich, dass die Landesstiftungsgesetze Familienstiftungen teilweise nur eingeschränkt der späteren Stiftungsaufsicht unterwerfen oder diese Aufsicht sogar ausschließen.

85 Familienstiftungen folgen in der Regel familienspezifischen Stiftungszwecken. Häufige Zwecke und spezifische Problemstellungen sind:

- Versorgung kranker oder behinderter Kinder und Schutz vor Regressansprüchen der Sozialversicherungsträger,
- Schutz von Angehörigen vor Gläubigerzugriffen,
- Zusammenhalt des Vermögens insbesondere bei Unternehmensbeteiligungen,
- (wertmäßige) Reduzierung von Pflichtteilsansprüchen,
- Reduzierung der Erbschaftsteuerbelastung.

86 Aus den spezifischen Zweckbestimmungen ergibt sich regelmäßig die Notwendigkeit, in den Satzungen individuelle Vorkehrungen zu treffen.

III. Anerkennungsverfahren

Der Anerkennung zeitlich vorgelagert sind das eigentliche Stiftungsgeschäft (→ vgl. dort) und sodann die Stellung des Anerkennungsantrages bei der Stiftungsaufsicht. Erst aber mit der nachfolgenden Anerkennung gem. § 80 Abs. 1 BGB durch die zuständige Landesbehörde erlangt eine Stiftung ihre Rechtsfähigkeit. Die Stiftung hat einen Anspruch auf Anerkennung als rechtsfähiger Rechtsträger, m. a. W. der Stiftungsaufsichtsbehörde steht hier kein Ermessen zu. Die Dauer des Anerkennungsverfahrens ist höchst unterschiedlich und hängt neben einer Reihe von Faktoren u. a. auch davon ab, ob bereits im Vorfeld, z. B. bei der Abfassung der Stiftungssatzung, Kontaktaufnahmen mit der Stiftungsbehörde und im Falle der steuerbegünstigten Stiftung auch mit dem zuständigen Finanzamt erfolgt sind. Auch dann sollte aber mit einem Zeitraum von drei bis sechs Monaten gerechnet werden. 87

Die Anerkennung selbst wirkt nicht auf den Zeitpunkt der Vornahme des Stiftungsgeschäfts zurück. Anders als bei der Errichtung von Gesellschaften kommt in der Zeit zwischen Stiftungsgeschäft und Anerkennung nach überwiegender Meinung und der aktuellen Rechtsprechung keine Vorstiftung zustande. Die Anerkennung wirkt also konstitutiv. 88

▶ Will oder muss der Stifter zwischen dem Stiftungsgeschäft und der Anerkennung auch mit steuerlicher Wirkung bereits bindende Vermögensverfügungen treffen, so müssen alle Maßnahmen seitens des Stifters getroffen sein und letztlich muss nur noch der behördliche Anerkennungsakt selbst ausstehen. Dazu gehört also unbedingt die Einzahlung des Stiftungskapitals auf ein gesondertes Treuhandkonto der künftigen Stiftung. Kommt es aber später trotzdem nicht zu einer Anerkennung, fällt die Interimskonstruktion in sich zusammen. Um nicht die problematische Rechtsfigur der »Vorstiftung« bemühen zu müssen, kann in eiligen Fällen vorab eine nichtrechtsfähige Stiftung errichtet werden, die sogar als gemeinnützig anerkannt werden kann. Nach Anerkennung der rechtsfähigen Stiftung wird auf sie das Vermögen der nicht rechtsfähigen Stiftung nach den zivilrechtlichen Vorschriften zur Übertragung von Vermögensgegenständen übertragen. 89

Zwischen Stiftungsgeschäft und Anerkennung der Stiftung kann der Stifter oder gem. § 1922 BGB seine Erben die Ausführung des Stiftungsgeschäfts grundsätzlich widerrufen (§ 81 Abs. 2 S. 1BGB). Auf dieses Widerrufsrecht kann der Stifter nach überwiegender Meinung weder verzichten, noch kann es abbedungen werden. Ist allerdings der Antrag des Stifters auf Anerkennung erst einmal bei der Stiftungsaufsichtsbehörde eingegangen, ist auch der Widerruf des Stiftungsgeschäfts dort ausdrücklich oder z. B. durch die Rücknahme des Anerkennungsantrages zu erklären (§ 81 Abs. 2 S. 2 BGB). Widerruft der Stifter oder seine Erben, ist die Entstehung der Stiftung ab Widerruf oder, nach Antragstellung, ab Zugang des Widerrufs bei der Stiftungsaufsicht ausgeschlossen. Soll die Stiftung schließlich doch noch errichtet werden, muss das Antragsverfahren also erneut eingeleitet werden. Der Widerruf des Widerrufs verhilft nicht zum Ziel. 90

91 Ausgeschlossen ist der Widerruf durch die Erben gem. § 81 Abs. 2 S. 3 BGB mit dem Tod des Stifters, wenn dieser selbst noch den Antrag auf Anerkennung eingereicht hatte oder, wenn das Stiftungsgeschäft notariell beurkundet wurde und der Notar den Auftrag erhielt, den Anerkennungsantrag zu stellen.

92 Nach Entstehen der Stiftung ist der Widerruf oder die Rücknahme nicht mehr möglich. Dieses Recht steht dann auch dem Stifter selbst nicht mehr zu. Eine Beseitigung der Rechtswirksamkeit wäre zu diesem Zeitpunkt allenfalls noch durch die Ausübung von Anfechtungsrechten oder durch die Aufhebung möglich.

93 Grundsätzlich hängt die Zuständigkeit eines Bundeslandes von dem in der Satzung festgelegten Stiftungssitz ab. Die Zuständigkeit der jeweiligen Anerkennungsbehörde (vgl. Teil 6 Dokumentation) bestimmt sich nach Landesstiftungsrecht.

94 ▶ Der Wohnsitz des Stifters hat grundsätzlich keine Auswirkung auf die Wahl des Stiftungssitzes. Sofern sich eine Anknüpfung zu dem gewählten Sitzland herstellen lässt, kann der Stifter über den Sitz entscheiden.

95 Folge der Anerkennung ist lediglich die Entstehung der Stiftung, etwaige Mängel des Stiftungsgeschäfts werden in diesem Zusammenhang allerdings nicht geheilt.

1. Antragstellung

96 Die Anerkennung der Stiftung setzt eine Antragstellung durch den Stifter, den Testamentsvollstrecker oder eine andere mit der Stiftungsgründung bevollmächtigte Person voraus. Bei einer Stiftungserrichtung von Todes wegen teilt das Nachlassgericht der Stiftungsaufsicht die Errichtung mit, wenn dies weder durch einen Testamentsvollstrecker noch durch die Erben erfolgt ist (§ 83 S. 1 BGB). Für die künftige Stiftung kann entsprechend §§ 1912, 1913 BGB ein Pfleger bestellt werden.

97 Mehrere Stifter stellen einen gemeinsamen Antrag. Der Antrag auf Anerkennung wird bei den Aufsichtsbehörden vor allem im Hinblick auf die ausreichende Vermögensausstattung und die Einhaltung formaler Voraussetzungen (insbesondere der Stiftungssatzung) überprüft. Liegen die rechtlichen Anerkennungsvoraussetzungen vor, besteht ein Rechtsanspruch auf Anerkennung. Spätestens zur Anerkennung müssen auch die Einverständniserklärungen aller benannten Organmitglieder (Vorstände und Kuratoren) vorliegen.

98 ▶ Die Stiftungsaufsicht will in aller Regel auch einen Beleg für die erfolgte (Geldzuwendung) oder zumindest eingeleitete (Sachzuwendung) Übertragung des Vermögens auf die Stiftung bereits im Zeitpunkt der Antragstellung sehen.

99 Der jeweilige Wortlaut des Antrags sowie Art und Anzahl der beizufügenden Unterlagen sind Ländersache und sollten stets vorher mit der Stiftungsaufsicht abgestimmt sein. In den meisten Fällen sind dem Antrag des Stifters oder seines Bevollmächtigten folgende Unterlagen beizufügen:

- Stiftungsgeschäft
  (Erklärung des Stifters über die Errichtung der Stiftung),

- Stiftungssatzung,
- Einzahlungsbeleg oder sonstiger Nachweis für die Aufbringung des Stiftungskapitals oder entsprechende Sicherheit,
- Zustimmung aller benannten Vorstände und ggf. auch der Kuratoriumsmitglieder.
- Nützlich im Sinne eines zügigen Anerkennungsverfahrens sind i. d. R. weiterhin folgende Nachweise:
- Wertnachweise im Falle von Sachzuwendungen (Grundstücke, Beteiligungen, Wertpapierdepots, Kunstsammlungen) auf das Grundstockvermögen (Stiftungskapital),
- Äußerung des zuständigen Finanzamts, zur Anerkennung der Stiftung als steuerbegünstigt,
- Depotauszüge bei Wertpapierübertragungen,
- Grundbuchauszüge bei Grundstücksübertragungen,
- Gesellschaftsverträge und Handelsregisterauszüge bei Übertragungen von Beteiligungen,
- Jahresabschlüsse der Beteiligungsgesellschaften,
- Zustimmung der Körperschaft, der im Falle der Stiftungsauflösung das Restvermögen zufallen soll.

Die Anerkennung durch die Stiftungsaufsicht verleiht der Stiftung uneingeschränkte 100
Rechtsfähigkeit, die sogar einem Rechtsmangel im Stiftungsgeschäft trotzt, obwohl sie ihn nicht eigentlich heilt. Ist das Stiftungsgeschäft in Ausnahmefällen unwirksam, kann die Stiftungsaufsicht die Anerkennung widerrufen und damit die Stiftung aufheben. Dies wird in der Fachliteratur dann für zulässig erachtet, wenn z. B. die Erben des Stifters das auf die Stiftung übertragene Vermögen herausverlangen können.

2. Registeröffentlichkeit, Vertreterbescheinigung

Mittlerweile sehen die Landesgesetze die Erfassung von Stiftungsneugründungen in 101
Stiftungsregistern vor. In Bayern veröffentlicht die Aufsichtsbehörde die Anerkennung jeder Stiftung zudem im Bayerischen Staatsanzeiger. Darüber hinaus wird sie in das vom Bayerischen Landesamt für Statistik und Datenverarbeitung geführte, allgemein zugängliche Stiftungsverzeichnis aufgenommen (vgl. Art. 4 BayStG). Nach § 12 NRW StiftG werden Stiftungen in das dortige öffentliche Stiftungsverzeichnis aufgenommen. Dieses führt das Innenministerium; das Stiftungsverzeichnis ist im Internet frei zugänglich (http://www.mik.nrw.de/nc/stiftungsverzeichnis-fuer-das-land-nrw/alle-stiftungen.html). Diesen Registern oder Verzeichnissen kommt allerdings kein öffentlicher Glaube zu, das heißt, das Vertrauen in die Richtigkeit und Vollständigkeit der enthaltenen Eintragungen ist nicht geschützt.

Anders als z. B. die im Handelsregister eingetragenen Geschäftsführer oder Prokuristen, 102
ergibt sich die Vertretungsberechtigung der Stiftungsvorstände lediglich aus einer sogenannten Vertretungsbescheinigung (vgl. Anhang), die ebenfalls die Stiftungsaufsichtsbehörde ausstellt. Die Stiftung hat einen Rechtsanspruch auf Erteilung der Bescheinigung für Vorstandsmitglieder und in der Satzung vorgesehene besondere Vertreter. Dieses Zeugnis kann unmittelbar nach Anerkennung beantragt werden und dient der Legitimation der Mitglieder des Stiftungsvorstands im Rechtsverkehr mit Dritten.

3. Übernahme des Stiftungskapitals (Grundstockvermögens)

103 Nach Anerkennung der Stiftung hat die Stiftung einen einklagbaren Rechtsanspruch gegen den Stifter auf Übertragung des zugesagten Kapitals. Zumeist ist die Übertragung aber ohnehin im Zusammenhang mit der Errichtung bereits erfolgt. Die Stiftungsaufsichtsbehörden verlangen häufig mit der Antragstellung auch den Einzahlungsnachweis für das Stiftungskapital. Der Stifter andererseits hat ab diesem Zeitpunkt keinen Zugriff mehr auf das gestiftete Vermögen und grundsätzlich auch keinen Anspruch auf dessen Erträge, es sei denn, die Satzung sieht vor, dass ein Teil der Erträge an den Stifter bzw. seine Angehörigen ausgeschüttet wird.

104 ▶ Der Vorstand wird ab diesem Zeitpunkt regelmäßig Maßnahmen zur Vermögensübernahme oder -sicherung ergreifen müssen, insbesondere: Eröffnung eines Bankkontos und/oder Wertpapierdepots, Stellung eines Antrages auf Erteilung eines vorläufigen Freistellungsbescheides (vgl. Teil 6 Dokumentation) für Körperschaft- und Gewerbesteuer beim zuständigen Finanzamt der Stiftung (Finanzamt für Körperschaften), Annahme des Stiftungskapitals in der gesetzlich erforderlichen Form, z. B. der notariellen Form bei Grundvermögen oder GmbH-Geschäftsanteilen, Beantragung eines Erbscheins bei Erbeinsetzung oder Errichtung von Todes wegen.

105 Als Stiftungskapital eignen sich grundsätzlich alle Vermögensgegenstände und Vermögenswerte: Geldvermögen, Grundstücke, Unternehmensbeteiligungen, Wertpapierdepots oder Kunstgegenstände. Zweckmäßigerweise wäre allerdings auf eine Vermögensmischung zu achten, die der Stiftung die Erzielung von Erträgen ermöglicht, um im Falle der privatnützigen Stiftung damit zumindest die eigenen Verwaltungskosten zu decken oder bei einer steuerbegünstigten Stiftung zudem Mittel zur Verfolgung des Stiftungszweckes bereit zu stellen.

106 Wird das zugesagte Stiftungskapital der Stiftung anders als in der Form von Barvermögen zugewiesen, z. B. durch Übertragung eines Grundstücks oder von Gesellschaftsanteilen, Kunstsammlungen oder von Nachlässen bzw. Vermächtnissen, ist neben einer ausführlichen Aufstellung der übernommenen Vermögensgegenstände (Inventar) auf einen möglichst gutachtengestützten, aktuellen und detaillierten Wertnachweis zu achten.

4. Kosten der Anerkennung

107 Nach Art. 27 BayStG ist lediglich die Anerkennung öffentlicher Stiftungen kostenfrei. Für die Anerkennung von Stiftungen des Privatrechts liegt die Kostenfestsetzung im Ermessen der Stiftungsaufsicht. In Bayern liegen die Gebühren für eine Familienstiftung mit einem Stiftungskapital von € 500.000 durchschnittlich bei ca. € 5.000. Darüber hinaus können Notar- und ggf. Rechtsanwaltskosten im Zusammenhang mit der Errichtung der Stiftung und der Übertragung des Vermögens auf die Stiftung entstehen. Diese Aufwendungen trägt in der Regel der Stifter.

108 ▶ Die Justizverwaltung erhebt in der Regel für den grundbuchmäßigen Vollzug von unentgeltlichen Zuwendungen an eine Stiftung, die mildtätigen oder wissenschaftlichen Zwecken dient, keine Gebühren.

IV. Stiftungsaufsicht

1. Stiftungsaufsichtsbehörden

Jede rechtsfähige, nicht ausschließlich private Zwecke verfolgende Stiftung untersteht in Bayern der Stiftungsaufsicht. In Nordrhein-Westfalen erstreckt sich die Stiftungsaufsicht auf jede rechtsfähige Stiftung bürgerlichen Rechts, die ihren Sitz in Nordrhein-Westfalen hat, für Stiftungen mit ausschließlich oder überwiegend privatem Zweck gilt die Stiftungsaufsicht nur eingeschränkt. Aufsichtsbehörde ist in Bayern die (örtlich) zuständige Regierung des betreffenden Regierungsbezirkes, in Nordrhein-Westfalen ebenfalls für privatrechtliche Stiftungen die Bezirksregierungen. 109

Im Übrigen ergibt sich aus dem jeweiligen Landesstiftungsgesetz, ob eine Aufsicht ausgeübt wird, welche Behörde hierfür zuständig ist und wie weit deren Aufsichtspflicht reicht (→ vgl. Dokumentation). 110

Weiteres Kontrollorgan, nicht aber Stiftungsaufsicht im eigentlichen Sinne, ist die Finanzverwaltung (§§ 59, 60 AO). 111

Die Stiftungssatzung kann jedoch für Genehmigungs- und Anzeigeerfordernisse keine von den gesetzlichen Vorgaben abweichende Regelung vorsehen. 112

2. Funktion

Stiftungsaufsicht ist eine Folge der staatlichen Obhutspflicht und somit stets eine Angelegenheit der Rechtsaufsicht. Diese nimmt primär Informations- und Kontrollfunktionen wahr, mit der die Behörde rechtsformbedingt das Fehlen von Gesellschaftern oder Mitgliedern bei der Stiftung kompensieren muss. Als solche haben die Aufsichtsbehörden insbesondere darauf zu achten, dass die Tätigkeit der Stiftung stets innerhalb ihres Satzungszwecks bleibt und ihre Erträge dem satzungsgemäßen Stiftungszweck zugeführt werden. Die Vertreter der Stiftungsaufsichtsbehörden sind dennoch nicht berechtigt, unmittelbar an den Sitzungen der Stiftungsorgane teilzunehmen. Unzulässig wäre es für Vertreter der Stiftungsaufsichtsbehörden auch, als Mitglied eines Stiftungsorgans unmittelbar organschaftliche Rechte auszuüben. 113

Schuldhaftes Handeln der Stiftungsaufsichtsbeamten kann Haftungsansprüche begründen (§ 839 BGB, Art. 34 GG). 114

Gegen die Maßnahmen der Stiftungsaufsicht ist der Verwaltungsrechtsweg eröffnet (§ 40 VwGO). 115

3. Aufgabengebiete und Befugnisse

Die jeweiligen Landesstiftungsgesetze (→ vgl. Dokumentation) setzen aber durchaus unterschiedliche Aufgabenbereiche fest, insbesondere für die Stiftungsaufsicht über steuerbegünstigte Stiftungen. 116

117 Zu den Kernaufgaben der Stiftungsaufsicht (Art 11, 12 BayStG und § 6 Abs. 2 StiftG NRW) gehört die Überwachung von:

- Einhaltung des Stiftungszweckes,
- Beachtung des Stifterwillens,
- Bestand des Stiftungsvermögens,
- Verwendung der Stiftungserträge,
- Einhaltung der Satzungsbestimmungen,
- Beratung und Unterstützung der Stiftungsorgane bei der Erfüllung ihrer Aufgaben,
- Stärkung der Entschlusskraft und Selbstverantwortung der Stiftungsorgane.

118 Die Aufsicht dient dem Schutz der Stiftung und ggf. des öffentlichen Interesses. Nach nahezu einhelliger Auffassung in Schrifttum und Rechtsprechung dient die staatliche Stiftungsaufsicht dabei erklärtermaßen nicht der Durchsetzung privater Rechte oder Interessen. Ein Anspruch auf bestimmtes Tätigwerden der Aufsichtsbehörde besteht daher länderübergreifend zwar in eingeschränktem Umfange auch für die Stiftung selbst, im Übrigen jedoch weder für deren Organe, deren Begünstigte oder sonstige Dritte.

119 Verallgemeinernd lässt sich dazu festhalten, dass die Stiftungsaufsicht bei gemeinnützigen Stiftungen, im Vergleich zu nur privatnützig ausgerichteten, eine wesentlich ausgeprägtere Aufsichtsfunktion übernimmt. Dies ist letztlich darauf zurückzuführen, dass für die Errichtung und das Tätigwerden von Stiftungen, die ausschließlich privaten, z. B. Familienzwecken dienen, kein besonderes öffentliches Interesse festzustellen ist, so dass umfangreiche Schutzmaßnahmen durch staatliche Aufsicht letztlich nicht erforderlich sind. Die bayerische Stiftungsaufsicht beschränkt sich demzufolge im Bereich der nicht- gemeinwohlorientierten Stiftungen (sog. nicht »öffentliche« Stiftungen) lediglich auf die Prüfung der Voraussetzungen für die staatliche Anerkennung – quasi als eine Art »Eingangskontrolle«. In der Folgezeit nimmt die bayerische Stiftungsaufsicht jedoch keine weiteren Funktionen für nicht-gemeinwohlorientierte Stiftungen wahr. In Nordrhein-Westfalen unterliegen Stiftungen, die überwiegend privaten Zwecken dienen, nur insoweit beschränkt der Stiftungsaufsicht, als es sicherzustellen gilt, dass die Betätigung des Rechtsträgers nicht möglicherweise gesetzlich geschützten, öffentlichen Interessen zuwider läuft (vgl. § 6 Abs. 3 StiftG NRW).

120 Die Stiftungsaufsichtsbehörden haben zur Erfüllung ihrer Aufgaben im Wesentlichen folgende – nicht ländereinheitlich (→ Einzelheiten vgl. Dokumentation) geregelte – Befugnisse:

Abberufung von Organmitgliedern	Einer der härtesten Eingriffe in die Organisationsstruktur der Stiftung bei groben Pflichtverletzungen der Organmitglieder, zerstörter Vertrauensbeziehung, Unfähigkeit zur Geschäftsführung.
Anordnung	Aufforderung zu einem bestimmten Handeln
Aufhebungsverfügung/Einzelmaßnahme	Rückgängigmachung einer Maßnahme durch die Aufsichtsbehörde selbst

Aufhebungsverfügung/Stiftung	Grds. nur zulässig wenn keine Zweckänderung oder Zusammenlegung möglich
Beanstandung	Einfache Aufforderung zur Änderung oder Rückgängigmachung eines Fehlverhaltens oder einer Fehlentscheidung – mildestes Mittel
Ersatzvornahme	Handeln durch Aufsichtsbehörde sofern Anordnung nicht befolgt wurde
Genehmigung von Einzelgeschäften	Wirksamkeitserfordernis
Genehmigung von Satzungsänderungen	Wirksamkeitserfordernis
Schadensersatzansprüche gegen Organmitgliedern	Durchsetzung von Ansprüchen der Stiftung gegen Organmitglieder
Überwachung der lfd. Stiftungstätigkeit	Informations- und Kontrollanforderungen
Untersagung der Funktionsausübung	Milderes Mittel gegenüber Abberufung
Widerruf	Nur bei unwirksamen Stiftungsgeschäft möglich
Zusammenlegung von Stiftungen	Grds. nur, wenn keine Zweckänderung möglich
Zweckänderung	Zwangsmittel, nur eingeschränkt zulässig § 87 BGB
Zwangsgeldfestsetzung	Sofern Anordnungen nicht nachgekommen wird – die Anordnung richtet sich gegen die Stiftung

Die Rechtsprechung billigt der Stiftungsaufsicht bei der Ausübung ihrer Aufgaben ein Initiativrecht zu. Die Stiftungsaufsicht kann insbesondere Genehmigungen oder Untersagungen aussprechen, bis hin zur Untersagung, Rechte als Stiftungsorgan wahrzunehmen. Die Befugnisse sind insbesondere dort besonders effektiv ausgestaltet, wo die Erfüllung des Stiftungszwecks unmöglich geworden ist oder das Gemeinwohl gefährdet erscheint. 121

4. Besondere Anzeige- und Genehmigungspflichten

Bestimmte Rechtsgeschäfte bedürfen der Anzeige an oder der Genehmigung durch die Aufsichtsbehörde (z. B. § 7 Abs. 2 StiftG NRW; Art. 19 BayStG). Dies ist allerdings nicht ländereinheitlich geregelt (→ vgl. Dokumentation). Zu diesen Geschäften gehören immer bzw. häufig: 122

- Änderungen der Stiftungssatzung (soweit möglich),
- Annahme von Zustiftungen, insbesondere, wenn sie mit einer Last verknüpft sind,
- Genehmigungspflichtige Einzelgeschäfte, z. B. Grundstücksgeschäfte oder höhere Vermögenswerte,

- Veräußerung oder wesentliche Veränderung von Vermögensgegenständen, die einen besonderen wissenschaftlichen, geschichtlichen oder künstlerischen Wert haben, sowie
- Abschluss von Bürgschaftsverträgen, die ein Einstehen für fremde Schuld zum Gegenstand haben.

123 Bestehen für die Stiftungsorgane Zweifel, ob eine geplante Maßnahme genehmigungs- oder anzeigepflichtig ist, empfiehlt es sich bei bedeutsameren Vorhaben, nicht nur bei der Stiftungsaufsicht anzufragen, sondern sich vor Durchführung der Maßnahme sogar ein sog. Negativattest der Behörde einzuholen.

124 ▶ Der Antrag auf Genehmigung muss allerdings regelmäßig nicht nur eine aussagekräftige Beschreibung des geplanten Vorhabens sowie eine ausführliche Begründung vorweisen. Zweckmäßigerweise werden auch alle entsprechende Gremienbeschlüsse sowie sonstige Unterlagen, z. B. Verträge zugleich mit Antragstellung vorgelegt.

125 Die Genehmigung durch die Stiftungsaufsicht ist Wirksamkeitserfordernis für die jeweilige Maßnahme. Wird die Genehmigung schließlich erteilt, wirkt sie auf den Zeitpunkt zurück, zu dem die beantragte Rechtshandlung vorgenommen wurde. Ohne diese Genehmigung wäre die Rechtshandlung des Stiftungsorgans (schwebend) unwirksam, §§ 182 ff. BGB. Die erteilte Genehmigung vermag jedoch nicht etwaige Mängel der Rechtshandlung selbst zu heilen. Genehmigt oder versagt die Aufsichtsbehörde die beantragte Maßnahme, so liegt darin ein zumindest für steuerbegünstigte Stiftungen meist kostenfreier Verwaltungsakt.

126 Entscheidungen der Stiftungsaufsicht sind meist kostenfreie Verwaltungsakte, gegen die der (kostenpflichtige) Verwaltungsrechtsweg einzuschlagen ist.

127 Weiterhin sind diverse Anzeigepflichten zu beachten, die sich in Bayern aus Art. 27 Abs. 2 BayStiftG ergeben. Hierzu gehören beispielsweise die Aufnahme von Darlehen sowie Rechtsgeschäfte, an denen ein Mitglied des Stiftungsorgans beteiligt ist.

128 In Nordrhein-Westfalen ist der Stiftungsvorstand gem. § 7 Abs. 2 StiftG NRW verpflichtet, beabsichtigte Veräußerungen oder Belastungen von Grundstücken und anderen Vermögenswerten anzuzeigen, wenn der Geschäftswert der Maßnahme ein Fünftel des Stiftungsvermögens und mehr als € 100.000 beträgt.

5. Vorlagepflichten der Stiftung

129 Ferner ist der Stiftungsaufsicht eine Jahresrechnung mit einer Vermögensübersicht und einem Bericht über die Erfüllung des Stiftungszwecks (→ Einzelheiten s. dort u. → Dokumentation) vorzulegen. So sehen beispielsweise Art. 16 Abs. 1 BayStG sowie § 7 Abs. 1 StiftG NRW vor, dass nach Ablauf des Geschäftsjahres innerhalb von 6 bzw. 9 Monaten ein Rechnungsabschluss zu erstellen und mit einer Vermögensübersicht sowie einem Bericht über die Erfüllung des Stiftungszwecks der Stiftungsaufsichtsbehörde vorzulegen ist.

6. Unterrichtungsbefugnisse

Die Stiftungsaufsichtsbehörde ist befugt, sich über alle Angelegenheiten der Stiftung zu unterrichten. Gem. Art. 12 Abs. 3 BayStG kann die Stiftungsaufsicht insbesondere Anstalten und Einrichtungen der Stiftungen besichtigen, die Geschäfts- und Kassenführung prüfen sowie Berichte und Akten einfordern. Zudem hat die Aufsichtsbehörde das Recht, notwendige Maßnahmen anstelle der Stiftung zu verfügen und zu vollziehen, wenn die Stiftung in einer ihr gesetzten angemessenen Frist den Anordnungen der Stiftungsaufsichtsbehörde nicht nachkommt (vgl. Art. 18 BayStG, § 11 StiftG Baden-Württemberg). 130

Weiterhin kann die Stiftungsaufsichtsbehörde die Entfernung eines Mitglieds eines Stiftungsorgans und die Bestellung eines neuen verlangen, wenn sich diese Person einer groben Pflichtverletzung schuldig gemacht oder zur ordnungsgemäßen Geschäftsführung unfähig ist. 131

C. Stiftungssatzung

132 Die Stiftungssatzung ist die Verfassung der Stiftung, die dieser für die Dauer ihres Bestehens weitestgehend unverändert den Rahmen ihres Handelns abstecken wird. Der Satzungsinhalt, wie er in § 81 Abs. 1 Satz 3 BGB festgelegt ist, bildet die Voraussetzung für die Anerkennung der Stiftung als rechtsfähige juristische Person. Sind diese Anforderungen erfüllt, kann die Anerkennung einer Stiftung als rechtsfähig nicht mehr deshalb versagt werden, weil das betreffende Landesrecht möglicherweise weitergehende inhaltliche Anforderungen festlegt. Soweit die Landesgesetze abweichende Regelungen enthalten (→ vgl. Dokumentation), sind diese nach Art. 72 Abs. 1 GG unwirksam. Für die steuerbegünstigten Stiftungen hat die Finanzverwaltung als Anlage zu § 60 Abs. 1 S. 1 AO eine überarbeitete Mustersatzung herausgegeben (→ vgl. Dokumentation), die die insoweit zwingenden Besonderheiten der Gemeinnützigkeit enthält. – Eine möglichst wortgenaue Verwendung der vorgegebenen Festlegungen ist unabdingbar, soweit sie auf den Fall der konkreten Stiftung zutreffend sind. Abweichungen werden beispielhaft aufgezählt. Insgesamt ist die Mustersatzung jedoch zu knapp, um alle darüber hinaus inhaltlich alle erforderlichen Regelungen einer Stiftung abbilden zu können.

133 Ausgangsbasis für die Abfassung einer Stiftungssatzung ist die Antwort des Stifters auf die Fragen: **Was** soll meine Stiftung tun, **wie** soll sie es tun, **wie** soll sie dieses Tun finanzieren und **wer** soll handeln.

134 Die Satzung muss somit folgende Regelungsbereiche enthalten:

- den Namen,
- den Sitz,
- den Zweck,
- das Vermögen,
- die Bildung des Vorstands,
- die Art und Weise der Verfolgung steuerbegünstigter Zwecke.
- Steuerliche Regelungen zur Gemeinnützigkeit

135 Eine Erweiterung der Satzung durch den Stifter ist zulässig, wünschenswert und für eine dauerhaft funktionsfähige Stiftung schließlich auch unerlässlich. Bei der inhaltlichen Ausgestaltung der Regelungen ist der Stifter frei. Ausgenommen davon sind bei steuerbegünstigten Stiftungen alle Textpassagen, die Fragen der Gemeinnützigkeit betreffen.

136 ▶ Die aufgelisteten Mindestanforderungen an die Stiftungssatzung sind für eine funktionsfähige Stiftung eindeutig unzureichend und können ihr keine dauerhafte Basis für ihr Tätigwerden bieten. Es kann nicht deutlich genug auf die Wichtigkeit einer differenzierten und individuell für Stiftung und Stifter konzipierten Satzung hingewiesen werden, die ganz maßgeblich zu einem effizienten Stiftungsmanagement und dem Stiftungserfolg beitragen.

Regelmäßig zweckmäßige Ergänzungen bilden insbesondere die Vorschriften über: 137

- Bestimmung zur Bestandserhaltung des Stiftungskapitals,
- Vorgaben für die Verwaltung des Stiftungsvermögens,
- Bestimmung der Stiftungsorgane,
- Beschreibung der Rechte und Pflichten des Vorstandes,
- Zusammensetzung, Bestellung, Dauer und Beendigung des Vorstands,
- Einberufung, Beschlussfähigkeit und Beschlussfassung des Vorstands,
- Beschreibung der Rechte und Pflichten des Kuratoriums,
- Zusammensetzung, Bestellung, Dauer und Beendigung des Kuratoriums,
- Einberufung, Beschlussfähigkeit und Beschlussfassung des Kuratoriums,
- Mehrheitserfordernisse,
- Sonderrechte des Stifters, der Stifterfamilie, bestimmter Angehöriger des Stifters,
- Sonderregelungen für Destinatäre,
- Bestimmungen des Stifters zur Wirtschaftsführung und Verwaltung des Stiftungsvermögens,
- Bestimmungen zur Auslegung der Satzung,
- Bestimmungen zur Änderung des Stiftungszweckes,
- Ermächtigung zu sonstigen Satzungsänderungen,
- Ermächtigungen zu Kooperationen, Umwandlung oder Auflösung,
- Vermögensanfall nach der Auflösung.

I. Name

Für die Identität und den »Wiedererkennungswert« ist der Name der Stiftung in der 138 täglichen Praxis von tragender Bedeutung. Der Stifter ist bei der Wahl des Stiftungsnamens grundsätzlich frei, wobei der Zusatz »Stiftung« im Namen nicht enthalten sein muss, wohl aber zumeist sein wird. Der Stifter ist bei der Namenswahl lediglich an die allgemeinen Vorschriften gebunden, wie sie in den Vorschriften des Handelsgesetzbuches und des Bürgerlichen Gesetzbuches zum Ausdruck kommen. Diese Normen besagen im Wesentlichen, dass keine namensgleichen und daher verwechslungsfähigen Stiftungen entstehen sollen. Im Rahmen dieser Vorschriften ist der Name der rechtsfähigen Stiftung dann auch geschützt.

▶ Oftmals wählt der Stifter seinen eigenen Namen als Stiftungsnamen, der dann auch 139 nach dem Tod des Stifters dauerhaft fortgeführt wird. Bei gemeinnützigen Stiftungen empfiehlt sich in Hinblick auf die Vielfalt der Stiftungszwecke oft auch ein Hinweis auf diesen Stiftungszweck bereits im Namen, wie bspw. »Herz für Herz – Stiftung für Leben!« oder »Deutsche Stiftung Denkmalschutz« oder »Hilfe für die bedrohte Tierwelt«. Ein weiterer Vorteil liegt darin, dass potentielle Spender sofort erkennen können, ob sich ihre Intentionen mit denen der Stiftung decken und sie den Stiftungszweck mit einer Spende unterstützen wollen.

II. Sitz der Stiftung

Der Stiftungssitz ist in der Praxis frei wählbar und bestimmt zugleich, welches 140 Bundesland für die Anerkennung zuständig ist und welcher Rechtsrahmen auf landesgesetzlicher Ebene von der Stiftung zu beachten sein wird (→ vgl. Dokumentation).

141 ▶ Der Sitz der Stiftung ist zunächst einmal der sog. Rechtssitz, also der Sitz der Errichtung, wie er auch in der Satzung festgelegt ist. Davon abweichend kann die Stiftung ihren Geschäfts- oder Verwaltungssitz, also ihr Büro, selbst frei bestimmen und ändern. Eine Änderung der Stiftungsaufsicht ist damit regelmäßig nicht verbunden.

142 Erforderlich für die Wahl des Stiftungssitzes ist lediglich, dass ein gewisser tatsächlicher Bezug (z. B. Stiftungszweck, Ort der Zweckverwirklichung, Lage des Stiftungsvermögens etc.) zum Ort des Sitzes, zu Tätigkeit, Vermögen oder den Organen der betreffenden Stiftung besteht oder geschaffen wird. Sollte nichts anderes bestimmt sein, gilt der Ort der Verwaltung (§ 83 S. 3 BGB) zugleich als Stiftungssitz. Im Übrigen ist im Zweifel der letzte Wohnsitz des Stifters im Inland zugleich auch als Sitz der Stiftung anzusehen (§ 83 S. 4 BGB).

143 ▶ Nachdem die Stiftung ihren Sitz nicht zwingend am (Wohn-) Sitz des Stifters nehmen muss, »lohnt« grundsätzlich ein Blick in die Landesstiftungsgesetze und natürlich auch auf die jeweilige Aufsichtspraxis, um sich das passende Umfeld auszusuchen. Spätere »Umzüge« der Stiftung gestalten sich regelmäßig sehr schwierig und sind von der konkreten landesgesetzlichen und aufsichtsrechtlichen Situation abhängig. Besser also: »Stiftungs-Shopping« statt »Stiftungs-Hopping«.

144 Die Verlegung des Stiftungssitzes stellt eine genehmigungspflichtige Satzungsänderung (→ vgl. dort) dar. Nach der Rechtsprechung erfolgt die Verlegung des Sitzes einer Stiftung durch Änderung der Stiftungssatzung und ist im Nachhinein nach Landesstiftungsrecht nur genehmigungsfähig, wenn die Auslegung des (historischen) Willens des Stifters, so wie er sich aus dem Stiftungsgeschäft und der vom Stifter vorgegebenen Satzung ergibt, zu dem Ergebnis führt, dass der Stifter bereits anfänglich mit einer Sitzverlegung einverstanden gewesen wäre. Zieht die Stiftung in ein anderes Bundesland, hat dies nicht nur zwingend die Genehmigung der abgebenden Aufsichtsbehörde, sondern oftmals auch die Genehmigung der aufnehmenden Stiftungsaufsicht zur Folge. Besonderheiten gelten für die Familienstiftung (→ vgl. dort).

III. Zweck der Stiftung

1. Festlegung des Stiftungszweckes

145 Der Stiftungszweck ist zentraler Bestandteil der Satzung und zugleich ultimativer Ausdruck des Stifterwillens, durch den er die Stiftung für die Dauer ihres Bestehens entscheidend prägt. Der Zweck kann entsprechend der Disposition des Stifters gemeinnütziger oder privater Natur sein und bestimmt damit die gesamte Ausrichtung der Stiftung, die selbst ja nicht »Herrin ihres Zweckes« sein kann.

146 ▶ Bei der Errichtung der Stiftung kommt es entscheidend auf ein ausgewogenes Verhältnis zwischen Stiftungszweck(en) und Höhe bzw. Zusammensetzung des Stiftungskapitals an.

Mit dem Zweck legt der Stifter auch die Stiftungsorganisation fest und lenkt und begrenzt die Tätigkeit der Stiftungsorgane. 147

Unter zivilrechtlichen Aspekten ist grundsätzlich jeder Zweck zugelassen, der mit der Rechtsordnung im Einklang steht, »gemeinwohlkonform« ist und sich im Rahmen der Rechtsordnung hält. Sollen der Stiftung aber die Vorteile der steuerbegünstigten Stiftung zugutekommen, muss der Stifter einen der Zwecke wählen, die das steuerliche Gemeinnützigkeitsrecht der Abgabenordnung akzeptiert (§§ 51, 52, 53 AO) und die Art ihrer Verwirklichung genau konkretisieren (§ 59ff AO). 148

▶ Wie weit oder eng der Stifter den Stiftungszweck fasst, bestimmt er letztlich selbst. Damit legt er aber auch zugleich den Spielraum fest, innerhalb dessen die Stiftungsorgane sich künftig bewegen können und innerhalb dessen vor allem auch die Stiftung sich an zeitbedingte Veränderungen anpassen kann. Möglich wäre, dass der Stifter den gemeinnützigen Zweck bezeichnet, die Art und Weise der Verwirklichung aber nur beispielhaft anführt. 149

Eine andere Ausgestaltung der Zweckbindung benötigen Stiftungen, die nur für einen zeitlich begrenzten Zweck (wie beispielsweise die Errichtung eines Denkmals u. ä.) gegründet werden, so sind zwischenzeitlich die sog. Verbrauchsstiftungen auf dem Vormarsch, kommen in der Praxis allerdings seltener vor. Letztlich widersprechen Verbrauchsstiftungen (→ vgl. dort Stiftungsvermögen) dem auf Dauer ausgerichteten Wesen der Stiftung und sollten wohl durch besser geeignete Rechtsformen substituiert werden. Sofern ein Stifter beispielsweise eine Kirche renovieren oder ein Denkmal errichten möchte, kämen vorrangig in der Regel die Gründung einer unselbständigen Stiftung (→ s. dort) oder eines eingetragenen Vereins in Betracht. 150

Abhängig von der Größe des Stiftungsvermögens können mehrere Haupt- und Nebenzwecke (→ »gemischte Stiftung« oder → »Mehrzweckstiftung) definiert werden. Denkbar ist auch die Verfolgung mehrerer Zwecke, die nacheinander erfüllt werden sollen (→ vgl. Sukzessivstiftung). Der Stifter kann dabei auch Schwerpunkte setzen und eine zeitliche Reihenfolge festlegen. Ist die Stiftung steuerlich begünstigt, unterliegt nicht nur der Stiftungszweck sondern auch dessen Umsetzung den Vorgaben der Abgabenordnung. 151

▶ Dennoch sollte bei der Abfassung der Satzung in Rücksprache mit der Finanzverwaltung Wert darauf gelegt werden, »selbstsüchtige« Nebenzwecke der Stiftung wie etwa die dauerhafte Vermögenssicherung zur Erhaltung ihrer Ertragskraft in die Satzung aufzunehmen, um die Stiftungsorgane auf diese Ziele nachhaltig zu verpflichten. Zum Hauptzweck darf die Vermögenssicherung dabei allerdings nicht geraten, weshalb die ideelle Tätigkeit gegenüber der wirtschaftlichen auch stets die bestimmende bleiben muss. 152

Sofern der Stifter nicht ausdrücklich davon abweichende Vorstellungen entwickelt hat, sollte er in der Satzung vorsehen, dass die Stiftung ihren Zweck auch dadurch verwirklichen kann, dass sie die ihrer eigenen Zielsetzung entsprechenden Zwecke anderer Körperschaften fördert. Will der Stifter nicht generell so weit gehen, kann er den Stiftungsorganen eine satzungsmäßige Ermächtigung einräumen, die Zwecke auch in der 153

Form der Förderstiftung oder in Kooperation mit anderen steuerbegünstigten Körperschaften zu erfüllen.

154 Es kann in einem Fall bejaht, in dem der Stiftungszweck nach 8 Jahren erfüllt wurde.

2. Änderung des Stiftungszwecks

155 Der Stiftungszweck muss einerseits so eindeutig formuliert sein, dass er dauerhaft Maßstab und Richtlinie für das Handeln von Stiftungsvorstand und Aufsichtsbehörde sein und bleiben kann. Er sollte daher sorgfältig formuliert werden, um Rechtsunsicherheiten und Fehlinterpretationen, insbesondere nach Ableben des Stifters, zu vermeiden. Andererseits dürfte es zweckmäßig und ratsam erscheinen, keine zu enge Formulierung zu wählen, um den Stiftungsorganen den notwendigen Spielraum zu lassen, den Stiftungszweck auch unter stark gewandelten Bedingungen sinnvoll erfüllen zu können. Zu weit gefasste Stiftungszwecke laufen andererseits Gefahr, bei der Stiftungsaufsicht auf Zurückhaltung, oder gar Ablehnung zu stoßen. Selbstverständlich birgt ein zu weiter Stiftungszweck das Risiko, Auslegungen zuzulassen, die dem eigentlichen Willen des Stifters widersprechen. Dieses Problem stellt sich verschärft zu einer Zeit, zu der der Stifter selbst nicht mehr korrigierend eingreifen kann.

156 ▶ Bewährt hat sich in der Praxis eine Kombination aus einem eher allgemein gehaltenen Stiftungszweck als Satzungsbestandteil und Anweisungen des Stifters zur Auslegung und Anwendung der Satzung in der Form von Richtlinien oder Geschäftsanweisungen bzw. Geschäftsordnungen (→ s. dort) außerhalb der Satzung. Der Vorteil liegt auf der Hand: Bei gleichzeitigem Schutz des Stifterwillens vor späterer »Organwillkür« bietet diese Zweiteilung dennoch genügend Spielraum für eine Anpassung an künftige Entwicklungen. Derartige Geschäftsordnungen können durch entsprechende Mehrheitserfordernisse, z. B. 75 v. H. oder z. B. Einstimmigkeit in der Beschlussfassung von Vorstand und Kuratorium, im Falle von Änderungsbeschlüssen zudem hinlänglich änderungsresistent gemacht werden.

157 Der bei Errichtung im Stiftungsgeschäft als Stiftungszweck niedergelegte Stifterwille kann nachträglich, ohne eine entsprechend in der Satzung konkretisierte generelle Änderungsbereitschaft des Stifters, nur noch eingeschränkt geändert werden. Dies gilt selbst dann, wenn der Stifter persönlich später den Stiftungszweck ändern, z. B. auch nur erweitern möchte. Maßgebend ist sein in der Satzung festgehaltener »historischer« Stifterwille bei Stiftungserrichtung, nicht etwa spätere Entwicklungen und Meinungsbildungen.

158 ▶ Der Stifter sollte sich in der Satzung das persönliche »Stifterrecht« vorbehalten, zu Lebzeiten nicht nur einfache Satzungsänderungen vornehmen, sondern auch den Zweck der Stiftung anpassen zu können. In der Satzung wäre weiter festzulegen, unter welchen Voraussetzungen auch künftige Stiftungsorgane eine Änderung des Stiftungszweckes vornehmen dürfen. Bei entsprechend konkreter Fassung könnte daraus evtl. sogar ein Anspruch der Stiftung auf Änderung durch die Stiftungsaufsicht erwachsen, ebenso ein Recht darauf, Änderungswünsche genehmigt zu erhalten.

Eine Ausnahme von der eingeschränkten Zweckänderung besteht dann, wenn die Erfüllung des Zwecks infolge wesentlich geänderter Verhältnisse nicht mehr möglich ist (§ 87 Abs. 1 BGB). 159

▶ Zweckänderungen sind nicht nur genehmigungspflichtig sondern bedürfen besonderer Umstände für eine Genehmigungsfähigkeit: Erst wenn die Zweckerreichung für die Stiftung unmöglich wird, kann ohne eine entsprechende Öffnungsklausel in der Satzung eine vorsichtige Anpassung des ursprünglichen Zweckes angestrebt werden. 160

(Zu den Anforderungen an eine gemeinnützige Stiftung → vgl. dort) 161

IV. Organe der Stiftung

Die Stiftung als solche ist ein reines verselbständigtes Zweckvermögen. Sie ist nur durch ihre Organe handlungsfähig. 162

1. Stifter

Der Stifter selbst ist gerade kein Organ der Stiftung. Nach der Errichtung der Stiftung fällt dem Stifter keine gesetzliche Funktion innerhalb der Stiftung mehr zu. Selbstverständlich kann der Stifter sich aber als Mitglied eines der Stiftungsorgane in der Satzung vorsehen. Er wird diese Funktion bei Stiftungserrichtungen unter Lebenden meistens auch übernehmen wollen, in der Praxis zusätzlich mit wichtigen satzungsmäßigen Sonderrechten ausgestattet. 163

Diese Sonderrechte des Stifters werden gemeinhin hinsichtlich der Dauer seiner Amtszeit als Funktion »auf Lebenszeit« oder hinsichtlich der Gewichtung seines Stimmrechts ausgestaltet. Üblich sind dabei Rechte, die ihm einen besonderen Einfluss sichern, wie: 164

- doppeltes Stimmrecht,
- Vetorecht,
- Zustimmungsvorbehalt zu Einzelgeschäften,
- Benennungs-, Besetzungs-, Abberufungsrechte,
- Änderungsvorbehalte hinsichtlich Satzungsänderungen.

Eine fortgesetzte Befugnis zur weiteren Gestaltung des einmal abgeschlossenen Stiftungsgeschäfts durch den Stifter ist damit aber grundsätzlich nicht mehr verbunden. Die Stiftung gehorcht dem in der Satzung verkörperten historischen Stifterwillen, dem gegenüber der jeweils mögliche aktuelle Stifterwille nur noch dort bestimmend in Erscheinung tritt, wo es um die Auslegung der Satzung, die Ausfüllung der geschaffenen rechtlichen und satzungsmäßigen Freiräume und die Ausübung vorbehaltener Rechte geht. In diesem Sinne prägt und gestaltet der aktive Stifter die Stiftung; er entwickelt entscheidend die auch für die nachfolgenden Stiftungsorgane wesentliche und maßgebliche Stiftungskultur. 165

▶ Zumeist finden sich in den Satzungen Regelungen, die sich auf die Lebenszeit des Stifters und ggf. bestimmter Angehöriger beziehen. Diese Bestimmungen können 166 angesichts der modernen medizinischen Versorgung für die Stiftung höchst problematisch werden und die Stiftung in ihrer Tätigkeit für lange Zeit lähmen. Sollen bestimmte beeinträchtigende oder gar ausschließende Lebenssachverhalte wie Betreuung oder Pflegebedürftigkeit des Stifters in der Satzung nicht angesprochen werden, so bietet sich oft die Aufnahme einer Altersgrenze an, bei der der Stifter aus den aktiven Funktionen z. B. in eine Art Ehrenvorsitz wechselt, dabei entweder seine Sonderrechte und Zustimmungsvorbehalte aufgibt, oder deren Ausübung auf »nachrückende« Familienmitglieder überträgt, damit die Stiftung auch ohne seine aktive Mitwirkung handlungsfähig bleiben kann.

2. Vorstand

a) Vorstandsmitglieder

167 Aufgrund zwingender gesetzlicher Vorgaben (§ 86 Satz 1 i. V. m. § 26 BGB) hat jede Stiftung zumindest ein Organ, nämlich den Vorstand. Als Vorstandsmitglied kommen natürliche oder juristische Personen in Betracht. Der Vorstand in seiner Gesamtheit ist der gesetzliche Vertreter der Stiftung (§ 26 Abs. 2 S. 1 BGB). Er führt in seiner Verantwortung die Geschäfte der Stiftung. Wie ein Treuhänder hat der Vorstand für das ihm anvertraute Stiftungsvermögen zu sorgen. Jegliche Form von Interessenkollision ist dabei auszuschließen.

168 Der Vorstand hat nach dem Gesetz mindestens ein Mitglied. Die Anzahl der Vorstandsmitglieder ist theoretisch nicht begrenzt. Die Satzung könnte sich z. B. an der Besetzung des Vorstandes von Aktiengesellschaften orientieren. Wie auch beim aktienrechtlichen Vorstand ist eine ungerade Anzahl von Mitgliedern aus Abstimmungsgründen vorzuziehen. Eine andere Erwägung gilt nur dann, wenn und solange z. B. der Stifter als Vorstandsmitglied mit Sonderrechten, wie z. B. doppeltes Stimmrecht als Vorsitzender, in Erscheinung tritt.

169 Die Größe der Stiftungsorgane, d. h. die Anzahl der Mitglieder eines Organs, sollte dem anfallenden organisatorischen Aufwand einerseits und dem Stiftungskapital andererseits entsprechen. Es ist daher sicher zweckmäßig, die Stiftungsorgane zumindest anfänglich eher klein und organisatorisch unkompliziert zu gestalten, so dass unnötige Reibungsverluste und Kosten vermieden werden können. Richtigerweise sieht die Stiftungssatzung für den Fall einer entsprechenden Entwicklung der Stiftung aber auch die Möglichkeit zur Erweiterung der Gremien bis zu einer festzulegenden Obergrenze vor, wenn die Handlungsfähigkeit der Stiftung zu einem späteren Zeitpunkt eine entsprechend gewachsene Organisationsstruktur erfordern sollte.

170 ▶ Ein Stiftungsorgan, bestehend aus einem einzigen Organmitglied ist auch deshalb nicht zu empfehlen, da die Stiftung im Verhinderungsfalle nicht handlungsfähig wäre. Hierauf weisen die Stiftungsaufsichtsbehörden bei der Errichtung auch regelmäßig hin. Bayerischer Praxis entspricht es beispielsweise, auf ein mindestens zweiköpfiges Gremium hinzuwirken.

b) Vorstandsaufgaben

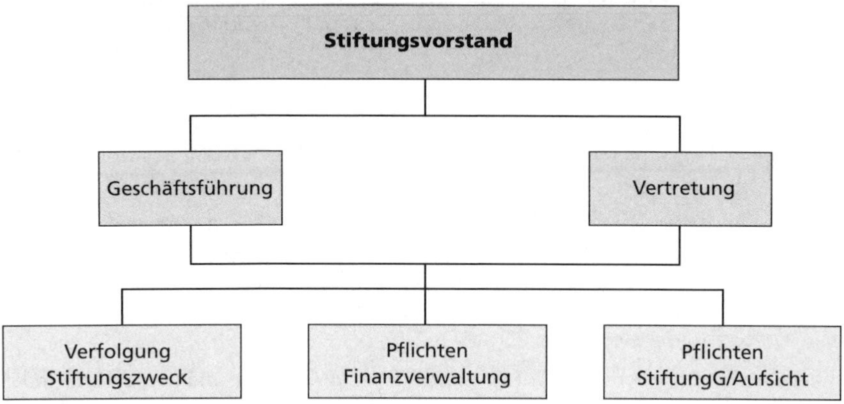

Die zentralen Aufgaben, die das Gesetz dem Vorstand zuweist, sind die: 171

- Vertretung der Stiftung im Rechtsverkehr und vor Gericht (§§ 86 S. 1, 26 Abs. 2 S. 1 BGB) sowie die
- Geschäftsführung der Stiftung (§§ 86, 27 Abs. 3, 662 ff. BGB)

Generell ist die Vertretungsmacht des Vorstands stets durch den Stiftungszweck selbst 172 begrenzt. Das bedeutet, dass der Vorstand keine Rechtsgeschäfte vornehmen darf, die erkennbar außerhalb des vom Stiftungszweck vorgegebenen Rahmens liegen. Beispielsweise ist der Vorstand einer den Naturschutz unterstützenden Stiftung nicht berechtigt, Erträge der Stiftung an ein Altenheim zu spenden. Insoweit würde er außerhalb seiner Vertretungsmacht handeln und müsste ggf. der Stiftung gegenüber haften.

Der Vorstand ist ein Kollegialgremium, das grundsätzlich in seiner Gesamtheit zum 173 gesetzlichen Vertreter der Stiftung berufen ist.

Die Stiftungssatzung regelt, ob die einzelnen Vorstandsmitglieder Einzel- oder Gesamt- 174 vertretungsbefugnis haben. Die damit verbundenen Entscheidungsbefugnisse können dem Vorstand weder durch die Satzung entzogen noch einem anderen Organ zugewiesen werden. Wird die Stiftung ihrerseits in Anspruch genommen, ist jedes einzelne Vorstandsmitglied allerdings allein zur Vertretung berufen. Die Vertretungsbefugnisse des Vorstandes im Rechtsverkehr oder seine Befugnis zur Geschäftsführung können allerdings eingeschränkt oder überwacht werden (§ 28 Abs. 2 S. 2 BGB). Eine »satzungsdurchbrechende« Generalvollmacht kann einzelnen Vorstandsmitgliedern durch das Stiftungsorgan selbst nicht erteilt werden.

Einzelne Landesstiftungsgesetze (→ vgl. Dokumentation) beschränken von vornherein 175 die Vertretungsmacht des Vorstandes und unterwerfen bestimmte Rechtsgeschäfte zudem der aufsichtsbehördlichen Genehmigung (Art. 27 BayStG, § 8 Abs. 1 S. 2 StiftGNRW) soweit die Stiftung nicht nur privaten Zwecken dient. Die davon betroffenen Rechtsgeschäfte werden dann meist erst mit der Genehmigung, jedoch rückwirkend auf den Zeitpunkt ihrer Vornahme wirksam. Ob dieses Erfordernis damit nicht in Widerspruch zu einer abschließenden bundesgesetzlichen Regelung tritt, ist derzeit noch nicht völlig geklärt und muss daher vom Vorstand in entsprechenden Fällen aufgegriffen werden.

176 Art. 19 BayStG beschränkt z. B. von vornherein die Vertretungsmacht des Vorstandes und unterwirft damit bestimmte Rechtsgeschäfte der aufsichtsbehördlichen Genehmigung. Diese Regelung könnte jedoch wegen Verstoßes gegen vorrangiges Bundesrecht unwirksam sein.

177 Nicht unumstritten ist auch die Frage, ob der Rechtsverkehr, der mangels Stiftungsregister eine solche Einschränkung im Regelfalle nicht erkennen kann, diese Begrenzung stets oder nur bei positiver Kenntnis gegen sich gelten lassen muss. Nach überwiegender Ansicht des Schrifttums wird richtigerweise der Schutz des Rechtsverkehrs in den Vordergrund gestellt.

178 Interessenkonflikte zwischen Stiftung und Vorstand sind aufgrund seiner Treuhänderstellung auszuschließen. Ein Vorstandsmitglied gilt daher in entsprechender Anwendung des § 34 BGB als nicht stimmberechtigt, sofern der Beschlussgegenstand sein Verhältnis zur Stiftung betrifft oder Auswirkungen darauf hat.

179 Sieht die Stiftungssatzung keine Befreiung vom Verbot des Selbstkontrahierens (§ 181 BGB) vor, kann der Vorstand als Vertreter der Stiftung mit sich selbst keine rechtswirksamen Geschäfte tätigen, sofern es sich nicht nur um das Begleichen einer Verbindlichkeit handelt oder das Geschäft für die Stiftung lediglich rechtlich vorteilhaft ist. In aller Regel sehen die Landesstiftungsgesetze daher für »Insichgeschäfte« zwischen Organmitgliedern und der von ihnen vertretenen Stiftung einen Genehmigungsvorbehalt vor.

180 Im Übrigen bestimmt die Satzung das jeweilige Aufgabenspektrum des Vorstandes. Hierzu gehören üblicherweise:

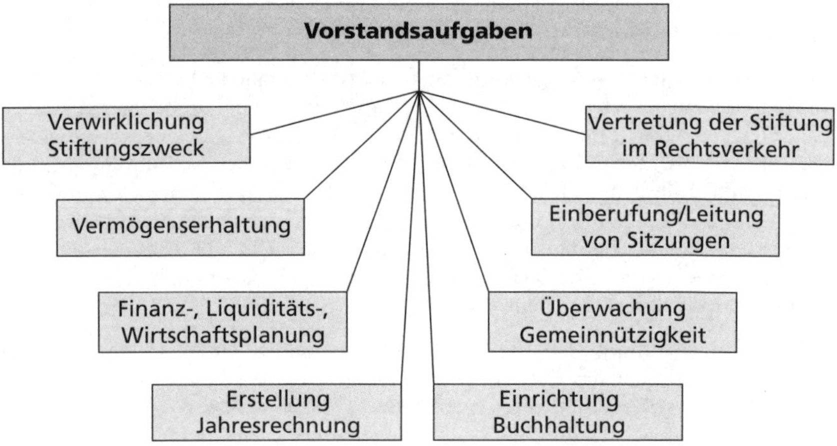

Die wichtigsten Geschäftsführungsaufgaben des Vorstands betreffen somit: 181

- Entwicklung von Projekten,
- Begutachtung und Entscheidung von Förderanträgen,
- Anlage des Stiftungskapitals,
- Verwaltung des Stiftungsvermögens,
- Steuerung oder Überwachung der Durchführung von satzungsgemäßen Projekten,
- Pflege und Bindung von Spendern und Gewinnung neuer Spender oder Sponsoren,
- Akquisition von Zuwendungen,
- Bescheinigung von Zuwendungen,
- Dokumentation der Stiftungstätigkeit,
- Organisation von Veranstaltungen,
- Pressearbeit, Marketing,
- Einweisung und Kontrolle von Hilfspersonen, insbes. ehrenamtlichen Mitarbeitern,
- Einrichtung und Aufrechterhaltung eines geordneten Rechnungs- und Berichtswesens (Buchhaltung, Jahresbericht),
- Erstellen einer Jahres(ab)-rechnung,
- Unterrichtung der Stiftungsaufsicht (und der Finanzverwaltung) über die laufende Stiftungstätigkeit, Einhaltung von Genehmigungs- und Anzeigepflichten,
- Erfüllung laufender steuerlicher Pflichten, auch in Hinblick auf die persönliche Haftung nach § 69 AO,
- Vorbereitung und Durchführung von Sitzungen der Stiftungsorgane,
- Erstellen von Sitzungsprotokollen,
- Durchführung von Gremienbeschlüssen,
- Vertretung der Stiftung vor Gericht.

Wird neben dem Vorstand kein weiteres Organ der Stiftung bestellt, hat der Vorstand zudem sämtliche mit der Stiftung verbundene Aufgaben grundsätzlich selbst, das heißt in eigener Verantwortung zu erledigen. Hieran ändert sich auch nichts, wenn der Vorstand eine durch Satzung oder Beschluss geschaffene, hauptamtliche Geschäftsführung (§§ 86, 30 BGB) als besonderen Vertreter beauftragt. 182

Wichtig ist ferner, dass die Aufgaben- und Kompetenzverteilung sowohl zwischen den Organmitgliedern als auch zwischen den Organen selbst in der Satzung eindeutig geregelt ist. Stiftungen mit geringer Geschäftstätigkeit werden anfänglich nur den Vorstand besetzen, die Möglichkeit der Bestellung eines Aufsichts- und Kontrollorgans sollte aber zumindest von der Satzung vorgesehen werden. Dagegen können bei Stiftungen mit umfangreicher Geschäfts- oder Spendentätigkeit durchaus von Anfang an zwei Organe tätig werden. Idealerweise wird damit eine Zuweisung der Geschäftsführung an das eine Organ und die Übertragung von Kontrollaufgaben an das andere Organ verbunden. Im Übrigen kann für bestimmte Tätigkeiten, wie beispielsweise den Einsatz von Spendenmitteln, die Vergabe von Stipendien, die Beteiligung an Gemeinschaftsprojekten usw. die Einrichtung eines Fachbeirates als beratendes Organ sinnvoll sein. 183

c) Kosten des Vorstands

184 Kosten, die der Stiftung in Zusammenhang mit dem Vorstand entstehen, gehören zu den Kosten der Verwaltung; dazu ist aber auch derjenige Personal- und Sachaufwand zu rechnen, der der Stiftung bei der Verfolgung der Stiftungszwecke oder in Erfüllung ihrer gesetzlichen Informationspflichten entsteht. Diese Kosten sind nach den Vorgaben der meisten Landesstiftungsgesetze (z. B. Art 6 BayStG) so maßvoll wie möglich zu halten. Die Stiftung ist generell der sparsamen Wirtschaftsführung verpflichtet, auch, wenn sie nicht zu den steuerbegünstigten Stiftungen zählt.

d) Berufung, Amtsdauer

185 Satzungsmäßig festzulegen sind die Einzelheiten der Einberufungs- und Abstimmungsverfahren für die jeweilige Organentscheidung, die Amtsperiode des Mitglieds, Modalitäten der Bestellung und Abberufung von Mitgliedern, sowie Richtlinien für Auswahl bei der Besetzung des Organs. Der erste Stiftungsvorstand wird meistens noch vom Stifter selbst eingesetzt. Bestimmten Personen oder Mitgliedern eines bestimmten Personenkreises kann in der Satzung der Anspruch auf ein z. B. Vorstandsamt eingeräumt werden.

186 Zumeist behält sich der Stifter ein höchstpersönliches Besetzungsrecht vor. Weist die Satzung die Auswahl der Organmitglieder einem bestimmten Amtsträger zu, ist zu regeln, ob diese Zuweisung höchstpersönlicher Natur sein soll und dem aktuellen Amtsinhaber (auch nach dessen Ausscheiden) oder dem jeweiligen Inhaber des Amtes zusteht oder von der Institution nach deren üblichen Geschäfts- und Entscheidungswegen ausgeübt werden soll.

187 Die Bestellung des Organmitglieds wird erst mit seiner Annahme wirksam, die dem bestellenden Organ auch zugegangen sein muss.

188 Das Vorstandsmitglied scheidet aus mit Ablauf der Amtsdauer, wenn keine Wiederwahl erfolgt, bei Abberufung oder durch Niederlegung des Amtes. Für jeden dieser Beendigungsgründe sollte die Satzung präzise Regelungen enthalten. Das Vorstandsmitglied kann sein Amt jederzeit niederlegen, hat aber die Belange der Stiftung zu berücksichtigen, d. h. eine Niederlegung zur »Unzeit«, z. B. bei eingetretener Zahlungsunfähigkeit, wäre unzulässig.

189 Für spätere Veränderungen in der Zusammensetzung der Organe finden sich in der Praxis verschiedene Möglichkeiten:

- die Selbstergänzung durch eine festzulegende Beschlussmehrheit, der sog. »Kooptation«,
- die Ernennung durch eine festzulegende Beschlussmehrheit eines anderen Organs z. B. des Kuratoriums,
- die Nachbesetzung durch ein satzungsmäßiges Benennungsrecht, das einer bestimmten Person (deren Nachfolge dann aber einer weiteren, ausdrücklichen Regelung bedarf) oder dem jeweiligen Inhaber eines Amtes zuerkannt wird,

- ein Benennungsrecht bestimmter Behörden oder öffentlicher Einrichtungen (der Stiftungsaufsicht kann allerdings ein entsprechendes Benennungsrecht, gleich für welches Organ, nicht übertragen werden),
- die Bestellung des jeweiligen Inhabers einer bestimmten Funktion oder eines Amtes,
- die Bestellung eines bestimmten Mitglieds einer Familie.

Selbstverständlich sind regelmäßig Vorkehrungen zu treffen für den Fall, dass z. B. keine Beschlussmehrheiten zustande kommen, die Funktion bzw. das Amt nicht mehr existiert, die bezeichnete Person ausschlägt etc. Im Interesse der Stiftung, auf die sich längere Vakanzen regelmäßig nachteilig auswirken, sollte eine möglichst einfache, zumeist stiftungsnahe Lösung angestrebt werden; komplizierte Abstimmungsverfahren oder Zustimmungsvorbehalte sollten vermieden werden. Üblich ist selbstverständlich, dass der Stifter sich auch für die Nachbesetzung der Gremien zu seinen Lebzeiten die Zustimmung oder zumindest ein Veto-Recht vorbehält. 190

Im Übrigen empfiehlt es sich, dass der Stifter in der Satzung Qualifikations- oder Auswahlkriterien für die zu besetzenden Positionen festlegt. Dabei muss aber stets im Auge behalten werden, dass die Stiftung möglicherweise eine am Stiftungszweck ausgerichtete Qualifikation infolge einer Änderung des Stiftungszwecks nicht mehr benötigt oder die mit dem Ernennungsrecht ausgestattete Bezugsinstitution überdauern könnte und sich somit die Organmitglieder grundsätzlich auch aus anderen Bereichen sollten rekrutieren können. 191

▶ Ist ein anderes Organ zur Entscheidung über die Nachbesetzung berufen, muss selbstverständlich darauf geachtet werden, dass beiden Organen Amtsperioden von unterschiedlicher Länge zugeordnet sind. 192

Die übliche Amtsdauer des gewöhnlichen Vorstandsmitglieds liegt zwischen drei und fünf Jahren; der Stifter kann die Dauer gem. § 81 Abs. 1 Nr. 5 BGB aber nach seinen Vorstellungen gestalten. Die Handlungsfähigkeit der Stiftung ist dabei der oberste Maßstab. Amtsperioden von mindestens dreijähriger Dauer schaffen die nötige Kontinuität für die Stiftungstätigkeit. In diesem Sinne ist auch die Zulässigkeit einer oder mehrfacher Wiederwahlen zu sehen. Scheidet ein Organmitglied aus, kann die Satzung dem Nachrückenden eine volle Amtsdauer zuerkennen oder ihn lediglich für die restliche Zeit der bereits laufenden Amtsperiode des Vorgängers bestellen. Zum Erhalt einer funktionsfähigen Geschäftsführung und Vertretung sollte aber darauf geachtet werden, dass nicht alle Amtsperioden eines mehrköpfigen Organs zum selben Zeitpunkt enden, damit eine Kontinuität in der Amtsführung gewahrt werden kann. Bei Nachbesetzungen im Kooptationsverfahren verbietet sich ein einheitliches Amtende notwendigerweise, ist aber dennoch in Stiftungssatzungen immer wieder anzutreffen. 193

e) Beschlussfassung

Gesetzliche Vorgaben für das Zusammentreten des Vorstands und den Vorgang der Beschlussfassung bestehen nicht. Die Satzung sollte zweckmäßigerweise detaillierte Regelungen zur Binnenorganisation und zur Willensbildung ihrer Organe enthalten 194

195 ▶ Vorschriften zur Einberufung des betreffenden Organs haben vor allem praktikabel zu sein, da andernfalls die Nichteinhaltung programmiert ist. Fehler bei der Einberufung rächen sich durch die Nichtigkeit der getroffenen Beschlüsse, sofern es sich nicht zufällig um eine Vollversammlung handelt. Nur wenn demnach kein Mitglied eines mehrköpfigen Organs fehlt und keines den getroffenen Beschlüssen widerspricht, kann der Einberufungsfehler geheilt werden. Dieser Unsicherheit sollte kein Stifter seine Stiftung aussetzen.

196 Die Abstimmung im Vorstand unterliegt dem Mehrheitsprinzip und fordert dabei zumeist die absolute Mehrheit aller Stimmen, sofern die Satzung nichts Abweichendes dazu regelt. Häufig wird dem Stifter oder dem jeweiligen Organvorsitzenden in der Satzung ein Mehrstimmrecht zumindest für den Fall einer ansonsten vorliegenden Stimmengleichheit eingeräumt. Häufig anzutreffen ist dabei auch das sog. Vetorecht des Stifters bzw. der Stifterfamilie. Damit ist zwar kein Initiativrecht verbunden, der Stifter kann aber Beschlüsse des Vorstands auf diese Weise »zu Fall« bringen.

3. Stiftungsrat (Kuratorium, Beirat)

197 In der Stiftungssatzung können weitere Stiftungsorgane vorgesehen werden. Häufig wird der Stifter das Bedürfnis haben, ein fakultatives Beratungs- oder Kontrollorgan zu schaffen, das den Vorstand bei der Verwaltung der Stiftung unterstützt. In der Praxis sind sehr unterschiedliche Bezeichnungen anzutreffen, zumeist wird es als Beirat oder Kuratorium bezeichnet. Seine Funktion und sein Aufgabenbereich können sich an der Figur des aktienrechtlichen Aufsichtsrats oder dem Beirat einer GmbH orientieren oder natürlich auch durch den Stifter eine eigene, privatautonome Ausprägung erfahren. Der Eingriff in die Geschäftsführung der Stiftung und die Übernahme der Stiftungsvertretung sind allerdings eingeschränkt durch die unentziehbaren Befugnisse und Verantwortungsbereiche des Vorstandes.

a) Aufgaben und Befugnisse

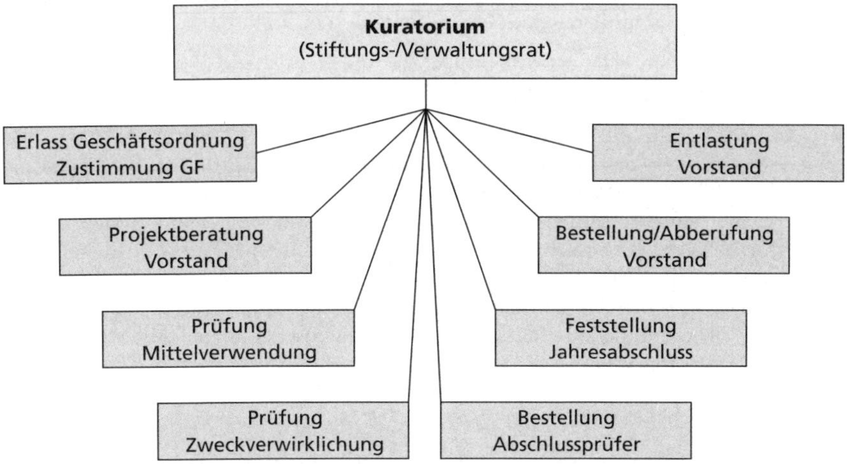

Die Aufgaben und die Befugnisse des Kuratoriums richten sich ausschließlich nach den ihm in der Satzung zugewiesenen Aufgaben und Kompetenzen. Die Aufgaben und Befugnisse des Kuratoriums kann der Stifter mit Ausnahme der Vertretungsbefugnis dabei grundsätzlich nach seinen Vorstellungen ausgestalten. Der Stifter kann dem Kuratorium auch echte Entscheidungsbefugnisse zuerkennen. Die Grenzen bestimmen sich anhand der gesetzlich vorgeschriebenen Aufgabenbereiche des Vorstandes. 198

In der Regel gehören dazu: 199

- Beratung des Vorstandes bei der Stiftungsverwaltung,
- Billigung der Jahresrechnung,
- »Entlastung« des Vorstandes,
- Kontrolle der Mittelverwendung,
- Prüfung und Verabschiedung des Haushaltsplans,
- Ernennung und Abberufung von Vorstandsmitgliedern,
- Überwachung der Geschäftsführung,
- Zustimmung zu bestimmten Geschäftsführungsmaßnahmen,
- Aufstellung einer Geschäftsordnung für den Vorstand,
- Aufstellung von Richtlinien für die Mittelverwendung (Vergabekriterien),
- Aufstellung von Anlagerichtlinien für den Erhalt des Stiftungskapitals,
- Überwachung des Risikomanagements,
- Überwachung der Einhaltung der Anlagerichtlinien,
- Repräsentation (nicht Vertretung) der Stiftung in der Öffentlichkeit.

Stiftungen mit geringer Geschäftstätigkeit werden anfänglich nur den Vorstand entsprechend besetzen, die Möglichkeit der Bestellung eines Aufsichts- und Kontrollorgans aber zumindest vorsehen. Dagegen können bei Stiftungen mit umfangreicher 200

Geschäfts- oder Spendentätigkeit durchaus von Anfang an zwei Organe tätig werden. Im Übrigen kann für bestimmte Tätigkeiten, wie beispielsweise die Vergabe von Stipendien, ein Fachbeirat als beratendes Organ sinnvoll sein.

201 Wichtig ist in jedem Falle, dass die Aufgaben- und Kompetenzverteilung sowohl zwischen den Organmitgliedern als auch zwischen den Organen selbst eindeutig geregelt ist.

202 ▶ Der Stifter sollte die Gelegenheit zur Überwachung von Wirtschaftlichkeit und Zweckmäßigkeit der Stiftungstätigkeit nutzen, da die Stiftungsaufsicht nur die Rechtmäßigkeit des Vorstandshandelns im Fokus hat. Mindestens sollte die Einrichtung eines entsprechenden Organs in der Satzung angelegt sein, damit eine Unterstützung und Kontrolle des Verwaltungsorgans für die Zeit nach dem Stifter gewährleistet ist. Zu Lebzeiten des aktiven Stifters hätte dieser allerdings die Möglichkeit, dem Kontrollorgan seine »Handschrift aufzudrücken« und somit nachfolgenden Organmitgliedern die Ausrichtung ihrer Entscheidungen und Maßnahmen erheblich zu erleichtern.

b) Besetzung des Kuratoriums

203 Wie schon im Falle des Vorstandes wird der Stifter regelmäßig und mit besonderem persönlichem Interesse die Erstbesetzung des Aufsichtsorgans vornehmen.

204 Bringt sich der Stifter in seine Stiftung noch zu Lebzeiten gestaltend ein, entscheidet er sich häufig für die Funktion des Vorsitzenden des Kontrollorgans. Eine Doppelbesetzung in beiden Organen zugleich ist auch für den Stifter nicht zulässig; Handlungs- und Kontrollverantwortung schließen einander aus. Selbstverständlich kann der Stifter aber, wie jedes andere Organmitglied in zeitlicher Abfolge, nacheinander aus dem Vorstand in das Kuratorium wechseln. Die umgekehrte Richtung wäre eher ungewöhnlich, aber durchaus zulässig.

205 ▶ In diesem Zusammenhang sollte möglichst bei der Abfassung der Satzung bereits entschieden werden, ob der Stifter entweder eine aktive Rolle im Vorstand, eine überwachende Funktion im Kuratorium oder gar keinen Einfluss auf die Stiftungsbelange vorziehen würde. Dies gilt es in besonderem Maße deshalb zu berücksichtigen, da der Stifter sich häufig in der Satzung »auf Lebenszeit« in dieser Funktion festgeschrieben sehen möchte. Will der Stifter diese anfängliche Entscheidung nicht treffen, muss demzufolge für den Fall eines Wechsels des Organs die satzungsgemäße Amtsperiode des Stifters im anderen Organ in gleicher Weise und Dauer vorgesehen sein.

206 Spätere Nachbesetzungen sind in der Satzung zu regeln. Die Verfahrensweisen entsprechen den in Zusammenhang mit dem Vorstand näher erörterten Möglichkeiten.

4. Vergütung, Aufwandsersatz bei Organmitgliedern

a) Vergütung

207 Die Tätigkeit der Vorstände und Aufsichtsräte kann entgeltlich oder unentgeltlich ausgestaltet sein. Die Tätigkeit ist jedoch grundsätzlich ehrenamtlich ausgestaltet, soweit

nicht die Satzung ausdrücklich eine Vergütung vorsieht. Die Vergütung ist jedenfalls aber auf ein angemessenes Maß beschränkt. Es ist zweckmäßig und ggf. unerlässlich, für jedes Stiftungsorgan hierzu eine Regelung in der Stiftungssatzung zu treffen.

▶ Neben dieser generellen Vergütungsregelung (jedoch ohne Nennung eines konkreten Betrags) sollte in der Satzung zudem eine Ermächtigung zur Umstellung von der nebenberuflichen auf eine hauptamtliche Tätigkeit enthalten sein, damit die Stiftung sich an ihre veränderten Bedürfnisse, z. B. bei wachsenden Tätigkeitsfeldern anpassen kann. So könnte z. B. das Kuratorium mit einer festzulegenden Beschlussmehrheit eine konkrete Vergütung für den Vorstand bzw. einzelne Mitglieder festlegen, wenn der Umfang der Geschäftstätigkeit der Stiftung einen hauptamtlichen Vorstand in Voll- oder Teilzeit benötigt. 208

Kann danach durch den Stiftungsrat für den Vorstand eine konkrete Vergütungsvereinbarung getroffen werden, sollte hierüber regelmäßig ein schriftlicher Vertrag abgeschlossen werden, auch, wenn nicht alle Landesstiftungsgesetze dieses Erfordernis aufstellen (→ vgl. Dokumentation). 209

▶ Die Satzung sollte unbedingt eine Regelung enthalten, wer die Stiftung bei Verträgen mit dem (oft einzigen) Vorstandsmitglied bzw. den Vorstandsmitgliedern vertreten kann, um die Bestellung eines Notvertreters zu vermeiden. 210

Hinsichtlich der Vergütungshöhe ist die gemeinnützige Stiftung begrenzt auf ein angemessenes Maß, d. h. ein ausgewogenes Verhältnis von Stiftungserträgen und Verwaltungskosten insgesamt (→ vgl. dort). Enthält die Satzung hierzu keine Präzisierung, kann die Stiftungsaufsicht bei einem Missverhältnis von Vergütung und Fremdvergleichspreis einschreiten. 211

b) Aufwandsersatz (Auslagenerstattung)

Enthält die Stiftungssatzung keinerlei Regelungen, können die Vorstandsmitglieder und die Mitglieder des Kuratoriums auf jeden Fall aber den Ersatz ihrer Auslagen beanspruchen (§§ 27 Abs. 3, 664 ff. BGB). Hierunter fallen in der Regel nachzuweisende Drittkosten wie Reisekosten, Portokosten etc. Aufwendungsersatz betrifft nach überwiegender Auffassung im Gegensatz zum Begriff der Vergütung aber weder den Wert der Arbeitskraft des Vorstandsmitglieds noch den Wert seiner Tätigkeit für die Stiftung. Der in der Vergangenheit oftmals übliche Ersatz ausgefallener Zeiten, insbesondere, wenn das Organmitglied z. B. als Rechtsanwalt oder als Steuerberater tätig ist und zugleich z. B. als Vorstandsmitglied die Stiftung ehrenamtlich betreut, wird aber ohne eine entsprechende Öffnungsklausel in der Satzung zumindest ab 01.01.2015 nicht mehr zulässig sein. 212

Ersetzt werden Auslagen in der üblichen Höhe. Ein Einzelnachweis ist nicht erforderlich. Pauschalen sind nach allgemeiner Auffassung zulässig, wenn dies der Verwaltungsvereinfachung dient. Die tatsächlichen Auslagen dürfen dabei aber nicht offensichtlich überstiegen werden. Ein entsprechender Beschluss ist dazu grundsätzlich ausreichend. Aus Gründen der Klarheit, sollte in der Satzung aber festgelegt werden, welche Auslagen erstattet werden. 213

5. Geschäftsführer

214 Der Geschäftsführer ist weder originäres Stiftungsorgan noch gesetzlicher Vertreter der Stiftung und somit auch nicht mit einer entsprechenden Vertretungsmacht ausgestattet. Lässt die Stiftungssatzung ausschließlich ehrenamtliche Organe zu oder erfordert der Umfang des Geschäftsbetriebes der Stiftung zusätzlich weitere Unterstützung, bietet es sich an, einen hauptamtlichen Geschäftsführer zu bestellen und diesen mit gewissen Vollmachten (Handlungsvollmachten) zu versehen. Der Geschäftsführer wird damit sog. »besonderer Vertreter« i. S. d. §§ 86, 30 BGB. Die Art und Weise seiner Bestellung sowie der Umfang seiner Befugnisse ergeben sich aus dem Gesetz und der Satzung, ebenso etwaige Bestellungshindernisse.

215 ▶ Da kein Stifter die Entwicklung seiner Stiftung vorhersehen kann, sollte die Satzung zweckmäßigerweise zumindest die Möglichkeit einer Geschäftsführerbestellung allgemein oder für ein bestimmtes Aufgabengebiet im Bedarfsfalle vorsehen und auf einen konkretisierenden Beschluss verweisen.

216 Fehlen besondere Ausführungen in der Satzung, werden die für den Vorstand geltenden Bestimmungen auf den Geschäftsführer sinngemäß anzuwenden sein.

6. Begünstigte

217 Begünstigte (Destinatäre) sind ebenfalls keine Stiftungsorgane, können aber persönlich einem der Organe angehören. Es ist nicht erforderlich, dass der Kreis der Begünstigten im Einzelnen festgelegt ist; die bloße Bestimmbarkeit der Bezugsberechtigten ist ausreichend. Liegt Bestimmbarkeit vor, haben die Destinatäre dennoch keine Rechtsstellung, die der eines Gesellschafters oder eines Mitglieds vergleichbar wäre. Rechte eines Begünstigten bestehen nur dann, wenn die Satzung dies entweder ausdrücklich vorsehen sollte oder sich durch Auslegung der Satzung ein solcher Anspruch feststellen lässt. Verbleibt den Stiftungsorganen sichtlich ein Entscheidungsspielraum über das »Ob« einer Leistung, wird man nicht von einem Rechtsanspruch des Begünstigten ausgehen können. Dies trifft auch auf diejenigen Fälle zu, in denen das Stiftungsorgan gerade eine Auswahl aus einem Kreis abstrakt Berechtigter treffen soll.

218 ▶ In der Praxis findet sich, mit Ausnahme der Familienstiftungen, sogar häufig die ausdrückliche Bestimmung wonach Begünstigte gerade keinen Rechtsanspruch auf Leistungen gegenüber der Stiftung haben sollen und ein solcher auch nicht durch tatsächlich erfolgte, einmalige oder wiederholte Leistungen begründet wird.

219 Erhält ein Begünstigter allerdings laufende Leistungen aus der Stiftung, sind diese nur beschränkt pfändbar (§ 850b Abs. 1 Nr. 3 ZPO), ein Umstand, den sich Stifter im Falle behinderter Familienangehöriger zunutze machen können.

V. Auslegungsspielräume in Satzung und »By-Laws«

1. Auslegungsgrundsätze

220 Der objektivierte Stifterwille ist das Maß aller Dinge. Die Willensbekundungen des Stifters gelten grundsätzlich jedoch nur so, wie sie sich im Zeitpunkt der Errichtung

der Stiftung im Stiftungsgeschäft verkörpert haben. Es kommt also alleinentscheidend auf den historischen Stifterwillen an. Einem späteren Wandel in der Auffassung des Stifters kann nur innerhalb des von ihm selbst in der Satzung ursprünglich vorgegebenen Spielraums und nur im Rahmen der ihm selbst in der Satzung eingeräumten Befugnisse und ggf. Sonderrechte zur Geltung verholfen werden.

2. Geschäftsordnung, Richtlinien und Grundsätze guter Stiftungspraxis

Es ist vielfach durchaus sinnvoll, in der Satzung lediglich Grundsätze vorzugeben und Einzelheiten in einer Geschäftsordnung o. ä. zu regeln. Der Vorteil dieser »By-Laws« ist die im Vergleich zur Satzungsänderung wesentlich flexiblere Möglichkeit zur Anpassung an neue Entwicklungen. Denkbar wäre bspw. die Regelung der Vermögensverwaltung in speziellen Anlagerichtlinien. 221

Wie für die meisten privatwirtschaftlichen Unternehmen die Grundsätze ordnungsmäßiger Unternehmensführung (Corporate Governance) über den reinen Empfehlungscharakter hinaus längst Standard geworden sind, werden nun auch vermehrt die Grundsätze guter Stiftungspraxis (→ vgl. Dokumentation) in den Stiftungsalltag Eingang finden. Die sog. Foundation-Governance (→ vgl. dort) oder auch Best-Practice-Standards (→ vgl. dort) kommen nicht nur im internationalen Bereich vor, sondern sind mittlerweile auch in Non-Profit-Gesellschaften in Deutschland heimisch geworden. 222

Die Grundsätze guter Stiftungspraxis richten sich an die Stiftungsorgane, insbesondere an den Stiftungsvorstand. Entsprechend den maßgeblichen Empfehlungen des Bundesverbandes Deutscher Stiftungen stehen dabei im Vordergrund: 223

– die Verpflichtung auf die Stiftungssatzung und den Stiftungszweck sowie
– das Selbstverständnis als Treuhänder fremden Vermögens und
– die Verpflichtung auf den in der Satzung formulierten Stifterwillen.

Die Grundsätze guter Stiftungspraxis richten sich an die Stiftungsorgane, den Stiftungsverwalter und Stiftungsmitarbeiter. Zusätzlich für diesen Personenkreis und für die Kontroll- und Beratungsgremien gilt das Gebot, jede Form von Interessenskonflikten zu vermeiden. Dies bedeutet insbesondere: 224

– die unaufgeforderte Offenlegung von Konfliktfällen,
– den Verzicht auf eine Beteiligung am Entscheidungsprozess im Falle von persönlichen Interessen,
– die Offenlegung persönlicher oder familiärer Beziehungen im Förder- und Geschäftsumfeld der Stiftung und
– den Verzicht auf vermögenswerte Vorteile im weitesten Sinne in Verknüpfung mit der Stiftung.

In der Umsetzung bedeutet dies für Organmitglieder und Mitarbeiter: 225

– die Sicherung der nachhaltigen Ertragsfähigkeit,
– Verwaltungsaufgaben in angemessenem Rahmen,
– Effizienz des Mitteleinsatzes,

- Kontrolle der Wirksamkeit von Stiftungsprogrammen,
- ein zeitnahes, vollständiges und sachlich richtiges Rechnungswesen,
- Transparenz gegenüber der Öffentlichkeit,
- partnerschaftliches Verhalten gegenüber Fördersuchenden und
- zeitliche Verfügbarkeit und Sorgfalt bei ehrenamtlichen Organmitgliedern oder Mitarbeitern.

226 ▶ Es sollte für Stiftungen zum »Pflichtprogramm« gehören, hierüber im Rahmen der Jahres(ab)-rechnung an geeigneter Stelle zu berichten. Insbesondere sollte die Stiftung darauf hinweisen, warum sie ggf. Empfehlungen nicht einhalten konnte, etwa weil dies Art, Größe oder Tätigkeit der Stiftung nicht zuließen.

227 Für Bürgerstiftungen (→ vgl. dort) gibt es seit dem Jahre 2003 das sog. Gütesiegel, das jeweils für 2 Jahre verliehen wird. Die Satzung der Bürgerstiftung muss dazu 10 besondere Merkmale aufweisen. In Bezug auf die Grundsätze guter Stiftungspraxis weist auch das Gütesiegel auf die Notwendigkeit ausgeprägter Öffentlichkeitsarbeit hin sowie auf die Notwendigkeit, neben einem Vorstand als ausführendes Stiftungsorgan noch ein weiteres Kontrollorgan aufzuweisen.

VI. Änderung der Stiftungssatzung

1. Grundsatz der Unveränderlichkeit

228 Der Stifter kann anfänglich in der Stiftungssatzung Satzungsänderungen unterschiedlicher Reichweite zulassen, einschränken oder ganz ausschließen. Die spätere Änderung der Stiftungssatzung ist zwar rechtlich zulässig, dennoch ist die Satzung auf Unveränderbarkeit hin angelegt. Der vermeintliche Widerspruch ist darauf zurückzuführen, dass die Stiftungsorgane und die Stiftungsaufsicht stets an den tatsächlichen bzw. mutmaßlichen (historischen) Stifterwillen gebunden sind, was letztlich sogar für den Stifter selbst gilt. Dies erklärt sich daraus, dass die Stiftung selbst über kein außenstehendes, willensbildendes Organ mehr verfügt, das diese übergeordnete Änderungskompetenz verkörpern könnte, wie z. B. eine Mitglieder- oder Gesellschafterversammlung. Freie Änderungen der Stiftungssatzung stehen somit weder im Belieben des Stifters, der Stiftungsorgane noch der Stiftungsaufsicht.

229 Satzungsänderungen durch Beschlüsse der Stiftungsorgane oder der Aufsichtsbehörde stehen grundsätzlich unter dem Vorbehalt des Gesetzes oder einer ausdrücklichen Änderungsermächtigung durch die Satzung.

230 Änderungen sind demnach rechtlich nur möglich, wenn

- die Änderung sachlich gerechtfertigt ist, weil sich die vom Stifter zugrunde gelegten Verhältnisse grundlegend geändert haben

oder

- die Satzung Änderungen ausdrücklich gestattet oder zumindest nicht ausdrücklich ausschließt, und

- die Änderung nachweislich dem mutmaßlichen (historischen) Stifterwillen entspricht und ihm gerade durch die Änderung (erst oder wieder) zur Verwirklichung hilft.

Generell kommt also eine Änderung nur insoweit in Betracht, als die Satzungsbestimmungen nach den Vorgaben des einstigen Stifterwillens etwa an unerwartete Entwicklungen anzupassen sind. 231

Dieses Erfordernis stößt zu Lebzeiten des Stifters bei diesem in der Praxis häufig auf Unverständnis, zumeist dann, wenn die Stiftungsaufsichtsbehörde von einem (unbeachtlichen) Wandel des Stifterwillens ausgeht, während der Stifter darin lediglich eine Fortentwicklung und Ausformung seines in der Vergangenheit bereits angelegten und allenfalls mangelhaft dokumentierten Stifterwillens sehen möchte. 232

Enthält die Satzung eine generelle Änderungsermächtigung (z. B. einen »Stiftervorbehalt«), kann die zusätzliche Dokumentation des Stifterwillens zum Zeitpunkt der Stiftungserrichtung eine durchaus nützliche Unterstützung bei der Überzeugungsbildung der Stiftungsaufsicht darstellen. 233

▶ Jeder Stifter sollte daher Vorsorge treffen und in der Stiftungssatzung die Möglichkeit von Anpassungen und Änderungen anhand genereller Regelungen vorsehen. Als zusätzlich hilfreich kann es sich erweisen, wenn der Stifter in einer Präambel seine Überlegungen zur Satzungsgestaltung ebenso wie seine Motive zur Errichtung der Stiftung schriftlich niederlegt. Diese Gedanken des historischen Stifters können in späteren »Lebensphasen« der Stiftung, insbesondere nach dem Tod des Stifters, wertvolle Auslegungshilfen bieten. Sie dienen aber auch dem Stifter noch zu seinen Lebzeiten, wenn er der Stiftungsaufsicht einen Änderungswunsch damit begründen kann und so klarstellt, dass es sich nicht um eine aktuelle (und damit an sich unwesentliche) Meinungsänderung handelt. Die Ermächtigungsklausel, kombiniert mit einem in der Satzung verankerten Vetorecht des Stifters sichert ihn vor etwaigen Satzungsänderungen durch Organmehrheiten noch zu seinen Lebzeiten, die damit wider seinen Willen nicht erfolgen können. 234

Im Gegensatz zu einfachen Satzungsänderungen werden Struktureingriffe, ebenso wie Zweckänderungen, nur eingeschränkt einer Anpassung zugänglich sein. Der Stifter sollte daher auch die Änderungsbefugnisse für die Kernbereiche der Stiftung ausdrücklich in der Satzung festlegen. 235

▶ Bei der Erarbeitung des Satzungstextes bedarf es regelmäßig einer intensiven Diskussion um festzulegen, welche Regelungsbereiche »in Stein gemeißelt« werden sollen und wo insbesondere im Bereich der Stiftungsorganisation durch ergänzende Regelwerke außerhalb der Satzung ein höheres Maß an Flexibilität erreicht werden könnte. 236

Handelt es sich bei der beabsichtigten Änderung nicht um eine sog. Zweckänderung, ist der Stiftungszweck auch nach einer entsprechenden Organisationsänderung oder einfachen Satzungsänderung weiterhin zu beachten. Zudem ist es vorteilhaft, in der Sat- 237 zung gleich die Voraussetzungen festzulegen, die zu einer entsprechenden Satzungsänderung führen können.

238 ▶ Der Stifter kann eine entsprechende Änderungsbefugnis ausdrücklich in die Satzung aufnehmen, je nach Bedeutsamkeit des Eingriffs an unterschiedliche Mehrheitserfordernisse knüpfen und sogar festlegen, dass diese Änderungen durch die Aufsichtsbehörde zu genehmigen sind.

2. Die anfänglich unvollständige Stiftungssatzung

239 In der Praxis treten auch Stiftungssatzungen auf, die nicht sämtliche Regelungen zu einer Stiftungsgründung enthalten. Die zuständige Landesbehörde kann daraufhin gem. § 81 Abs. 1 Satz 3 BGB die Anerkennung solange verweigern, bis der Stifter eine entsprechende Bestimmung in die Satzung aufgenommen hat. Beim Stiftungsgeschäft von Todes wegen sieht § 83 Satz 2 vor, dass die Stiftungsbehörde eine unvollständige Satzung ergänzen darf, sofern der Wille des Stifters hinreichend klar ist und berücksichtigt werden kann. Auf eine solche Ergänzung sollte sich der Stifter jedoch nicht verlassen. Um sicherzustellen, dass die Stiftung anerkannt wird, wie es sich der Stifter vorgestellt hat, ist die vorherige Konsultation eines Stiftungsrechtlers sowie der Stiftungsaufsicht unbedingt empfehlenswert.

3. Beschlussfassung und Genehmigung

240 Jede Satzungsänderung erfordert zunächst einmal eine ordnungsgemäße Beschlussfassung mit der dafür vorgesehenen Mehrheit. Ausgenommen davon sind lediglich Zweckänderungen im Rahmen des § 87 Abs. 1 S. 1 BGB.

241 ▶ Die von den meisten Stiftern gewünschten Vetorechte schützen naturgemäß nur vor missliebigen Veränderungen, verhelfen dem Stifter aber nicht zur aktiven Durchsetzung seiner eigenen Erkenntnisse und Änderungswünsche.

242 Wesentliche Änderungen einer Stiftungssatzung bedürfen in der Regel der Genehmigung (vgl. Art. 5 Abs. 4 BayStG). Tendenziell sind Änderungen im Bereich der Stiftungsorganisation eher zu erreichen als beim Stiftungszweck. Soweit lediglich einfache Satzungsänderungen betroffen sind, sind einige der bereits reformierten Landesstiftungsgesetze (z. B. § 5 Abs. 1 StiftG NRW) inzwischen dazu übergegangen, lediglich noch eine Mitteilung an die Stiftungsaufsicht zu fordern.

243 Auch wenn sich keine ausdrückliche Satzungsbestimmung dazu findet, sehen auch die meisten Landesstiftungsgesetze zu Lebzeiten des Stifters vor, dass er vor Satzungsänderungen zumindest anzuhören oder sogar seine Zustimmung einzuholen ist.

VII. Anfallsberechtigung

244 Nach § 88 S. 1 BGB fällt das Stiftungsvermögen mit Erlöschen der Stiftung dem in der Satzung bestimmten Anfallsberechtigten zu. Dies werden bei steuerpflichtigen Stiftungen, insbesondere aber bei Familienstiftungen zumeist der Stifter selbst und nach seinem Ableben bestimmte Familienmitglieder sein.

Im Falle von steuerbegünstigten Stiftungen löst der Vermögensanfall beim Stifter unerwünschte Steuerfolgen aus. Meist ist daher in den Satzungen der gemeinnützigen Stiftungen eine ebenfalls gemeinnützige Körperschaft oder der Fiskus bezeichnet. Der Stifter kann die Anfallsberechtigung im Rahmen der Zulässigkeit von Satzungsänderungen zu seinen Lebzeiten jederzeit ändern. Nach dem Ableben des Stifters ist eine Änderung des Anfallsberechtigten durch die Stiftungsbehörde oder die Stiftungsorgane – sofern dies nicht gerade dem in der Satzung erklärten Stifterwillen entgegensteht – zwar ebenfalls noch möglich; da der Anfallsberechtigte jeweils aber einen bedingten Rechtsanspruch erlangt, wird die Frage, ob eine Änderung nur mit seiner Zustimmung vorgenommen werden kann, unterschiedlich beantwortet. 245

Diese Fragestellung ist in der Praxis dort bedeutsam, wo es nicht mehr zu einem Vermögensanfall kommen kann, da die Stiftung auf eine andere Stiftung verschmolzen wird oder mit einer anderen zusammengelegt werden soll. Der Stifterwille ist auf mindestens drei in dieser Situation schwer miteinander vereinbare Prinzipien gerichtet: Der Dauerhaftigkeit des Rechtsträgers steht zumindest dann, wenn die Fusion aus wirtschaftlicher Schwäche angestrebt wird, der Grundsatz der Erhaltung der Ertragskraft für die fortgesetzte Zweckverfolgung gegenüber. Schließlich ist der in der Satzung erklärte Stifterwille auf die Gemeinnützigkeit der Stiftung für die gesamte Dauer ihres Bestandes gerichtet. 246

Fehlt es an einer Satzungsbestimmung oder lässt sich der Stifterwille auch nicht durch Auslegung der Satzung entnehmen, gibt es doch eine natürliche Reihenfolge des Stifterwillens, wie sie auch in den Vorschriften des Bürgerlichen Rechts, insbesondere §§ 87, 88 S. 1 BGB, zum Ausdruck kommt. Der Anfallsberechtigte wird nicht benannt um ihm damit eine Rechtsposition zu verschaffen, sondern um das in bestimmten Situationen frei werdende Vermögen zuweisen zu können. Seine Zustimmung darf also nicht den Ausschlag über den Fortbestand der Stiftung geben. Auch der Fortbestand ist kein Selbstzweck, sondern verdankt sein Gewicht nur der fortdauernden Zweckverfolgung. Hierein haben weder der Anfallsberechtigte, noch die Stiftungsorgane oder die Stiftungsbehörden ohne ausdrückliche Ermächtigung durch den Stifter einzugreifen. 247

▶ Es sollte sich daher in jeder Satzung unbedingt ein Hinweis, ggf. in der Form von Ermächtigungsklauseln finden, welche Prioritäten der Stifter für die Fälle der Unmöglichkeit der Zweckverfolgung, der wirtschaftlichen Schwäche oder Krise der Stiftung zu den Fragen ihres rechtlichen Bestandes einerseits und der von ihm tolerierten Zulässigkeit von Zweckänderungen andererseits selbst setzen möchte. 248

D. Stiftungsvermögen

249 Der Begriff des Stiftungsvermögens ist unscharf und wird in der Fachliteratur auch nicht einheitlich verwendet. Er bezieht sich im Regelfalle im weitesten Sinne auf sämtliche aktuellen Vermögenswerte der Stiftung einschließlich aller Rücklagen und Erträge, hierunter auch die sog. »zeitnah zu verwendenden Mittel« zur Erfüllung des Stiftungszwecks. Davon abzugrenzen ist das eigentliche Stiftungskapital (→ s. dort), darunter das anfängliche Dotationskapital, das landesstiftungsgesetzlich auch als Grundstockvermögen (Art. 6 Abs. 2 BayStG) bezeichnet wird. Das Stiftungsvermögen unterliegt somit nur zu Teilen dem Gebot des Kapitalerhalts (→ s. dort). § 81 Abs. 1BGB spricht in Zusammenhang mit dem Stiftungsgeschäft lediglich von Vermögen der Stiftung womit sowohl das anfängliche Grundkapital als auch Regelungen zur späteren Verwaltung des Stiftungsvermögens insgesamt angesprochen sind.

250 Auszugehen ist zunächst von dem anfänglichen Dotationskapital (Grundstockvermögen) mit dem der Stifter die Stiftung ausgestattet hat, erhöht um Zustiftungen des Stifters oder Dritter und sonstige Zuführungen (z. B. aus den freien Rücklagen → vgl. dort). Dieser erhöhte Vermögensstock bildet das jeweilige Stiftungskapital und stellt somit den wesentlichen Teil des aktuellen Nettovermögens, Gesamtvermögens oder auch Stiftungsvermögen i. w. S. dar.

I. Stiftungskapital

251 Das Stiftungskapital einschließlich des anfänglichen Grundstockvermögens bildet dauerhaft den Kern jeglicher Stiftungstätigkeit. Ein ausreichendes Stiftungskapital ist die Basis der Verwirklichung des Stiftungszwecks. Aus dem untrennbaren Zusammenhang zwischen Vermögensausstattung und Anerkennung der Stiftung als eigenständiger Rechtspersönlichkeit resultiert der Grundsatz der Kapitalerhaltung. Darin kommt die intensive Verbindung zwischen der rechtlichen Existenz der Stiftung und ihrem wirtschaftlichen Bestand zum Ausdruck.

252 Das Stiftungskapital – und nur dieses, nicht das Stiftungsvermögen in seiner Gesamtheit, – unterliegt dem Gebot der ungeschmälerten Kapitalerhaltung, das heißt, Minderung oder Verbrauch sind daher ausgeschlossen

253 Damit das anfängliche Stiftungskapital (Grundstockvermögen) vom Stifter auf die Stiftung übergehen kann, bedarf es eines rechtsgeschäftlichen Übertragungsaktes. Setzt sich das Stiftungskapital aus verschiedenen, baren und nicht baren Vermögensgegenständen (z. B. Rechte oder Sachen) zusammen, bedarf es der gesonderten Übertragung eines jeden einzelnen Vermögensgegenstandes. Mit dem Entstehen der Stiftung wechselt das entsprechende Vermögen des Stifters in die alleinige Zuständigkeit der Stiftung; das Vermögen der Stiftung ist von dem Vermögen des Stifters getrennt. Der Bestandsschutz der Stiftung greift grundsätzlich auch gegenüber dem Stifter. Er kann die Vermögensübertragung als solche nicht mehr widerrufen, auch nicht, nach der im Schrifttum wohl vorherrschenden Meinung, in den Fällen des Notbedarfs (→ vgl. dort) des Stifters (§ 519 BGB) oder bei seiner Verarmung (§ 528 BGB).

Der Stifter kann sich in der Satzung für sich und seine Familie allenfalls einen bei gemeinnützigen Stiftungen (→ vgl. dort) eingeschränkten Anteil an den Erträgen der Stiftung sichern. Werden diese Zuwendungen in der Satzung nicht als Rechtsanspruch sondern nur als Möglichkeit formuliert, hat der Stifter noch nicht einmal eine rechtliche Handhabe, seine ursprüngliche Kapitalzuwendung wegen »groben Undanks« (§ 530 BGB) der Stiftung zu widerrufen, wenn der entsprechende Gremienentscheid ihm keine Teilhabe an den Erträgen einräumen sollte. Das rechtliche Schutzinteresse am gesicherten Fortbestand der Stiftung überwiegt das Versorgungsinteresse des Stifters und seiner Angehörigen. 254

Das Stiftungskapital kann sich sowohl aus materiellen als auch immateriellen Vermögensgegenständen zusammensetzen. Über die Art seiner Zusammensetzung gibt es ebenso wenig gesetzliche Vorgaben, wie über dessen (Mindest-) Höhe. Insbesondere die Höhe der angemessenen Kapitalausstattung korreliert mit den der Stiftung zugewiesenen Satzungszwecken. Für die Kapitalausstattung der Stiftung kommen neben liquiden Mitteln also insbesondere Immobilien, Unternehmensbeteiligungen, Wertpapierdepots, gewerbliche Schutzrechte und andere immaterielle Rechte, Kunstgegenstände, Kunstsammlungen oder Denkmäler in Betracht. Forderungen und andere Rechte eignen sich demgegenüber nur dann als Bestandteil des Stiftungskapitals, wenn sie einklagbar sind. 255

Im Falle der Ausstattung mit Sachen oder Rechten kommt es entscheidend darauf an, dass diese in ihrer Gesamtheit ertragbringend sind und den Liquiditätsbedarf der Stiftung decken können. 256

1. Höhe des Stiftungskapitals

Die Anerkennung einer Stiftung setzt voraus, dass die nachhaltige Verwirklichung des Stiftungszwecks aus dem Ertrag des Stiftungsvermögens gesichert erscheint (§ 80 Abs. 2 S. 1 i. V. m. § 81 BGB). Hierdurch soll die Errichtung von Stiftungen verhindert werden, die ein zu geringes oder nicht wertbeständiges Vermögen verwalten sollen. Kirchliche Stiftungen sind davon ausgenommen. 257

Das Gesetz legt keine betragsmäßige Höhe für das Grundstockvermögen fest. Die Angemessenheit der anfänglichen Vermögensausstattung ermittelt sich somit aus einer Reihe von Faktoren, insbesondere: 258

- Welche Stiftungszwecke hat der Stifter vorgesehen?
- Auf welche Weise soll die Zweckverfolgung durch die Stiftung erfolgen?
- Welche Erträge vermag das Stiftungsvermögen nachhaltig zu erwirtschaften?
- Wie hoch sind die Eigenkosten der Stiftung (Verwaltungs- und Personalaufwand, durchschnittlicher Auslagenersatz)?
- Sind Zustiftungen wie z. B. Vermächtnisse oder Erbeinsetzungen vorgesehen?
- Soll die Stiftung neben ihren Erträgen aktiv Spenden einwerben?

Die Höhe des Mindeststiftungsvermögens wird in der Verwaltungspraxis der einzelnen Bundesländer bedauerlicherweise nicht einheitlich behandelt. Zum Teil werden bereits EUR 50.000 Mindestkapital als ausreichend für eine Anerkennung angesehen. Die aus 259 dieser Summe erwirtschafteten Erträge werden bei einer rechtsfähigen Stiftung mit Gewissheit nicht ausreichen, um den Verwaltungsaufwand zu decken und eine wenigstens bescheidene Zweckerfüllung zu erlauben. Eine sinnvolle Zweckerfüllung erscheint bei einer Stiftungsausstattung von weniger als EUR 250.000 nur schwer möglich; eher sollten Stifter sich bei geringeren für die Vermögensausstattung zur Verfügung stehenden Mitteln für eine unselbständige Stiftung (→ vgl. dort) oder für eine Zustiftung (→ s. dort), zu einer bereits bestehenden Stiftung entscheiden. Selbst bei einem Stiftungskapital von mindestens € 250.000, sofern dieses ertragbringend anzulegen ist und einer Verzinsung von z. B. 2 v. H. ergäben sich Erträge in einer Größenordnung von EUR 5.000 p. a., die nach Abzug eines moderaten Verwaltungsaufwands kaum noch für eine nachhaltige Erfüllung nennenswerter Stiftungszwecke ausreichen dürften. Beabsichtigt der Stifter dennoch eine selbständige Stiftung, könnte eventuell noch eine reine Förderstiftung (→ s. dort), in Betracht zu ziehen sein.

260 Selbstverständlich kann sich ein anfänglich niedrigeres Stiftungsvermögen auch in mehreren gezielten Schritten aufbauen, insbesondere, wenn zunächst eine Stiftung unter Lebenden errichtet und diese dann später als Erbin oder Vermächtnisnehmerin eingesetzt werden soll. Dennoch ist zu beachten, dass auch bereits die anfängliche Vermögenszuwendung der Stiftung eine bescheidene Zweckverfolgung erlauben muss, sofern es sich nicht um den Sonderfall einer sog. Verbrauchsstiftung (→ vgl. dort) handelt.

261 Will der Stifter wesentliche Vermögensteile noch nicht aus der Hand geben, bieten sich Stifterdarlehen an. Die mit geringem Stiftungskapital ausgestattete Stiftung bekommt einen größeren Betrag darlehenshalber zugewandt, und zwar zins- und tilgungsfrei. Die Stiftung kann die Erträge aus der Anlage für ihre Zwecke verbrauchen und der Stifter kann im Bedarfsfall noch auf sein Vermögen zugreifen. Durch Verfügung von Todes wegen erlangt die Stiftung dann das Vermögen endgültig.

262 ▶ Auch bei kleineren Vermögen bieten sich eine Reihe von Gestaltungsmöglichkeiten an. Es könnte die Errichtung einer unselbständigen Stiftung bzw. eine Zustiftung eine selbständige oder unselbständige Förderstiftung für eine schon bestehende Stiftung mit vergleichbarer Zwecksetzung, Treuhandvermögen mit eigener Zwecksetzung für eine schon bestehende Stiftung oder auch der Zusammenschluss mehrerer Stifter mit sich entsprechenden oder ergänzenden Zweckvorstellungen in Erwägung gezogen werden.

2. Verwaltung des Stiftungsvermögens

a) Bestandserhaltung oder Ergebnisverwendung

263 Einzelheiten zur Verwaltung des Stiftungsvermögens sind gesetzlich nur in ihren Grundzügen geregelt. Die Landesstiftungsgesetze (Art. 6 Abs. 2 BayStG, § 4 Abs. 2 StiftG NRW) geben zumeist den ungeschmälerten Erhalt des Stiftungsvermögens als verbindlich vor. Dem Grundsatz der Kapitalbindung unterliegt aber nicht das Stiftungsvermögen i. w. S. Der Begriff des Stiftungsvermögens bezieht sich vielmehr lediglich auf das jeweilige Stiftungskapital (Grundstockvermögen).

Die gesetzlichen Handlungsvorgaben sind letztlich zu unbestimmt, um daraus konkrete Handlungspflichten oder Haftungsmaßstäbe für den Vorstand oder die Aufsichtsorgane in Hinblick auf die Vermögensverwaltung ableiten zu können. Oberster Maßstab – für Vorstand und Stiftungsaufsicht – bildet der Stifterwille (Grundsatz der Stifterfreiheit). Damit kann der Stifter nach dem Willen des Gesetzgebers zwar seine individuellen Vorstellungen über die Vermögensnutzung der Stiftung weitgehend verwirklichen. Dies bedeutet umgekehrt aber auch für die Stiftungspraxis, dass der Stifter diese Aufgabe idealer Weise wahrnehmen muss, sei es durch anfängliche Satzungsbestimmungen oder durch ggf. auch spätere, entsprechende Verwaltungs- und Anlagerichtlinien. 264

▶ Der Wille des Stifters ist das »Maß aller Dinge« – auch, soweit Vorgaben für die Vermögensverwaltung betroffen sind. Stiftungen sollten daher dringend und zum frühestmöglichen Zeitpunkt versuchen, ihren Stifter zu bewegen, seine Vorstellungen schriftlich festzuhalten. 265

Hat der Stifter dergleichen nicht zum Ausdruck gebracht und lassen sich entsprechende Maßstäbe auch nicht aus einer Tradition von Anlageentscheidungen unter Mitwirkung des Stifters ableiten, muss der Vorstand seine Entscheidung auf allgemeine Grundsätze zurückführen und diese gegeneinander abwägen. Der Vorstand ist dabei innerhalb der weiten gesetzlichen Grenzen grundsätzlich frei über die Vermögensfragen der Stiftung mit der Sorgfalt eines ordentlichen Kaufmanns zu entscheiden. Ausgangspunkt seiner Betrachtungen bildet dabei der Bestand des Grundstockvermögens, das grundsätzlich in seinem Bestand ungeschmälert zu erhalten ist (Gebot der Kapitalerhaltung). Plakativ formuliert lautet die Maßgabe zumeist, dass die Stiftung ihr Vermögen zu gebrauchen, aber nicht zu verbrauchen habe. 266

Der Stiftungsvorstand hat das Stiftungsvermögen unter Beachtung des Stifterwillens so zu verwalten, dass der Stiftungszweck nachhaltig dauernd erfüllt werden kann. Zudem obliegt es nach dieser Rechtsprechung dem Stiftungsvorstand nach pflichtgemäßem Ermessen zu beurteilen, was für die nachhaltige Erfüllung des Stiftungszwecks wirtschaftlich sinnvoller ist, soweit kein eindeutiger Wille des Stifters vorliegt. 267

Der Grundsatz der Bestandserhaltung ist allerdings kein unverrückbarer Fels. Dies betrifft nicht nur den Sonderfall der Verbrauchsstiftung (→ vgl. dort). Einige Landesstiftungsgesetze lassen sogar ausdrücklich zu, dass das Stiftungsvermögen generell in seinem Bestand angegriffen werden darf, wenn der Stifterwille nicht anders zu verwirklichen ist und der Bestand der Stiftung trotzdem »für angemessene Zeit« gewährleistet wird (vgl. bspw. § 7 Abs. 2 Satz 1 StiftG Baden-Württemberg, § 4 Abs. 2 S. 1 StiftG NRW). 268

Verschiedene Bundesländer wie z. B. Bayern, Hamburg und Rheinland-Pfalz sehen eine solche Ausnahme vom Grundsatz der Bestandserhaltung dagegen nicht vor. Dort ist der Zugriff auf das Stiftungsvermögen erst im Falle der akuten Gefährdung der Bestandserhaltung erlaubt. 269

Der Vorstand leitet aus diesen Vorgaben zunächst einmal seine Verpflichtung ab, eine Verlustentstehung in der Vermögenssubstanz der Stiftung zu verhindern. Für den »or- 270 dentlichen Kaufmann« geht diese Maxime über eine angemessene Versicherungsdeckung gegen Vermögensschäden hinaus und erstreckt sich unstreitig auch auf die Vermögensanlage als solche.

271 Noch immer relativ uneinheitliche Antworten finden sich dagegen bereits auf die Frage, wie das Gebot der Vermögenserhaltung letztlich konkret auszufüllen ist. Grundsätzlich ist das Kapital in seinem Bestand, d. h. in Natur zu erhalten, was insbesondere bei der Ausstattung mit Sachvermögen, z. B. Immobilien oder Unternehmensbeteiligungen von besonderer Relevanz ist. Umschichtungen müssen entweder erlaubt oder zwingend geboten sein.

272 ▶ Der Stifter sollte in der Satzung unbedingt seine Vorstellungen hinsichtlich der Zulässigkeit von Umschichtungen konkretisieren.

273 Ebenso vorsichtig ist mit dem Begriff der wertmäßigen Kapitalerhaltung selbst umzugehen.

- Der lediglich nominale Kapitalerhaltung, also die Verlustvermeidung allein kann den Anforderungen nach Bestandserhalt nicht genügen, da die Stiftung infolge von Geldentwertung Vermögenseinbußen hinnehmen und damit in der Folge auch eine Minderung ihrer Ertragskraft erleiden müsste. Dieser reduzierte Ansatz würde somit im Widerspruch zu beiden gesetzlichen Vorgaben stehen.
- Die dauerhafte Erhaltung des Stiftungsvermögens erfordert demzufolge grundsätzlich also auch eine Vorsorge gegen eine Wertaufzehrung, z. B. durch die Gefahren der Geldentwertung.

274 Dem Bemühen des Vorstands, eine Auszehrung des Stiftungsvermögens zu unterbinden, steht dabei aber zunächst das Postulat des »Gebrauchens«, also das Gebot der Ergebnisverwendung, entgegen, das von der Stiftung Zweckverfolgung durch Einsatz grundsätzlich aller Mittel, auch solcher aus Vermögensverwaltung fordert. Für steuerbegünstigte Stiftungen findet sich diese Handlungsmaxime in der Forderung nach zeitnaher Mittelverwendung wieder. Damit scheint es dem Vorstand vom Grundsatz der Ergebnisverwendung her zunächst auch verwehrt, etwa erwirtschaftete höhere Erträge ganz oder teilweise zu thesaurieren und damit den realen Kapitalerhalt zu sichern. Eine Reihenfolge zeichnet sich ab, die »Zweckverfolgung vor Ergebnisverwendung vor Bestandssicherung« lauten könnte. Allerdings kann auch nur ein realer Kapitalerhalt auf Dauer die Leistungsfähigkeit der Stiftung und damit deren Ertragskraft sichern; unter diesem Aspekt löst sich der vermeintliche Widerspruch weitgehend auf. Art. 17 BayStiftG verpflichtet in diesen Fällen die Stiftung auf Weisung der Stiftungsaufsicht sogar, gravierende Verluste in der Vermögenssubstanz, z. B. durch Kursverluste, solange durch Zufuhr von Erträgen auszugleichen, bis die Leistungsfähigkeit der Stiftung wieder hergestellt ist.

275 Der Steuergesetzgeber und Finanzverwaltung haben sich diesem Gedanken lediglich so weit geöffnet, dass sie für steuerbegünstigte Stiftungen in § 62 Abs. 1 Nr. 3 AO die Bildung freier, also nicht zweckgebundener Rücklagen zugelassen haben (→ vgl. dort), in die ein Drittel der Erträge aus Vermögensverwaltung und 10 v. H. der sonstigen zeitnah zu verwendenden Mittel werterhaltend eingestellt werden können. Dies ist für steuer-

begünstigte Stiftungen ein richtiger, wenn auch betriebswirtschaftlich nicht auskömmlicher Ansatz. Mit dem Gesetz zur Stärkung des Ehrenamtes (BGBl I 2013, 556) hat der Gesetzgeber durch die Verlängerung der Mittelverwendungsfrist um ein Jahr zusätzliche Erleichterung geschaffen. Die Grenze für sonstige, privatnützige Stiftungen findet sich andererseits nach dem Stiftungszivilrecht letztlich erst dort, wo die Stiftung in eigennütziger Weise zur Selbstzweck-Stiftung zu mutieren droht, der Vermögenserhalt also die Zweckverfolgung verdrängen würde.

▶ Der Vorstand sollte nach Möglichkeit jährlich den aktuellen Marktwert des angelegten Vermögens (unter Einschluss stiller Reserven und stiller Lasten) überprüfen und mit dem um die Inflationsrate fortgeschriebenen Dotationskapital (Zielwert) vergleichen. Zeigt sich dabei eine Deckungslücke, ist diese bei gemeinnützigen Stiftungen – soweit noch nicht ausgeschöpft – durch Rücklagenbildung, eventuell auch durch Vermögensumschichtung und Hebung stiller Reserven, bei sonstigen Stiftungen auch durch entsprechende Zuführung von Erträgen zu begegnen. 276

b) Vermögensverwaltung

Der Stiftungsvorstand sieht sich, wie beschrieben, einem strukturellen Zielkonflikt ausgesetzt, der sich aus der Divergenz des Gebots zur Erhaltung des Stiftungsvermögens einerseits und dem Grundsatz zeitnaher Mittelverwendung, also dem Gebot zur Realisierung der Ertragskraft andererseits zu ergeben scheint. Die Auflösung dieser Zielkollision ist im Einzelnen noch immer nicht befriedigend gelungen. Die fortdauernden Bemühungen um begriffliche Schärfe und Grenzziehungen sind für den Vorstand und die Aufsichtsorgane allerdings – da haftungsrelevant – keineswegs bloßer Theorienstreit. Das Verlangen nach praktikablen Handlungsanleitungen ist unverkennbar, dennoch muss der Wunsch nach einem allgemeinen bestandserhaltenden und haftungssicheren Vermögensanlagekonzept, passend zu allen Stiftungen, unerfüllt bleiben. 277

Stiftungsrechtliche Grundsätze zur Konkretisierung der Vermögensverwaltung finden sich im Wesentlichen nur in der Forderung nach Sicherheit und Wirtschaftlichkeit (Art. 6 Abs. 1 S. 1 BayStG), die meisten Bundesländer begnügen sich mit Postulaten, die sich auf: 278

- die Relation von Ertrag zu Aufwand (Wirtschaftlichkeit) oder ausschließlich auf
- die Kostenseite der Vermögensverwaltung (Sparsamkeit, Mindestmaß an Kosten) oder
- die ordnungsgemäße Überwachung der Kosten beziehen.

Enthält die Satzung der Stiftung keine konkreten Handlungsanweisungen und äußert sich der Wille des Stifters auch nicht in anderer Form (z. B. Richtlinien, Leitlinien) oder manifestiert sich in einer unter dem Stifter gewachsenen »Anlagekultur«, entscheidet der Vorstand der Stiftung über die Anlage des Vermögens. 279

▶ Für Stifter und Vorstände empfehlen sich stiftungsspezifische und dokumentierte Anlageentscheidungen z. B. in der Form von Vorstandsbeschlüssen u. ä. 280

281 Etwaige Wertminderungen sind außerbilanziell nach derzeit überwiegender Meinung nicht zwingend sofort zu beantworten, sondern können sich innerhalb eines noch tolerierten Beobachtungszeitraumes von 3–5 Jahren zu einer Verpflichtung zur Änderung der Anlagenpolitik verdichten.

aa) Renditeerhöhung oder Anlagesicherheit

282 Dem Erhalt des Stiftungsvermögens gebührt letztlich Vorrang vor der Erhöhung der Rendite. Aus dem Gebot der Ergebnisverwendung für die satzungsgemäßen Zwecke der Stiftung leitet sich aber gerade keine Verpflichtung des Vorstands zur Ergebnismaximierung ab. Wichtig ist vor dem Hintergrund von Vermögensverlusten und Haftungsgefahren, dass der Vorstand eine risikoreiche oder gar rein spekulative Vermögensanlage unterlässt oder zumindest absichert, sofern letzteres sich bei den damit verbundenen Kosten stiftungsrechtlich vertreten lässt. Die Forderung andererseits nach einer Anlage des Stiftungsvermögens in mündelsicheren Papieren gehört aber spätestens seit der entsprechenden Änderung des Bayerischen Stiftungsgesetzes eindeutig der Vergangenheit an. Die Stiftungsaufsicht überprüft nur generell die ordnungsgemäße Vermögensverwaltung bzw. Wirtschaftsführung und die zweckentsprechende Verwendung der Erträge (Art. 12 Abs. 1 S. 3 BayStG, § 7 Abs. 1 StiftG NRW), nicht jedoch die Anlageentscheidung selbst.

283 Eine Grenze wird dann als erreicht angesehen, wenn für die Stiftung dauerhaft keine nennenswerten Erträge mehr abfallen, so dass von einer nachhaltigen Förderung der Stiftungszwecke nicht mehr die Rede sein kann.

284 Grundsätzlich entspricht die Anlage von Stiftungsgeldern dann den Vorgaben einer sicheren und wirtschaftlichen Vermögensverwaltung, wenn sie einerseits unvertretbare Risiken vermeidet, aber auf der anderen Seite eine möglichst hohe Rendite erbringen kann. Insoweit muss also stets zwischen einer denkbaren Steigerung der Erträge und dem damit verbundenen Risiko für die Substanz des Stiftungsvermögens abgewogen werden. Diese Abwägung kann letztlich nur jeweils für den betreffenden Einzelfall vorgenommen werden. Dabei sollte stets die Sicherheit des Kapitals Vorrang vor der Erhöhung der Erträge haben, da das Kapital die Grundlage für eine nachhaltige Erwirtschaftung von Erträgen bildet. Stiftungen sind, ausgenommen in Fällen entsprechender Satzungsvorgaben, in der Auswahl der Anlage ihres Vermögens grundsätzlich frei, d. h. jeder Vorstand wird und kann innerhalb der weiten gesetzlichen Vorgaben seine eigenen sachgemäßen Anlagerichtlinien entwickeln, sofern er dabei nicht gegen den erkennbaren oder erklärten Stifterwillen verstößt (⟶ vgl. Haftung).

285 Zur Beurteilung verschiedener Anlageformen kann die folgende, lediglich beispielhafte Auflistung dienen. Einzelheiten zu den verschiedenen Anlageformen werden durchaus kontrovers diskutiert:

- Eine Vorhaltung von Teilen des Grundstockvermögens in liquiden Mitteln (Geldmarktfonds, Festgeld oder Spareinlagen) oder festverzinslichen Wertpapieren ist zweifellos möglich, gleicht wegen der zu niedrigen Rendite aber langfristig nicht den Wertverzehr aus der laufenden Geldentwertung aus.

- Der Ankauf von börsennotierten Aktien oder sonstigen Vermögensbeteiligungen ist bei bester Bonität zweifellos zulässig. Aus diesem Grund sind auch vergleichbare Kapitalanlagen im »Private-Equity-Bereich« vorstellbar und bei großen Stiftungen zum Teil schon seit langem üblich. Auf eine zumindest begrenzte Fungibilität (Veräußerungsfähigkeit) nicht börsengehandelter Unternehmensbeteiligungen muss allerdings geachtet werden.
- Wandelschuldverschreibungen oder Unternehmensanleihen werden zu Recht teilweise kritisch betrachtet. Beurteilungsmaßstab sollte aber nicht die Rechtsform der Anlage selbst, sondern die Bonität des Schuldners oder Emittenten und die Anlageerfahrung des Vorstands sein.
- Entsprechendes gilt für andere Anlageformen wie Zertifikate.
- Die Zulässigkeit einer Anlage in Aktien-, Renten- oder Mischfonds hängt von der Risikostruktur des Fonds also seinen Anlagezielen einerseits und den damit verbundenen Kosten in der Form von Ausgabeaufschlägen oder laufenden Kosten der Fondsverwaltung ab. Diese Anlageinstrumente erscheinen insbesondere im Falle von Dachfonds kostenbedingt als nur eingeschränkt geeignet. Demgegenüber können börsengehandelte Fonds in deutschen Standardwerten ohne Ausgabeaufschlag durchaus in Betracht kommen. Für »Stiftungsfonds« gilt die Kostenthematik von Fondskonstruktionen.
- Jede Form von thesaurierenden Fonds dürfte unabhängig von der Kosten- oder Risikoseite zumindest bei steuerbegünstigten Stiftungen einen Verstoß gegen das Gebot zeitnaher Mittelverwendung darstellen.
- Der Kauf von Optionsscheinen, Differenz- oder Termingeschäfte, ausländische Investmentanteile, geschlossene Fonds, einschließlich geschlossener Immobilienfonds oder Wagniskapitalanlagen oder Kapitalanlagen mit nicht abgesichertem Fremdwährungsrisiko sollten grundsätzlich ausgeschlossen sein, es sei denn, es handelt sich um reine Absicherungsmaßnahmen (→ vgl. Kosten der Vermögensverwaltung).

Die Ausrichtung allein auf einzelne Anlageformen würde allerdings die Thematik unzulässig einengen, da der Vorstand stets das Gesamtrisiko im Blick behalten und infolgedessen auch um eine insgesamt angemessene Risikostreuung bemüht sein muss. Erst eine ausgewogene Vermögensanlage vermag ein niedriges Risikoprofil mit vergleichsweise hohen Erträgen bei transparenten und moderaten Kosten zu verbinden. Für den Vorstand zumindest größerer Stiftungen sollte eine individuelle Vermögensstruktur stets im Vordergrund vor Standardprodukten stehen. Der Vorstand kann seine persönliche Haftung (→ s. dort) auf die sorgfältige Auswahl der Berater beschränken, wenn er sie bei seinen Anlageentscheidungen nachweislich einbezogen hatte. 286

▶ Es liegt im (Haftungs-)Interesse des Vorstands, eigene Anlagerichtlinien zur formulieren und durch Beschluss festzulegen, sollte dies nicht durch den Stifter erfolgt sein. Eine Abstimmung mit dem Kuratorium ist auch ohne Satzungsbestimmung anzuraten. Besteht das Anfangskapital aus anderen Vermögensgegenständen als Barmitteln, kann seine Zusammensetzung einen gewichtigen Anhalt für ein mögliches Risikoprofil bei der Vermögensanlage bieten. 287

bb) Bestandserhaltung oder Vermögensumschichtungen

288 Trifft die Stiftungssatzung keine anderweitige Aussage, gilt folgender Grundsatz:

289 Zulässig sind danach Umschichtungen des Stiftungsvermögens nach einhelliger Auffassung sofern die Ertragskraft des Vermögens erhalten bleibt oder erhöht wird. Umschichtungsverluste und Buchverluste, die die Vermögenssubstanz mindern, sind grundsätzlich als gemeinnützigkeitsunschädlich anzusehen. Die steuerliche Grenze für gemeinnützige Stiftungen liegt dort, wo die zulässige Vermögensverwaltung durch die Intensität des Wertpapierhandels oder sonstiger Vermögensübertragungen zum wirtschaftlichen Geschäftsbetrieb (→ vgl. dort) mutiert. Der höchstrichterlichen Rechtsprechung zufolge soll bei ca. 50 Umschichtungsvorgängen in 4 Jahren noch keine Gefahr bestehen, die Finanzverwaltung mag dies deutlich enger sehen.

290 Häufig finden sich aber gerade in Stiftungssatzungen direkte oder indirekte Veräußerungsverbote, sei es, dass der Stiftungszweck nicht anders als durch Nutzung des betreffenden Vermögens, z. B. Bilder eines bestimmten Malers, erfüllt werden kann, sei es, dass der Stiftung vom Stifter Beteiligungen an einem bestimmten (Familien-) Unternehmen, eine bestimmte Sammlung oder eine bestimmte Immobilie übertragen wurde in der Erwartung, dass diese Vermögensgegenstände dauerhaft im Bestand der Stiftung verbleiben werden.

291 ▶ Ergibt sich das Veräußerungsverbot nicht ohnehin aus dem Stiftungszweck, sollte der Stifterwille unmissverständlich artikuliert werden (Satzung, Anlagerichtlinien).

292 Uneinheitlich wird dagegen die Frage beantwortet, ob der Vorstand unter bestimmten Gegebenheiten nicht sogar zur Umschichtung des Stiftungsvermögens verpflichtet sein kann. Diese Verpflichtung wird regelmäßig dann bestehen, wenn infolge nachhaltig absinkender Leistungskraft bei der Stiftung eine dauerhafte Vermögensminderung nicht mehr durch entsprechende Rücklagen ausgeglichen werden kann. Handlungsnotwendigkeit besteht also noch nicht bei allgemeinen Wertrückgängen, da eine Verpflichtung zur Realisierung eines eingetretenen Wertverlustes allgemein zu Recht abgelehnt wird. Eine latente Handlungspflicht wird sich aber in Fällen erkennbar fortschreitender Vermögensaufzehrung zum Umschichtungszwang verdichten. Mit guten Gründen wird dies selbst dann der Fall sein, wenn sich die dauerhafte Verlustquelle als ein der Satzung nach an sich unveräußerlicher Vermögensgegenstand erweist, da das »Stiftungsvermögen eben nur als Mittel zum Zweck« angesehen werden kann.

293 Zwischen den beiden Polen von Umschichtungsmöglichkeit und Umschichtungserfordernis bleibt Raum für eigene, sachgemäße Entscheidungen des Vorstands. Stehen keine ausdrücklichen Regelungen entgegen, kann aus jeder Vermögens- oder Asset-Gruppe in eine andere gewechselt werden, mit der schon erwähnten Ausnahme für Immobilienvermögen nach dem Bayerischen Stiftungsgesetz. Auch hier ist aber der ausdrücklich oder zumindest konkludent erklärte Stifterwille entscheidend.

294 Die Berücksichtigung von Anlageformen, die künftige Wertsteigerungen generieren können, sind dabei besonders geeignet, langfristig ohne direkte Bindung an die schwankende Ertragskraft eine inflationsbedingte Geldentwertung auszugleichen, da sie nicht

der zeitnahen Mittelverwendung unterliegen. Dies setzt voraus, dass Umschichtungsgewinne dem Grundstockvermögen zugeführt werden können und nicht zu den (zeitnah) zu verwendenden Mitteln zählen. Hierüber herrscht keine völlige Klarheit. Bei Gewinnen aus der Veräußerung von Vermögensgegenständen handelt es sich unter handelsrechtlichen Kategorien um sog. außerordentliche Erträge, die unbestritten Bestandteil des Jahresüberschusses einer Gesellschaft sind. Damit spräche zunächst alles dafür, dass es sich um dem Verwendungsgebot unterliegende Mittel handelt. Für die Bildung einer Sonderform der freien Rücklage lässt das Gesetz, insbesondere § 58 Nr. 7a AO, in diesen Fällen keinen Raum. Außerdem wäre eine Begrenzung der Höhe der Zuführung interessewidrig. Eine ausschließlich an der handelsrechtlichen Parallelbetrachtung orientierte Beurteilung würde zudem vernachlässigen, dass wirtschaftliche Unternehmen kein Kapitalerhaltungsgebot kennen. Für Stiftungen gilt dagegen die Maxime: Was Kapital ist, soll (und muss) Kapital bleiben. Veräußerungsgewinne sind keine Früchte der Vermögensverwaltung, sondern die realisierten Folgen einer Substanzmehrung.

cc) Kosten der Vermögensverwaltung

Überbordende Kosten stellen jedenfalls für die steuerbegünstigte Stiftung eine Mittelfehlverwendung dar und verstoßen gegen das Gebot der Selbstlosigkeit. Aber auch für die steuerpflichtige Stiftung gilt eine Begrenzung der Verwaltungskosten auf das erforderliche Maß. Stiftungen unterliegen generell einem Sparsamkeitsgebot. 295

Die meisten Landesstiftungsgesetze äußern sich zwar zur Frage des Wirtschaftlichkeitspostulats, d. h. der Relation von Ertrag zu Aufwand, jedoch sind die gesetzlichen Vorgaben eher unspezifisch. Forderungen werden erhoben, wie die nach Sparsamkeit in der Wirtschaftsführung oder der Einhaltung eines Höchstmaßes an Kosten. Überdeckend bleibt die Verpflichtung des Vorstands aus seiner Treuhänderstellung heraus, die Verwaltung des Stiftungsvermögens mit der Sorgfalt eines »ordentlichen Kaufmanns« zu betreiben. 296

Daraus lässt sich die Forderung nach größtmöglicher Transparenz in den Kosten der Vermögensverwaltung begründen, ebenso die Maßgabe, Kostenvergleiche nachweisbar anzustellen und Kostenreduzierungen zu verhandeln. Dies betrifft bei Kapitalanlagen den Bereich der Depotgebühren und Verwaltungsgebühren ebenso wie z. B. Transaktionskosten oder Verwaltungsgebühren in Wertpapierfonds oder anderen Fondsgestaltungen. Gerade Fondskonzepte dürften häufig wegen der damit verbundenen Kostenhöhe und allenfalls bedingter Kostentransparenz ausscheiden. 297

Die Kosten der Vermögensverwaltung gehören mit zu den allgemeinen Verwaltungskosten der Stiftung. Eine allgemeine Kostenhöhe kann naturgemäß nicht festgelegt werden. Orientiert sich die Vorgabe der Kostenhöhe an der Relation der Verwaltungskosten zum erwirtschafteten Ertrag, entwickelt sich eine absolute Kostenobergrenze gleichsam automatisch aus einer zweiten Relation heraus, nämlich der Ertragserhöhung zur Risikoerhöhung. Eine allgemeine, verbindliche Richtschnur zur Ermittlung der Höhe von Kosten der Vermögensverwaltung wird nicht aufgestellt. Werbe- und Verwaltungsausgaben, die Kosten der Vermögensverwaltung eingeschlossen, liegen nach Erfahrungswerten in der Praxis in einer Bandbreite von unter 10 v. H. bis zu höchstens 298

35 v. H. des Gesamtaufwandes. Ein darüber hinausgehendes Kostenniveau wird sich damit anhand besonderer Umstände des Einzelfalls erklären lassen müssen.

299 Die (steuerliche) Kostenbegrenzung (→ vgl. dort) soll nach Auffassung der Finanzverwaltung bei einem Gesamtaufwand von maximal 50 v. H. der Gesamteinkünfte einschließlich Spenden, Zustiftungen, sonstigen Zuwendungen und Erträgen aus wirtschaftlichen Geschäftsbetrieben liegen. Da die Finanzverwaltung lediglich einen maximalen Werbeaufwand von 10 v. H. toleriert, bleiben ca. 40 v. H. für sonstige Verwaltungskosten unter Einschluss von z. B. Personalkosten, Kosten für Versicherungen, EDV, Rechnungswesen, Kommunikation, Aufwandsentschädigungen, Prüfung- und Beratung usw., sowie Vermögensverwaltung. Ausnahmen gelten aber insbesondere in den Anfangsjahren der Stiftung.

300 Verwaltungskosten lassen sich beispielsweise auch über dauerhafte Stiftungskooperationen (→ vgl. dort) senken und erhöhen somit den Spielraum für die Zweckerfüllung. Bei allen aufgezeigten Beispielen bleibt in aller Regel genügend Raum, auch dem Wunsch des Stifters nach aktiver Mitwirkung und Gestaltung Rechnung zu tragen.

301 Für nicht steuerbegünstigte Stiftungen stellen diese Obergrenzen ohnehin keine verbindlichen Vorgaben dar, können aber als allgemeiner Orientierungsmaßstab dienen.

dd) Liquiditätssteuerung

302 Weitere Beschränkungen in der Vermögensverwaltung ergeben sich hinsichtlich des Anlagehorizontes steuerbegünstigter Stiftungen aus dem Gebot zeitnaher Mittelverwendung (→ vgl. dort). Ziel der Vermögensanlage muss es sein, laufende Erträge, nicht nur gelegentliche Zuflüsse zu erwirtschaften. Die Planbarkeit von Höhe und Zeitpunkt der Zuflüsse ist neben den Aspekten der Kapitalsicherung und Ertragsverbesserung ein wesentliches Moment für die Auflage sog. Stiftungsfonds. Dem Stiftungsvorstand bleibt dabei lediglich noch die unveränderte Sorge um eine effektive Kostenkontrolle.

303 ▶ Da aus dem Stiftungsvermögen insgesamt genügend Erträge erwirtschaftet werden müssen, um eine dauerhafte Zweckerfüllung zu ermöglichen und zu sichern, sowie die Kosten der Vermögensverwaltung und der Stiftungsorganisation zu bestreiten, sind Sachstiftungen mit ausschließlich ertragslosem Vermögen, z. B. unbebauten Grundstücken, grundsätzlich nicht möglich, es sei denn, die Satzung sieht ausdrücklich eine zumindest teilweise Umschichtung vor, um somit aus ertragslosem Vermögen ertragbringende Vermögensanlagen zu generieren. Für Grundbesitz gilt in Bayern allerdings die Regel, dass dieser ohne Satzungsermächtigung nur wieder in Grundbesitz – dann allerdings vermieteten – umgeschichtet werden kann. Anders verhält es sich teilweise bei reinen Sachstiftungen, deren Zweck gerade in der Überlassung des Vermögens an Dritte besteht. Beispielhaft ist hier die Überlassung historischer Instrumente an junge Musiker zu nennen. Aber auch in diesen Fällen wird der Stifter klären müssen, aus welchen Mitteln die Stiftung ihre – wenn auch geringen – Verwaltungskosten bestreiten soll.

3. Rücklagenbildung

Es empfiehlt sich, die Bildung von Rücklagen in der Satzung von steuerpflichtigen und steuerbegünstigten Stiftungen gleichermaßen zuzulassen, da die Stiftung generell verpflichtet ist, sämtliche Erträge zur Förderung des Stiftungszwecks zu verwenden und sie diese im allgemeinen außerhalb der wirtschaftlichen Krise der Stiftung nicht etwa dem Stiftungsvermögen zuführen darf (→ s. Admassierungsverbot). 304

Hinsichtlich der Möglichkeiten zu Bildung von Rücklagen (→ s. dort) unterliegt insbesondere die steuerbegünstigte Stiftung engeren Vorgaben. Aufgrund der Pflicht zu einer dauerhaften Erhaltung des Stiftungsvermögens sind die Stiftungsorgane zu einer gewissenhaften Vermögensverwaltung und zur Vermeidung finanzieller Risiken angehalten. Andererseits gebietet diese Pflicht nach ganz überwiegender Auffassung jedoch nicht die ausschließliche Anlage des Stiftungsvermögens in mündelsicheren Papiere. Stiftungen sind aus stiftungsrechtlicher Sicht in der Auswahl der Anlage ihres Vermögens grundsätzlich frei. Aus diesem Grund sind auch Kapitalanlagen im »Private-Equity-Bereich« zulässig und bei vielen größeren Stiftungen z. T. seit Jahrzehnten üblich. 305

E. Haftung und Risikobegrenzung

306 Wenngleich sich die Stiftungsorgane, gerade auch die oftmals ehrenamtlich tätigen Mitglieder der Gremien, natürlich lieber auf die vielfältigen Stiftungsaktivitäten konzentrieren, ist menschliches Handeln ohne Fehler einfach undenkbar. Daher muss ein Blick auf die häufig unter großem Zeitdruck stehenden Entscheidungen und deren rechtliche und wirtschaftliche Folgen, somit der Vermeidung von Fehlern, geworfen werden. Grundsätzlich korrespondieren dabei Verantwortung und Haftung. Die Haftungsrisiken bedrohen nicht selten eine Stiftung in ihrem wirtschaftlichen Bestand. Es kommt also maßgeblich darauf an, wer wem gegenüber im Haftungsfalle einzustehen hätte. Als Haftungssubjekte kommen theoretisch die Stiftung selbst, ihre geschäftsführenden Vorstände, anderweitige Organmitglieder, die Stiftungsaufsicht und möglicherweise der Stifter oder die Begünstigten in Betracht.

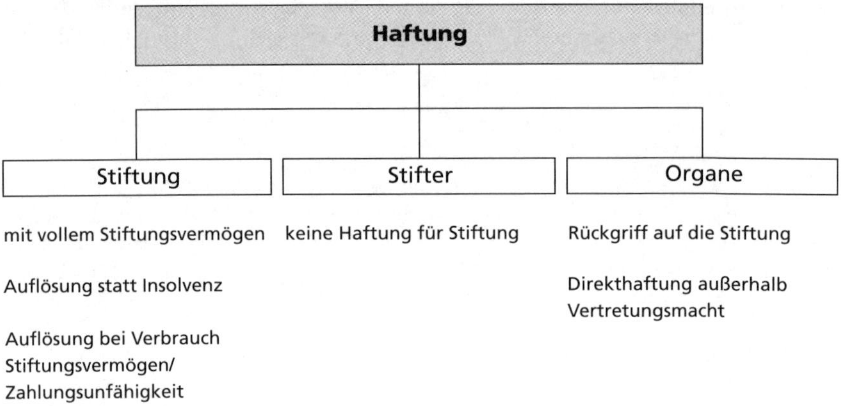

I. Außenhaftung der Stiftung

307 Die rechtsfähige Stiftung haftet als eigenständiger Rechtsträger gegenüber ihren Gläubigern mit dem ganzen Vermögen. Als juristische Person nimmt die selbständige Stiftung zwangsläufig am Rechtsleben durch ihre Organe teil. Schuldhaft verursachte Fehler ihrer Organe oder ihrer Organmitglieder muss die Stiftung sich als eigene Pflichtverletzungen zurechnen lassen, wenn Dritten daraus ein Schaden entstanden ist. Dies wird gemeinhin als Außenhaftung der Stiftung bezeichnet.

308 Eine entsprechende Einstandspflicht trifft die Stiftung für jedes ihrer Organe, also auch für das Kuratorium oder im Falle von Pflichtverletzungen durch einzelne Mitglieder.

309 Zwischen der übertragenen Aufgabe und dem schuldhaft fehlerhaftem Organhandeln muss §§ 86 Abs. 1, 31 BGB ein innerer Zusammenhang bestehen, und zwar unabhängig davon, ob sich die Pflichtverletzung selbst im Rahmen einer ordnungsgemäßen Vertretung der Stiftung erfolgte oder die eingeräumte Vertretungsgrenze (z. B. Einzelunterschrift trotz Gesamtvollmacht) überschritten wurden. Besteht die Pflichtwidrigkeit

allerdings ausschließlich in der Überschreitung erteilter Vertretungsbefugnisse, führt dies in der Regel nicht zu einer Haftung der Stiftung, aber zur Inanspruchnahme des tätig gewordenen Organmitglieds.

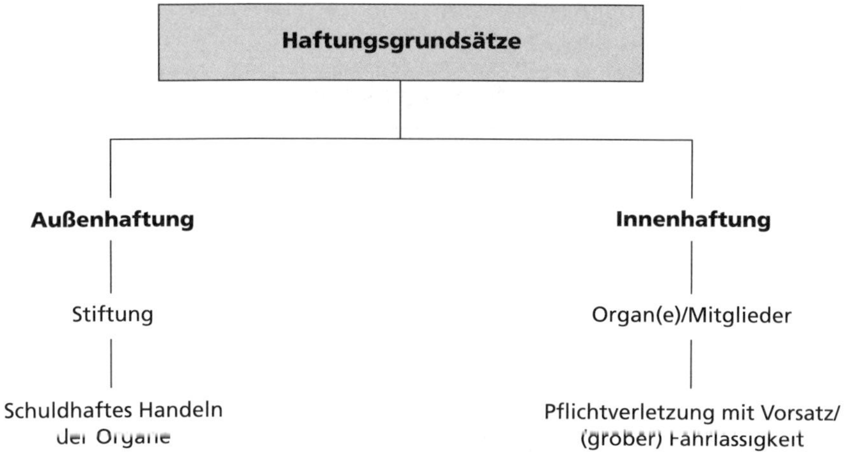

Neben der Haftung für Pflichtverletzungen ihrer Organe kommt für die Stiftung auch eine eigene, direkte Inanspruchnahme gem. §§ 31, 823 Abs. 1 BGB wegen einer Verletzung ihrer Organisations- und Aufsichtspflichten in Betracht. Hierzu zählen beispielsweise die Fälle mangelnder Schulung und Beaufsichtigung ehrenamtlicher Helfer oder Fehler bei der Auswahl entsprechend qualifizierter Berater. 310

II. Innenhaftung des Vorstands gegenüber der Stiftung

1. Haftungsvoraussetzungen

Die Organmitglieder sind im Falle von schuldhaften Pflichtverletzungen auch persönlich mit ihrem ganzen Vermögen der Stiftung gegenüber einstandspflichtig (sog. Innenhaftung). Jede, auch schon leicht fahrlässige Nicht- oder Schlechterfüllung reicht grundsätzlich dazu aus. Im Zuge der Reform des Vereinsrechts wurde mit Wirkung ab dem 1.1.2010 in § 31a BGB eine Haftungserleichterung für ehrenamtlich tätige Organmitglieder eingeführt (vgl. unten). Dabei kann es sich ebenso um einen Regressfall, also die Weitergabe einer Außenhaftung durch die Stiftung handeln, als auch um einen lediglich internen Vorgang, nämlich den Ausgleich eines Schadens, den nur die Stiftung, nicht aber ein außenstehender Dritter erlitten hat. Hierher gehören z. B. auch die Fälle der fehlerhaften Anlageentscheidungen durch den Vorstand (→ vgl. dort). 311

Die Stiftung kann ihren Ersatzanspruch gegen den Vorstand auf §§ 86 Satz 1, 27 Abs. 3, § 280 Abs. 1, 664 ff. BGB stützen 312

313 Für die Inanspruchnahme des Vorstandsmitglieds bedarf es gem. § 280 BGB auf dessen Seite:

- einer objektiven Pflichtverletzung und
- eines subjektiv schuldhaften Handelns.

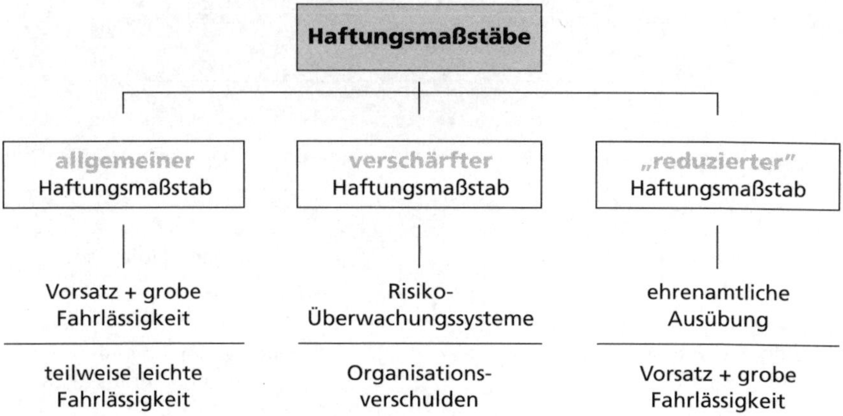

314 Über die allgemeinen Geschäftsführungsaufgaben des Vorstands hinaus kann nur immer anhand des jeweiligen Einzelfalls festgestellt werden, ob tatsächlich eine Pflichtverletzung vorliegt. Der Pflichtenkreis bestimmt sich dabei generell aus der ordnungsgemäßen Verwaltung des Stiftungsvermögens und dem zeitnahen Einsatz der Mittel für die satzungsmäßigen Stiftungszwecke. Diese Aufgaben werden von Stiftung zu Stiftung je nach Größe, Struktur und Aufgabenstellung aber eine unterschiedliche Ausprägung erfahren. Weitere Ausformungen der Handlungspflichten eines Stiftungsorgans sowie deren Grenzen finden sich ggf. in der Satzung, in Geschäftsanordnungen oder sonstigen Handlungsanweisungen sowie in den Grundsätzen ordnungsgemäßer Stiftungsverwaltung (→ vgl. dort).

315 Bereits leicht fahrlässige Fehlentscheidungen sind grundsätzlich haftungsbegründend. Der Vorstand haftet dann der Stiftung mit seinem gesamten Privatvermögen. Die Organmitglieder haften dabei grundsätzlich als Gesamtschuldner. Der Haftungsanspruch richtet sich gegen den Gesamtvorstand oder das betreffende Vorstandsmitglied. Daher haben Mitglieder eines mehrköpfigen Vorstands für schuldhafte Pflichtverletzungen eines einzelnen Mitglieds ebenso einzustehen wie für die Umsetzung eines pflichtwidrigen Vorstandsbeschlusses.

316 Die persönliche Schadensersatzpflicht der Organmitglieder gegenüber der Stiftung besteht grundsätzlich unabhängig von der Frage, ob die Vorstandsmitglieder haupt- oder nebenberuflich tätig werden. Treffen beide zusammen, dürfte der Haftungsanteil des hauptamtlichen Mitglieds überwiegen.

Die mit der Neufassung des § 31a BGB eingeführte Haftungsbegrenzung bzw. Haftungserleichterung gilt auch für Stiftungsvorstände (§ 86 S. 1 BGB). Sie erstreckte sich ursprünglich nicht über den Kreis der Vorstandsmitglieder hinaus auf andere ehrenamtlich tätige Organmitglieder, z. B. auf ehrenamtliche Mitglieder eines kontrollierenden, nicht nur beratenden Stiftungsbeirats. Diese Fehlentwicklung hat der Gesetzgeber jedoch zwischenzeitlich durch das Ehrenamtsstärkungsgesetz beseitigt, sodass die Haftungserleichterung nunmehr gleichermaßen für alle Organmitglieder (Vorstand und Beirat/Kuratorium) und besondere Vertreter Anwendung findet. 317

Einzelne Landesstiftungsgesetze (→ vgl. Dokumentation) sehen zwar eine Beschränkung der Haftung auf grobe Fahrlässigkeit oder Vorsatz für alle also, auch entgeltlich tätige Vorstandsmitglieder vor. Die Tragweite dieser Erleichterung ist in Hinblick auf die bundesgesetzliche Regelung noch nicht abschließend geklärt.Den Haftungstatbeständen in den Landesstiftungsgesetzen kommt zwar generell keine eigenständige Bedeutung zu, weil den Ländern die Gesetzgebungskompetenz für Fragen der Organhaftung fehlt. Abweichendes Landesrecht wäre insoweit unwirksam, wenn man davon ausgehen wollte, das der Bundesgesetzgeber auch für den nicht nur ehrenamtlich tätigen Personenkreis eine Haftungsregelung habe treffen wollen und getroffen hat. 318

Greift der Stifter in der Satzung allerdings weitere Haftungserleichterungen auf, wird zwar regelmäßig eine Beschränkung der Außenhaftung hierdurch auszuschließen sein; zumindest die Stiftung wird sich dem Vorstand gegenüber aber die eingeräumten Haftungserleichterungen zurechnen lassen müssen. 319

Eine noch weitergehende satzungsmäßige Beschränkung der Haftung, d. h. ein vollständiger Haftungsausschluss dürfte dagegen rechtlich unzulässig sein. Die Begrenzung schützt gegenüber einer Inanspruchnahme durch die Stiftung selbst, entweder unmittelbar oder im Regressfalle. Eine Haftungsbegrenzungswirkung in den Fällen einer direkten Inanspruchnahme durch Dritte ist davon nicht tangiert. 320

Generell ist eine entsprechende maßvolle Haftungsbeschränkung durch die Stiftungssatzung sinnvoll, um die Entschlusskraft der Organmitglieder nicht zu stark einzuschränken und die Bereitschaft zur verantwortlichen Mitarbeit in Stiftungsorganen zu fördern. Richtigerweise ist der Schutz für die Organmitglieder aber lediglich begrenzt und kann ggf. durch eine entsprechende Haftpflichtversicherung, einer sog. D&O-Versicherung (→ s. dort) abgemildert werden. 321

Im Falle von Unternehmensträgerstiftungen sind solche Haftungsbeschränkungen mit Außenwirkung ohnehin eher unangebracht, zumal dann, wenn die Organmitglieder unmittelbar unternehmensleitende Aufgaben wahrnehmen. Eine im Vergleich zu anderen Unternehmensrechtsformen privilegierte Haftungssituation von Stiftungsvorständen wäre insgesamt unverständlich und dem Rechtsverkehr wohl nur schwer vermittelbar. Ein besserer Schutz der Organmitglieder lässt sich daher durch die Installation geeigneter Kontrollmechanismen in Kombination mit einer angemessenen Versicherungsdeckung erzielen. 322

323 ▶ In der Praxis ist die haftungsrechtliche Inanspruchnahme derzeit wohl noch eher ein Ausnahmefall. Dies liegt zum einen an den häufig nur schwierig festzustellenden, die Haftung begründenden Umständen. Die Stiftungsorgane sollten aber im eigenen Interesse und dem der Stiftung die Entwicklung der Haftungsverschärfung im Unternehmensbereich nicht abwehren oder tatenlos abwarten, sondern sich den modernen Anforderungen der Risikosteuerung und -überwachung anpassen.

324 Zwar werden der Stiftung vom Gesetz lediglich Rückgriffansprüche gegen ihre Organe eingeräumt, da allerdings niemand wirksam »zu Lasten« der Stiftung für diese auf eine Rechtsverfolgung verzichten kann, ohne sich selbst dem Vorwurf pflichtwidrigen Handelns auszusetzen, ist eine Durchsetzung der Regressansprüche nahezu zwingend. Dies schließt letztlich ein Vorgehen der Stiftungsaufsichtsbehörde mit ein.

2. Verletzung konkreter Handlungspflichten

325 Das in Anspruch genommene Vorstandsmitglied kann und muss den Nachweis erbringen, dass sein Handeln dem Handeln eines ordnungsmäßigen Geschäftsführers entsprochen hat. Eine Beweislastumkehr greift ausnahmsweise für ehrenamtliche Organmitglieder ein (→ vgl. dort).

326 Besondere Gefahrenzonen ergeben sich für Vorstandsmitglieder bei:

- Vermögensanlageentscheidungen,
- Mittelfehlverwendungen,
- der Vernachlässigung steuerlicher Pflichten,
- der Nichtbeachtung stiftungsaufsichtlicher Anordnungen oder Genehmigungspflichten
- sonstigen Verstößen gegen Gemeinnützigkeitsrecht.

327 Richtlinien wie z. B. Anlagerichtlinien oder Geschäftsanweisungen helfen in diesem Zusammenhang, den Vorwurf einer Pflichtverletzung zu verifizieren oder auszuschließen. Mitglieder der Stiftungsorgane können insbesondere durch eine entsprechende Geschäftsordnung z. B. ihre Anlageentscheidungen auf einer verlässlichen Grundlage treffen. Fehlen solche Festlegungen, ist im jeweiligen Einzelfall zu entscheiden, welche Erkenntnismöglichkeiten der Vorstand hätte ausschöpfen müssen.

328 Bewegt sich die Tätigkeit des Vorstandes auf dem Gebiet der Zweckverwirklichung, gibt es stets nur eine angemessene Abwägung und deren Dokumentation, nicht jedoch verbindliche Vorgaben und haftungsminimierend sachgerechte Resultate zu erzielen.

a) Unterlassene Risikosteuerung und -kontrolle

Risikofelder (Beispiele)

- Gemeinnützigkeitsgefährdung
- Verstoß gegen Zweckverfolgung/Mittelfehlverwendung
- Verstoß gegen sparsame Wirtschaftsführung
- Vermögensanlage/-umschichtung

- In-Sich-Geschäfte
- Rücklagen-Fehldotierung/Unterlassung Rücklagenbildung
- Fehlende Kapitalerhaltung
- Verlustausgleich
- Fehlen ordnungsgemäßer Buchhaltung
- Risikoerhöhung durch wirtschaftl. Geschäftsbetriebe
- Verstöße gegen Spendenrecht

Die Pflichtverletzung des Vorstandsmitglieds wird zwar generell auf einem aktiven 329 Handeln des Vorstands beruhen. Letztlich kann die Haftung aber auch darauf zurückzuführen sein, dass die Aufstellung von notwendigen und angemessenen Risikoüberwachung- und Kontrollmechanismen durch den Vorstand unterblieben ist. Dies beschränkt sich keineswegs auf das immer wieder beschworene Hauptbeispiel der unzulänglichen Buchführung. Durch das Gesetz zur Kontrolle und Transparenz im Unternehmensbereich haben sich in der Praxis verschärfte Risiko- und Kontrollstandards herausgebildet, die auch die Stiftungspraxis nicht unberührt lassen. Eine der zentralen Folgen der Reform des Stiftungsrechts im Jahre 2000 war die gestärkte Eigenverantwortlichkeit der Stiftung bzw. ihres Managements gegenüber der Stiftungsaufsicht. Als unmittelbare Auswirkung finden sich auch im Bereich der Stiftungen die beiden Postulate der Risikobewusstheit (»Awareness«) und des vorsichtigen Kaufmanns (»Prudent Man«) nicht nur als abstrakte Vorgaben sondern als gesteigerte Sorgfaltsanforderungen. Diesen Anforderungen kann angemessen nur durch ein differenzierteres Risikoerkennungs- und Risikokontrollsystem begegnet werden. Die Ordnungsmäßigkeit der Geschäftsführung von Stiftungen schließt daher heute regelmäßig die Schaffung effizienter Risikosteuerungssysteme ein.

Welche Maßnahmen erforderlich sind, ergibt sich aus der »Gefährlichkeit« eines ent- 330 sprechenden Störfalls für die Stiftung.

- Zu den bestandsgefährdenden Risiken, die die rechtliche und wirtschaftliche Existenz der Stiftung bedrohen können, gehören der Verlust des Vermögens und der Verlust der Steuerbegünstigung (»Gemeinnützigkeit«) der Stiftung.
- Auf der zweiten Ebene gilt es Risiken zu minimieren, die regelmäßig noch sehr erhebliche Auswirkungen auf die Tätigkeit der Stiftung, also die Verfolgung der Stiftungszwecke selbst zeigen, hierzu gehören insbesondere die Bereiche mangelhafter der Liquiditätsplanung, unerkannter Steuerfolgen, nicht gedeckte Haftungsfälle und die mangelnde Steuerung von Verwaltungskosten.

Schwierigkeiten ergeben sich regelmäßig aus »unfreiwilligen Mittelfehlverwendun- 331 gen«. Sofern beispielsweise ein Stiftungsprojekt fehlschlägt und sich daraus Vermögensschäden für die Stiftung ergeben, können Organmitglieder wohl nur dann persönlich in Anspruch werden, wenn sie gegen die satzungsgemäße Erfüllung des Stiftungszweckes verstoßen haben und diese Verstöße für den Schaden der Stiftung auch ursächlich geworden ist. Jüngere Entscheidungen in der obergerichtlichen Rechtsprechung legen die Vermutung nahe, dass eine Entwicklung hin zu einer stärkeren Verantwortlichkeit des Vorstands bei risikoträchtigeren Anlageentscheidungen eingesetzt haben könnte. Eine intensive Auseinandersetzung mit den Gefahren der Anlageentscheidungen und deren Dokumentation kann vor diesem Hintergrund den Vorständen und grundsätzlich auch den Beiräten nur dringend empfohlen werden.

332 ▶ Innerhalb der vom Vorstand zu beachtenden Grenzen einer ordnungsgemäßen Vermögensverwaltung kann es sinnvoll erscheinen, beispielsweise einzelne Wertpapiere des Portfolios durch potentiell ertragsreichere zu ersetzen. Wenn in diesem Bereich Fehleinschätzungen getroffen werden, sind diese für ich betrachtet noch nicht als Pflichtverletzung zu werten. Allein auf den Eintritt von Vermögensverlusten lässt sich noch keine Inanspruchnahme stützen, es sei denn, die Entscheidung stand in Widerspruch zu Anlagerichtlinien oder Satzungsbestimmungen oder die Folgen wären für den Vorstand deutlich absehbar gewesen. Angesichts der neueren Entwicklungen im Unternehmensbereich sind Stiftungsorgane aber gut beraten, sich nicht auf diese Grenzziehungen zu verlassen. Diese gelten zudem ohnehin nur, wenn sich diese Anlageentscheidungen noch im Rahmen der wirtschaftlichen Bestimmung des Stiftungsvermögens halten und die objektiv schädigende Maßnahme auf einer wirtschaftlich vertretbaren und entsprechend nachvollziehbaren Entscheidung beruht.

333 Folgende Risikofelder bedürfen infolge gestiegener Komplexität der gesteigerten Überwachung durch Stiftungsmanagement und Kontrollorgan:

- Ordnungsmäßigkeit des Rechnungswesen/der Buchhaltung,
- Substanzerhalt/Anlagepolitik,
- Liquiditätsplanung und Liquiditätsschöpfung,
- Vermögensumschichtungen,
- Mittelverwendung/Mittelfehlverwendung,
- Mitteltransfers innerhalb und zwischen den Vermögenssphären/Verlustausgleiche,
- Rücklagenbildung, Rücklagendotierung,
- Einhaltung der Stiftungszwecke,
- Unmittelbare Zweckverwirklichung/Outsourcing,
- Verstöße gegen Gemeinnützigkeitsrecht,
- »Unerkannte« wirtschaftliche Geschäftsbetriebe/Zweckbetriebe,
- Verstöße gegen Spendenvorschriften,
- Zustimmungsbedürftige Geschäftsvorfälle/unerkannte Insichgeschäfte,
- Zeitliche/fachliche Überforderung ehrenamtlicher Vorstände/Kuratoren,
- Organisations-/Überwachungsmängel beim Einsatz ehrenamtlicher Mitarbeiter.

334 Folgende Faktoren können verstärkt zu einer Verbesserung der Risikostruktur der Stiftung beitragen und zugleich für eine Begrenzung eines Organisationsverschuldens (→ vgl. dort) der Stiftungsorgane sorgen:

- Geordnetes und zeitnahes Rechnungswesen als zentrales Informationssystem,
- Regelmäßiges Berichtswesen (evtl. Monats- oder Quartalsberichte je nach Umfang der Stiftungstätigkeit),
- Prüfung von Abschlüssen,
- Kostencontrolling,

- Qualitätssicherungssystem,
- Anlagerichtlinien,
- Geschäftsordnung für den Stiftungsvorstand,
- Vergaberichtlinien für Stiftungsprojekte,
- Verpflichtung auf Grundsätze ordnungsmäßiger Stiftungsverwaltung,
- Zertifizierung der Stiftung,
- Professionelle Beratung z. B. bei der Vermögensanlage.

Basis für die Ausarbeitung eines Risikoerkennungs- und -steuerungssystems bildet zunächst die Entscheidung der Stiftungsorgane, welche Risiken komplett ausgeschlossen werden müssen, welche Risiken z. B. über Versicherungen abgedeckt und welche von der Stiftung zu tragen sein werden. Nach der Einführung des Risikosteuerungssystems ist ein etwaiger Anpassungsbedarf in regelmäßigen Abständen zu überprüfen. 335

▶ Maßnahmen der vorbeugenden Risikoerkennung und -minimierung sollten daher feste Bestandteile der Vorstands- und Beiratssitzungen sein und Aufnahme in die entsprechenden Sitzungsniederschriften finden. 336

Der organisatorische Ablauf beim Aufbau eines Risikosteuerungssystems konzentriert sich zunächst auf die Bestandsaufnahme anhand der internen Aufgabenverteilung und Kompetenzabgrenzung zwischen den Stiftungsorganen und anderen stiftungsinternen Arbeitsbereichen. Daran werden sich die Risikoidentifikation und die Risikoquantifizierung anschließen. Sodann sind konkrete Maßnahmen zu entwickeln, einschließlich einer Festlegung von Leitlinien der Risikopolitik, d. h. der grundsätzlichen Risikobereitschaft und der Grundlagen eines internen Stiftungsreportings. 337

▶ Bei komplexerem Stiftungsaufbau oder umfänglicher Stiftungstätigkeit werden die Stiftungsorgane dieses Risikomanagementsystem im Allgemeinen nicht ohne qualifizierte externe Beratung einführen können. Eine Verbesserung von Buchhaltung und Rechnungswesen (→ vgl. dort), beides insgesamt zentrale Erkenntnisquellen für das Stiftungsmanagement, sollte aber für jeden Stiftungsvorstand eine zu bewältigende und vordringliche Aufgabe auch schon für kleinere Stiftungen darstellen. 338

b) Schuldhaftes Vorstandshandeln

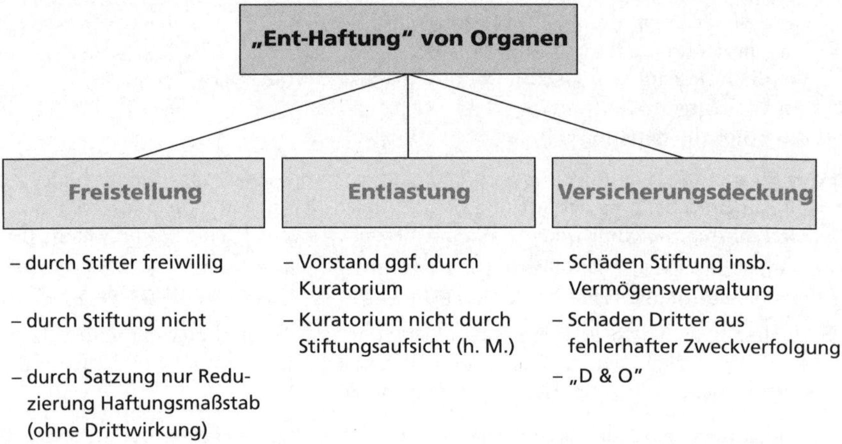

339 Eine Haftungsbeschränkung auf Vorsatz und grobe Fahrlässigkeit sollte ausdrücklich in der Satzung geregelt werden Dies schützt das Organmitglied zwar nicht im Falle einer direkten Inanspruchnahme durch Dritte bei entsprechenden Pflichtverletzungen im allgemeinen Rechtsverkehr, beugt jedoch Haftungsansprüchen seitens der Stiftung selbst vor. Sofern die Landesstiftungsgesetze keine Begrenzung des Haftungsmaßstabs (→ vgl. dort) vorsehen, ist eine Haftungsbeschränkung aufgrund der Satzung als Ausdruck der gesetzlich garantierten Stiftungsautonomie zu verstehen und daher zulässig.

c) Entlastung des Vorstands

340 Eine förmliche Entlastung des Vorstands durch die Stiftungsaufsicht ist weder bundes- noch landesgesetzlich vorgesehen. Dies trifft auch dann zu, wenn der Vorstand das einzige Stiftungsorgan sein sollte. Der Stifter selbst ist kein Organ der Stiftung und muss deshalb als taugliches Entlastungsorgan der Stiftung ebenfalls ausscheiden.

341 Wird dem Vorstand somit von einem satzungsmäßig dazu berufenen Organ, z. B. dem Stiftungsrat bzw. dem Kuratorium Entlastung für die Geschäftsführung erteilt, hat dies nach überwiegend vertretener Meinung letztlich keinen befreienden Einfluss auf die Haftung des Organmitglieds gegenüber der Stiftung für ein Fehlverhalten. Dies ist nicht zuletzt darauf zurückzuführen, dass das Kuratorium nicht dazu berufen ist, die Stiftung zu vertreten und sodann per Entlastung auf deren Ansprüche zu verzichten. Das Ergebnis mag zunächst unbillig erscheinen, da es den Stiftungsvorstand damit gegenüber Geschäftsführern anderer juristischer Personen zu benachteiligen scheint. Die Auffassung ist jedoch in sich schlüssig, da bedingt durch die Rechtsform kein anderer als die Stiftung selbst in der Lage ist, über ihre Interessen zu disponieren; der Vorstand andererseits kann aber keine »Selbstentlastung« vornehmen.

▶ Dennoch drückt eine in Kenntnis aller Umstände ausgesprochene Entlastung durch das von der Satzung bestimmte Organ eine allgemeine Billigung der Vorstandsentscheidung aus. Dies wird den Vorstand in aller Regel in die Lage versetzen, die unterstellte Pflichtwidrigkeit seiner Entscheidung wirksam auszuräumen und damit Haftungsansprüche gegen sich abzuwehren. 342

d) Haftung der Stiftungsaufsicht

Die Stiftungsaufsichtsbehörde prüft kraft Gesetzes die Jahresabschlüsse und Tätigkeitsberichte der Stiftungen. Schadensersatzansprüche gegen Mitglieder der Stiftungsorgane bleiben hiervon allerdings unberührt. Insofern können sich die Organmitglieder auch nicht auf eine etwaige Bestandskraft stiftungsaufsichtlicher Verwaltungsakte berufen. Die Stiftungsaufsicht ist weder Träger von Stiftungsverantwortung noch schreitet sie bei jedem rechtswidrigen Verhalten von Organmitgliedern ein. Zeichnet sich allerdings ein entsprechender Anspruch gegen den Vorstand der Stiftung ab, wäre es eine Aufgabe der Stiftungsaufsicht, diesen für die Stiftung gegen das betreffende Organmitglied durchzusetzen oder für dessen Durchsetzung zu sorgen, sofern die Stiftung selbst noch handlungsfähig ist. 343

Hat der Vorstand die Stiftungsaufsicht mit der Frage nach der Rechtmäßigkeit einer konkreten Maßnahme von entsprechender Tragweite für die Stiftung konsultiert und die Aufsichtsbehörde ihrerseits die Rechtmäßigkeit bestätigt, wird in der Regel kein Verschulden des Organmitglieds mehr vorliegen können. Grundsätzlich kann von der Wahrung der im Verkehr erforderlichen Sorgfalt ausgegangen werden, wenn der Schuldner sein Verhalten nach der Empfehlung kompetenter Fachleute, wie sie in einer Stiftungsaufsicht vorhanden sind, ausrichtet. Soweit nicht die von ihm getroffene Auswahl der Fachleute selbst zu beanstanden ist, reicht deren Entlastungswirkung, es sei denn, der Vorstand konnte ohnehin selbst erkennen, dass deren Rat unrichtig war oder hätte dies bei entsprechender Befassung mit der Sache sehen müssen. 344

Eine eigene Haftung der Stiftungsaufsicht wäre nur im Rahmen einer Amtshaftung gem. Art. 34 GG, § 839 BGB denkbar, sofern der Behörde ein konkreter Verstoß gegen die Aufsichtspflichten anzulasten wäre. In der Praxis spielen diese Fälle allerdings so gut wie keine Rolle. 345

e) Verjährung

Schadensersatzansprüche verjähren gem. § 195 BGB in der Regel innerhalb von 3 Jahren. Zu beachten ist, dass die Verjährung mit dem Schluss des Jahres beginnt, in dem der Anspruch entstanden ist und die Stiftung von der schuldhaften Pflichtverletzung Kenntnis erlangt oder ohne grobe Fahrlässigkeit erlangen müsste (vgl. § 199 Abs. 1 BGB). Gem. § 199 Abs. 3 BGB verjähren diese Schadensersatzansprüche spätestens 30 Jahre nach Vornahme der Schadenshandlung. 346

f) Strafrechtliche Relevanz

347 Sofern Mitglieder eines Organs vorsätzliche Pflichtwidrigkeiten insbesondere im Bereich der Vermögensverwaltung begehen, hat dies in aller Regel auch strafrechtliche Bedeutung. Insbesondere ist an den Tatbestand der Untreue gem. § 266 StGB sowie an die Unterschlagung gem. § 246 StGB zu denken. In diesen Fällen greift auch eine deliktische Haftung gem. § 823 Abs. 2 BGB ein.

III. Haftung des Vorstands gegenüber Dritten

348 Die Organe sind für ihre Handlungen unter bestimmten Voraussetzungen auch unmittelbar persönlich gegenüber Dritten einstandspflichtig. Dies gilt insbesondere dann, wenn ein Mitglied eines Stiftungsorgans außerhalb seiner Vertretungsmacht eine schädigende Handlung zu vertreten hat (§ 179 BGB) . Eine Haftungserleichterung kraft Satzung oder auf der Grundlage von Landesstiftungsgesetzen, die unmittelbar gegen Dritte wirken soll, wird zutreffender Weise überwiegend als unzulässig angesehen.

349 Auf der Grundlage der in § 31a BGB statuierten Haftungserleichterung kann das Vorstandsmitglied bei einer Inanspruchnahme durch Dritte von der Stiftung Freistellung von seiner Verbindlichkeit verlangen, es sei denn der Schaden wurde von ihm vorsätzlich oder grob fahrlässig verursacht (§§ 86 S. 1, 31a Abs. 2 BGB).

1. Sanktionen gegen Stiftungsorgane im Schadensfalle

350 Die nachfolgende Übersicht zeigt die Sanktionen, die ein schuldhaft pflichtwidrig handelndes Vorstandsmitglied treffen können.

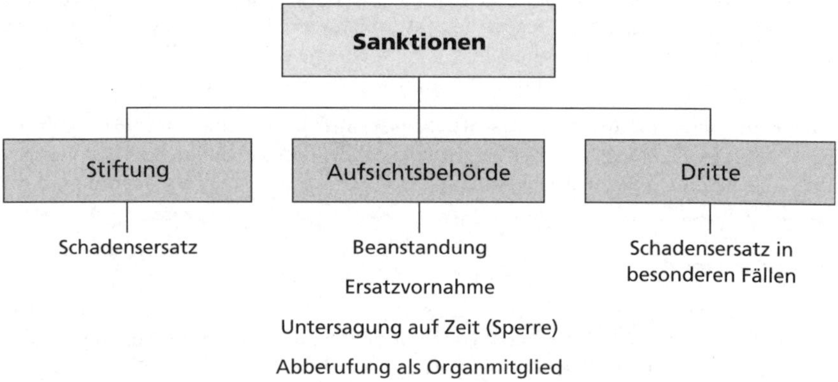

2. Versicherungsdeckung für Organmitglieder

351 Versicherbar sind Risiken der Innen- und der Außenhaftung. Versicherungsnehmerin ist meist die Stiftung, dennoch können zugleich auch Risiken eines Handelns der Organmitglieder und ggf. von Geschäftsführern abgesichert werden, sofern diese in die Versicherungspolice miteinbezogen sind.

Aufgrund der Haftungsrisiken für die Stiftung und die Mitglieder von Stiftungsorganen kann der Abschluss einer Vermögensschadenhaftpflichtversicherung (→ D&O Versicherung) durchaus zweckmäßig sein. Sie deckt bei entsprechender Ausgestaltung fahrlässiges Handeln der Organe. Schäden infolge vorsätzlichen Handelns sind allerdings nicht mitumfasst. 352

Um Schäden zu decken, die die Stiftung aufgrund von vorsätzlich unerlaubten Handlungen ihrer Mitarbeiter erleidet, wäre eine sog. Vertrauensschadenversicherung abzuschließen. 353

Als Versicherungsnehmerin trägt die Stiftung die Versicherungsprämie. Dies sollte auch für gemeinnützige Stiftungen in angemessenem Umfang zulässig sein, da die Schadensdeckung primär im wirtschaftlichen Interesse der Stiftung selbst liegt. Haben einzelne Organmitglieder selbst eine Vermögensschadenhaftpflichtversicherung abgeschlossen, stellt die Prämienübernahme durch die Stiftung Aufwandsersatz bei unentgeltlicher Tätigkeit, ansonsten einen Gehaltsbestandteil dar. 354

Die Kosten der Versicherung hängen maßgeblich von der Anzahl der versicherten Personen und insbesondere natürlich von der Deckungssumme ab. Die vorausgehende Risikoabschätzung sollte keine Stiftung ohne die qualifizierte Beratung eines Versicherungsfachmannes entscheiden. 355

▶ Zwischenzeitlich werden von den Versicherungsunternehmen auch stiftungstypische Policen angeboten, die auf die spezifischen Belange von Stiftungen zugeschnitten sind und beispielsweise auch Schäden decken, die von ehrenamtlichen Helfern oder sonstigen Mitarbeitern der Stiftung verursacht werden. 356

IV. Haftung ehrenamtlicher Mitarbeiter gegenüber der Stiftung oder Dritten

Auch wenn die freiwilligen Helfer unentgeltlich und ohne eigentlichen Verpflichtungs- und Bindungswillen für die Stiftung tätig werden, geschieht dies in aller Regel schließlich doch nicht ohne rechtliche Grundlage und ohne Rechtsfolgen. 357

Erbringt der Ehrenamtliche nicht lediglich eine rechtlich unbeachtliche Gefälligkeitshandlung, liegt regelmäßig ein rechtlich relevantes Vertragsverhältnis vor, das als Dienstverhältnis, Auftragsverhältnis oder als Gefälligkeitsvertrag oder je nach den Umständen des Falles auch als anderes Rechtsverhältnis (z. B. Verwahrung oder Leihe) zu qualifizieren sein kann. Was der ehrenamtliche Mitarbeiter sich dabei vorgestellt oder was er gewollt hat, ist nicht von Belang, da es ausschließlich auf die objektiven Umstände der Rechtsbeziehung ankommt. Unentgeltlichkeit ist dabei ebenso wenig ein Kriterium wie die Uneigennützigkeit. 358

▶ Zumeist wird es dem ehrenamtlichen Helfer und dem ehrenamtlichen Vorstandsmitglied gar nicht bewusst, dass das Versprechen, »mitzuhelfen« bereits geeignet sein kann, Rechtsfolgen auszulösen. Berechtigterweise wird in der Fachliteratur immer wieder auf den Nutzen einer schriftlichen Vereinbarung in allgemein verständlicher Sprache hingewiesen, in der die übernommenen Aufgaben und die sich daraus 359 ergebenden Verpflichtungen sowie der Haftungsrahmen gegenüber der Stiftung festgehalten werden.

360 Dies führt in aller Regel dazu, dass der Helfer verpflichtet ist, seine Aufgabe gem. §§ 662, 664 und 665 BGB ordnungsgemäß und nach Weisung der Stiftung persönlich durchzuführen. Haftungsrelevante Pflichtverletzungen sind immer dann genauer zu prüfen, wenn der Helfer seine Aufgaben gar nicht oder nicht weisungsgemäß ausführt und dadurch der Stiftung ein Schaden (z. B. Kosten für Ersatzkräfte) entsteht. Erbringt der Ehrenamtliche seine Leistung dadurch, dass er die übernommene Aufgabe an einen Dritten »delegiert«, so haftet er der Stiftung für eine ordnungsgemäße Auswahl und Überwachung seines »Sub-Auftragsnehmers«, darüber hinaus ist er aus der Haftung entlassen.

361 Auch der ehrenamtliche Mitarbeiter haftet nur im Falle schuldhafter Pflichtverletzungen; dies schließt grundsätzlich jede Form von Verschulden, also auch leichte Fahrlässigkeit ein, es sei denn, es wurden ihm von der Stiftung besonders gefahrenträchtige Aufgaben übertragen.

362 Allgemein spricht man sich jedoch für einen auf grobe Fahrlässigkeit und Vorsatz reduzierten Haftungsmaßstab infolge des unentgeltlichen Tätigwerdens aus.

363 Gegenüber Dritten haftet der ehrenamtliche Mitarbeiter mangels direkter Rechtsbeziehung meist nur unter den Aspekten einer unerlaubten Handlung gem. § 823 BGB.

364 ▶ Der ehrenamtliche Mitarbeiter sollte sich daher nicht auf eine stillschweigende oder konkludente Haftungsbeschränkung verlassen, sondern sich von der Stiftung zumindest bei potentiell gefährlichen Aufträgen eine ausdrückliche Haftungsfreistellungserklärung unterzeichnen lassen. Im Gegensatz zum Stiftungsorgan ist dies für Mitarbeiter möglich, da die Stiftung durch den Vorstand ordnungsgemäß vertreten ist. Die Stiftung selbst kann ihr Risiko in der Folge durch eine Haftung begrenzende Vereinbarung mit dem Dritten wiederum reduzieren.

V. Durchgriffshaftung auf Destinatäre

365 Die Bezugsberechtigten (→ Destinatäre) sind von jeglicher Haftung für die Stiftung befreit, da sie weder die Stellung von Mitgliedern noch von Gesellschaftern haben. Wird einem Dritten schuldhaft Schaden durch die Stiftung bzw. durch deren Organe zugefügt, ist dies für die Bezugsberechtigten ohne Folgen.

VI. Haftung des Stifters

366 Der Stifter ist von der Haftung für die Stiftung befreit, es sei denn, er haftet aus einem anderen Rechtsgrund, beispielsweise infolge seiner eigenen Organstellung als Vorstandsmitglied. Übt der Stifter keine Organfunktion aus und hat er auch anderweitig keine entsprechende pflichtwidrige Aktivität zu vertreten, beschränkt sich seine Haftung auf die Erbringung des im Stiftungsgeschäft zugesagten Stiftungsvermögens. Sie erlischt mit der Übereignung des Vermögens an die Stiftung.

VII. Haftung der Stiftung für den Stifter

Während bisher im Mittelpunkt der Haftungsüberlegungen die Schädigung der Stiftung oder Dritter aufgrund eines Fehlverhaltens der Stiftungsorgane stand, betreffen die nachfolgend dargestellten Fälle den Haftungsdurchgriff vom Stifter oder Dritten auf die Stiftung unter Außerachtlassung der eigenständigen Rechtspersönlichkeit der Stiftung. Der Zugriff erfolgt auf ihr Vermögen infolge von wirtschaftlichen Störungen, die primär aus der Sphäre des Stifters stammen. 367

1. Notlage des Stifters

Gerät der Stifter in wirtschaftliche Schwierigkeiten, so kann er im Falle einer nicht rechtsfähigen Stiftung (Treuhandstiftung) seinen Kapitaleinsatz zurückfordern, sei es, dass er den Treuhandauftrag beendet oder ein Rückforderungsrecht aus erfolgter Schenkung (§ 528 BGB) geltend macht. Diese Ansprüche des Stifters können auch von Dritten gepfändet oder vom Sozialhilfeträger auf sich übergeleitet (§ 93 SGB XII) werden. 368

Anders verhält es sich in den Fällen, in denen der Stifter nach Errichtung einer rechtsfähigen Stiftung selbst in Not gerät. Die Situation ist unter dem Aspekt 369

- eines Zugriffs- oder Rückforderungsrechts des Stifters sowie
- eines Regresses der Sozialversicherungsträger oder Drittgläubiger auf Stiftungsvermögen oder
- eines Unterhaltsanspruchs des Stifters gegenüber der Stiftung

zu beurteilen.

Spätere Zuwendungen an die errichtete Stiftung sind als Zuwendungen an eine bereits existierende Person, also unter schenkungsrechtlichen Erwägungen zu bewerten, sofern dem Stifter ein Rückforderungsrecht gem. § 528 BGB zusteht. 370

Der Vermögensausstattung der rechtsfähigen Stiftung anlässlich ihrer Errichtung liegt zwar kein »echter« Schenkungsvorgang (§ 528 BGB) zugrunde, da die Vermögenswidmung gegenüber einem erst noch zur Entstehung kommenden Rechtssubjekt erfolgt. Dennoch soll auf der Basis schenkungsrechtlicher Vorschriften ein vergleichbares Rückforderungsrecht des Stifters im Falle seiner Verarmung aufleben. Diese Auffassung und insbesondere ihre dogmatische Herleitung sind letztlich aber nicht gesichert. Dies bedeutet, dass der »Stifter in der Not« derzeit keine sichere rechtliche Grundlage für sich in Anspruch nehmen kann. 371

▶ Es wäre daher wohl vorzuziehen, in der Satzung anstelle eines Rückforderungsrechts, das schließlich »im Erfolgsfalle des Stifters« die Existenz der Stiftung in Frage stellen würde, eine Versorgung des Stifters im Sinne eines »Notunterhaltes« aufzunehmen, der sich im Regelfalle in den steuerlich zulässigen Grenzen des § 58 Nr. 5 AO bewegen sollte und darüber hinausgehende Rückforderungsrechte ausdrücklich auszuschließen. Die Entscheidung wird letztlich anhand der gesamten Vermögenssituation des Stifters zu treffen sein. 372

373 Eventuell müsste der Stiftung sogar zugemutet werden können, die steuerliche Gemeinnützigkeit einzubüßen, sollte der erforderliche Unterhalt des Stifters innerhalb der steuerlichen Grenzen nicht aufgebracht werden können. Dies wäre gegenüber einer Rückgabe des Stiftungskapitals immer noch das mildere Mittel.

374 ▶ Wird die rechtsfähige Stiftung zu Lebzeiten des Stifters errichtet, bietet sich ein zweistufiges Vorgehen an, bei dem der Stifter die Stiftung angemessen ausstattet, sich aktuell aber noch wesentliche Vermögensteile zu seiner wirtschaftlichen Absicherung zurückbehält. Diese können dann im Wege der letztwilligen Verfügung auf die Stiftung übertragen werden und bieten bis dahin ein »Polster« für einen in wirtschaftliche Schwierigkeiten geratenen Stifter.

375 Hätte der Stifter ein Rückforderungsrecht, so könnte auch ein Sozialhilfeträger dieses Recht auf sich überleiten, und zwar sogar in Fällen, in denen der Stifter das Rückforderungsrecht selbst gar nicht geltend machen möchte.

376 Hat der Stifter zwar kein Rückforderungsrecht, jedoch einen (einklagbaren) Versorgungsanspruch gegen die Stiftung, so geht dieser Anspruch auf den Sozialhilfeträger in dem Umfang und für den Zeitraum über, in dem der Sozialhilfeträger dem Stifter Leistungen gewährt (§ 93 SGB XII).

377 ▶ Soweit der Stifter sich einer entsprechenden Ermessensentscheidung der Stiftungsorgane z. B. aufgrund von vorhersehbaren Abstimmungsmehrheiten gewiss sein kann, wäre daher die Ausgestaltung der Versorgungsleistungen für den Stifter ohne bindenden Rechtscharakter durchaus erwägenswert.

2. Insolvenz des Stifters

378 Die Trennung zwischen dem Vermögen des Stifters und dem der rechtsfähigen Stiftung als selbständigem Rechtssubjekt zugewendetem Stiftungsvermögen wird bei der Insolvenz des Stifters in ähnlicher Weise durchbrochen, wenngleich es sich dabei nicht um einen Haftungsvorgang im engeren Sinne handelt. Die Prinzipien des Gläubigerschutzes einerseits kollidieren mit dem Interesse der Stiftung auf Erhaltung in ihrem wirtschaftlichen und rechtlichen Bestand. Dieses Spannungsverhältnis wurde in der bisher vorliegenden Rechtsprechung zugunsten der Allgemeinheit und damit gegen die Stiftung entschieden, und zwar in entsprechender Anwendung der für die Schenkung erfolgten, gesetzgeberischen Wertentscheidung (§ 134 InsO). Dies führt ungeachtet der jeweiligen rechtlichen Begründung dazu, dass das Insolvenzrecht dem Stiftungsrecht vorgeht, unabhängig davon, ob die Zuwendung des Vermögens anlässlich der Errichtung der Stiftung oder zu einem späteren Zeitpunkt erfolgte. Die Stiftung hat letztlich also die Folgen der Insolvenz ihres Stifters zu tragen.

VIII. Insolvenz der Stiftung

379 Mit der Eröffnung des Insolvenzverfahrens über das Vermögen der Stiftung (vgl. insoweit § 86 Satz 1 i. V. m. § 42 Abs. 1 Satz 1 BGB) ist diese aufgelöst (→ vgl. dort).

1. Die selbständige Stiftung

a) Insolvenzgründe

Insolvenzgründe sind die Überschuldung (§ 19 InsO), die eingetretene Zahlungsunfähigkeit (§ 17 InsO) oder die drohende Zahlungsunfähigkeit (§ 18 InsO). Der Insolvenzgrund der Überschuldung ist durch eine Überschuldungsbilanz anhand aller Aktiva und Passiva der Stiftung zu Zerschlagungswerten und unter Berücksichtigung des gesamten Stiftungskapitals einschließlich des Grundstockvermögens festzustellen. Die Zahlungsunfähigkeit der Stiftung setzt voraus, dass unter Berücksichtigung wiederum des gesamten Stiftungskapitals die Stiftung ihre fälligen Verbindlichkeiten dauerhaft nicht wird bedienen können. 380

b) Stiftungsvorstand in der Insolvenz der Stiftung

Ist die Stiftung überschuldet oder bereits zahlungsunfähig, hat der Stiftungsvorstand in seiner Gesamtheit oder durch eines oder mehrere Einzelmitglieder einen Antrag auf Eröffnung des Insolvenzverfahrens zu stellen (§§ 42 Abs. 2 S. 1, 86 S. 1 BGB), und zwar unverzüglich, ohne schuldhaftes Zögern. Der Verpflichtung eines jeden einzelnen Vorstandsmitglieds zur Antragstellung korrespondiert auch mit der Forderung, sich dieser Pflicht nicht etwa durch Amtsniederlegung entziehen (Niederlegung zur Unzeit).Erst mit der Eröffnung des Insolvenzverfahrens geht die Geschäftsführungs- und Vertretungsbefugnis vom Vorstand auf einen Insolvenzverwalter über. 381

Ist zwar noch keine Zahlungsunfähigkeit eingetreten, steht sie jedoch drohend bevor, kann der Vorstand einen Antrag stellen, muss dies jedoch noch nicht. Daraus folgt allerdings nicht, dass er im Vorfeld der Insolvenz nicht zumindest die Pflicht hätte, der Stiftungsaufsicht die Bedrohung der wirtschaftlichen Existenz der Stiftung unverzüglich, also auch außerturnusmäßig mitzuteilen. 382

Unterbleibt die rechtzeitige Antragstellung durch den Vorstand und ist ihm oder den einzelnen Vorstandsmitgliedern dabei eine fahrlässige Pflichtverletzung vorzuwerfen – einfache Fahrlässigkeit genügt –, haften die Vorstände persönlich und unmittelbar, soweit nicht die Haftungserleichterungen für ehrenamtliche oder quasi-ehrenamtliche Vorstandsmitglieder im Einzelfall eingreift und nur grob fahrlässiges oder vorsätzliches Verhalten sanktioniert. Die konkrete Sachkunde bzw. deren Fehlen bleibt dabei generell unberücksichtigt. Ebenso reicht es aus, dass der Vorstand die Lage hätte erkennen können. Auf die tatsächliche Kenntnis kommt es nicht an, da jedes Vorstandsmitglied zur fortgesetzten Information über die wirtschaftliche Lage der Stiftung verpflichtet ist. Der Vorstand kann sich dabei nach überwiegender Auffassung nicht auf Haftungserleichterungen (→ vgl. dort) berufen, die sich aus der Stiftungssatzung ergeben. Auch die sog. Entlastung des Vorstands durch die Stiftungsaufsicht oder durch das Kuratorium bewirken keine Besserstellung der Vorstandsmitglieder zu Lasten Dritter. Entlastend für den Vorstand wirkt die Einholung fachlichen Rates, da der Vorstand nur verpflichtet bleibt, nachzuweisen, dass er eine sachgerechte Auswahl und Überwachung seiner Berater vorgenommen hat. 383

384 Die Haftung des Vorstands ist auf den Ersatz des Schadens gerichtet, der durch die pflichtwidrige Unterlassung der Antragstellung eingetreten ist. Der Haftungsumfang bestimmt sich danach, ob der Schadensersatzanspruch erst nach dem Zeitpunkt zur Entstehung gelangt ist, zu dem ein ordnungsgemäßer Antrag hätte gestellt werden müssen oder bereits vorher. Löst der fehlende oder verspätete Insolvenzantrag den Schaden aus, haftet der Vorstand gem. §§ 823 Abs. 2, 42 Abs. 2 BGB unmittelbar und kann direkt in Anspruch genommen werden. Hängt der Schaden des Gläubigers aber damit zusammen, dass sich das Vermögen der Stiftung durch die letztlich verspätete Antragstellung vermindert hat, sieht sich der Vorstand in Höhe der Vermögensschmälerung dem Anspruch des Insolvenzverwalters ausgesetzt.

385 ▶ Für die Inanspruchnahme des Vorstands spielt es grundsätzlich keine Rolle, ob er ehrenamtlich oder entgeltlich tätig war. Dieser Umstand fließt allenfalls dort ein, wo es um die Beurteilung geht, in welchem Maße der Vorstand sich um Erkenntnisse über die wirtschaftliche Lage hätte bemühen müssen. Sollte der Vorstand seinerseits Regressansprüche gegen die Stiftung haben, z. B. infolge von satzungsmäßigen Haftungserleichterungen oder aufgrund eines Vertrages, sind diese Ansprüche in der Insolvenz der Stiftung in aller Regel nicht mehr durchsetzbar.

386 Neben den Gläubigern können auch der Stiftung – diese sodann vertreten durch den Insolvenzverwalter – Ansprüche gegen die Vorstände zustehen (§§ 86 S. 1, 27 Abs. 3 BGB). Hier muss sich die Stiftung allerdings Haftungserleichterungen anrechnen lassen, soweit sie sich zugunsten des Vorstands aus der Satzung ergeben.

c) Insolvenzantrag und Antragsfrist

387 Der Insolvenzantrag ist nicht an eine bestimmte Form gebunden. Die Angaben zur Vermögens- und Ertragslage des prospektiven Insolvenzschuldners müssen jedoch nachvollziehbar sein und glaubhaft gemachte Angaben (§ 15 Abs. 1 u. 2 S. 1 InsO) zum Insolvenzgrund enthalten. Dabei ist der Antrag substantiiert, also detailliert zu begründen und mit allen wesentlichen Umständen vorzutragen. Eine Jahres- oder Zwischenbilanz oder ein Überschuldungsstatus muss allerdings nicht zusammen mit dem Antrag vorgelegt werden. Erst wenn ein wirksamer Antrag – evtl. auch mit gerichtlicher Unterstützung – vorliegt, tritt die enthaftende Wirkung für den Vorstand (§§ 42 Abs. 2. S. 2, 86 S. 1 BGB) ein.

388 Für Vorstände einer Stiftung gibt es, anders als im Falle von GmbH-Geschäftsführern, keine strafrechtlichen Sanktionen wegen Insolvenzverschleppung. Andere Straftatbestände können aber verwirklicht werden. Ebenso fehlt es an einer gesetzlichen Frist von drei Wochen für die Stellung des Insolvenzantrages. Dessen ungeachtet haftet der Vorstand gem. §§ 42 Abs. 2 S. 2, 86 S. 1 BGB, wenn er die Stellung des Antrags verzögert, und zwar ohne, dass er sich im Ernstfall wohl zuverlässig auf eine noch laufende Dreiwochenfrist berufen könnte. Mit durchaus guten Gründen wird in der Fachliteratur überwiegend eine entsprechende Anwendung der Vorschrift für GmbH-Geschäftsführer (§ 64 Abs. 2 GmbHG) auch im Falle von Stiftungsvorständen vertreten. Dies kann sich in beide Richtungen auswirken, und zwar zu dessen Gunsten wie auch zu dessen Lasten. Die Rechtslage kann allerdings nicht als gesichert bezeichnet werden.

d) Gläubiger in der Insolvenz der Stiftung

Gläubiger einer Stiftung können aus eigenem Recht (§ 13 Abs. 1 S. 2 InsO) die Eröff- 389
nung des Insolvenzverfahrens gegen die Stiftung beantragen. Dabei ist es ohne Belang, ob die Ansprüche des Gläubigers auf Vertrag oder Gesetz berufen, z. B. in Form von Schadensersatzansprüchen.

e) Stiftungsaufsicht, Stifter und Destinatäre

Bleibt der Stiftungsvorstand bezüglich der Antragstellung untätig, so ist die Stiftungs- 390
aufsicht nach überwiegender Auffassung selbst antragsberechtigt. Einer Zustimmung der Stiftungsaufsicht zur Antragstellung durch den Vorstand bedarf es dagegen nicht.

Stifter und Destinatäre sind nicht Beteiligte am Insolvenzverfahren, soweit sie nicht 391
selbst dem Vorstand angehören oder Gläubigerstellung innehaben. Demzufolge haben sie kein originäres Recht zur Stellung eines Insolvenzantrages.

- Für den Stifter könnte sich ein Vermögensanspruch gegen die Stiftung dann ergeben, wenn ihm eine Rückforderung des Stiftungsvermögens im Falle eigener wirtschaftlicher Not zuerkannt werden müsste, was allerdings zugunsten der Bestandssicherung der Stiftung abzulehnen ist (→ vgl. dort).
- Für Destinatäre kommt ein Vermögensanspruch gegen die Stiftung regelmäßig nur dann in Betracht, wenn sie aufgrund von Satzungsbestimmungen ein einklagbares Bezugsrecht erlangt haben. Die Destinatäre haben daher Gläubigerstellung.
  Beruht ihre Leistungszusage demgegenüber lediglich auf einem Vorstandsbeschluss, wird überwiegend die Auffassung vertreten, dass die Leistungsverpflichtung der Stiftung jeweils nur im Rahmen der zur Verfügung stehenden Mittel besteht und somit im Insolvenzfall der Stiftung erlischt. Damit entfällt auch die Antragsberechtigung.

f) Restvermögen

Verbleibt nach Beendigung des Insolvenzverfahrens noch verwertbare Vermögensmas- 392
se, so schließt sich eine Liquidation unter dem Vorstand als Liquidator an (§§ 88,47 BGB). Die Vermögenswerte sind an den Anfallsberechtigten entsprechend den Satzungsbestimmungen auszusondern.

2. Die nichtrechtsfähige Stiftung

Die unselbständige Stiftung ist weder Träger von Rechten noch von Pflichten. Gegen 393
sie selbst kann deshalb kein Insolvenzverfahren gerichtet sein (§ 11 InsO) . Sie kann aber von der Insolvenz des Stifters oder der des Stiftungsträgers betroffen sein. Entscheidend für diesen indirekten Zugriff kommt es daher auf die rechtliche Anbindung der Vermögensmasse, zu Stifter oder Stiftungsträger an. Die Lage erscheint derzeit rechtsdogmatisch noch nicht völlig durchdrungen. Ungeachtet der Unterschiedlichkeiten der verschiedenen Ansätze geht das Stiftungsvermögen als Sondervermögen zivilrechtlich auf den Stiftungsträger über.

394 Die Insolvenz des Stifters berührt das Vermögen damit insofern, als Rückforderungs- oder Herausgabeansprüche bestehen, z. B. nach Beendigung des schuldrechtlichen Vertragsverhältnisses oder infolge von Anfechtungstatbeständen. Damit bleibt die Insolvenz des Stiftungsträgers die letztlich entscheidende Bestandsbedrohung für eine unselbständige Stiftung. Liegt der Stiftungserrichtung eine Schenkung unter der Auflage bestimmter Zweckerfüllungen zugrunde, unterliegt das Stiftungsvermögen dem Zugriff der Gläubiger des Stiftungsträgers in vollem Umfange. Wurde das Vertragsverhältnis auf der Grundlage eines Treuhandvertrages begründet, entfällt eine Haftung des Stiftungsvermögens für alle Verbindlichkeiten des Stiftungsträgers, die nicht mit der Erfüllung des Stiftungszweckes in Zusammenhang stehen. Unter dem Aspekt der Insolvenzsicherung ist ein Treuhandvertrag für die unselbständige Stiftung demnach die adäquate Rechtsgrundlage, die dem Stifter oder seinen Nachfolgern den Erhalt und die Aussonderung des Stiftungsvermögens bei Krisen des Stiftungsträgers erlaubt.

F. Stärkung und Wiederherstellung der Leistungsfähigkeit

I. Kooperationsformen

1. Unterstellung unter fremde Verwaltung

Anders als bei der Fusion von Stiftungen (→ vgl. dort), entscheidet die Kooperation nicht über die rechtliche Existenz der beteiligten Stiftungen, sondern dient der Verwaltungsvereinfachung, der Kostensenkung oder der Effizienzsteigerung. Werden mehrere Stiftungen unter einem Dach verwaltungsmäßig zusammengefasst, bleiben die Vermögen dabei trotzdem strikt getrennt, die Rechtsfähigkeit der beteiligten Stiftungen bleibt intakt, und die jeweilige Verpflichtung zur Erfüllung ihrer eigenen Satzungszwecke besteht unverändert fort. 395

Grundsätzlich muss auch dieser Schritt in Einklang mit dem dokumentierten Stifterwillen stehen. In der Regel benötigen dennoch auch die rein organisatorischen Zusammenfassungen bei allen beteiligten Stiftungen entsprechende Satzungsänderungen. Als satzungsändernder Beschluss unterliegt eine Zusammenfassung der Genehmigung durch die Stiftungsaufsicht. Hierin unterscheidet sich diese Zusammenfassung von den Formen der einfachen Stiftungskooperationen auf rein schuldvertraglicher oder gesellschaftsrechtlicher Grundlage. Hierbei kommt den Landesstiftungsgesetzen mit den dort festgelegten rechtlichen Rahmenbedingungen und ggf. auch weiteren Überlegungen zur Veränderung des Stiftungsstandortes besondere Bedeutung zu (vgl. → Dokumentation). 396

▶ Eine vorherige Klärung aller dabei angesprochenen Fragen mit der zuständigen und ggf. der zukünftig zuständigen Stiftungsaufsichtsbehörde sowie den betroffenen Finanzverwaltungen ist für steuerbegünstigte Stiftungen unerlässlich, da möglicherweise in eine der wesentlichen Voraussetzungen der Gemeinnützigkeit, nämlich in die eigene, unmittelbare Zweckverfolgung durch die Stiftung, eingegriffen wird. 397

2. Einfache Stiftungskooperationen

Fallweise, vertragliche Kooperationen unter Stiftungen finden sich insbesondere im Bereich der Zusammenarbeit bei ausgewählten Projekten: 398

- bei Einzelmaßnahmen,
- bei größeren gemeinsamen Projekten,
- bei gemeinsamer Projektfinanzierung und
- bei gemeinsamem »Fund Raising«.

Für diese Formen der Zusammenarbeit, die meistens für die beteiligten Stiftungen unter dem Aspekt der Verwaltungsvereinfachung oder der Effizienzsteigerung eingegangen werden, stehen unterschiedliche Vertragskonzepte zu Verfügung. Zumeist kommen ein Geschäftsbesorgungsvertrag oder ein Auftragsverhältnis in Betracht. Darüber hinaus kann die Zusammenarbeit auf der Grundlage eines Werkvertrages beruhen. 399

3. Vertragskooperation

400 Die Zusammenarbeit auf vertraglicher Grundlage bedarf allerdings einer sorgsamen Vertragsgestaltung, wenn beide Stiftungen oder jedenfalls die aktiv tätig werdende Stiftung als steuerbegünstigte Stiftung anerkannt werden soll. Gehen die Weisungsbefugnisse der (mit-)finanzierenden Stiftung zu weit, ist gemeinnützigkeitsrechtlich das gesamte Projekt ausschließlich ihr zuzurechnen, während die ausführende Stiftung zur bloßen »Handlangerin«, also zur Hilfsperson (→ vgl. dort) wird. Dies kann bei entsprechendem Umfang und Gewicht der Tätigkeit steuerschädlich sein. Geht dagegen die Weisungsbefugnis nicht weit genug, kann die finanzierende gemeinnützige Stiftung in eine steuerliche Problemzone geraten, wenn sie weder Förderstiftung ist, noch das Projekt bei ihr hinter die von ihr selbst durchgeführten Projekte deutlich zurücktritt (→ vgl. dort).

4. Förderantrag

401 Neben der vertraglichen Abrede zur gemeinsamen Durchführung eines Projektes oder einer Aktion zur Einsammlung von sodann aufzuteilenden Spendengeldern tritt die Möglichkeit, einen Förderantrag bei dem betreffenden Kooperationspartner zu stellen.

Projekt-Förderung

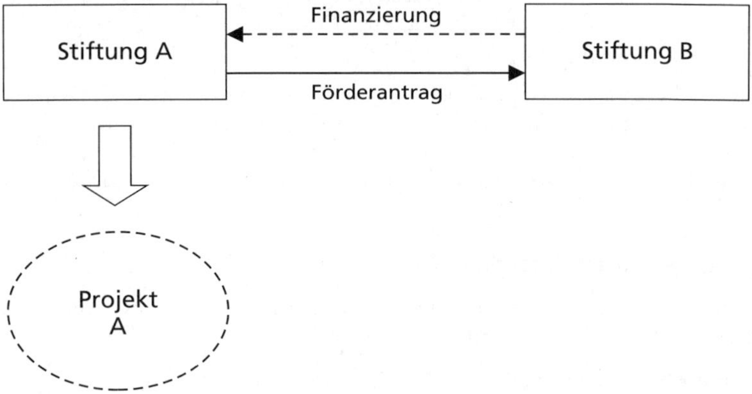

402 Die Stiftung, die den Förderantrag »bewilligt«, finanziert mit ihren Mitteln in Teilen das Projekt der Antragstellerin, sei es durch Geld-, durch Personal- oder Sachmittel. Unproblematisch ist der Vorgang, wenn es sich bei der finanzierenden Stiftung um eine sog. Förderstiftung handelt.

403 Ist dies nicht der Fall, sind die steuerlichen Grenzen einzuhalten, die einer steuerbegünstigten Stiftung für die Fälle einer nur mittelbaren Zweckverfolgung (→ vgl. dort) gesetzt werden. Die Gestaltung der Zusammenarbeit ist so auszubalancieren, dass der finanzierende Rechtsträger sein Maß an unmittelbarer zweckgerichteter Aktivität darstellen kann, ohne die ausführende Stiftung zur reinen Hilfsperson zu stempeln

und damit wiederum Anlass zu bieten, deren Gemeinnützigkeit in Frage zu stellen, da bloße Hilfsfunktionen gemeinnützigkeitsrechtlich nicht als eigenständige Tätigkeit gewertet werden.

5. Kooperation von Gesellschaftern

Projektgesellschaft

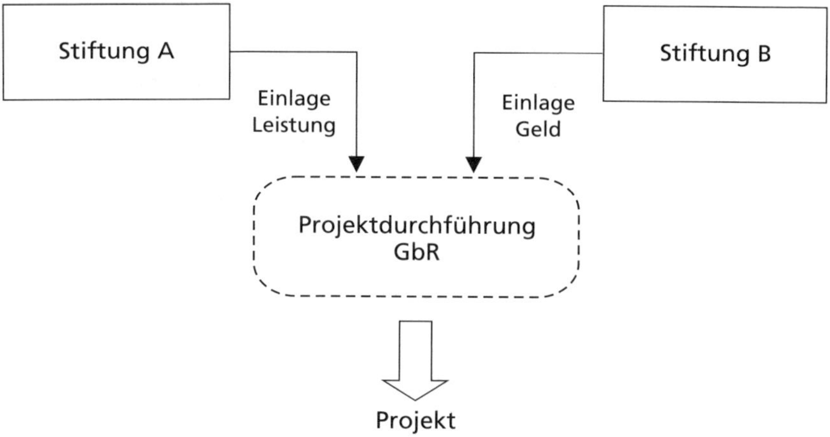

▶ Insbesondere für steuerbegünstigte Stiftungen sollte die Zweckverwirklichung im Rahmen einer gesellschafterlichen, nichtunternehmerischen Beteiligung attraktiv sein, da die eigene, unmittelbare Zweckverwirklichung (→ vgl. dort) dabei bestehen bleibt. Verbinden sich die beiden Stiftungen für die Projektdurchführung zu einer Gesellschaft bürgerlichen Rechts, in die die finanzierende Stiftung als Gesellschaftereinlage die bewilligten Mittel, die ausführende Stiftung dagegen ihren Leistungsanteil erbringt, sollte der Tätigkeitserfolg beiden »Gesellschaftern« gemeinsam zuzurechnen sein. 404

Zur Durchführung des sodann gemeinsamen Projektes verpflichten sich die Gesellschafter der (Innen-) Gesellschaft bürgerlichen Rechts gem. § 705 BGB durch Gesellschaftsvertrag wechselseitig. Die Gesellschaft führt das Projekt aus und löst sich nach Projektabschluss wieder auf. In der Konstellation der schlichten Gesellschaft bürgerlichen Rechts, möglicherweise sogar nur als reine »Innengesellschaft«, d. h. ohne erkennbaren Auftritt nach außen ausgestaltet, sollte weder ein wirtschaftlicher Geschäftsbetrieb noch ein Zweckbetrieb vorliegen, so dass das Projekt sich lediglich im ideellen Bereich der beiden durchführenden Rechtsträger bewegt, solange beide Partner über ihre Einlagen hinaus nicht an die Gesellschaft leisten, sondern Leistungen nur innerhalb des Gesellschaftsverhältnisses erbringen und als (Innen-) Gesellschaft bürgerlichen Rechts gegenüber dem Projektbegünstigten tätig werden. Erzielt die Gesellschaft Einnahmen, wird dagegen ein steuerbefreiter Zweckbetrieb (→ vgl. dort) in Betracht 405 kommen. Insbesondere bei dauerhaftem gemeinsamen Wirken mehrerer Stiftungen erscheint die Gesellschaftsform der GbR vorteilhaft.

6. Kooperationspartner

406 Für die geschilderten Einzelfall-Kooperationen kommen grundsätzlich auch steuerbegünstigte Körperschaften anderer Rechtsformen, wie z. B. die gemeinnützige GmbH (gGmbH) oder der gemeinnützige eingetragene Verein (e. V.) in Betracht.

II. Funktionsausgliederungen

407 Eine Stärkung der wirtschaftlichen Leistungsfähigkeit der Stiftung lässt sich vielfach im Rahmen von Ausgliederungen erreichen. Diese können rein betriebswirtschaftlich-organisatorischer Art sein und von der Stiftung alleine als Umstrukturierungsmaßnahme (→ vgl. dort) vorgenommen werden oder im Zusammenwirken mit einer oder mehreren anderen Stiftungen, vergleichbar einem »Joint Venture«, durchgeführt werden.

1. Schaffung gemeinsamer Geschäftsbereiche/Zweckbetriebe

408 Nicht nur innerhalb der Verwaltung, sondern auch bei der Zweckverwirklichung selbst können steuerbegünstigte Stiftungen von einer zumeist auf längere Dauer angelegten Zusammenfassung von Aufgabenbereichen profitieren. Neben die Möglichkeit von Vertragskooperationen tritt insbesondere die Schaffung von Gemeinschaftsgesellschaften. In Betracht kommen in erster Linie steuerpflichtige oder steuerbegünstigte Beteiligungsgesellschaften in der Rechtsform der GmbH.

Joint Ventures

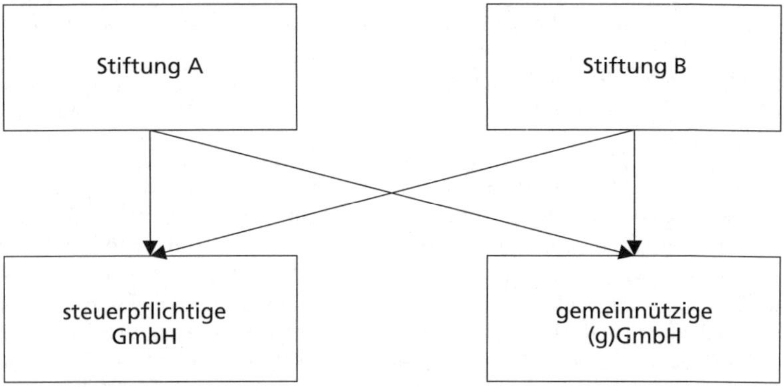

409 Soweit die übertragenden Stiftungen selbst steuerbegünstigt sind, müssen sie insbesondere auf die steuerlichen Restriktionen des Gemeinnützigkeitsrechts achten, die auch entsprechend für die Gründung oder Ausgliederung auf Tochtergesellschaften Anwendung finden (→ vgl. dort). Davon betroffen ist insbesondere auch die Frage, inwieweit

eine steuerbegünstigte Stiftung Aufgaben in der Geschäftsführung des Gemeinschaftsunternehmens ausführen oder Einfluss auf deren Tagesgeschäft nehmen kann.

Zwischen den steuerbegünstigten Stiftungen und dem ebenfalls steuerbegünstigten Gemeinschaftsunternehmen sind sowohl der Zusammenschluss selbst als auch die Lenkung der Geschäftsführung in der Regel unproblematisch, solange das Gemeinschaftsunternehmen dadurch nicht »zum verlängerten Arm« seiner Stiftungsgesellschafter wird. Degradieren die Stiftungen ihr gemeinnütziges Beteiligungsunternehmen zur bloßen »Hilfsperson« (→ vgl. dort), gefährden sie dessen Gemeinnützigkeit, da das Steuerrecht eigenständige gemeinnützige Tätigkeiten fordert. 410

In der Konstellation der steuerbegünstigten Stiftung mit steuerpflichtigem Gemeinschaftsunternehmen ist die Stiftung dagegen gut beraten, sich auf ihre Rechte als Gesellschafter zu beschränken und Kontrollfunktionen lediglich über einen Sitz im Beirat auszuüben. Beabsichtigen steuerbegünstigte Stiftungen Teile ihres Vermögens an das Gemeinschaftsunternehmen zu vermieten oder zu verpachten, sind zudem die Regeln der steuerlichen »Betriebsaufspaltung« (→ vgl. dort) und ihre Folgen zu berücksichtigen. Die Auswirkungen ergeben sich dabei nicht nur in ertragsteuerlicher Hinsicht, sondern sie können erhebliche Konsequenzen für die Gemeinnützigkeit der Stiftungen (→ vgl. dort) selbst mit sich bringen. Die Fragen, die sich steuerbegünstigten Stiftungen im Zusammenhang mit der Finanzierung des Gemeinschaftsunternehmens stellen, entsprechen denen der Ausgliederung auf eine Tochtergesellschaft (→ vgl. dort). 411

2. Die Ausgliederung auf Tochtergesellschaften

Ziel aller Ausgliederungsbemühungen ist es, neben einer Trennung von Haftungsmassen insbesondere eine Kostensenkung bei gleichzeitiger Verbesserung der betrieblichen Effizienz zu erreichen. Bei Ausgliederungsvorgängen werden Teile des Stiftungsvermögens auf selbständige Tochtergesellschaften übertragen. Meist handelt es sich um die Verlagerung ganzer Geschäftsbereiche oder einzelner betrieblicher Funktionen. 412

Die aufnehmende Gesellschaft ist in der Regel eine steuerpflichtige oder steuerbegünstigte Tochter-Kapitalgesellschaft in der Rechtsform der GmbH bzw. gGmbH oder (seltener) der AG bzw. gAG. In Betracht kommt als aufnehmende Gesellschaft grundsätzlich auch die Rechtsform der Personengesellschaft, wobei dies zumindest für die Reorganisation steuerbegünstigter Stiftungen die Frage nach möglicherweise unerwünschten steuerlichen Folgen in der Form von steuerpflichtigen wirtschaftlichen Geschäftsbetrieben (→ vgl. dort) aufwerfen wird. 413

Ungeachtet steuerlicher Vorgaben stellt sich für alle Stiftungen die Frage nach der Zulässigkeit solcher Umgestaltungsmaßnahmen. Vorrang hat, wie stets, der in der Satzung manifestierte Stifterwille. Hat sich der Stifter klar dahingehend geäußert, dass das der Stiftung zugewendete Vermögen in seiner Zusammensetzung unverändert bleiben soll, kann von einer Ausgliederung nur derjenige Vermögensbereich betroffen sein, den die Stiftung aus sonstigen Mitteln geschaffen oder hinzu erworben hat. 414

415 Die meisten Regelungen der Landesstiftungsgesetze richten den Grundsatz der Kapitalerhaltung daran aus, dass das Stiftungsvermögen (→ vgl. Dokumentation) in seinem Bestand ungeschmälert zu erhalten ist (Art. 6 Abs. 2 BayStG, § 4 Abs. 2 StiftG NRW). Hieraus lässt sich aber kein Gebot ableiten, das auf die unveränderte Vermögenszusammensetzung abzielt. Eine fragwürdige Bestandsveränderung dergestalt etwa, dass die Stiftung ertragbringendes Vermögen (z. B. Wertpapiervermögen) in ertragsloses Vermögen (z. B. unbebauten Grund und Boden) umgeschichtet würde, ist mit Ausgliederungsvorgängen grundsätzlich nicht verbunden. Eine Vermögensschmälerung andererseits kann alleine durch die Ausgliederung nicht eintreten, da sie, bilanziell gesprochen, lediglich zu einem sog. »Aktivtausch« führt. An die Stelle des ausscheidenden Vermögens tritt wertmäßig in gleicher Höhe die Beteiligung an der Tochtergesellschaft. Das Vermögen bleibt somit in seinem Wert, nicht jedoch in seiner Zusammensetzung erhalten (→ vgl. Bestandsgarantie).

416 ▶ Obwohl in der Praxis bisher ausdrückliche Regelungen von Ausgliederungen oder sonstigen Umgestaltungen erst sehr selten Eingang in die Stiftungssatzungen gefunden haben, sollte jedenfalls bei großen Stiftungen, aber auch bereits bei kleineren oder mittleren Stiftungen mit Unternehmensbeteiligungen, verstärktes Gewicht darauf gelegt werden, der Stiftung flexible Instrumente zur Anpassung an sich ändernde Verhältnisse zur Verfügung zu stellen. Will oder kann man bei Stiftungserrichtung den Rahmen der Änderungsmöglichkeiten in der Satzung nicht präzise umreißen – was auch bereits wieder eine Festlegung bedeutet – würde eine Ermächtigungsklausel die adäquate Vorsorge darstellen.

417 Fehlt es an einer Dokumentation des Stifterwillens in der Satzung, sind die Stiftungsorgane nicht zur eigenen freien Entscheidung hierüber aufgerufen. Betrifft die Ausgliederung nicht nur unerhebliche Teile des Stiftungsvermögens, kommt es zumindest hinsichtlich der Vermögensstruktur zu tiefgreifenden Veränderungen, die auch auf Struktur und Arbeitsweise der Stiftung selbst erheblichen Einfluss haben können. Kriterien zur Beurteilung einer entsprechenden Veränderung lassen sich damit nur im Wege der Auslegung der Stiftungssatzung gewinnen. Die höchstrichterliche Rechtsprechung hat dazu den allgemeinen Grundsatz des Stiftungsrechts entwickelt, wonach derart tiefgreifende Eingriffe in den Bestand nur dann in Betracht kommen können, wenn sie durch eine wesentliche Änderung der Verhältnisse geboten sind. Wie diese Eingriffe dann ausgeformt werden können, ist wiederum eine Frage des mutmaßlichen Stifterwillens.

418 Der gesetzlichen Wertentscheidung zufolge ist der Stiftungszweck selbst einer Änderung nahezu nicht zugänglich. Ausgliederungen, die einen wesentlichen Eingriff in den Stiftungszweck oder die Art und Weise der Zweckverfolgung bedeuten würden, müssen daher außer Acht gelassen werden.

419 Führt die Ausgliederung lediglich zu einer veränderten Stiftungsstruktur, hat aber der Stifter weder diese Struktur noch die ursprüngliche Vermögenszusammensetzung als unveränderlich vorgegeben, sollte eine Ausgliederung zulässig sein, um der Stiftung ein flexibles Reagieren auf sich ändernde Anforderungen zu ermöglichen.

Stimmen in der Fachliteratur weisen zu Recht auf die Gefahr massiver, gleichwohl »schleichender« Strukturänderungen hin, die in der Ausgliederung liegen können. Dadurch, dass stiftungsfremde Geschäftsführer bedeutsame Aufgabenbereiche wahrnehmen, werden nicht nur Teile des Stiftungsvermögens der direkten Kontrolle der Stiftungsorgane und der Stiftungsaufsicht entzogen. Zudem kann eine Entwicklung hin zur »entkernten« Förderstiftung eingeleitet werden, die der Stifter selbst nicht zu schaffen beabsichtigte. Eine Richtschnur kann nur im Einzelfall durch eine Abwägung zwischen dem Anpassungsbedürfnis der Stiftung und den mit der Veränderung verbundenen Risiken gefunden werden. 420

▶ Es kann in diesem Zusammenhang nicht oft genug darauf hingewiesen werden, dass der Stifter auch noch während der Zeit, in der er die Stiftung aktiv begleitet, seinem Stifterwillen in den auftretenden Situationen Ausdruck verleiht und ihn auch als Anhaltspunkt für später auftretende Auslegungserfordernisse entsprechend dokumentiert. Den von den Stiftungsaufsichtsbehörden stets geforderten und von den Stiftungen in der Praxis meist nur unwillig eingereichten Sitzungsprotokollen von Vorstand und Kuratorium kommt in diesem Zusammenhang eine oft sogar ganz erhebliche Bedeutung zu. 421

3. Ausgliederung auf eine »Tochter Stiftung«

Im Allgemeinen werden Stiftungen heute rechtlich als stifterfähig angesehen, d. h., sie können selbst als Stifterin aufzutreten und eine rechtsfähige oder nicht-rechtsfähige Stiftung zu errichten, soweit dadurch nicht das Kapitalerhaltungsgebot verletzt wird. 422

Voraussetzung ist wie stets, dass der dokumentierte Stifterwille dem Vorhaben nicht entgegensteht und die steuerlichen Vorschriften steuerbegünstigter Körperschaften (→ vgl. dort) beachtet werden. 423

Infolge des sog. Ehrenamtsstärkungsgesetzes (§ 58 Nr. 3 AO ab 01.01.2014) können gemeinnützige Stiftungen neben den Mitteln aus Vermögensverwaltung und aus der freien Rücklage auch 50 % der zeitnah zu verwendenden Mittel (→ vgl. dort), also z. B. erhaltene Spenden in das Vermögen einer anderen steuerbegünstigten Stiftung einbringen. Eine nochmalige Übertragung soll daraufhin allerdings ausgeschlossen sein um einen sog. »Kaskaden-Effekt« zu verhindern. 424

Sehen Stiftungssatzung oder Stiftungsgeschäft einen entsprechenden Vorgang ausdrücklich vor, soll nach wohl überwiegender Auffassung sogar die Errichtung einer Stiftung mit Vermögenswerten oder Gegenständen aus dem Grundstockvermögen der errichtenden Stiftung z. B. durch Übertragung einer zum Grundstockvermögen gehörenden Immobilie, zulässig sein. Wirtschaftlich hat der Vorgang zunächst die Wirkung einer Kapitalherabsetzung bei der Stifter-Stiftung, da – anders als bei der Gründung einer Tochtergesellschaft (Aktivtausch) – keine entsprechend werthaltigen Gesellschaftsanteile den Mittelabgang ausgleichen. Dem Vermögenserhaltungsgrundsatz muss in diesen Fällen allerdings durch Zuführung von anderweitigen, frei verfügbaren Mitteln in den Kapitalstock der errichtenden Stiftung Rechnung getragen werden. 425

III. Sonstige Maßnahmen zur Verbesserung der wirtschaftlichen Leistungsfähigkeit

1. »Admassierung« von Stiftungsvermögen

426 Einige Landesstiftungsgesetze (so z. B. Bayern, Bremen und Rheinland-Pfalz) sehen zur Verbesserung der Leistungsfähigkeit der Stiftung ausdrücklich die Bildung von Rücklagen zur Kapitalverstärkung vor. Auch ohne ausdrückliche gesetzliche Vorgaben wird stiftungsrechtlich die »Admassierung« von Vermögen gegenüber der Auflösung immer dann sogar geboten sein, wenn der Stifter keine anders lautenden Bestimmungen in die Satzung aufgenommen hat. Dies folgt bereits daraus, dass die Stiftung auf Dauer angelegt ist, was ihre wirtschaftliche Leistungsfähigkeit voraussetzt.

427 Die Möglichkeit zur Admassierung besteht allerdings nur für gewöhnliche, steuerpflichtige Stiftungen und Familienstiftungen, da das Gemeinnützigkeitsrecht die zeitnahe Mittelverwendung gebietet und eine Rücklagenbildung (→ vgl. dort) nur eingeschränkt im Rahmen des § 58 AO 62 zulässt.

2. Änderung oder Zusammenfassung von Stiftungszwecken

428 Als milderes Mittel gegenüber der Aufhebung einer Stiftung (→ vgl. dort) sieht der Gesetzgeber selbst nach § 87 Abs. 1 BGB die Änderung des Stiftungszweckes vor. Die Zweckänderung (→ vgl. dort) durch die Stiftungsaufsicht ist dort jedoch nur unter engen Voraussetzungen zulässig, darunter primär in den Fällen in denen eine weitere Zweckverwirklichung rechtlich oder tatsächlich nicht mehr möglich ist. Im Vorfeld einer absehbaren wirtschaftlichen Unmöglichkeit kann mit diesem Instrumentarium aber gerade dann keine Abhilfe geschaffen werden, wenn dies notwendig und auch noch durchführbar wäre, um die Existenzbedrohung der Stiftung noch abzuwenden.

429 Die Zweckänderung bedeutet einen unmittelbaren Eingriff in den manifestierten Stifterwillen, der letztlich aber auch die Stiftungsaufsicht bindet. Der Stifterwille ist andererseits mit seiner Entscheidung für die Rechtform »Stiftung« gerade auf dauerhafte Existenz und fortdauerndes Wirken gerichtet. Im Vorfeld einer wirtschaftlichen Krise der Stiftung ist bei deutlich herabgesetzter Leistungsfähigkeit die Beibehaltung des Zwecks und Fortdauer der Stiftung oft gerade nicht mehr vereinbar. Stifterisches Wollen steht sich somit selbst hindernd im Wege, wenn sich der Stiftungssatzung auch im Wege der Auslegung nicht entnehmen lässt, welche Prioritäten der Stifter selbst gesetzt hat oder gesetzt hätte. Nur dadurch wäre einer weiten Auslegung des § 87 Abs. 1 BGB Raum gegeben.

430 ▶ Zur »Grundausstattung« einer Satzung gehören Regelungen, die einer in die wirtschaftliche Krise geratenden Stiftung frühzeitig flexible Anpassungen auch hinsichtlich einer frühzeitigen Anpassung (Änderung oder Erweiterung) des Stiftungszweckes zu erlauben oder in eindeutiger Weise vorgeben, dass die Stiftung sich dann zu verbrauchen habe.

G. Auflösung, Beendigung der Stiftung

I. Auflösung einer selbständigen Stiftung

Die Auflösung der Stiftung kann auf dreifache Weise erfolgen 431

- durch Auflösungsbeschluss der Stiftungsorgane,
- durch Anordnung der Stiftungsaufsichtsbehörde und
- durch Gerichtsentscheid.

Ein Auflösungsbeschluss der Stiftungsorgane, i. d. R. des Vorstandes, setzt voraus, dass 432 die Satzung eine entsprechende Ermächtigung enthält, da der Stifterwille zunächst einmal grundsätzlich auf dauerhaften Bestand der Stiftung gerichtet ist. Darf danach ein solcher Auflösungsbeschluss überhaupt gefasst werden, benötigt er die Genehmigung der Stiftungsbehörde, um rechtswirksam werden zu können.

Per Gerichtsentscheid tritt die Auflösung der Stiftung insbesondere mit Eröffnung des 433 Insolvenzverfahrens (→ vgl. dort) ein.

Schließlich erfolgt eine Auflösung von Amts wegen unter den Voraussetzungen des 434 § 87 BGB. Hierunter fallen die Unmöglichkeit, den Stiftungszweck zu erfüllen und die Gefährdung des Gemeinwohls durch die Stiftung.

Eine Gefährdung des Gemeinwohls – die im Übrigen nur unter ganz engen Voraussetzungen angenommen werden kann – muss von der Erfüllung des Stiftungszwecks ausgehen, nicht von den Stiftungsorganen und deren Verhalten. Handeln diese in gemeinwohlgefährdender Weise, hat die Stiftungsaufsicht dies abzustellen und notfalls für eine Abberufung zu sorgen. Da der Bestand der Stiftung in hohem Maße von der Rechtsordnung geschützt wird, bedeutet die Auflösung infolge einer gemeinwohlgefährdenden Erfüllung des Stiftungszweckes immer, dass die Zweckverfolgung mit einer rechtswidrigen Handlung verbunden ist. 435

Die Gründe, weshalb die Erfüllung des Stiftungszwecks nicht mehr möglich sein sollte, 436 können von Anfang an bestanden haben oder später erst eingetreten sein. Es ist dabei ohne Belang, ob es sich um rechtliche oder tatsächliche Gründe handelt. Als Beispiel für rechtliche Gründe käme die Förderung von zwischenzeitlich verbotenen Organisationen (z. B. KPD) in Betracht, während eine Stiftung, deren Zweck einzig in der Suche nach vermissten Soldaten des 1. Weltkrieges bestand, ihren Zweck aus tatsächlichen Gründen längst verloren hat.

1. Zweckerfüllung, Befristung, Bedingung

Eine Stiftung ist aufzulösen, wenn der Stiftungszweck erfüllt wurde. Dieser Fall ist ins- 437 besondere bei einer zeitlich begrenzten Stiftung anzutreffen, die speziell für ein bestimmtes Projekt, z. B. die Wiederherstellung eines bestimmten Gebäudes, errichtet wurde. In der Satzung können natürlich zusätzliche Beendigungsgründe aufgeführt sein.

438 Das Stiftungsgeschäft kann auch vorsehen, dass die Stiftung nur für eine bestimmte Dauer errichtet werden soll oder beim Eintreten einer bestimmten Bedingung zu erlöschen hat. Mit Eintritt der Bedingung oder mit Fristablauf erlischt die Stiftung dann wohl ausnahmsweise automatisch, ohne dass eine Mitwirkung der Stiftungsbehörde i. S. e. formellen Aufhebung erforderlich wäre.

439 Als weitere Auflösungsgründe kommen der Widerruf oder die Rücknahme der Stiftungsanerkennung in Betracht. Ihre Zulässigkeit ist rechtlich nicht unzweifelhaft und bedarf besonderer Voraussetzungen.

2. »Fusion« durch Zulegung oder Zusammenlegung

440 An die Stelle der Auflösung der Stiftung auch deren Fusion mit anderen Stiftungen treten. Dies führt ebenfalls zum Erlöschen eines oder mehrerer Rechtsträger. Die Fusion von Stiftungen kommt insbesondere dann in Betracht, wenn das Stiftungsvermögen soweit abgeschmolzen ist, dass eine sinnvolle Zweckverwirklichung nicht mehr möglich ist. Die Fusion ist damit eine indirekte Sanierungsmöglichkeit, die oftmals auch als milderes Mittel gegenüber einer Aufhebung verstanden wird. Für diese Auffassung spricht zumindest dann sehr viel, wenn der Stifter in der Satzung nicht zum Ausdruck gebracht hat, dass der seine Stiftung nur gerade in dieser konkreten Ausprägung erhalten wissen wollte, der erklärte Stifterwille also die Auflösung der Veränderung vorzog.

441 Fusionsvorgänge werden von den Landesstiftungsgesetzen in unterschiedlichem Umfange zugelassen (→ vgl. Dokumentation) und in unterschiedlicher Weise geregelt. Während einige Landesstiftungsgesetze die Fusion von Stiftungen nur im Falle der Vermögenslosigkeit beider Rechtsträger zulassen, erlauben die meisten anderen Bundesländer sinnvoller Weise grundsätzlich die Vereinigung von Stiftungen bereits zur Stärkung ihres Wirkungsraums und ihrer Wirtschaftskraft.

442 Die Landesstiftungsgesetze kennen im Regelfalle von den zwei möglichen Fusionsabläufen nur die Zusammenlegung (vgl. § 5 Abs. 2 StiftG NRW). In diesen Fällen wird ggf. eine Verlegung des Stiftungssitzes (»Umzug der Stiftung in ein anderes Bundesland«) zu prüfen sein.

443 Die sog. Zulegung von Stiftungen wird dagegen von den Landesstiftungsgesetzen nicht ausdrücklich geregelt.

a) Strukturbeispiel für eine »Zusammenlegung«

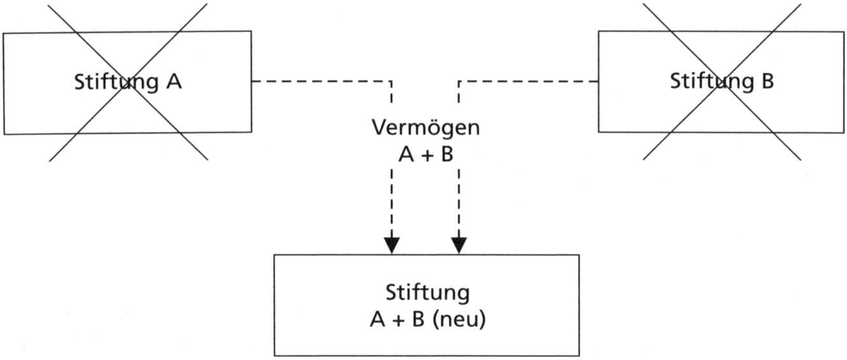

444 Eine Zusammenlegung ergibt sich dann, wenn zwei Stiftungen gleicher Art zu einer neuen rechtsfähigen Stiftung vereinigt werden. Die beteiligten Stiftungen verlieren hierdurch ihre rechtliche Selbständigkeit, sie werden liquidiert. Die aufnehmende Stiftung entsteht dabei neu. Diese Art der Zusammenlegung ist einer Verschmelzung durch Neugründung nach dem Umwandlungsrecht vergleichbar.

b) Strukturbeispiel für eine »Zulegung«

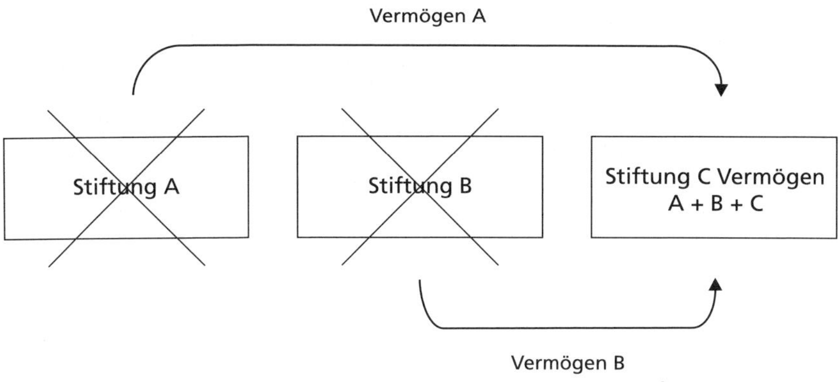

445 Unter einer Zulegung versteht man dagegen ein Vorgehen, bei dem eine oder mehrere Stiftungen, unter Verlust ihres eigenständigen Fortbestandes, auf eine bereits bestehende andere Stiftung verschmolzen werden. In diesem Fall verlieren die untergehenden Stiftungen ebenfalls ihre Rechtspersönlichkeit, sie werden liquidiert und erlöschen. Die aufnehmende Stiftung besteht dagegen als Rechtsträger fort. Die Zulegung ähnelt der Verschmelzung zur Aufnahme nach dem Umwandlungsrecht. Dies setzt ggf. mehrere Satzungsänderungen voraus, angefangen von erforderlich werdenden Zweckände-

rungen bei der aufnehmenden Stiftung über die Änderung der Anfallsberechtigten der untergehenden Stiftung.

c) Folgen der Umstrukturierung

446 Die aufgelösten Stiftungen werden liquidiert und erlöschen nach vollständiger Übertragung ihres Vermögens. Dabei ist grundsätzlich von einer Einzelübertragung aller Vermögensgegenstände und ggf. Schuldposten auszugehen, sofern nicht das angesprochene Landesstiftungsrecht ausdrücklich eine Gesamtrechtsnachfolge angeordnet hat. Ob das betreffende Landesstiftungsrecht dies im Hinblick auf höherrangiges Bundesrecht überhaupt vermag, wird kontrovers gesehen; die Überlegungen können aber für Zwecke dieses Praktikerhandbuchs dahingestellt bleiben.

447 ▶ Sieht die Satzung die Möglichkeit der Fusion vor oder untersagt sie einen entsprechenden Schritt nicht, setzt die Ausführung der Zusammen- oder Zulegung nach den meisten Landesstiftungsgesetzen lediglich einen wirksamen Beschluss der betreffenden Stiftungsorgane voraus. Zutreffender Weise sind diese Beschlüsse aber lediglich als Anregungen an die zuständige Stiftungsaufsichtsbehörde zu verstehen, die sogar eine Aufhebung nach § 87 BGB auch ohne die Initiative der Stiftungsorgane von sich aus hätte einleiten können.

448 Vollzogen wird der rechtliche Schritt durch den Zusammenlegungsentscheid der Behörde, wobei die untergehende Stiftung in Anwendung der §§ 47–53 BGB liquidiert wird, soweit die Landesstiftungsgesetze dazu keine ausdrückliche Regelung enthalten.

II. Beendigung der Stiftung

449 Bevor die Stiftungsaufsicht über die Auflösung entscheidet, ist sie zur Anhörung des Vorstands gem. § 87 Abs. 3 BGB verpflichtet. Die Landesstiftungsgesetze (→ vgl. Dokumentation) ordnen zudem vielfach eine besondere Rücksichtnahme auf den noch lebenden Stifter an (Art. 8 Abs. 2 BayStG, Art. 5 Abs. 2 S. 2 StiftG NRW). Mit der Auflösung tritt der Verlust der Rechtsfähigkeit der Stiftung ein. Damit ist die Stiftung aber noch nicht erloschen.

450 Vor der Beendigung der Stiftung bedarf es einer behördlichen Auflösungsverfügung. Ausnahmen hierbei bilden die Stiftungen, die mit Fristablauf oder bei Bedingungseintritt erlöschen.

451 Tritt bei der Vermögensübertragung keine Gesamtrechtsnachfolge ein, wandelt sich die Stiftung in eine Stiftung in Liquidation (i. L.) nach §§ 88 S. 3, 47 BGB um, mit der Folge, dass das Vermögen der Stiftung an die in der Satzung bestimmten Personen oder Körperschaften (Anfallsberechtigte) fällt. Fehlt in der Satzung die Bezeichnung eines Anfallsberechtigten, fällt das Vermögen an den Fiskus des Landes, in dem die Stiftung ihren Sitz hatte (vgl. § 88 S. 2 BGB). Diese Regelung findet auf alle Fälle der Beendigung Anwendung. Steuerlich löst der Vermögensanfall beim Anfallsberechtigten unterschiedliche Folgen aus (→ vgl. dort), je nachdem, ob es sich um eine steuerbegünstigte Stiftung oder um eine Familienstiftung bzw. eine sonstige steuerpflichtige Stiftung handelt.

Auf die Liquidation findet Vereinsrecht Anwendung. Die Mitglieder des Stiftungsvorstands werden unmittelbar zu Liquidatoren der Stiftung (§ 48 Abs. 1 S. 1 BGB) mit der Aufgabe, Vermögen und Geschäftstätigkeit der Stiftung abzuwickeln und das Restvermögen an die Anfallsberechtigten auszukehren; hierfür gilt die Jahresfrist des § 51 BGB. Danach ist die Stiftung erloschen. Eine Verwirklichung der Stiftungszwecke mit dem übernommenen Vermögen durch den Anfallsberechtigten ist selbst dann keine Fortführung der beendeten Stiftung, wenn der Anfallsberechtigte das übernommene Vermögen dauerhaft von seinem eigenen getrennt halten sollte. Es spricht einiges dafür, dass darin die Neuerrichtung einer unselbständigen Stiftung durch den Anfallsberechtigten liegt. 452

III. Auflösung der unselbständigen Stiftung

Die unselbständige Stiftung zeichnet sich durch eine vertragliche Beziehung zwischen dem Stifter oder seinen Rechtsnachfolgern einerseits und dem Stiftungsträger (Treuhänder) andererseits aus. Die Auflösung einer unselbständigen Stiftung erfolgt durch Kündigung, Aufhebung oder Widerruf dieser Vertragsbeziehung. Aus dem Vertrag ergeben sich auch die wesentlichen Beendigungsmodalitäten sowie Beendigungsgründe, Fristen, Anfallsberechtigte, Abwicklungs- oder Übertragungsbestimmungen. 453

Die Insolvenz des Stiftungsträgers lässt das Vermögen der unselbständigen Stiftung unberührt, stellt aber immer einen wichtigen Grund für eine außerordentliche Kündigung des Stiftungsvertrages dar. Der Stifter, sein Nachfolger oder Anfallsberechtigter hat bei Vertragsbeendigung einen (vererblichen) Herausgabeanspruch gegenüber dem Stiftungsträger. 454

Das Stiftungsvermögen erlangt der Stifter oder ein von ihm bezeichneter Anfallsberechtigter durch eine entsprechende Vermögensübertragung vom Stiftungsträger zurück. Ein bloßer Wechsel des Stiftungsträgers muss im Übrigen nicht mit der Auflösung der Stiftung verbunden sein. 455

H. Die Stiftung als Arbeitgeber

456 Grundsätzlich gelten für die Stiftung als Arbeitgeber die allgemeinen Grundsätze des Individual- und Kollektivarbeitsrechts sowie des Sozialversicherungsrechts. Auf eine allgemeine Darstellung der damit zusammenhängenden rechtlichen Fragen im Rahmen des vorliegenden Stiftungshandbuches muss verzichtet werden. Einige bei der Stiftung häufig anzutreffende Besonderheiten sollen allerdings im Rahmen eines rechtlichen Überblicks doch angerissen werden, um den Stiftungsorganen einen ersten Einstieg in die Problematik zu ermöglichen.

I. Organmitglieder

457 Der Vorstand der Stiftung ist zumeist ehrenamtlich tätig, kann sich jedoch auch hauptamtlich für die Stiftung einsetzen. Die jüngste Gesetzesänderung des § 27 Abs. 3 BGB, die aufgrund der Verweisung in § 86 Abs. 1 BGB auch für Stiftung Anwendung findet, sieht vor, dass die Mitglieder des Vorstands einer Stiftung grundsätzlich unentgeltlich tätig sind, sowie die Satzung keine ausdrückliche gegenteilige Bestimmung enthält. Die Regelung tritt zum 01.01.2015 in Kraft.

458 Die unentgeltliche, ehrenamtliche Tätigkeit bedeutet nicht, dass der Vorstand keinen Anspruch auf Aufwandsersatz hätte. Sein Anspruch kann sich dabei grundsätzlich sowohl auf die Erstattung der von ihm getragenen Kosten – z. B. Reisekosten – oder auf den Ersatz seines zeitlichen Aufwandes, richten. Ein Tätigkeitsentgelt scheidet danach dennoch aus.

459 Wird in Übereinstimmung mit der Satzung ein Entgelt gewährt, ist dieses in jedem Falle so zu bemessen, dass keine unangemessene Vorteilszuwendung damit verbunden ist, da anderenfalls das steuerliche Gebot der Selbstlosigkeit verletzt sein würde (§ 55 Abs. 1 Nr. 3,1 AO).

460 Der Vorstand erlangt seine Organstellung nach dem in der Satzung vorgesehenen Verfahren, d. h., soweit er nicht vom Stifter eingesetzt wird, im Regelfalle durch Beschluss entweder des Vorstands selbst oder eines weiteren Stiftungsorgans. Davon zu unterscheiden ist das zwischen Vorstandsmitglied und Stiftung entstehende Anstellungsverhältnis, das entweder einen Dienstvertrag (§ 611 BGB) oder ein Auftragsverhältnis (§ 86, 27 Abs. 3, 662 BGB) darstellt. Arbeitsrecht ist auf das Verhältnis zwischen Stiftung und Vorstand nicht anzuwenden.

461 Das Zustandekommen dieses Vertragsverhältnisses folgt, soweit die Satzung keine Besonderheiten enthält, nach den dort vorgesehenen Regeln für die Vorstandbestellung. Die Beendigung sowohl des Anstellungsverhältnisses, als auch des Organschaftsverhältnisses folgen dagegen eigenen Regeln, sie sind zwar weder zeitlich, noch sachlich voneinander abhängig. Wird der Vorstand als Organ abberufen, bedarf es trotzdem noch einer Beendigung des Anstellungsverhältnisses. Der Anstellungsvertrag sollte dazu entsprechende Vereinbarungen enthalten.

462 Mit der Abberufung als Organ endet nicht zugleich der Anstellungsvertrag, sofern dies nicht ausdrücklich im Vertrag vorgesehen ist. Es besteht kein Grund zur fristlosen, außerordentlichen Kündigung aufgrund besonderer Umstände. Ein solcher Grund liegt jedenfalls nicht darin, dass das Vorstandsmitglied als Organ abberufen wurde.

463 Aus der fehlenden Anwendbarkeit arbeitsrechtlicher Vorschriften auf die Rechtsbeziehung zwischen Vorstandsmitglied und Stiftung folgt aber auch, dass keine arbeitsrechtlichen Kündigungsvorschriften greifen.

II. Hauptamtliche Mitarbeiter

464 Für hauptamtliche Mitarbeiter von Stiftungen gelten keine Besonderheiten, es handelt sich im Regelfalle um Arbeitsverhältnisse, soweit nicht freie Mitarbeitsverhältnisse begründet wurden.

465 Eine besondere Stellung kann der hauptamtliche Geschäftsführer einer Stiftung einnehmen. Hier kommt es auf die Ausgestaltung im Einzelfalle an, aus der zu ersehen ist, ob und in welchem Maße der Geschäftsführer dem Vorstand gegenüber weisungsabhängig ist. Ist die abhängige Position sehr ausgeprägt, wird es sich auch bei dem Anstellungsverhältnis des Geschäftsführers um ein Arbeitsverhältnis handeln. Andernfalls liegt ein Dienstverhältnis im Sinne eines freien Mitarbeitsverhältnisses vor, auf das arbeitsrechtliche Vorschriften keine Anwendung finden.

466 Besteht zwischen Mitarbeiter und Stiftung eine sog. freie Mitarbeit, ist dieses Rechtsverhältnis im Einzelnen daraufhin zu untersuchen, ob es sich dennoch um ein Arbeitsverhältnis handelt, oder ob ein freier Dienstvertrag oder Auftrag vorliegt.

467 Die Unterscheidung erfolgt im Wesentlichen anhand des Direktions- und Weisungsrechtes. Die nicht weisungsabhängige kennzeichnet den freien Mitarbeitsvertrag. Das abhängige Beschäftigungsverhältnis entspricht der organisatorischen Eingliederung in die Struktur des Arbeitgebers.

III. Ehrenamtliche Mitarbeiter

468 Der ehrenamtliche Mitarbeiter erbringt seine Tätigkeit unentgeltlich. Obgleich er meist in gewissem Umfang in die Organisation der Stiftung eingegliedert ist, liegt dennoch kein abhängiges Beschäftigungsverhältnis vor

469 Erhält der ehrenamtliche Mitarbeiter eine Aufwandsentschädigung im Rahmen der steuerlichen Grenzen (→ vgl. dort) bleibt seine Tätigkeit eine ehrenamtliche. Die Aufwandsentschädigung zählt nicht als Entgelt. Wird ausnahmsweise dennoch Entgelt für die Tätigkeit entrichtet, so sind daraus die steuerlichen und sozialversicherungsrechtlichen Folgerungen zu ziehen. Es handelt sich im Regelfalle dann um ein geringfügiges Beschäftigungsverhältnis, das als rechtliches Arbeitsverhältnis einzuordnen ist.

470 Handelt es sich jedoch bei der Tätigkeit des Ehrenamtlichen um ein echtes Ehrenamt, liegt im Verhältnis zur Stiftung das Auftragsrecht zugrunde (§ 662 BGB). Kündigungsschutzvorschriften und sonstige arbeitsrechtliche Vorschriften sind nicht anwendbar.

Zusätzlich sollen künftig bei einem zeitlichen Einsatz von mehr als 20 Stunden monatlich in karitativen Einrichtungen pauschal EUR 300 von der Steuer erlassen werden.

471 Der ehrenamtliche Mitarbeiter kann jedenfalls den Ersatz der ihm entstandenen Aufwendungen fordern. Dies kann je nach Höhe der Zahlung sozialversicherungsrechtliche und steuerliche Folgen haben. Unterhalb der Schwelle von jährlich EUR 2.400, werden weder steuerliche noch sozialversicherungsrechtliche Folgen ausgelöst.

472 Mit der Aufwandsentschädigung kann Kostenersatz geleistet werden, z. B. für Fahrtkosten, Telefonkosten oder ggf. Bekleidung.

473 Der Ersatz kann aber auch dem persönlichen, zeitlichen Einsatz gelten, insbesondere auch durch pauschalierte Zahlungen. Dabei ist darauf zu achten, dass die Grenze zum verdeckten Entgelt nicht überschritten wird. Wenn die Zahlung ehrenamtlicher Tätigkeit in pauschaler Form abgegolten wird, liegen steuerlich betrachtet meist Einkünfte aus nebenberuflicher Tätigkeit vor.

IV. Sozialversicherungsrecht

1. Stiftungsvorstand, Geschäftsführer

474 Ist das Rechtsverhältnis zwischen Vorstand und Stiftung nicht als abhängiges Beschäftigungsverhältnis anzusehen, weil das Vorstandsmitglied eigenverantwortlich die Geschäfte der Stiftung führt, fehlt es an der persönlichen Abhängigkeit und damit an einer sozialversicherungspflichtigen Beschäftigung. Dies ist für den Vorstand der Stiftung jeweils anhand der konkreten Einzelfallsituation zu prüfen und zu entscheiden. Entsprechendes trifft auch auf den angestellten Geschäftsführer der Stiftung zu.

2. Hauptamtliche Mitarbeiter

475 In der Regel unterliegen die Mitarbeiter der Stiftung der Sozialversicherungspflicht.

476 Besonderheiten gibt es für bestimmte Formen des Anstellungsverhältnisses. Hierzu gehören geringfügig oder kurzzeitig Beschäftigte.

477 Um kurzzeitig Beschäftige handelt es sich, wenn als Arbeitsumfang innerhalb eines Jahres zwei Monate oder 50 Arbeitstage von vornherein als Grenze festgelegt werden.

478 Durch das Gesetz zu Änderungen im Bereich der geringfügigen Beschäftigung vom 05.12.2012, BGBl. I, 2012,S. 2474 wurde mit Wirkung zum 01.12.2013 die Entgeltgrenze für geringfügig entlohnte Beschäftigungsverhältnisse auf EUR 450 angehoben. Gleichzeitig wurden diese Minijobs versicherungspflichtig in der gesetzlichen Rentenversicherung. In diesem Zusammenhang wurde zugleich jedoch die einmalige Wahlmöglichkeit geschaffen, sich befreien zu lassen. Im Übrigen blieb die Versicherungsfreiheit geringfügiger Beschäftigungsverhältnisse unverändert. Die Entgeltgrenze der Gleitzone (Midi-Job) wurde entsprechend von 800 EUR auf 850 EUR angehoben.

479 Wer bereits am 31.12.2012 geringfügig beschäftigt war, bleibt nach § 230 Abs. 8 SGB VI in diesem Beschäftigungsverhältnis rentenversicherungsfrei, solange das Arbeitsent-

gelt 400 € nicht übersteigt. Wie zuvor können diese Beschäftigten auf die Versicherungsfreiheit in der Rentenversicherung verzichten.

Beschäftigte, die am 31.12.2012 mit einem Arbeitsentgelt aus einer Beschäftigung in der Höhe zwischen 400,01 € und 450 € sozialversicherungspflichtig waren, bleiben, wenn und solange das Arbeitsentgelt weiterhin in dieser Spanne liegt, aus Gründen des Bestandsschutzes auch nach der Anhebung der Geringfügigkeitsgrenze in dieser Beschäftigung grundsätzlich versicherungspflichtig, längstens bis zum 31.12.2014. Sie haben die Möglichkeit, sich schon früher in allen Zweigen der Sozialversicherung von der Versicherungspflicht befreien zu lassen. Werden die Voraussetzungen für eine Familienversicherung in der Krankenversicherung erfüllt, entfällt die Versicherungspflicht in der Krankenversicherung jedoch sofort. Die Einkommensgrenze für die kostenfreie Familienversicherung stieg zum 1. Januar 2013 ebenfalls auf EUR 450,00. 480

Wichtig für die Stiftung ist dabei, dass zwei oder mehrere geringfügige Beschäftigungsverhältnisse zusammenzurechnen sind, um festzustellen, ob die vorgenannte Grenze überschritten wird. Die Beitragspflicht zur Arbeitslosenversicherung kann durch geringfügige Beschäftigungsverhältnisse neben einer versicherungspflichtigen Haupttätigkeit nicht begründet werden, unabhängig davon, wie viele Beschäftigungsverhältnisse eingegangen sind. 481

Die Stiftung als Arbeitgeber hat für ihre geringfügig Beschäftigten Pauschalbeiträge in die gesetzliche Kranken- und Rentenversicherung zu entrichten, und zwar derzeit in Höhe von 14,6 bzw. 15,5 v. H. für die Krankenversicherung, und in Höhe von 18,9 v. H. für die Rentenversicherung. Bemessungsgrundlage ist das monatliche Arbeitsentgelt. 482

Verzichtet der geringfügig Beschäftigte auf seine Versicherungsfreiheit in der Rentenversicherung, ist dies unwiderruflich. Die Erklärung ist der Stiftung gegenüber abzugeben. Dies führt nicht zu Nachteilen für die Stiftung, da der Arbeitnehmer den Differenzbetrag zum Arbeitgeber-Pauschalbeitrag selbst aufzubringen hat. 483

Setzt die Stiftung Praktikanten ein, die für ihre Tätigkeit entlohnt werden, liegt zumeist ein geringfügiges Beschäftigungsverhältnis vor. Handelt es sich dabei um eine Beschäftigung im Rahmen betrieblicher Berufsbildung, liegt Versicherungspflicht in der Kranken- und Pflegeversicherung vor. Versicherungspflicht besteht bei der Unfallversicherung. In der Renten- und Arbeitslosenversicherung besteht keine Versicherungspflicht, soweit es sich um ein geringfügiges Beschäftigungsverhältnis handelt. Anders als Praktikanten sind die studentischen Mitarbeiter sozialversicherungsfrei. Dies betrifft jedoch nur Tätigkeiten während der Semesterferien oder Tätigkeiten von weniger als 20 Wochenstunden, die während des Semesters neben dem Studium abgeleistet werden. Ebenso wie für Praktikanten gilt für Studenten die Versicherungspflicht in der gesetzlichen Unfallversicherung. Handelt es sich bei der studentischen Tätigkeit um eine geringfügige Beschäftigung, besteht keine Versicherungspflicht in der Rentenversicherung. 484

3. Ehrenamtliche Mitarbeiter

485 Ehrenamtliche Mitarbeiter sind grundsätzlich von der Kranken-, Pflege-, Renten- und Arbeitslosenversicherung befreit. Für die Unfallversicherung gelten Besonderheiten. Versicherungsschutz kraft Gesetzes besteht nur in Ausnahmefällen, bei:

- Tätigkeiten im Gesundheitswesen oder der Wohlfahrtspflege,
- Bestimmten Stiftungen des öffentlichen Rechts nach SGB VIII,
- Tätigkeiten im Zusammenhang mit Hilfen bei Unglücksfällen und dem Zivilschutz, ferner
- Tätigkeiten Ehrenamtlicher, die »wie Beschäftigte« zu zählen sind (§ 2 Abs. 2 SGB VII).

486 Hierunter fallen nicht ehrenamtliche Organmitglieder. Die Mitarbeiter sind auch nur innerhalb der Katalogtätigkeiten versichert, unabhängig davon, wie ausgeprägt oder gefährlich die ausführende Aufgabe ist.

487 Der ehrenamtliche Mitarbeiter erhält Versicherungsschutz, der jedoch je nach Tätigkeitsbereich eine eigene Ausprägung erfahren hat.

I. Stiftung und Unternehmensnachfolge

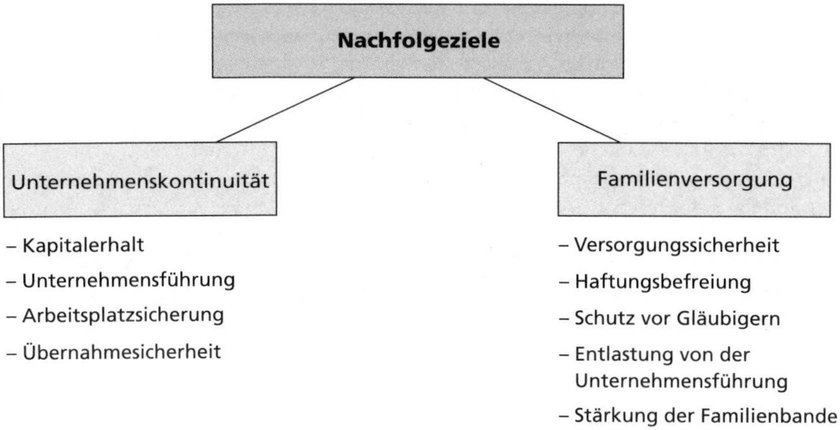

Stiftungsgestaltungen im Umfeld der Unternehmensnachfolge haben in Deutschland 488
eine beachtliche Tradition. Dabei geht es in aller Regel nicht um die Stiftung an sich, die als Rechtsform in Konkurrenz zu einer der gesellschaftsrechtlichen Rechtsformen tritt, sondern um komplexe Funktionen, die unter Einsatz einer Stiftung gebündelt werden können und gerade mit Hilfe der Stiftung, besser als mit gesellschaftsrechtlichen Gestaltungen generationenübergreifend den unterschiedlichsten Zielvorgaben einer Unternehmensnachfolge gerecht werden können.

Stiftungen und Unternehmen

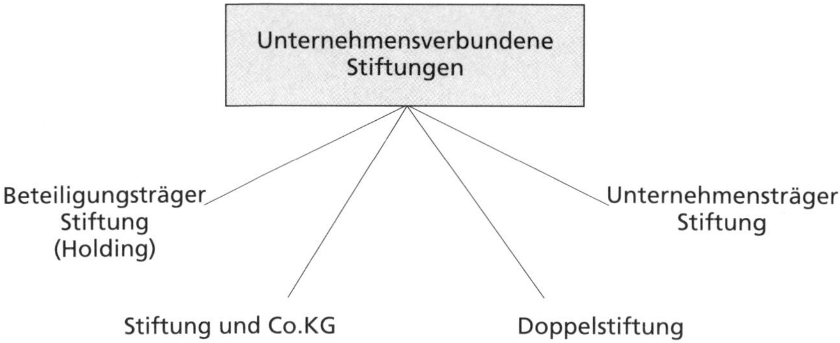

I. Unternehmensträgerstiftung

489 Im Allgemeinen werden zwei Hauptformen unterschieden: Die Unternehmensträgerstiftung und die Beteiligungsträgerstiftung. Bei der Unternehmensträgerstiftung ist das Unternehmen ohne weitere Verkörperung in einer anderen Rechtsform in die Stiftung eingegliedert. Die Stiftung ersetzt hier also die Rechtsform der sonst in Betracht kommenden Kapital- oder Personengesellschaft. In der Praxis ist der Einsatz der Unternehmensträgerstiftung nur wenig ausgeprägt. Dies liegt mit großer Sicherheit daran, dass sich die Rechtsform der Stiftung für die unmittelbare Unternehmensführung allenfalls bedingt eignet, zum einen begründet durch Schwierigkeiten, die eigene Satzung an gewandelte Erfordernisse anzupassen, zum anderen in einer gewissen, strukturbedingten Schwerfälligkeit ihres Entscheidungsprozesses. Dies bedeutet aber nicht, dass die unbestreitbaren Vorzüge der Stiftung, nämlich große Kontinuität. in der Art und Weise der Zielverfolgung sowie die Erfahrung an langfristigen Zielsetzungen festzuhalten, Stiftungen nicht generell zu einem geeigneten Gestaltungsmittel in der Unternehmensnachfolge werden ließe.

II. Beteiligungsträgerstiftung

490 Üblicherweise finden Stiftungen daher in der Form der Beteiligungsträgerstiftung Eingang in Nachfolgegestaltungen. Hierunter versteht man Stiftungen, die zu einem erheblichen Teil ihres Vermögens Unternehmensbeteiligungen halten und an den unternehmerischen Entscheidungen in unterschiedlicher Intensität teilnehmen. Für derartige Überlegungen eignen sich sowohl gemeinnützige Stiftungen, als auch Familienstiftungen oder eine Kombination aus beiden.

1. Stiftung & Co. KG

491 Eine Form der Beteiligungsträgerstiftung, die strukturell noch große Nähe zur Unternehmensträgerstiftung aufweist, ist die Form der Stiftung & Co. KG.

492 Die Stiftung ist alleinige persönlich haftende Gesellschafterin der Kommanditgesellschaft und kann damit ihrer Rolle als Führungsinstrument in hervorragender Weise nachkommen. Diese Gestaltung wird in der Literatur sehr treffend auch als »Patriarchenmodell« bezeichnet, da sie in Kombination mit einer geschwächten Stellung der Kommanditisten auf besondere Weise die unternehmerischen Vorstellungen des Stifters perpetuieren kann. Selbstverständlich bleibt die Stiftung auch in dieser Konstellation nicht von wirtschaftlichen Veränderungen und Anpassungsnotwendigkeiten verschont. Es ist daher in der Satzung der Stiftung ausreichend Bewegungsspielraum vorzusehen, um dadurch die Teilhabe am wirtschaftlichen Geschehen dauerhaft zu ermöglichen.

▶ Standardmäßig gehört in eine solche Satzung im Wege der Ermächtigung die Möglichkeit der Satzungsänderung, wenn wirtschaftliche Verhältnisse dies verlangen. Die Stiftungssatzung sollte ferner der Stiftung größtmöglichen Freiraum lassen in der Veränderung ihrer Beteiligungsstrukturen und in der Intensität, in der die Stiftung ihre Führungsfunktion ausübt. Schließlich sollte der Stifter eine Werteentscheidung treffen und in der Satzung ausdrücken, ob er der wirtschaftlichen Existenz und Fortentwicklung des Unternehmens oder der Führungsrolle der Stiftung größere Bedeutung beimisst. Dies kann bei allen später etwa erforderlich werdenden Umschichtungsüberlegungen von maßgeblicher Bedeutung sein. 493

Die Stiftung & Co. KG ist, wie die Praxis gezeigt hat, eine erprobte Struktur für große und mittelständische Unternehmen, die keineswegs an Kontrolldefiziten durch fehlende Gesellschafterinteressen auf der Ebene des Vorstands leiden oder gar durch Widersprüche mit dem Stiftungsgedanken »an sich« in Konflikte geraten muss. Die Schwerfälligkeit der Unternehmensführung durch die Stiftung wird durch deren Vorteile in der Regel aufgewogen. Diese bestehen u. a. darin, dass die Unternehmensgruppe »übernahmefest« gemacht werden kann und die Anteile der Erbengeneration so ausgestalten werden können, dass Unternehmensliquidität nicht verloren geht und Fremdeinflüsse vom Unternehmen fern gehalten werden können. 494

Die Stiftung & Co. KG wird bei den gemeinnützigen Stiftungen in der Regel nur sehr begrenzt zum Einsatz kommen können. Hier bietet sich eine abgewandelte Form an, die durch Verfügung von Todes wegen oder durch Übertragung noch zu Lebzeiten des Stifters der Stiftung die Anteile an der Komplementär GmbH sichert und sie ggf. neben den Familienerben mit einer Kommanditbeteiligung bedenkt. Im Kommanditvertrag wird dafür Sorge getragen, dass diese Konstellation nur mit Zustimmung der GmbH und der Stiftung geändert werden kann. Die GmbH ist dauerhaft als alleinige Geschäftsführerin der GmbH & Co. KG vorzusehen. Die Stiftung ist im Beirat der GmbH vertreten und wirkt ohne Einflussnahme auf das Tagesgeschäft mittelbar auf eine Geschäftsführung in ihrem Sinne hin. 495

Dieses Modell eignet sich in besonderem Maße für erbschaftssteuerliche Feinsteuerungen auf der Ebene der KG sowie für Familienkonstellationen, in denen die Erbengeneration entweder nicht über einen ausgeprägten Unternehmensführer verfügt oder dieser die übrigen Gesellschafter-Miterben nicht ggf. zu Lasten des Unternehmens majorisieren soll. 496

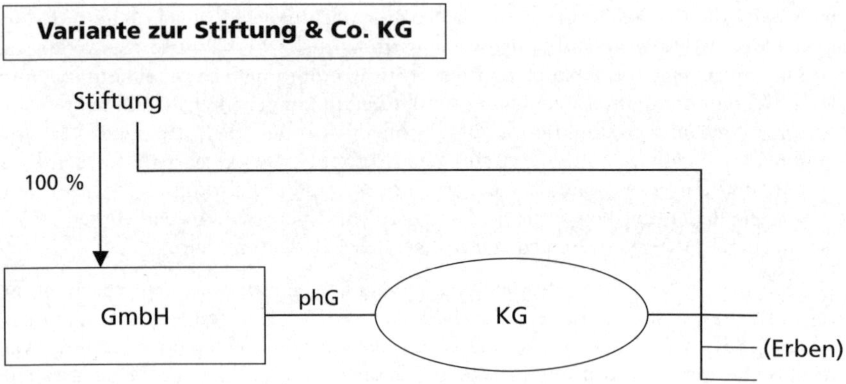

2. Doppelstiftung

497 In der Praxis bekannt wurde ein Modell unter der Bezeichnung Doppelstiftung, das aus einer Familienstiftung und einer gemeinnütziger Stiftung kombiniert ist. Die Familienstiftung sichert dabei insbesondere die Fortgeltung des Stifterwillens innerhalb des Unternehmens und vertritt die vermögensmäßigen Interessen der Familie; die gemeinnützige Stiftung dient der steuergünstigen Vermögensübertragung.

498 Das sog. Doppelstiftungsmodell tritt in verschiedenen Spielarten auf und ist im Wesentlichen aber dadurch strukturell gekennzeichnet, dass die gemeinnützige Stiftung die Mehrheit der Anteile bei gleichzeitig reduzierten Stimmrechten und Ertrgnis-erwartungen an einer Holding GmbH hält, an der ggf. weitere operative Tochter-Gesellschaften beteiligt sind. Diese Beteiligung kann bereits zu Lebzeiten des Stifters sukzessive aufgebaut werden, wenn beispielsweise das Familienvermögen von Pflichtteilsansprüchen im Rahmen der 10-Jahresperioden (§ 2325 Abs. 3 BGB) entlastet werden soll. Alternativ erfolgt die Zuwendung auf den Todeszeitpunkt des Stifters, wobei in jedem Falle die gemeinnützige Stiftung vorher errichtet und die Konstruktion auch gesellschaftsvertraglich abgeschlossen sein muss.

499 Die Familienstiftung fungiert ihrerseits regelmäßig ebenfalls als Beteiligungsträgerstiftung. Sie erhält vom Stifter von Todes wegen aus Gründen der Erbschaftsteuer und der Erbersatzsteuer (→ vgl. jeweils dort) einen geringeren Anteil an Beteiligungssubstanz, jedoch erhöhte Gewinnanteile und Stimmrechte.

500 Die Gewinnbeteiligungsquoten beider Stiftungen, die nicht auf die Pflichtteilsquoten durchschlagen, werden also abweichend, teilweise sogar umgekehrt proportional geregelt, ebenso die Stimmrechte. Damit hat im Ergebnis die gemeinnützige Stiftung viel Substanz mit einem moderaten Ertragsanteil, die Familienstiftung wenig Substanz, jedoch erhöhte Gewinnanteile und Mehrheitsstimmrecht.

501 Um die Konstellation zukunftstauglich zu machen, steuert der Stifter über die Besetzung der Gremien oder über eine eigens eingesetzte Management GmbH das von ihm gewünschte Maß an Familieneinfluss, zur ausreichenden Sicherung der Familien-

interessen. Dieses Model ist flexibel genug, um an die unterschiedlichsten Bedürfnisse und Ziele von Familie und Unternehmen angeglichen werden zu können und verbindet zugleich ein reduziertes Maß an stiftungsaufsichtlichen Einflüssen. Faktisch erreicht der Stifter damit die erbschaftssteuerliche Optimierung verbunden mit einer Kontinuität, die über die zeitliche Beschränkung von 30 Jahren im Falle einer bloßen Testamentsvollstreckung (§ 2210 S. 1 BGB) hinausgeht.

Der Stifter hat zudem ein hohes Maß an Gewissheit, dass seine Gestaltung weder durch eine Absprache der Erben untereinander noch durch Vermögensverfügungen Einzelner gravierend geändert wird. 502

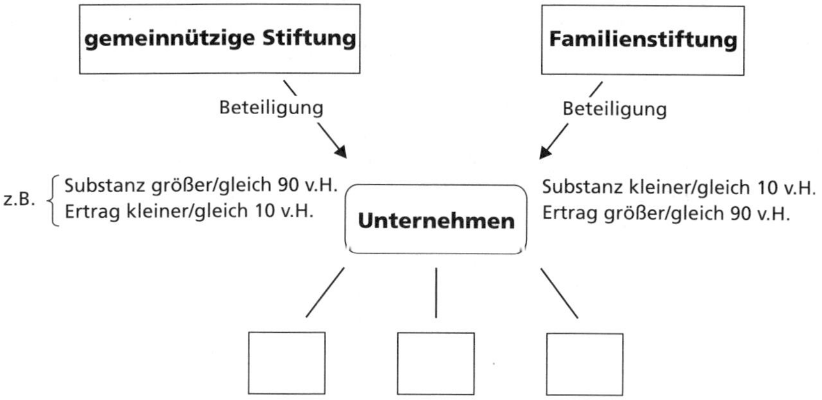

3. »Bosch – Stiftungsmodell«

Dem Doppelstiftungsmodell eng verwandt, sind im Falle der als »Bosch-Stiftungsmodell« bekannt gewordenen Konstellation an einer operativen GmbH – meist einer Holding GmbH – eine steuerbegünstigte Stiftung neben einem steuerpflichtigen Rechtsträger, beispielsweise einem eingetragenen Verein oder einer GmbH & Co. KG anstelle der Familienstiftung beim reinen Doppelstiftungsmodell beteiligt. Kennzeichnend ist die Mehrheitsbeteiligung der steuerbegünstigten Stiftung bei gleichzeitig abgesenktem Stimmrecht und Gewinnbezugsrecht. Umgekehrt verzeichnet die steuerpflichtige Einheit die geringere Zuwendung der Vermögenssubstanz, erhält dafür aber ein Mehr an Stimmrechten und Gewinnbezugsrechten. 503

Wählt man anstelle der steuerbegünstigten Stiftung die Rechtsform der gGmbH (→ vgl. »Stiftungs-gGmbH«), ist die Frage der Zuwendung der Gesellschaftsanteile an der gemeinnützigen GmbH auch erbrechtlich zu berücksichtigen. 504

Auch bei dieser Gestaltung liegt die eigentliche Unternehmensführung in den Händen des steuerpflichtigen Rechtsträgers, der von der Familie gesteuert wird. 505

Das »Bosch-Modell« ist in seiner Wirkungsweise dem Doppelstiftungsmodell nicht unähnlich, kann aber in noch größerem Maße den Einfluss durch die Stiftungsaufsicht 506 reduzieren. Sofern die Familienstiftung nach den Landesstiftungsgesetzen nicht der Stiftungsaufsicht unterliegt, ist deren Einfluss ohnehin nur noch im Bereich der beteiligungshaltenden gemeinnützigen Stiftung gegeben und führt somit nicht zu einem wesentlichen Einfluss auf die Unternehmensführung selbst.

4. Mittelbare KG-Beteiligung

507 Hinterlässt der Stifter ein Unternehmen in der Rechtsform der Personengesellschaft, das diese Rechtsform auch beibehalten soll, so bietet sich das Modell der doppelstöckigen Beteiligung an. Diese doppelstöckige Beteiligung ähnelt in ihrer Grundstruktur der bereits angesprochenen Stiftung & Co. KG. Um die Gemeinnützigkeit der Stiftung in bestimmten Konstellationen nicht zu gefährden, wird zwischen die Stiftung und ihre unternehmerischen Beteiligungen an der Komplementär GmbH und der KG eine steuerpflichtige GmbH geschoben, so dass die Stiftung sich auf ihre Gesellschafterrolle beschränken kann. In die Kommanditgesellschaft selbst kann die Familie in der passenden Konstellation eingebunden werden. Sie ist somit am Ertrag des Unternehmens beteiligt, ohne hierauf maßgeblich direkten Einfluss nehmen zu können. Den Grad der Einflussnahme selbst gibt der Stifter über die Präsenz der Familien in den Gremien von Stiftung, zwischengeschalteter GmbH und Komplementär GmbH vor.

508 Je nach Zielsetzung des Stifters kann die Stiftung ein ausgezeichnetes Instrument für Unternehmensnachfolge-Konzepte von mittleren und größeren Unternehmen bilden. Der Stifter kann Sicherung und Zusammenhalt der Familie verbinden mit der Sicherung des Bestandes des Unternehmens und der Verfolgung seiner unternehmerischen Zielsetzungen.

509 ▶ Wie bei jeder Nachfolgeplanung ist verstärkt auf Pflichtteils- und Pflichtteilsergänzungsrechte zu achten. Das verfassungsrechtlich geschützte Pflichtteilsrecht wird auch durch unentgeltliche Zuwendungen an gemeinnützige Rechtsträger tangiert. Dies gilt nicht nur für Spenden, sondern insbesondere auch für die Ausstattung mit Dotationskapital und anderen Zuwendungen. Weniger denn je eignet sich eine pflichtteilsfeste Nachfolgegestaltung durch Errichtung der Stiftung aufgrund einer Verfügung von Todes wegen. Wenn die Zuwendung erst auf den Todesfall des Unternehmers erfolgen sollte, so muss die Struktur selbst zweistufig errichtet werden, also zu Lebzeiten bereits vollständig ausgearbeitet sein, kann dann aber nur mehr in Verbindung mit Pflichtteilsverzichten der Berechtigten erfolgreich umgesetzt werden.

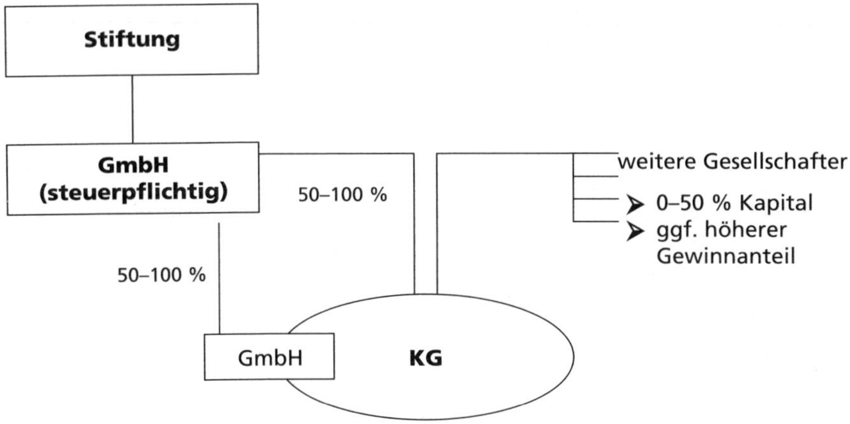
Stiftung
GmbH
(steuerpflichtig)
50–100 %
50–100 %
weitere Gesellschafter
➤ 0–50 % Kapital
➤ ggf. höherer
Gewinnanteil
GmbH
KG

J. Fundstellenverzeichnis »Stiftungsrecht«

510 **Weiterführende Literatur – Stiftungsrecht (Auswahl)**

1. **Backert/Carstensen,** Nochmals: Der Modellentwurf eines Landesstiftungsgesetzes, ZIP 2003, S. 284 ff.
2. **Baus,** Zusammenführungen von Stiftungen – aus auch wirtschaftlichen Motiven?, npoR 1/2010 S. 5 ff.
3. **Beckmann,** Fiduziarische Person und Widmung, DNotZ 2005, S. 78 ff.
4. **Blumers,** Die Familienstiftung als Instrument der Nachfolgeregelung, DStR 2012, S. 1 ff.
5. **Brill,** Unternehmensnachfolgeplanung mit Stiftungen, Kösdi 3/2014, 18778 ff.
6. **v. Campenhausen/Richter,** Stiftungsrechtshandbuch, 4. Aufl. 2014.
7. **Cornelius,** Zuwendungen an Stiftungen und Pflichtteilsergänzung, ZErb 2006, S. 230 ff.
8. **Deininger/Götzenberger,** Internationale Vermögensnachfolgeplanung mit Auslandsstiftungen und Trusts, Zerb Verlag 2006.
9. **Ebeling,** Stiftungsvermögen im Zeitraum zwischen Todestag des Stifters und Genehmigung der Stiftung, ZEV 1998, S. 93.
10. **Elmenhorst/Decker,** Unruhige Zeiten für Gremienmitglieder, Stiftung & Sponsoring 3/2014, S. 32 f.
11. **Fischer, D. J./Ihle,** Satzungsgestaltung bei gemeinnützigen Stiftungen, DStR 2008, S. 1692 ff.
12. **Freundl,** Die Stiftung – Gestaltungsinstrument der Unternehmensnachfolge, DStR 2004, S. 1509 ff.
13. **Götz,** Die Familienstiftung als Instrument der Unternehmensnachfolge, NWB 2005 Fach 2, S. 8797 ff.
14. **Götz/Pach-Hanssenheimb,** Handbuch der Stiftung, 1. Aufl. 2014.
15. **Henß,** Der Schein trügt – Die Treuhandstiftung ist keine dauerhafte Alternative zur selbständigen Stiftung, Stiftung & Sponsoring 6/2006, S. 22 ff.
16. **Hüttemann,** Gesetz zur Stärkung des Ehrenamts, DB 2013, S. 774 ff.
17. **Hüttemann,** Haftung von Stiftungsvorständen, npoR2/2009, S. 27, 28.
18. **Hüttemann,** Gemeinnützigkeits- und Spendenrecht, 2. Aufl. 2012.
19. **Hüttemann/Rawert,** Die notleidende Stiftung, Stiftung & Sponsoring 1/2014 Beilage »Rote Seiten«.
20. **Jackwerth,** Transparenz: Diese Regeln sind für gemeinnützige Stiftungen unerlässlich, Stiftungsbrief 3/2014, S. 97 ff.
21. **Jakob,** (Insolvenz-)Anfechtung und Stiftungsrecht, ZSt 2005, S. 99 ff.
22. **Kilian,** Zum Verhältnis zwischen Vorstand und fakultativem Stiftungsorgan (Beirat), Stiftung & Sponsoring 5/2002 Beilage »Rote Seiten«, S. 2 ff.
23. **Kirchdörfer/Lorz,** Unternehmensnachfolge, 2. Aufl. 2011, Abschn. I, Rn 1–25.
24. **Kirmse,** Stiften als Form der Mittelbeschaffung für gemeinnützige Einrichtungen, Stiftung & Sponsoring 6/2005, S. 18 ff.

25. **Kirmse,** Die Stiftung als Alternative in der Nachfolgeplanung eines Unternehmers, Stiftung & Sponsoring 1/2002, S. 27 ff.
26. **Kiethe,** Haftung des Stiftungsvorstands, NZG 2007, 810.
27. **Koch/Holt,** Überlegungen zur verantwortungsvollen Führung von Stiftungen, Von der Corporate zur Nonprofit Governance, Stiftung & Sponsoring 1/2005 Beilage »Rote Seiten«.
28. **Kohler/Gengel,** Gestaltungsoptionen für die Vermögensanlage, Stiftung & Sponsoring, 2/2014, S. 22 f.
29. **Küntzel,** Die Haftung des Kontrollorgans bzw. von Kontrollorganmitgliedern einer Stiftung, DB 2004, S. 2303 ff.
30. **Langenfeld,** Die letztwillige Stiftung, ZEV 2002, S. 481 ff.
31. **Lindner,** Die Stiftung als Unternehmensform, DSWR 2005, S. 245 ff.
32. **Lorz/Kirchdörfer,** Unternehmensnachfolge, 2. Aufl. 2011.
33. **Mattheus,** Eckpfeiler einer stiftungsrechtlichen Publizität, DStR 2003, S. 254 ff.
34. **Menges,** Stiftungsvorstand – Haftungsrisiko ohne Ende?, Stiftung & Sponsoring 3/2003, S. 19 ff.
35. **Menges,** Haftung ehrenamtlicher Mitarbeiter und Helfer, Stiftung & Sponsoring 1/2003, S. 15 ff.
36. **Meyn/Richter/Kross/Gollan,** Die Stiftung, 3.Aufl. 2013.
37. **Möller,** Aktuelle Entwicklungen im Stiftungszivil- und -steuerrecht am Beispiel der treuhänderischen Privatstiftung, INF 2005, S. 576 ff.
38. **Muscheler,** Das vertragliche Stiftungsgeschäft, ZEV 2003, S. 41 ff.
39. **Muscheler,** § 84 BGB und die lebzeitige Stiftungsgründung, DNotZ 2003, S. 661 ff.
40. **Muscheler,** Vorrang des Bundesstiftungsrechts vor dem Landesstiftungsrecht, NJW 2004, S. 713 ff.
41. **Muscheler,** Nachträgliche Änderung der Stiftungssatzung, ZErb 2005, S. 4 ff.
42. **Naumann,** ZEV 2012, 569 ff.
43. **Oertzen,** Die Familienstiftung nach Stiftungszivilrechts- und Unternehmenssteuerreform, Stiftung & Sponsoring 6/2003 Beilage »Rote Seiten«.
44. **Orth,** Verluste gemeinnütziger Stiftungen aus Vermögensverwaltung, DStR 2009, 1397 ff.
45. **Patzina/Bank/Schimmer/Simon-Widemann,** Haftung von Unternehmensorganen, 2010, Kap. 11 Rn 25.
46. **Pauli,** Stiftung und Testamentsvollstreckung als Gestaltungsmittel zur Sicherung des Erblasserwillens, ZEV 2012, 461 ff.
47. **Peiniger,** Haftungsprobleme in Stiftungen, Stiftung & Sponsoring 1/2001, S. 21 ff.
48. **Reuter,** Der Vorbehalt des Stiftungsgeschäfts, NZG 2004, S. 939.
49. **Reuter,** Stiftungsrechtliche Vorgaben für die Verwaltung des Stiftungsvermögens, NZG 2005, S. 649 ff.
50. **Richter/Sturm,** Stiftungsrechtsreform und Novellierung der Landesstiftungs-gesetze, NZG 2005, S. 655 ff.
51. **Richter,** Das neue Stiftungsrecht in Bund und Ländern, Stiftung & Sponsoring 4/2005 Beilage »Rote Seiten«.

52. **Richter/Klatt,** Blick ins Sozialversicherungsrecht, DStR 2011, S. 2414 ff.
53. **Richter/Sturm,** Die Unternehmensstiftung nach der Stiftungsrechtsreform, ZErb 2006, S. 75 f.
54. **Richter/Brunner/Werz,** Die Doppelstiftung mit Management-Holding GmbH – Ein Nachfolgemodell für Familienunternehmen, Stiftung & Sponsoring 6/2006, S. 26 ff.
55. **Ries,** Die Entlastung des Vorstandes der Stiftung und anderer Organmitglieder, Stiftung & Sponsoring 6/2002, S. 20 ff.
56. **Ritter,** Compliance im Nonprofit-Bereich, Stiftung & Sponsoring 3/2014 Beilage »Rote Seiten«.
57. **Sandberg/Magdeburg,** Was leisten D & O-Versicherungen wirklich? Stiftungsspezifische Policen als Antwort auf typische Haftungsausschlüsse, Stiftung & Sponsoring 3/2006, S. 32 f.
58. **Schauhoff,** Handbuch der Gemeinnützigkeit, 3. Aufl. München 2010.
59. **Schiffer,** Die Stiftung in der Beraterpraxis, 3. Aufl. 2013.
60. **Schiffer/von Schubert,** Unternehmensnachfolger als Gründer: Einsatz unternehmensverbundener Stiftungen?, DB 2000, S. 437 ff.
61. **Schindler,** Vermögensanlage von Stiftungen im Zielkonflikt zwischen Rendite, Risiko und Erhaltung der Leistungskraft, DB 2003, S. 297 ff.
62. **Schlüter/Stolte,** Stiftungsrecht, 2. Aufl. 2013.
63. **Schmied,** Bürgerstiftungen in Deutschland, Stiftung & Sponsoring 4/2002 Beilage »Rote Seiten«, S. 2 ff.
64. **Schulte/Risch,** Die Reform der Landesstiftungsgesetze – eine Zwischenbilanz, DVBl. 2005, S. 9 ff.
65. **Schulz/Werz,** Die (unselbständige) Treuhandstiftung – eine attraktive Alternative zur selbständigen Stiftung, ErbStB 2006 S. 224 ff.
66. **Schwarz,** Zur Zulässigkeit landesrechtlicher Vorschriften über die Familien- und Unternehmensstiftung, ZEV 2003, S. 306 ff.
67. **Schwarz,** Flexibilität und Vermögensbindung bei der Unternehmensstiftung, ZSt 2004, S. 64 ff.
68. **Schwarz,** Zur Neuregelung des Stiftungsprivatrechts, DStR 2002, S. 1718 ff. (Teil I), DStR 2002, S. 1767 ff. (Teil II).
69. **Schwarz,** Die Stiftung als Instrument für die mittelständische Unternehmensfolge, BB 2001, S. 2381 ff.
70. **Schwintek,** Die Haftung von Organmitgliedern gegenüber der Stiftung für fehlerhafte Vermögensverwaltung und Ertragsverwendung, ZSt 2005, S. 108 ff.
71. **Sieger/Bank,** Erhalt von Einflussnahmemöglichkeiten des Stifters auf die Geschäftstätigkeit einer zivilrechtlichen Stiftung, NZG 2010, 641 f.
72. **Spiegel,** Die Umschichtungsrücklage, Stiftung & Sponsoring, 2/2014, S. 24 f.
73. **Stolte,** Die Haftung von Stiftungsorganen, Stiftung & Sponsoring, 2/2014, S. 34.
74. **Strachwitz/Mercker,** Stiftungen in Theorie, Recht und Praxis – Handbuch für ein modernes Stiftungswesen, 1. Aufl. 2005.
75. **Stumpf/Suerbaum/Schulte/Pauli,** Stiftungsrecht kompakt (Kommentar), 1. Aufl. 2011.
76. **Suerbaum,** Prozessuale Probleme der Stiftungsaufsicht, NVwZ 2005, S. 160.

77. **Teuffel-Werhahn,** Mitverschulden des Kuratoriums für Spekulationsgeschäfte des Vorstands, Stiftungsbrief 3/2014 S. 51 ff.
78. **Teuffel-Werhahn,** Die Ewigkeitsperspektive – Vermögensverwaltung als fortwährende Gratwanderung zwischen Skylla und Charybdis, Stiftung & Sponsoring 2/2014, S. 26 f.
79. **Voll/Störle,** Bayerisches Stiftungsgesetz, 5. Auflage. 2009.
80. **Wachter,** Rechtliche Fragen bei der Anlage von Stiftungsvermögen, Stiftung & Sponsoring 6/2002 Beilage »Rote Seiten«.
81. **Weisheit,** Neues zur Kapitalausstattung von Kapitalgesellschaften und Stiftungen, Stiftungsbrief 07/2014 S. 131 f.
82. **Werner,** Stiftung und Pflichtteilsrecht – Rechtliche Überlegungen, ZSt 2005, S. 83.
83. **Wochner,** Rechtsfähige Stiftungen – Grundlagen und aktuelle Reformbestrebungen, BB 1999, S. 1441.
84. **Werner,** NWB-EV 2012, S. 331 ff.
85. **Zimmermann,** NJW 2011, 2931 ff.

Teil 2 Stiftungssteuerrecht

A. Besteuerungsgrundsätze

Es gibt kein eigenes »Steuerrecht der Stiftungen«. Zur Anwendung kommen vielmehr zunächst die allgemeinen Besteuerungsgrundsätze für steuerbegünstigte oder nicht steuerbegünstigte Rechtsträger unterschiedlichster Rechtsformen, z. B. einer GmbH oder eines eingetragenen, gemeinnützigen Vereins. Ausnahmen von der allgemeinen Besteuerung bestehen überall dort, wo das steuerliche Gemeinnützigkeitsrecht zu einer Begünstigung des Steuerpflichtigen, also z. B. der Stiftung, führt. Das Gemeinnützigkeitsrecht selbst ist ebenfalls rechtsformunabhängig ausgeprägt, also auf eine gemeinnützige GmbH (gGmbH) ebenso anwendbar wie auf Stiftungen oder Vereine. 1

Da selbständige Stiftungen in über 90 von 100 Fällen als sog. gemeinnützige Stiftungen bestehen, werden sich die nachfolgenden Ausführungen und die Praxishinweise deshalb auch primär mit spezifischen Fragestellungen steuerbegünstigter Stiftungen befassen. 2

Der Sonderform der Familienstiftung ist ein eigenes Kapitel reserviert, ebenso den unternehmensnahen Stiftungen. 3

Auf die Steuerfolgen für nicht steuerbegünstigte Stiftungen wird im Einzelfall hingewiesen; für Zwecke der laufenden Besteuerung kann auf die Ausführungen zur Familienstiftung Bezug genommen werden. 4

I. Voraussetzungen der Steuerbegünstigung

1. Grundlagen der Gemeinnützigkeit

Richtigerweise müsste stets von steuerbegünstigten Stiftungen gesprochen werden, da die Gemeinnützigkeit neben der Mildtätigkeit und den kirchlichen Zwecken nur eines von mehreren gemeinwohlorientierten Begünstigungskriterien des Steuerrechts bildet. Im allgemeinen Sprachgebrauch ist allerdings der Begriff der i. w. S. gemeinnützigen Stiftung insgesamt gebräuchlicher. Schließlich wird auch in der steuerrechtlichen Terminologie verallgemeinernd vom Gemeinnützigkeitsrecht gesprochen. Die Bezeichnungen »gemeinnützig« und »steuerbegünstigt« finden somit auch im Rahmen dieses Buches weitgehend synonyme Anwendung und umfassen auch mildtätige und kirchliche Zwecke, sofern keine ausdrückliche Unterscheidung getroffen wird. 5

6 Die Gemeinnützigkeit sichert der Stiftung eine Reihe von steuerlichen Vorteilen:

Steuervorteile für die gemeinnützige Stiftung

7 Eine Anerkennung als steuerbegünstigte Stiftung setzt in allen Fällen voraus, dass die Stiftung in vom Gesetz näher bestimmter Weise diesen gemeinnützigen, mildtätigen oder kirchlichen Zwecken dient und diese Zwecke mit ihrer Geschäftsführung auch tatsächlich verfolgt, d. h. die Zweckverwirklichung nicht nur auf dem Papier steht. Ferner, dass die von der Stiftung auszuführende ideelle Tätigkeit in ihrer Verfassung (Satzung) konkret niedergelegt ist und die Tätigkeit auch ausschließlich, unmittelbar und selbst durch das begünstigte Steuersubjekt, also die Stiftung, ausgeführt wird.

8 ▶ Dass die Zweckverfolgung durch die Stiftung auch tatsächlich zum Erfolg führt, ist demgegenüber keine steuerliche Begünstigungsvoraussetzung.

9 Die steuerlichen Gemeinnützigkeitsvorschriften, oftmals auch als »Korsett der Gemeinnützigkeit« bezeichnet, sind gemeinsam für alle Körperschaften, Personenvereinigungen oder Vermögensmassen in den §§ 51 ff. der Abgabenordnung geregelt. Die Anerkennung als »gemeinnützig« können nur juristische Personen oder unselbständige Körperschaften erlangen; natürliche Personen und Personengesellschaften kommen dafür nicht in Betracht.

2. Gemeinnützige Zwecke

10 Eine gemeinnützige Zweckverfolgung kommt dadurch zum Ausdruck, dass die »Allgemeinheit auf materiellen, geistigen oder sittlichem Gebiet selbstlos« gefördert wird (§ 52 AO).

Die Wahrung von Familieninteressen, die Forschungstätigkeit oder wissenschaftlich-publizistische Tätigkeit ausschließlich für ein bestimmtes Unternehmen, die Begünstigung von Mitarbeitern eines Unternehmens oder ähnliche abgegrenzte Vorteile lediglich für einen eingeschränkten Kreis von Begünstigten schließen die Gemeinnützigkeit regelmäßig definitionsgemäß aus. Steht bei einer Stiftung die Verfolgung konkreter politischer Ziele im Vordergrund, kommt eine Gemeinnützigkeit gleichfalls nicht in Betracht. 11

Die Stiftung und der Kreis ihrer Stifter und Spender sind in jeder Hinsicht steuerlich privilegiert, wenn sie wissenschaftliche, kulturelle oder mildtätige Zwecke verwirklicht. 12

In § 52 Abs. 2 AO finden sich ausführliche, grds. abschließende Beispiele für gemeinnütziges Handeln. Andere Zwecke, die die Allgemeinheit auf materiellem, geistigem oder sittlichem Gebiet entsprechend selbstlos fördern, können jedoch von der Finanzverwaltung als gemeinnützig anerkannt werden. Die in § 52 Abs. 2 AO bezeichneten Zwecke sind ohne weitere Prüfung geeignet, die Allgemeinheit zur fördern, soweit die sonstigen, allgemeinen Voraussetzungen vorliegen. Entscheidend ist dabei immer, dass die Aktivitäten der Körperschaft auch tatsächlich auf die Allgemeinheit gerichtet sind. 13

Der Katalog in § 52 Abs. 2 AO enthält 25 Kategorien gemeinnütziger Ziele (i. e. S.). Folgende Ziele sind von besonderer praktischer Bedeutung: 14

- Kunst und Kultur,
- öffentliches Gesundheitswesen,
- Bildung und Erziehung,
- Wissenschaft und Forschung,
- Wohlfahrtspflege,
- Altenhilfe,
- Natur- und Umweltschutz.

Die Begriffe Kunst und Kultur sind dabei, ohne Bewertung des eigentlichen künstlerischen Schaffens, d. h. des Werkinhaltes, für Zwecke der Gemeinnützigkeit weit auszulegen. 15

Unter die Förderung des öffentlichen Gesundheitswesens werden alle Maßnahmen gefasst, die der Krankheitsbekämpfung oder der Erhaltung der Gesundheit der Menschen dienen. 16

Zur Aufgabe der Bildung gehören Aus- und Weiterbildung einschließlich des Studiums ebenso wie die Förderung der politischen Bildung, soweit das allgemeine Staatsverständnis nicht aber einzelne Parteiprogramme vermittelt oder Parteien unterstützt werden. Erziehung umfasst das gesamte Spektrum der Jugendarbeit einschließlich der Freizeitgestaltung. 17

Zur Förderung von Wissenschaft und Forschung zählt auch die Förderung der Lehre, gleich ob es sich um theoretische oder angewandte Wissenschaften handelt. Ist die Forschungstätigkeit allerdings auf die Verwertung der Ergebnisse konzentriert, betrifft die Stiftung wieder steuerpflichtiges Gebiet. 18

19 Die Wohlfahrtspflege ist auf die planmäßige Sorge für Not leidende oder gefährdete Mitmenschen gerichtet. Im Focus kann dabei das wirtschaftliche, gesundheitliche, sittliche oder erzieherische Wohl der Begünstigten stehen, und zwar sowohl zur Vorbeugung als auch zur Abhilfe. Betreibt die Stiftung dazu eigene Einrichtungen, ist in der Regel von einem steuerbegünstigten Zweckbetrieb (→ vgl. dort) auszugehen.

20 Auf dem Gebiet der Altenhilfe wird die Stiftung tätig, wenn sie bestimmte Hilfsleistungen innerhalb des Beispielkatalogs des § 71 Abs. 2 SGB XII (→ vgl. Teil 6 Dokumentation) an alte Menschen erbringt. Hierunter fallen generell zumindest derzeit noch Frauen ab dem 60. und Männer ab dem 65. Lebensjahr.

21 Der Umweltschutz umfasst die Voraussetzungen, die das Leben der Menschen sowie der Pflanzen- und Tierwelt bedingen.

22 Welchen der steuerbegünstigten Zwecke – gemeinnützig, mildtätig oder kirchlich – die Stiftung letztlich verfolgt, ist für die Stiftung selbst von immenser wirtschaftlicher Tragweite. Für die steuerliche Förderung der Stiftung und der Spender ist es jedoch ohne Bedeutung, in welche Kategorie (gemeinnützig, mildtätig oder kirchlich) ihr Stiftungszweck fällt. Die gemeinnützigen, mildtätigen oder kirchlichen Zwecke sind hinsichtlich ihrer steuerlichen Förderung grds. gleichgestellt. Die meisten Stiftungen verfolgen zudem häufig nebeneinander mehrere gemeinnützige Zwecke, z. B. gemeinnützige (i. e. S.) und mildtätige Aufgaben wie bestimmte Gesundheitsvorsorgeleistungen bei bedürftigen Kindern und Jugendlichen. Verfolgt die Stiftung mehr als einen steuerbegünstigten Zweck, ist sie nicht zu getrennten Aufzeichnungen der Mittelverwendungsströme verpflichtet. Empfehlenswert können getrennte Aufzeichnungen aber dennoch sein, wenn Spenden mit einer besonderen Verwendungsauflage (z. B. ein bestimmtes Projekt) verbunden sind, um gegenüber den Spendern zu dokumentieren, dass die Zuwendungen auch nur im Bereich des entsprechend begünstigten Zwecks oder für ein konkretes Projekt eingesetzt wurden. Entsprechendes gilt, wenn die Stiftung zwar im Rahmen einer einheitlichen Tätigkeit nur einen einzigen Zweck (gemeinnützig, mildtätig oder kirchlich) erfüllt, der sich aber in unterschiedliche Kategorien der Gemeinnützigkeit einordnen lässt, z. B. wissenschaftlich und volksbildend. In diesem Zusammenhang ist darauf abzustellen, was der Spender erkennbar zu fördern beabsichtigte. Bieten sich dafür keine objektiven Anhaltspunkte, entscheidet die Stiftung und kann damit die Mittel stets dem aus der Sicht des Spenders höher geförderten – insoweit spezielleren – Zweck zuordnen. Dies gibt ihr die Möglichkeit, an sie gerichtete Spenden für den Spender attraktiv zu gestalten und somit ihr potentielles Spendenaufkommen zu vergrößern.

23 Auch wenn die Ziele der Stiftung zweifellos als gemeinnützig anzuerkennen sind, bleibt bei der Art und Weise, in der der Stiftungszweck verfolgt wird, stets die Begrenzung zu beachten, die durch das Erfordernis der Selbstlosigkeit (→ vgl. dort) gezogen wird. Danach verbietet sich die Ausrichtung der Stiftung z. B. auf gewinnorientierte Auftragsforschung, Kunsthandel, Veranstaltung von künstlerisch-kommerziellen Aufführungen etc. Zwar kann die Stiftung im gewissen Umfang entsprechende Projekte – in der Regel mit Besteuerungsfolge – durchführen. Verfolgt die Stiftung mit diesen Tätigkeiten jedoch einen eigenständigen Zweck, der nicht mehr nur der Mittelbeschaffung für

den Gemeinnützigkeitsbereich dient oder gar der Hauptzweck der Stiftung ist, wird der Status der Gemeinnützigkeit verloren gehen.

3. Mildtätige Zwecke

Eine Stiftung verfolgt dann mildtätige Zwecke, wenn ihre Tätigkeit darauf gerichtet ist, 24
bestimmte bedürftige Personen selbstlos zu unterstützen. Bedürftig wiederum ist, wer in Folge seines körperlichen, geistigen oder seelischen Zustands auf die Hilfe anderer angewiesen ist oder wirtschaftlich hilfsbedürftig ist.

Dabei setzt die Steuerbegünstigung mildtätigen Handelns gerade keine Förderung der 25
Allgemeinheit voraus, kann also auch einem begrenzten Personenkreis zugute kommen. Eine Stiftung, deren Satzungszweck nur auf die zielgerichtete Unterstützung hilfsbedürftiger Angehöriger des Stifters gerichtet wäre, würde allerdings nicht als steuerbegünstigt anerkannt werden können. Hat sich die Stiftung nach ihrem Satzungszweck aber einer bestimmten, d. h. klar abgegrenzten Gruppe Hilfsbedürftiger anzunehmen, die mit dem Stifter nicht verwandt sind und befinden sich unter dem abstrakt begünstigten Personenkreis auch hilfsbedürftige Angehörige des Stifters, so wird dies als steuerlich unschädlich anzusehen sein.

Die Verfolgung mildtätiger Zwecke setzt nicht voraus, dass die Zuwendungen der Stif- 26
tung an die Begünstigten völlig unentgeltlich erfolgen; es darf sich nur nicht um eine »echte« Gegenleistung im Rahmen eines Leistungsaustausches handeln

▶ Die Förderung auch eines eher kleineren, nicht jedoch eines geschlossenen Begüns- 27
tigtenkreises ist zulässig; daher wäre eine steuerbegünstigte, mildtätige Stiftung möglich, die verstärkt neben anderen Personen auch behinderte Angehörige des Stifters versorgt. Dabei wäre allerdings sehr sorgfältig darauf zu achten, dass die Beschreibung des zu fördernden Kreises so gewählt wird, dass nicht von einem dauerhaft nur sehr kleinen Kreis ausgegangen werden muss. Die Grenzen der wirtschaftlichen Hilfsbedürftigkeit werden allerdings auf den vierfachen Regelsatz des Zwölften Buches Sozialgesetzbuch (§ 28 SGB XII) festgelegt, bei Alleinstehenden und Haushaltsvorständen auf den fünffachen Regelsatz.

4. Kirchliche Zwecke

Kirchliche Zwecke verfolgt die Stiftung, wenn die Tätigkeit darauf gerichtet ist, eine 28
Religionsgemeinschaft, die Körperschaft des öffentlichen Rechts ist, selbstlos zu fördern. Das Gesetz nennt hierzu Beispiele wie die Errichtung, die Ausschmückung, die Unterhaltung von Kirchen, die Durchführung von Kirchentagen. Begünstigt werden nur die Religionskörperschaften; die Förderung der Religion (als solcher) ist demgegenüber ein gemeinnütziger Zweck.

II. Zweckverwirklichung durch die Stiftung

1. Notwendige Satzungsinhalte

29 Gemeinnützigkeit im Steuerrecht bedeutet stets beides: Die formale Verankerung der Ziele und ihrer Umsetzung in der Satzung und zugleich die tatsächliche Ausrichtung der Geschäftsführung an genau diesen Vorgaben. Richtet die Stiftung zwar ihre Geschäftsführung an gemeinnützigen Zielen aus, verletzt aber das Gebot der formellen Satzungsmäßigkeit, kann keine Anerkennung als steuerbegünstigte Körperschaft erfolgen. Für den Satzungsinhalt gibt es eine Mustersatzung der Finanzverwaltung in Anlage 1 zu § 60 AO.

30 ▶ Die Formulierungen aus der Mustersatzung der Finanzverwaltung müssen sich für die Anerkennung der Gemeinnützigkeit zwingend im Wortlaut der Satzung wiederfinden. Darüber hinaus ist der Stifter frei – und in der Regel auch gut beraten –, die Satzung durch umfängliche weitere Bestimmungen zu individualisieren, insbesondere auch hinsichtlich des Stiftungszwecks, der Art der Aufgabenerfüllung und des Umgangs mit dem Stiftungskapital.

31 Vertrauensschutz genießen jedoch solche Stiftungen, die bereits vor dem 01.01.2009 bestanden haben. Jedoch müssen auch solche Stiftungen die in der Mustersatzung enthaltenen Formulierungen übernehmen, wenn sie aus einem anderen Grund Änderungen an der Stiftungssatzung vornehmen.

32 Die Einhaltung der notwendigen satzungsmäßigen Voraussetzungen (besonderer Zweck, Art und Weise der Zweckverfolgung und formelle Vermögensbindung) wird seit 2013 von den Finanzbehörden durch gesonderten Bescheid festgestellt, entweder auf Antrag der Stiftung oder aber von Amts wegen bei der Körperschaftsteuerveranlagung, § 60a AO. Die behördenmäßige Feststellung der Satzungsmäßigkeit ist für die Besteuerung der Körperschaft sowie für die Spender und Stifter bindend

a) Zweckbezeichnung

33 Es ist erforderlich, dass die Satzung der Stiftung vorsieht, welchen Zweck sie verfolgt, dass dieser Zweck den Anforderungen an gemeinnützige (i. e. S.), mildtätige und kirchliche Zwecke entspricht und die Stiftung diesen Zweck ausschließlich und unmittelbar verfolgt (§ 59, 51 AO).

34 Dem Zweck nach (und auch bei ihrer tatsächlichen Geschäftsführung) darf die Stiftung weder staatsgefährdenden Bestrebungen im Sinne von § 4 BVerfSchG fördern noch dem Gedanken der Völkerverständigung zuwiderhandeln.

b) Art und Weise der Zweckverfolgung

35 Aus der Satzung der Stiftung selbst hat neben Nennung der gemeinnützigen Zwecke zwingend hervorzugehen, auf welche Art und Weise die Stiftung ihren Zwecken vorrangig nachgehen soll (§ 60 AO); gemeint ist mit dieser Bestimmung, dass die vom Stifter vorgestellte Umsetzung der Zwecke in der Satzung beschrieben werden muss. Eine all-

gemeine oder beispielhafte Aufzählung ist grundsätzlich ausreichend. Erst damit ist die vom Gesetz geforderte Prüfungsmöglichkeit anhand der Stiftungssatzung eröffnet.

▶ Sofern der Stifter nicht ohnehin ausschließlich eine Förderstiftung errichten möchte, sollte die Förderung anderer gemeinnütziger Institutionen mit ähnlichen Zwecken zumindest als ein weiterer Zweck oder zumindest als ein weiterer Weg in der Zweckverfolgung in der Stiftungssatzung ausdrücklich genannt werden. Die Satzungsgestaltung sollte zudem klar erkennen lassen, dass die Zweckverfolgung nicht abschließend beschrieben ist, um bei einer Änderung der einzelnen Tätigkeiten nicht sofort eine Satzungsänderung herbeiführen zu müssen. Als nützlich und im Hinblick auf die Bestimmungen der Gemeinnützlichkeit unschädlich hat sich auch eine ausdrückliche Satzungsbestimmung erwiesen, wonach die Stiftung im Rahmen der Zweckverfolgung zur Mittelbeschaffung auch unternehmerischen Tätigkeiten nachgehen darf. 36

c) Formelle Vermögensbindung

Der Grundsatz der Vermögensbindung besagt, dass das Vermögen der Stiftung für die Dauer ihres Bestandes gemeinnützigen Zwecken dient. 37

Entfällt der bisherige Stiftungszweck oder wird die Stiftung aufgelöst oder aufgehoben (→ vgl. dort), muss sichergestellt sein, dass das Vermögen weiterhin gemeinnützigen Zwecken dient. Daraus erwächst das grundsätzliche Erfordernis, in die Stiftungssatzung eine ausdrückliche Regelung für alle Fälle der Auflösung und der Beendigung der Gemeinnützigkeit aufzunehmen. Hat sich der Stifter in der Satzung für einen bestimmten steuerbegünstigten Zweck im Falle der Auflösung der Stiftung ausgesprochen, ist seine spätere Änderung insoweit zulässig, als dabei die Einhaltung der Vermögensbindung gewahrt bleibt. 38

Der Vermögensbindung unterliegt gem. § 55 Abs. 1 Nr. 4 AO lediglich das Stiftungsvermögen, soweit es das Dotationskapital übersteigt. Daher kann sich der Stifter grundsätzlich auch die Rückübertragung des Dotationskapitals an sich selbst vorbehalten. Ein solcher Vorbehalt schließt allerdings einen steuerlichen Spendenabzug (→ vgl. dort) des Stifters in Höhe der anfänglichen Kapitalausstattung aus. Zwischen Stiftungserrichtung und Stiftungsauflösung eingetretene Zuwächse oder Wertsteigerungen, sofern sie im Auflösungszeitpunkt noch vorhanden sein sollten, dürften dabei trotz des Rückübertragungsvorbehaltes nicht an den Stifter ausgekehrt werden, sondern sind steuerbegünstigten Zwecken zuzuführen. 39

▶ Der Stifter muss sich nach Formulierung der Mustersatzung entweder auf einen bestimmten Zweck oder genau bezeichnete Institutionen im Falle der Auflösung seiner Stiftung festlegen. Nicht mehr möglich ist die Möglichkeit einer offeneren Verwendungsformulierung vor, wonach eine beschlussgemäße Zuführung zu allgemeinen steuerbegünstigten Zwecken unter Zustimmung der Finanzverwaltung ausreicht. Nicht möglich ist auch die von Stiftern oft gewünschte Formulierung, wonach die Stiftungsaufsicht den Anfallsberechtigten bestimmen solle. 40

2. Selbstlosigkeit in der Zweckverwirklichung

41 Jede Art von Zweckverfolgung durch die Stiftung steht, um die Steuerbegünstigung zu erlangen und zu erhalten, unter dem strikten Gebot der Selbstlosigkeit (§ 55 Abs. 1 S. 1 AO). Davon ist immer dann auszugehen, wenn die Stiftung nicht in erster Linie eigenwirtschaftliche Zwecke verfolgt. Eine »Selbstzweckstiftung«, deren einzige Aufgabe in der Verwaltung ihres Vermögens besteht, kommt daher nicht in Betracht. Mit anderen Worten, die Stiftung muss primär uneigennützig, also altruistisch tätig sein. Dies schließt aber nicht aus, dass sich die Stiftung sog. erwerbswirtschaftlichen Tätigkeiten zur Beschaffung von Mitteln zuwenden kann.

42 Der Grundsatz der Selbstlosigkeit wird durch weitere gesetzliche Anforderungen konkretisiert.

a) Begünstigungsverbot

43 Für gemeinnützige Stiftungen gilt ein allgemeines Angemessenheitsgebot, negativ formuliert das sog. Begünstigungsverbot. Es besagt, dass sonstige Aufwendungen in Zusammenhang mit den steuerbegünstigten Zwecken – weil selbst grundsätzlich zweckfremd – nicht über das unbedingt notwendige Maß hinaus die Stiftungsmittel schmälern dürfen. Diese Forderung betrifft Leistungen an stiftungsfremde Empfänger ebenso wie Mitglieder der Stiftungsorgane und -mitarbeiter. Die Angemessenheitsprüfung ist daher im Stiftungsalltag allgegenwärtig.

44 Das Begünstigungsverbot bildet einen Teilaspekt der steuerlich geforderten Selbstlosigkeit der Stiftung. Dadurch sind Entgelte oder sonstige Zuwendungen in der Höhe auf die konkreten Marktpreise begrenzt. § 55 Abs. 1 Nr. 3 AO schränkt auf diese Weise unangemessene Vergütungen z. B. für Vorstandmitglieder oder Mitglieder des Stiftungsrats, überhöhte Reisekosten oder auch nicht angemessene Beraterhonorare an Organmitglieder ein. Erhalten demzufolge Mitglieder des Vorstands oder des Kuratoriums Tätigkeitsvergütungen, kommt es zunächst darauf an, ob die Satzung dies vorsieht oder sogar ausschließt. Als Rechtsgrundlage für Vergütungen an Organmitglieder ist eine besondere Regelung in der Satzung erforderlich; das Fehlen einer Bestimmung, wonach Organmitglieder ausschließlich ehrenamtlich tätig sein dürfen, reicht nicht aus. Zahlt die Stiftung ohne eine solche Rechtsgrundlage eine Vergütung, sieht die Finanzverwaltung dies als Verstoß gegen das Begünstigungsverbot und als gemeinnützigkeitsschädlich an. Ist eine Vergütung dagegen in der Satzung vorgesehen, so gibt das Begünstigungsverbot vor, dass diese Vergütung angemessen sein muss. Als Maßstab für die Angemessenheit kennt das Steuerrecht allgemein den sog. Fremdvergleich. Angemessen ist danach die Vergütung, die auch anderen Außenstehenden für eine vergleichbare Tätigkeit zu bezahlen wäre. Dass sich die von der Stiftung aufzuwendenden Mittel dabei nur in der Nähe der Untergrenze halten dürften, ist dem Gesetz nicht zu entnehmen. Dies ergibt sich auch nicht aus dem Grundsatz der Mittelbindung selbst, sofern die Vergütungshöhe insgesamt nur innerhalb der Bandbreite liegt und in einem erkennbaren Verhältnis zum zeitlichen Einsatz steht sowie der mit der Funktion konkret verbundenen Verantwortung entspricht.

Sog. Annehmlichkeiten i. S. d. Lohnsteuerrechts sind auch nach der Auffassung der Finanzverwaltung stets, d. h. auch ohne entsprechende Satzungsbestimmung zulässig. 45

b) Materielle Verwendungsbindung der Mittel

Die erlangten Mittel der Körperschaft dürfen nur für die satzungsmäßigen, steuerbegünstigten Zwecke verwendet werden (§ 55 Abs. 1 Nr. 1 S. 1 AO). Dies gilt unabhängig von der Herkunft der Mittel, also gleich, ob es sich bei den betreffenden Mitteln um Spenden, um Zuschüsse oder sonstige Zuwendungen, um Überschüsse aus Vermögensverwaltung oder um Gewinne aus Zweckbetrieben (→ vgl. dort) oder wirtschaftlichen Geschäftsbetrieben (→ vgl. dort) der Stiftung handelt. 46

Auf der gleichen Ebene mit den überhöhten Vergütungen stehen Mittelverwendungen, die von vornherein dem Zweck der Stiftung »fremd« sind. Es handelt sich dabei um sog. Mittelfehlverwendungen. Hierzu gehört insbesondere der Transfer von Mitteln aus dem ideellen Kernbereich der Stiftung in z. B. einen wirtschaftlichen Geschäftsbetrieb (→ vgl. dort). 47

Bewegt sich die Stiftung außerhalb ihrer Satzungszwecke, hat dies im Regelfalle den Verlust der Gemeinnützigkeit zur Folge (→ vgl. dort). Fördert die Stiftung steuerbegünstigte oder nicht begünstigte Zwecke, die nicht in der Satzung vorgegeben sind, verstößt sie gegen das Gebot der Ausschließlichkeit, wenn es sich dabei nicht lediglich um Nebenzwecke handelt. Hieraus ergeben sich häufig Abgrenzungsprobleme. Die Verfolgung von eigenwirtschaftlichen Zwecken, d. h. wirtschaftlichen Geschäftsbetrieben (→ vgl. dort) ist zwar ebenso zulässig wie der Unterhalt von Zweckbetrieben (→ siehe dort), entscheidend bleibt dabei, dass diese Zwecke nicht neuer Hauptzweck werden oder anderweitig eigenständig neben den gemeinnützigen Zweck treten, also nicht mehr nur der Mittelbeschaffung für den gemeinnützigen Zweck dienen, oder gar Hauptzweck werden. Beide Bereiche sind aus gemeinnützigkeitsrechtlicher Sicht lediglich geduldet. Will die Stiftung andere als in der Satzung vorgesehene steuerbegünstigte Zwecke fördern, muss die Satzung entsprechend geändert werden. Die Stiftung verstößt gegen die Verwendungsbindung und gegen das Gebot der Ausschließlichkeit (→ vgl. dort), wenn sie neue Zwecke ohne Satzungsänderung fördert oder ihre satzungsmäßigen Zwecke soweit verlagert, dass diese in der Folge allenfalls nur mittelbar angesprochen sein können. 48

Nach § 58 Nr. 1 AO darf die Beschaffung und Weiterleitung von Mitteln an eine andere steuerbegünstigte Körperschaft alleiniger Hauptzweck einer gemeinnützigen Stiftung sein. 49

Sofern allerdings die Weitergabe der Mittel nicht von Anfang an geplant war (und damit als Satzungszweck aufgeführt ist), darf nach § 58 Nr. 2 AO eine Stiftung nur einen Teil ihrer Mittel, höchstens jedoch die Hälfte, einer anderen steuerbegünstigten Körperschaft oder einer Körperschaft des öffentlichen Rechts für deren Zwecke überlassen. 50

▶ Umstritten und höchstrichterlich noch nicht geklärt ist jedoch, ob es sich bei den steuerbegünstigten Zwecken der Empfänger-Körperschaft um die gleichen Zwecke wie bei der zu der zuwendenden Stiftung handeln muss. Bis zu einer entsprechenden 51

Klärung empfiehlt es sich, dass die Stiftungsvorstände Mittel nur an solche Körperschaften weiterleiten, die auch die gleichen gemeinnützigen Zwecke verfolgen wie die zuwendende Stiftung selbst.

3. Ausschließlichkeitsgebot

52 Ausschließlichkeit i. S. d. § 56 AO bedeutet, dass eine gemeinnützige Stiftung nur die ihr satzungsmäßig vorgeschriebenen steuerbegünstigten Zwecke fördern darf. Das schließt einerseits ein, dass auch mehrere steuerbegünstigte Zwecke zugleich verfolgt werden können und beschränkt andererseits die Stiftung nicht auf ausschließlich gemeinnützige Aktivitäten. Die Vorschrift begrenzt jedoch die Betätigung der Stiftung eindeutig dort, wo die erlaubte unternehmerische und nichtunternehmerische Mittelbeschaffung als neuer Selbstzweck neben der gemeinnützigen Zweckverfolgung heranwächst oder gar Hauptzweck wird.

a) die Gesamtschau der Stiftungsaktivitäten

53 Wirtschaftliche Aktivitäten sind der Stiftung solange nicht verboten, als sie nicht zum Selbstzweck werden. Sie stellen vielmehr ein generell akzeptiertes und zumeist notwendiges Mittel zur Finanzierung ihrer steuerbegünstigten Tätigkeiten dar (§ 64 AO, § 5 Abs. 1 Nr. 9 KStG). Hinsichtlich des »Was« und des »Wie« ist die Stiftung in ihren Entscheidungen frei. Hinsichtlich des »Wieviel« ist es jedoch durch eine Rechtsprechungsänderung in 2007 zu erheblichen Veränderungen gekommen.

54 Bis dahin galt die von der Rechtsprechung aus §§ 56, 55 Abs. 1 Nr. 1 AO entwickelte »Prägetheorie«, wonach eine Stiftung ihren Gemeinnützigkeitsstatus nur dann erlangt und beibehalten darf, wenn insgesamt nicht die wirtschaftlichen Aktivitäten, sondern die steuerbegünstigten Tätigkeiten die Stiftung dauerhaft »prägen«. Der »Prägetheorie« wohnt ein quantitatives und ein qualitatives Moment inne. Sie bedeutete letztlich, dass die wirtschaftlichen Bereiche den gemeinnützigen Aktivitäten nicht nur funktional zu-, sondern auch hinsichtlich ihrer wirtschaftlichen Gesamtbedeutung untergeordnet, also dienend, bleiben müssen. Insbesondere wurde in der Praxis sowie in der Vorauflage zu diesem Buch vertreten, dass die Mittel nur zu weniger als 50 % aus einem wirtschaftlichen Geschäftsbetrieb stammen dürften, da andernfalls die wirtschaftliche Betätigung der Stiftung das »Gepräge« gäbe. Die Beurteilung und Abgrenzung war allerdings in der Praxis häufig nur sehr schwierig möglich und mit einer hohen Unsicherheit verbunden.

55 Die Rechtsprechung und ihr folgend die Finanzverwaltung haben die »Prägetheorie« inzwischen aufgegeben und haben damit die erwähnten Unsicherheiten weitegehend beseitigt. Nach der neuen Rechtsprechung kommt es bei der Gewichtung zwischen dem gemeinnützigen und nicht gemeinnützigen Bereich einer Stiftung lediglich darauf an, dass die Stiftung ihren »Endzweck«, ihre gemeinnützige Zielsetzung beibehält. Der nicht gemeinnützige Bereich (Vermögensverwaltung und wirtschaftliche Geschäftsbetriebe) muss dem gemeinnützigen Bereich (ideeller Bereich und Zweckbetriebe) weiterhin untergeordnet sein und dienen und nicht als selbstständiger Zweck neben den

gemeinnützigen Zweck treten oder gar Hauptzweck der Stiftung werden. Hierfür ist eine Gesamtschau vorzunehmen, in denen beide Bereiche gegenübergestellt werden müssen und bei denen es vorrangig auf die Mittelverwendung aus den nicht gemeinnützigen Bereichen ankommt. Die Rechtsprechung berücksichtigt bei der Gesamtschau auch andere Kriterien wie der eingesetzte Personal- und Zeitaufwand sowie das übernommene Risiko im nicht gemeinnützigen Bereich berücksichtigt werden müssen.

Sofern eine solche Gesamtschau ergibt, dass die nicht gemeinnützige Tätigkeit ein Selbstzweck wird, folgt aus dem Ausschließlichkeitsgebot, dass die Stiftung insgesamt nicht mehr gemeinnützig und damit vollständig steuerpflichtig ist (nicht nur ihr wirtschaftlicher Geschäftsbetrieb). 56

Soweit es auf die Mittelherkunft und -verwendung ankommt sieht es die Finanzverwaltung erfreulicherweise als zulässig an, wenn die Stiftung ihre Mittel vollständig aus der Vermögensverwaltung und dem wirtschaftlichen Geschäftsbetrieben generiert, solange sämtliche dieser Mittel für die Verwirklichung der gemeinnützigen Zwecke verwendet werden. Unschädlich muss es u. E. daher auch sein, wenn die so verwendeten Mittel teilweise oder sogar vollständig aus einem Zweckbetrieb stammen. Der Schwerpunkt der Unsicherheiten in der Praxis verlagert sich demnach auf die Frage, wann davon auszugehen ist, dass sämtliche Mittel für gemeinnützige Zwecke verwendet werden und wann nicht mehr. Entscheidend wird daher zukünftig sein, in welchem Umfang der nicht unternehmerische Bereich zulässiger Weise Mittel thesaurieren oder Rücklagen bilden darf. Hierzu haben Finanzverwaltung und Rechtsprechung gewisse Leitlinien vorgegeben (→ vgl. AEAO § 55 Abs. 1 Nr. 1 AO Tz. 2). Anerkannt sind daher im wirtschaftlichen Geschäftsbetrieb solche Rücklagen, die bei kaufmännischer Beurteilung wirtschaftlich begründet sind oder die zur Sicherung der wirtschaftlichen Existenz der Körperschaft geboten ist. Im Bereich der Vermögensverwaltung dürfen Rücklagen nur für die Durchführung konkreter Reparatur- oder Erhaltungsmaßnahmen an vermieteten Vermögensgegenständen gebildet werden. 57

▶ Die »Beweislast« für die betriebswirtschaftliche Notwendigkeit der Maßnahme liegt bei der Stiftung. Gelingt ihr der Nachweis nicht, gefährdet dies die Gemeinnützigkeit. 58

Den Zielen des Gesetzgebers wird ausreichend dadurch Rechnung getragen, dass die gemeinnützige Stiftung schließlich auch ihre erwerbswirtschaftlichen Ergebnisse zur Erfüllung ihrer Satzungszwecke verwenden muss. Eine in der Diskussion stets bemühte Wettbewerbsverzerrung kann letztlich schon deshalb nicht durchschlagen, weil die erwerbswirtschaftlichen Erträge der Stiftung, wie jedes andere unternehmerische Ergebnis auch, der Besteuerung unterliegen. Warum sollten sich also z. B. ertragsstarke Stiftungen mit umfänglichen Anteilen an gewerblichen Personengesellschaften – für sich betrachtet alles steuerpflichtige wirtschaftliche Geschäftsbetriebe –, in ihrer Gemeinnützigkeit bedroht sehen, wenn sie durch dieses Stiftungsvermögen doch gerade zu besonderer Leistungskraft befähigt werden. 59

Offen bleibt darüber hinaus, in welchem Umfang andere Kriterien bei der Gesamtschau für die Stiftung schädlich ins Gewicht fallen können (z. B. Personal- und Zeitauf- 60 wand sowie das übernommene Risiko). Vor allem in Zeiten der Finanz- und Euro-Krise, in denen sich Leitzinsen und Zinsen auf Staatsanleihen auf dem Tiefstand befinden und der Grundsatz der Kapitalerhaltung für die Stiftungen immer schwieriger wird eingehalten zu werden, darf ein erhöhtes Risiko, das in einem wirtschaftlichen Geschäftsbetrieb eingegangen ist, nicht dazu führen, dass an der Selbstlosigkeit der Stiftung zu zweifeln ist.

61 ▶ In der Praxis sollte sich die Stiftung unbedingt dafür entscheiden, ihre Beteiligungen über oder in der Rechtsform der Kapitalgesellschaft zu organisieren und sich, statt auf den Erwerbsbereich Einfluss zu nehmen, auf die Gesellschafterebene zurückziehen. In besonders gelagerten Fällen, in denen dies nicht umsetzbar ist, sollte bereits im Vorfeld eine Klärung mit den Finanzbehörden gesucht werden. Im Übrigen erscheint aber – in geeigneten Konstellationen – eine neuerliche richterliche Klärung der Thematik durchaus angebracht.

b) Mittelverwendung für den Stifter und nahe Angehörige

62 Die gemeinnützige Stiftung darf mit Billigung des Gesetzes neben ihren steuerbegünstigten Zwecken als weiteren Zweck in Grenzen auch die Versorgung des Stifters übernehmen. Sie kann dazu gem. § 58 Nr. 6 AO für den (angemessenen) Unterhalt des Stifters und dessen Angehörige höchstens ein Drittel des Einkommens aus allen Vermögenssphären steuerunschädlich aufwenden. Darin eingeschlossen sind die Mittel, die für Grabpflege und die Pflege des Andenkens an den Stifter aufzuwenden sind. Weder ist die Herkunft der einzubeziehenden Mittel auf den steuerpflichtigen Bereich beschränkt, noch ist eine ausdrückliche Satzungsbestimmung erforderlich. Eine Aufnahme der Versorgung naher Angehöriger in die Satzungszwecke sieht die Finanzverwaltung sogar als steuerschädlich an. Die Mittelverwendungsgestattung bedeutet nicht, dass das Steuerrecht eine generelle Mittelzuwendungsbefugnis der Stiftung für die bezeichnete Personengruppe einräumt; die Unterhaltszahlungen sind als freiwillige Leistungen der Stiftung auszugestalten und haben einen Unterhaltsbedarf zu berücksichtigen.

63 In diesem Zusammenhang bestehen im Wesentlichen allerdings vier noch immer kontrovers diskutierte Problembereiche:

- Hierzu gehört zunächst die Bestimmung des Kreises der begünstigten Angehörigen. Während § 15 AO einen weiten Angehörigenkreis vorsieht, fasst die Finanzverwaltung § 58 Nr. 6 AO, allerdings ohne eindeutigen Gesetzesbezug, deutlich enger. Lediglich Ehegatten, Eltern und Pflegeeltern, Großeltern, Kinder und Pflegekinder, Enkel und Geschwister sollen zum Kreis der möglichen Zuwendungsempfänger gehören. Ausgeschlossen sind demnach z. B. Kinder der Geschwister, Ehegatten der Geschwister und Geschwister der Ehegatten, Geschwister der Eltern sowie Verlobte. Zudem schließen Finanzverwaltung (und auch § 15 AO) u. E. noch in verfassungswidriger Weise eingetragene Lebenspartner von dem begünstigten Personenkreis aus. Die Rechtsprechung des BVerfG zu Gleichstellung von Lebenspartnern im Steuerrecht gilt u. E. auch für §§ 58 Nr. 6, 15 AO.

- Unscharf und daher heftig umstritten ist weiterhin die Frage, welcher Maßstab für die Beurteilung eines angemessenen Unterhaltsbetrags anzulegen ist. Die Finanzverwaltung orientiert sich an dem Lebensstandard des Zuwendungsempfängers. Die einschlägige Literatur legt dagegen den gewohnten Lebensstil des Stifters im Zeitpunkt der Stiftungserrichtung zugrunde. Bislang ist höchstrichterlich nicht geklärt, ob aus der Sicht des Fiskus nicht darüber hinaus sogar noch eine gewisse Bedürftigkeit des Empfängers vorliegen muss und ob diese mit Blick auf die einschlägigen Unterhaltstabellen einzustufen sein müsste.

▶ Diese Unsicherheit sollte schon in der Gestaltungsphase durch eine entsprechend klare Satzungsbestimmung, ggf. in der Form einer Auflage und sodann einer Abstimmung mit der Finanzverwaltung zur Erlangung der Gemeinnützigkeit ausgeräumt werden. 64

- Wendet der Stifter bei Stiftungserrichtung Vermögen zu, das bereits im Zuwendungszeitpunkt mit Verpflichtungen gegenüber Dritten belastet ist, z. B. mit Rentenleistungen, Verbindlichkeiten, Nießbrauchsrechten, einem Vermächtnis oder mit Auflagen, so muss nach überwiegender Auffassung die Erfüllung dieser Belastungen unschädlich für die Gemeinnützigkeit sein. Dem liegt die zutreffende Erkenntnis zugrunde, dass die Stiftung wegen dieser Verpflichtungen schließlich zu keinem Zeitpunkt unbelastetes Vermögen erlangt hatte und die Stiftung demnach auch nicht eigene Vermögensmittel für deren Erfüllung einsetzt. Die in Ausführung des Stiftungsgeschäfts auf die Stiftung übergegangenen Verbindlichkeiten mindern von vornherein das übertragene Vermögen. Damit unterliegen nach Ansicht des BFH diese Zahlungen auch nicht der Drittelregelung des § 58 Nr. 5 AO. Die Finanzverwaltung hat auf diese Rechtsprechung mit einem Nichtanwendungserlass (→ vgl. dort) reagiert und dies nochmals im Anwendungserlass zu § 55 AO (Tz. 12, 13 S. 5) auch bestätigt. Danach darf die Stiftung unter Einschluss der zu erfüllenden Lasten insgesamt höchstens ein Drittel des Einkommens für Leistungen verwenden, die dem angemessenen Unterhalt des Stifters sowie seiner Angehörigen dienen. Diese Position verkennt bereits die zivilrechtliche Verpflichtung der Stiftung zur Erfüllung der vertraglichen Vereinbarung. Die – bisher nicht thematisierte – Kernfrage lautet dabei doch eher, ob die Stiftung wegen der Auflage oder Leistungsverpflichtung das zugewendete Vermögen annehmen darf oder etwa ausschlagen muss. In den Fällen, in denen sich die Verpflichtung aus den Erträgen des zugewandten Vermögens wird erfüllen lassen, besteht dafür keinerlei Anlass. Ebenso wenig verwendet die Stiftung dabei »ihre Mittel« in zweckfremder Weise. Allenfalls dort, wo z. B. ertragsloses Vermögen, z. B. eine Bildersammlung zugewendet wird, verbunden mit einer Leistungsauflage, z. B. einer Versorgungsrente, ohne dass Umschichtungsmöglichkeiten für die Stiftung bestehen, mag Raum für die Anwendung der Drittelregelung bestehen. Die Finanzverwaltung verhält sich hier auch insoweit widersprüchlich, als sie in anderen Fällen des Vorbehaltsnießbrauchs seit jeher die vorbehaltenen Einkünfte dem Nießbrauchberechtigten und nicht dem »zivilrechtlichen Eigentümer« der Einkunftsquelle zuordnet. Für Zwecke des § 58 Nr. 5 AO werden einer Stiftung daher Einkommenspositionen zugerechnet, die ihr für Ertragsteuerzwecke nicht zugerechnet werden dürfen.

65 In entsprechenden Fällen der Zuwendung unter Auflage ist somit also nach wie vor Vorsicht geboten, da die Gemeinnützigkeit der Stiftung bedroht sein könnte. Die Rechtsprechung des BFH wird in geeigneten Fällen auf ihre Beständigkeit zu testen sein.

66 ▶ Die geschilderte Gestaltungsalternative einer belasteten Zuwendung ist grundsätzlich ein Ansatz, der über die Enkelgeneration hinausreichen oder über den engen Begünstigtenkreis hinaus weitere Personen in den Genuss von Unterhaltsleistungen kommen lassen kann. Der erweiterte Empfängerkreis wäre ebenfalls eine Folge schuldrechtlicher Verpflichtungen, die bereits im Zeitpunkt der Zuwendung auf dem hingegebenen Vermögen lasten. Die entsprechende Ausweitung sollte derzeit aber nicht ohne vorheriger Überzeugungsarbeit bei der Finanzverwaltung erfolgen.

- Wird schließlich der Stiftung Vermögen z. B. unter Nießbrauchsvorbehalt zugewendet, verläuft nach wohl überwiegender Auffassung im Schrifttum die Grenze zulässiger Abflüsse aus der Stiftung dort, wo ihr nach Erfüllung der Verpflichtung nicht ausreichend Mittel für die nachhaltige Verfolgung des Stiftungszweckes zur Verfügung stehen. Für diese Fallgestaltungen werden im Wesentlichen zwei Lösungen angeboten, nämlich die Vereinbarung eines sog. Quotennießbrauchs oder die Aufnahme einer Öffnungsklausel in die Satzung. Der Quotennießbrauch beschränkt die Leistungsverpflichtung gegenüber dem Nießbraucher und sichert so der Stiftung stets einen bestimmten Anteil an ihren Erträgen. Die Öffnungsklausel begrenzt den Umfang des Nießbrauchrechts auf das von der Finanzverwaltung als unschädlich anerkannte Maß. Da die Öffnungsklausel damit aber die Abhängigkeit des Nießbrauchers von sich ggf. wandelnden Auffassungen des Fiskus festschreibt, dürfte im Regelfalle der Quotennießbrauch die klarere und damit bessere Lösung darstellen.

c) Mittelverwendung für gesellige Zusammenkünfte

67 Die Ausschließlichkeit der Zweckverfolgung und damit der Gemeinnützigkeitsstatus wird durch die Veranstaltung geselliger oder repräsentativer Veranstaltungen durch die Stiftung (auch als Veranstalterin) nicht gefährdet, wenn diese Betätigung gegenüber dem rein ideellen Bereich von untergeordneter Bedeutung (vgl. § 58 Nr. 7 AO) bleibt. Solche Veranstaltungen wird die Stiftung zumeist ohnedies nutzen, um Spendenmittel einzuwerben.

d) Änderungen im Erscheinungsbild der Stiftung

68 Ist die Stiftung aufgrund der Gesamtschau nicht mehr ausschließlich gemeinnützig tätig, so dass sie nicht mehr als gemeinnützigkeitskonform anzusehen ist, sind sämtliche Überschüsse des betreffenden Veranlagungszeitraums (Körperschaft- und ggf. Gewerbe-)steuerpflichtig. Weiterhin entfällt die Grundsteuerbefreiung, ebenso die Anwendbarkeit des ermäßigten Umsatzsteuersatzes. Wenn die Finanzverwaltung zugleich einen schwerwiegenden Verstoß gegen die Vermögensbindung i. S. d. §§ 63 Abs. 2, 61 Abs. 3, 175 Abs. 1, S. 1 Nr. 2 AO feststellt, verliert die Stiftung ihren Status als gemeinnützige Körperschaft. Als Folge der Aberkennung der Gemeinnützigkeit kann eine

Nachversteuerung erfolgen, soweit Steuern betroffen sind, die innerhalb der letzten zehn dem Wegfall der Ausschließlichkeit vorangegangenen Jahre entstanden sind.

▶ Ob die Folge der Nachversteuerung auch eintreten kann, wenn der Ausschließlichkeitsverlust nur von kurzer Dauer ist, es sich also nur um eine Unterbrechung handelte und die Stiftung danach im Übrigen ihre Zweckverfolgung fortsetzte, ist derzeit noch nicht abschließend geklärt. Betroffene Stiftungen sollten versuchen, sich mit dem Argument des Übermaßes gegen eine so weit reichende Folge gerichtlich zur Wehr zu setzen. 69

Verstößt die Stiftung gegen den Grundsatz der Vermögensbindung, hat dies zumindest die Aberkennung der Steuerbegünstigung für den jeweiligen Veranlagungszeitraum zur Folge. 70

4. Unmittelbarkeit der Zweckverwirklichung

Eine Stiftung als juristische Person bedient sich für alle Handlungen zunächst der für sie tätigen natürlichen Personen, also ihrer Organe, bei unselbständigen Stiftungen ihrer Träger und damit ggf. deren Organe. Das steuerrechtliche Gebot der unmittelbaren Zweckverfolgung gem. § 57 Abs. 1 AO zielt in erster Linie darauf ab, dass die Stiftung ihre Satzungszwecke selbst, d. h. grundsätzlich ohne Einbindung Dritter, verwirklicht. Den Zwecken kann durch eigene operative Tätigkeit oder durch fördernde Zuwendungen entsprochen werden. Sog. echte Förderstiftungen (→ s. dort) sind vom Gebot der Unmittelbarkeit ausgenommen (vgl. insoweit § 58 Nr. 1 AO). 71

a) Zweckverwirklichung durch Hilfspersonen

Steuerlich zulässig ist die Zweckverfolgung allerdings auch unter Zwischenschaltung von Hilfspersonen. Diese Zwischenschaltung kann entgeltlich oder unentgeltlich erfolgen. Die Hilfsperson kann nach außen im eigenen Namen oder im Namen der Auftraggeberin bzw. Dienstherrin auftreten. 72

Die Hilfsperson kann dabei jede natürliche Peron oder juristische Peron sein, gleich ob es sich um eine inländische oder ausländische Körperschaft handelt und unabhängig, ob diese selbst steuerbegünstigt ist oder nicht. Wird eine ausländische Körperschaft als Hilfsperson eingesetzt, gelten für die inländische »Dienstherrin« die erhöhten Nachweispflichten des § 90 Abs. 2 AO. 73

▶ Enthält die Satzung keinen Hinweis darauf, dass die Stiftung Hilfspersonen einschalten darf, ist dies nicht schädlich; sie kann sich grundsätzlich auch ohne ausdrückliche Erwähnung in der Satzung, der Hilfe Dritter bedienen. Dabei ist es nicht notwendig, dass die Hilfsperson selbst auch als steuerbegünstigt anzusehen ist. 74

Das »Outsourcing« von Stiftungsaufgaben ist allerdings an enge Voraussetzungen geknüpft (→ vgl. auch Ausgliederung). Die Hilfsperson muss als quasi als »verlängerter Arm« der Stiftung fungieren. Die Selbständigkeit im Vorgehen und die interne (tatsächliche) Weisungsbindung sind Gradmesser bei der Beurteilung der (abhängigen) Hilfsfunktion. Die Verwirklichung von Satzungszwecken durch Hilfspersonen wird nur 75 unter diesen Voraussetzungen einem unmittelbaren Tätigwerden der Stiftung gleichgestellt und dieser als eigenes Handeln zugerechnet.

76 Im Wesentlichen sind folgende Kriterien zu erfüllen:

- die Hilfsperson unterliegt der vertraglichen oder gesetzlichen Weisungsbindung,
- das Tätigwerden der Hilfsperson erfolgt aufgrund konkreter, ggf. auch mündlicher vertraglicher Vereinbarungen (Auftrag, Dienstleistungsvertrag, Geschäftsbesorgungsvertrag, Treuhandvertrag),
- die Hilfsperson ist der Stiftung rechenschafts- bzw. berichtspflichtig und wird von dieser überwacht,
- die Bezahlung der Hilfsperson ist angemessen,
- über die Einbindung der Hilfsperson liegen Abrechnungs- und Buchhaltungsunterlagen vor.

77 ▶ Aus Nachweisgründen sollte die vertragliche Basis rechtzeitig, d. h. möglichst im Vorhinein, vereinbart werden und textlich dokumentiert werden, da die Finanzverwaltung eine »Vorlage« der Vereinbarung verlangt. Der Vertrag sollte die Hilfsperson zumindest bei länger dauernder Tätigkeit zur Berichterstattung verpflichten. Ein schriftlicher Vertrag ist zu empfehlen, aber nicht zwingende Voraussetzung für die Anerkennung der Hilfsbedürftigkeit.

78 Die Zurechnung des steuerbegünstigten Handelns bei der Auftraggeberin oder Dienstherrin hat für die Hilfsperson immer dann missliche Folgen, wenn es sich um eine selbst steuerbegünstigte Hilfsperson handelt. Nach Auffassung der Finanzverwaltung und der Rechtsprechung ist das Handeln der Hilfsperson mit der Zurechnung quasi »verbraucht« und bei der Hilfsperson selbst nicht mehr als steuerbegünstigte Tätigkeit (AEAO § 57 Nr. 2) einzustufen. Die Hilfsperson erfüllt eben gerade keine eigenen Zwecke, sondern nur solche ihres Auftraggebers. Dies hat zur Konsequenz, dass dieses Handeln auf der Ebene der Hilfsperson grds. einen steuerpflichtigen wirtschaftlichen Geschäftsbetrieb (→ vgl. dort) begründen muss. Probleme entstehen für die Hilfsperson zusätzlich zur Steuerpflicht daraus zumindest immer dann, wenn sie sich z. B. als gemeinnützige Tochtergesellschaft (gGmbH) in den Dienst der Mutterstiftung stellt und selbst keine oder nur in untergeordnetem Umfange eigene steuerbegünstigte Zwecke verwirklicht. Der Preis der Tochtergesellschaft für die Hilfsfunktion ist in diesen Fällen der Verlust der eigenen Steuerbegünstigung.

79 Etwas soll aber dann gelten, wenn die Hilfsperson mit ihrem Tätigwerden ihrerseits eigene gemeinnützige Zwecke verfolgt. Wird die Hilfsperson unentgeltlich tätig, so führt die eigene Zweck-»mit«-verfolgung dazu, dass auch die Hilfsperson selbst unmittelbar gemeinnützig tätig wird. Sofern sie entgeltlich tätig wird, kann ein unschädlicher Zweckbetrieb vorliegen. Die neuere Rechtsprechung verlangt in solchen Fällen zusätzlich, dass die Hilfsperson selbständig und eigenverantwortlich tätig wird, was vor dem Hintergrund widersprüchlich erscheint, dass die Hilfsperson weisungsabhängig sein soll. Dennoch ist der neueren Rechtsprechung zu entnehmen, dass mehrere steuerbefreite Körperschaften unmittelbar gemeinnützig tätig werden, wenn sie gemeinsam selbständig und eigenverantwortlich auftreten und damit arbeitsteilig tätig werden. Damit

sollte anerkannt sein, dass auch gemeinnützige Körperschaften über vertragliche Kooperationen und BGB-(Innen-)Gesellschaften mit anderen gemeinnützigen Körperschaften unmittelbar gemeinnützig tätig werden können und für die Frage der Unmittelbarkeit eine Zwischenschaltung einer solchen Kooperation oder Personengesellschaft nicht schädlich ist.

▶ Soweit die Organisationsstruktur aufgrund der Förderpraxis der Stiftung gestaltbar ist, könnte an die Stelle einer Einbindung einer gemeinnützigen Hilfsperson besser die Begründung einer Gesellschaft bürgerlichen Rechts, ggf. einer Innengesellschaft, treten. Dadurch müssten die Leistungsanteile der Hilfsorganisation auch als eigene Zweckverwirklichung der Stiftung anzusehen sein. Vorsicht sollte jedoch geboten sein, wenn die Stiftungen ihre Mittel zur Zweckverwirklichung auf eine solche Personengesellschaft übertragen, da einzelne Finanzbehörden hierin immer noch ein Verstoß gegen § 58 Nr. 1 und 2 AO sehen. 80

b) Weisungsunabhängige Hilfspersonen

Bedient sich die Stiftung zur Verwirklichung ihrer Stiftungszwecke außenstehender Dritter, die nicht als Hilfspersonen i. S. d. § 57 Abs. 1 S. 2 AO anzusehen sind, etwa weil die erforderliche enge Weisungsbindung fehlt, muss sich die Mittelüberlassung an diese Institutionen an den Grenzen des § 58 AO orientieren. Anderenfalls läge eine Mittelfehlverwendung (→ vgl. dort) vor. Danach kann die Stiftung, ohne selbst Förderstiftung zu sein, gegenüber anderen ebenfalls steuerbegünstigten Körperschaften 81

- entweder die Vergabe von Fördermitteln für die Zwecke eines anderen oder
- eine gemeinsame Projektverfolgung (→ vgl. Kooperationen) angestrebt werden.

c) Förderkörperschaften

Zulässig und somit steuerunschädlich ist für die Stiftung die Einbeziehung von Fördervereinen und Spendensammelvereinen, die Vergabe von Förderstipendien, die Zuweisung von Zuschüssen für Maßnahmen innerhalb des Stiftungszwecks oder der Einsatz von Leihpersonal. 82

Die Vergabe von Förderpreisen ist jedoch grds. problematisch, wenn der Empfänger den Preis für bereits geleistete Dienste erhalten soll, da durch solche Preise keine gemeinnützige Zwecke in der Gegenwart gefördert werden. Ausnahmsweise kann aber auch die Vergabe von solchen Förderpreisen als gemeinnützige Zweckverfolgung anerkannt werden, wenn mit der Preisauslobung gerade ein zukünftiges förderungswürdiges Verhalten der potenziellen Empfänger angeregt werden soll. 83

Überlässt eine Stiftung im Rahmen ihres Satzungszweckes (→ vgl. Förderstiftung) einer anderen Körperschaft eigene oder eigens dazu beschaffte Mittel für die Zwecke der Empfängerkörperschaft, so ist dieser Vorgang gem. § 58 Nr. 1 AO zulässig, wenn 84

- es sich bei der Empfängerin um eine steuerbegünstigte Körperschaft handelt und
- das geförderte Projekt dem Grunde nach als steuerbegünstigt anzusehen ist.

85 Als Empfänger kommen sowohl inländische steuerbegünstigte Körperschaften, auch solche des öffentlichen Rechts, als auch ausländische »Körperschaften« in Betracht, deren Tätigkeit im Inland als vergleichbar steuerbegünstigt qualifizieren würde, z. B. Krankenhäuser, Kindergärten u. a. m.

86 Handelt es sich bei der Geberin dagegen nicht um eine Förderstiftung, ist die Mittelzuwendung i. S. d. § 58 Nr. 2 AO für die Zuwendende nur dann steuerlich unschädlich, wenn sichergesellt ist, dass

- im Veranlagungszeitraum nur ein Teil der Mittel, i. d. R. weniger als die Hälfte überlassen wurde und
- dies nur in einzelnen Veranlagungszeiträumen erfolgte, während in anderen die Stiftung wieder ihren eigenen Satzungszwecken nachgeht und
- die eigene Zweckverfolgung demnach auf Dauer überwiegt.

87 Schließen sich mehrere steuerbegünstigte Körperschaften zusammen (→ vgl. Kooperationen), so sind sie einer Einzelkörperschaft gleichgestellt die unmittelbar eigene steuerbegünstigte Zwecke verfolgt (§ 57 Abs. 2 AO).

88 Ein Verstoß gegen das Gebot der unmittelbaren Zweckverfolgung kann den Verlust der Gemeinnützigkeit zur Folge haben. Verstößt die Stiftung nur partiell dagegen, sollte dies solange keine Auswirkung auf die Steuerbegünstigung haben, als die eigene unmittelbare Zweckverfolgung durch die Stiftung noch dominiert. Aus der mittelbaren Zweckverfolgung kann aber auch ein wirtschaftlicher Geschäftsbetrieb mit der damit verbundenen partiellen Steuerpflicht entstanden sein.

89 Wie bereits festgestellt ist umstritten und höchstrichterlich noch nicht geklärt, ob es sich bei den steuerbegünstigten Zwecken der Empfänger-Körperschaft um die gleichen Zwecke der zuwendenden Stiftung handeln muss. Bis zu einer entsprechenden Klärung empfiehlt es sich, dass die Stiftungsvorstände Mittel nur an solche Körperschaften weiterleiten, die auch die gleichen gemeinnützigen Zwecke verfolgen wie die Stiftung selbst.

90 Umstritten war bisher außerdem, ob sog. Verbrauchsstiftungen stiftungsrechtlich und damit auch steuerrechtlich als zulässig anerkannt werden konnten. Verbrauchsstiftungen sind solche Stiftungen, die darauf ausgerichtet sind, ihr Stiftungskapital nach und nach aufzubrauchen. In der Praxis gab es Verbrauchsstiftungen in verschiedenen Spielarten. Eine genaue gesetzliche oder gerichtliche Definition von Verbrauchsstiftungen gab es nicht. Inzwischen sind jedoch solche Verbrauchsstiftungen im BGB ausdrücklich anerkannt worden, wenn die Stiftung für einen im Voraus festgelegten Zeitraum von 10 Jahren bestehen soll. Steuerlich sind sie dies grds. auch; es gelten jedoch Besonderheiten bei Spenden in ihren Vermögensstock (→ vgl. dort). Ungeklärt ist jedoch das Verhältnis zwischen Steuer- und Zivilrecht, da der Gesetzgeber es bisher versäumt hat, für beide Rechtsbereiche eine einheitliche Definition von Verbrauchstiftungen zu geben.

III. Vermögenssphären der Stiftung

Die steuerbegünstigte Stiftung kann bis zu vier Vermögenssphären aufweisen: 91

1. den ideelle Bereich
2. die Vermögensverwaltung (§ 14 S. 3 AO)
3. den wirtschaftlichen Geschäftsbetrieb (§§ 14 S. 1 u. 2, 64 AO)
4. den Zweckbetrieb (§ 65 AO)

Die nachfolgende Darstellung zeigt die vier Vermögenssphären einer gemeinnützigen Stiftung, deren Überschneidungs- bzw. Abgrenzungsbereiche und deren partielle Steuerpflicht, von der lediglich der ideelle Bereich vollständig ausgenommen ist: 92

Steuerfreier ideeller Bereich 93

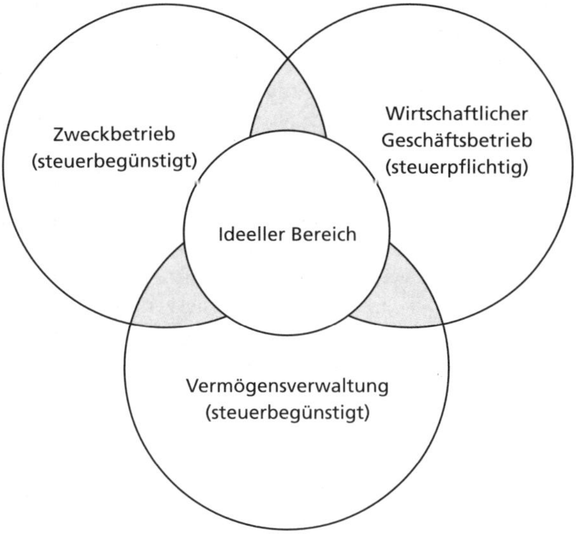

In jeder der vier Vermögenssphären kann die Stiftung originär Einnahmen erzielen, mit denen sie dann die Verwirklichung ihrer Satzungszwecke verfolgt. Welchen dieser »Finanzierungswege« sie dabei wählt, steht ihr zur Entscheidung grundsätzlich frei, solange sich die dabei eingeschlagene Richtung eindeutig als der »Weg zum Ziel« und nicht als das Ziel selbst erweist. Dem Gesetz ist, trotz der unterschiedlichen Folgen, die mit der Wahl verbunden sind, keine Präferenz für eine der vier Möglichkeiten der Mittelbeschaffung zu entnehmen. Alles aber, was durch eine jede der vier Finanzierungsalternativen erwirtschaftet wird, gehört zu den von der Stiftung zeitnah zu verwendenden Mitteln (→ vgl. dort) und unterliegt dementsprechend, von den gesetzlichen Ausnahmen abgesehen, dem Mittelverwendungsgebot. 94

1. Besteuerungsgrundlagen – der ideelle Bereich

95 Geht die Stiftung ihrem Satzungszweck nach, so wendet sie uneigennützig ihre Mittel Dritten zu, ohne hierfür eine Gegenleistung zu erwarten. Sie wird im ideellen Bereich ohne Einnahmeerzielungsabsicht tätig und erlangt für sich aus dieser Tätigkeit keine wirtschaftlichen Vorteile. Die Stiftung übernimmt beispielsweise Operationskosten, bezahlt Unterhaltskostenzuschüsse, reicht Forschungs- oder Doktorandenstipendien aus. Erzielt die Stiftung diejenigen Mittel, die sie für diese Aufgaben einsetzt, auch originär in der ideellen Vermögenssphäre, sind die betreffenden Einnahmen ebenfalls diesem Bereich zuzuordnen. Einnahmen im ideellen Bereich unterliegen weder den Ertragsteuern noch der Umsatzsteuer. Hierzu gehören in erster Linie Spenden oder Fördermittel der öffentlichen Hand sowie Schenkungen und alle Formen der letztwilligen Zuwendungen, sofern diese Vermögensmittel nicht entsprechend der Auflage des Zuwendenden zur Verstärkung des Stiftungskapitals dienen sollen. Die Frage, ob auch die Ausstattung mit dem Dotationskapital und Zustiftungen dem ideellen Bereich zuzurechnen sind, oder ob, da es sich um die Vermögensausstattung der Stiftung handelt, dieses Vermögen Teil des Vermögensverwaltungsbereichs bildet, wird dem Praktiker nur wenig Kopfzerbrechen bereiten und soll deshalb hier nicht vertieft werden.

2. Besteuerungsgrundlagen – die Vermögensverwaltung

96 Wird Vermögen genutzt, um damit Einkünfte zu generieren, liegt eine Vermögensverwaltungstätigkeit i. S. d. § 14 S. 3 AO vor. Die Vermögensbewirtschaftung bildet im Regelfall die Basis für jegliche Verwirklichung von Stiftungszwecken. Ihr kommt damit im Rahmen der Stiftungstätigkeiten zumeist auch eine zentrale Bedeutung zu. Die Vermögensnutzung erfolgt typischerweise durch Anlage des Stiftungskapitals, soweit es in Geld zugewandt wurde. Zumeist wird das Vermögen aber auch durch Vermietung von Immobilien, durch das Halten von Unternehmensbeteiligungen oder durch entgeltliche Übertragung von Rechten auf Dritte genutzt.

97 Einkünfte aus der Vermögensverwaltung sind von der Ertragsteuer befreit. Leistungen der Stiftung im Rahmen der Vermögensverwaltung unterliegen aber dem ermäßigten Umsatzsteuersatz von 7 v. H., sofern nicht ohnehin eine Steuerbefreiung eingreift. Da das Stiftungskapital dem Grundsatz der Vermögenserhaltung unterliegt, dürfen Verluste, wenn auch begrenzt, mit zweckgebundenen, nicht zeitnah zu verwendenden Mitteln (→ vgl. dort) ausgeglichen werden.

98 Vorübergehend, d. h. bis zum »Ablauf des zweiten Folgejahres« (§ 55 Abs. 1 Nr. 5 S. 3 AO n. F.) kann die Stiftung ihr Vermögen zudem mit Erträgen aus dem ideellen Bereich verstärken.

3. Besteuerungsgrundlagen – der steuerpflichtige wirtschaftliche Geschäftsbetrieb

99 Richtet sich die wirtschaftliche Tätigkeit der Stiftung über die bloße Vermögensverwaltung hinaus auf die Schaffung neuen Vermögens, liegt ein sog. wirtschaftlicher Geschäftsbetrieb vor. Dabei handelt es sich um eine außerhalb des Stiftungszweckes

liegende nachhaltige, selbständige Tätigkeit, die auf eigenwirtschaftliche Vorteile gerichtet ist und Einnahmen oder andere wirtschaftliche Vorteile erzielen soll (vgl. § 14 S. 1, 2 AO). Kennzeichnend hierfür ist regelmäßig, dass die Stiftung Unternehmerinitiative und -risiko entfaltet und zu steuerpflichtigen Unternehmen in Wettbewerb tritt.

Das Steuerrecht stellt es der Stiftung grundsätzlich frei, einen wirtschaftlichen Ge- 100
schäftsbetrieb zu betreiben (§ 64 AO, § 5 Abs. 1 Nr. 9 S. 2 KStG). In dem Umfang, in dem die Stiftung diese erwerbswirtschaftliche Tätigkeit ausübt, ist sie jedoch mit den daraus erzielten Einkünften wie jeder andere Unternehmer auch steuerpflichtig (§ 64 Abs. 1 AO). Die Einkünfte unterliegen der Körperschaftsteuer; die Stiftung ist insoweit Unternehmer, dessen Umsätze dem Regelsteuersatz von 19 v. H. unterliegen.

Trotz unternehmerischer Betätigung von der Steuerpflicht ausgenommen, und folglich 101
abzugrenzen, bleibt das Betreiben eines sog. steuerbefreiten Zweckbetriebes (→ s. dort), auf den sogleich näher einzugehen sein wird.

Betreibt eine Stiftung mehrere wirtschaftliche Geschäftsbetriebe, sind diese steuerlich 102
zu einem einheitlichen wirtschaftlichen Geschäftsbetrieb zusammenzufassen (§ 64 Abs. 2 AO). Dies bedeutet zugleich auch einen systemimmanenten, internen Verlustausgleich zwischen verlustbringenden und ergebnisstarken Wirtschaftseinheiten.

▶ Vorsicht ist geboten vor einem »unfreiwilligen« weil meistens unerkannten wirt- 103
schaftlichen Geschäftsbetrieb, der infolge seiner nicht erwarteten Steuerpflichten von der Stiftung unbedingt zu vermeiden ist.

Für den Verlust der Steuerbegünstigung im Rahmen eines wirtschaftlichen Geschäfts- 104
betriebs bedarf es gem. § 14 S. 2 AO nicht einmal einer Gewinnerzielungsabsicht der Stiftung, das bloße Tätigwerden im aufgezeigten Sinne z. B. mit der Absicht, eine Kostendeckung durch Einnahmen zu erzielen, reicht aus. Eine eigene, aktiv nach außen gerichtete Teilnahme der Stiftung am allgemeinen wirtschaftlichen Verkehr, also eine Marktpräsenz, ist zwar bei unternehmerischen Aktivitäten die Regel, für die Annahme eines wirtschaftlichen Geschäftsbetriebes aber nicht zwingend erforderlich. Auch mittelbare Unternehmerstellungen »aus der zweiten Reihe« heraus, z. B. durch die Beteiligung als Kommanditist an einer gewerblich tätigen GmbH & Co KG (→ vgl. dort), durch die Beteiligung an einer Kapitalgesellschaft, an deren Geschäftsführung die Stiftung teil hat oder Einfluss nimmt oder durch eine (mit-)unternehmerische Immobiliennutzung im Rahmen einer Betriebsaufspaltung (→ vgl. dort) können zur Begründung wirtschaftlicher Geschäftsbetriebe ausreichen.

Anders als im Falle eines wirtschaftlichen Geschäftsbetriebs oder eines Zweckbetriebs, 105
nimmt die Stiftung im Bereich der Vermögensverwaltung nicht am »allgemeinen wirtschaftlichen Verkehr« teil. Sie tritt daher nicht in Wettbewerb zu anderen Unternehmen. Eine bloße Fruchtziehung einerseits und Unternehmerinitiative andererseits können als Richtschnur für die zutreffende Einordnung dienen. Erst wenn die Stiftung den Bereich des eher passiv ausgeprägten »Haltens und Verwaltens« von vorhandenem Vermögen – also dessen bloße Nutzungshingabe gegen Entgelt – verlässt, überschreitet sie die Grenze zu einem wirtschaftlichen Geschäftsbetrieb. Dieses Überschreiten kann

sich z. B. an der besonders hohen Umschlagshäufigkeit bei Wertpapiervermögen oder der kommerziellen Weitervermietung bei Kongressen, an der Häufigkeit der Mieterwechsel verbunden mit sonstigen gastgewerbeähnlichen Zusatzleistungen oder dem Zurverfügungstellen kompletter Vorrichtungen wie Tagungsstätten, einschließlich zugehöriger Dienstleistungen, manifestieren.

106 Bemüht sich die Stiftung dagegen lediglich um Kapazitätsauslastung vorhandener Vermögensgegenstände, soll dies nach Auffassung der Rechtsprechung den Charakter der Vermögensverwaltung nicht verändern. Den sicheren Hafen der Vermögensverwaltung verlässt die Stiftung regelmäßig auch dann noch nicht, wenn sie Teile ihres Vermögens veräußert, z. B. den gebrauchten Computer oder Fahrzeuge oder andere Vermögensgegenstände wie z. B. Kunstgegenstände, die im Rahmen eines sukzessiven Umschichtungsvorganges ausgetauscht werden.

107 ▶ Überläßt die Stiftung Räume, Inventar oder Personal an andere gemeinnützige Einrichtungen, handelt es sich ebenfalls solange um bloße Vermögensverwaltung, als nicht zusätzliche Dienstleistungselemente hinzutreten wie z. B. Catering, Buchführung oder Personalgestellung durch die Stiftung.

108 Folgende Konstellationen führen daher nach Auffassung der Finanzverwaltung in jedem Falle zur Annahme eines wirtschaftlichen Geschäftsbetriebes:

- Personenidentität zwischen GmbH-Geschäftsführung und Stiftungsvorstand,
- Weisungsrecht des Stiftungsvorstandes gegenüber dem GmbH-Geschäftsführer,
- Beteiligungen an gewerblich tätigen Personenhandelsgesellschaften (KG, OHG, GmbH & Co. KG),
- Betriebsaufspaltungen z. B. durch Vermietung eine Immobilie der gemeinnützigen Stiftung an ihre Tochter-GmbH.

109 Die Verwaltung von Kapitalgesellschaftsanteilen schlägt dann von vermögensverwaltender Tätigkeit in steuerpflichtige Tätigkeit um, wenn die Stiftung auf die laufende Geschäftsführung tatsächlich in nicht unerheblichem Maße Einfluss nimmt oder nehmen könnte. Die Finanzverwaltung will einen wirtschaftlichen Geschäftsbetrieb allein schon bei einer 100-prozentigen Beteiligung annehmen, auch wenn sich die Stiftung tatsächlich jeder Einflussnahme enthält.

110 ▶ Die Finanzverwaltung sieht jedoch eine schädliche Einflussnahme auf eine Tochter-Kapitalgesellschaft dann nicht als gegeben an, wenn die Kapitalgesellschaft ausschließlich vermögensverwaltend tätig oder selbst gemeinnützig ist. Auch eine Betriebsaufspaltung mit einer gemeinnützigen Tochter-Kapitalgesellschaft stellt bei der Stiftung noch keinen wirtschaftlichen Geschäftsbetrieb dar, sofern die verpachteten Wirtschaftsgüter bei der Tochter-Kapitalgesellschaften nicht in einem wirtschaftlichen Geschäftsbetrieb eingesetzt werden.

111 ▶ Die Beteiligung an einer ausschließlich vermögensverwaltenden Personengesellschaft führt indes zu keinem wirtschaftlichen Geschäftsbetrieb, auch wenn die Personengesellschaft als sog. gewerblich geprägte Personengesellschaft organisiert ist. Denn die Gewerblichkeitsfiktion nach § 15 Abs. 3 Nr. 2 EStG reicht nach neuerer

Rechtsprechung nicht dazu aus, auch einen wirtschaftliche Geschäftsbetrieb nach § 14 AO anzunehmen. Für sog. gewerblich infizierte Einkünfte, also die Gewerblichkeitsfiktion nach § 15 Abs. 3 Nr. 1 EStG, hat das der BFH jedoch noch ausdrücklich offen gelassen.

Besondere steuerliche Fragestellungen ergeben sich in Zusammenhang mit Verlusten (→ vgl. dort) des wirtschaftlichen Geschäftsbetriebes und der Möglichkeit, Gewinne dieses Geschäftsbetriebes ganz oder teilweise zu thesaurieren (→ vgl. dort). Beide Themen führen zurück auf die grundlegende Entscheidung, ob die eigenwirtschaftliche Betätigung die Stiftung einen eigenständigen Zweck bilden. 112

▶ Rechtzeitige Gestaltungsmaßnahmen können oft mithelfen, Konflikte und Überraschungen zu vermeiden. Hierzu gehören insbesondere: 113

- Rechtsformwechsel bei Personengesellschaften,
- Geschäftsführung nicht mit einem abhängigen Stiftungsmitarbeiter besetzen,
- Ausschluss von Personenidentität bei der Besetzung von Stiftungsvorstand und Geschäftsführung der Tochter- oder Beteiligungsgesellschaft,
- Beschränkung der Stiftung auf die übliche Gesellschafterrolle (Achtung aber bei Alleingesellschafterstellung),
- Verzicht auf Weisungsrechte gegenüber der Geschäftsführung,
- Vorstandskompetenzen im zulässigen Rahmen in den Stiftungsbeirat verlagern,
- Stimmrechtsverzichte der Stiftung,
- Verzicht auf gesellschafterliche Sonderrechte der Stiftung aufgrund von Satzung, Gesellschafterbeschluss oder Gesellschaftervereinbarung,
- Vermeidung von Betriebsaufspaltungen,
- Einsatz eines Doppelstiftungsmodells (→ s. dort)

Die Abgrenzung zwischen steuerbefreiten und steuerpflichtigen Vermögenssphären der Stiftung ist im Einzelnen vielgestaltig. Auf den Umfang des Vermögens oder der betreffenden Vermögensteile kommt es für die Abgrenzung regelmäßig nicht an. Die Grenzziehung ist steuerlich von erheblicher Bedeutung, in der Praxis aber oft nur schwierig vorzunehmen. Das Vorliegen eines steuerpflichtigen wirtschaftlichen Geschäftsbetriebes bringt im Wesentlichen folgende Konsequenzen mit sich: 114

- Die Einkünfte aus einem wirtschaftlichen Geschäftsbetrieb unterliegen der »normalen« Ertragsbesteuerung Körperschaft- und Gewerbesteuer), allerdings nur dann, wenn die Einnahmen aller wirtschaftlichen Geschäftsbetriebe einer Stiftung zusammen € 35.000 im Kalenderjahr übersteigen (§ 64 Abs. 3 AO). Liegen die Einnahmen darüber, kommt es zu einer Besteuerung aller, nicht nur der übersteigenden Einkünfte.
- Der Einsatz zeitnah zu verwendender Mittel im wirtschaftlichen Geschäftsbetrieb ist grundsätzlich unzulässig.
- Lediglich ein begrenzter Verlustausgleich durch Verrechnung der Verluste mit zweckgebundenen Mitteln die innerhalb der vorangegangenen 6 Jahre an den ideellen Bereich abgeführt worden waren ist zulässig.
- Es besteht Umsatzsteuerpflicht mit dem Regelsteuersatz von 19 v. H.

- Zuwendungen von dritter Seite bleiben ohne Steuerbegünstigungen und unterliegen der vollen Steuerpflicht bei der Stiftung. Die Stiftung darf keine Zuwendungsbestätigungen für Zuwendungen in den wirtschaftlichen Geschäftsbetrieb ausstellen.

115 Beispiele, in denen nach Auffassung von Rechtsprechung und Fachliteratur wirtschaftliche Geschäftsbetriebe vorliegen sollen:

- Dienstleistungen der Geschäftsstelle gegenüber Dritten,
- Beratung einzelner Personen,
- Vermittlung von Leistungen,
- Veranstaltung von Märkten und Basaren,
- Herausgabe, Verlag oder Vertrieb von Druckerzeugnissen,
- Anzeigen oder Annoncenwerbung,
- Vorführung oder Verleih von Filmen u. ä.,
- Verkauf von Sachspenden,
- Systematischer Verkauf von geerbten Nachlassgegenständen,
- Altkleidersammlung,
- Personalgestellung,
- Erbringung von Dienstleistungen wie Buchhaltung, Controlling etc.,
- Überlassung von Räumen, Inventar oder Geschäftsausstattung, wenn damit zusätzliche Dienstleistungen einher gehen
- Veranstaltung von Festen, Theateraufführungen,
- Entgeltliche Verpachtung von Bewirtschaftungsrechten für umfängliche Veranstaltungen,
- Werbung für steuerpflichtige Unternehmen und Sponsoren,
- Kommerzielle Überlassung von Werbeflächen durch die Stiftung,
- Vermarktung von Fernsehrechten, Namensrechten etc.

4. Der Zweckbetrieb

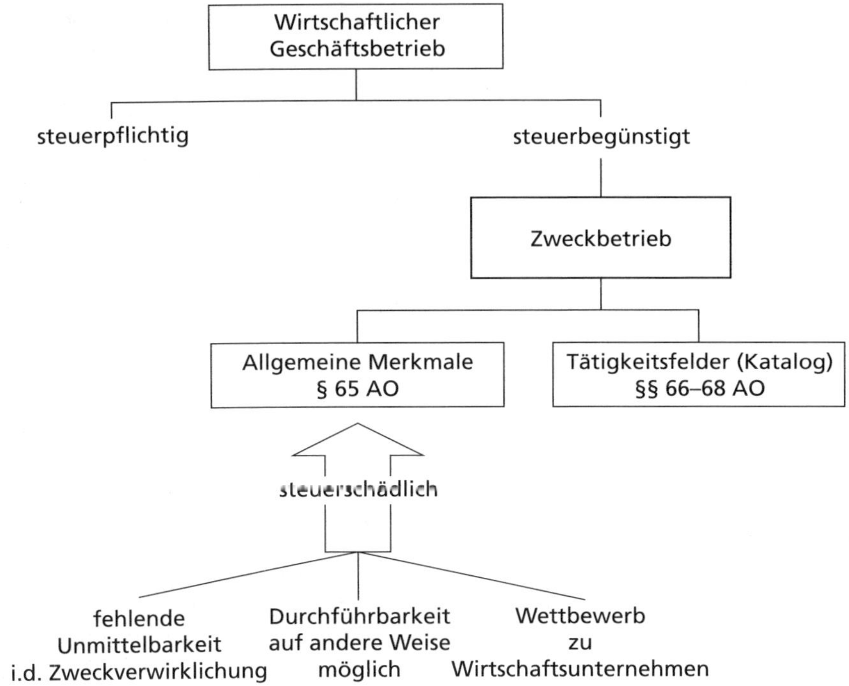

Um einen Zweckbetrieb (§ 65 AO) handelt es sich, wenn 116

- der wirtschaftliche Geschäftsbetrieb spezifisch darauf ausgerichtet ist, damit gerade den steuerbegünstigten Satzungszweck zu erfüllen und
- die Satzungszwecke nur durch einen solchen Geschäftsbetrieb erreicht werden können, wobei
- dieser Geschäftsbetrieb zu begünstigten Betrieben ähnlicher Art nur im gerade unvermeidbaren Umfang in Wettbewerb treten darf.

Im Gegensatz zum steuerpflichtigen wirtschaftlichen Geschäftsbetrieb ist der Zweckbetrieb auf die Zweckverwirklichung selbstausgerichtet. Ein Zweckbetrieb ist demnach ein steuerbegünstigter wirtschaftlicher Geschäftsbetrieb eigener Art. 117

§§ 66 ff. AO führen beispielhaft einen Katalog von Zweckbetrieben auf. Greift eine der Sonderbestimmungen, kommt es nicht darauf an, dass die allgemeinen Voraussetzungen des § 65 AO daneben auch noch erfüllt sind; m. a. W. Wettbewerb zu privaten, steuerpflichtigen Anbietern ist dann zulässig. 118

Die Abgrenzung zum allgemeinen wirtschaftlichen Geschäftsbetrieb einerseits, zum ideellen Bereich und ggf. zur Vermögensverwaltung andererseits bekommt wiederum 119 erhebliche Bedeutung. Liegt nämlich ein solcher Zweckbetrieb vor, so teilt dieser die Steuerbegünstigung der Stiftung. D. h. die Gewinne des Zweckbetriebs sind steuerfrei. Verluste können, anders als bei einem »normalen« wirtschaftlichen Geschäftsbetrieb oder bei der privaten Vermögensverwaltung, im Zweckbetrieb unbeschränkt aus zweckgebundenen Mitteln der Stiftung ausgeglichen werden, d. h. zeitnah und nicht zeitnah zu verwendende Mittel können im Zweckbetrieb eingesetzt werden.

120 Leistungen der Stiftung im Rahmen des Zweckbetriebs unterliegen grds. dem ermäßigten Umsatzsteuersatz von 7 v. H., soweit die Leistungen nicht ohnehin umsatzsteuerfrei sind. Der niedrigere Umsatzsteuersatz (§ 12 Abs. 2 Nr. 8a UStG) wird allerdings nur noch gewährt werden, wenn der Zweckbetrieb nicht in erster Linie dazu bestimmt ist, der Körperschaft Einnahmen durch Leistungen zu verschaffen, die auch andere (steuerpflichtige) Unternehmer ausführen könnten. Der Gesetzgeber will auf diese Weise ungerechtfertigte Wettbewerbsvorteile durch Steuerbegünstigungen unterbinden.

121 Beispiele für Zweckbetriebe:

- Sportliche Veranstaltungen § 67a AO:
  Sportliche Veranstaltungen stellen gem. § 67a Abs. 1 S. 1 AO einen Zweckbetrieb dar, wenn die Einnahmen (inklusive Umsatzsteuer) höchstens € 45.000 im Jahr betragen. Davon werden ausdrücklich der Verkauf von Speisen und Getränken sowie Werbung ausgenommen. Nach § 67a Abs. 2 S. 1 AO darf die gemeinnützige Körperschaft auf die Anerkennung als Zweckbetrieb verzichten mit der Folge, dass die Veranstaltung steuerpflichtig wird. Der Verzicht ist insbesondere dann vorteilhaft, wenn eine Verlustverrechnung mit anderen wirtschaftlichen Geschäftsbetrieben in Betracht kommt.

- Genehmigte Tombolen und Lotterien, § 68 Nr. 6 AO
  Lotterien und Tombolen (sog. Ausspielungen) sind nur dann als Zweckbetrieb anzuerkennen, wenn sie von der zuständigen Verwaltungsbehörde per Einzelbescheid oder Gesamtverfügung genehmigt werden. Genehmigungsbedürftig sind nur öffentliche Lotterien und Ausspielungen. Von den genehmigungsfähigen Glückspielen seien an dieser Stelle nur die kleineren Lotterien und Ausspielungen erwähnt. Das Zulassungsverfahren für kleinere Lotterien ist von Bundesland zu Bundesland verschieden, da der Glückspielstaatsvertrag den Ländern insoweit eine individuelle Regelungskompetenz zuweist (vgl. § 18 GlüStV). Genehmigungsfähig sind nur solche kleineren Glückspiele, deren Summe der geplanten Losentgelte nicht EUR 40.000,- übersteigt, deren Reinertrag ausschließlich für gemeinnützige Zwecke verwandt wird und deren Reinertrag und Gewinnsummen jeweils mindestens 25 % der Losentgelte betragen. In einigen Bundesländern muss die Erteilung einer Erlaubnis bzw. Genehmigung im Voraus beantragt werden, in anderen Bundesländern reicht eine bloße Anmeldung aus. In jedem Fall sollten die konkreten Voraussetzungen für die glückspielrechtliche Genehmigung im Vorfeld abgeklärt werden, da die Durchführung einer Lotterie und Ausspielungen ohne eine behördliche Genehmigung strafbar ist (§ 284 StGB). Entsprechendes gilt für Glückspiele im Internet (§ 4 Abs. 4 GlüStV). Kleinere Lotterien und Ausspielungen von gemeinnützigen Stiftun-

gen sind darüber hinaus von der Lotteriesteuer befreit, die grds. auf öffentliche Lotterien Anwendung findet (§ 18 Nr. 2a) RennwLottG). Sie unterliegen jedoch der Umsatzsteuer (§ 4 Nr. 9b) S. 2 UStG).
Von der Genehmigungsbedürftigkeit und Strafbarkeit ausgenommen sind aber solche Lotterien und Ausspielungen, die nicht öffentlich betrieben werden, z. B. bei einer geschlossenen Mitarbeiter- oder Spendenveranstaltung einer Stiftung. Solche geschlossenen Glückspiele stellen jedoch in der Regel steuerpflichtige wirtschaftliche Geschäftsbetriebe dar.

– Kulturelle Veranstaltungen § 68 Nr. 7 AO:
  Voraussetzung für einen Zweckbetrieb ist insoweit, dass die Förderung der Kultur Satzungszweck ist. Eine kulturelle Veranstaltung liegt nach Ansicht der Finanzverwaltung auch dann vor, wenn die gemeinnützige Stiftung nicht selbst Veranstalter ist, sondern bspw. im Rahmen einer fremden Veranstaltung ein Konzert gegen Entgelt gibt. Die Veranstaltung, in der die Darbietung präsentiert wird, braucht nicht selbst steuerbegünstigt sein.
  Ausgenommen vom Zweckbetrieb ist auch hier der Verkauf von Speisen und Getränken (insoweit liegt ein wirtschaftlicher Geschäftsbetrieb vor).

– Veranstaltungen wissenschaftlicher oder belehrender Art § 68 Nr. 8 AO
  Diese Norm gilt für sämtliche gemeinnützigen Bildungseinrichtungen der Aus- oder Weiterbildung. Darunter fallen alle Veranstaltungen wissenschaftlicher oder belehrender Art, gleich ob mit oder ohne feste Zeitvorgaben. Auch Filmvorführungen oder Exkursionen gehören dazu. Es ist dabei unerheblich, ob die Inhalte auf kulturelle, politische, soziale, religiöse oder wissenschaftliche Themen ausgerichtet sind, sofern sich die Veranstaltungen oder Einrichtungen nur an die Allgemeinheit wenden. Systeminkonsequent umfasst diese Norm auch die Beherbergung und Beköstigung der Teilnehmer als Teil des Zweckbetriebs.

– Wissenschaftliche Kongresse
  Wissenschaftliche Kongresse stellen grundsätzlich einen Zweckbetrieb dar. Allerdings kommt nur der Kongress selbst in den Genuss der Steuerbegünstigung. Rahmenprogramme (→ vgl. Gästeprogramme) stellen dagegen einen steuerpflichtigen wirtschaftlichen Geschäftsbetrieb dar.

– »Gästeprogramme«
  Steuerbegünstigt ist lediglich die Veranstaltung selbst, sofern es sich um einen Zweckbetrieb handelt. Jedenfalls nicht steuerbegünstigt ist das oft dazu angebotene Rahmenprogramm (bspw. organisierte Ausflüge im Rahmen des »Damenprogramms« oder der sich an die Veranstaltung anschließende Opernbesuch). Erfasst die Teilnehmergebühr beides, ist sie entsprechend aufzuteilen. Einnahmen in Zusammenhang mit dem Rahmenprogramm sind i. d. R. steuerpflichtig, da sie insoweit einen wirtschaftlichen Geschäftsbetrieb bilden, sofern es sich nicht lediglich um eine gesellige Veranstaltung handelt.

– »Krankenhäuser« (§ 67 AO) und »Einrichtungen der Wohlfahrtspflege« (§ 66 AO)
  Steuerbegünstigt sind Krankenhäuser, die in den Anwendungsbereich des Kranken-

hausentgeltgesetzes oder der Bundespflegesatzverordnung fallen, wenn mindestens 40 v. H. der jährlichen Belegungstage oder Berechnungstage auf Patienten entfallen, bei denen nur Entgelte für allgemeine Krankenhausleistungen (§ 7 des Krankenhausentgeltgesetzes, § 10 der Bundespflegesatzverordnung) berechnet werden (§ 67 Abs. 1 AO). Auch solche Krankenhäuser, die nicht in den Anwendungsbereich des Krankenhausentgeltgesetzes oder der Bundespflegesatzverordnung fallen, sind begünstigt, bei denen mindestens 40 v. H. der jährlichen Belegungstage oder Berechnungstage auf Patientenleistungen entfallen, deren Vergütung nicht über dem im Krankenhausentgeltgesetz oder in der Bundespflegesatzverordnung festgelegten Entgelt liegt (§ 67 Abs. 2 AO). Sind die objektiven Voraussetzungen erfüllt, wird das Vorhandensein eines Zweckbetriebes unterstellt.

– »Einrichtungen der Wohlfahrtspflege«
  Bei Einrichtungen der Wohlfahrtspflege liegt ebenfalls stets ein Zweckbetrieb vor, wenn die Leistungen zu mindestens zwei Drittel an Bedürftige i. S. d. § 53 AO erbracht werden, also mildtätige Zwecke verfolgt werden.

IV. Verwendung von Stiftungsmitteln

1. Verwendungsbindung

122 Gem. § 55 Abs. 1 Nr. 1 AO sind die Mittel der Stiftung, und zwar sämtliche Mittel, nur für die satzungsmäßigen Zwecke einzusetzen. Als Stiftungsmittel sind alle Vermögenswerte und Einnahmen der Körperschaft anzusehen; hierzu rechnen nach allgemeiner Ansicht also sämtliche Spenden, sonstige Zuwendungen (nach Abzug angemessener Verwaltungskosten), Überschüsse aus Vermögensverwaltung und Gewinne, die in wirtschaftlichen Geschäftsbetrieben oder in Zweckbetrieben erwirtschaftet werden. Den zeitnah zu verwendenden Mitteln werden jedoch nur diejenigen zugerechnet, die der Stiftung tatsächlich zugeflossen sind.

123 Die Verwendung im Rahmen des jeweiligen Satzungszweckes kann unmittelbar durch zweckentsprechende Ausgaben erfüllt werden oder indirekt durch Anschaffung oder Herstellung von Vermögensgegenständen, mit deren Hilfe sodann die Zweckverfolgung betrieben wird. Das Gebot des Kapitalerhalts (→ vgl. dort) und das Verbot, Mittel für satzungsfremde Zwecke einzusetzen, stehen damit in einem nahezu unauflösbaren Spannungsverhältnis.

124 Der Begriff der Verwendung bedeutet nicht, dass der Mitteleinsatz für die Stiftung zu einer Ausgabe oder zu Aufwand geführt haben müsste, sondern, dass eine Verwendungszuweisung erfolgt sein muss. Diese kann, wie gesagt, auch im Erwerb eines Vermögensgegenstandes bestehen, der im ideellen Bereich oder innerhalb eines Zweckbetriebes genutzt werden soll. Ebenso gelten Mittel, die den betreffenden Rücklagen zugeführt wurden, als verwendet. Sie scheiden aus der Kategorie der »zeitnah zu verwendenden Mittel« aus und sind dem »nutzungsgebundenen Kapital« zuzurechnen. Hierzu rechnen auch die kaufmännisch notwendigen Abschreibungen, die dem Werteverzehr der Vermögensgegenstände und voraussichtlich gestiegenen Wiederbeschaf-

fungskosten Rechnung tragen. Diese Abschreibungen mindern somit die zeitnah einzusetzenden Mittel.

Wurden in einem bestimmten Kalenderjahr danach weniger Mittel verwendet als geboten, ist der fehlende Verwendungsanteil in einen Mittelvortrag aufzunehmen und bis zum Ende des zweiten Folgejahres zweckentsprechend zu verbrauchen. Hat die Stiftung demgegenüber ein Mehr an Mitteln für den Stiftungszweck verwendet als nach den zeitnah zu verwendenden Mitteln erforderlich, liegt ein sog. Verwendungsüberhang vor. In Höhe dieses Überhangs können u. E. später tatsächlich zufließende Mittel ausgeglichen, d. h. für Maßnahmen anderer Vermögensbereich »abgezweigt« werden. Es kommt insoweit also nicht zu einer Erhöhung der Verwendungspflicht. Ebenso sind die zeitnah zu verwendenden Mittel erst um die notwendigen Mittel zur Erfüllung von Auflagen oder Verpflichtungen der Stiftung zu kürzen und dafür ggf. »zurückzulegen« (anzusparen). Für Auflagen gilt dies aber nur dann, wenn die Stiftung Auflagen Dritter, z. B. des Erblassers, zu erfüllen hat. 125

Fallen auf die angesparten Mittel Erträge aus der Anlage dieser Ansparbeträge an, erhöhen diese Erträge die zeitnah zu verwendenden Mittel, es sei denn, die Stiftung würde lediglich den abgezinsten, d. h. den sog. Barwert der künftigen Verpflichtung oder Ersatzinvestition ansparen. 126

2. Zeitnahe Mittelverwendung

a) Mittelverwendungszeitraum

Der Grundsatz der zeitnahen Mittelverwendung besagt, dass Mittel, die heute vereinnahmt werden, spätestens bis zum Ende des zweiten Folgejahres wieder ausgegeben werden müssen. Hierin liegt eine weitere Konkretisierung des Gebotes der Selbstlosigkeit, das in § 55 Abs. 1 Nr. 5 AO ausdrücklich festgeschrieben wurde. Der Grundsatz der zeitnahen Mittelverwendung gilt unabhängig davon, in welchen Vermögensbereichen die Mittel erzielt wurden. Die steuerbegünstigte Stiftung hat demnach grundsätzlich alle Erträge – auch solche aus wirtschaftlichen Geschäftsbetrieben – im Geschäftsjahr des Zuflusses oder spätestens im darauf folgenden zweiten Jahr einer satzungsgemäßen Zweckverwendung zuzuführen. Geschieht dies nicht, läuft die Stiftung allerdings nicht sofort Gefahr, die Steuerbegünstigung zu verlieren sondern erhält von der Finanzverwaltung die Aufforderung (§ 63 Abs. 4 S. 2 AO), innerhalb von 2 – 3 Jahren diese Mittel entsprechend aufzubrauchen. 127

▶ Es darf allerdings auch trotz der Aufforderung für die Stiftung kein Zwang entstehen, die Mittel »zu verschleudern«. Eine Verstärkung des Stiftungskapitals scheidet andererseits aber ebenfalls aus. 128

Werden die Mittel nicht bereits im Jahr des Zuflusses aufgebraucht, ist ihr Verbleib im Rahmen einer sog. Mittelverwendungsrechnung (→ vgl. dort) nachzuweisen. Die Pflicht des Verwendungsnachweises trägt allein die Stiftung. 129

b) Nicht zeitnah zu verwendende Mittel

130 Vom Grundsatz der zeitnahen Mittelverwendung gibt es eng begrenzte Ausnahmen. Hierzu gehören:

- laufende Mittel, die zulässigerweise in Rücklagen eingestellt wurden oder für angemessene Verwaltungskosten verwendet werden,
- das Dotationskapital (Ausstattungskapital), seine Surrogate aus Umschichtungsvorgängen und etwaiger Umschichtungsgewinne daraus,
- Zuwendungen, die ihrer Art nach der Vermögensbildung dienen sollen z. B. Grundstücke,
- Zuwendungen, die die Stiftung mit der Maßgabe erlangte, sie zur Vermögensstärkung einzusetzen,
- Zuwendungen von Todes wegen, soweit diese nicht ausdrücklich für die sofortige Verwendung bestimmt wurden, sowie
- Mittel, die die Stiftung in der Zeit vor dem 1.1.1977 erlangt hat; diese Fallgruppe ist umstritten und spielt in der Praxis zudem eine eher untergeordnete Rolle.

131 Ausgenommen von der zeitnahen Verwendung ist also in erster Linie die Vermögenssphäre der Stiftung. Hierzu gehören das anfängliche Stiftungskapital selbst sowie Zuführungen und Zustiftungen. Diese unterliegen regelmäßig dem Gebot der Bestandserhaltung; ferner sonstige Zuwendungen (Spenden, Erbschaften oder Vermächtnisse) mit konkreter Zweckbindung oder Zuwendungen, die nach den ausdrücklichen Vorgaben des Zuwendenden gerade nicht der zeitnahen Mittelverwendung unterliegen sollen.

132 Die Stiftung kann aber auch Darlehen im Rahmen der Vermögensverwaltung ausreichen, um ihre liquiden Mittel im Rahmen der Vermögensverwaltung (ggf. kurzfristig) ertragbringend anzulegen. Neben einer Anlage als Festgeld kommt insoweit auch die Darlehensgewährung an eine gewerbliche Tochtergesellschaft in Betracht. Sofern ein angemessener Zinssatz gezahlt wird, liegt insoweit ein zulässiger Darlehensvertrag vor, dessen Auszahlung sowie die Rückzahlung aus Gründen der Übersichtlichkeit ordnungsgemäß dokumentiert werden muss. Auf eine unangemessen lange Bindung zeitnah zu verwendender Mittel ist bei steuerbegünstigten Stiftungen allerdings stets zu achten.

133 Stille Reserven, die anlässlich der Umschichtung von Stiftungskapital realisiert werden wie z. B. bei Grundstücksveräußerungen oder bei Veräußerungen von Wertpapieren, sowie Überschüsse aus wirtschaftlichen Geschäftsbetrieben, die zur Existenzsicherung der Körperschaft benötigt werden oder die gesetzlich zulässigen oder von der Finanzverwaltung anerkannten Rücklagen (→ siehe dort), unterliegen gleichfalls nicht dem Gebot der zeitnahen Mittelverwendung. Verkauft die Stiftung also z. B. ein Grundstück aus dem Bestand und erwirbt dafür Wertpapiere, so kann sie den gesamten Verkaufserlös reinvestieren, ohne die beim Verkauf aufgedeckten stillen Reserven zeitnah auskehren zu müssen.

134 Verluste des Stiftungskapitals können nicht mit zeitnah zu verwendenden Mitteln ausgeglichen werden sondern sind über die Rücklage des § 62 Abs. 1 Nr. 3 AO (→ vgl. dort) aufzufangen.

▶ Ein wichtiges Ausnahmebeispiel vom Gebot der zeitnahen Mittelverwendung bilden regelmäßig »Projektplanungsphasen«. Hierfür sieht das Gesetz ausdrücklich die Bildung von Rücklagen (→ vgl. dort) für konkret definierte Projekte vor. Immer wieder angesprochene Zweifelsfälle bildet der Verlustausgleich im Bereich Vermögensverwaltung oder im Bereich eines wirtschaftlichen Geschäftsbetriebs mit Erträgen aus sonstiger Stiftungstätigkeit. Die Darlehensvergabe an Dritte stellt dann einen Verstoß gegen das Gebot der Selbstlosigkeit dar, wenn zeitnah zu verwendende Mittel für einen nicht konkret begrenzten, also überschaubaren Zeitraum eingesetzt werden. Anders zu beurteilen, also steuerlich unschädlich, ist die Darlehensvergabe für die Stiftung nur dann, wenn dieses Vorgehen speziell in den Bereich des Stiftungszwecks fällt. Ein Beispiel für die unmittelbare Verwirklichung des gemeinnützigen Zweckes kann die Vergabe von Darlehen für eine wissenschaftliche Ausbildung sein. Voraussetzung ist dann stets, dass die Darlehen zinslos oder mit einem verbilligten Zinssatz vergeben werden. 135

3. Mittelfehlverwendung

a) Verwaltungskosten und Kosten der Spendenwerbung

Eine in der Praxis wichtige Fragestellung betrifft die Höhe der allgemeinen Verwaltungskosten und der Kosten für die Spendenwerbung einschließlich der sonstigen Öffentlichkeitsarbeit. Die Zulässigkeit dieser Kosten ist bei einer gemeinnützigen Stiftung steuerlich auf die jeweilige Angemessenheit begrenzt (§ 55 Abs. 1 Nr. 1 u. 3 AO). Überhöhte Aufwendungen können somit eine Mittelfehlverwendung bedeuten. Als Verwaltungsausgaben sind dabei alle mittelbaren Ausgaben zusammenzufassen, die der Verfolgung des eigentlichen Stiftungszwecks zuzuordnen sind. Hierzu gehören insbesondere Kosten (Gemeinkosten) der 136

- betrieblichen Organisation,
- der Buchführung und des Rechnungswesens,
- der Personalverwaltung,
- der Finanzwirtschaft und
- sonstige Sachkosten, insbesondere Beratungskosten, Kosten des Verwaltungsgebäudes oder des Geschäftssitzes (Mieten, Strom, Heizung etc.), Büroausstattung und Bürobedarf,
- Aufwand für Spendenverwaltung und Spendenwerbung,
- Versicherungsprämien,
- Kosten der Kommunikation, sowie der Repräsentation, der Öffentlichkeitsarbeit und der sonstigen Werbung.

aa) Kosten, die ganz oder partiell auf wirtschaftliche Geschäftsbetriebe entfallen sind ebenso wenig anzusetzen, wie Kosten, die direkt die steuerbegünstigte Tätigkeit der Stiftung berühren, also bspw. anteilige Kosten des Geschäftsführers, soweit er persönlich in einem Projekt mitarbeitet oder den Zweckbetrieb leitet. 137

bb) Unangemessen hohe allgemeine Verwaltungskosten bilden ein Indiz für ein unzulässiges Eigeninteresse der Stiftung, das dem Gebot der Selbstlosigkeit zuwider liefe. 138

Das Steuerrecht, insbesondere die Vorschriften der Abgabenordnung, kennen keine absolute, gesetzliche Obergrenze. Dies wäre auch angesichts der unterschiedlichen Stiftungsstrukturen und Stiftungsaufgaben lebensfremd.

139 Prozentuale Obergrenzen können danach allenfalls Aufgriffsgrenzen der Finanzverwaltung bedeuten oder Orientierungshilfen für die Festlegung eines angemessenen Kostenblocks durch die Stiftung bilden. Den »Kennziffern«, die in diesem Zusammenhang aber immer wieder kursieren, kommt angesichts des dazu schweigenden Gesetzes keine Letztverbindlichkeit zu. Den Nachweis dafür, dass die Ausgaben im Einzelfalle angemessen waren, hat die Stiftung zu erbringen.

140 cc) Es herrschen zu dieser Frage im Detail allerdings deutlich voneinander abweichende Vorstellungen zwischen höchstrichterlicher Rechtsprechung und Finanzverwaltung. Die Steuerrechtsprechung hat die Festlegung verbindlicher Obergrenzen bisher nicht nachvollzogen sondern prüft die Angemessenheit der Mittelverwendung für Werbung und Verwaltung in jedem Einzelfall. Nach Auffassung des BFH fehlt es an der Selbstlosigkeit erst, wenn eine Stiftung, die sich weitgehend durch Geldspenden finanziert, zu mehr als 50 v. H. ihrer vereinnahmten Mittel (Spenden, Zuschüsse, Überschüsse aus wirtschaftlichen Geschäftsbetrieben, Zweckbetrieben und der Vermögensverwaltung) für Verwaltung und Werbung einsetzt. Dies gilt aber nicht während der Aufbauphase der Stiftung. In den ersten vier Jahren hat der BFH letztlich auch höhere anteilige Ausgaben bis zu 60 v. H. für zulässig erachtet.

141 dd) Die Finanzverwaltung stellt zwar richtiger Weise ebenfalls auf die Umstände des Einzelfalls ab. Andererseits soll eine schädliche Mittelverwendung aber sogar schon dann in Betracht kommen können, wenn die Verwaltungsausgaben (einschließlich Spendenwerbung) noch »deutlich« unter 50 v. H. der insgesamt vereinnahmten Mittel liegen. Die (steuerliche) Kostenbegrenzung (→ vgl. dort) soll also nach Auffassung der Finanzverwaltung bei einem Gesamtaufwand von maximal 50 v. H. der Gesamteinkünfte einschließlich Spenden, Zustiftungen, sonstigen Zuwendungen und Gewinnen aus wirtschaftlichen Geschäftsbetrieben usw. liegen. Relative Grenzen für das Verhältnis von Ausgaben der Spendenwerbung einerseits und den sonstigen Verwaltungskosten andererseits gibt die Finanzverwaltung nicht mehr vor.

142 In der Praxis gelten als Faustregel 25 v. H. bis maximal 33 v. H. der Gesamteinnahmen als sichere Obergrenze für Verwaltungsausgaben.

143 Nach Auffassung der Finanzverwaltung ist es nicht zu beanstanden, wenn die Aufwendungen für Spendenwerbung zusammen mit den allgemeinen Verwaltungskosten der Stiftung in den Aufbaujahren mehr als die Hälfte der Gesamteinnahmen ausmachen. Die von der Finanzverwaltung akzeptierte Aufbauphase liegt allerdings deutlich unterhalb des vom BFH akzeptierten 4-Jahres-Zeitraumes.

144 ee) Neben der Thematik der angemessenen Höhe der Verwaltungskosten bleibt insgesamt weitgehend unbeachtet die Fragestellung, wie die Aufteilung eines an sich nicht zu beanstandenden Gesamtbetrages auf die einzelnen Kostenarten beschaffen sein muss. So versagt die Finanzverwaltung auch dann die Gemeinnützigkeit, wenn zwar das Verhältnis der Verwaltungsausgaben zu den Ausgaben für steuerbegünstigte Zwe-

cke als solches nicht zu beanstanden sind, aber eine einzelne Verwaltungsausgabe objektiv unangemessen erscheint. Dies kann bspw. auch das Gehalt – einschließlich Reisekosten – des Vorstands oder des Geschäftsführers sein; hierin liegt ein klarer Verstoß gegen das Begünstigungsverbot (→ vgl. dort).

Zutreffender Weise darf es nicht auch noch zur Bildung interner Schwellenwerte innerhalb einzelner Gruppen von Verwaltungskosten kommen. Die Aufteilung muss der Entscheidung der betreffenden Stiftung überlassen bleiben. So kann es also durchaus sach- und interessegerecht sein, dass die Stiftung, der z. B. kein oder nur geringer Personalaufwand entsteht, ihre Verwaltungskosten nahezu ausschließlich oder weit überwiegend für Werbung und Öffentlichkeitsarbeit konzentriert; in Hinblick auf die Gemeinnützigkeit der betreffenden Stiftung muss dies beanstandungsfrei möglich bleiben. 145

An einer Einzelfallbetrachtung führt nach alledem kein Weg vorbei. Maßgebend muss aber allein die wirtschaftliche Vernünftigkeit und Effizienz des Mitteleinsatzes sein. Spendensammelnde Stiftungen haben regelmäßig das Problem, dass ihnen nicht unerhebliche Aufwendungen für das Einwerben der Spenden entstehen. 146

▶ Der Begriff der Angemessenheit führt nie zu präzisen Werten sondern gibt lediglich einen Beurteilungsrahmen vor. Es sollte daher zu den Pflichtaufgaben des Stifters gehören, in der Stiftungssatzung seine Willensbildung zur Frage der Angemessenheit von Kosten der innerbetrieblichen Organisation und Kosten der Spendenwerbung zu dokumentieren. Anhand dieser Richtungsvorgabe vereinfacht sich die konkrete Beurteilung der Angemessenheit erheblich. Eine Satzung, die die Stiftung ohne zu differenzieren zu »größter Sparsamkeit« verpflichtet, ist wenig hilfreich. Wurde dergleichen bei der Abfassung der Satzung versäumt, wäre dem Stifter bzw. den zuständigen Organen die Aufstellung von Verwaltungsrichtlinien anzuraten. 147

b) Zuwendungen an steuerbegünstigte Körperschaften

Wendet die Stiftung ihre Mittel einer anderen steuerbegünstigten Körperschaft (z. B. Stiftung, Verein, gGmbH) zu, ohne selbst Förderstiftung zu sein, ist dies im Rahmen des § 58 Nr. 2 AO steuerunschädlich, wenn sie darauf nicht mehr als die Hälfte ihrer Mittel verwendet. Eine ausdrückliche Satzungsbestimmung ist aus steuerlichen Gründen nicht Voraussetzung. Umstritten ist, ob die Empfänger-Körperschaft die identischen Satzungszwecke erfolgen muss wie die weiterleitende Stiftung. Bis zu einer gerichtlichen Klärung sollten Stiftungen daher Mittel nur an solche Körperschaften weiterleiten, die die Mittel auch für Zwecke der Stiftung einsetzen. Die Weitergabe stellt selbst keine Spende der zuwendenden Stiftung dar; die Stiftung hat jedoch die Verpflichtung die Verwendung der Mittel bei der Empfängerin zu kontrollieren und entsprechend zu dokumentieren. 148

c) Darlehensgewährungen

aa) Vergabe an Begünstigte

149 Eine Stiftung, deren Zweck ausschließlich auf die Vergabe von Darlehen gerichtet wäre, könnte nicht als steuerbegünstigte Körperschaft anerkannt werden. Die Darlehensvergabe kann gemeinnützigkeitsrechtlich nur dann akzeptiert werden, wenn sie selbst nicht Zweck, sondern nur Mittel zur Zweckverfolgung darstellt. Verwirklicht die Stiftung unmittelbar satzungsmäßige Zwecke mit Hilfe der Darlehensvergabe an Begünstigte, ist dies mit den Grundsätzen der Gemeinnützigkeit dann und solange vereinbar, als die Darlehensausreichung zinslos oder zu Bedingungen unterhalb der aktuellen Marktkonditionen erfolgt.

bb) Mittelübertragung auf steuerpflichtige Tochterkapitalgesellschaften

150 Eine Darlehensvergabe kommt hauptsächlich in folgenden Konstellationen in Betracht:

- es werden Mittel aus einer freien Rücklage gem. § 62 Abs. 1 Nr. 3 AO verwendet,
- es handelt sich um Mittel aus einer Zweckrücklage gem. § 62 Abs. 1 Nr. 1 AO während der »Ansparphase«,
- es werden »geparkte« zeitnah zu verwendende Mittel eingesetzt,
- es handelt sich um Vermögenszuführungen nach § 62 Abs. 3 Nr. 1 und Abs. 4 AO.

151 In begrenztem Umfang können Darlehen von der Stiftung auch an steuerpflichtige Beteiligungsgesellschaften ausgereicht werden, sofern die Bonität der Gesellschaft die Darlehensrückführung gewährleistet. Kommt es für die Darlehensgeberin dabei nicht zu einer Risikoerhöhung, entspricht der Vorgang den Erfordernissen der Gemeinnützigkeit. Erhöht sich das Risiko für die Stiftung während der Darlehenslaufzeit, ist sie verpflichtet, die Mittel entsprechend abzuziehen.

152 Die Konditionen müssen zudem allgemein angemessen, also zwingend marktüblich sein. Die Marktüblichkeit erstreckt sich über den vereinbarten Zinssatz hinaus somit auch auf die Stellung von Sicherheiten, auf Kündigungsfristen und insbesondere auf die vereinbarte Laufzeit. Hinsichtlich der üblicherweise einberechneten Bankmarge ist auf den Nachweis einer verursachungsgemäßen Aufteilung dieser Kosten zwischen beiden Körperschaften zu achten.

153 Sind die vereinbarten Zinssätze günstiger als der Marktzins, liegt eine Mittelfehlverwendung vor. Die Stiftung gewährt ihrer Beteiligungsgesellschaft einen unzulässigen Vorteil und verstößt damit selbst gegen das Gebot der Selbstlosigkeit.

154 ▶ Die Stiftung kann u. E. eine Heilung des Verstoßes durch eine entsprechende Nachforderung der Zinsdifferenz herbeiführen.

155 Überschreiten die geforderten Zinsen das jeweilige Marktniveau, führt es entweder bei der Tochter- oder Beteiligungsgesellschaft zu einer unerwünschten steuerlichen Konsequenz; es liegt eine sog. verdeckte Gewinnausschüttung vor (§ 8 Abs. 3 S. 2 KStG), mit der Folge, dass die Zinsen nicht als Betriebsausgaben bei der Tochtergesellschaft

akzeptiert werden, sondern Gewinnverwendung, also Dividende an die Stiftung darstellen.

▶ Es sollte gerade bei einer Mehrheitsbeteiligung immer auf einen rechtzeitig abgeschlossenen, schriftlichen Darlehensvertrag geachtet werden. Für die steuerliche Beurteilung maßgebend sind neben der Zinshöhe zudem alle weiteren Darlehensbedingungen wie Laufzeiten, Sicherheiten, Zinsbindungszeiträume u. ä. 156

Die Beteiligung an einer steuerpflichtigen Tochterkapitalgesellschaft kann sowohl als Vermögensverwaltung (→ vgl. dort) der Stiftung oder als wirtschaftlicher Geschäftsbetrieb (→ vgl. dort) zu qualifizieren sein. Eine besondere Problematik besteht im Zusammenhang mit der Errichtung der Gesellschaft und ihrer Kapitalausstattung durch die Stiftung (→ vgl. Ausgliederung). 157

d) Mittelübertragung auf gemeinnützige Tochtergesellschaften

Überlässt die Stiftung ihre Mittel steuerbegünstigten Tochtergesellschaften oder anderen steuerbegünstigten Körperschaften im Rahmen des § 58 Nr. 1, 2 AO, liegt solange kein Verstoß gegen die Gemeinnützigkeit vor, als die Darlehensnehmerin diese Mittel selbst und unmittelbar zur Verfolgung ihrer eigenen steuerbegünstigten Zwecke einsetzt. 158

Reicht die Stiftung Darlehen aus zeitnah zu verwendenden Mitteln an andere ebenfalls steuerbegünstigte Körperschaften aus, sind die Grenzen des § 58 Nr. 1 u. 2 AO zu beachten. Die Darlehensvergabe muss also eine mittelbare Zweckverwirklichung der Darlehensgeberin darstellen. Dies ist aber nur dann der Fall, wenn die Darlehensnehmerin die Mittel nicht nur zielgerichtet, sondern auch noch zeitnah, d. h. innerhalb der Frist der Darlehensgeberin einsetzt. Rückflüsse wie Zinsen und Tilgungsleistungen unterliegen bei der Darlehensgeberin ebenfalls wiederum dem Gebot des zeitnahen Einsatzes. 159

▶ Zur Erfüllung des Gebots der zeitnahen Mittelverwendung ist nicht zwingend ein Vermögensabfluss erforderlich. Die Verwendung kann somit auch in der zinslosen bzw. zinsgünstigen Ausleihung liegen, wenn der Empfänger die darlehenshalber erhaltenen Mittel unmittelbar für steuerbegünstigte Zwecke zeitnah verwendet. 160

Die Darlehensvergabe an eine fremde steuerbegünstigte Körperschaft ist dem ideellen Bereich der Stiftung zuzuordnen. Bei der Darlehensgeberin liegt also eine bloße Vermögensumschichtung vor: Der hingegebenen Darlehenssumme steht der Rückforderungsanspruch in gleicher Höhe gegenüber. 161

Ist die Stiftung als Gesellschafter an einer gemeinnützigen Tochterkapitalgesellschaft (»gGmbH«) beteiligt, liegt in der Darlehensausreichung ein Vorgang der Vermögensverwaltung, allerdings nur, solange die Körperschaft dadurch kein besonderes Risiko eingeht. 162

Auch wenn die Stiftung über nicht zeitnah zu verwendende Mittel verfügt, ist sie in der Darlehensvergabe nicht völlig frei. Das Darlehen hat Marktkonditionen zu entsprechen, wenn der Zinsverzicht nicht selbst eine zweckentsprechende Mittelverwendung der Stiftung darstellen sollte. Arbeitnehmern gegenüber kann eine angemessene Zins- 163 verbilligung ausnahmsweise zulässig sein, sofern die lohnsteuerlichen und sozialversicherungsrechtlichen Konsequenzen gezogen werden.

164 Hat die Stiftung eine projektgebundene Zweckrücklage gem. § 62 Abs. 1 Nr. 1 AO gebildet, kann sie zwischendurch die Mittel nur in dem Maße als Darlehen einsetzen, als sich daraus für das Projekt keine Verzögerung ergibt.

165 Es gibt Meinungen in der Fachliteratur, denen diese Gestaltung, die der Auffassung der Finanzverwaltung entspricht, zu weit geht und die sich stattdessen zwingend für eine Finanzierung der Projekte der Darlehensnehmerin durch Bankkredite aussprechen. Dies ist weniger überzeugend, da die Darlehen aufnehmende steuerbegünstigte Körperschaft dadurch zu ungünstigeren Finanzierungskonditionen gezwungen wäre, was dem Grundsatz des sparsamen Mitteleinsatzes zuwider liefe.

166 Die Mittelbereitstellung anlässlich der Gründung der Tochtergesellschaft schafft auch hier eine besondere Situation (→ vgl. Ausgliederung).

e) Zuwendungen an Organmitglieder

167 Das Gebot der satzungsgemäßen Mittelverwendung verbunden mit dem Begünstigungsverbot (→ vgl. dort) wird wiederum dann relevant, wenn es um die Fragen von Zuwendungen an Mitglieder der Stiftungsorgane geht. Wie bereits an den Vorstandsvergütungen verdeutlicht, gilt die Marktüblichkeit als Maßstab und Konkretisierung der Angemessenheit für Leistungen aller Art an Organmitglieder der steuerbegünstigten Körperschaft. Außerdem ist für Tätigkeitsvergütungen an Organmitglieder eine entsprechende Regelung in der Stiftungssatzung erforderlich.

4. Rücklagenbildung

168 Das Gesetz sieht in § 62 Abs. 1 Nr. 1, 2, 3, 4 und Abs. 4 AO eine Durchbrechung des Grundsatzes zeitnaher Mittelverwendung vor. Es ist die Möglichkeit einer steuerlich zulässigen Rücklagenbildung unter engen und grds. abschließend geregelten Voraussetzungen vorgesehen. Das steuerliche Gemeinnützigkeitsrecht schränkt damit die Möglichkeiten der Stiftung ein, ihrer Kapitalerhaltungsverpflichtung nachzukommen. Jegliche Rücklagenbildung erfordert einen klaren und nachprüfbaren Ausweis in der Rechnungslegung der Stiftung (→ s. dort) oder in einer gesonderten Nebenrechnung. Wie üblich wird im Gemeinnützigkeitsrecht nicht zwischen der Rücklage und der Rückstellung unterschieden, sondern für beide Bereiche, also mit und ohne bereits bestehende Verpflichtung, der Rücklagenbegriff verwendet.

Rücklagenbildung bei gemeinnützigen Stiftungen: 169

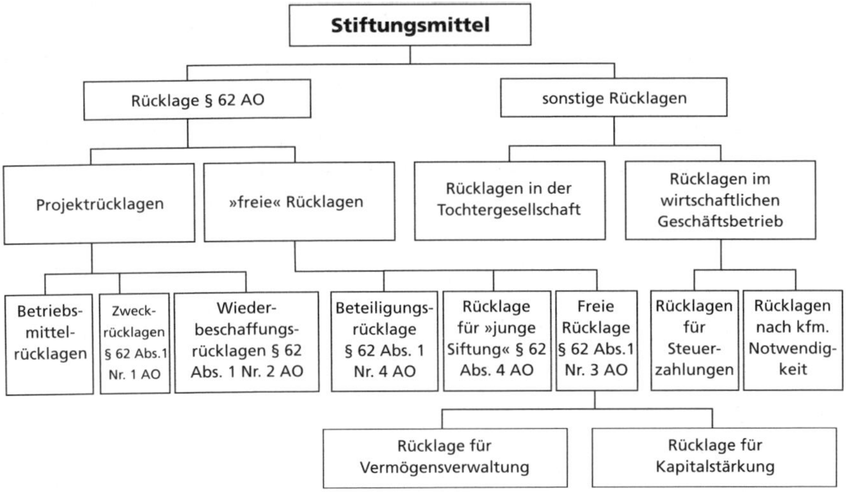

a) Die gebundene (Zweck-)Rücklage

Die zweckgebundene Rücklage gem. § 62 Abs. 1 Nr. 1 vermag Mittel zu binden, die erforderlich sind, damit die Stiftung (zukünftig) ihre satzungsmäßigen Zwecke nachhaltig erfüllen kann. Die Rücklage betrifft somit den gemeinnützigen Bereich und bezieht sich auf bereits zeitlich und umfänglich konkret definierte Vorhaben innerhalb des Stiftungszweckes. Dieser »Projektrücklage« können Mittel aus allen Vermögensbereichen der Stiftung zugeführt werden. Maßstab und Obergrenze zugleich ist die Erforderlichkeit der Mittel für das konkrete Projekt. Die Rücklage kann von der Stiftung gebildet werden, eine entsprechende Bildung oder Zuführung ist aber keineswegs ein »Muss«. 170

Zu den zweckgebundenen Rücklagen zählen die Investitionsrücklage und die Förderrücklage, mit denen längerfristige oder investitionsintensive Vorhaben im Bereich des Stiftungszweckes angespart werden sollen. Steht die genaue Verwendung der Mittel oder die Planung des Projekts noch nicht fest, schließt dies eine Rücklagenbildung regelmäßig aus. 171

Die Mittel der Rücklage selbst sind projektgebunden zu verwenden; die Stiftung kann sie weder für kapitalverstärkende Maßnahmen nutzen noch für ein anderes Projekt »umwidmen« (Umschichtungsverbot). Stellt sich zu einem späteren Zeitpunkt heraus, dass die der Rücklage zugrunde liegenden Zwecke nicht weiter verfolgt werden können, ist die Rücklage aufzulösen und die Mittel sind wieder zeitnah zu verwenden. Die »Verwendungsfrist« beginnt mit der Auflösung erneut zu laufen. 172

173 ▶ Dass für Mittel aus der Auflösung einer Rücklage die allgemeine »Verwendungsfrist« erneut zu laufen beginnt ist nunmehr gesetzlich geregelt in § 62 Abs. 2 S. 3 AO. Anders als zur alten Rechtslage vertreten, ist u. E. jedoch aus dem neuen Wortlaut (»*Die freigewordenen Mittel sind innerhalb der Frist ... zu verwenden*«) zu folgern, dass diese Mittel nicht so behandelt werden können, als ob sie der gemeinnützigen Stiftung in diesem Jahr erstmals zugeflossen wären. D. h. solche Mittel dürfen bei der Berechnung der Höchstgrenze für freie Rücklagen nicht mehr mit einbezogen werden und dürfen auch sonst nicht in andere Rücklagen eingestellt werden.

174 Die Vorstellungen der Stiftung bzw. ihrer Organe müssen sich hinsichtlich der Maßnahme selbst, der Höhe der aufzubringenden Mittel und möglichst der Zeitdauer bis zur Verwirklichung konkretisiert haben und demzufolge bereits eine hinreichende Planungstiefe und Dokumentation aufweisen. Konkrete Zeitvorgaben sind allerdings keine zwingende Voraussetzung. Als akzeptabler Projektzeitraum – abhängig von der Art der Projekte – kommen dabei ca. drei bis fünf Jahre in Betracht; Zeiträume von bis zu 10 Jahren bedürfen einer ausführlichen Begründung, um von der Finanzverwaltung akzeptiert zu werden.

175 Da sich die Rücklage stets auf in der Zukunft liegende Projekte bezieht, ist lediglich die Erfassung des abgezinsten Förderbetrages erforderlich. Die Erforderlichkeit bildet zugleich aber letztlich auch die Obergrenze der zulässigerweise zu bildenden Projektrücklage. Die Finanzverwaltung besteht derzeit nicht auf einer Abzinsung. Wird sie vorgenommen, kann entweder ein Marktzins oder aus Vereinfachungsgründen ein Zinssatz von 5,5 v. H. gem. § 12 Abs. 3 S. 2 BewG angesetzt werden. Wird allerdings der unabgezinste Gesamtbetrag eingestellt, sind die daraus gewonnenen Erträge (Zinsen) zur Auffüllung der freien Rücklage zulässig oder andernfalls zweckgebunden zu verwenden.

176 Die Bildung der Rücklage setzt einen Beschluss des zuständigen Organs voraus. Dieser kann zusammen mit der Feststellung der Jahres(ab)rechnung oder des Jahresabschlusses gefasst werden und gilt damit für das dem Abschluss zugrundeliegende Wirtschaftsjahr.

b) Betriebsmittelrücklage

177 Zu den sog. Projektrücklagen gehört auch die Betriebsmittelrücklage für periodisch wiederkehrende Ausgaben wie Mieten, Löhne, Kommunikationskosten u. a. m. Die Betriebsmittelrücklage ist eine Verwaltungskostenrücklage und kann als Untergruppe der Rücklage nach § 62 Abs. 1 Nr. 1 AO angesehen werden.

178 Die zulässige Höhe hängt von der Sicherheit von Einnahmensituation und den Ausgaben der Stiftung ab. Die Begrenzung der Höhe nach erfolgt aber zudem anhand des durchschnittlichen Mittelbedarfs. Als Faustregel für die »richtige« Ausgabenhöhe kann ein durchschnittlicher Ausgabenzeitraum von drei bis maximal zwölf Monaten zugrunde gelegt werden. Freie Liquidität vermindert den Beurteilungsspielraum, eine unsichere Einnahmensituation erhöht ihn dagegen.

c) Freie Rücklage

Die Bildung freier Rücklagen i. S. d. § 62 Abs. 1 Nr. 3 AO ist dagegen, wie die Bezeichnung sagt, weder projektgebunden noch in ihrer absoluten Höhe beschränkt. Die freie Rücklage ist eine »Vermögenserhaltungsrücklage«. Die Möglichkeit einer Rücklagenbildung soll die Stiftung in den Stand versetzen, Kapitalverluste z. B. infolge Geldentwertung oder anderer Verlustquellen wieder aufzufangen. 179

Verfügbar für die Einstellung in die Rücklage sind lediglich: 180

- ein Drittel des Überschusses der Einnahmen aus Vermögensverwaltung über die dort zuzuordnenden Aufwendungen (Werbungskosten). Das sind auf der Einnahmenseite in der Regel Zinsen, Mieten, oder Dividenden,

und zusätzlich

- bis zu zehn Prozent der sonstigen zeitnah zu verwendenden Mittel, d. h. der Brutto-Einnahmen aus dem ideellen Bereich, z. B. Spenden, und des Überschusses bzw. Gewinnes aus einem Zweckbetrieb oder einem wirtschaftlichen Geschäftsbetrieb.

Bei der Bildung der Rücklage sind auch nach Auffassung der Finanzverwaltung die ungekürzten Einnahmen aus dem ideellen Bereich bestimmend. Damit mindern die Aufwendungen im ideellen Bereich die Rücklage nicht. Unberücksichtigt für die Rücklagenermittlung bleiben auch Verluste aus Vermögensverwaltung oder Zweckbetrieben und die Bildung von Rücklagen nach anderen Vorschriften. 181

Die Rücklagenbildung hat dabei grundsätzlich für jede der Vermögenssphären und für jeden der Betriebe gesondert zu erfolgen. Mehrere Bereiche der Vermögensverwaltung können aber zusammengefasst werden. Eine Saldierung der einzelnen Ergebnisse über die vier Vermögenssphären hinweg kommt zur Berechnung der Rücklagenhöhe nach wohl herrschender Auffassung nicht in Betracht. Die Rücklage kann sogar in den Jahren gebildet werden, in denen die Stiftung insgesamt einen Verlust ausweist. Er ist als Verwendungsüberhang (→ vgl. dort) darzustellen und in den Folgejahren auszugleichen. 182

Die Rücklagenbildung ist grds. nur für das jeweilige Kalenderjahr zulässig und in der Bilanz oder einer Nebenrechnung auszuweisen. Eine Nachholung für frühere Wirtschaftsjahre ist jedoch jetzt, anders als nach bisheriger Ansicht der Finanzverwaltung, innerhalb der folgenden zwei Jahre zulässig (§ 62 Abs. 1 Nr. 3 S. 2 AO). 183

Musste die Stiftung die Rücklage oder Teile hiervon allerdings wieder auflösen, um damit laufende Verpflichtungen zu decken oder hat sie dies freiwillig getan, um zwischenzeitlich mit diesen Geldern ein steuerbegünstigtes Vorhaben zu verwirklichen, soll ihr u. E. zutreffender Weise die Möglichkeit eingeräumt werden, neben der neuen Zuführung zur Rücklage auch die alte, durch die Auflösung entstandene »Vorsorgelücke« wieder zu schließen. 184

Die Rücklage selbst kann über einen beliebigen Zeitraum, auch mehrere Jahre, bestehen bleiben oder schließlich dem Vermögen der Stiftung zugeführt werden (frühestens im Folgejahr der Rücklagenbildung). 185

186 ▶ Für die Rücklagenbildung ist stets ein Beschluss der zuständigen Organe notwendig. Die Bildung einer freien Rücklage muss aber nicht ausdrücklich in der Satzung erwähnt sein. Hat die Stiftung in einem Jahr nicht genügend Mittel zur Verfügung, um die Höchstbeträge der freien Rücklagen ausschöpfen zu können, darf sie umschichten. Sie kann u. E. vorübergehend zur Auffüllung der freien Rücklage somit die Mittel aus den zweckgebundenen Rücklagen gem. § 62 Abs. 1 Nr. 1 AO einsetzen, auch, wenn diese bereits in früheren Jahren für ein Projekt »angespart« wurden.

d) Rücklage für Steuerzahlungen

187 Steuerzahlungen im Rahmen des wirtschaftlichen Geschäftsbetriebs sind bei der Ergebnisermittlung des Betriebes, wie andere betriebliche Verpflichtungen auch, durch entsprechende Steuerrückstellungen zu berücksichtigen. Die Bildung von Rücklagen hierfür ist nicht zulässig.

188 Besteht dagegen Unsicherheit, ob die Stiftung selbst für die Bezahlung von Steuern außerhalb eines wirtschaftlichen Geschäftsbetriebes in Anspruch genommen werden könnte, sind hierfür vorsorglich jedoch Rücklagen zu bilden.

e) Instandhaltungs-, Instandsetzungs- und Wiederbeschaffungsrücklage

189 Neben den Zweckrücklagen nach § 62 Abs. 1 Nr. 1 AO können Stiftungen im Bereich der Vermögensverwaltung zudem Rücklagen bilden, um konkreten Reparaturaufwand oder sonstige Erhaltungsmaßnahmen abzudecken. Voraussetzung ist allerdings, dass diese Mittel künftig notwendigen Aufwand für vermietete oder verpachtete Objekte der Stiftung betreffen.

190 Ebenfalls noch zu den sog. freien Rücklagen gehören die ebenfalls zulässigen Wiederbeschaffungsrücklagen, die bisher von der Finanzverwaltung auch ohne gesetzliche Regelung anerkannt wurden, die jetzt aber gesetzlich verankert sind (§ 62 Abs. 1 Nr. 2 AO). Mit ihnen ist dem üblichen Werteverzehr von Wirtschaftsgütern im Rahmen der betriebsgewöhnlichen Nutzungsdauer Rechnung zu tragen. Entsprechend bemisst sich die Höhe der Zuführung nach der Höhe der regulären AfA des zu ersetzenden Wirtschaftsgutes. Dies betrifft jedoch nur Vermögensgegenstände, die die Stiftung bei der Erfüllung ihrer satzungsgemäßen Aufgaben einsetzt und für die zudem eine konkrete Wiederbeschaffungsabsicht besteht.

191 Aber auch hier gilt, dass die Rücklagen aufzulösen und die freigewordenen Mittel zeitnah zu verwenden sind, wenn der Grund für ihre Bildung weggefallen ist.

f) Beteiligungsrücklage

192 Ebenfalls zum Kreis der freien Rücklagen gehört die sog. Beteiligungsrücklage gem. § 62 Abs. 1 Nr. 4 AO. Diese ist aus zeitnah zu verwendenden Mittel aller Vermögenssphären zu bilden, schließt z. B. also auch Spendenmittel ein. Die Beteiligungsrücklage dient der Teilnahme an Kapitalerhöhungen bei Beteiligungsgesellschaften, um somit die Quote der Stiftung gleichbleibend zu erhalten. Einzige Voraussetzung für ihre Bil-

dung ist, dass die Kapitalerhöhung bereits hinreichend konkret zu erwarten steht. Die Rücklage ist der Höhe nach grundsätzlich nicht begrenzt und orientiert sich lediglich an dem erwarteten Kapitalbedarf. In diesen Fällen können die voraussichtlich erforderlich werdenden Mittel durch Einstellung in die Rücklage angespart werden.

Bildet die Stiftung eine Beteiligungsrücklage, hat allerdings eine Anrechnung auf das »Kontingent der freien Rücklagen« des betreffenden Jahres nach § 62 Abs. 1 Nr. 4, 2. Hs. AO zu erfolgen. Sofern die Mittel für die Beteiligungsrücklage den Höchstbetrag der freien Rücklage des Jahres übersteigt, ist in den Folgejahren vorerst keine weitere Zuführung zur freien Rücklage möglich. Erst wenn die verwendbaren Mittel für die freie Rücklage die verwendeten oder bereitgestellten Mittel der Beteiligungsrücklage wieder übersteigen, darf wieder in die freie Rücklage eingestellt werden. Die Formulierung der Finanzverwaltung dazu ist unscharf. Eine Einstellung in die freien Rücklagen nach § 62 Abs. 1 Nr. 3 AO soll erst wieder möglich sein, wenn – nicht aber unbedingt soweit – die für Nr. 3 verfügbaren Mittel einen früheren Verwendungsüberhang wettmachen. Aus dem Berechnungsbeispiel in AEAO zu § 63 Abs. 1 Nr. 41 Tz. 1 ergibt sich jedoch, dass die für die freie Rücklage verfügbaren Mittel um den entstandenen Verwendungsüberhang zu kürzen sein sollen (»soweit«). In die Anrechnung nicht einzubeziehen sind dagegen Zuführungen zu Zweckrücklagen gem. § 62 Abs. 1 Nr. 1 AO. 193

Die Rücklage erfasst lediglich den Erhalt einer bereits bestehenden Beteiligungsquote bei Kapitalgesellschaften, kann also nicht für Neugründungen oder für Beteiligungen an Personengesellschaften gebildet oder verwendet werden. Nicht rücklagenbegünstigt sind demnach die erstmalige Kapitalausstattung einer Beteiligungsgesellschaft oder die Erhöhung der Beteiligungsquote, für die besondere Regelungen gelten (→ vgl. Ausgliederung). 194

g) Rücklagen im wirtschaftlichen Geschäftsbetrieb

Im Bereich des wirtschaftlichen Geschäftsbetriebes ist Vorsorge für betriebliche Risiken generell anhand der üblichen bilanziellen Maßnahmen zu treffen, die damit indirekt auch die Leistungsfähigkeit der Stiftung beeinflussen. Zur Verfügung steht der Stiftung nämlich nur der Gewinn nach Steuern und sonstigem betrieblichen Aufwand einschließlich des Aufwands aus den gebildeten »Rücklagen« und nur dieser Restgewinn – nach Steuern unterliegt auch dem Gebot der zeitnahen Mittelverwendung. 195

Die steuerliche Zulässigkeit der Rücklagenbildung unterliegt allerdings bestimmten Einschränkungen. Danach müssen die Rücklagen bei vernünftiger kaufmännischer Beurteilung wirtschaftlich begründet sein: 196

- Für die Rücklagenbildung muss ein konkreter Anlass im wirtschaftlichen Geschäftsbetrieb vorliegen,
- ferner muss die Bildung der Rücklage auch aus objektiver, unternehmerischer Sicht gerechtfertigt sein.

Als Beispielsfälle einer unternehmerisch begründeten Rücklagenbildung werden insbesondere die Fälle der Betriebsverlegung, der Werkserneuerung und der Kapazitätsausweitung angeführt. In allen Fällen muss aber stets ein konkreter Anlass vorliegen. 197

Der nachvollziehbare Wunsch nach einer allgemeinen Steigerung der Leistungsfähigkeit reicht nicht aus. Während die höchstrichterliche Rechtsprechung bei der Beurteilung entsprechender Fälle von einem großzügigeren Entscheidungsspielraum der Stiftung ausgeht, zeigt sich die Finanzverwaltung deutlich weniger flexibel. Auch bei entsprechend eingehender kaufmännischer Begründung endet die Möglichkeit einer Rücklagenbildung aber regelmäßig dort, wo »lediglich Gewinne abgesaugt« werden sollen. Will die Stiftung demnach den Gewinn des wirtschaftlichen Geschäftsbetriebes dort nahezu vollständig einer Rücklage zuführen, setzt dies nach Ansicht des Fiskus voraus, dass andernfalls eine Bedrohung der wirtschaftlichen Existenz des Betriebes einträte.

198 Nach Auffassung der Finanzverwaltung soll in Fragen der Rücklagenbildung auf die bei sog. Organgesellschaften entwickelten Maßstäbe (§ 14 Abs. 1 Nr. 4 KStG) zurückgegriffen werden, da auch die untergeordnete Organgesellschaft verpflichtet ist, ihr gesamtes Ergebnis der Obergesellschaft, dem sog. Organträger, zu Verfügung zu stellen. Der Vergleich trägt aber nur bedingt zur Lösung bei, da der Organträger im Falle eines Verlustes der Organgesellschaft dieser gegenüber zu einem entsprechenden Ausgleich verpflichtet ist, was der steuerbegünstigten Stiftung aber gerade verwehrt ist.

199 Da dem wirtschaftlichen Geschäftsbetrieb im Falle von Schwierigkeiten demnach nicht geholfen werden kann, muss als Ausgleich im Vorfeld eine großzügigere Vorsorge für Anpassungen an absehbare wirtschaftliche Entwicklungen und Notwendigkeiten möglich sein, als dies aktuell von der Finanzverwaltung für zulässig angesehen wird. Betroffene Stiftungen sollten ggf. eine gerichtliche Klärung der Frage suchen.

h) Rücklage zur Kapitalverstärkung

200 Für »junge« Stiftungen lässt das Gesetz eine besondere Rücklage zur dauerhaften Stärkung ihrer Finanzkraft nach § 62 Abs. 4 AO zu. Diese Rücklage darf im Jahr der Errichtung der Stiftung und den drei Folgejahren gebildet bzw. aufgestockt werden. Die Stiftung könnte damit in die Lage versetzt werden, die Verfolgung ihrer Satzungszwecke zulässigerweise erst mit Beginn des sechsten auf die Errichtung folgenden Jahres aufzunehmen, da allgemein für die zeitnahe Mittelverwendung (→ vgl. dort) nochmals ein Karenzjahr eingreift.

201 Zur Bildung der Rücklage können sämtliche Überschüsse aus der Vermögensverwaltung und der gesamte Gewinn aus Zweckbetrieben und aus etwaigen wirtschaftlichen Geschäftsbetrieben herangezogen werden. Spendenmittel, die dem ideellen Bereich zuzurechnen sind, dürfen demnach nicht in diese Rücklage eingestellt werden. Wie bei der freien Rücklage auch, ist hier keine ausdrückliche Bestimmung in der Satzung erforderlich.

i) Rücklagen bei Tochtergesellschaften

202 Die Zulässigkeit mittelbarer Rücklagenbildung im Bereich von Tochter- oder Beteiligungsgesellschaften ist nicht unumstritten. Für den Fall von Mehrheitsbeteiligungen sollen die dargestellten Einschränkungen der Abgabenordnung bei Thesaurierungen

nicht nur auf die Stiftung selbst, sondern auch unmittelbar auf das Beteiligungsunternehmen Anwendung finden. Damit würde die Tochtergesellschaft – ohne, dass die Voraussetzungen einer Organschaft mit der Verpflichtung des Organträgers, Verluste der Untergesellschaft auszugleichen vorliegen –, in ihrer kaufmännischen Entscheidung zur angemessenen Risikovorsorge entscheidend beeinträchtigt. Eine Rechtsgrundlage hierfür ist, zumindest aus Sicht der Tochter-Kapitalgesellschaft, nicht erkennbar.

5. Nachweis der Rücklagenbildung

Die Rücklagenbildung und insbesondere das Vorliegen ihrer Voraussetzungen ist dem Finanzamt generell nachzuweisen. Für Rücklagen des § 62 Abs. 1 Nr. 1–4 AO hat die Stiftung einen gesonderten Ausweis in der Bilanz oder einer Nebenrechnung (→ vgl. dort) vorzusehen, der eine unkomplizierte Kontrolle ermöglicht. 203

▶ Ein Verstoß gegen die eingeschränkt zulässige Rücklagenbildung oder die Nachweispflicht führt für die Stiftung nicht unmittelbar zum Verlust der Gemeinnützigkeit. Er zieht in aller Regel die Aufforderung der Finanzverwaltung nach sich, die Mittel innerhalb eines Zeitrahmens von 2–3 Jahren (ab Aufforderung) zweckentsprechend aufzubrauchen (§ 63 Abs. 4 AO). 204

6. Interne Mittelübertragungen, Verwendungsüberhänge und -rückstände

a) Verlustausgleich innerhalb verschiedener Vermögenssphären der Stiftung

Als Ausfluss des Grundsatzes der Selbstlosigkeit unterliegt die Stiftung Beschränkungen im Einsatz ihrer Mittel innerhalb des eigenen Vermögenskreises (§ 55 Abs. 1 Nr. 1 AO). »Quersubventionierungen« erweisen sich in der Stiftungspraxis in den allermeisten Fällen als steuerschädlich. 205

aa) Verluste aus wirtschaftlichem Geschäftsbetrieb

Aus dem Gebot der steuerbegünstigten Stiftung, ihre Mittel ausschließlich für gemeinnützige Zwecke zu verwenden, folgt zugleich das generelle Verbot, Verluste eines steuerpflichtigen Geschäftsbetriebes mit Mitteln des ideellen Bereichs, Gewinnen aus Zweckbetrieben oder Erträgen aus Vermögensverwaltung auszugleichen. 206

Hiervon lässt die Finanzverwaltung Ausnahmen zu. Folgende Parameter sind allerdings dabei zu beachten: 207

- Die Jahresergebnisse aller wirtschaftlichen Geschäftsbetriebe sind zu saldieren, erst ein danach noch verbleibender Verlust ist steuerlich relevant.
- Wird dieser Verlust von der Stiftung mit Mitteln aus anderen Vermögensbereichen ausglichen, ist dieser Vorgang unschädlich, sofern in den sechs vorangegangenen Jahren Gewinne mindestens in gleicher Höhe aus dem oder den Geschäftsbetrieben in den ideellen Bereich der Stiftung transferiert wurden (Rückgabe früherer Gewinne).
- Entsteht der Verlust lediglich aufgrund von Abschreibungen bei gemischt genutzten Wirtschaftsgütern, die also sowohl betrieblich als auch ideell genutzt werden, ist der Ausgleich zulässig. Maßgeblich ist jedoch,

i) dass der wirtschaftliche Geschäftsbetrieb das Wirtschaftsgut zur besseren Auslastung lediglich mitnutzt,
ii) das Wirtschaftsgut wurde nicht von vornherein auf die Bedürfnisse des wirtschaftlichen Geschäftsbetriebes entsprechend groß dimensioniert,
iii) der wirtschaftliche Geschäftsbetrieb entrichtet ein marktübliches Nutzungsentgelt,
iv) es handelt sich nicht um gemischt genutzte Gebäudeteile.

208 ▶ Bei der Anschaffung von größeren Wirtschaftsgütern sollte demnach i. d. R. darauf geachtet werden, dass die Anschaffung möglichst im steuerbegünstigten Bereich erfolgt und sie sodann zur besseren Kapazitätsausnutzung dem steuerpflichtigen Bereich im erforderlichen sachlichen und zeitlichem Umfang überlassen werden. Die Anschaffung darf allerdings nicht bereits im Hinblick auf eine gemischte Nutzung von vornherein größer dimensioniert werden. Eine klare vertragliche Regelung und eine Verrechnung der Nutzungsüberlassung zu marktüblichen Entgelten und Bedingungen sind unverzichtbar.

- Entsteht der Verlust als Folge einer Fehlkalkulation, so kann er von der Stiftung aus Mitteln des ideellen Bereichs ausgeglichen werden. Voraussetzung ist allerdings, dass dafür keine Mittel verwendet werden, die aus dem sonstigen steuerbegünstigten Bereich (Spenden für gemeinnützige Zwecke oder Überschüsse aus der Vermögensverwaltung) oder aus Zweckbetrieben herrühren. Die Stiftung darf demnach (quasi im Vorgriff) Mittel des nächstjährigen Gewinns aus dem wirtschaftlichen Geschäftsbetrieb oder ausdrücklich dafür erhaltene Zuschüsse verwenden. Der Zuschussgeber »bezahlt« diese Verwendung allerdings mit der Untersagung eines entsprechenden Spendenabzugs.
  Gleicht die Stiftung den Verlust in dieser Weise aus, sind die Mittel innerhalb der nächsten 12 Monate – außer im Falle der Zuwendung – zurückzuführen. Bei schon länger bestehenden Verlusten kann dabei regelmäßig von einer Fehlkalkulation bzw. Fehlmaßnahme ausgegangen werden.
- Ausgleichsfähig sind im Allgemeinen auch sog. Anlaufverluste eines neuen Betriebes, für die die Finanzverwaltung ausdrücklich einen erweiterten Dreijahreszeitraum vorsieht.
- Gleicht der wirtschaftliche Verlustbetrieb das negative Ergebnis durch Aufnahme eines innerbetrieblichen Darlehens aus, soll dies für die Stiftung insgesamt keine steuerschädlichen Folgen nach sich ziehen. Nach zwölf Monaten (ab Ende des Jahres, in dem der Verlust entstanden ist) müssen die Mittel allerdings wieder an den ideellen Bereich der Stiftung zurückgegeben werden. Des Weiteren sind die Mittel zur Tilgung und Verzinsung alleine aus dem steuerpflichtigen wirtschaftlichen Geschäftsbetrieb aufzubringen.
- Unschädlich ist schließlich ein Verlustausgleich durch unmittelbare Fremdfinanzierung. Dient der ideelle Bereich der Stiftung allerdings lediglich als Sicherheitengeber und saniert sich der Verlustbereich im Übrigen durch Bankdarlehen, so liegt beispielsweise in der Eintragung einer Grundschuld für das aufzunehmende Bankdarlehen noch keine steuerschädliche Mittelverwendung vor.

▶ Da die geschilderten Vorgaben und Begrenzungen des Verlustausgleichs das dazu schweigende Gesetz im Wesentlichen nach den Vorstellungen der Finanzverwaltung konkretisieren, sollten betroffene Stiftungen sich nicht scheuen, die Finanzgerichtsbarkeit anzurufen, um eine breitere Auslegungsgrundlage des Gesetzes zu erlangen. Dies gilt umso mehr, als es keine bundeseinheitliche Auffassung der Finanzverwaltung zur Auslegung ihres Anwendungserlasses gibt. 209

bb) Verluste aus Vermögensverwaltung

Bei einem Ausgleich von Verlusten, die im Bereich der Vermögensverwaltung der Stiftung entstanden sind, gelten nach Ansicht der Finanzverwaltung die vorstehenden Grundsätze entsprechend. Die gesetzliche Grundlage für ausdehnende Anwendung auf den Bereich der Vermögensverwaltung findet sich nicht. An einer bundeseinheitlichen Auslegung fehlt es zudem. Die Folge ist, dass auch Verluste in der Vermögensanlage und deren Ausgleich mit Mitteln aus anderen Bereichen für die Stiftung zum Verlust der Steuerbegünstigung führen können, ein Umstand, der in der Praxis häufig bei Anlageentscheidungen übersehen wird. Was sich hieraus im Einzelnen ergeben soll, ist anhand des derzeitigen Meinungsstandes zudem noch nicht ganz so eindeutig bestimmbar: 210

- Einerseits sind die für den wirtschaftlichen Geschäftsbetrieb entwickelten Kriterien inhaltlich nur eingeschränkt auf den Bereich der Vermögensverwaltung übertragbar.
- Andererseits stellt sich die (Wertungs-) Frage, ob der Ausgleich einer z. B. marktbedingt erlittenen Vermögenseinbuße, d. h. die Wiederherstellung der Leistungsfähigkeit der Stiftung tatsächlich mit dem Verlust der Steuerbegünstigung »geahndet« werden muss, ohne dass eine Mittelfehlverwendung i. e. S. Sinne, also eine Quersubventionierung wirtschaftlicher Aktivitäten mit zeitnah zu verwendenden Mitteln dabei überhaupt eine Rolle gespielt hätte.

Dennoch führt i. d. R. ein Verlust im Rahmen der Vermögensverwaltung dazu, dass dadurch die für den ideellen Bereich zu verwendenden Mittel der Stiftung um den Verlustausgleich reduziert werden. Im Einzelnen erscheint folgende Differenzierung geboten: 211

- Deckt eine Stiftung Verluste aus Vermögensverwaltung mit aktuellen Erträgen aus Vermögensumschichtungen oder mit Hilfe einer zuvor gebildeten Umschichtungsrücklage (→ vgl. dort), so ist dies steuerlich unschädlich, da die Rücklage zweckentsprechend aufgelöst wird. Der Vorgang ist ohne Einfluss auf das laufende Ergebnis aus Vermögensverwaltung. Die Steuerbegünstigung ist nicht gefährdet.
- Fehlt es an einer solchen Rücklage oder reicht sie zur Verlustabdeckung nicht aus, kommen entweder ein sechsjähriger Verlustrücktrag oder ein entsprechender »Verlustvortrag« bis zu einem möglichen Ausgleich mit künftigen Umschichtungsgewinnen in Betracht. Die Steuerbegünstigung ist dann ebenfalls nicht gefährdet.
- Entsteht aus einzelnen Vermögensanlagen ein Verlust, der mit Überschüssen aus anderen Anlagen verrechnet wird, so ist dieser Ausgleich wegen der zugelassenen Sal-

dierung innerhalb eines Vermögensbereichs ohne Folge für die Steuerbegünstigung der Körperschaft.

- Weist der Gesamtbereich der Vermögensverwaltung per Saldo einen Verlust aus, so sind die Ergebnisse der sechs vorangegangenen Jahre zur Beurteilung heranzuziehen. Ergibt sich daraus zumindest ein ausgeglichenes Ergebnis, ist die Steuerbegünstigung ebenfalls nicht gefährdet.
- Ein Verlustausgleich durch »Innen-« oder Bankenfinanzierung ist unschädlich.
- In der Fachliteratur wird zudem zwischen realisierten Verlusten z. B. aus Wertpapierveräußerungen und bloßen Buchverlusten infolge von Wert- oder Kursänderungen z. B. bei gewerblichen Immobilien oder Wertpapieren differenziert. Ausschließlich realisierte Verluste unterliegen letztlich dabei den im Zusammenhang mit Verlusten aus wirtschaftlichen Geschäftsbetrieben geschilderten Ausgleichsbeschränkungen.

212 ▶ Die Stiftung kann die textliche Unklarheit im Anwendungserlass der Finanzverwaltung (AO zu § 55 Abs. 1 Nr. 1 AO Rn 8), wonach die Verlustrestriktionen des wirtschaftlichen Geschäftsbetriebes entsprechend für den Bereich der Vermögensverwaltung gelten, u. U. auch dahingehend verstehen, dass aus der Gleichstellung beider Bereich eine Saldierung der Vermögensverwaltung mit den wirtschaftlichen Geschäftsbetrieben nicht nur zulässig, sondern evtl. sogar erforderlich wird.

b) Verwendungsüberhänge und -rückstände

213 Hat die Stiftung in einem Wirtschaftsjahr weniger Überschüsse oder Erträge zu verzeichnen, als sie Mittel tatsächlich verwendet hat, kommt es zu Verwendungsüberhängen (Verwendung der Mittel aus Vorjahren oder des laufenden Jahres übersteigen die Einnahmen des laufenden Jahres) oder zu Verwendungsrückständen, wenn der Mittelvortrag des Vorjahres die Verwendung des laufenden Jahres übersteigt. Im Falle eines Verwendungsüberhanges kann die Stiftung in den Folgejahren zur Verwendung anstehende Mittel damit verrechnen. Verwendungsrückstände bilden einen Verstoß gegen tragende Grundsätze des Gemeinnützigkeitsrechts (Mittelverwendungsgebot). Kommt es dagegen lediglich im laufenden Jahr zu Verwendungsrückständen, sind diese Mittel in einen sog. Mittelvortrag (→ vgl. dort) einzustellen und sind bis zum Ablauf des zweiten Folgejahres zu verwenden. Der Abbau des Mittelvortrags unterliegt nach wohl überwiegend vertretener Meinung der Verwendungsreihenfolge nach dem sog. FIFO-Verfahren, d. h. die zuerst eingestellten Mittel gelten auch als zeitlich zuerst verwendet.

V. Steuerliches Anerkennungsverfahren

1. Vorbereitungsphase

214 Ein förmliches Anerkennungsverfahren ist nach dem Gesetz nicht vorgeschrieben. Die Freistellung von der Besteuerung ist Teil des Besteuerungsverfahrens selbst und bedarf auch keines Antrages.

215 Noch vor der Errichtung der Stiftung wird üblicherweise der Entwurf der Stiftungssatzung über die Stiftungsaufsichtsbehörde oder auf direktem Wege vom Stifter dem zu-

ständigen Finanzamt zugeleitet. Mit diesem sind dann auch etwaige Änderungsvorschläge abzustimmen oder Bedenken auszuräumen. Ein Vertrauensschutz des Stifters in die gemeinnützigkeitsrechtliche Unbedenklichkeit der Satzung wird zu diesem Zeitpunkt nach überwiegender Auffassung noch nicht begründet. Insbesondere für die Bearbeitung des nachfolgenden Antrags auf Feststellung der formellen Gemeinnützigkeit erweist sich diese vorbereitende Maßnahme aber nicht nur als zeitsparend, sondern erhöht bei allen Satzungsgestaltungen, die von den Mustertexten abweichen den Grad der Sicherheit.

2. Vorläufige Anerkennung

Die steuerliche Anerkennung der Stiftung als steuerbegünstigt setzt voraus, dass das Finanzamt zuvor nicht nur die formalen Voraussetzungen, sondern auch die tatsächliche Zweckverfolgung durch die Stiftung überprüft. Die verbindliche steuerliche Anerkennung kann daher erst durch einen Feststellungsbescheid im Rahmen der erstmaligen Veranlagung der Körperschaft erfolgen. In der Regel will und kann die Stiftung aber nicht so lange warten. Mit ihrer Errichtung kann die Stiftung daher nach § 60a AO eine gesonderte Feststellung, also einen verbindlichen Bescheid darüber beantragen, dass sie zumindest die satzungsmäßigen Voraussetzungen für die Steuerbegünstigungen erfüllt, also zumindest formell gemeinnützig ist (→ vgl. Teil 6 Dokumentation). Dieses Feststellungsverfahren ersetzt das in der Vergangenheit unverbindliche, vorläufige Anerkennungsverfahren, das zwar auch schon früher die Stiftung zum Empfang von Spenden und umgekehrt zur Ausstellung der entsprechenden Zuwendungsbescheinigungen berechtigt hatte. Anders als bei der früheren Rechtslage kann aber die Stiftung gegen eine ablehnende Entscheidung der Finanzbehörde Rechtsbehelfe einlegen, was bei dem alten Anerkennungsverfahren bisher nicht abschließend geklärt war. 216

Aus einem positiven Feststellungsbescheid der Stiftung entwickelt sich für die Stiftung und für Dritte auch ein Vertrauensschutz bezüglich ihrer Gemeinnützigkeit. Stellt sich später im Rahmen einer Überprüfung dann heraus, dass die Satzung dennoch nicht den Steuerbegünstigungsvorgaben entsprach, können daraus rückwirkend weder für die Stiftung noch für Dritte für den laufenden Erhebungszeitraum negative Folgen gezogen werden. Schädliche Satzungsänderungen in der Zeit zwischen der Erteilung eines positiven Feststellungsbescheides und der endgültigen Festsetzung lassen den Vertrauensschutz allerdings für diesen Zeitraum entfallen. 217

Aus der Satzung der Stiftung müssen sich unmittelbar die steuerbegünstigten Zwecke sowie die Verpflichtung ergeben, dass diese Zwecke ausschließlich, selbstlos und unmittelbar zu verfolgen sind (§ 59, 1. Hs. AO); dieses Erfordernis wird als Gebot der formellen Vermögensbindung bezeichnet. Darüber hinaus müssen auch die Voraussetzungen der §§ 51, 60 und 61 AO eingehalten sein. 218

Spätestens aber im Besteuerungsverfahren (Veranlagung) wird die Finanzbehörde über die formelle Gemeinnützigkeit entscheiden und das Vorliegen oder Nichtvorliegen der satzungsmäßigen Voraussetzungen per Bescheid feststellen, sofern nicht bereits vorher schon eine solche Feststellung auf Antrag der Stiftung erfolgt ist. 219

220 Die Mustersatzung der AO (→ vgl. Teil 6 Dokumentation) mit den Paragraphen zu den Gemeinnützigkeitsvoraussetzungen muss in ihrem Wortlaut grds. unverändert beibehalten werden.

221 ▶ Führt die Satzung zu Beanstandungen des zuständigen Finanzamts, wird das Finanzamt die Feststellung der formellen Gemeinnützigkeit ablehnen. Entsprechendes gilt für nachträgliche Änderung der Satzung. Hier hat das Finanzamt einen bereits erteilten positiven Feststellungsbescheid aufzuheben und zwar ohne die Möglichkeit, eine angemessene Frist zu setzen, den fehlerhaften Teil zu ändern (vgl. § 60a Abs. 4 AO *»ist die Feststellung mit Wirkung vom Zeitpunkt der Änderung der Verhältnisse aufzuheben«*.). In der Praxis sollten daher Satzungsänderungen nicht ohne vorherige Kontaktnahme mit der Finanzverwaltung unter Vorlage des Änderungsentwurfs entschieden werden.

222 ▶ Auch für ausländische Stiftungen aus dem EU-Raum und dem EWR, die im Inland Spenden einwerben wollen, ist das neue Feststellungsverfahren vorteilhaft. Auch solche Stiftungen können unter den Voraussetzungen des § 60a Abs. 1 S. 1 AO auf Antrag hin ihre formelle Gemeinnützigkeit überprüfen lassen und mit dem Feststellungsbescheid Spenden einsammeln und Zuwendungsbestätigungen ausstellen. Das befreit den Spender grds. von der eigenen Pflicht, die Gemeinnützigkeit gegenüber seinem zuständigen Finanzamt nachzuweisen.

223 Für die Erlangung und die Aufrechterhaltung der Steuerbegünstigung muss sich zudem die tatsächliche Geschäftsführung an die Bestimmungen der Satzung halten (§§ 59, 2. Hs, 63 AO). Die Gemeinnützigkeit der Stiftung wird von der Finanzverwaltung nach Erteilung eines positiven Feststellungsbescheides im regelmäßigen Turnus von ca. 3 Jahren überprüft. Fehlt es dabei dann an der Übereinstimmung von Satzung und Geschäftsführung, kann sich die Stiftung trotz vorläufiger Anerkennung nicht auf den Vertrauensschutz berufen, egal ob die vorläufig geprüfte Satzung selbst fehlerhaft war oder nicht.

224 Der positive Feststellungsbescheid über die formelle Gemeinnützigkeit berechtigt die Stiftung u. E. auch zu Gebührenermäßigungen bei Notargebühren gem. § 91 Abs. 2 GNotKG, auch wenn dort noch die sog. vorläufige Bescheinigung genannt ist. Der Stiftungsvorstand sollte daher die Übertragung des Stiftungskapitals, soweit dieser Vorgang der notariellen Form bedarf, ggf. erst nach Ergehen eines Feststellungsbescheides über die formelle Gemeinnützigkeit in die Wege leiten.

225 Soweit infolge Beteiligungsbesitzes erforderlich, beantragt der Vorstand nach Erteilung des positiven Feststellungsbescheides zeitnah auch eine Nichtveranlagungsbescheinigung zur Freistellung der Stiftung von Kapitalertragsteuer (§ 44a Abs. 4 u. 7 EStG).

226 Die Stiftung bleibt unabhängig von ihrer (partiellen) Steuerfreiheit gem. § 63 Abs. 3 AO zum Nachweis entsprechender Aufzeichnungen über Einnahmen und Ausgaben (→ vgl. dort) verpflichtet.

VI. Folgen eines Verlustes der Gemeinnützigkeit

Grundsätzlich setzt die Anerkennung einer steuerbegünstigten Stiftung voraus, dass die Satzung formell den Anforderungen der §§ 51, 59, 60, 61 AO erfolgt. Weitere, ebenso wichtige Voraussetzung für die Anerkennung der Gemeinnützigkeit ist die Übereinstimmung der tatsächlichen Geschäftsführung, also das Handeln der Stiftung, mit den Vorgaben der Satzung. Sofern eine dieser beiden Voraussetzungen nicht vorliegt, kann das Finanzamt die Gemeinnützigkeit (auch für die Vergangenheit) aberkennen. 227

Die Gründe für den Ausstieg aus der Gemeinnützigkeit können freiwilliger wie unfreiwilliger Natur sein. 228

1. »Freiwilliger« Ausstieg aus der Gemeinnützigkeit

Trotz der Vorteile, die die Gemeinnützigkeit bietet, können gemeinnützige Stiftungen u. U. ein Interesse daran haben, ihren Gemeinnützigkeitsstatus aufzugeben. Die Gründe hierfür sind vielschichtig. Beispielsweise wäre es denkbar, dass sich Stiftungen zum Großteil durch sog. echte Zuschüsse Seitens des Bundes finanzieren. Dies ist insbesondere im Bereich der Wissenschaft und Forschung durchaus üblich. In den letzten Jahren sind diese Zuschüsse immer weiter gekürzt worden. Damit die Stiftung ihre Tätigkeit fortführen kann, müssen die Vorstände neue Geldquellen ausfindig machen. In Betracht kommen Dienstleistungen, wie bspw. Projektträgerschaften, Materialprüfungen oder Blutalkoholuntersuchungen im Auftrag von Strafverfolgungsbehörden. Diese Tätigkeiten stellen steuerpflichtige wirtschaftliche Geschäftsbetriebe dar. Je mehr die Zuschüsse verringert werden, desto stärker sind die gemeinnützigen Stiftungen gezwungen, Erträge im Rahmen eines wirtschaftlichen Geschäftsbetriebes zu generieren. Als Folge besteht zunehmend die Gefahr, dass der wirtschaftliche Geschäftsbetrieb zu einem eigenständigen Selbstzweck der gemeinnützigen Einrichtung wird. Folge hiervon wäre der Verlust der Gemeinnützigkeit. 229

Um Planungsfreiheit zu erlagen, nehmen gemeinnützige Körperschaften in deutlich zunehmendem Maße Überlegungen auf, aus der Gemeinnützigkeit und damit aus der Steuervergünstigung auszuscheiden. Um es ganz klar zu formulieren: Es gibt kein Wahlrecht, ob eine Stiftung steuerbegünstigt ist oder nicht. Vielmehr gilt § 59 AO. Sofern die Stiftung die dort vorgesehenen Voraussetzungen erfüllt, ist sie gemeinnützig und hat es auch zu bleiben. Diese Entscheidung fällt im Rahmen der Veranlagung durch den Freistellungsbescheid (→ siehe dort). 230

a) Folgen aus dem Ausstieg aus der Gemeinnützigkeit

Verliert die Stiftung ihren Status als gemeinnützige Körperschaft, also ihr ideelles Gesicht, so unterliegen alle Überschüsse des betreffenden Veranlagungszeitraums, und zwar gerade auch die aus den bisher steuerfreien Vermögensbereichen, der Körperschaft- und der Gewerbesteuer. Die Grundsteuerbefreiung entfällt ebenfalls. 231

Durch den Wegfall der Gemeinnützigkeit unterliegen auch Zweckbetriebe der vollen Steuerpflicht. Dies hat zunächst Körperschaftsteuer und Gewerbesteuer zur Folge, so- 232 wie ferner den Wegfall des ermäßigten Steuersatzes nach § 12 Abs. 2 Nr. 8a Satz 1 UStG.

233 Unter wirtschaftlichen Gesichtspunkten kann es durchaus für die Stiftung interessant sein, einen Ausweg aus der Gemeinnützigkeit zu suchen.

234 ▶ Fördert eine gemeinnützige Stiftung z. B. die Altenpflege und betreibt dabei im Rahmen eines Zweckbetriebs ein Altenpflegeheim, das einen Verlust in Höhe von € 70.000 erwirtschaftet, im Bereich ihrer Vermögensverwaltung Zinsen in Höhe von € 20.000 erzielt und im Pflegeheim ein Restaurant betreibt, das als steuerpflichtiger wirtschaftlicher Geschäftsbetrieb einen Überschuss in Höhe von € 50.000 erwirtschaftet, müssen die Einnahmen aus dem wirtschaftlichen Geschäftsbetrieb in Höhe von € 50.000 versteuert werden. Wenn im Beispielsfall keine Steuerbegünstigung vorliegen würde, könnte die Stiftung die Verluste im Rahmen des Zweckbetriebs mit den Erträgen im Rahmen des wirtschaftlichen Geschäftsbetriebs sowie der Vermögensverwaltung saldieren und käme zu einem steuerpflichtigen Ergebnis in Höhe von 0 (vor Abzug der Freibeträge).

235 Derartige Überlegungen sollten jedoch nicht im Vordergrund stehen, wenn über den Ausstieg aus der Gemeinnützigkeit nachgedacht wird. Der Ausstieg aus der Gemeinnützigkeit ist in der Regel kein Steuersparmodell, da sich in den Folgejahren die wirtschaftlichen Rahmenbedingungen ändern können.

236 Häufig wird nicht bedacht, dass durch den Wegfall der Steuerbegünstigung im Bereich der Gewerbesteuer trotz defizitärer Zweckbetriebe Gewerbesteuer anfallen kann. Dies kann sich beispielsweise dann ergeben, wenn die Stiftung zwar einen körperschaftssteuerlichen Verlust erzielt hat, aber wegen diverser gewerbesteuerlicher Hinzurechnungen (beispielsweise Entgelte für Schulden gem. § 8 Nr. 1 GewStG), sich insgesamt ein gewerbesteuerpflichtiger Gewinn ergeben kann. Entsprechendes gilt auch für die Körperschaftsteuer sofern der jährliche Netto-Zinsaufwand (nach Abzug von Zinserträgen) eines Zweckbetriebes die Freigrenze von EUR Mio. 3 p. a. erreicht, was bei den allermeisten Stiftungen aber nicht relevant sein dürfte.

b) Nachversteuerung

237 Darüber hinaus kann die Stiftung eine Nachversteuerung für die letzten zehn Jahre gem. § 61 Abs. 3 S. 2 AO erleiden, selbst wenn die Stiftung ihre bisherigen Satzungszwecke wieder aufnimmt oder innerhalb des 10-Jahreszeitraums tatsächlich verfolgt hat. Die Norm des § 61 Abs. 3 AO durchbricht insoweit die Bestandskraft rechtsfähiger Bescheide. Es mag aber unter dem Aspekt des Übermaßes in diesen Fällen durchaus fraglich erscheinen ob diese Folgen noch verfassungsgemäß sein können, die gravierenden Auswirkungen werden derzeit wohl überwiegend noch für systemkonform erachtet. Trotzdem wird bei allen ähnlichen Vorgängen die Nachversteuerungsfrage am Grundsatz der Verhältnismäßigkeit zu messen sein.

238 Die nachträgliche Steuerpflicht gilt in diesem Umfang allerdings nur, wenn in der Satzung die Bestimmung über die Vermögensbindung nachträglich so geändert wird, dass sie nicht mehr gemeinnützig ist. Wenn dagegen ein sonstiger Verstoß gegen die Ge-

meinnützigkeit vorliegt, beispielsweise durch satzungswidrige Mittelverwendung oder anderes gemeinnützigkeitsschädliches Verhalten Seitens der Geschäftsführung der Stiftung, ist eine rückwirkende Aberkennung der Steuervergünstigung nur jeweils innerhalb der Festsetzungsfrist möglich. Die Festsetzungsfrist beträgt grundsätzlich 4 Jahre. Sofern eine leichtfertige Steuerverkürzung im Raum steht, beträgt die Festsetzungsfrist 5 Jahre und bei Steuerhinterziehung sogar 10 Jahre.

Weiterhin sieht die Finanzverwaltung bei schwerwiegenden Verstößen der tatsäch- 239
lichen Geschäftsführung gegen die Selbstlosigkeit im Sinne des § 55 Abs. 1 Nr. 1 bis 3 AO vor, dass sie einem Verstoß gegen das Vermögensbindungsgebot gleichgestellt werden. Als Rechtsfolge ist insoweit ebenfalls eine Nachversteuerung der vorangegangenen 10 Jahre zulässig.

▶ Neben diesen drastischen Maßnahmen der 10-jährigen nachträglichen Versteue- 240
rung stehen dem Finanzamt weitere Sanktionsmöglichkeiten zur Verfügung. Beispielsweise sieht § 63 Abs. 4 AO vor, dass bei einem Verstoß gegen das Gebot der zeitnahen Mittelverwendung das Finanzamt der Stiftung durchaus eine Frist für die Verwendung der Mittel setzen kann. Hierbei spielt insbesondere der Gedanke eine Rolle, dass die steuerbegünstigten Mittel nicht verschleudert werden sollen. Daneben sind Auflagen denkbar wie beispielsweise die Aufgabe eines defizitären wirtschaftlichen Geschäftsbetriebs sowie eine umgehende Einstellung nicht satzungsgemäßer Betätigung. Insofern liegt es am Vorstand bzw. an dessen steuerlichen Berater mit dem Finanzamt ggf. eine für alle Beteiligten zufriedenstellende Lösung zu finden.

Liegt die Errichtung der Stiftung aber noch innerhalb dieses 10-Jahreszeitraums, löst 241
rückwirkend auch die Vermögensübertragung auf die Stiftung Steuern aus, wie dies bei einer Stiftung der Fall wäre, die von Anfang an als nicht steuerbegünstigt einzustufen ist.

Trotz des Verlusts der Gemeinnützigkeit wird der Haftungstatbestand des § 10b Abs. 4 242
S. 2 EStG nach überwiegend vertretener Meinung nicht angesprochen, soweit die Spendenmittel selbst tatsächlich entsprechend den in den Zuwendungsbescheinigungen angegebenen Zwecken verwendet wurden. Es handelt sich also nicht etwa rückwirkend um eine »Fehlverwendung« der Spendengelder. Anders wäre der Fall nur dann zu beurteilen, wenn der Vorstand bei der Ausfertigung der Zuwendungsbescheinigung bereits Kenntnis von deren Unrichtigkeit, z. B. also vom Verlust der Gemeinnützigkeit gehabt hätte oder dies hätte unschwer erkennen können.

c) Umsatzsteuer

Soweit die Gemeinnützigkeit rückwirkend versagt werden kann, entfällt auch die Steu- 243
erbegünstigung rückwirkend. Die Gemeinnützigkeit hat im Rahmen der Umsatzsteuer insbesondere Auswirkungen hinsichtlich der Steuerbefreiungen sowie des anzuwendenden Steuersatzes. Insoweit kommen ggf. auch rückwirkende Umsatzsteuerpflichten von bis zu 10 Jahren in Betracht.

2. Unfreiwilliger Ausstieg aus der Gemeinnützigkeit

244 Der Vorstand der Stiftung muss in jedem Fall darauf achten, dass wirtschaftliche Aktivitäten der gemeinnützigen Stiftung nicht Überhand nehmen und zum eigenständigen Zweck der Stiftung werden. Wenn ein wirtschaftlicher Geschäftsbetrieb zum Selbstzweck der Stiftung wird, greifen die gleichen Rechtsfolgen ein, wie bereits unter 1. (Freiwilliger Ausstieg aus der Gemeinnützigkeit) beschrieben.

B. Besteuerung bei Stiftungserrichtung und Zustiftung

I. Folgen für die Erbschaftsteuer oder Schenkungsteuer

1. Erbschaft- und Schenkungsteuer

Soweit das Stiftungsgeschäft der Erbschaft- oder Schenkungsteuer unterliegt (→ vgl. dort), schulden die Steuer bei einer Vermögensübertragung unter Lebenden sowohl die Stiftung als Erwerberin wie auch der Stifter oder der anderweitig zuwendende Dritte (§ 20 Abs. 1 ErbStG). 245

Für Vermögensübergänge von Todes wegen ist die Stiftung als Empfängerin die alleinige Steuerschuldnerin. Errichtet der Stifter die Stiftung unter Lebenden auf den Todesfall, so gelangt die Stiftung kraft gesetzlicher Fiktion nach § 84 BGB erst im Todeszeitpunkt des Stifters zur Entstehung, obgleich der Errichtungsakt tatsächlich erst danach stattfindet. 246

Im Falle der Zuwendung von Todes wegen sind die Erben Steuerschuldner, wenn die Steuerschuld bei Verlust der Gemeinnützigkeit rückwirkend zur Entstehung gelangen sollte. 247

2. Erbschaftsteuer- und Schenkungsteuerfolgen bei der Stiftung

Die selbständige Stiftung ist ein eigenständiges Besteuerungssubjekt, also auch Träger von steuerlichen Rechten und Pflichten. 248

a) Nicht steuerbegünstigte Stiftungen

Mit Erlangen der zivilrechtlichen Rechtsfähigkeit (§ 82 S. 1 BGB) kommt eine Stiftung als Zuwendungsempfänger von Vermögen in Betracht. 249

Der Vermögensübergang unterliegt – soweit keine der allgemeinen steuerlichen Befreiungen eingreifen – der Erbschaftsteuer (§§ 1 Abs. 1 Nr. 1, 3 Abs. 2 Nr. 1 ErbStG) im Falle einer Zuwendung von Todes wegen oder der Schenkungsteuer (§§ 1 Abs. 1 Nr. 2, 7 Abs. 1 Nr. 8 ErbStG), sofern die Stiftung die Vermögensübertragung zu Lebzeiten z. B. des Stifters oder eines anderen Zuwendenden erfährt. 250

Für die Stiftung ist es dabei grundsätzlich ohne Belang, ob der Vermögenserwerb anlässlich ihrer Errichtung erfolgt, oder ob sie zum Zuwendungszeitpunkt bereits besteht. Bedeutsam ist der Errichtungszeitpunkt lediglich für das Entstehen der Steuer oder, im Falle von Familienstiftungen, (→ vgl. dort) für die anzuwendende Steuerklasse (§ 15 Abs. 2 ErbStG) 251

b) Steuerbegünstigte Stiftungen

Anders als im Falle der Übertragung auf die privatnützige (Familien-)Stiftung löst die Übertragung von Vermögen zu Lebzeiten des Stifters auf die steuerbegünstigte Stiftung keine Schenkungsteuer oder, bei letztwilligem Vermögensübergang, Erbschaftsteuer aus. 252

253 ▶ Entscheidend für die Steuerbefreiung ist dabei, dass die Voraussetzung der Steuerbegünstigung bereits im Zeitpunkt des Entstehens der Steuerpflicht, also generell im Zuwendungszeitpunkt vorlagen und für den gesamten Zeitraum von 10 Jahren nach der Zuwendung aufrecht erhalten bleiben. Andernfalls entfiele die steuerliche Begünstigung rückwirkend, d. h. die Steuerpflicht würde rückwirkend auf den Einbringungszeitpunkt begründet (§ 13 Abs. 1 Nr. 16b Satz 2 ErbStG).

254 Die Steuerbefreiung umfasst somit alle Vermögenstransfers im Errichtungszeitpunkt (Kapitalausstattung) und auch alle späteren Zuwendungen während des Bestehens der Stiftung, insbesondere Zustiftungen und Spenden. Vermögenszuwendungen an die Stiftung anlässlich ihrer Errichtung sind daher also ebenso wie spätere Zustiftungen oder Zuwendungen zwar grundsätzlich der Erbschaft- und Schenkungsteuer unterworfen, bei steuerbegünstigten Stiftungen jedoch steuerbefreit (§ 13 Abs. 1 Nr. 16b ErbStG).

255 Probleme bereitet die Vermögensübertragung zwar im Falle einer Stiftungserrichtung von Todes wegen, da das Steuerrecht nach der Auffassung des BFH auf einen bereits entstandenen Rechtsträger abstellt, während das Stiftungszivilrecht eine Rückwirkung auf den Todeszeitpunkt anordnet; dennoch wird der Vermögensübergang richtigerweise keine Erbschaftsteuer auslösen.

256 Weitere Probleme bereitet in der Praxis regelmäßig die Frage nach dem tatsächlichen Umfang der Steuerbefreiung. Das geltende Erbschaftsteuerrecht besteuert den Vermögensanfall als solchen und kennt, anders als das Ertragsteuerrecht, keine partielle Steuerpflicht je nach Herkunft oder Verwendung einzelner Vermögensbestandteile. Erlangt die Stiftung daher Vermögen, das bei ihr einen sog. Zweckbetrieb bildet, so soll dies auch nach Auffassung der Finanzverwaltung steuerlich unschädlich sein.

257 Erlangt die Stiftung dagegen einen schon bestehenden wirtschaftlichen Geschäftsbetrieb, z. B. in der Form von Anteilen an gewerblichen Personengesellschaften, greift die Steuerbefreiung unabhängig von der Größe und Bedeutsamkeit des Geschäftsbetriebes für die Stiftung nur dann ein, wenn im Falle der Betriebsfortführung durch die Stiftung

- die Überführung aller daraus erzielten Überschüsse in den ideellen Bereich sicherstellt und
- diese dem Stiftungszweck entsprechend auch tatsächlich verwendet werden.

258 Ungeklärt bleibt dabei, ob die Stiftung damit in ihren Möglichkeiten zu Vermögensumschichtungen beschränkt wird und wie lange der Fortführungszeitraum ggf. zu dauern hat.

259 Macht der Schenker oder Erblasser der Stiftung dagegen Zuwendungen die dem wirtschaftlichen Geschäftsbetrieb der Stiftung zu Gute kommen (z. B. Einzelwirtschaftsgüter), erstreckt sich die Steuerbefreiung hierauf nicht mehr, und zwar unabhängig von der Verwendung daraus erzielter Erträge durch die Stiftung. Der Vorgang ist also in vollem Umfang steuerpflichtig. Diese Unterscheidung ist dem Gesetzeswortlaut nicht zu entnehmen.

▶ Im Regelfalle sollte daher zuerst eine steuerneutrale Einbringung der Personengesellschaftsanteile in eine Kapitalgesellschaft (gegen Gewährung von Gesellschaftsrechten) erfolgen. Diese Anteile können dann der Stiftung ohne Auswirkungen auf die Steuerbefreiung zugewendet werden. Bei beabsichtigten Übertragungen im Rahmen letztwilliger Verfügungen könnte der künftige Stifter gleichfalls durch Einbringungen entsprechende Vorsorge treffen. 260

3. Erbschaftsteuerfolgen für die Erben

Wurde den Erben von Todes wegen Vermögen zugewandt mit der Auflage, dieses auf eine noch zu errichtende Stiftung zu übertragen, erlischt die Erbschaftsteuerschuld rückwirkend, wenn die Auflage innerhalb von 24 Monaten erfüllt wird (§ 29 Abs. 1 Nr. 4 ErbStG). Entsprechendes gilt, wenn das Testament keine Auflage vorsieht und der Erbe das Vermögen innerhalb von 24 Monaten freiwillig auf eine bereits bestehende oder neu errichtete gemeinnützige Stiftung überträgt. Der Spendenabzug durch die Erben ist in all diesen Fällen ausgeschlossen (§ 29 Abs. 1 Nr. 4 S. 2 ErbStG). 261

II. Ertragsteuerfolgen

1. Steuerfolgen beim Stifter

Die Errichtung der steuerbegünstigten Stiftung hat in zweierlei Hinsicht ertragsteuerliche Bedeutung für den Stifter, und zwar 262

- hinsichtlich des Spendenabzugs, insbesondere der steuerlichen Berücksichtigung der anfänglichen Kapitalausstattung der Stiftung durch den Stifter, sowie
- hinsichtlich der Steuerfolgen, die sich aus dem Vermögensabgang in ertragsteuerlicher Hinsicht beim Stifter entwickeln können.

a) Spendenabzug

Als Spenden (→ vgl. dort) kommen grundsätzlich nur freiwillige Zuwendungen in Betracht, denen keinerlei Gegenleistungen gegenüberstehen. Für den Stifter bestehen seit dem Jahr 2000 bei der Errichtung gemeinnütziger Stiftungen nicht unerhebliche ertragsteuerliche Vergünstigungen. 263

Bei der Errichtung der Stiftung können sämtliche gesetzlichen Spendenabzugsbeträge vom Stifter kumulativ in Anspruch genommen werden. Dabei kommt es nicht darauf an, dass die Mittel der Stiftung als Kapital zukommen und nicht sofort wieder für Stiftungszwecke verwendet werden müssen. Die Spendenabzugsmöglichkeiten setzten sich zusammen aus: 264

- dem Vermögensstockfreibetrag,
- dem »allgemeinen« Spendenabzug.

▶ Es wäre dennoch falsch, die Stiftung als »Steuersparmodell« anzusehen, da das Vermögen dauerhaft dem Stifter entzogen wird und bleibt. Andererseits ermöglicht die Errichtung einer Stiftung ihrem Stifter, ob jung oder alt, die Verfolgung einer frei 265 gewählten Lebensaufgabe, wirkt also im wörtlichen Sinne »Aufgaben und Sinn stiftend« unter großzügiger Beteiligung der Allgemeinheit.

aa) Sog. Vermögensstockfreibetrag

266 Ein Stifter oder Zustifter verfügt nach § 10b Abs. 1a S. 1 EStG über einen abzugsfähigen sog. Vermögensstockfreibetrag in Höhe von € 1.000.000 für die Kapitalausstattung anlässlich einer Stiftungsneugründung oder auch bei späteren Zustiftungen. Der Vermögensstockfreibetrag erfasst die Einkommensteuer und Gewerbesteuer und wird nur natürlichen Personen und Personenhandelsgesellschaften, insbesondere also der GmbH & Co. KG, gewährt.

267 Der Spendenabzug beim Stifter setzt voraus, dass dieser im Falle der Auflösung der Stiftung das eingelegte Kapital nicht mehr zurückerlangt; im Regelfall fließt es dann an eine andere, in der Satzung zu benennende gemeinnützige Institution oder an die öffentliche Hand. Begünstigt ist nur eine Spende in den sog. Vermögensstock einer Stiftung. Als Vermögensstock definiert der Gesetzgeber nun »das zu erhaltende Vermögen einer Stiftung«. Als Gegensatz zum Vermögensstock sieht der Gesetzgeber das sog. »verbrauchbare Vermögen einer Stiftung«, für das der Vermögensstockfreibetrag gerade nicht eingreift. Spenden in das verbrauchbare Vermögen sind allenfalls nach als »allgemeiner« Spendenabzug abzugsfähig. Nach der Gesetzesbegründung soll »verbrauchbares Vermögen« solches Vermögen sein, dessen Verbrauch vom Stifter bestimmt oder ermöglicht wurde. Im Gegensatz dazu ist das »zu erhaltende Vermögen« solches Vermögen, das »auf lange Sicht eine solide Basis zur Erfüllung« der Stiftungszwecke aus seinen Erträgen schafft.

268 ▶ Ungeklärt ist jedoch die genaue Abgrenzung zwischen »verbrauchbarem« und »zu erhaltendem« Vermögen einer Stiftung. Die Begrifflichkeiten wurde gleichzeitig mit der zivilrechtlichen Anerkennung von sog. »Verbrauchsstiftungen« eingeführt, ohne jedoch auf die Begrifflichkeiten des Zivilrechts und den dort festgelegten Zeitraum von 10 Jahren zurückzugreifen. Ungeklärt ist zudem, welche in der Praxis auftretenden »Verbrauchsstiftungen« unter die zivilrechtlichen und steuerlichen Begrifflichkeiten fallen. In der Praxis gibt es neben den »klassischen Verbrauchsstiftungen«, deren Vermögen nach der Satzung verbraucht werden »soll«, auch andere Stiftungstypen, die nur für einen begrenzten Zeitraum oder für einen bestimmten (de facto zeitlich begrenzten) Zweck vorgesehen sind, bzw. deren Vermögen teilweise oder z. B. nur in Notfällen für satzungsmäßige Zwecke verbraucht werden darf. Aufgrund der Gesetzesbegründung und der Gesamtschau der zivilrechtlichen Anerkennung von Verbrauchstiftungen mit einer Laufzeit von 10 Jahren, liegt es z. B. nahe, dass der Vermögensstockfreibetrag auch solche Vermögensspenden an Stiftungen in Betracht kommt, die das gespendete Vermögen erst nach Ablauf von 10 Jahren verbrauchen dürfen. Die Finanzverwaltung schränkt dagegen »verbrauchbares Vermögen« nicht auf die Verbrauchsmöglichkeit innerhalb dieser 10 Jahre ein. Empfehlenswert ist daher, die jeweilige Sichtweise im Vorfeld mit der Finanzverwaltung verbindlich abzustimmen. Wegen der unklaren Rechtslage sollte

man sich jedoch auch nicht scheuen, gegen eine ablehnende Haltung der Finanzbehörden gerichtlich vorzugehen.

Der Freibetrag kann genutzt werden für Spenden anlässlich einer Stiftungserrichtung 269
oder auch für spätere Zustiftungen in das Vermögen einer bestehenden Stiftung.

Der Vermögensstockfreibetrag ist eine spezielle Steuerbegünstigung, die nur für Stif- 270
tungen in Betracht kommt, gleich ob diese öffentlich oder privat, rechtsfähig oder nicht rechtsfähig, selbständig oder unselbständig sind. Für Zuwendungen an eine sogenannte Stiftungs-GmbH oder gGmbH (gemeinnützige GmbH) ist dieser Spendenabzug jedoch nicht zulässig.

Dieser Vermögensstockfreibetrag kann pro Stifter oder Zustifter innerhalb eines Zeit- 271
raumes von 10 Jahren nur einmal in Anspruch genommen werden. Über die Verteilung des Abzugsbetrages auf den 10-Jahres-Zeitraum, kann der Zuwendende frei entscheiden, indem er Zeitpunkt und Höhe des erforderlichen Antrags entsprechend ausgestaltet. Ein ungenutzter Vermögensstockfreibetrag ist unbegrenzt vortragsfähig. Nach Ablauf des Zehnjahreszeitraums steht dem Stifter oder Zustifter ein neuer Vermögensstockfreibetrag zu.

Dem Ehepartner des Stifters steht ebenfalls ein eigenständiger Gründungsfreibetrag in 272
voller Höhe zu, den er bei Zustiftungen der Stiftung seines Ehegatten ansetzen kann. Bei zusammenveranlagten Ehegatten erhöht sich der Gründungsfreibetrag für Einkommensteuerzwecke jedoch auf insgesamt € 2.000.000, so dass es für die Ausnutzung eines Freibetrages von € 2.000.000 nicht mehr erforderlich, dass beide Ehegatten eine Stiftung errichten. Die Steuerbegünstigung beschränkt sich primär auf die Einkommensteuer bei natürlichen Personen. Im Körperschaftsteuergesetz findet sich keine entsprechende Regelung. Wird die Stiftung daher durch ein Unternehmen in der Rechtsform der Kapitalgesellschaft errichtet, so kann dieses dem Gründungsfreibetrag weder im Bereich der Körperschaftsteuer noch der Gewerbesteuer in Anspruch nehmen.

▶ Betroffene Kapitalgesellschaften sollten nach maßgeblichen Stimmen in der Fach- 273
literatur die Frage der Verfassungsmäßigkeit dieser Regelung zur gerichtlichen Überprüfung bringen oder versuchen, – zumindest für Gewerbesteuerzwecke – in den Genuss des Vermögensstockfreibetrages zu gelangen, indem sie über eine Personengesellschaft spenden, an der sie beteiligt sind.

Einzelunternehmen und Personengesellschaften dagegen können den Vermögensstock- 274
freibetrag folgerichtig bei der Gewerbesteuer (§ 9 Nr. 5 Satz 5 GewStG) in Abzug bringen; die einkommensteuerliche Auswirkung kommt sodann auf der Ebene der Gesellschafter hinzu.

Für die Gesellschafter der Personengesellschaft gilt selbstverständlich wiederum die Ab- 275
zugsberechtigung natürlicher Personen bei der Einkommensteuer, und zwar in voller Höhe für jeden der beteiligten Gesellschafter, so dass sich der zulässige Vermögensstockfreibetrag mit der Anzahl der Gesellschafter der Personengesellschaft multipli-

ziert. Auf Ebene der Personengesellschaft wird der Vermögensstockfreibetrag aber nur einmal gewährt.

276 ▶ Insbesondere für die Gesellschafter von Personengesellschaften ist daher die Errichtung einer gemeinnützigen Stiftung steuerlich besonders attraktiv.

277 Soweit danach der Vermögensstockfreibetrag durch die Kapitalausstattung der Stiftung bereits ausgeschöpft sein sollte, kann der Stifter den überschießenden Zuwendungsbetrag als Spende im Rahmen der allgemeinen steuerlichen Höchstbeträge ansetzen.

bb) Allgemeiner Spendenabzug

278 Zwar sind laufende Spendenzuwendungen an Stiftungen grundsätzlich als Kosten der privaten Lebensführung einzustufen (§ 12 Nr. 1 Satz 2 EStG). § 10b EStG ermöglicht jedoch die steuerliche Berücksichtigung von Zuwendungen an Stiftungen im Rahmen des Sonderausgabenabzugs insgesamt in erheblichem Maße.

279 Derzeit kann der Stifter einen jährlichen Spendenhöchstbetrag in Höhe von

- 20 v. H. des Gesamtbetrags der Einkünfte oder
- 4 Promille der Summe seiner gesamten Umsätze und der im Kalenderjahr aufgewendeten Löhne und Gehälter

nach § 10b Abs. 1 S. 1 EStG für Spenden an eine gemeinnützige Stiftung in Anspruch nehmen. Entscheidend ist die jeweils höhere Grenze. Werden die Grenzen überschritten kann ein Überhang zeitlich unbegrenzt vorgetragen werden. Die Abzugshöhe richtet sich dann nach den Verhältnissen der folgenden Jahre.

280 Zulässig ist die Zuwendung von Geld oder Sachmitteln, nicht jedoch für Nutzungen und Leistungen (§ 10b Abs. 3 Satz 1 EStG). Zu den Sachmitteln gehören aber auch der Verzicht auf Forderungen aus gewährten Nutzungen und Leistungen, solange die Forderung nicht schon unter der Bedingung des späteren Verzichts eingeräumt wurde.

281 Die Spende ist mit ihrem fortgeführten Anschaffungs- oder Herstellungskosten anzusetzen, es sei denn,

- es handelt um nicht steuerverhaftetes Privatvermögen, dessen Veräußerung im Zeitpunkt der Zuwendung nicht steuerpflichtig wäre (z. B. private Grundstücke nach Ablauf von 10 Jahren). Dann ist der gemeine Wert für die Spende anzusetzen,
- die Zuwendung wurde aus dem Betriebsvermögen entnommen. In diesem Falle ist der Entnahmewert zzgl. etwaiger Umsatzsteuer anzusetzen, also wahlweise der Buchwert oder der gemeine Wert (vgl. § 10b Abs. 3 Satz 2 EStG; Buchwertprivileg gem. § 6 Abs. 1 Nr. 4 Satz 4, 5 EStG).

282 Ist Gegenstand der Spende eine Beteiligung von mindestens 1 % an einer Kapitalgesellschaft, so ist die Spende mit den Anschaffungskosten anzusetzen. Damit soll verhindert werden, dass der Steuerpflichtig beim Spendenabzug stillen Reserven abzieht, die er gar nicht realisiert hat.

b) Ertragsteuerfolgen des Vermögensabganges beim Stifter

aa) Die Übertragung von steuerlichem Privatvermögen auf die steuerbegünstigte Stiftung löst beim Stifter generell keine Besteuerungsfolgen aus. Auch Beteiligungen an Kapitalgesellschaften i. S. d. § 17 EStG, sog. qualifizierte steuerverhaftete Gesellschaftsanteile bilden dabei keine Ausnahme. Die Einbringung der Einzelwirtschaftsgüter aus dem Privatvermögen ermöglicht die Ausstellung einer Spendenbescheinigung (§ 10b EStG, § 9 KStG), der der gemeine Wert des Wirtschaftsguts zugrunde zu legen ist, wenn die Wirtschaftsgüter nicht steuerverhaftet sind, andernfalls die Anschaffungs- oder Herstellungskosten. 283

bb) Zuwendungen aus dem Betriebsvermögen des Stifters, z. B. »seiner« Personengesellschaft gelten als im Zuwendungszeitpunkt in sein Privatvermögen entnommen. Dies löst in Höhe der darin eventuell kumulierten stillen Reserven (Verkehrswert minus Buchwert) im Regelfalle Steuerfolgen beim Stifter aus. Kann er für die Zuwendung den Spendenabzug in Anspruch nehmen, neutralisiert sich diese Steuerbelastung allerdings wieder. Maßgeblich für die Zuwendungsbescheinigung ist in der Regel der gemeine Wert des in das Privatvermögen übernommenen Wirtschaftsgutes. 284

§ 6 Abs. 1 Nr. 4 S. 4 EStG eröffnet dem Stifter stattdessen auch die Möglichkeit, den Gegenstand sofort zum Buchwert aus dem Betriebsvermögen zu entnehmen, sofern die Zuwendung an die Stiftung sich zeitlich unmittelbar an die Entnahme anschließt. Damit erfolgt die Einbringung des Einzelwirtschaftsguts zeitlich quasi »aus dem Betriebsvermögen«; in der Zuwendungsbescheinigung ist demnach der Buchwert festzuhalten. Die Umsatzsteuer die nach § 3 Abs. 1b Satz 1 Nr. 3 UStG mit dem Entnahmevorgang verbunden ist, erhöht den Buchwert und ist in die Zuwendungsbestätigung aufzunehmen. 285

▶ Vorsicht ist angesagt in Hinblick auf »unerkanntes Betriebsvermögen«, also Wirtschaftsgüter, die nur vermeintlich dem Privatvermögen zuzuordnen sind. Wird ein Grundstück des Stifters im Rahmen einer nicht erkannten Betriebsaufspaltung einem seiner Unternehmen zur Nutzung überlassen, so werden sich in aller Regel hinsichtlich der stillen Reserven ertragsteuerliche Folgen ergeben, da das Grundstück durch den Nutzungsverbund zu Betriebsvermögen mutierte. In diesen Fällen lässt sich die Besteuerungsfolge ggf. durch entsprechende Zuwendungsbescheinigungen innerhalb der gesetzlichen Höchstbeträge wieder »reparieren«, jedoch nur soweit es das gespendete Wirtschaftsgut betrifft. »Reparieren« lässt sich daher nicht die Realisierung von stillen Reserven im übrigen Vermögen der »Betriebsaufspaltung«, z. B. für die Anteile an der Betriebskapitalgesellschaft, für die u. U. eine Betriebsaufgabe anzunehmen ist. 286

▶ Vorsicht ist auch geboten bei der Übertragung von Einzelwirtschaftsgütern des Betriebsvermögens, die zuvor zwischen den Betriebsvermögen einer Mitunternehmerschaft und eines Gesellschafters zu Buchwerten »verschoben« wurden (vgl. § 6 Abs. 5 S. 3–6 EStG). Hier gilt eine 7-jährige Sperrfrist. Werden solche Einzelwirtschaftsgütern innerhalb einer Sperrfrist auf eine Stiftung übertragen, ist für die vorherige Übertragung des Wirtschaftsgutes zwischen Mitunternehmerschaft und Ge- 287 sellschafter rückwirkend der gemeine Wert anzusetzen und die stillen Reserven sind zu versteuern. Eine »Reparatur« durch eine Spendenbescheinigung der Stiftung ist dann grds. nicht möglich, da die stillen Reserven nicht bei Übertragung auf die Stiftung aufgedeckt wurden und wenn die Übertragungen in verschiedenen Veranlagungszeiträumen stattgefunden haben.

288 Auf Einzelheiten zur Einbringung von Betrieben, Teilbetrieben oder Anteilen an Kapitalgesellschaften (→ vgl. dort) wird an anderer Stelle ausführlich eingegangen.

2. Ertragsteuerfolgen für die Stiftung

289 Vermögensübertragungen anlässlich der Errichtung der Stiftung oder spätere Zuwendungen auf das Stiftungskapital (Zustiftungen) lösen bei der Stiftung keinerlei ertragsteuerliche Folgen aus, und zwar unabhängig davon, ob das übertragene Vermögen vorher beim Zuwendenden steuerliches Privatvermögen, Betriebsvermögen oder qualifizierte Beteiligungen an Kapitalgesellschaften darstellte.

III. Umsatzsteuerliche Folgen für Stiftung und Stifter

290 Die Zuwendung von Vermögen, sei es als anfängliche Ausstattung oder nachfolgende Zustiftung oder in der Form der Spende ist definitionsgemäß ein freigebiger Akt, der keine Gegenleistung gegenüber steht. Infolge des fehlenden Leistungsaustausches ist der Vorgang weder beim Stifter oder dem Zuwendenden noch bei der Stiftung selbst mit Umsatzsteuer verbunden.

291 Etwas anderes gilt aber für Wirtschaftsgüter, die der Stifter im Rahmen seines umsatzsteuerlichen Unternehmens angeschafft oder hergestellt hat und bei dessen Anschaffung oder Herstellung er zum vollen oder teilweisen Vorsteuerabzug berechtigt war. Dann muss der Stifter die Zuwendung als Wertabgabe nach § 3 Abs. 1a UStG versteuern.

IV. Grunderwerbsteuer

292 Für nicht steuerbegünstigte Stiftungen bestehen keine Ausnahmen vom allgemeinen Besteuerungsgrundsatz.

293 Für Übertragungen von Grundvermögen auf gemeinnützige Stiftungen, anlässlich der Stiftungserrichtung oder später, gilt dagegen die Steuerbefreiung des § 3 Nr. 2 GrEStG. Danach fällt keine Grunderwerbsteuer an, wenn und soweit die Grundstücke unentgeltlich auf die Stiftung übergehen. Bei teilentgeltlicher oder vollentgeltlicher Übertragung ist allerdings auch die gemeinnützige Stiftung insoweit einem »normalen« Steuerpflichtigen gleichgestellt. Entgelt kann dabei alles sein, was sich als Gegenleistung für das übernommene Grundvermögen zeigt, z.B. die Übernahme von Teilen der Grundstücksfinanzierung, die Einräumung von Rechten oder ähnliche Vorgänge. Bemessungsgrundlage für die Grunderwerbsteuer ist der Wert der Gegenleistung, bei teilentgeltlichen Vorgängen ist nach den allgemeinen Besteuerungsgrundsätzen für Teilschenkungen aufzuteilen.

V. Sonderfälle der Übertragung von Wirtschaftsgütern auf Stiftungen

1. Die Einbringung von Betrieben und Teilbetrieben

Die Einbringung von Betrieben und Teilbetrieben führt bei steuerpflichtigen Stiftungen wegen § 6 Abs. 3 S. 1 EStG nicht zur Aufdeckung und Besteuerung stiller Reserven. 294

Erfolgt die Übertragung auf eine gemeinnützige Stiftung, ist der Vorgang ebenfalls steuerlich neutral. Die steuerbegünstigte Stiftung führt den Teilbetrieb oder Betrieb als steuerpflichtigen wirtschaftlichen Geschäftsbetrieb fort, hat also Körperschaft- und Gewerbesteuer zu entrichten, es sei denn, es handelt sich bei ihr gerade um einen Zweckbetrieb. 295

Entsprechendes gilt bei der Einbringung von Mitunternehmeranteilen in Stiftungen, die bei der Stiftung aber immer dann einen wirtschaftlichen Geschäftsbetrieb bilden, wenn es sich nicht um Anteile an bloß gewerblich geprägten Personengesellschaften handelt. 296

Die Ausstellung einer Spendenbescheinigung an den Zuwendenden ist in den vorgenannten Fällen möglich. Die Spende ist mit dem Buchwert des steuerlichen Eigenkapitals auf der Zuwendungsbestätigung anzusetzen. Da es sich bei der Übertragung einer betrieblichen Einheit in der Regel um eine Geschäftsveräußerung im Ganzen oder um eine steuerfreie Übertragung von Gesellschaftsanteilen handeln sollte, fällt keine Umsatzsteuer an, die bescheinigt werden könnte. 297

2. Beteiligungen an Kapitalgesellschaften

Im Fall steuerpflichtiger Stiftungen ist die Einbringung von Geschäftsanteilen aus dem Privatvermögen steuerlich neutral, während die Einbringung aus dem Betriebsvermögen als Entnahme stets zur Aufdeckung der stillen Reserven führt. 298

Bringt der Stifter oder Spender dagegen Anteile an Kapitalgesellschaften in die steuerbegünstigte Stiftung ein, handelt es sich nicht um einen Veräußerungsvorgang. Die Aufdeckung und Besteuerung der stillen Reserven beim Zuwendenden unterbleibt demzufolge. Dies gilt generell für Anteile, die sich im Privatvermögen befinden, insbesondere auch für steuerbehaftete Anteile mit einem Kapitalanteil ab 1 v. H. im Sinne des § 17 EStG, d. h. auch deren Übertragung ist ohne ertragsteuerliche Folgen beim Stifter möglich. 299

Die Stiftung stellt eine Spendenbescheinigung aus, die die Anschaffungskosten der eingebrachten Beteiligung ausweist, es sei denn, es handelt sich um nicht steuerverhaftete Anteile an einer Kapitalgesellschaft, z. B. solche die vor dem 01.01.2009 vom Stifter erworben wurden und die nicht unter § 17 EStG fallen; für solche nicht verhafteten Anteile ist der gemeine Wert zu bescheinigen. 300

Erfolgte die Übertragung der Geschäftsanteile allerdings aus dem Betriebsvermögen des Zuwendenden zum Buchwert, so ist Grundlage für die Spendenbescheinigung lediglich der Buchwert (§ 6 Abs. 1 Nr. 4 Satz 4 EStG). 301

C. Laufende Besteuerung gemeinnütziger Stiftungen

I. Ertragsteuern

1. Besteuerungsgrundsätze

302 Im Gegensatz zur lediglich eingegrenzten Besteuerungspflicht von Stiftungen des öffentlichen Rechts (→ s. dort) sind Stiftungen des privaten Rechts generell der Besteuerung unterworfen. Stiftungen sind also zunächst einmal unbeschränkt steuerpflichtig, wenn Sie ihren Sitz oder ihre Geschäftsleitung im Inland haben (§ 1 Abs. 1 Nr. 4 KStG).

a) steuerpflichtige Stiftungen

303 Steuerpflichtige Stiftungen werden mit Ihrem Jahresgewinn oder Jahresüberschuss zur Körperschaftsteuer herangezogen und mit Solidaritätszuschlag belegt.

304 Unterhält die Stiftung zusätzlich noch einen wirtschaftlichen Geschäftsbetrieb, so unterliegt sie insoweit auch der Gewerbesteuer (§ 2 Abs. 3 GewStG). Land- und forstwirtschaftliche Betriebe werden in diesem Zusammenhang aber nicht der Besteuerung unterworfen. Unerheblich ist dabei ebenso, ob die Stiftung am allgemeinen wirtschaftlichen Verkehr teilnimmt, d. h. nach außen gerichtete unternehmerische Tätigkeiten zeigt, oder ob die Stiftung überhaupt mit Gewinnerzielungsabsicht (§ 14 S. 2 AO) handelt.

b) steuerbegünstigte Stiftungen

305 Der Grundsatz der Steuerpflicht findet auf die gemeinnützige Stiftung für ertragsteuerliche Zwecke insoweit keine Anwendung, als die Stiftung ihre steuerbegünstigten Zwecke verfolgt. Voraussetzung für die Steuerfreiheit ist in diesem Zusammenhang, dass sie nach der Satzung, Stiftungsgeschäft und nach der tatsächlichen Geschäftsführung gemeinnützigen, mildtätigen oder kirchlichen Zwecken dient und die Zweckverfolgung ausschließlich und unmittelbar durch die Stiftung erfolgt (§ 5 Abs. 1 Nr. 9 S. 1 KStG, § 3 Nr. 6 S. 1 GewStG, § 3 Abs. 1 Nr. 3b, 4 Nr. 6 GrStG).

306 Die Frage nach der Steuerpflicht auch der gemeinnützigen Stiftung kann dabei entsprechend den jeweiligen Tätigkeitsbereichen einer Stiftung unterschiedlich zu beantworten sein. Eine Stiftung bleibt auch im Falle ihrer Steuerbefreiung noch insoweit steuerpflichtig, als sie einen wirtschaftlichen Geschäftsbetrieb unterhält (§ 14 S. 1, 2 AO, § 5 Abs. 1 Nr. 9 S. 2 KStG, § 3 Nr. 6 S. 2 GewStG), der über den steuerbegünstigten Zweckbetrieb (→ vgl. dort) hinausgeht (§§ 65–68 AO). Besteuerungssubjekt ist und bleibt aber ausschließlich die Stiftung, nicht etwa der wirtschaftliche Geschäftsbetrieb oder die Zusammenfassung mehrerer solcher Geschäftsbetriebe.

307 Neben die Verpflichtung zur Körperschaftsteuer (zzgl. Solidaritätszuschlag) tritt im Falle des wirtschaftlichen Geschäftsbetriebes, der nicht Zweckbetrieb ist, ggf. die Gewerbesteuer.

c) Beginn und Ende der Steuerpflicht bei steuerbegünstigten Stiftungen

Die Steuerpflicht beginnt mit der Aufnahme der Tätigkeit des wirtschaftlichen Geschäftsbetriebes, der kein Zweckbetrieb ist, oder mit dem Zeitpunkt, zu dem er aus einer anderen Organisationsform, z. B. Vermögensverwaltung, zu einem solchen wirtschaftlichen Geschäftsbetrieb »mutiert«. Eine Anfangsbilanz ist nur dann erforderlich, wenn die Stiftung »bilanziert« (§ 13 Abs. 2 KStG). Für die Bilanzansätze des »Mutanten« gelten die Sonderbestimmungen des § 13 Abs. 4 S. 2 KStG, wonach abschreibbare Wirtschaftsgüter mit den abgeschriebenen Werten in der Anfangsbilanz anzusetzen sind. 308

Die Steuerpflicht endet mit der Aufgabe, der »Rückverwandlung« i. S. d. §§ 13, 5 Abs. 1 Nr. 9 KStG oder der Veräußerung des betreffenden wirtschaftlichen Geschäftsbetriebes. Auf diesen Zeitpunkt ist stets, auch bei »Nicht-Bilanzierern«, eine Schlussbilanz aufzustellen (§ 13 Abs. 1, 3 KStG); stille Reserven werden dabei realisiert, d. h. besteuert. Eine Ausnahme besteht nach § 13 Abs. 4 KStG für die partiell steuerpflichtigen Stiftungen, deren wirtschaftliche Geschäftsbetriebe in die Steuerfreiheit zurückwechseln. Wird also aus einem steuerpflichtigen wirtschaftlichen Geschäftsbetrieb wieder ein Zweckbetrieb, erstreckt sich die Steuerbefreiung auch wieder auf diesen Bereich. Hier erlaubt das Gesetz (§ 13 Abs. 4 S. 1 KStG) eine sog. Buchwertverknüpfung, d. h. es kommt nicht zu einem steuerpflichtigen Aufgabegewinn für Wirtschaftsgüter, die einem spendenbegünstigten Zweck gem. § 9 Abs. 1 Nr. 2 KStG dienen. Die Buchwertregelung ist dabei weit auszulegen und findet – auch nach Auffassung der Finanzverwaltung – auf Wechselvorgänge zwischen wirtschaftlichen Geschäftsbetrieben und dem Bereich der Vermögensverwaltung ebenfalls Anwendung, da besondere Härten für die steuerbegünstigte Körperschaft vermieden werden sollten. 309

Die an Beginn und Ende geknüpften Besteuerungsfolgen gelten entsprechend in den Fällen, in denen lediglich ein Teil der wirtschaftlichen Einheiten den Wechsel vollzieht (§ 13 Abs. 5 KStG). 310

2. Körperschaftsteuer und Gewerbesteuer

Will der Stifter erreichen, dass die Stiftung von der Steuer befreit ist, muss sie gemeinnützige Zwecke verfolgen. Sie ist sodann sowohl von der Körperschaftsteuer als auch von der Gewerbesteuer befreit (§ 5 Abs. 1 Nr. 9 S. 1 KStG, § 3 Nr. 6 S. 1 GewStG). 311

Verfügt die gemeinnützige Stiftung allerdings über einen oder mehrere wirtschaftliche Geschäftsbetriebe, beschränkten sich in diesem Fall die ertragsteuerlichen Folgen auf eben diese »steuerschädlichen« wirtschaftlichen Geschäftsbetriebe. Es liegt ein Fall der sog. partiellen Steuerpflicht vor. Zweckbetriebe sind nicht einzubeziehen, da sie, wie die Stiftung selbst, für Zwecke der Ertragsbesteuerung als steuerbegünstigt gelten. 312

Die Besteuerungsfolgen für den wirtschaftlichen Geschäftsbetrieb entsprechen im Grundsatz denen eines jeden anderen wirtschaftlich tätigen Unternehmens; d. h. er erzielt i. d. R. Einkünfte aus Gewerbebetrieb i. S. d. §§ 2 Abs. 1 Nr. 2, 15 EStG. Auf die Ausnahmesituation selbst bewirtschafteter, steuerfreier Forstbetriebe gem. § 5 Abs. 1 Nr. 9 S. 3 KStG kann an dieser Stelle nur hingewiesen werden. Mehrere steuerpflich- 313 tige wirtschaftliche Geschäftsbetriebe werden, wie bereits dargestellt, als ein einheitlicher steuerpflichtiger wirtschaftlicher Geschäftsbetrieb behandelt.

314 Auf den wirtschaftlichen Geschäftsbetrieb ist eine der beiden steuerlichen Gewinnermittlungsmethoden (→ vgl. dort) anzuwenden, soweit das Gesetz z. B. aufgrund bestimmter Größenkriterien keine eindeutige Anweisung trifft.

315 Zu den Besonderheiten der Gewinnermittlung wirtschaftlicher Geschäftsbetriebe gehören:

- Gewinnpauschalierungen bei der Altmaterialverwertung (§ 64 Abs. 5 AO), und
- Gewinnschätzungen für bestimmte, abschließend aufgeführte Tätigkeiten (§ 64 Abs. 6 AO), insbesondere für Werbeeinnahmen im Zusammenhang mit gemeinnützigen Tätigkeiten einschließlich Zweckbetrieben.

316 Der Ausgleich von Verlusten im wirtschaftlichen Geschäftsbetrieb (→ vgl. dort) ist streng begrenzt.

317 Die Bildung von »Rücklagen« im wirtschaftlichen Geschäftsbetrieb (→ vgl. dort) ist letztlich im Rahmen kaufmännischer Notwendigkeiten zulässig und mindert den steuerpflichtigen Gewinn. Eine Besonderheit besteht hinsichtlich der Zuordnung von Ausgaben, die sowohl den steuerbegünstigten als auch den steuerpflichtigen Bereich betreffen. Sog. gemischte Kosten sind insgesamt dem Bereich zuzuordnen, der den primären Anlass dafür geliefert hat, es sei denn, eine Aufteilung könnte anhand objektiver Maßstäbe gewonnen werden; hierfür kommen insbesondere zeitliche Gesichtspunkte in Betracht.

318 ▶ Diese Regelung sollte es in der Praxis erlauben, eine Zuordnung unter dem Gesichtspunkt der direkten Kostenzuordnung (Einzelkosten) verbunden mit einer objektiv belegten Aufteilung der Gemeinkosten zu erreichen.

319 Eine Besteuerungsfolge tritt aber nur dann ein, wenn die jährliche Freigrenze von € 35.000 überschritten wird (§ 64 Abs. 3 AO). Maßgebend für die Einhaltung der Freigrenze sind die kumulierten Einnahmen aus allen wirtschaftlichen Geschäftsbetrieben (jedoch ohne Zweckbetriebe) zuzüglich der Umsatzsteuer. Da es sich um eine steuerliche Freigrenze handelt, ist ein auch nur geringfügiges Überschreiten schädlich; d. h. die gesamten Einnahmen sind in diesem Falle »ab dem 1. Euro« der Besteuerung zu unterwerfen. Es steht dann nur noch ein Freibetrag (Abzugsbetrag) von € 5.000 gem. § 24 S. 1 KStG zur Verfügung. Je nach der von der Stiftung angewandten Gewinnermittlungsmethode kann es dabei zu unterschiedlichen Ergebnissen kommen. Erfolgt die Ergebnisermittlung auf der Basis einer Überschussrechnung, zählen nur die im Kalenderjahr tatsächlich zugeflossenen Einnahmen. Ermittelt die Stiftung dagegen die Ergebnisse durch Erstellung einer Bilanz sowie einer Gewinn- und Verlustrechnung im Rahmen des Betriebsvermögensvergleiches gem. §§ 4, 5 EStG, sind die danach realisierten Erlöse maßgeblich.

320 Soweit die Stiftung danach mit ihren wirtschaftlichen Geschäftsbetrieben partiell körperschaftsteuerpflichtig ist, ist ein Steuersatz in Höhe von 15 v. H. für steuerpflichtige

Einkünfte zuzüglich Solidaritätszuschlag anzusetzen. Daneben fällt Gewerbesteuer bei einem Gewerbeertrag von mehr als € 5.000 an (§ 11 Abs. 1 S. 3 Nr. 2 GewStG).

»Transferiert« der steuerpflichtige wirtschaftliche Geschäftsbetrieb seinen Gewinn in den 321 ideellen Bereich der Stiftung, liegt darin nicht etwa eine steuerlich abzugsfähige Spende i. S. d. § 9 Abs. 1 Nr. 2 KStG, sondern es handelt sich grds. um kapitalertragsteuerpflichtige Einkünfte der Stiftung, soweit bestimmte Umsatz- und Gewinngrenzen überschritten werden und die Gewinne nicht in gemeinnützigkeitsrechtlich anzuerkennende Rücklagen beim Geschäftsbetrieb eingestellt werden (§ 20 Abs. 1 Nr. 10b S. 4 EStG, § 43 S. 1 Abs. 1 Nr. 7c EStG; Steuersatz 15 % vgl. § 43a Abs. 1 S. 1 Nr. 2 EStG). Der Einbehalt und die Abführung der Kapitalertragsteuer kann jedoch regelmäßig unterbleiben bei Existenz einer Dauerüberzahlerbescheinigung NV 2 B oder einer Gemeinnützigkeitsbescheinigung, die für einen der letzten fünf zurückliegenden Veranlagungszeiträume gilt (vgl. § 44a Abs. 7 EStG). Sofern eine entsprechende Bescheinigung nicht rechtzeitig vorgelegt und Kapitalertragsteuer einbehalten wurde, wird zur Vermeidung von sachlichen Härten die Kapitalertragsteuer auf Antrag der betroffenen Stiftung von dem für sie zuständigen Finanzamt erstattet. Im Ergebnis führt dann der »Gewinntransfer« zu einer steuerlich unbeachtliche Mittelverwendung im den steuerbegünstigten Bereich desselben Steuerpflichtigen, also handelt es sich dann um einen reinen Innenvorgang.

3. Erträge aus Beteiligungen an Kapitalgesellschaften u.a.

a) Erträge in den steuerbegünstigten Bereichen

Gehört eine Beteiligung an einer steuerpflichtigen Kapitalgesellschaft nicht zu einem 322 wirtschaftlichen Geschäftsbetrieb der Stiftung sondern zu einem Zweckbetrieb oder zur Vermögenssphäre, findet kein Veranlagungsverfahren statt. Der Steuerabzug hat auf Ebene der Stiftung Abgeltungswirkung (§ 32 Abs. 1 Nr. 1 KStG), es findet also keine Nachbelastung statt.

Die Vorbelastung der Erträge mit Kapitalertragsteuer von 26,375 v. H. (§ 43a Abs. 1 323 Nr. 1 EStG, § 4 S. 1 SolzG) kann die Stiftung durch ein Erstattungsverfahren bzw. durch eine Abstandnahme vom Kapitalertragsteuerabzug vermeiden. Der Gesetzgeber hat für steuerbegünstigte Körperschaften beginnend mit 2004 und 2005 schrittweise erweiterte Abstandnahmen vom Kapitalertragsteuerabzug eingeführt (§ 44a Abs. 7 S. 1 Nr. 1, S. 2, Abs. 8 S. 1 Nr. 1, S. 2, Abs. 10 S. 1 Nr. 3 und 4 EStG).

Im Wesentlichen findet eine vollständige oder teilweise Abstandnahme vom Kapital- 324 ertragsteuereinbehalt für folgende Einkünfte statt:

- Beteiligungserträge aus GmbH-Anteilen,
- Erträge aus Wandelanleihen, Genussrechten und Gewinnobligationen,
- Beteiligungserträge aus stillen Gesellschaften und partiarischen Darlehen,
- Beteiligungserträge von Aktiengesellschaften und
- Erträge aus Anteilen an Erwerbs- oder Wirtschaftsgenossenschaften.

Die Abstandnahme vom Steuereinbehalt setzt die Vorlage einer noch gültigen sog. NV- 325 2-Bescheinigung durch die Stiftung voraus, die den steuerbegünstigten Status der Stiftung bescheinigt (§ 44a Abs. 7 S. 2 u. 3, Abs. 4 EStG). Sofern eine entsprechende Bescheinigung nicht rechtzeitig vorgelegt und Kapitalertragsteuer einbehalten wurde, wird zur Vermeidung von sachlichen Härten die Kapitalertragsteuer auf Antrag der betroffenen Stiftung von dem für sie zuständigen Finanzamt erstattet.

326 Die Stiftung bleibt im Ergebnis von Kapitalertragsteuer unbelastet.

b) Erträge im steuerpflichtigen wirtschaftlichen Geschäftsbetrieb

327 aa) Kapitalerträge, die einem steuerpflichtigen wirtschaftlichen Geschäftsbetrieb zuzuordnen sind, werden steuerlich im Veranlagungsverfahren erfasst, wenn die Einnahmen des steuerpflichtigen Bereichs der Stiftung im Wirtschaftsjahr € 35.000 übersteigen. Eine Abstandnahme vom Kapitalertragsteuerabzug oder die Erstattung der Kapitalertragsteuer scheidet damit aus. Vorbelastungen mit Kapitalertragsteuer und Zinsabschlagsteuer werden auf die Körperschaftsteuer angerechnet.

328 Ist die Beteiligung bei der Stiftung nicht der steuerbegünstigten Sphäre sondern einem wirtschaftlichen Geschäftsbetrieb zuzuordnen, sind die Erträge aus der Beteiligung an einer inländischen Kapitalgesellschaft gem. § 8b Abs. 1 S. 1 KStG grundsätzlich steuerfrei. Nur jeweils 5 v. H. der Dividende sind allerdings nach § 8b Abs. 3 S. 1 KStG als Gewinn zu versteuern. Die Steuerbefreiung nach § 8b Abs. 1 KGR greift nicht ein, wenn die Stiftung zu weniger als 10 % an der Kapitalgesellschaft beteiligt ist. Für die Gewerbesteuer gilt entsprechendes für Beteiligungen von unter 15 %. Kommt es infolge der Freistellung zu Anrechnungsüberhängen (KapESt größer KöSt), ist die entrichtete Kapitalertragsteuer daher der Stiftung im Rahmen des Veranlagungsverfahrens wieder zu erstatten. Eine NV-3-Bescheinigung kann dafür grundsätzlich nicht erteilt werden.

329 bb) Liegen die Einnahmen der steuerpflichtigen wirtschaftlichen Geschäftsbetriebe unterhalb der Freigrenze von € 35.000 oder unterhalb des Freibetrages von € 5.000 (§ 24 KStG), so findet kein Veranlagungsverfahren statt (§ 64 Abs. 3 AO). Dies bedeutet hinsichtlich der Vorbelastung mit Kapitalertragsteuer entweder die Abstandnahme vom Kapitalertragsteuerabzug oder deren Erstattung (§§ 31 Abs. 1 KStG, 44a Abs. 2 Nr. 2 EStG). Beides erfordert die Vorlage der NV-3-Bescheinigung.

330 An die Stelle der Kapitalertragsteuerbelastung tritt die individuelle Steuerbelastung der Gesamtheit aller wirtschaftlichen Einheiten.

4. Veräußerungsgewinnbesteuerung

a) Veräußerung im steuerpflichtigen wirtschaftlichen Geschäftsbetrieb

331 Für die Veräußerung von Anteilen an Kapitalgesellschaften aus dem steuerpflichtigen wirtschaftlichen Geschäftsbetrieb gelten die allgemeinen Besteuerungsregeln. Diese Anteile gelten als im wirtschaftlichen Geschäftsbetrieb der Stiftung entstanden und führen zu einem steuerpflichtigen Veräußerungsgewinn. Gem. § 8b Abs. 2 S. 1 KStG unterliegt die Anteilsveräußerung aber nicht mehr der Körperschaftsteuer mit Ausnahme eines Anteils von 5 v. H., die als fiktive nichtabzugsfähige Betriebsausgaben der Besteuerung zu unterwerfen sind (§ 8b Abs. 3 KStG).

Seit 2009 unterliegen auch sämtliche Veräußerungsgewinne aus Aktien, die von einem inländischen Kredit-, Finanzdienstleistungs- oder Wertpapierhandelsinstitut oder einer inländischen Wertpapierhandelsbank verwahrt werden, ebenfalls der Kapitalertragsteuer. Eine Abstandnahme vom Steuerabzug ist jedoch nur bei Vorlage einer sog. Dauerüberzahlerbescheinigung (NV 2 B) möglich (§ 44a Abs. 5 EStG), als nur in Fällen, wenn die auf die gesamte festzusetzende Körperschaftsteuer höher wäre als die Kapitalertragsteuer. Wegen § 8b Abs. 2 KStG kann dies auch bei Beteiligungen im wirtschaftlichen Geschäftsbetrieb der Fall sein. 332

b) Veräußerung im Bereich der Vermögensverwaltung

Veräußert die Stiftung Anteile an Kapitalgesellschaften aus dem Bereich ihrer Vermögensverwaltung, bleibt dieser Vorgang grundsätzlich steuerfrei. Wie auch bei der Veräußerung einzelner Vermögensgegenstände, z. B. Immobilien, Kunstwerke etc., begründet dies für die Stiftung keine gewerbliche Tätigkeit, sondern einen Umschichtungsvorgang innerhalb der Vermögensverwaltung. Aber auch hier unterliegen Veräußerungsgewinne aus depotverwahrten Aktien der Kapitalertragsteuer. Eine Abstandnahme vom Kapitalertragsteuerabzug bzw. eine Erstattung einbehaltener Steuer ist wiederum durch Vorlage einer NVB-Bescheinigung möglich (§ 44a Abs. 4 EStG). 333

Die Steuerbefreiung gilt nicht, soweit es sich um sog. alt-einbringungsgeborene Anteile handelt, die im Gegenzug zur Einbringung eines Betriebes, Teilbetriebes oder Mitunternehmeranteils ausgegeben wurden (§ 20 Abs. 1 UmwStG 1995). Diese Anteile entstehen meist aus der Auslagerung eines wirtschaftlichen Geschäftsbetriebes auf eine steuerpflichtige Tochtergesellschaft zu Buchwert oder einem Zwischenwert (§§ 20 Abs. 2 u. 4, 21. Abs. 1 UmwStG 1995). Sie bleiben wegen ihrer unversteuerten stillen Reserven weiterhin »steuerverstrickt«, d. h. sie durchbrechen die allgemeine Steuerfreiheit der gemeinnützigen Stiftung. Diese Anteile bilden – so die plastische Formulierung der Fachliteratur – »auch weiterhin einen latenten wirtschaftlichen Geschäftsbetrieb« mit entsprechendem steuerlichen Schicksal (§ 21 Abs. 3 Nr. 2 UmwStG 1995). Die Besteuerungsfolge gilt für alt-einbringungsgeborene Anteile, auch nach Inkrafttreten des UmwStG unbegrenzt fort (§ 27 Abs. 3 Nr. 3 UmwStG 2006). Erfolgt die Veräußerung jedoch nach einer Sperrfrist von sieben Jahren nach der Einbringung, ist der Veräußerungsgewinn zu 95 % steuerfrei (§ 8b Abs. 2, Abs. 4 S. 2 a. F. KStG). Die Besteuerungsfolge erfasst jedoch nicht das laufende Ergebnis, also die Beteiligungserträge, die steuerbefreit bleiben, sondern lediglich einen Veräußerungsgewinn auf die Anteile selbst. 334

Mit Einführung des UmwStG 2006 hat es insoweit einen Paradigmenwechsel gegeben, als bei neu-einbringungsgeborenen Anteilen nach neuem Recht nicht mehr allein der Gewinn aus der Veräußerung der einbringungsgeborenen Anteile versteuert wird. Solche neu-einbringungsgeborenen Anteile sind grds. solche, die im Gegenzug zur Einbringung eines Betriebes, Teilbetriebes oder Mitunternehmeranteils nach dem 12.12.2006 ausgegeben wurden und bei denen der Einbringungsvorgang aus Sicht der Stiftung unter dem gemeinen Wert angesetzt wurde. Veräußert die Stiftung die einbringungsgeborene Anteile innerhalb eines Zeitraums von sieben Jahren, muss sie rückwirkend den Einbringungsvorgang nachversteuern und zwar zum gemeinen Wert (sog. Einbringungsgewinn I, 335

§ 22 Abs. 1 UmwStG 2006). Entsprechendes gilt für bestimmte Tatbestände, die einer Veräußerung gleichgestellt sind (§ 22 Abs. 1 S. 6 Nr. 1–5 UmwStG 2006, u. a. verdeckte Einlage oder Auflösung der gehaltenen Kapitalgesellschaft). Der zu versteuernde Einbringungsgewinn I wird jedoch um jeweils ein Siebtel für jedes seit dem Einbringungszeitpunkt abgelaufene Jahr abgeschmolzen. Entsprechend kommt es auf Antrag der übernehmenden Gesellschaft zu einer Aufstockung der Anschaffungskosten des eingelegten Betriebsvermögens (§ 23 Abs. 2 UmwStG 2006).

336 Darüber hinaus gilt auch der Gewinn aus der Veräußerung der erhaltenen Anteile als im wirtschaftlichen Geschäftsbetrieb der Stiftung angefallen (§ 22 Abs. 4 Nr. 2 UmwStG). Dieser Gewinn ist dann zu versteuern aber nach § 8b Abs. 2, 3 KStG de facto zu 5 % steuerpflichtig. Der Veräußerungsgewinn ist aber u. U. nach § 20 Abs. 1 Nr. 10b EStG kapitalertragsteuerpflichtig (Steuerabzug 15 %, §§ 43 Abs. 1 Nr. 7c, 43a Abs. 1 S. 1 Nr. 2 EStG), was jedoch wegen Existenz der Gemeinnützigkeitsbescheinigung oder ggfs. einer Freistellungsbescheinigung abgewendet werden sollte (§ 44a Abs. 7 EStG).

337 Eine Veräußerung nach Ablauf der 7-Jahressperrfrist führt hingegen weder zu einer Einbringungsgewinnbesteuerung noch zu einer Besteuerung nach § 8b Abs. 2, 3 KStG, letzteres jedoch nur, sofern die erhaltenen Anteile nicht selbst in einem wirtschaftlichen Geschäftsbetrieb der Stiftung gehalten werden.

c) Veräußerung des wirtschaftlichen Geschäftsbetriebes

338 Veräußert die Stiftung dagegen unmittelbar den wirtschaftlichen Geschäftsbetrieb selbst, z. B. einen Anteil an einer Personenhandelsgesellschaft oder GmbH-Anteile mit erhöhter Einflussnahmemöglichkeit, unterliegt dieser Vorgang ebenfalls den normalen Besteuerungsfolgen.

II. Umsatzsteuer

339 Circa 80 v. H. der Rechtstreitigkeiten im Gemeinnützigkeitsrecht finden im Rahmen des Umsatzsteuerrechts statt.

340 Unabhängig davon, ob eine Stiftung steuerpflichtig oder steuerbefreit ist, gelten für sie für Zwecke der Umsatzsteuer zunächst die allgemeinen Regeln. Für die Frage der Umsatzsteuerbarkeit kommt es somit auf die Unternehmereigenschaft der Stiftung an und nicht auf die Beurteilung als gemeinnützig.

- Nicht umsatzsteuerrelevant sind alle Vorgänge außerhalb eines Leistungsaustausches, so z. B. Zuwendungen, Spenden oder Zustiftungen.
- Mehrere unternehmerische Bereiche einer Stiftung werden umsatzsteuerlich als ein Unternehmen behandelt.
- Das Unternehmen der steuerbegünstigten Stiftung kann aus einem wirtschaftlichen Geschäftsbetrieb bestehen – und zwar auch dann, wenn die Stiftung ertragsteuerlich mehrere verschiedene wirtschaftliche Geschäftsbetriebe unterhält (Steuersatz 19 v. H.) – und aus anderen Bereichen (ermäßigter Steuersatz 7 v. H.). Für alle nicht steuerbegünstigten Stiftungen bleibt es beim Regelsteuersatz von 19 v. H., es sei

denn, es griffe eine allgemeine, für alle Unternehmer gleichmäßig geltende Steuerermäßigung gem. § 12 Abs. 2 UStG ein.

- Bei Vermögensverschiebungen zwischen den verschiedenen Vermögensbereichen der Stiftung kann es gem. § 3 Abs. 1b, Abs. 9a UStG zu unentgeltlichen Wertabgaben kommen, die umsatzsteuerpflichtig sind.
- Für wirtschaftliche Geschäftsbetriebe gibt es umsatzsteuerliche Erleichterungen nach den allgemeinen Vorschriften, z. B. Kleinunternehmer § 19 UStG.
- Ein Vorsteuerabzug ist nur im unternehmerischen Bereich der Stiftung möglich.
- Steuerbegünstigte Stiftungen können außerhalb eines wirtschaftlichen Geschäftsbetriebes die Vorsteuerpauschalierung nach Durchschnittssätzen gem. § 23a UStG in Anspruch nehmen.
- Eine nichtbuchführungspflichtige gemeinnützige Stiftung deren Vorjahresumsatz unter € 35.000 lag, kann einen Vorsteuerabzug pauschal mit 7 v. H. der steuerpflichtigen Umsätze geltend machen. Damit kommt es für die Bereiche der steuerpflichtigen Vermögensverwaltung und ggf. der Zweckbetriebe letztlich zu einer vollständigen Umsatzsteuerentlastung.

1. Unternehmersphäre

Die Verpflichtung zur Umsatzsteuer kann sich für die Stiftung daher ausschließlich aus 341
der unternehmerischen Sphäre ergeben. Die unternehmerische Sphäre ist gekennzeichnet durch einen Leistungsaustausch. In Betracht kommen hierfür ein steuerpflichtiger wirtschaftlicher Geschäftsbetrieb (→ vgl. dort) der Stiftung, ein Zweckbetrieb (→ vgl. dort) oder bestimmte Vorgänge der Vermögensverwaltung.

Davon zu unterscheiden sind die nichtunternehmerische Sphäre der Stiftung, insbeson- 342
dere also ihr ideeller Bereich und diejenigen Vorgänge der Vermögensverwaltung, die sich lediglich in der Anlage der Stiftungsmittel realisieren. Diese nichtunternehmerische Sphäre ist dadurch gekennzeichnet, dass kein Leistungsaustausch stattfindet.

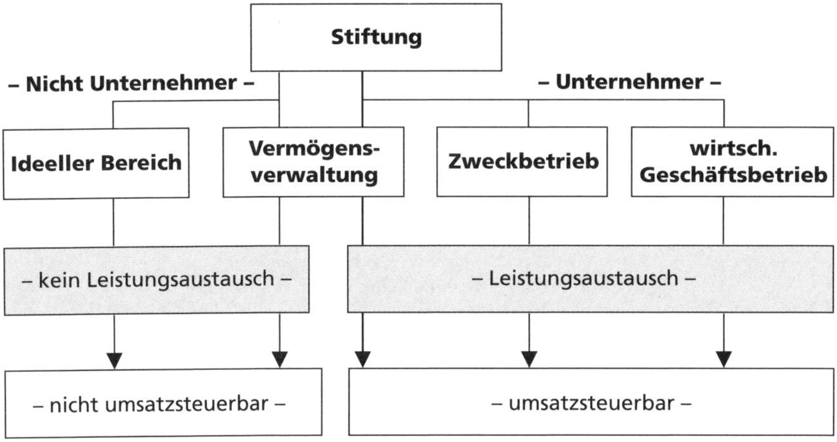

343 Erbringt eine Stiftung entgeltliche Lieferungen oder sonstige Leistungen, folgt daraus die Umsatzsteuerbarkeit dieser Leistungen (§ 1 Abs. 1 Nr. 1 UStG), und zwar auch für gemeinnützige Stiftungen.

344 Für die Unternehmereigenschaft der Stiftung ist es unerheblich, ob die Stiftung in der Absicht tätig wird, Gewinn zu erzielen oder nicht, da es für die Frage der Umsatzsteuer ausreichend ist, dass die Stiftung eine gewerbliche Tätigkeit zur Erzielung von Einnahmen ausübt und dabei selbständig handelt. Auch im Falle mehrerer solcher Tätigkeiten, z. B. in Form eines steuerpflichtigen wirtschaftlichen Geschäftsbetriebs neben einem Zweckbetrieb, wäre die Stiftung ein einheitliches umsatzsteuerliches Unternehmen, aus dem allerdings der nichtunternehmerische Bereich ausgeklammert ist.

2. Lieferungen, sonstige Leistungen, Wertabgaben

345 Für den unternehmerischen Bereich der Stiftung gelten die allgemeinen umsatzsteuerlichen Vorschriften, insbesondere die Befreiungsvorschriften des § 4 UStG. Sofern eine Stiftung daher steuerbare Leistungen erbringt, die unter § 4 UStG fallen, sind diese Leistungen umsatzsteuerfrei:

§ 4 Nr. 12a) UStG	Vermietung und Verpachtung von Grundstücken
§ 4 Nr. 9a) UStG	Veräußerung von Grundstücken (einschl. Gebäude)
§ 4 Nr. 8 UStG	Gewährung von Krediten
§ 4 Nr. 14b) UStG	Betrieb von Krankenhäusern, Diagnosekliniken und anderen Einrichtungen. ärztl. Heilbehandlung, Diagnostik oder Befunderhebung sowie damit eng verbundene Umsätze
§ 4 Nr. 16 UStG	Betrieb von bestimmten Einrichtungen zur Betreuung oder Pflege hilfsbedürftiger Menschen und eng damit verbundene Umsätze
§ 4 Nr. 17b) UStG	Beförderung von kranken und verletzten Personen mit besonders eingerichteten Fahrzeugen
§ 4 Nr. 18 UStG	Wohlfahrteinrichtungen
§ 4 Nr. 20a) UStG	Umsätze von Theatern, Orchestern, Kammermusikensembles, Chöre, botanische und zoologische Gärten, Tierparks, Archive, Büchereien, Denkmäler der Bau- und Gartenbaukunst, wissenschaftliche Sammlungen und Kunstsammlungen (Museen), sofern Unternehmer dabei wie die öffentliche Hand kulturelle Aufgaben übernimmt.
§ 4 Nr. 20b) UStG	Veranstaltung von Theatervorführungen, Konzerten durch Darbietende i. S. d. § 4 Nr. 20a UStG
§ 4 Nr. 21a) UStG	Schul- und Bildungsleistungen
§ 4 Nr. 22 UStG	Veranstaltungen bestimmter Kurse, Vorträge und anderer Veranstaltungen
§ 4 Nr. 23 UStG	Beherbergung und Beköstigung etc. im Zusammenhang mit der Erziehung, Aus- und Fortbildung von Jugendlichen
§ 4 Nr. 25 UStG	Leistungen im Zusammenhang mit der Jugendhilfe
§ 4 Nr. 26 UStG	Ehrenamtliche Tätigkeiten

Steuerbefreite Umsätze nach § 4 Nr. 9a) und 12a) UStG werden wegen des damit ausgeschlossenen Vorsteuerabzugs oft freiwillig der Umsatzsteuer unterworfen. Die Wahlmöglichkeiten des § 9 UStG sind abschließend.

Der Umsatzsteuer unterliegen diejenigen Leistungen der Stiftung, die in der unterneh- 346
merischen Sphäre ausgeführt werden. Dazu gehören:

- Lieferungen (§ 3 Abs. 1 UStG),
- Sonstige Leistungen (§ 3 Abs. 9 UStG),
- Unentgeltliche Wertabgaben (§ 3 Abs. 1b, Abs. 9a UStG),
- Einfuhr von Gegenständen aus nicht EU-Staaten und
- sog. innergemeinschaftliche Erwerbe aus EU-Staaten.

Erklärungsbedürftig ist dabei zunächst der Begriff der »sonstigen Leistung«. Hierunter 347
fällt jede unternehmerische Aktivität, die keine Lieferung darstellt. Es gehören insbesondere also alle Dienstleistungen hierher, aber auch die Überlassung geistiger Leistungen, die Übertragung oder Einräumung von Rechten und Nutzungen und sogar von Gesellschaftsbeteiligungen. Ist mit dieser Rechtseinräumung üblicherweise die Übergabe einer Urkunde verbunden (z. B. Eintrittskarten oder Fahrkarten), so richtet sich die Beurteilung des Vorgangs in seiner umsatzsteuerlichen Behandlung nach seinem wirtschaftlichen Gehalt. Es kommt also beispielsweise auf die Theateraufführung (sonstige Leistung) an, nicht auf die Lieferung des Papiers, welches das Eintrittsrecht verkörpert.

Sämtliche Nebenleistungen richten sich nach der Einordnung der Hauptleistung, wo- 348
bei es sich um eine Nebenleistung nur solange handelt, als sie keinen eigenen (maßgeblichen oder abtrennbaren) Zweck beinhaltet, sondern nur ein Mittel für einen verbesserten Zugang zur Hauptleistung darstellt. Die Unterscheidung zwischen Lieferung und Leistung ist in vielfacher Hinsicht bedeutsam, z. B. wegen des Ortes der Ausführung, ebenso aber auch wegen unterschiedlicher Bemessungsgrundlagen, Steuerbefreiungen und Steuersätze.

Von unentgeltlicher Wertabgabe wird immer dann gesprochen, wenn es zu Nutzungs- 349
verlagerungen im Bereich des empfangenden Unternehmers kommt. Empfängt ein Unternehmer Lieferungen oder sonstige Leistungen durch ein anderes Unternehmen und ordnet diese seinem Unternehmen oder wie bei der Stiftung einem bestimmten unternehmerischen Bereich zu und werden sodann diese Lieferungen oder sonstige Leistungen privat oder in anderer unternehmerischer Weise genutzt, kommt es zu Nutzungsverschiebungen, den sog. Wertabgaben, ohne dass hierfür in der Regel ein Entgelt gewährt wird oder gewährt werden kann. Diesen »Entnahmen« durch Verlagerung der Nutzung trägt das Umsatzsteuerrecht insoweit Rechnung, als eine Umsatzsteuerkorrektur stattfindet und eine steuerpflichtige Leistung angenommen wird. Betroffen sind regelmäßig nur Gegenstände oder sonstige Leistungen, die zumindest teilweise zum Vorsteuerabzug berechtigt haben (→ vgl. § 3 Abs. 1b S. 2 I, Abs. 9a Nr. 1 UStG). Ist jedoch bereits bei Erwerb der jeweiligen Eingangsleistungen beabsichtigt, diese Eingangsleistungen für »Entnahmen« zu verwenden, ist die Stiftung schon von vorneherein nicht zum Vorsteuerabzug berechtigt. Eine Wertabgabenbesteuerung entfällt dagegen.

▶ Erfolgt die Wertabgabe in der Form einer unentgeltlichen Zuwendung an Personal 350
oder Geschäftsfreunde, so gilt die Unerheblichkeitsgrenze bei Aufmerksamkeiten (Personal) bis zu einer Bruttogrenze von € 40, bei Geschenken bis zu einem Netto-

wert von € 35. Liegt der Einzelvorgang insgesamt nicht über diesen genannten Werten, sind keine umsatzsteuerlichen Folgerungen zu ziehen. Entsprechendes gilt bei Aufwendungen für Betriebsveranstaltungen, die einschließlich der Umsatzsteuer an den einzelnen Arbeitnehmer nicht mehr als € 110 einschließlich Umsatzsteuer betragen.

3. Steuersätze

351 Entsprechend den unterschiedlichen unternehmerischen Sphären der Stiftung kommen unterschiedliche Steuersätze zur Anwendung

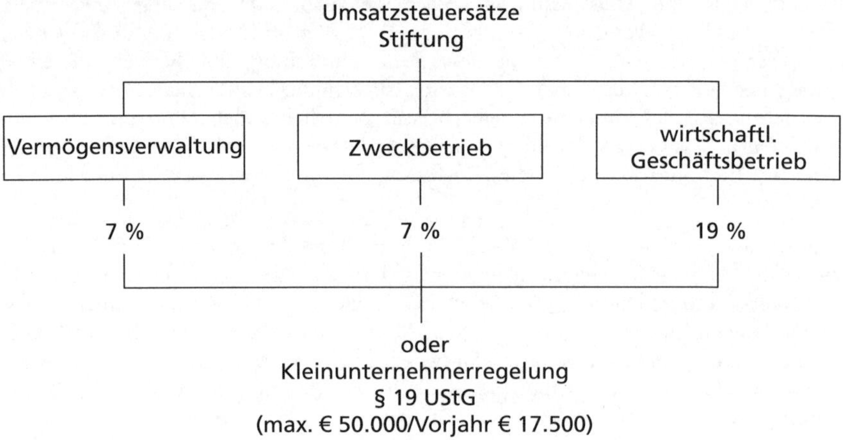

352 Für sämtliche wirtschaftliche Geschäftsbetriebe gilt der Regelsteuersatz ab 1.1.2007 in Höhe von 19 v. H. (§ 12 Abs. 1 UStG). Davon zu unterscheiden ist der Zweckbetrieb, der bei der gemeinnützigen Stiftung auch einem ermäßigtem Steuersatz von 7 v. H. unterliegen kann (§ 12 Abs. 2 Nr. 8a UStG).

353 Nach § 12 Abs. 2 Nr. 8a Satz 3 UStG wird der ermäßigte Umsatzsteuersatz für Zweckbetriebe nur noch in zwei abschließenden Alternativen gewährt:

354 Als erste Alternative kommt der ermäßigte Steuersatz zur Anwendung, wenn der Zweckbetrieb nicht in erster Linie zur Erzielung zusätzlicher Einnahmen dient, die in unmittelbarem Wettbewerb mit »normalen« Wirtschaftsunternehmen treten, die dem allgemeinen Umsatzsteuersatz unterliegen. Tritt die steuerbegünstigte Stiftung durch ihren Zweckbetrieb in Wettbewerb zu voll besteuerten Unternehmen, führt dies zu einer Anhebung des Steuersatzes für den Zweckbetrieb auf »Normalniveau«, also auf 19 v. H. In diesen Fällen sollte die Stiftung ihre Organisationsform und Struktur der Einnahmenerzielung überprüfen und müsste ggfs. auf den höheren Mehrwertsteuersatz anpassen. Ein schädliches Erzielen von zusätzlichen Einnahmen, wird von der Rechtsprechung bereits dann angenommen, wenn der Zweckbetrieb Leistungen ausführt, die für die Verwirklichung der steuerbegünstigten satzungsmäßigen Zwecke nicht un-

erlässlich sind. Auch ein nur geringer Wettbewerb mit vollbesteuerten Unternehmern soll bereits ausreichen, um den ermäßigten Steuersatz zu versagen (z. B. Beherbergungsleistungen im Zusammenhang mit steuerbegünstigten Fortbildungsmaßnahmen).

Als zweite Alternative kommt der ermäßigte Steuersatz für einen Zweckbetrieb zur Anwendung, wenn die Stiftung mit diesen Leistungen ihrer in den §§ 66 bis 68 der Abgabenordnung bezeichneten Zweckbetriebe ihre steuerbegünstigten satzungsgemäßen Zwecke selbst verwirklicht. Diese Zweckverwirklichung ist nach der Rechtsprechung aber eng auszulegen, so dass bloß mit der Zweckverwirklichung eng verbundene Leistungen und Hilfsumsätze, für die Inanspruchnahme des ermäßigten Steuersatzes nicht ausreichen. 355

Der Zweckbetrieb ist allerdings nicht der einzige Bereich, für den ein ermäßigter Umsatzsteuersatz Anwendung gilt. Nach dem Wortlaut des Umsatzsteuergesetzes bildet der ermäßigte Steuersatz für steuerbegünstigte Stiftungen den Regelsatz, der immer dann zur Anwendung kommt, wenn es sich nicht um Leistungen im Rahmen eines wirtschaftlichen Geschäftsbetriebes handelt (§ 12 Abs. 2 Nr. 8a Satz 2 UStG). Hieraus lässt sich zu Recht die Schlussfolgerung ziehen, dass auch die Umsätze im Bereich der Vermögensverwaltung – sofern diese nicht ohnehin steuerbefreit sind – ebenfalls nur einem ermäßigten Steuersatz von 7 v. H. unterliegen. Ein Wettbewerb mit Unternehmen des allgemeinen Wirtschaftslebens ist auch künftig unerheblich. Mit der Anwendung des Steuersatzes von 7 v. H. auf alle gemeinnützigen Körperschaften weicht der deutsche Gesetzgeber von Art. 98 Anhang III Nr. 15 der Mehrwertsteuersystemrichtlinie ab, wonach nur anerkannte Einrichtungen für wohltätige Zwecke und im Bereich der sozialen Sicherheit in den Genuss des ermäßigten Steuersatzes kommen dürfen. Stiftungen, die andere gemeinnützige Zwecke verfolgen, können sich jedoch auf die günstigere nationale Regelung berufen. 356

Was den Bereich der unentgeltlichen Wertabgabe betrifft, so können auch Verwendungsänderungen und Entnahmen dann mit dem ermäßigten Steuersatz anzusetzen sein, wenn der Vorgang als eine entsprechende Ausgangsleistung ebenfalls einem ermäßigtem Steuersatz unterliegen würde. 357

In Folge der unterschiedlichen Steuersatzhöhen wird erneut offenkundig, welches erhebliche Gewicht der Frage der Abgrenzung der verschiedenen Vermögenssphären zueinander und der korrekten Zuordnung der von der Stiftung erbrachten oder von ihr empfangenen Leistungen und Lieferungen zukommt. 358

4. Kleinunternehmerregelung

Stiftungen die sich nur in geringfügigem Umfange unternehmerisch betätigen, können von der sog. Kleinunternehmerregelung des § 19 UStG Gebrauch machen. Kleinunternehmer, deren Vorjahresgesamtumsatz ohne Einbeziehung der Wirtschaftsgüter des Anlagevermögens € 17.500 nicht überstiegen hat und die zugleich im laufenden Kalenderjahr voraussichtlich nicht über € 50.000 liegen werden, können von den Erleichterungen im Besteuerungsverfahren Gebrauch machen. Diese Erleichterungen stehen 359 unter dem Vorbehalt, dass der Unternehmer sich nicht freiwillig der regulären Besteuerung unterwirft (§ 19 Abs. 2 S. 1 UStG).

360 Kann auf einen Vorjahresumsatz nicht zurückgegriffen werden, ist der voraussichtliche Umsatz des laufenden Kalenderjahres allein entscheidend; es ist dabei auf die Grenze von € 17.500 abzustellen.

361 ▶ § 19 Abs. 1 UStG geht von Bruttoumsätzen aus. Kommt der normale Steuersatz zur Anwendung, ist damit ein Nettoumsatz von € 14.706 verbunden, bei einem ermäßigten Steuersatz entspricht die Nettogrenze € 16.355. Umsätze mit Wirtschaftsgütern des Anlagevermögens sind nicht Bestandteil des relevanten Gesamtumsatzes für die Kleinunternehmergrenze. Ebenso scheiden grds. steuerfreie Umsätze bei der Ermittlung des relevanten Gesamtumsatzes aus.

362 Die Kehrseite der Kleinunternehmerregelung besteht in der Versagung des Vorsteuerabzuges. Zudem darf der Unternehmer in seinen Rechnungen keine gesonderte Umsatzsteuer ausweisen. Erfolgt dies dennoch, so schuldet er diese Umsatzsteuer auch (§ 14c Abs. 2 S. 1 UStG) und kann die Lage nur noch durch Ausübung seines Optionsrechts nach § 19 Abs. 2 S. 1 UStG retten. An diese Erklärung ist er dann allerdings auch 5 Jahre gebunden. Die Erklärung ist formlos, kann also beispielsweise auch konkludent ausgeübt werden, z. B. dadurch, dass die Stiftung eine Umsatzsteuererklärung nach den allgemeinen Vorschriften des UStG abgibt. Ist die Steuerfestsetzung allerdings unanfechtbar geworden, endet auch die Möglichkeit zur Optionsausübung oder zum Widerruf der Option.

363 Steuerfreie Umsätze, die in § 19 Abs. 3 UStG nicht genannt sind, dürfen bei der Ermittlung des Gesamtumsatzes nicht herausgerechnet werden. Zum Gesamtumsatz gehören daher Umsätze nach § 4 Nr. 1–7 UStG, steuerfreie Grundstücksverkaufs-, Geld- und Kapitalumsätze, es sei denn, es handelt sich um bloße Hilfsgeschäfte.

5. Vorsteuerabzug

364 Soweit die Stiftung im Rahmen steuerpflichtiger Umsätze sich unternehmerisch betätigt, steht ihr der Vorsteuerabzug gem. § 15 UStG für die ihr in Rechnung gestellte Umsatzsteuer zu.

Vorsteuerabzug

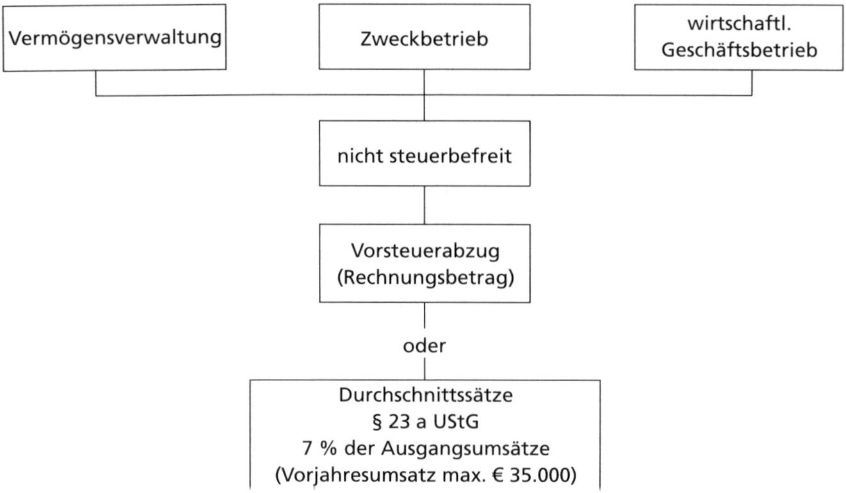

Ein Vorsteuerabzug setzt voraus, dass der entsprechende Vorsteuerbetrag dem Unternehmer im Rahmen einer umsatzsteuerlich ordnungsgemäßen Rechnung (§§ 14 Abs. 4, 14a UStG; → vgl. dort) in Rechnung gestellt wurde, soweit die Leistung nicht ausdrücklich vom Vorsteuerabzug ausgeschlossen ist (§ 15 Abs. 1a, 1b, 2 UStG). 365

Während sich die Umsatzsteuer primär auf die Steuerpflicht der Ausgangsleistungen der Stiftung bezieht, betrifft der Vorsteuerabzug die Eingangsleistungen, also alle von der Stiftung von anderen Unternehmern für ihren unternehmerischen Bereich erlangten Lieferungen und sonstigen Leistungen. 366

Für die Frage des Vorsteuerabzuges kommt es somit maßgeblich darauf an, welcher Vermögenssphäre der Stiftung empfangene Lieferungen oder Leistungen Dritter zuzuordnen sind und wie ggf. eine Aufteilung vorzunehmen ist. 367

Schafft eine Stiftung ein Wirtschaftsgut ausschließlich für den unternehmerischen Bereich, also z. B. einen Pkw für einen wirtschaftlichen Geschäftsbetrieb oder Zweckbetrieb an, so ist das Wirtschaftsgut dort zuzuordnen mit der Folge, dass die in Rechnung gestellte Vorsteuer abziehbar ist. Erwirbt die Stiftung demgegenüber z. B. Schreibtische für Mitarbeiter die ausschließlich im ideellen Bereich eingesetzt werden, ist die Zuordnung des Wirtschaftsguts eben dort zuzuordnen, mit der Folge, dass der Vorsteuerabzug ausgeschlossen ist. Ändern sich die Verhältnisse später in der Weise, dass die Stiftung den nicht unternehmerisch zugeordneten Schreibtisch ab einem bestimmten Zeitpunkt im Rahmen des wirtschaftlichen Geschäftsbetriebs verwendet, ergeben sich daraus keine umsatzsteuerlichen Folgerungen. Die Stiftung kann die einmal »entgangene« Vorsteuer nicht etwa nachholen. Die Einlage aus dem nichtunternehmeri- 368 schen in den unternehmerischen Bereich eröffnet keinen Anspruch auf den anfänglich verlorenen Vorsteuerabzug. Die Einlage selbst unterliegt nicht der Umsatzsteuer.

369 Anders ist es, wenn die Stiftung den unternehmerisch angeschafften Pkw später aufgrund Änderung der Verhältnisse nur noch im ideellen Bereich einsetzt, hinsichtlich des Pkws aber von ihrem Recht auf Vorsteuerabzug bereits Gebrauch gemacht hatte. Die Stiftung hat dann die Nutzung im ideellen Bereich mit einer Wertabgabe nach § 3 Abs. 9a Nr. 1 zu versteuern.

370 Ist das angeschaffte Wirtschaftsgut zur Verwendung in mehreren Bereichen der Stiftung geplant und berührt damit sowohl die unternehmerische als auch die nicht unternehmerische Sphäre (sog. gemischte Verwendung), ist das Wirtschaftsgut von Anfang an aufzuteilen. Es ist so als wären es mehrere Wirtschaftsgüter – im jeweiligen Verhältnis seiner Nutzung den nutzenden Bereichen partiell zuzuordnen. Jedoch ist für die weitere Behandlung danach zu unterscheiden, für welche nicht unternehmerischen Zwecke das Wirtschaftsgut eingesetzt werden soll. Die nicht unternehmerische Sphäre ist danach aufzuteilen, ob die nicht unternehmerische Verwendung

- bloß für sog. nichtwirtschaftliche Tätigkeiten i. e. S. (z. B. die Verfolgung der Stiftungszwecke im ideellen Bereich oder das Halten von Beteiligung in der reinen Vermögensverwaltung)
  oder
- die Nutzung des Wirtschaftsgutes für den sog. unternehmensfremden Bereich (nachfolgend Privatbereich, z. B. private Zwecke des Personals, u. E. auch für den Stifter oder seine Familie) erfolgt.

371 Soweit eine Verwendung des Wirtschaftsgutes als nichtwirtschaftliche Tätigkeit i. e. S. erfolgen soll, steht der Stiftung insoweit – anders als für den steuerpflichtigen unternehmerischen Bereich – kein Vorsteuerabzug zu. Dafür muss sie die spätere nicht unternehmerische Verwendung auch nicht durch eine Wertabgabe versteuern. Soweit sie dagegen das Wirtschaftsgut im unternehmerischen steuerpflichtigen Bereich einsetzt, steht der Stiftung selbstverständlich ein Vorsteuerabzug zu. Tritt später eine Änderung der Verhältnisse auf, weil das Wirtschaftsgut jedoch später mehr oder weniger als ursprünglich gedacht im unternehmerischen Bereich eingesetzt wird, führt eine Weniger-Nutzung zu einer unentgeltlichen Wertabgabe. Bei einer Mehr-Nutzung im unternehmerischen steuerpflichtigen Bereich lässt die Finanzverwaltung im Billigkeitswege eine nachträgliche Vorsteuerkorrektur zu, analog § 15a UStG. Bei teilweise unternehmerisch/nicht wirtschaftlich genutzten Grundstücken gibt es keine Besonderheiten; § 15 Abs. 1b, § 15 Abs. 6a UStG gelten nur bei einer teilweisen Nutzung im Privatbereich.

372 Bzgl. des Vorsteuerabzugs aus dem Erwerb des Wirtschaftsgutes verhält es sich entsprechend, wenn ein Wirtschaftsgut teilweise für Zwecke im Privatbereich und teilweise für steuerpflichtige unternehmerische Zwecke verwendet wird (soweit Verwendung im Privatbereich: kein Vorsteuerabzug und keine Wertabgabenbesteuerung). Bei einer Änderung der Verhältnisse hin zu einer Mehr-Nutzung im unternehmerischen Bereich gewährt die Finanzverwaltung jedoch keine Vorsteuerkorrektur im Billigkeitswege.

Die Stiftung kann sich in diesen Mischfällen mit einer teilweisen Nutzung im Privatbereich aber auch entscheiden, das Wirtschaftsgut insgesamt dem Unternehmensvermögen zuzuweisen, sofern die unternehmerische Nutzung mindestens 10 v. H. beträgt. Daraus ergibt sich ein voller Vorsteuerabzug, wobei die nicht unternehmerische Nutzung im Wege der Wertabgabebesteuerung (→ vgl. dort) der Umsatzsteuer zu unterwerfen ist.

▶ Insoweit ist für eine gemeinnützige Stiftung eine interessante Gestaltung denkbar. 373
Wenn die Stiftung ein Wirtschaftsgut umsatzsteuerpflichtig erwirbt, es zu mindestens 10 v. H. unternehmerisch nutzt, im Übrigen im Privatbereich verwendet und zu 100 v. H. dem Unternehmensvermögen zuordnet, kann sie den vollen Vorsteuerabzug geltend machen. Die Nutzung zu ideellen Zwecken unterliegt zwar der Umsatzsteuer, allerdings nur dem ermäßigten Steuersatz nach § 12 Abs. 2 Nr. 8a UStG.

▶ Lässt sich eine Mischnutzung von Wirtschaftsgütern z. B. in Folge der Größe der 374
Stiftung nicht ausschließen, sollte versucht werden, eine volle unternehmerische Zuordnung mit entsprechender Korrektur durch Wertabgabebesteuerung einer Aufteilung des Wirtschaftsguts auf mehrere Bereiche vorzuziehen. Dies insbesondere deshalb, weil sich im Laufe einer längeren Nutzung die gewählten Nutzungsanteile erheblich ändern können, oft auch ohne, dass dies zugleich ins Auge fällt, und damit dann erhebliche umsatzsteuerliche Nachteile mit sich bringen können.

Für die Zuordnung eines angeschafften oder hergestellten Gebäudes gilt ebenfalls der 375
Zuordnungs- oder Aufteilungsgrundsatz entsprechend den Nutzungsanteilen, sofern sie noch auf Grund eines vor dem 1. Januar 2011 rechtswirksam abgeschlossenen obligatorischen Vertrags oder gleichstehenden Rechtsakts angeschafft worden sind oder mit deren Herstellung vor dem 1. Januar 2011 begonnen worden ist.

Für Gebäude, die danach angeschafft wurden oder deren Herstellung spätere begonnen 376
wurde, besteht dieses Zuordnungswahlrecht jedoch nicht mehr uneingeschränkt (§§ 15 Abs. 1b, 27 Abs. 16 UStG). War oder ist bei Erwerb dieser Gegenstände geplant, dass sie teilweise auch für den Privatbereich verwendet werden sollen, so bleibt es nach § 15 Abs. 1b UStG bei der Versagung des anteiligen Vorsteuerabzugs (wie bei einer anteilig geplanten Nutzung im nicht unternehmerischen Bereich i. e. S.). Die Privatnutzung ist dann später auch nicht als Wertabgabe zu versteuern (§ 3 Abs. 9a Nr. 1 a. E. UStG). Eine spätere Änderung der Verhältnisse (Mehr- oder Weniger-Nutzung im Privatbereich) führt ebenfalls zu keiner Wertabgabebesteuerung; stattdessen erfolgt eine Vorsteuerkorrektur nach § 15a Abs. 6 UStG aber nur soweit das Grundstück ursprgl. dem Unternehmensvermögen zugeordnet worden ist.

Während üblicherweise aus der Art und Weise des Vorsteuerabzugs Rückschlüsse auf 377
die Zuordnungsentscheidung der Stiftung getroffen werden können, ist bei der Anschaffung oder Herstellung eines Gebäudes die ausdrückliche Zuordnungserklärung spätestens bis zur Abgabe der das Anschaffungs- oder Herstellungsjahr betreffenden Umsatzsteuerjahreserklärung erforderlich. Fehlt diese Erklärung, lässt die Finanzverwaltung den Rückschluss auf die Zuordnung anhand des geltend gemachten Vorsteuerabzuges im Regelfalle nicht zu.

378 ▶ Die Stiftung sollte schon im eigenen Interesse ihre Zuordnungsentscheidungen, wenn sie sich denn für eine Aufteilung entschließt – dokumentieren, und zwar in der Weise, dass sie den Aufteilungsschlüssel sowie die wirtschaftlichen Grundlagen der Aufteilungsentscheidung anhand objektiver Kriterien und dem erkennbaren wirtschaftlichen Zusammenhang mit den Unternehmensbereichen niederlegt und aufbewahrt.

379 Veräußert die Stiftung das angeschaffte Wirtschaftsgut vor Ablauf des 5 bzw. 10-jährigen Berichtigungszeitraumes, so ist ggf. eine quotale Vorsteuerberichtigung erforderlich (§ 15a Abs. 8 UStG).

6. Einzelfälle

a) Zuwendungen in das Stiftungskapital, Spenden

380 Sowohl Zuwendungen zum Stiftungskapital wie die Ausstattung mit Dotationskapital oder Zustiftungen, als auch Spenden stehen in keinem Leistungsaustauschverhältnis. Umsatzsteuer- oder Vorsteuerabzug kommen daher nicht in Betracht.

381 Zuschüsse an die Stiftung gehören üblicherweise auch nicht in die unternehmerische Sphäre, sondern sind dem ideellen Bereich der Stiftung zuzuordnen. Es handelt sich um sog. echte, also nicht steuerbare Zuschüsse. In besonderen Fällen kann dem Zuschuss jedoch eine konkrete Gegenleistung gegenüberstehen, sodass er ein Leistungsentgelt darstellt. In diesem Falle wird von unechten, also steuerbaren Zuschüssen gesprochen.

382 Liegt ein solcher Leistungsaustausch vor, so unterliegt die von der Stiftung für den Zuschuss zu erbringende Leistung der Umsatzsteuer. Aus Sicht der Stiftung ist die Erlangung des Zuschusses mit einer rechtlichen Verpflichtung gegenüber dem Leistungsgeber verbunden. Unerheblich ist, worauf diese Verpflichtung beruht, sei es auf tatsächlichen Vereinbarungen, auf Vergaberichtlinien, Bewilligungsbescheiden oder Ähnlichem. Nach den Bestimmungen des Umsatzsteuerrechts kommt es insbesondere auf einen unmittelbaren Zusammenhang zwischen der von der Stiftung erbrachten Leistung und dem erhaltenem Zuschuss an. Empfänger der Leistung ist dabei der Zuschussgeber, ohne dass es darauf ankommt, ob die Zahlungen von ihm oder von dritter Seite erfolgen. Für Zahlungen der öffentlichen Hand besteht eine Sonderregelung im Zusammenhang mit Zuschüssen zur Förderung von Forschungs- und Entwicklungsvorhaben. Diese sind nach Auffassung der Finanzverwaltung immer als echte Zuschüsse anzusehen, unabhängig davon, ob dem eine konkrete Leistungsverpflichtung gegenüber steht oder nicht.

383 Die Frage des Vorsteuerabzugs im Zusammenhang mit Investitionsgütern, die mit Zuschüssen erworben wurden, hängt von der Verwendung des erworbenen Wirtschaftsgutes ab, nicht aber davon, wie der Zuschuss selbst zu qualifizieren ist.

b) Leistungsbeziehungen zwischen der Stiftung und Tochter-/Beteiligungsgesellschaften

Erbringt die Stiftung an eine Tochter- oder Beteiligungsgesellschaft in der Rechtsform 384 einer Kapitalgesellschaft und umgekehrt Lieferungen oder sonstige Leistungen, gelten die allgemeinen, umsatzsteuerlichen Grundsätze. Danach kommt es zunächst darauf an, ob der Leistungsaustausch zwischen rechtlich selbständigen Einheiten stattfindet. Nur in diesem Falle kommt es zu einem umsatzsteuerlich relevanten Leistungsaustausch, andernfalls liegt ein nicht steuerbarer Innenumsatz vor. Es handelt sich um eine sog. umsatzsteuerliche Organschaft zwischen der Stiftung und ihrer Beteiligungsgesellschaft, wobei alle Umsätze des Organs, z. B. der ausgelagerten GmbH beim Organträger, also der Stiftung, erfasst werden. Dies führt dazu, dass nicht nur die Umsätze zwischen beiden Einheiten umsatzsteuerlich nicht relevant sind, sondern dass auch alle Außenumsätze der GmbH nicht bei dieser gesondert steuerlich erfasst, sondern der Stiftung zugeordnet werden.

Gem. § 2 Abs. 2 Nr. 2 UStG ist ein solches Organschaftsverhältnis dann gegeben, wenn 385 die Tochter- oder Beteiligungs-GmbH finanziell, wirtschaftlich und organisatorisch in die Stiftung eingegliedert ist. Dies setzt Abhängigkeit voraus, die in erster Linie sich in einer finanziellen Eingliederung manifestiert. Dies bedeutet, dass die Stiftung im Regelfalle mehr als 50 v. H. der Anteile an der Beteiligungs-GmbH halten muss. Die organisatorische Eingliederung bedeutet demgegenüber, dass die Beteiligungsgesellschaft gegenüber der Stiftung weisungsabhängig ist und tatsächlich auch Weisungen von der Geschäftsführung an die Beteiligungsgesellschaft erfolgen. Die Voraussetzung ist in aller Regel auch dann erfüllt, wenn die Geschäftsführung der Beteiligungs-GmbH zugleich Funktionen innerhalb der Stiftung ausübt. Das Merkmal der wirtschaftlichen Eingliederung ist regelmäßig bereits zu bejahen, wenn die Beteiligungsgesellschaft in wirtschaftlicher und unternehmerischer Hinsicht eine sinnvolle Ergänzung zum Unternehmen der Stiftung darstellt. D. h. die Beteiligungsgesellschaft muss im unternehmerischen Bereich der Stiftung gehalten werden. Der Zusammenhang kann über eine wirtschaftliche Einheit, über Kooperationen oder sonstige Verflechtungen geschaffen werden, maßgeblich ist eine wirtschaftliche Förderung und Ergänzung. Dabei kann die wirtschaftliche Eingliederung auf entgeltlichen Leistungen der Stiftung gegenüber der Beteiligungsgesellschaft beruhen, wenn diesen für das Unternehmen der Beteiligungsgesellschaft mehr als nur unwesentliche (geringfügige) Bedeutung zukommt. Unentgeltliche Leistungen an die Beteiligungsgesellschaft reichen zur Begründung der wirtschaftlichen Eingliederung jedoch nicht aus. Ganz entscheidend bei diesen Merkmalen ist es, dass nicht alle drei in gleicher Ausprägung vorhanden sein müssen. Selbst wenn eines der drei Eingliederungsmerkmale nur andeutungsweise vorliegt, kann es dennoch aufgrund eines entsprechenden Gesamtbildes zum Verlust der unternehmerischen Selbständigkeit und damit zu einer umsatzsteuerlichen Organschaft kommen. Dies ist selbst dann vorstellbar, wenn die Stiftung nach außen nicht als Unternehmen in Erscheinung tritt, sofern die erforderliche Verflechtung im Innenverhältnis zwischen Beteiligungsgesellschaft und Stiftung vorliegt.

386 Eine umsatzsteuerliche Organschaft ist nur bedingt das Ergebnis einer unternehmerischen Entscheidung. Sie tritt »automatisch« immer dann ein, wenn die genannten Voraussetzungen vorliegen. Besteht ein Leistungsaustausch zwischen Stiftung und Beteiligungsgesellschaft, können der Stiftung daraus erhebliche umsatzsteuerliche Nachteile erwachsen. Ist die Leistungserbringung der Beteiligungsgesellschaft mit Umsatzsteuer belastet und wird sie an die nichtunternehmerische Sphäre der Stiftung, besteht dort keine Möglichkeit zum Vorsteuerabzug. D. h., die Stiftung muss alle Möglichkeiten ergreifen, die organisatorischen Voraussetzungen eines Organschaftsverhältnisses und damit sog. nichtsteuerbare Innenumsätze herbeizuführen.

7. Besteuerungsverfahren

387 Soweit die Stiftung steuerpflichtige Umsätze ausführt, muss sie vierteljährliche (bei einer Vorjahresumsatzsteuer von mehr als € 7.500 auch monatliche) Voranmeldungen abgeben, auf deren Grundlage Vorauszahlungen zu leisten sind. Beträgt die Vorjahresumsatzsteuer nicht mehr als € 1.000, kann das Finanzamt von der Verpflichtung zur Abgabe von Voranmeldungen befreien; dann ist nur noch eine Jahressteuererklärung abzugeben. Nimmt die Stiftung ihre unternehmerische Tätigkeit erst auf, so muss sie jedoch im laufenden und folgenden Kalenderjahr monatliche Voranmeldungen abgeben.

388 Die Voranmeldungen sind bis zum 10. Tag nach Ablauf des betreffenden Voranmeldezeitraumes auf elektronischem Wege an die Finanzverwaltung zu übermitteln (§ 18 Abs. 1 Satz 1 UStG). Hierzu hat die Stiftung für den betreffenden Voranmeldezeitraum die Vorauszahlungen selbst zu berechnen. Von der Übermittlung der Voranmeldung auf elektronischem Wege kann das Finanzamt auf Antrag verzichten. Dies wird nur dann der Fall sein, wenn andernfalls unbillige Härten entstehen würden.

389 Die Stiftung kann gem. §§ 46–48 UStDV eine Dauerfristverlängerung beantragen. Die Frist für die Abgabe der Voranmeldung verlängert sich damit um einen Monat. Bei Monatszahlern ist eine Fristverlängerung von einer Sondervorauszahlung im Monat Januar in Höhe 1/11 der Summe der Vorauszahlung des Vorjahres erforderlich.

III. Grunderwerbsteuer und Grundsteuer

390 Die gemeinnützige Stiftung genießt außerhalb des Bereichs ihrer wirtschaftlichen Geschäftsbetriebe gem. § 3 Abs. 1 Nr. 3b GrStG die Befreiung von der Grundsteuer (§§ 7, 8 GrStG), soweit es sich bei den Immobilien nicht um Wohnungen handelt oder die Immobilie zu einem wirtschaftlichen Geschäftsbetrieb gehört.

391 Mit ihrem Grundstockvermögen (Stiftungskapital) ist die gemeinnützige Stiftung von der Grundsteuer befreit (§ 3 Abs. 1 Nr. 3b GrStG).

392 Erwirbt eine Stiftung ein Grundstück von Todes Wegen oder durch Schenkung (z. B. auch als Zustiftung), so liegt ein steuerbarer Vorgang im Sinne des ErbStG vor, so dass der Erwerb der Stiftung nicht mehr der Grunderwerbsteuer unterliegt (§ 3 Nr. 2 GrEStG i. V. m. §§ 3 Abs. 2 Nr. 1, 7 Abs. 1 Nr. 8 ErbStG). Das gilt unabhängig davon, ob der Erwerb tatsächlich Erbschaft- oder Schenkungsteuer auslöst oder nicht und ob

es sich um eine privatnützige oder eine gemeinnützige Stiftung handelt. Entsprechendes gilt für Übertragungen von Grundstücken bei Auflösung der Stiftung an die Anfallsberechtigten, die in der Stiftungssatzung genannt sind (§ 7 Abs. 1 Nr. 9 S. 1 ErbStG). Erwirbt oder überträgt die Stiftung das Grundstück jedoch teil- oder vollentgeltlich, so unterliegt der entgeltliche Teil der normalen Besteuerung mit Grunderwerbsteuer.

D. Besteuerung der Begünstigten (Destinatäre)

393 Zuwendungen an Destinatäre sind satzungsmäßige Aufwendungen, d. h. sie mindern das etwaige steuerpflichtige Einkommen nicht (§ 10 Nr. 1 S. 1 KStG).

394 Die Auszahlungen an die Destinatäre im Sinne des § 58 Nr. 6 AO sind bei diesen nach den allgemeinen Vorschriften steuerpflichtig. Zuwendungen einer steuerpflichtigen, nicht gemeinnützigen Stiftung gehören bei den Empfängern zu den Einkünften aus Kapitalvermögen gem. § 20 Abs. 1 Nr. 9 EStG, wenn die Einkünfte den Gewinnausschüttungen vergleichbar sind. Hierunter fallen alle wiederkehrenden oder einmaligen Leistungen der Stiftung, die von den beschlussfassenden Stiftungsorganen aus den Erträgen der Stiftung an den Stifter, seine Angehörigen oder deren Abkömmlinge ausgekehrt werden. Hierunter fallen sodann auch die Leistungen anlässlich der Auflösung der Stiftung selbst. Die Einkünfte unterliegen damit auf der Ebene der Destinatäre dem Teileinkünfteverfahren (→ vgl. dort).

395 Auszahlungen von gemeinnützigen Stiftungen an ihre Destinatäre unterliegen bei den Destinatären grds. der Besteuerung nach § 22 Nr. 1 S. 2a) EstG, soweit die Auszahlungen außerhalb der gemeinnützigen Zwecke erfolgen. Die Auszahlungen sind ggfs. mit ihrem Ertragsanteil (Zinsanteil) steuerpflichtig.

396 Erfolgen Auszahlungen satzungsgemäß, so liegt keine freigiebige Zuwendung durch die Stiftung vor (§ 7 Abs. 1 Nr. 1 ErbStG); insoweit wird keine Schenkungsteuerpflicht ausgelöst. Anders ist es bei Auszahlungen ohne Satzungsgrundlage. Hier ist von vollem Umfange von einem schenkungsteuerpflichtigen Vorgang auszugehen.

E. Steuerfolgen in Zusammenhang mit Spenden und Sponsoring

I. Spenden

Spenden fließen der steuerbegünstigten Stiftung als Empfängerin steuerfrei zu und sind beim Spender steuerlich abzugsfähig (→ vgl. dort), sofern er eine entsprechende Zuwendungsbescheinigung vorweisen kann. Voraussetzung ist zudem, dass es sich bei der Stiftung um einen inländischen Rechtsträger handelt. Ohne Bedeutung ist, ob die Stiftung rechtlich selbständig oder unselbständig ist. 397

1. Charakteristikum der Spenden

Zu den Wesensmerkmalen einer Spende gehört es, dass sie freiwillig, also ohne rechtliche Verpflichtung erbracht wird. Zudem muss die Spende, soll sie steuerlich abzugsfähig sein, unentgeltlich erfolgen, d. h. es darf weder direkt oder indirekt eine Gegenleistung geschuldet sein. Erwartet oder erhält der Spender im Gegenzuge – auch nur teilweise – einen Vorteil, ist damit ein Spendenabzug insgesamt ausgeschlossen. Diese Voraussetzungen haben in der Praxis der Spendenbescheinigung durchaus Tücken. 398

2. Zuwendungsbescheinigungen

Obgleich steuerbegünstigte Stiftungen seit dem Jahr 2000 offiziell »Bestätigungen über Zuwendungen« ausstellen, hat sich der alte Betriff der »Spendenbescheinigung« aus dem allgemeinen Sprachgebrauch noch nicht verabschiedet. 399

Das Finanzamt erkennt eine Zuwendungsbestätigung nur dann an, wenn der amtliche Vordruck verwendet wird. Die Finanzverwaltung hat klargestellt, dass die Mustervordrucke gem. § 50 Abs. 1 EStDV die materiell-rechtliche Voraussetzung für den Spendenabzug darstellen. Der Inhalt der Zuwendungsbescheinigung nach amtlichem Muster ist als verbindlich anzusehen. Ändernde Formulierungen sind ebenso unzulässig wie Hinzufügungen. Nicht zutreffende Textpassagen können und sollen allerdings gestrichen oder weggelassen werden. Die Form, d. h. das Format der Bescheinigung kann abgewandelt, insbesondere an die Briefgestaltung der Stiftung angepasst und die Rückseite der Bescheinigung kann frei gestaltet werden. 400

▶ Danksagungen oder weitere Spendenaufrufe gehören in gesonderte Anschreiben oder in das Begleitschreiben, nicht jedoch in die Zuwendungsbestätigung selbst. Sofern eine Danksagung dennoch auf der Zuwendungsbestätigung angebracht wird, muss sie nach Ansicht der Finanzverwaltung auf der Rückseite der Bestätigung erfolgen. 401

Sammelbestätigungen können zwar ausgestellt werden, ihre Anerkennung setzt aber voraus, dass die Gesamtsumme, der maßgebende Zeitraum und die Art der Zuwendung angegeben werden. Zusätzlich müssen in einer Anlage die gespendeten Einzelbeträge mit Zuwendungsdatum daraus hervorgehen und die Grundlagen ihrer Bewertung bezeichnet sein. 402

403 Die Zuwendungsbestätigung darf jedoch nur dann ausgestellt werden, wenn das Datum der Anlage zum Körperschaftsteuerbescheid oder des Freistellungsbescheides der Stiftung nicht länger als fünf Jahre zurückliegt. Ist der Stiftung noch keine solche Anlage oder kein Freistellungsescheid erteilt worden, ist es für die Zuwendungsbestätigung erforderlich und ausreichend, dass die Feststellung der formellen Gemeinnützigkeit (§ 60a Abs. 1 AO) nicht länger als drei Kalenderjahre zurückliegt (vgl. § 60a Abs. 5 AO). Das Ausstellungsdatum dieser Bescheide ist anzugeben in der Zuwendungsbestätigung.

404 Ein sog. vereinfachter Nachweis (§ 50 Abs. 2 Nr. 2 EStDV) für Geldspenden bis € 200 kann durch Kontoauszug oder Bareinzahlungsbeleg gegenüber dem Finanzamt geführt werden. Der Verwendungszweck hat aus dem Beleg hervorzugehen. Zudem muss ersichtlich sein, dass tatsächlich eine Buchung stattgefunden hat; der abgestempelte Überweisungsträger ist demnach ungeeignet.

405 In Ausnahmefällen wie beispielsweise bei Naturkatastrophen, können auch Beträge über € 200 dem vereinfachten Verfahren unterworfen werden (§ 50 Abs. 2 Nr. 1 EStDV), sofern das BMF eine entsprechende Einzelfallregelung ausdrücklich bekannt macht.

3. Steuerliche Behandlung und Bewertung verschiedener Spendenarten

406 – Geldspenden

Die Spende eines Geldbetrages, gleich auf welchem Zahlungsweg stellt die üblichste Form der Zuwendung dar. Die Bewertung erfolgt mit dem Nominalbetrag.

– Sachspenden

Als Spende gilt nach § 10b Abs. 3 S. 1 EStG die Zuwendung von Wirtschaftsgütern, die sog. Sachspende. Sachspenden sind gem. § 10b Abs. 3 S. 3 EStG i. V. m. § 9 Abs. 1 BewG mit ihrem »gemeinen Wert« anzusetzen, wenn die Veräußerung des gespendeten Wirtschaftsgut keinen Steuertatbestand erfüllen würde (z. B. private Gegenstände des täglichen Gebrauchs wie ein PKW). Das entspricht dem Preis, der im Veräußerungsfalle für das Wirtschaftsgut erzielt werden könnte und schließt die Umsatzsteuer auf den Gegenstand mit ein. Es handelt sich im Falle neuer Waren beim Wert der Sachspende somit im Allgemeinen um den Bruttoladenpreis. Sachspendenbescheinigungen umfassen stets auch die Umsatzsteuer. Bei gebrauchten Gegenständen ist nicht der Neuwert, sondern der sog. Zeitwert zuzüglich Umsatzsteuer entscheidend.

Die Umsatzsteuer kann hier zu einem Spendenhindernis werden, wenn der Spender eine unentgeltliche Wertabgabe zu versteuern hätte (§ 3 Abs. 1b Nr. 1 UStG). Denn die Umsatzsteuer muss der Spender dann an das Finanzamt abführen, obwohl er hierbei keine Geldeinnahme erhalten hat. Nur in Ausnahmefällen sieht die Finanzverwaltung von einer Wertabgabenversteuerung ab, wenn das gespendete Wirtschaftsgut wertlos ist, z. B. wenn Lebensmittel kurz vor Ablauf des Haltbarkeitsdatums gespendet werden. Dann darf aber auch keine Spendenbescheinigung ausgestellt werden. Ein Ausweg aus diesem Dilemma bietet der Verkauf des Wirtschaftsgutes an die Stiftung. Verzichtet der Spender im Anschluss daran auf seine Kaufpreisforderung, wäre die darin enthaltene Umsatzsteuer nach § 17 UStG zu korrigieren.

Wirtschaftsgüter, deren Veräußerung steuerpflichtig wäre (z. B. Grundstücke innerhalb der Spekulationsfrist und Wertpapiere), sind dagegen nur mit den fortgeführten Anschaffungs- oder Herstellungskosten anzusetzen. Bei der Sachspende soll der Spender nämlich nicht so gestellt werden, als hätte er die stillen Reserven in dem Wirtschaftsgut durch Realisation gehoben, wenn keine solche Realisation stattgefunden hat.

Die steuerliche Anerkennung von Sachspenden setzt deren genaue Spezifizierung einschließlich der Angabe des Alters, des Zustandes und des Kaufpreises voraus. Besteht die Spende aus mehreren Sachspenden oder die Sachspende aus mehreren Gegenständen, sind diese in einer beigefügten Liste einzeln aufzuführen und auch einzeln zu bewerten. Eine Sammelbestätigung ohne diese Aufschlüsselungen wird regelmäßig nicht anerkannt.

Stammt das Wirtschaftsgut aus dem Betriebsvermögen des Spenders, ist der Wert entscheidend, den der Spender bei der Entnahme der Sache tatsächlich angesetzt hat (§ 10b Abs. 3 S. 2 EStG). Dabei handelt es sich zumeist um den (Einzel-)Veräußerungspreis. Wahlweise darf bei Zuwendungen an steuerbegünstigte Stiftungen beim Spender auch der Buchwert gem. § 6 Abs. 1 Nr. 4 S. 5 EStG angesetzt werden. Über den Wert der Sachspende und über die Ausübung dieses Wahlrechts hat sich die Stiftung vor der Ausstellung der Zuwendungsbescheinigung durch entsprechende Nachweise Gewissheit zu verschaffen.

Stammt die Sachspende aus dem Privatvermögen des Spenders, so ist der Wert des Gegenstandes in geeigneter Weise, also durch Rechnungen, Gutachten etc. zu belegen und deren Vorlage in der Zuwendungsbescheinigung zu bezeichnen.

– Forderungs-/Dienstleistungsspenden

  Zu den Sachspenden zählt gem. § 10b Abs. 3 S. 1 EStG ausdrücklich nicht die Zuwendung von Nutzungen oder Leistungen. Spenden im Bereich der Leistungserbringung kommen daher nur dann in Betracht, wenn der Spender zuvor der Stiftung gegenüber bereits einen rechtlich gesicherten Anspruch auf Vergütung z. B. von Honorar hatte, auf den er dann verzichtet. Aus der Sicht des Spenders muss es sich also um den Verzicht auf eine bereits entstandene und einklagbare Forderung handeln. Aus der Sicht der Stiftung kommt es entscheidend darauf an, dass dem Spender die Vergütung der Leistung rechtsverbindlich bereits vor Leistungserbringung zustand. Unerheblich ist dabei für beide Seiten, ob der Vergütungsanspruch auf Vertrag, Gesetz, Satzung oder Beschluss des Stiftungsvorstands beruhte. Soweit es die Umsatzsteuer in der gespendeten Forderung anbelangt, muss diese nicht an das Finanzamt abgeführt werden bzw. kann vom Finanzamt ggfs. zurückverlangt werden, da mit dem Forderungsverzicht eine Minderung der umsatzsteuerlichen Bemessungsgrundlage einhergeht, die nach § 17 UStG zu einer Umsatzsteuerkorrektur führt.

– Aufwandsspenden

  Für die Aufwandsspenden gelten zunächst die für die Leistungsspenden entwickelten Grundsätze. Aufwandsspenden setzen demzufolge den Verzicht des Spenders auf einen rechtlich einwandfreien Ersatzanspruch voraus. Diese Aufwandsentschädigung muss dem späteren Spender zugestanden haben, noch bevor der Aufwand anfiel.

Stellen sich die Aufwendungen bei Spender als Betriebsausgaben oder Werbungskosten dar, kann es sich definitionsgemäß nicht gleichzeitig um eine Spende handeln. Zwischen den Betriebsausgaben oder Werbungskosten und den betrieblichen Einkünften des Spenders besteht eine so enge innere Verknüpfung mit dem betrieblichen Interesse des Leistungserbringers, dass die der Spende innewohnende uneigennützige Zuwendung gerade ausgeschlossen wird.

– Zweckgebundene Spenden
  Erbittet eine Stiftung Spendengelder und schildert dabei laufende Projekte oder bestimmte Vorhaben, so sind in diesem Zusammenhang eingehende Spenden noch nicht als zweckgebundene Mittel anzusehen. Die Stiftung ist also frei darin, diese Gelder auch für andere satzungsmäßige Zwecke zu verwenden, wenn beispielsweise die Mittel für das konkret beworbene Projekt bereits beisammen sind.
  Anders verhält es sich, wenn die Stiftung ein konkretes Projektkonto oder ein Spendenkennwort ausgibt und hierauf Zahlungen geleistet werden oder wenn der Spender von sich aus bestimmte Verwendungsauflagen mit der Spendenzahlung verbindet. Dann handelt es sich um zweckgebundene Spenden, die mit einer Schenkung unter Auflage vergleichbar ist. Werden die Mittel nicht für den vorgegebenen Zweck benötigt, sind sie zurückzuzahlen oder mit Einverständnis des Spenders »umzuwidmen«.
– Auslandsspenden (→ vgl. dort)

4. Besonderheiten bei der Spendenwerbung

407 Interne Veranstaltungen sind stets ohne steuerliche Bedeutung. Steuerliche Folgen treten dagegen bei nach außen gerichteten Veranstaltungen der Stiftung auf. Problemfelder sind dabei Teilnehmergebühren, Aufwandsersatz und unentgeltliche Einladungen. Weiterhin muss die Stiftung in diesem Zusammenhang prüfen, ob sie unternehmerisch tätig wird und ob sie steuerbare und steuerpflichtige Leistungen an die (potentiellen) Spender erbringt. In diesem Fall hat die Stiftung Umsatzsteuer auf die von ihr erbrachten Leistungen zu erheben und abzuführen.

– Benefizveranstaltungen
  Ein durchaus effizienter Weg zur Spendenwerbung stellen Benefizveranstaltungen oder eine Wohltätigkeitsgala dar, deren festlicher Rahmen das Interesse und die Spendenbereitschaft der Teilnehmer erhöht. Kennzeichen ist regelmäßig, dass der Erlös der Veranstaltung dem Stiftungszweck oder einem bestimmten Projekt zu Gute kommen soll. Für die Stiftung selbst gilt es dabei, das Entstehen eines steuerpflichtigen, wirtschaftlichen Geschäftsbetriebes (→ vgl. dort) im Auge zu behalten. Zahlen die Gäste dabei einen einheitlichen Eintrittspreis (→ vgl. überhöhter Eintrittspreis), der neben dem Eintritt auch noch einen fixen »Spendenanteil« enthält, kann für die Spende keine Zuwendungsbestätigung ausgestellt werden. Es fehlt das Merkmal der Freiwilligkeit.

408 ▶ Regelmäßig besser stellen sich Stiftung und Spender daher, wenn die Eintrittskarten zu Selbstkosten (kein Gewinnaufschlag, allerdings bei unternehmerischer Betätigung durch die Stiftung zzgl. gesetzlich geschuldeter Umsatzsteuer) an die Gäste

weitergegeben werden und die Stiftung in der Einladung um eine als freiwillig ausgewiesene Spende bittet. Dabei kann durchaus eine gewisse Spendenhöhe als »Erwartungshorizont« (→ vgl. Mindestspende) formuliert werden. Eine Verknüpfung zwischen Kartenbezug und Spende wäre allerdings schädlich. Ein bestimmter Prozentsatz an Gästen wird trotzdem an der Gala teilnehmen, ohne zu spenden oder wird, gemessen an der Qualität der Veranstaltung, eine zu geringe Spende überweisen. Hier hilft nur die buchhalterische Abstimmung von Kartenbestellungen und Spendenkonto, gefolgt von konsequentem Ausmustern der Gästelisten. Zum Erfassen der »schwarzen Schafe« hilft z. B. ein veranstaltungsbezogenes Bank-Unterkonto, auf das alle Entgelte für Eintrittskarten und die Spenden für die betreffende Veranstaltung eingehen und von der Stiftung selbst aufgeteilt werden. Unterstützt werden kann dies durch einen vorgedruckten Überweisungsträger der zusammen mit der Einladung zur Versendung kommt und im Verwendungszweck die Aufteilung des Überweisungsbetrages in Kartenpreis und Spendenanteil (»... davon Spende € ...«) aufzeigt.

- »Überhöhte« Eintrittspreise (→ vgl. Benefizveranstaltung)
- »Mindestspende«
  Stiftungen bemühen sich regelmäßig um hochkarätige Veranstaltungen, für die Firmen entsprechende Sachspenden zur Verfügung stellen oder Räumlichkeiten (Achtung: Verzicht auf Rechtsanspruch) kostenfrei überlassen. Hierauf finden die bereits dargelegten Grundsätze Anwendung. Im Interesse der Stiftung liegt es regelmäßig, eine Spende zu erlangen, deren Höhe zumindest dem ersparten Aufwand des Gastes entspricht. Dieses Ziel lässt sich durch eine sog. »Mindestspende« nicht erreichen. Die darin enthaltene Gegenleistung schließt eine Zuwendungsbestätigung auf Seiten der Stiftung und den Spendenabzug des zahlenden Gastes aus.
- »Freiwillige Teilnahmegebühren«
  Der einer Teilnahmegebühr innewohnende Leistungsbezug weist zumindest auf eine an sich gerade fehlende Freiwilligkeit hin. Der Begriff stellt also zumindest eine irreführende Formulierung dar, auf die besser verzichtet werden sollte.
- »Verköstigungspauschale«, »Catering-Spende«
  Stiftungen können teilweise auf Catering-Firmen zugreifen, die bereit sind, bei Veranstaltungen Speisen und Getränke sowie den Service ganz oder teilweise kostenfrei zur Verfügung zu stellen. Es gelten die Grundsätze der Sach- und Aufwandsspende. Dem vom teilnehmenden Gast geforderten Verköstigungsbeitrag steht trotzdem eine Gegenleistung gegenüber, die einen Spendenabzug bei ihm ausschließt. Auf der Ebene der Stiftung eröffnet sich allerdings die Frage des steuerpflichtigen wirtschaftlichen Geschäftsbetriebes.

▶ Einfacher gestaltet sich die Abwicklung i. d. R. dadurch, dass das leistende Unter- 409
nehmen den Gesamtbetrag in Rechnung stellt und entsprechende Betriebseinnahmen ausweist. Diesen steht eine abzugsfähige Geldspende an die Stiftung in der zugedachten Höhe gegenüber. Die Stiftung kalkuliert ihren nicht spendenrelevanten Eintrittspreis ohne Einschluss eines Verzehrbeitrages des Teilnehmers und erhöht ihre Erwartungen(→ vgl. dort) hinsichtlich der Spendenhöhe.

– Tombolagewinne/Lotterie/Bazare/Sonderverkäufe
Überlassen Unternehmen oder z. B. Künstler der Stiftung kostenlos Gegenstände, also Waren oder Bilder zur Versteigerung oder Verlosung im Rahmen einer Veranstaltung, so kann die Stiftung diese Zuwendung als Sachspende (→ vgl. dort) auf der Basis von Bruttopreisen laut Preisliste bescheinigen. Anders verhält es sich aber, wenn die Versteigerung oder Verlosung durch einen nicht gemeinnützigen Auktionator durchgeführt und der Erlös an die Stiftung weitergereicht wird. Die mittelbare Verwendung für steuerbegünstigte Zwecke reicht nach allgemeiner Ansicht nicht aus.

410 ▶ Überlässt z. B. der Künstler das Werk dem Auktionator auf eigene Rechnung und überweist er der Stiftung den Versteigerungserlös, so liegt darin eine anzuerkennende Geldspende, die wirtschaftlich betrachtet, die steuerpflichtigen betrieblichen Einnahmen des Künstlers/Spenders wieder neutralisieren. Aus Sicht des Spendenempfängers handelt es sich um eine Geldspende, so dass der Spender die bei der Auktion angefallene Umsatzsteuer an das Finanzamt abführen muss. Die Stiftung als Spendenempfängerin erhält den auf der Auktion erzielten Nettobetrag und kann auch nur diesen Betrag in der Zuwendungsbescheinigung ausweisen.

(Teil-) Erlöse aus Sonderverkäufen unterliegen denselben Prinzipien; den weitergeleiteten und zu versteuernden Geldmitteln steht die entsprechende Zuwendungsbestätigung neutralisierend gegenüber:

– »Gästeprogramme«
Steuerbegünstigt ist lediglich die Veranstaltung selbst, nicht das Rahmenprogramm. Erfasst eine einheitliche Teilnehmergebühr beides, ist sie entsprechend aufzuteilen. Einnahmen in Zusammenhang mit dem Rahmenprogramm sind i. d. R. steuerpflichtig, da von einem wirtschaftlichen Geschäftsbetrieb auszugehen ist, sofern es sich nicht lediglich um eine gesellige Veranstaltung handelt.

– »Gutscheinspende«
Des Öfteren sind Firmen bereit, der Stiftung einen Gutschein auf kostenlosen oder vergünstigten Bezug der Firmenleistung zu spenden, den diese im Rahmen von Spendensammelaktionen an teilnehmende Gäste verlost.
Handelt es sich um einen Warengutschein, liegen die Grundsätze der Sachspende nahe. Schwieriger ist die Situation einzuschätzen, wenn es sich um Nutzungsüberlassungen handelt, die der Gutschein verkörpert, wie z. B. der Gratisbesuch im Fitnessstudio oder eine Gratis-Behandlung in einem Wellness-Center. Der Wortlaut des § 10b Abs. 3 S. 1 EStG schließt einen Abzug von Nutzungsspenden aus. Für die Annahme einer Aufwandsspende fehlen die Voraussetzungen eines entstandenen und einklagbaren Rechtsanspruchs gegen die Stiftung, da diese die Nutzungen für sich nicht in Anspruch hätte nehmen können. Abhilfe schaffen kann die Annahme eines Vertrages zugunsten Dritter (dem Gutscheingewinner) zwischen Stiftung und dem spendenbereitem Unternehmen. Die Thematik der steuerlichen Behandlung einer Gutscheinspende ist noch keineswegs ausdiskutiert. Ebenso wenig steht der aus der steuerlichen Einordnung folgende Wertansatz der Spende fest. Insgesamt wird die Frage innerhalb der zuständigen Finanzverwaltungen unterschiedlich behandelt und sollte daher nicht ohne eine zumindest mündliche Absprache mit dem Finanzamt beurteilt werden.

Ein weiterer Streitpunkt ist die Frage des Zuwendungszeitpunkts der Spende. In Betracht kommt sowohl die Überreichung des Gutscheins als auch die Einlösung desselben. Nach vorzugswürdiger Ansicht ist auf den Zeitpunkt der Einlösung des Gutscheins abzustellen, weil erst in diesem Moment die Vermögensminderung beim Spender eintritt.

- Erlass der Green Fee bei Benefiz- Golfturnieren.
  (→ vgl. freiwillige Teilnahmegebühren, Verköstigungspauschale)
- Ehrenamtliche Tätigkeit
  Erbringt der ehrenamtliche Helfer eigene Leistungen, so ist gem. § 10b Abs. 3 S. 1 EStG kein Spendenabzug möglich, es sei denn, der Ehrenamtliche wird zunächst im Bereich seiner gewöhnlichen beruflichen Tätigkeit aktiv und verzichtet im Nachhinein auf die ihm geschuldete Vergütung.
  Der ehrenamtliche Helfer kann Aufwand, den er im Interesse der Stiftung getragen hat, ersetzt bekommen, wenn dies auf der Grundlage der Satzung oder eines Vorstandsbeschlusses im Vorhinein so vorgesehen war. Verzichtet er darauf, kann er eine Zuwendungsbescheinigung verlangen und den Aufwand als Spende behandeln. Oftmals umfassen die Aufwandsentschädigungen sog. ehrenamtlicher Helfer nicht nur deren Auslagen, sondern betreffen auch eine Entschädigung für erbrachte Zeiten oder erlittenen Verdienstausfall. Dabei ist vielfach der Bereich der steuerlich relevanten Einkünfteerzielung erreicht. Für die Abgrenzung gelten die allgemeinen steuerlichen Vorschriften, insbesondere § 3 Nr. 12, 26 EStG.
- Vermächtnisspende
  Wird eine steuerbegünstigte Stiftung im Rahmen einer letztwilligen Verfügung mit einer Zuwendung bedacht, stellt sich regelmäßig auch die Frage, ob dies den Erblasser oder den Erben zum Spendenabzug berechtigen könnte. Nach Auffassung der Rechtsprechung fehlt es auf der Ebene des Erben an der Freiwilligkeit der Zuwendung, da er einer testamentarischen Anordnung nachkommt. Auf der Ebene des Erblassers ist dagegen der Spendenabzug ebenfalls zu verneinen, da die Vermögensverfügung in seiner Person noch nicht eingetreten war.

5. Social Entrepreneurship/Social Responsibility

Immer mehr Unternehmen möchten soziale und gemeinnützige Verantwortung (*social* 411
responsibility) übernehmen, sei es aus echter Selbstlosigkeit heraus, sei es zum Zwecke der werbewirksamen Reputationssteigerung, sei es aus beiden oder anderen Gründen. Die Art dieser Aktivitäten ist mannigfaltig. Unternehmen stellen Gelder, Personal oder Sachwerte zur Verfügung um die wissenschaftliche Forschung von Lehrstühlen zu unterstützen oder um sie überhaupt zu ermöglichen. Andere Unternehmen spenden hohe Geldbeträge an gemeinnützige Körperschaften oder betreiben selbst gemeinnützige Projekte. Eine abschließende Aufzählung an dieser Stelle ist nicht möglich.

Einer immer größeren Beliebtheit erfreut sich bei Unternehmen auch die Bewerbung 412
ihrer Produkte und Dienstleistungen mit dem zusätzlichen Angebot, die erzielten Umsätze oder einen Teil davon für ethisch positiv besetzte Projekte oder gemeinnützige Zwecke einzusetzen und z. B. an eine gemeinnützige Körperschaft weiterzuleiten (*social entrepreneurship*). Auch hier gibt es verschiedene Betätigungsarten. Ein Teil der Unter-

nehmen ist im Wesentlichen selbstlos tätig und leitet z. B. den Großteil des Kaufpreises nach Abzug eigener Kosten an bedürftige Hersteller weiter (z. B. Dritte-Welt-Läden). Andere Unternehmen bewerben Produkte damit, dass sie einen Teil des Preises, den der Endkunde zahlt, für gemeinnützige Zwecke einsetzt. Mit Selbstlosigkeit hat letztere Spielart aber in der Regel wenig zu tun. Die gemeinnützigen Zwecke werden hier lediglich als Werbemittel verwendet, um das vertriebene Produkt aus der Masse an vergleichbaren Produkten hervorzuheben. Das Unternehmen verlangt regelmäßig auch einen höheren Kaufpreis, in dem die weiterzuleitenden Mittel bereits einkalkuliert sind, so dass sich an der Gewinnmarge des Unternehmens nichts ändert. Mit anderen Worten trägt der Kunde die weitergeleiteten Geldmittel, nicht das Unternehmen.

413 Die Grenzen innerhalb der unternehmerischen Aktivitäten im Social Entrepreneurship und auch zur den Betätigungsformen der Social Responsibility sind fließend. Vom steuerlichen Standpunkt stellt sich jedoch die Frage, wer im Dreiecksverhältnis Kunde-Unternehmen– gemeinnützige Körperschaft eine Spende leistet und hierfür eine Spendenbescheinigung erhalten darf. Nachfolgend sollen einige Beispiele und ihre Behandlung dargestellt werden.

- Kundenvertragsmodell: »fairer Handel«
  Ausgangspunkt für die steuerliche Behandlung ist der Vertrag zwischen Kunde und Unternehmen, worin sich der Kunde verpflichtet einen höheren bzw. fairen Preis für die Ware des Unternehmens (Zwischenhändler) zu zahlen, die dieses zu einem angemessenen Einkaufspreis von einer gemeinnützigen Stiftung oder von Herstellern bezieht, die bedürftig oder aus anderen Gründen förderungswürdig sind. Dieses Modell wird beispielsweise von Dritte-Welt-Läden praktiziert, die Waren im Ausland unter Vermeidung von Dumping-Preisen beziehen. Eine Spende wird in diesem Drei-Personen-Verhältnis nicht geleistet. Die Ware wird, auch wenn ihr Preis oberhalb anderer Marktpreise liegt, entgeltlich verschoben. Eine Aufteilung in einen Spenden- und marktüblichen Kaufpreisanteil ist nicht möglich. Sofern das Unternehmen die Ware von einer gemeinnützigen Körperschaft bezieht, liegt bei dieser grds. ein steuerpflichtiger wirtschaftlicher Geschäftsbetrieb vor.
- Kundenvertragsmodell: »Spende inklusive«
  Ausgangspunkt ist auch hier die vertragliche Vereinbarung mit dem Kunden. Das Unternehmen verpflichtet sich bei seiner Dienstleistung (z. B. beim Verkauf einer Eintrittskarte oder einer CD) einen Teil des Preises an eine gemeinnützige Körperschaft weiterzuleiten. Auch hier leistet der Kunde keine Spende und darf von der gemeinnützigen Körperschaft keine Spendenquittung erhalten, weil keine Aufteilung zwischen Entgelt und Spende vorgenommen werden darf. Der Teil des Preises, den das Unternehmen an die Körperschaft weiterleitet stellt u. E. aber eine Spende des Unternehmens dar. Daran ändert auch die Tatsache nichts, dass das Unternehmen durch den Kundenvertrag verpflichtet ist, einen Teil des empfangenen Geldbetrages weiterzuleiten; denn das Unternehmen geht diese Verpflichtung freiwillig ein. Im Ergebnis trägt der Kunde wirtschaftlich den Spendenbetrag, kann jedoch hierfür keine steuerliche Vergünstigung in Form eines Spendenabzugs erhalten. Besonderes Augenmerk ist bei der Transaktion auf die Umsatzsteuer zu legen: Da im Kaufpreis des Kunden regelmäßig die Umsatzsteuer enthalten ist, muss das Unter-

nehmen prüfen, ob und welche Gewinnmarge ihm nach Weiterleitung des Spendenbetrages und Zahlung der Umsatzsteuer noch verbleibt. Denn die Spende kann das Unternehmen nur aus dem Nettorechnungsbetrag leisten.

- Kundenvertragsmodell: »Spenden-opt-in«
  Hier vereinbart das Unternehmen mit dem Kunden zusätzlich zum Preis für seine Dienstleistung, dass ein weiterer Betrag für gemeinnützige Zwecke z. B. an eine steuerbegünstigte Stiftung gezahlt wird. Der Kunde hat dabei ein Wahlrecht die Dienstleistung auch ohne den »Spendenbetrag« zu bezahlen oder die »Spende« hinzuzuwählen (*»opt-in«*). Da der Kunde hier freiwillig den zusätzlichen Betrag leistet, liegt im Verhältnis zwischen ihm und der steuerbegünstigten Stiftung eine Spende vor. Für das Unternehmen liegt nur ein durchlaufender Posten vor und es fungiert lediglich als Zahlungsmittler wie eine Bank. Umsatzsteuer fällt auf den zusätzlichen Betrag nicht an.
- Kundenvertragsmodell: »Spenden-Card«
  Hier bietet das Unternehmen dem Kunden an, einen Geldbetrag entgegenzunehmen und ihn auf einer Art Geldkarte oder »Spenden-Card« gutzuschreiben. In anderen Fällen erhält der Kunde auch einen Gutscheincode. Der Kunde kann sich dann z. B. online aus einer Vielzahl von gemeinnützigen Projekten für eines entscheiden, für die der Geldbetrag auf der Karte ausgegeben bzw. den Gutscheincode eingelöst werden soll. Oftmals kann die »Spenden-Card« verschenkt werden und der Beschenkte kann die Zahlung des Geldbetrages an eine steuerbegünstigte Körperschaft anweisen. Eine Spende liegt lediglich im Verhältnis zwischen einzahlendem Kunden und Empfängerkörperschaft vor. Auch hier stellt das Unternehmen, das die »Spenden-Card« oder den Gutscheincode ausgibt lediglich ein Zahlungsmittler dar. Spender ist der zahlende Kunde, woran sich auch dann nichts ändert, wenn er die Karte oder den Code verschenkt. »Verschenkt« wird hierbei lediglich das Recht auf Erteilung einer Zweckbestimmung. Den Vermögensaufwand für die Spende hat der Schenker/Kunde getragen, so dass er auch als Spender anzusehen ist und eine Spendenquittung erhalten darf.
- Unternehmerische Projektförderungen unabhängig von Kundenverträgen
  Hier fördert ein Unternehmen gemeinnützige Projekte z. B. von steuerbegünstigten Körperschaften unabhängig von bestehenden Kundenverträgen. D. h. das Unternehmen verpflichtet sich gerade nicht im Rahmen von Kundenverträgen zur Förderung bestimmter Stiftungen und Projekte. Dass das Unternehmen fördernd tätig wird, hat allenfalls Bedeutung für die Motivlage des Kunden, wird jedoch nicht Vertragsgegenstand. Hier spendet das Unternehmen direkt an die steuerbegünstigte Stiftung.

6. Spendenhaftung

Der Steuerpflichtige ist in seinem Vertrauen in die Richtigkeit der Zuwendungsbestä- 414
tigung für Spenden grundsätzlich geschützt, und zwar solange als er nicht selbst diese Bestätigung mittels unrichtiger Angaben oder Mittel beschafft hat. Sein Schutz endet auch dort, wo er wusste, dass die Bestätigung mangelhaft war oder doch zumindest die Augen davor verschlossen hat (§ 10b Abs. 4 S. 1 EStG).

- Ist dem Fiskus durch eine unrichtige oder unzulässige Zuwendungsbestätigung Steuer entgangen, haftet dafür in erster Linie der Aussteller der Bestätigung, also die Stiftung (sog. Ausstellerhaftung). Die entgangene Steuer wird für Haftungszwecke pauschal mit bis zu 45 v. H. des zugewendeten Betrages angesetzt (§ 10b Abs. 4 S. 3, 3 EStG, § 9 Abs. 3 KStG, § 9 Nr. 5 S. 16 GewStG).
- Eine Veranlasserhaftung trifft die Stiftung subsidiär ihre Organe in gleicher Weise, wenn die Zuwendungen nicht zu dem in der Bestätigung angegebenen steuerbegünstigten Zweck verwendet werden. Hier kann außerdem auch die Aberkennung der Gemeinnützigkeit für die Stiftung drohen.

415 Die jeweilige Haftung setzt stets Verschulden in Form von Vorsatz oder grober Fahrlässigkeit voraus. Wird nun der Stiftung für zurückliegende Zeiträume die Steuerbegünstigung versagt, werden die zwischenzeitlich von ihr ausgestellten Zuwendungsbestätigungen zwar objektiv unrichtig. Dieses Defizit soll allerdings nach Auffassung der Rechtsprechung nicht zur Spendenhaftung führen, wenn der Spendenempfänger, also die Stiftung, die Mittel zweckentsprechend verwendet hat.

416 ▶ Ist eine Zuwendungsbestätigung unrichtig und wird sie deshalb von der Finanzverwaltung nicht anerkannt, so können deren Defizite auch noch dadurch »geheilt« werden, dass nachträglich eine neue, ordnungsgemäße Bestätigung erteilt wird. Zwar setzt der steuerliche Spendenabzug materiell-rechtlich stets eine Zuwendungsbestätigung voraus, d. h. die Bestätigung dient nicht nur dem Nachweis. Die Bestätigung stellt aber zugleich ein rückwirkendes Ereignis dar, das auch bei schon bestandskräftigen Bescheiden nach höchstrichterlicher Rechtsprechung noch zu berücksichtigen ist.

417 ▶ Strittig ist, ob der Haftungsbetrag von bis zu 45 v. H. tatsächlich einen Steuerausfall voraussetzt. Dies ist umstritten. Die Finanzverwaltung prüft nicht, ob es tatsächlich zu einem Steuerausfall gekommen ist. Da eine Haftung nach allgemeinem Zivilrecht stets nur akzessorisch zu einer bestehenden Schuld (hier: materielle Steuerschuld) sein kann, sollte versucht werden, gegen die Haftungsbeträge gerichtlich vorzugehen.

II. Sponsoring

418 Bei Sponsoringmaßnahmen werden in aller Regel unternehmerische Ziele wie Produktwerbung oder Imagegewinn mit primär nichtunternehmerischen Mitteln erstrebt; dazu gehört kulturelles oder soziales Engagement ebenso wie die sonstige Förderung steuerbegünstigter »guter« Zwecke. Das hohe gesellschaftliche Ansehen von gemeinnützigen Einrichtungen färbt dabei auf das Förderunternehmen in vielfältiger und nicht immer steuerfreier Weise ab.

Vergleich	Spender	Sponsor
wer	Privatperson Unternehmen	Unternehmen
weshalb	fremdnützig	eigennützig
wie	Einzelfälle ggf. mit Wiederholung	geregeltes Sponsorship
womit	Ad-hoc-Zuwendung	geregelter Sponsoringvertrag
Steuerwirkung »Geber«	Spendenabzug	Betriebsausgabenabzug
Steuerwirkung »Nehmer«	steuerfreie Einnahmen keine Umsatzsteuer	steuerfreie oder steuerpflichtige Einnahmen USt 7 % oder 19 %

1. Ertragsteuerliche Folgen

Die betriebswirtschaftliche Definition erklärt Sponsoring als Zuwendung von »Fördermitteln gegen Öffentlichkeit«. Daraus lässt sich unschwer ableiten, dass es für den Sponsor massive Abgrenzungsprobleme bei der steuerlichen Einordnung der Abläufe als Spendenabzug einerseits oder Betriebsausgabenabzug andererseits geben muss. Die Finanzverwaltung geht demnach auch von einem weiten Sponsoringbegriff aus, der Spenden und Betriebsausgaben umfasst und letztlich auf den Grad der betrieblichen Veranlassung beim Sponsor abstellt. Beim Sponsoring kommt also regelmäßig ein massives Eigeninteresse des fördernden Unternehmens an der werbenden Außenwirkung hinzu. 419

Die steuerlichen Folgen auf der Seite der »gesponserten« Stiftung folgen den allgemeinen Grundsätzen. Förderleistungen fallen entweder in den ideellen Bereich, beispielsweise dann, wenn die Stiftung ihren Förderern lediglich ihren Dank für die Zuwendungen ausdrückt. Oder sie sind der Vermögensverwaltung z. B. im Falle von Lizenzvergaben zuzurechnen, soweit die Grenze zum steuerpflichtigen wirtschaftlichen Geschäftsbetrieb dabei nicht überschritten wird; damit entfallen für die Stiftung die ertragsteuerlichen Folgen. 420

Anders sieht es allerdings aus, wenn die Zuwendung bereits dem steuerpflichtigen, wirtschaftlichen Geschäftsbetrieb der Stiftung zuzuordnen ist. Dies soll z. B. immer dann vorliegen, wenn die Stiftung im Gegenzug für den erhaltenen Geld- bzw. »Spendenbetrag« zu aktiven Werbemaßnahmen für den Sponsor verpflichtet sein soll. Ein solcher wirtschaftlicher Geschäftsbetrieb kann kein Zweckbetrieb sein. Kein wirtschaftlicher Geschäftsbetrieb soll vorliegen, wenn die Stiftung dem Sponsor nur die Nutzung ihres Namens zu Werbezwecken oder zur Imagepflege erlaubt. Ein wirtschaftlicher Geschäftsbetrieb soll nach Auffassung der Finanzverwaltung dagegen auch dann nicht vorliegen, wenn die Stiftung z. B. auf Plakaten, Veranstaltungshinweisen, in Ausstellungskatalogen oder in anderer Weise auf die Unterstützung durch einen Sponsor lediglich 421 hinweist, wobei dieser Hinweis unter Verwendung des Namens, Emblems oder Logos des Sponsors, jedoch ohne besondere Hervorhebung (z. B. mit Werbeslogan), erfolgen kann. Entsprechende Sponsoringeinnahmen sollen nicht als Einnahmen aus der Vermögensverwaltung anzusehen sein, was sich auf die Höhe der Bildung einer freien Rücklage auswirken kann (es gilt die 10 v. H.-Grenze für sonstige Mittel, nicht die Drittel-Grenze). Eine schädliche »besondere Hervorhebung« kann bereits darin liegen, wenn das Sponsoren-Logo auf der Homepage der Stiftung mit der Homepage des Sponsors verlinkt ist.

422 ▶ Aus der Sicht der Stiftung ist demnach größter Wert auf die Ausgestaltung der Spendenzusage oder eines Sponsoringvertrages zu legen, insbesondere überall dort, wo die Leistungs- oder Mitwirkungspflichten der Stiftung angesprochen sind. Der Übergang zwischen passiven Hinweisen auf den Sponsor und einer aktiven steuerpflichtigen Werbeleistung kann fließend sein, weil die Finanzverwaltung nicht klarstellt, was sie unter einer besonderen Hervorhebung versteht. Daher besteht die Gefahr, dass der vom Sponsor gedachte »Spendenbetrag« bei der Stiftung im vollen Umfang zu einem steuerpflichtigen Geschäftsbetrieb führt. Insoweit empfiehlt sich, die Leistungen des Sponsors vertraglich aufzuteilen und zwar in ein Entgelt für eine steuerpflichtige Werbeleistung der Stiftung einerseits und in eine davon unabhängige Spende andererseits.

423 Begründet die Werbeaktivität der Stiftung danach bereits einen steuerpflichtigen wirtschaftlichen Geschäftsbetrieb, kann auf Antrag der Stiftung eine pauschale Gewinnermittlung gem. § 64 Abs. 6 Nr. 1 AO mit 15 v. H. der netto Werbeeinnahmen (ohne Umsatzsteuer) zugrunde gelegt werden, wenn zugleich noch eine gewisse Nähe zum steuerbegünstigten Kernbereich der Stiftung besteht. Diese Pauschalmethode ist also immer dann für die Stiftung vorteilhaft, wenn den entsprechenden Einnahmen nur untergeordnete Betriebsausgaben gegenüberstehen, da diese daneben nicht mehr mindernd berücksichtigt werden können. Eine »Unterbringung« dieser Kosten bei anderen (vollbesteuerten) wirtschaftlichen Geschäftsbetrieben ist nicht zulässig.

424 Aus dem Sponsoringvertrag kann sich selbstverständlich auch ergeben, dass die einheitliche Zuwendung zugleich verschiedene Vermögenssphären der Stiftung betrifft. In diesen Fällen ist die Zuwendung entsprechend aufzuteilen, wobei Unklarheiten in der Aufteilung zu Lasten der Stiftung gehen; sie schlagen sich also mangels Nachweis objektiver Aufteilungskriterien im steuerpflichtigen Bereich nieder. Es sind deshalb regelmäßig erhöhte Sorgfaltsanforderungen an die Ermittlung und Dokumentation des hinterlegten Aufteilungsmaßstabes zu richten.

2. Umsatzsteuerliche Folgen

425 Das Umsatzsteuerrecht unterscheidet auch bei steuerbegünstigten Stiftungen wie bei anderen Steuerpflichtigen lediglich danach, ob der unternehmerische oder der nichtunternehmerische Bereich betroffen ist.

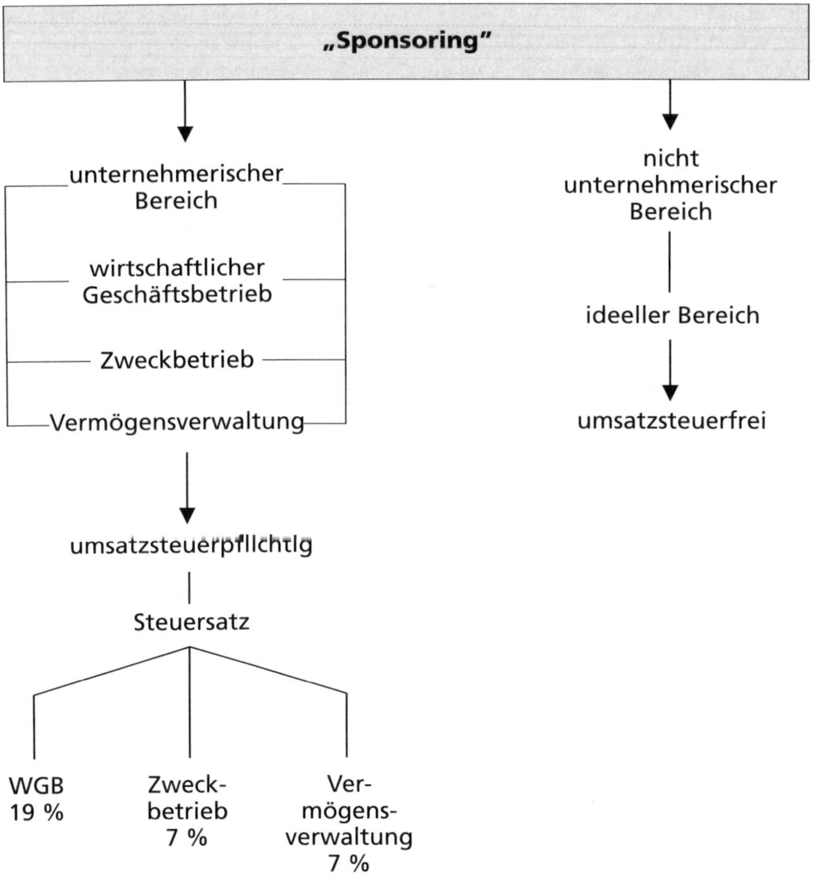

Zum nichtunternehmerischen Bereich gehört unzweifelhaft der ideelle Bereich (→ vgl. dort), dem unternehmerischen Bereich sind dagegen in der Regel alle anderen Bereiche, nämlich die Vermögensverwaltung, der Zweckbetrieb und der ohnehin steuerpflichtige wirtschaftliche Geschäftsbetrieb zuzuordnen. Allerdings ist auch im Rahmen der Vermögensverwaltung denkbar, dass die Stiftung nichtunternehmerisch auftritt, so dass es insoweit stets einer Einzelfallbetrachtung bedarf. Damit löst sich die Umsatzsteuer von der 4-Sphären-Theorie (→ vgl. dort) des Ertragsteuerrechts. Leistungen, die die Stiftung als Unternehmer an ihren Sponsor erbringt, unterliegen damit grundsätzlich der Umsatzsteuer. Auf die Kleinunternehmerregelung gem. § 19 UStG kann die Stiftung ggf. verzichten. Ist der Sponsor ebenfalls umsatzsteuerlicher Unternehmer, also zum Vorsteuerabzug berechtigt, entstehen daraus dann keine Mehrbelastungen. 426

427 Schwierigkeiten bereitet das Sponsoring umsatzsteuerlich in der Regel bei den Banken oder Versicherungen, denen selbst oftmals kein Vorsteuerabzug zusteht. Insoweit verteuert sich die Leistung des Sponsors um die nicht abziehbare Vorsteuer.

428 Zwischen dem wirtschaftlichen Geschäftsbetrieb der Stiftung und dem Sponsor kann dagegen ein den üblichen Regeln folgender umsatzsteuerlicher Leistungsaustausch stattfinden. Kritisch zu beleuchten ist in diesem Zusammenhang die Frage, wann ein solcher – die reine Danksagung überschreitender – Leistungsaustausch überhaupt anzunehmen sein wird. Zutreffender Weise wird in der Praxis wie auch im Ertragsteuerrecht die Auffassung vertreten, dass allein die (freiwillige) Namensnennung des Sponsors und, allerdings in Maßen, auch noch die Verwendung des Firmenemblems des Sponsors zu den üblicherweise erwarteten Dankesbezeugungen gehören, sofern keine besondere Hervorhebung oder gar Verpflichtung damit verbunden ist. Demnach werden keine steuerlichen Folgen auslöst. Umgekehrt soll auch die bloße Namensnennung der Stiftung durch den Sponsor, allerdings wohl eher ohne Verwendung des Stiftungs-Logos- ebenfalls noch ohne umsatzsteuerliche Folgen sein. Hier wirbt der Sponsor noch nicht mit dem besonderen Image der Stiftung.

429 Kommt es darüber hinaus aber zur Annahme eines Leistungsaustausches, hat die Stiftung über ihre eigene Leistung dem Sponsor eine Rechnung mit Mehrwertsteuerausweis zu erteilen. Bemessungsgrundlage ist die Gegenleistung, also der Sponsoringbetrag.

430 Die Höhe des Umsatzsteuersatzes, gem. § 12 Abs. 2 Nr. 8 UStG mit 7 v. H. oder mit dem Regelsatz von 19 v. H., richtet sich je nach der bei der Stiftung angesprochenen Vermögenssphäre (→ vgl. dort).

431 Der ermäßigte Steuersatz kommt danach nur im Bereich der Vermögensverwaltung oder für Leistungen des Zweckbetriebes zur Anwendung

432 Daraus folgt die Notwendigkeit zur Unterscheidung:

- Aktive Werbeleistungen wie z. B. das Schalten von Anzeigen, Werbedrucke, Aufnahme des Logos in das Schrift- oder Nachrichtenmaterial der Stiftung, werbende Veranstaltungshinweise, Ausstellungskataloge mit entsprechend grafischen Hervorhebungen, vergleichbare Präsentation des Sponsorenlogos auf der Homepage der Körperschaft, Links von der Stiftung zur Web-Site des Sponsors etc. gelten als im Rahmen eines wirtschaftlichen Geschäftsbetriebes der Stiftung ausgeführt und unterliegen dem Regelsteuersatz von zur Zeit 19 v. H.
- Kein umsatzsteuerpflichtiger Leistungsaustausch liegt hingegen nach bundeseinheitlicher Auffassung der Finanzverwaltung vor, wenn die Werbewirkung oder Imagestärkung für den Sponsor dagegen eher reflexartig entsteht oder sie lediglich aus einer geduldeten Nutzungsmöglichkeit des Stiftungsnamens folgt. Hiervon ist z. B. auszugehen, wenn die Stiftung die Verwendung ihres Namens oder eines Logos durch den Sponsor hinnimmt, ohne selbst aktiv zu werden oder dazu verpflichtet zu sein. Entsprechendes gilt, wenn der Sponsor umgekehrt seine Namensnutzung durch die Stiftung nur duldet, aber selbst nicht fördert oder fordert. Die Behandlung solcher »Duldungsleistungen« als steuerpflichtige Werbeleistungen, wie früher von einzelnen Finanzbehörden vertreten, wurde inzwischen aufgegeben.

Die Abgrenzung dieser steuerpflichtigen Hinnahme zur völlig steuerfreien »Danksagung« ist in der Praxis unscharf und setzt auf Seiten der Beteiligten auch eine gewisse Planmäßigkeit in der Verwendung des Stiftungsnamens durch den Sponsor oder umgekehrt voraus.

- Entsprechendes gilt für Sachzuwendungen, d. h. sog. unentgeltlichen Wertabgaben des Sponsors gem. § 3 Abs. 1b Nr. 1 UStG. Die Bemessungsgrundlage ergibt sich aus § 10 Abs. 4 Nr. 1 UStG; daraus folgt ein Ansatz zu Einstandspreisen zzgl. Nebenkosten oder zu Selbstkosten des Sponsors. Standen klar unternehmerische Erwägungen des Sponsorunternehmens im Vordergrund, könnte es sich auch um einen ganz normalen umsatzsteuerlichen Liefervorgang handeln.
  Verwendet die Stiftung die erlangen Geld- oder Sachmittel oder Dienstleistungen im ideellen Bereich, ist jeder Vorsteuerabzug ausgeschlossen. Entsprechendes gilt, wenn die Stiftung damit steuerfreie Umsätze gem. § 4 UStG ausführt.

3. Schenkungssteuerliche Folgen

Schenkungssteuerliche Folgen können nur überall dort auftreten, wo eine einseitige Bereicherung des Zuwendungsempfängers erfolgt, sich also kein ausgewogenes Leistungs- und Gegenleistungsverhältnis nachweisen lässt. 433

Danach scheiden schenkungssteuerliche Überlegungen grundsätzlich dort aus, wo der (umsatzsteuerpflichtige) unternehmerische Bereich der Stiftung, also deren wirtschaftlicher Geschäftsbetrieb, angesprochen ist. Es fehlt an der notwendigen objektiven Bereicherung eines Partners. 434

Kommt es in Sponsoringfällen deshalb nicht zur Umsatzbesteuerung, etwa weil die Stiftung nach den oben dargestellten Abgrenzungskriterien selbst gerade keine Gegenleistung erbringt, stellt sich die Frage nach etwaigen schenkungssteuerlichen Konsequenzen, sofern freigebige (aber nicht notwendig uneigennützige) Zuwendungen des Sponsors dem steuerfreien Bereich der Stiftung zuzurechnen sind. 435

Obgleich diese Zuwendungen zwar durchaus von verstärkten unternehmerischen Eigeninteressen des Sponsors geleitet sind, werden sie gem. §§ 7 Abs. 1, 13 Abs. 1 Nr. 16b ErbStG von der Schenkungsteuer befreit. In der Stiftungspraxis hat sich für diese Schenkungen der Begriff des »mäzenatischen Sponsorings« herausgebildet. Dem steuerlich zulässigen Betriebsausgabenabzug des Sponsors steht in attraktiver Weise die ertragsteuerliche und schenkungssteuerliche Befreiung des Zuwendungsempfängers gegenüber. Für die steuerliche Beurteilung beim Leistungsempfänger kommt es grundsätzlich nicht darauf an, wie die entsprechende Leistung beim Leistungserbringer behandelt wird. 436

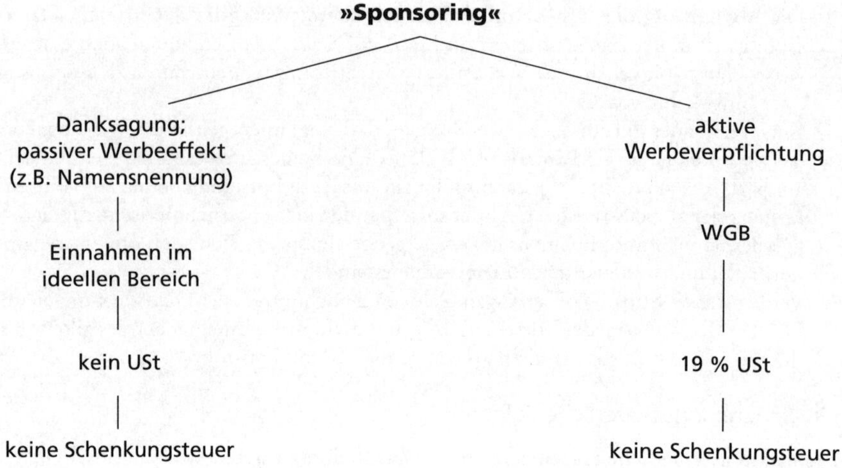
»Sponsoring«
Danksagung; passiver Werbeeffekt (z.B. Namensnennung)
Einnahmen im ideellen Bereich
kein USt
keine Schenkungsteuer
aktive Werbeverpflichtung
WGB
19 % USt
keine Schenkungsteuer

F. Steuererklärungspflichten steuerbegünstigter Stiftungen

Auch gemeinnützige Stiftungen sind wie alle übrigen Körperschaften grundsätzlich zur Abgabe von Steuererklärungen verpflichtet. Für steuerbegünstigte Körperschaften finden sich in den Einzelsteuergesetzen in Verbindung mit den §§ 149 AO hierzu keine generellen Ausnahmen. **437**

Die Steuererklärung der Stiftung umfasst den »Vordruck Gem. 1, Erklärung zur Körperschaftsteuer und Gewerbesteuer von Körperschaften, die gemeinnützigen, mildtätigen und kirchlichen Zwecken dienen« und ggf. auch die Abgabe von Umsatzsteuer-Voranmeldungen und Umsatzsteuer-Jahreserklärungen. **438**

Das zuständige Finanzamt kann jedoch im Rahmen seines Ermessens die Stiftung von der Abgabe jährlicher Erklärungen befreien und stattdessen einen dreijährigen Turnus vorgeben. Die Erleichterung werden regelmäßig auf Stiftungen nicht angewendet, die einen oder mehrere wirtschaftliche Geschäftsbetriebe führen, die die Freigrenze des § 64 Abs. 3 AO mit derzeit € 35.000 p. a. oder die Freibeträge der § 24 S. 1 KStG mit € 5.000 bzw. § 11 Abs. 1 Nr. 2 GewStG mit € 5.000 überschreiten. **439**

Umsatzsteuer-Voranmeldungen und Jahreserklärungen sind nach Maßgabe des § 18 UStG in den Fällen abzugeben, in denen die Kleinunternehmerregelung des § 19 UStG (→ vgl. dort) nicht eingreift. Dies führt dann in der Praxis der Finanzverwaltung dazu, dass auch die übrigen Erklärungsvordrucke im jährlichen Turnus eingefordert werden. **440**

G. Steuerliche Außenprüfung

441 Der Außenprüfer überprüft gem. § 199 Abs. 1 AO die tatsächlichen und rechtlichen Verhältnisse des Steuerpflichtigen, um den für die Besteuerung erheblichen Sachverhalt feststellen und die richtige Anwendung der Rechtsnormen sicherstellen zu können (§§ 85, 88 AO). Der Prüfungsansatz ist dabei so zu wählen, dass sowohl zu Gunsten als auch zu Ungunsten des Steuerpflichtigen Feststellungen getroffen werden können (§ 199 Abs. 1 AO).

I. Steuerliche Außenprüfungen

1. Zulässigkeit

442 Steuerliche Außenprüfungen sind grundsätzlich nur dann zulässig, wenn feststeht, dass die Ergebnisse der Prüfungshandlungen für die Besteuerung überhaupt erheblich sein können und der Verwertung der Erkenntnisse kein Verwertungsverbot entgegensteht. Hinzu kommen die besonderen Zulässigkeitsvoraussetzungen der §§ 193 ff. der Abgabenordnung. Danach kann sich die Prüfung sowohl gegen Unternehmen und Steuerpflichtige mit Überschusseinkünften von mehr als € 500.000 (§ 193 Abs. 1 AO) als auch gegen sonstige Steuerpflichtige (§ 193 Abs. 2 Nr. 2 AO) richten. Steuerbegünstigte Stiftungen sind dabei u. a. den sonstigen Steuerpflichtigen zuzurechnen.

443 Bei sonstigen Steuerpflichtigen hängt die Zulässigkeit davon ab, dass ein aufklärungsbedürftiger, steuerlich relevanter Sachverhalt vorliegt und keine Möglichkeit besteht, diese Aufklärung zweckmäßigerweise im Finanzamt selbst vorzunehmen.

444 Die Prüfung von Sachverhalten ist grundsätzlich solange zulässig, als nicht abschließend feststeht, dass eine Steuerpflicht des betreffenden Prüfungssubjektes tatsächlich ausscheidet. Das sachliche Aufklärungsbedürfnis der Finanzverwaltung ist dabei auch in den Fällen zu bejahen, in denen es darum geht, die Steuerpflicht bestimmter Einkünfte als solche festzustellen. Das betrifft insbesondere auch die Frage, ob eine Stiftung gemeinnützig ist oder nicht, und zwar bereits anfänglich und im Laufe ihrer weiteren Tätigkeiten.

445 Die Frage der Zweckmäßigkeit entscheidet die Finanzverwaltung allerdings unter Bindung an ihr pflichtgemäßes Ermessen. Dabei sind die Grenzen des Ermessensspielraums Rahmen der Verhältnismäßigkeit weit gesteckt. Sie enden in sachlicher Hinsicht dort, wo Einzelermittlungen ein deutlich tauglicheres Mittel zur Aufklärung darstellen.

2. Arten und Umfang der Außenprüfung

a) Überprüfung nach der Abgabenordnung

446 Zur Überprüfung steuerlich relevanter Umstände kennt die Abgabenordnung verschiedene Arten der steuerlichen Außenprüfung und sonstiger prüfungsähnlicher Maßnahmen.

Unterschieden wird dabei zwischen: 447

- der normalen Außenprüfung gem. §§ 193 ff. AO (Vollprüfung) und
- der abgekürzten Außenprüfung (§ 203 AO).

Beide Instrumente stehen hinsichtlich ihrer Rechtsfolgen gleich. Zudem sind solche Außenprüfungen auch als sog. zeitnahe Betriebsprüfungen denkbar. 448

Daneben kommen zur Ermittlung steuerlicher Sachverhalte noch: 449

- die sog. betriebsnahe Veranlagung und
- die Einzelermittlung

als prüfungsähnliche Maßnahmen in Betracht, auf die die §§ 193 ff. AO allerdings nicht anwendbar sind und die sich auch hinsichtlich der Rechtsfolgen von der regulären Außenprüfung unterscheiden.

b) Prüfungsturnus und Prüfungszeitraum

Es stellt sich grundsätzlich als Ermessensentscheidungen der Finanzverwaltung dar, ob, 450 in welchem Umfang und zu welchem Zeitpunkt ein Steuerpflichtiger geprüft wird. Der Steuerpflichtige hat demzufolge auch keinen Anspruch auf Durchführung der Prüfung, z. B. mit dem Ziel, für ihn dadurch eine erhöhte Rechtssicherheit zu erlangen. Jedoch sieht § 4a BpO 2000 nunmehr auch die Möglichkeit einer zeitnahen Betriebsprüfung für einen oder mehrere gegenwartsnahe Besteuerungszeiträume vor, die zwar auch im Ermessen der Finanzbehörden steht, die aber regelmäßig erst auf Antrag des Steuerpflichtigen durchgeführt wird.

Der Regelprüfungszeitraum beträgt 3 Jahre nach § 4 Abs. 3 BpO 2000 für Kleinst-, 451 Klein- und Mittelbetriebe mit der Möglichkeit zur Erweiterung in besonders begründeten Fällen.

Dieser Prüfungszeitraum gilt allerdings nur für Unternehmen, nicht jedoch für Steuer- 452 pflichtige mit Überschusseinkünften von mehr als € 500.000 (§§ 193 Abs. 1, 147a AO) oder sonstige Steuerpflichtige i. S. d. § 193 Abs. 2 Nr. 2 AO, also beispielsweise steuerbegünstigte Stiftungen. Es können also durchaus längere Zeiträume zu einem Prüfungszeitraum zusammengefasst werden. Es werden sich dabei üblicherweise zwischen den einzelnen Prüfungszeiträumen zeitliche Lücken ergeben.

Erzielt die Stiftung im Zeitpunkt der Prüfungsanordnung Einnahmen von mehr € 6 453 Mio., rechnet sie zu den sog. bedeutenden steuerbegünstigten Körperschaften und wird einem Großbetrieb gleichgestellt. Maßgeblich ist die Summe der Einnahmen, also der Bruttobeträge aus allen vier Vermögensbereichen; das Spendenaufkommen wird also eingerechnet. Als Großbetrieb gilt auch eine Stiftung, die Überschusseinkünften von mehr als € 500.000 erzielt. Die Gleichstellung als Großbetrieb hat eine sog. Anschlussprüfung zur Folge, d. h. die Außenprüfungen reihen sich zeitlich lückenlos aneinander.

II. Prüfungsablauf

1. Prüfungsanordnung und Prüfungsdurchführung

454 Am Beginn der Steuerprüfung steht die Bekanntgabe der sog. Prüfungsanordnung, deren wesentliche Inhalte die zu prüfende steuerpflichtige Körperschaft, die zu prüfenden Steuerarten und der maßgebliche Prüfungszeitraum neben sonstigen Informationen über Mitwirkungspflichten und Rechtsbehelfsmöglichkeiten bilden. Die Prüfungsanordnung legt den Prüfungsumfang verbindlich fest; Änderungen bedürfen einer formellen Erweiterung. Gegen die Prüfungsanordnung ist der Rechtsbehelf des Einspruchs (§ 347 AO) statthaft.

455 Die auf die Prüfungsanordnung meist mündlich erfolgende verbindliche Festlegung des Prüfungsbeginns muss der Stiftung eine angemessene Zeit für die Prüfungsvorbereitung einräumen. Je nach Größenkriterium sind mindestens 2–4 Wochen einzuhalten, üblicherweise wird aber mit entsprechender Begründung auch ein längerer Zeitraum gewährt. Die Festlegung des Prüfungsortes ist insoweit bedeutsam, als dafür die Stiftung selbst, ein beauftragter Steuerberater oder das Finanzamt in Betracht kommt. Einwendungen gegen den Prüfungsbeginn oder den Prüfungsort sind selbständig mit Hilfe von Einsprüchen zulässig.

a) Informationsmanagement vor und während der Prüfung

aa) Vorbereitung der Prüfungsunterlagen

456 Sobald Prüfungsbeginn und Prüfungsumfang feststehen, sollte die Stiftung ggf. zusammen mit ihrem Steuerberater mit der systematischen Sichtung der Unterlagen und der Zusammenstellung eines Ordners für den Steuerprüfer zu beginnen. Dies dient zum einen der Erleichterung und Beschleunigung der Prüfung selbst, indirekt aber auch der internen Kontrolle voraussichtlich prüfungsrelevanter Themen im Sinne einer Schwachstellenanalyse. Für besonders komplexe oder umfangreiche Abläufe sollte die Stiftung ggf. sogar ihren steuerlichen Berater mit einer Vorprüfung des betreffenden Prüffeldes beauftragen

457 Zur Vorbereitung gehören im Regelfalle die Sichtung und Zusammenstellung von:

- Steuerunterlagen und Steuerbescheiden,
- Satzung, Beschlüssen, Sitzungsprotokollen von Vorstand und Kuratorium,
- Jahresabschlüssen (→ vgl. dort),
- allen wesentlichen Verträgen,
- im Prüfungszeitraum erteilten Zuwendungsbescheinigungen,
- Belegen für den Prüfungszeitraum,
- Ausdrucken der Buchhaltungsunterlagen oder der Datenzugang bei EDV-gestützter Buchhaltung, die Vorbereitung einer gezielten und begrenzten Einsichtnahmemöglichkeit in steuerrelevante Daten durch den Prüfer.

bb) Benennung eines Ansprechpartners

Die Stiftung sollte es nicht versäumen, dem Prüfer eine sachkundige Auskunftsperson zu benennen. Hierdurch wird einerseits die Prüfung erleichtert und damit beschleunigt, andererseits vermeidet die Stiftung, dass sich die vom Prüfer befragten Personen in unterschiedlicher Weise äußern und dadurch eventuell erst zu einer länger dauernden Aufklärung des Sachverhalts zwingen. 458

cc) Informationsrechte der Stiftung

Die steuerliche Außenprüfung verläuft im Dialog zwischen Stiftung und Prüfer. Die Stiftung hat daher gem. § 199 Abs. 2 AO auch schon während der Prüfung einen Anspruch auf Unterrichtung über alle relevanten Prüferfeststellungen und ihre möglichen steuerlichen Auswirkungen. Sie sollte dieses Recht daher in angemessenem Umfang schon zur eigenen Orientierung zu einem sinnvoll frühen Zeitpunkt nutzen. Das Recht findet seinen praktischen Ausdruck üblicherweise in eher formlosen Zwischenbesprechungen, deren Sinn es ist, vom Prüfer angesprochene Sachverhalte möglichst zeitnah ergänzen oder berichtigen zu können. 459

▶ Bei Prüferfeststellungen von erheblicherer Tragweite sollte die Stiftung vorab zur Vorbereitung um eine kurze schriftliche Niederlegung der Auffassung des Prüfers bitten. Ergänzende Unterlagen oder Daten lassen sich so zielgenauer zusammenstellen. Über Verlauf und Ergebnis der Zwischenbesprechung sollte sich die Stiftung stets eine Niederschrift fertigen. 460

Eine Unterrichtung wird vom Prüfer nur dort abgelehnt werden, wo eine Verfehlung des Prüfungszweckes drohen könnte, üblicherweise also bei strafrechtlich relevanten Vorgängen (→ vgl. auch Mitwirkungspflichten). 461

dd) Informations- und Mitwirkungspflichten der Stiftungsorgane

Die geprüfte Stiftung hat nach § 200 Abs. 1 S. 1 AO umfängliche Informations- und Mitwirkungspflichten während der Außenprüfung. Die Ausgestaltung dieser Pflichten liegt im konkreten Prüfungsfall im pflichtgemäßen Ermessen des Prüfers und findet ihre Grenzen demnach dort, wo die Informationsanforderung nicht notwendig, nicht verhältnismäßig, nicht erfüllbar oder nicht zumutbar wäre. Die Mitwirkungspflicht trifft den Stiftungsvorstand als gesetzlichen Vertreter der steuerpflichtigen Körperschaft. Ist ein Steuerberater bestellt, soll sich der Prüfer an ihn wenden; dies schließt aber eine unmittelbare Einbeziehung des Stiftungsvorstands nicht aus. Können die erbetenen Auskünfte weder vom Vorstand oder der benannten Auskunftsperson oder dem steuerlichen Berater erbracht werden, kann sich der Prüfer auch an andere Personen, auch außenstehende Dritte, wenden. 462

463 Der Mitwirkungsverpflichtung kommt die Stiftung nach durch:

- die Erteilung von Auskünften (aber nicht Mutmaßungen!),
- die Vorlage von Urkunden, worunter über die schon bezeichneten Dokumente hinaus insbesondere sonstige Geschäftspapiere oder Schriftverkehr, interne Projektberichte, Kuratoriumsbeschlüsse oder Sitzungsniederschriften zu verstehen sind,
- die Bereitstellung des konventionellen Datenausdrucks, auf den der Prüfer ebenfalls ein Anrecht hat.
- die Bereitstellung eines Zuganges zu den EDV-Buchführungsunterlagen (über den Modus des Datenzugriffs entscheidet der Prüfer mit pflichtgemäßem Ermessen).
- die Verpflichtung zur Duldung einer Inaugenscheinnahme der Geschäftsstelle u. a. der Stiftung,
- die Wahrnehmung der erweiterten Mitwirkungspflichten in allen Auslandssachverhalten (Diese bestehen im Wesentlichen aus einer Beschaffungspflicht hinsichtlich aller relevanten Beweismittel).

464 Bei Auslandsvorgängen sollte sich die Stiftung vorab über den Umfang und die Ausgestaltung ihrer erhöhten Dokumentationspflichten z. B. durch entsprechende Beratung Gewissheit verschaffen.

465 ▶ In allen Mitwirkungsfällen liegt es im Interesse die Stiftung, stets auf einer konkreten Bezeichnung der geforderten Auskunft oder der zu beschaffenden Unterlagen bestehen. Ein pauschales »Abgreifen« von Informationen, z. B. als Vorlage aller Kuratoriumsprotokolle, wäre unzulässig. Auf sonstige elektronisch gespeicherte Daten wie E-Mails oder andere Datensätze, die nicht zu den Buchhaltungsunterlagen gehören, kann kein direkter oder pauschaler Prüferzugriff verlangt werden; der abgegrenzte Datenzugang ist daher von der Stiftung auch ohne besonderen Anlass entsprechend vorzubereiten.

466 Die Mitwirkungspflicht endet bei den der geprüften Stiftung zustehenden Mitwirkungsverweigerungsrechten z. B. im Rahmen eines gegen sie gerichteten Strafverfahrens, und zwar mit der Belehrung über die Einleitung eines Strafverfahrens (§ 393 Abs. 1 S. 4 AO).

ee) Kontrollmitteilungen des Steuerprüfers

467 Trifft der Außenprüfer Feststellungen, die sich auf andere Steuerpflichtige, beispielsweise auf Spender oder Sponsoren, auswirken können, kann und wird er gem. § 194 Abs. 3 AO sog. Kontrollmitteilungen fertigen. Das Vorgehen ist zulässig und üblich, solange die Außenprüfung nicht allein dem Zweck dient, Kontrollmaterial zu erlangen oder neben der Prüfung eine systematische Ausforschung anderer Steuerpflichtiger betrieben wird.

2. Prüfungsabschluss

468 – Schlussbesprechung
Die Prüfung mündet schließlich in die sog. Schlussbesprechung oder den Verzicht der Stiftung auf deren Durchführung. Auf die Schlussbesprechung hat der Steuer-

pflichtige regelmäßig einen Anspruch, der nur dann entfällt, wenn durch die Prüfung keine Änderung der Besteuerungsgrundlagen erfolgt oder eine abgekürzte Außenprüfung (→ vgl. dort) gem. §§ 201 Abs. 1, 203 Abs. 2 AO durchgeführt wurde. In der Schlussbesprechung werden die zu diesem Zeitpunkt noch strittigen Sachverhalte mit dem Ziel der Einigung zwischen Steuerpflichtigem, der sich dabei auch vertreten lassen kann, und Finanzverwaltung behandelt. Zwar ist die erzielte Einigung für die Finanzverwaltung nur faktisch, nicht aber rechtlich bindend; in der Praxis ergeben sich aber nach einer Schlussbesprechung nur noch in Ausnahmefällen Änderungen. Die Schlussbesprechung sollte von der Stiftung oder deren Berater sorgfältig vorbereitet und schließlich auch protokolliert werden.

– Prüfungsbericht oder Nicht-Änderungsmitteilung
  Führt die Steuerprüfung zur Änderung von Besteuerungsgrundlagen, hat ein schriftlicher oder elektronischer Prüfungsbericht zu ergehen (§ 202 Abs. 2, 87a Abs. 4 AO). Das zuständige Finanzamt, das im Anschluss sodann die Steuerbescheide erlässt, prüft den Betriebsprüfungsbericht und ist zwar an dessen Feststellungen rechtlich nicht gebunden, in der Praxis kommt es allerdings kaum zu Abweichungen, da vorher Rücksprache zu nehmen ist.

Bleiben Änderungen durch die Betriebsprüfung aus, erhält die Stiftung hierüber eine 469
Mitteilung (§ 202 Abs. 1 S. 3 AO).

III. Prüfungsgrundlagen

Qualifizieren sich die Satzungszwecke einer Stiftung als steuerbegünstigte Zwecke (→ 470
vgl. dort) und steht die tatsächliche Geschäftsführung der Stiftung mit diesen Satzungszwecken in Einklang, so stehen der Stiftung die steuerlichen Vorteile einer steuerbegünstigten Körperschaft zu.

Es ist Aufgabe der Finanzverwaltung bei der Errichtung und während der Dauer der 471
Stiftung diese Übereinstimmung von:

– Satzung und steuerlichen Gemeinnützigkeitsvorschriften einerseits sowie
– von Satzung und tatsächlicher Geschäftsführung andererseits

zu sichern.

IV. Prüfungsschwerpunkte in der steuerlichen Außenprüfung

Mit folgenden Prüfungsschwerpunkten ist bei einer gemeinnützigen Stiftung üblicher- 472
weise zu rechnen:

– Überprüfung von Stiftungszweck und tatsächlicher Geschäftsführung,
– Einhaltung des Kriteriums der Selbstlosigkeit,
– Zeitnahe Mittelverwendung durch die Stiftung,
– Prüfung der angemessenen Höhe der Verwaltungskosten,
– Angemessenheit der Verwaltungsaufwendungen,
– Mitteltransfer aus dem ideellen Bereich in andere Vermögensbereiche,
– Feststellung von wirtschaftlichen Geschäftsbetrieben und deren Gewinnermittlung,
– Feststellung von Zweckbetrieben und Ermittlung des Überschusses,

- Ermittlung des Überschusses aus Vermögensverwaltung,
- Bildung von Rücklagen für die Stiftung (ideeller Bereich),
- Ausgleich von Verlusten zwischen verschiedenen Vermögenssphären,
- Vergabe von Darlehn der Stiftung an ihren wirtschaftlichen Geschäftsbetrieb oder an Tochter- (Kapital-) Gesellschaften,
- Abgrenzung der jeweiligen Vermögenssphären bei einzelnen, insbesondere gemischt genutzten Wirtschaftsgütern,
- Zuwendungen an den Stifter bzw. seine Familie,
- Zuordnung von Einnahmen zu einzelnen Vermögenssphären und ggf. Aufteilung,
- Steuerliche Behandlung von Sponsoring-Fällen,
- Ausstellung von Spendenbescheinigungen insbesondere in Zusammenhang mit Veranstaltungen der Stiftung,
- Zuwendungen an Organmitglieder.

H. Strukturelle Veränderungen

I. Umstrukturierungen bei gemeinnützigen Stiftungen

Änderungen der wirtschaftlichen und rechtlichen Organisationsstruktur der Stiftung haben vielfältige Gründe, sei es, dass die Stiftung einen wirtschaftlichen Geschäftsbetrieb begründen möchte, den sie künftig durch eine Tochterkapitalgesellschaft ausüben wird, z. B. um ihre Steuerfreiheit nicht zu gefährden, sei es, dass die Stiftung einen schon bestehenden wirtschaftlichen Geschäftsbetrieb aufgrund seines Wachstums der Stiftung organisatorisch und personell ausgliedern möchte. Denkbar wäre schließlich, dass einer Stiftung Vermögen in Form von Beteiligungen zugewendet wird, die die Stiftung veräußern oder in einer anderen Rechtsform betreiben will. Die genannten Motive stehen lediglich beispielhaft für zahlreiche weitere Gründe einer Reorganisation der Binnenstruktur der Stiftung. 473

Die Ausgründung stellt die rechtliche Verselbständigung von wirtschaftlichen Aktivitäten der Stiftung dar. Zumeist erfolgt dies durch Übertragung auf eine Kapitalgesellschaft gegen Gewährung von Gesellschaftsanteilen oder im Wege des Verkaufs von Vermögensgegenständen an die bereits errichtete Tochtergesellschaft. Als ein Fall der Veräußerung wird dabei auch die Übertragung des Vermögens im Rahmen einer Kapitalerhöhung der bereits bestehenden, aufnehmenden Gesellschaft angesehen, wenn die Stiftung im Gegenzuge dazu Gesellschaftsanteile erwirbt. 474

Die Darstellung, konzentriert sich auf die steuerrechtlichen Fragestellungen und kann allein schon wegen der Komplexität der Abläufe und der Vielgestaltigkeit von Umwandlungsmöglichkeiten im Rahmen dieses Praktikerhandbuches nur eine erste Übersicht ermöglichen. Für Details muss auf die einschlägige Spezialliteratur verwiesen werden. Nachfolgend werden die typischen Reorganisationsabläufe und ihre wesentlichen Auswirkungen dargestellt. 475

Die mit diesen Umstrukturierungsvorgängen verbundenen steuerrechtlichen Hauptprobleme konzentrieren sich bei steuerbegünstigten Rechtsträgern auf Fragen der Mittelverwendung/Mittelfehlverwendung, der Umschichtung von Vermögen innerhalb der verschiedenen Vermögenssphären der Stiftung und davon abhängig den Fragen der Rücklagenbildung, der Steuerneutralität bei der Übertragung oder Veräußerung von Vermögensgegenständen. 476

1. Bargründung von Tochterkapitalgesellschaften

a) Errichtung einer steuerpflichtigen Tochtergesellschaft

Beschließt die Stiftung eine Tochterkapitalgesellschaft zu gründen und sie mit einem Stammkapital in bar auszustatten, handelt es sich um die Anschaffung einer Beteiligung. Der Vorgang stellt aus der Sicht der Stiftung zunächst eine reine Vermögensumschichtung dar. 477

Für die gemeinnützige Stiftung kommt es maßgeblich darauf an, aus welchem »Topf« die Mittel aufgebracht werden. Nur der Einsatz von nicht zeitnah zu verwendenden 478

Mitteln ist für die Mutter-Stiftung unschädlich. Dabei spielt es keine Rolle, ob die Beteiligung dem Vermögensverwaltungsbereich zugeordnet bleiben soll oder bei der Stiftung selbst einen wirtschaftlichen Geschäftsbetrieb bilden könnte, weil sich die Stiftung z. B. weitgehende Einflussnahmen auf das Tagesgeschäft der Tochtergesellschaft sichern möchte.

479 Verwendet die Stiftung für die Gesellschaftsgründung zeitnah zu verwendende Mittel (→ vgl. dort), ist dies entsprechend gemeinnützigkeitsschädlich.

480 Errichtet die Stiftung eine Tochtergesellschaft, von der sie erwarten muss, dass dort auf Dauer Verluste erzielt werden, kann eine gemeinnützigkeitsschädliche Situation auch dann schon eintreten, wenn sie die Tochtergesellschaft mit nicht zeitnah zu verwendenden Mitteln errichtet hat, die Verluste künftig aber mit Mitteln des steuerbegünstigten Bereichs der Stiftung ausgeglichen werden müssen. Der allgemeinen Verwendungsbindung unterliegen sowohl zeitnah zu verwendende als auch nicht zeitnah zu verwendende Mittel.

481 Fehlen der Stiftung hinreichende, nicht zeitnah zu verwendende Mittel, will sie aber gleichwohl eine Tochter-GmbH durch Bargründung errichten, bleibt die Möglichkeit eines speziellen Spendenaufrufes, dessen Einnahmen ihrer und in der Folge der Kapitalaufbringung der Tochter-GmbH dienen sollen (§ 62 Abs. 3 Nr. 3 AO). Bei Vorliegen der übrigen Voraussetzungen berechtigen die Spenden den Spender zum steuerlichen Spendenabzug gem. § 10b Abs. 1 EStG, § 9 Abs. 1 Nr. 2 KStG.

b) Bargründung einer gemeinnützigen Tochterkapitalgesellschaft (gGmbH)

482 Einfacher hinsichtlich der Mittelaufbringung wäre es für die Stiftung, eine Tochterkapitalgesellschaft zu errichten, die selbst die Voraussetzung der Gemeinnützigkeit erfüllt. Die Stiftung kann dann neben den nicht zeitnah zu verwendenden Mitteln auch zeitnah zu verwendende Mittel einsetzen. Zwar setzte dieses Vorgehen bisher voraus, dass die Tochtergesellschaft die erhaltene Ausstattung ihrerseits ebenfalls zeitnah für steuerbegünstigte Zwecke einsetzt. Dem stand aber nicht entgegen, mit den erhaltenen Mitteln Vermögensgegenstände anzuschaffen oder herzustellen, durch deren Einsatz die gGmbH ihrerseits ihre steuerbegünstigten Zwecke verwirklicht. Die gGmbH konnte die erhaltenen Gelder also unmittelbar investiv verwenden.

483 Eine Kapitalausstattung der gGmbH mit zeitnah zu verwendenden Mitteln war bisher jedoch nicht möglich. Dies hat sich jedoch mit Wirkung ab 2014 geändert. Auch zeitnah zu verwendende Mittel können daher grds. zur Kapitalisierung einer gGmbH eingesetzt werden (§ 58 Nr. 3 AO). Zur Kapitalausstattung der gGmbH können Überschüsse aus der Vermögensverwaltung, Gewinne von wirtschaftlichen Geschäftsbetrieben, auch in Form von Zweckbetrieben, und darüber hinaus nur in Höhe von 15 Prozent der sonstigen zeitnah zu verwendenden Mittel eingesetzt werden. Die Unschädlichkeit dieser Vorgehensweise setzt voraus, dass die steuerbegünstigten Zwecke, die aus den Vermögenserträgen bzw. den zeitnah zu verwendenden Mitteln der gGmbH verwirklicht werden sollen, mit den steuerbegünstigten Zwecke der Stiftung identisch sind. Darüber hinaus darf die gGmbH die zugewendeten Mittel und deren

Erträge nicht selbst an eine andere gemeinnützige Körperschaft nach § 58 Nr. 3 AO weiterleiten. Kettenkapitalisierungen sollen dadurch verhindert werden.

Errichtet werden kann auch eine sog. Unternehmergesellschaft mit einem Eigenkapital 484
von unter EUR 25.000,- (vgl. § 5a GmbHG). Eine solche Unternehmergesellschaft ist gesetzlich verpflichtet, von ihrem Jahresüberschuss, ggfs. gemindert um einen Verlustvortrag aus dem Vorjahr, bis zum Erreichen des Stammkapitals von EUR 25.000 mindestens 25 % in eine gesetzliche Rücklage einzustellen. Die Finanzverwaltung hat klargestellt, dass die Unternehmergesellschaft bei Bildung dieser Rücklage grundsätzlich nicht gegen das Gebot der zeitnahen Mittelverwendung verstößt.

Wie bei der steuerpflichtigen Tochtergesellschaft kann es sich bei der Ausstattung der 485
gGmbH um einen zulässigen Vorgang der Vermögensumschichtung handeln, nicht nur um eine eingeschränkt zulässige Mittelweitergabe.

▶ Die Errichtung der Tochtergesellschaft im Wege der Bargründung eignet sich im 486
Wesentlichen für die erstmalige Aufnahme einer wirtschaftlichen Aktivität, also eines erst aufzunehmenden wirtschaftlichen Geschäftsbetriebs. Die Fälle, in denen die Tochtergesellschaft im Anschluss an eine Bargründung der Stiftung den wirtschaftlichen Geschäftsbetrieb abkauft, sind i. d. R. unattraktiv und daher weniger bedeutsam. Neben die üblichen gesellschaftsrechtlichen Probleme (verdeckte Sachgründung) treten steuerliche Folgen wie die Aufdeckung und Versteuerung der stillen Reserven, die sich im wirtschaftlichen Geschäftsbetrieb gebildet haben. Die Vereinbarung des Kaufs zu Buchwerten hilft dabei nicht weiter. Neben ertragsteuerlichen Folgen treten zudem umsatzsteuerliche Auswirkungen.

2. Sachgründung und Sachkapitalerhöhung

a) Steuerpflichtige Tochtergesellschaft

Neben der – in der Stiftungspraxis wenig bedeutsamen – Ausgliederung nach den Vor- 487
schriften des Umwandlungsgesetzes (§ 123 Abs. 3, 149, 161 ff UmwG) bietet sich die Einzelübertragung von Stiftungsvermögen auf die steuerpflichtige Tochtergesellschaft an. Dazu stehen Sachgründung oder Sacheinlage auf eine neu errichtete oder bereits bestehende Kapitalgesellschaft zur Verfügung.

▶ Die Ausgründung auf eine GmbH war in der Vergangenheit immer dort einen gang- 488
baren Weg, wo die Mutterstiftung fürchten muss, durch einen Teilbereich ihrer Aktivitäten die eigene Gemeinnützigkeit zu verlieren oder ihr Gepräge als gemeinnützige Körperschaft aufgrund des Anwachsens der wirtschaftlichen Tätigkeiten insgesamt nicht mehr aufrecht erhalten zu können. Nach Aufgabe der »Geprägetheorie« wurden diese Risiken erheblich entschärft. Sinnvoll ist eine solche Ausgründung aber weiterhin dann, wenn der wirtschaftliche Geschäftsbetrieb zu einem eigenständigen Zweck zu werden droht. Die rechtlich eigenständige Tochtergesellschaft »neutralisiert« das Risiko dadurch, dass ihre unternehmerische Tätigkeit der Stiftung künftig nicht mehr zugerechnet werden muss.

489 aa) Handelt es sich bei der Sacheinlage durch die Stiftung um einen wirtschaftlichen Geschäftsbetrieb (Betrieb oder Teilbetrieb), der ausgelagert werden soll, kann diese Übertragung gem. § 20 UmwStG gegen Gewährung von Gesellschaftsrechten ertragsteuerlich neutral, d. h. zu Buchwerten auf die Tochtergesellschaft durchgeführt werden. Umsatzsteuerliche Folgen sind gem. § 1 Abs. 1a UStG ausgeschlossen, soweit es sich um eine sog. Geschäftsveräußerung handelt. Es gilt das Prinzip der Einzelübertragung aller zur Übertragung anstehenden Wirtschaftsgüter und der Umstellung aller mit dem Betrieb verbundenen Verträge bis auf die Arbeitsverhältnisse, die kraft Gesetzes übergehen (§ 613a BGB).

490 ▶ Die Stiftung muss bei diesen Übertragungsvorgängen regelmäßig darauf achten, alle funktional wesentlichen Betriebsgrundlagen des Geschäftsbetriebs zu übertragen. Dazu gehören insbesondere auch solche Vermögensgegenstände, die dem wirtschaftlichen Geschäftsbetrieb zur Nutzung überlassen werden, also vermietete Immobilien, Lizenzrechte etc. Es wäre steuerschädlich, sie bei der Stiftung zu »vergessen«. In welchem Umfang in den Wirtschaftsgütern stillen Reserven vorhanden sind, spielt für das Vorliegen einer funktional wesentlichen Betriebsgrundlage grds. keine Rolle, solange die Einbringung nicht zu Teilwerten stattfindet und aus Sicht der Stiftung gleichzeitig auch eine Betriebsveräußerung im Ganzen nach § 16 EStG gegeben ist. Bei Übertragung eines Teilbetriebs fordert die Finanzverwaltung aber, dass auch alle diesem Teilbetrieb nach wirtschaftlichen Zusammenhängen zuordenbaren Wirtschaftsgüter, wie z. B. Bankguthaben, Wertpapiere, Forderungen und einzelnen Produktionsmittel, übertragen werden. Um eine Diskussion mit der Finanzverwaltung zu vermeiden, empfiehlt es sich solche Wirtschaftsgüter, soweit sachenrechtlich möglich, über eine entsprechen Vertragsklausel mit zu übertragen. Diese einschränkende Sichtweise der Finanzverwaltung ist jedoch noch nicht höchstrichterlich geklärt, so dass überlegt werden sollte, diese notfalls einer gerichtlichen Überprüfung zu unterziehen.

491 bb) Besteht die Sacheinlage dagegen aus einzelnen Wirtschaftsgütern, die für sich betrachtet keinen wirtschaftlichen Geschäftsbetrieb oder einen hiervon abgrenzbaren Teilbetrieb bilden, ist der Vorgang ertragsteuerlich zu erfassen. Gem. § 6 Abs. 6 S. 1 EStG sind die bei der Übertragung aufzudeckenden stillen Reserven zu besteuern.

492 ▶ In diesem Zusammenhang sind zusätzlich umsatzsteuerliche und ggf. auch grunderwerbsteuerliche Folgen im Auge zu behalten. Eine genaue steuerliche Analyse, und zwar hinsichtlich der Ertrag- und der Verkehrsteuern, ist bei Restrukturierungsvorgängen regelmäßig unerlässlich

493 cc) Steuerfrei bleibt hingegen die Ausstattung der Tochtergesellschaft mit Vermögensgegenständen, die dem Vermögensverwaltungsbereich der Stiftung angehören. Es liegt eine Vermögensumschichtung vor, die zwischenzeitlich auch von der Finanzverwaltung nicht als Mittelfehlverwendung erachtet wird. Es spielt dabei keine Rolle, ob die Beteiligung an einer gemeinnützigen oder einer steuerpflichtigen Tochtergesellschaft begründet wird, sofern nur der Höhe der Kapitalausstattung entsprechend, Vermögen oder freie Rücklagen gem. § 62 Abs. 1 Nr. 3 AO vorhanden sind.

dd) Die neu erworbene Beteiligung an der steuerpflichtigen Tochtergesellschaft gehört grundsätzlich in den Vermögensverwaltungsbereich der Stiftung. Sie bleibt somit im Regelfalle dem steuerfreien Bereich zugeordnet. Eine Ausnahme besteht regelmäßig aber dann, wenn die Einflussnahme der Stiftung auf die Tochterkapitalgesellschaft so ausgeprägt ist, dass das Halten der Beteiligung für sich gesehen bereits in einen wirtschaftlichen Geschäftsbetrieb umschlägt (→ vgl. dort). 494

Dient der Mitteleinsatz also der Verschaffung – auch bei Alleingesellschafterstellung – oder dem Erwerb einer Beteiligung, die sodann der Vermögensverwaltung zuzuordnen ist, ist die Verwendung trotzdem gemeinnützlichkeitsrechtlich zu hinterfragen. 495

Nach überwiegender Auffassung, die auch von der Finanzverwaltung vertreten wird, bewirkt die Übertragung von Vermögensgegenständen gegen Gewährung von Gesellschaftsanteilen, dass es bei der übertragenden Stiftung nur zu einer Vermögensumschichtung kommt, so dass das Vermögen insgesamt insoweit erhalten bleibt, als an die Stelle des »ausscheidenden« Vermögens die wertgleiche Beteiligung an der Tochtergesellschaft tritt. Es ist eine Anfangsbilanz auf der Basis von Teilwerten (Verkehrswerten) zu erstellen. In gleicher Höhe sind die Geschäftsanteile an der Tochtergesellschaft bei der Stiftung auszuweisen. Es liegt damit nach derzeitiger Verwaltungsauffassung weder ein Verstoß gegen die Vermögensbindung noch eine Mittelfehlverwendung vor. 496

Der Beteiligungserwerb oder die Hingabe von Vermögensgegenständen gegen Gesellschaftsrechte ist dennoch in Hinblick auf die Gemeinnützigkeit der Stiftung eher kritisch einzustufen, wenn dafür Mittel eingesetzt werden, die dem Gebot der zeitnahen Verwendung unterliegen. Die Meinungslage ist nicht klar und eindeutig. 497

Zulässig ist zumindest der Einsatz zeitnah zu verwendender Mittel im Jahr des Zuflusses zum Erhalt der prozentualen Beteiligung an einer Kapitalgesellschaft (§ 58 Nr. 10 AO). Alternativ kann jedoch zu diesem Zweck eine entsprechende Rücklage gebildet werden (§ 62 Abs. 1 Nr. 4 AO). Der jeweilige Einsatz von Mitteln ist zu diesem Zweck ist jedoch auf die Bildung der freien Rücklagen anzurechnen 498

▶ Dabei ist allerdings darauf zu achten, dass der Einsatz zeitnah zu verwendender Mittel für Beteiligungen einen vorhandenen Beteiligungsbestand (Quote) sichern soll und sich somit nicht zur Erstausstattung einer Kapitalgesellschaft eignet. Dies spricht wiederum für den schon geschilderten 2-stufigen Bargründungsvorgang mit anschließender Kapitalerhöhung. 499

Unproblematisch wäre jedenfalls auch der Einsatz von Teilen des Stiftungskapitals, wie bspw. nutzungsgebundenes Kapital i. S. d. § 62 Abs. 3 AO, Kapital aus Vermögensumschichtungen oder aus freien Rücklagen. In Betracht kommen ferner Mittel aus Rücklagen für junge Stiftungen gem. § 62 Abs. 4 AO, Betriebsmittelrücklagen gem. § 62 Abs. 1 Nr. 1 AO. 500

Da allerdings auch die Mittel aus dem steuerpflichtigen wirtschaftlichen Geschäftsbetriebs regelmäßig zeitnah im Sinne des § 55 Abs. 1 Nr. 5 S. 1 AO für die Satzungszwecke zu verwenden sind, ergibt sich durch die Auslagerung von Vermögen ein wei- 501 teres Spannungsverhältnis. Der ausgegliederte Vermögensteil wird nämlich eigenes Vermögen der Tochtergesellschaft und unterliegt für sich betrachtet nicht mehr den Bindungen des Gemeinnützigkeitsrechts und dem Zugriff der Stiftung.

502 Die Rechtsprechung hält daher den Mitteleinsatz zur Bildung einer ausgelagerten Vermögenssubstanz jedenfalls dann für schädlich, wenn die Erträge der erworbenen Substanz erst in ungewisser Zukunft für die gemeinnützigen Zwecke wieder zur Verfügung stehen würden. Außerdem wird in der Literatur vertreten, dass auch auf Ebene der neugegründeten Kapitalgesellschaft ein dauerhafter Verlustausgleichs ausgeschlossen sein muss.

503 ▶ Die Stiftung wird nachweisbar dafür Sorge tragen müssen, dass die Erträge aus der Tochtergesellschaft auch tatsächlich wieder ungemindert für einen zeitnahen Mitteleinsatz zur Verfügung stehen werden. Anlagen in Tochtergesellschaften mit langfristigen Verwendungsbindungen scheiden demnach regelmäßig aus.

504 Aus der Sicht der Stiftung ist es daher grds. steuerlich unerheblich, ob der steuerpflichtige Geschäftsbetrieb als unselbständiger Teil der Stiftung geführt wird oder in die Tochtergesellschaft ausgelagert ist. Bei sehr kleinen wirtschaftlichen Geschäftsbetrieben spielt neben den für die Tochtergesellschaft verursachten erhöhten Verwaltungskosten möglicherweise der Freibetrag von € 5.000 (§ 24 S. 1 KStG) und die Besteuerungsgrenze von € 35.000 (§ 64 Abs. 3 AO) eine Rolle. Unterhalb der Besteuerungsgrenze bleibt auch ein wirtschaftlicher Geschäftsbetrieb von Ertragsteuern steuerbefreit.

505 Ausschüttungen der Tochtergesellschaft fließen in die Vermögensverwaltungssphäre der Stiftung, und zwar selbst dann, wenn es sich bei den im Gegenzug erworbenen Anteilen um sog. einbringungsgeborene, also steuerverstrickte Anteile (vgl. dort), handelt. Etwas anderes gilt, wenn die Einflussnahme der Stiftung auf die Tochtergesellschaft dazu führt, dass die Beteiligung an der Tochtergesellschaft wiederum selbst ein wirtschaftlicher Geschäftsbetrieb darstellt.

506 Beteiligungserträge berechtigen die Stiftung zur Bildung freier Rücklagen in Höhe eines Drittels des Überschusses gem. § 62 Abs. 1 Nr. 3 AO.

507 Obwohl es grundsätzlich zulässig ist, dass die Tochtergesellschaft Gewinne ganz oder teilweise thesauriert, ist dies letztlich in gleicher Weise limitiert, wie bei einem unmittelbar von der Stiftung gehaltenen wirtschaftlichen Geschäftsbetrieb. Es bedarf also eines konkreten Anlasses und einer betrieblichen Erforderlichkeit, nicht nur allgemeiner kaufmännischer Vorsicht, zur Rechtfertigung einer Rücklagenbildung. Alle darüber hinaus gehenden Mittel sind an die Stiftung auszuschütten und stellen dort zeitnah zu verwendende Mittel dar.

508 Veräußert die Stiftung die Beteiligung an einer Kapitalgesellschaft aus der Vermögensverwaltungssphäre, ist dieser Vorgang ungeachtet der Höhe der Beteiligung und der Haltedauer stets steuerfrei. Ausgenommen hiervon sind lediglich sog. alt-einbringungsgeborene Anteile nach altem Umwandlungssteuerrecht (§§ 21 Abs. 1, S. 1, Abs. 3 Nr. 2 UmwStG in der Fassung bis zum 12.12.2006), das sind Anteile die als Gegenleis-

tung gegen den mit Buchwerten eingebrachten wirtschaftlichen Geschäftsbetrieb ausgegeben werden. Entsteht bei der Veräußerung der einbringungsgeborenen Anteile ein Gewinn, so gilt dieser als Ertrag des wirtschaftlichen Geschäftsbetriebs, der im Ergebnis allerdings zu 95 v. H. steuerfrei gestellt ist (§ 8b Abs. 2 S. 1, 3 S. 1 KStG), sofern zwischen Einbringung und Veräußerung ein Zeitraum von 7 Jahren verstrichen war (§ 8b Abs. 4 Satz 2 Nr. 1 KStG a. F.). Raschere Veräußerungen führten zur vollen Besteuerung des Vorgangs bei der Stiftung mit einem Körperschaftssteuersatz von 25 v. H. zzgl. 5,5 v. H. Solidaritätszuschlag zzgl. Gewerbesteuer.

Eine vergleichbare Regelung gibt es auch im neuen Umwandlungsteuerrecht für Ein- 509
bringungen nach dem 12.12.2006. Stammen Anteile aus einer Einbringung eines wirtschaftlichen Geschäftsbetriebes nach dem 12.12.2006 und wurde das Vermögen beim Einbringungsvorgang unter dem gemeinen Wert angesetzt, so handelt es sich um neueinbringungsgeborene Anteile. Veräußert die Stiftung nun die neu-einbringungsgeborene Anteile innerhalb eines Zeitraums von sieben Jahren, hat dies zweierlei zur Folge:

Erstens muss die Stiftung rückwirkend den Einbringungsvorgang nachversteuern und 510
zwar zum damaligen gemeinen Wert (sog. Einbringungsgewinn I, § 22 Abs. 1 UmwStG 2006). Entsprechendes gilt für bestimmte Tatbestände, die einer Veräußerung gleichgestellt sind (§ 22 Abs. 1 S. 6 Nr. 1–5 UmwStG 2006, u. a. verdeckte Einlage oder Auflösung der gehaltenen Kapitalgesellschaft). Der zu versteuernde Einbringungsgewinn I wird jedoch um jeweils ein Siebtel für jedes seit dem Einbringungszeitpunkt abgelaufene Jahr abgeschmolzen. Je nach Höhe des zu versteuernden Einbringungsgewinns I kommt es auf Antrag der übernehmenden Gesellschaft zu einer Aufstockung der Anschaffungskosten des eingelegten Betriebsvermögens (§ 23 Abs. 2 UmwStG 2006).

Zweitens gilt der Gewinn aus der Veräußerung der erhaltenen Anteile als im wirtschaft- 511
lichen Geschäftsbetrieb angefallen (§ 22 Abs. 4 Nr. 2 UmwStG). Dieser Gewinn ist dann zu versteuern, aber nach § 8b Abs. 2, 3 KStG de facto zu 5 % steuerpflichtig. Dieser Veräußerungsgewinn ist aber u. U. nach § 20 Abs. 1 Nr. 10b EStG kapitalertragsteuerpflichtig (Steuerabzug 15 %, §§ 43 Abs. 1 Nr. 7c, 43a Abs. 1 S. 1 Nr. 2 EStG), was jedoch der wegen Existenz einer Dauerüberzahlerbescheinigung NV 2 B oder einer Gemeinnützigkeitsbescheinigung, die für einen der letzten fünf zurückliegenden Veranlagungszeiträume gilt (vgl. § 44a Abs. 7 EStG), abgewendet werden sollte (§ 44a Abs. 7 EStG).

Eine Veräußerung nach Ablauf der 7-Jahressperrfrist führt hingegen weder zu einer Ein- 512
bringungsgewinnbesteuerung noch zu einer Besteuerung nach § 8b Abs. 2, 3 KStG.

ee) Die Beteiligung an der steuerpflichtigen Tochtergesellschaft kann allerdings bei der 513
Stiftung selbst wiederum einen wirtschaftlichen Geschäftsbetrieb begründen. Dies ist regelmäßig dann der Fall, wenn sich die Stiftung über ihre Gesellschafterrolle hinaus Einfluss auf das Tagesgeschäft der Tochtergesellschaft sichert und auch wahrnimmt. Unerheblich ist es dabei, ob dies faktischer oder rechtlicher Einfluss ist.

Als starkes Indiz wird regelmäßig auf eine etwaige Personalunion zwischen dem Vor- 514
stand der Stiftung und der Geschäftsführung der Tochtergesellschaft verwiesen. Nicht

minder kritisch dürften auch diejenigen Fälle sein, in denen die Geschäftsführung der Tochtergesellschaft in einem abhängigen Beschäftigungsverhältnis zur Stiftung steht.

515 Eine ebenfalls nicht unkritische Konstellation ergibt sich aus umfangreichen Zustimmungserfordernissen der Geschäftsführung der Tochtergesellschaft. Es ist für Geschäftsführungen von Gesellschaften in der Rechtsform der GmbH durchaus üblich, einem sog. Katalog an zustimmungsbedürftigen Geschäften unterworfen zu sein. Diese Zustimmungserfordernisse können sich in der Satzung, als Annex zur Satzung oder in Gesellschafterbeschlüssen niedergeschlagen haben. Für diese Art von Geschäften benötigt die Geschäftsführung die vorherige Zustimmung der Gesellschafterversammlung oder bestimmter Gesellschaftergruppen.

516 Für wesentliche Geschäftsvorfälle, die die Existenz der Gesellschaft, ihr gesamtes Geschäftsfeld, ihre Struktur und wirtschaftliche Grundlage betreffen, sollte ein solcher Katalog wohl unschädlich sein und ein damit verbundener Zustimmungsvorbehalt als durchaus übliches Gesellschafterverhalten gewertet werden können. Anders sieht es dagegen aus, wenn für den Abschluss von Verträgen des Tagesgeschäfts teilweise sehr niedrige Schwellenwerte vorgegeben werden, so dass faktisch der Geschäftsführer der verlängerte Arm des Gesellschafters ist oder die Stiftung in Wahrheit als »Geschäftsführer hinter dem Geschäftsführer« anzusehen ist. Dies ist zumindest wirtschaftlich regelmäßig den Fällen gleichzustellen, in denen sich die Gesellschafter nicht im Wege von Gesellschafterbeschlüssen sondern unmittelbar durch Eingriff in das Tagesgeschäft in die Geschäftsführung einbringen.

517 Bilden die Anteile an der steuerpflichtigen Tochtergesellschaft bei der Mutterstiftung einen wirtschaftlichen Geschäftsbetrieb, so gehört die Beteiligung steuerlich zu dessen notwendigem Betriebsvermögen. Ausschüttungen der Tochtergesellschaft sind also nicht länger den Einnahmen aus Vermögensverwaltung zuzurechnen, mit der weiteren Folge, dass lediglich noch 10 v. H. des Gewinns des wirtschaftlichen Geschäftsbetriebs (die Dividenden eingeschlossen) rücklagefähig sind.

518 Die weitere Folge ist, dass die Gewinne auf der Ebene der Tochtergesellschaft ebenso wie beim unmittelbar geführten wirtschaftlichen Geschäftsbetrieb mit Gewerbesteuer, Körperschaftsteuer (15 v. H. und Solidaritätszuschlag in Höhe von 5,5 v. H. auf 15 v. H.) belastet sind. Zusätzlich unterliegen die Ausschüttungen auf der Ebene der Mutter-Stiftung der Steuerpflicht, wobei im Ergebnis auf der Ebene der Stiftung nur 5 v. H. der Bruttobardividende der Besteuerung (Körperschaftsteuer + Solidaritätszuschlag = 15,825 v. H.) unterworfen werden (§ 8b KStG) und der Gewerbesteuer.

519 ff) Würde sich die Stiftung daraufhin auf ihre reine Gesellschafterrolle zurückziehen wollen, z. B. in dem die Personenidentität zwischen Vorstand und Geschäftsführung aufgegeben wird, fällt die Beteiligung wieder in den Vermögensverwaltungsbereich der Stiftung zurück. Die Beteiligungserträge gelten ab diesem Zeitpunkt wiederum als Einnahmen aus Vermögensverwaltung. Sind während der Dauer der Einflussnahme keine stillen Reserven entstanden, ist der Wechsel unproblematisch.

520 Im Hinblick auf § 13 Abs. 4 Satz 1, Abs. 5 KStG dürfen aber auch zwischenzeitlich entstandene stille Reserven steuerlich nicht nacherfasst werden, da die Beteiligung in der

Schlussbilanz des wirtschaftlichen Geschäftsbetriebs mit dem Buchwert anzusetzen ist. Dieser bisher nicht unumstrittenen Auffassung hat sich die Finanzverwaltung zwischenzeitlich wenigstens in den Fällen angeschlossen, in denen die Anteile nicht alsbald aus der Vermögenssphäre heraus veräußert werden.

▶ Da die sog. Sachgründung regelmäßig eine Sachgründungsprüfung erfordert, wird die Stiftung aus Kostengründen in der Regel eine Ausgründung oder Neugründung in zwei Stufen durchführen, nämlich zunächst eine Bargründung, an die sich dann eine Kapitalerhöhung im Wege der Sacheinlage anschließt. 521

b) Ausgliederung auf eine gemeinnützige Tochterkapitalgesellschaft (gGmbH)

522 Aus den verschiedensten, meist nichtsteuerlichen Gründen wie tarifrechtlichen Überlegungen, betriebswirtschaftlich – organisatorischen Motiven oder zur besseren Marktpositionierung von ohnehin gemeinnützigkeitsgefährdeten Zweckbetrieben, möchten Stiftungen Teile ihres gemeinnützigen Bereichs in eine ebenfalls steuerbegünstigte Tochterkapitalgesellschaft auslagern. Hierfür bieten sich unterschiedliche Wege an.

523 aa) Bei Vermögensübertragungen von gemeinnützigen Stiftungen an gemeinnützige Tochterkörperschaften besteht die Möglichkeit der Vermögenszuwendung im Wege der Schenkung.

524 Die Schenkungsvorgänge sind bei der Schenkerin, also der Mutterstiftung, als sog. verdeckte Einlage zu qualifizieren, d. h. als Vermögenszuwendungen auf die gesellschaftsrechtliche Beteiligung, ohne dass dies mit einer Erhöhung der Beteiligungsquote verbunden wäre. Die Zuwendung an eine gleichermaßen gemeinnützige Tochtergesellschaft ist bei der Mutterstiftung von der Schenkungsteuer gem. § 13 Abs. 1 Nr. 16b ErbStG befreit. Ertragsteuerlich löst eine Vermögensübertragung aus dem steuerbefreiten Bereich bei der Stiftung keine weiteren Folgen aus.

525 Daneben bieten sich die bereits bei der steuerpflichtigen Tochtergesellschaft dargestellten Möglichkeiten der Ausgliederung nach Umwandlungsgesetz oder Einlage im Rahmen der Sachgründung bzw. Sachkapitalerhöhung an. Als weiterer, weniger praxisrelevanter Weg besteht der Verkauf des Vermögens an eine gemeinnützige Tochterkapitalgesellschaft. Hier stellt sich regelmäßig die Frage nach der Finanzierung des Kaufpreises durch die Tochtergesellschaft.

526 Vermögen, das die Stiftung auf eine Tochter-gGmbH auslagert, führt auch dann nicht zu einer Mittelfehlverwendung der Stiftung, wenn es zur anfänglichen Kapitalausstattung (Stammkapital) der Tochtergesellschaft verwendet wird. Grundsätzlich unterliegt das ausgelagerte Vermögen bei der Tochtergesellschaft aber der gleichen zeitlichen Verwendungsbindung, wie dies zuvor auf der Ebene der Stiftung der Fall war.

▶ Die praktische Grenze für Ausgliederungen verläuft für die Stiftung damit jedenfalls dort, wo ihr infolge von Auslagerungsvorgängen keine eigene gemeinnützige Zweckverfolgung mehr verbleibt. Erfüllt sie selbst nur noch Holdingfunktionen (→ vgl. dort), droht ihr nach derzeitiger Auffassung der Finanzverwaltung der Verlust der 527

Steuerbegünstigung, sofern sie nicht eine oder mehrere ihrer gemeinnützigen Tochtergesellschaften ausdrücklich zu Hilfspersonen nach § 57 Abs. 1 S. 2 AO macht und ihr damit deren Tätigkeit als eigene zugerechnet wird. Die Steuerbegünstigung der Tochtergesellschaft kann bei ihrer Hilfspersonentätigkeit aufrechterhalten werden, wenn sie zugleich eigene steuerbegünstigte Satzungszwecke verfolgt.

528 bb) Über die Frage, welchem der Vermögensbereiche die von der Mutterstiftung erlangte Beteiligung an der gemeinnützigen Tochter zuzuordnen ist, bestehen derzeit beachtliche Auffassungsunterschiede, deren Kenntnis und Beachtung für die Stiftung von erheblicher praktischer Relevanz sind.

529 Die Finanzverwaltung geht inzwischen davon aus, dass unabhängig vom Grad der gesellschaftsrechtlichen Einflussnahme eine Beteiligung der Stiftung an einer ebenfalls gemeinnützigen Tochtergesellschaft stets der Vermögensverwaltung zuzuordnen ist. Nach der hier vertretenen Auffassung wird jedoch die neu geschaffene Beteiligung derjenigen Vermögenssphäre zuzuordnen sein, der das hingegebene Vermögen, das die Beteiligung substituiert, zuvor entnommen wurde.

530 Die Beteiligung an der gemeinnützigen Tochtergesellschaft kann somit für die Mutterstiftung dann einen Vorgang der Vermögensverwaltung darstellen, wenn die Stiftung primär Wirtschaftsgüter oder Barmittel aus dem vermögensverwaltenden Bereich übertragen hat. Anders verhält es sich bei der Übertragung von Zweckbetrieben. Diese zielt darauf ab, der Verfolgung des Stiftungszwecks in einer anderen betrieblichen und rechtlichen Organisationsform nachkommen zu können.

531 Ein erheblicher Teil der Fachliteratur weist daher auch überzeugend darauf hin, dass es der Mutterstiftung dabei um Zweckverwirklichung, nicht um Rendite geht. Die Auslagerung eines Zweckbetriebes setzt sich damit sozusagen am Zweckbetrieb »Beteiligung« auf Stiftungsebene fort. Für die Stiftungspraxis wird aber der Auffassung der Finanzverwaltung das entscheidende Gewicht beizulegen sein.

532 ▶ Da im Gemeinnützigkeitsrecht die Stiftung die steuerbegünstigten Zwecke selbst verwirklichen muss, hat die Mutterstiftung bei jeder Form der Auslagerung auf rechtlich selbständige Rechtsträger sicherstellen, selbst weiterhin auch gemeinnützige Zwecke zu verfolgen. Soll die Gemeinnützigkeit der Tochtergesellschaft nicht gefährdet werden, darf sie nicht zur ausschließlichen Hilfsperson der Mutterstiftung »verkümmern« oder muss darauf achten, mit ihrer Hilfspersonentätigkeit auch eigene gemeinnützige Zwecke zu verfolgen.

II. Nutzungs- und Leistungsbeziehungen bei gemeinnützigen Stiftungen

533 Kennzeichnend für die Beziehung zwischen der Mutterstiftung und ihrer Tochter-GmbH sind in der Praxis die oftmals fortbestehenden Nutzungs- und Leistungsbeziehungen.

534 Dabei erbringt die Stiftung weiterhin Dienstleistungen für die Tochter oder hält Funktionen aufrecht, von denen die Tochter profitiert. In gleicher Weise werden neu entstandene Rechtsträger häufig berechtigt, bestimmte Vermögensgegenstände der gemein-

nützigen Stiftung zu benützen. Dabei kann es sich sowohl um Immobilien, Büroräume, Geschäftsausstattung oder um Rechte bis hin zum Recht am Namen handeln. Stiftungsrechtlich ist der Vorgang in aller Regel unproblematisch. Die steuerlichen Folgen richten sich danach, ob die Tochtergesellschaft zu den steuerpflichtigen oder zu den gemeinnützigen Körperschaften rechnet.

1. Gemeinnützige Tochtergesellschaft

a) Leistungsbeziehung

Dienstleistungen der Stiftung gegenüber der gemeinnützigen Tochtergesellschaft be- 535
gründen nach überwiegender Auffassung einen steuerpflichtigen wirtschaftlichen Geschäftsbetrieb der Stiftung. Im Wesentlichen sieht sich die Stiftung dabei mit zwei steuerlichen Problemkreisen konfrontiert: Zum einen der ertragsteuerlichen Frage, ob die Leistungserbringung »zu Selbstkosten« erfolgen darf, oder ob hier ein marktüblicher Gewinnaufschlag wie unter fremden Dritten erforderlich ist. Dieses Thema ist derzeit noch nicht abschließend diskutiert. Vieles spricht dafür, dass die Stiftung die Leistungen an eine ebenfalls gemeinnützige Tochtergesellschaft ohne Gewinnaufschlag unter Inanspruchnahme des § 58 Nr. 2 AO als die besondere Form der Förderung einer anderen gemeinnützigen Körperschaft in Anspruch nehmen kann. Wird die Leistung gegenüber einer steuerpflichtigen Tochter erbracht, müsste schon in Hinblick auf das Begünstigungsverbot des § 55 Abs. 1 Nr. 3 AO ein marktüblicher Gewinnaufschlag eingerechnet werden mit der Folge, dass die Leistungserbringung wohl als eigener wirtschaftlicher Geschäftsbetrieb einzustufen wäre. Auch bei dieser Thematik bewegt sich die Stiftung noch nicht auf festem Boden.

Der zweite Problemkreis ist zumeist ebenfalls von erheblicher Tragweite und betrifft die 536
umsatzsteuerlichen Auswirkungen aus den erbrachten Dienstleistungen.

▶ In der Regel wird empfohlen, eine umsatzsteuerliche Organschaft zu begründen, 537
um umsatzsteuerliche Belastungen auszuschließen.

b) Nutzungsüberlassungen

Typischerweise vermietet die Stiftung dabei eine ihrer Immobilien an die operative, ge- 538
meinnützige Tochterkapitalgesellschaft und bezieht dafür ein Nutzungsentgelt (Miete).

Handelt es sich bei Mutterstiftung und Tochtergesellschaft um steuerbegünstigte Un- 539
ternehmen, ist nach überwiegender Meinung in der Fachliteratur und auch der Finanzverwaltung die Anwendung der steuerlichen Betriebsaufspaltungsgrundsätze ausgeschlossen. Bei der Betriebsaufspaltung überlässt das sog. Besitzunternehmen, d. h. der Grundstückseigentümer, an ein Betriebsunternehmen, d. h. die operativ tätige Gesellschaft, wesentliche Betriebsgrundlagen zu dessen Nutzung. Das steuerliche Konstrukt ist letztlich rechtsformunabhängig, setzt aber die personelle und sachliche Verflechtung i. S. e. gleichzeitigen Beherrschbarkeit bei beiden unternehmerischen Einheiten voraus.

540 Während die Finanzverwaltung aber von der Tochter gezahlte Nutzungsentgelte bei der Stiftung konsequenterweise zu den Einnahmen aus Vermögensverwaltung rechnet, will ein namhafter Teil der Fachmeinung dabei lediglich von Einnahmen aus ideeller Tätigkeit ausgehen, da sowohl die Beteiligung an der gemeinnützigen Tochtergesellschaft als auch das überlassene Vermögen selbst zum nutzungsgebunden Kapital zu rechnen seien. Auch diese Situation ist letztlich noch offen, in der Praxis bleibt es bei dem Ansatz der Finanzverwaltung.

541 Nutzt die gemeinnützige Tochtergesellschaft die Wirtschaftsgüter ihrerseits in einem steuerpflichtigen wirtschaftlichen Geschäftsbetrieb, fällt damit auch das bei der Muttergesellschaft zugeflossene Nutzungsentgelt in einen bei ihr dadurch zur Entstehung gelangenden wirtschaftlichen Geschäftsbetrieb an.

542 Der wirtschaftliche Geschäftsbetrieb der Tochter färbt sozusagen auf die Mutterstiftung ab und infiziert die erhaltenen Nutzungsentgelte der Stiftung.

2. Steuerpflichtige Tochtergesellschaft

543 Sowohl die Beteiligungen selbst als auch Dividenden und Nutzungsentgelte der steuerpflichtigen Tochtergesellschaft bilden bei der Mutterstiftung einen wirtschaftlichen Geschäftsbetrieb und sind dort im Ergebnis in Höhe von 5 v. H. der Besteuerung unterworfen.

III. Beteiligungen gemeinnütziger Stiftungen an Personengesellschaften

1. Vermögensverwaltende Gesellschaften

544 Beteiligt sich die Stiftung an einer vermögensverwaltenden Gesellschaft, z. B. einer Gesellschaft bürgerlichen Rechts, gehören die Beteiligung selbst und die Überschüsse daraus zur Vermögensverwaltungssphäre der Stiftung.

545 Wird die vermögensverwaltende Tätigkeit allerdings von einer Personengesellschaft ausgeübt, deren Rechtsform zu einer sog. gewerblichen Prägung führt, gingen die Auffassungen bisher auseinander. Gewerblich geprägt sind Gesellschaften im Sinne des § 15 Abs. 3 Nr. 2 EStG; die gewerblich geprägte Personengesellschaft tritt in der Praxis zumeist in der Rechtsform der GmbH & Co. KG auf.

546 Inzwischen hat aber die Rechtsprechung klargestellt, dass auf die Tätigkeit der gewerblich geprägten Personengesellschaft selbst abzustellen ist. Ist diese nur vermögensverwaltender Natur, sollte dem auch steuerlich Rechnung getragen werden.

2. Mitunternehmerstellung

547 Beteiligt sich die steuerbegünstigte Stiftung an einer Personenhandelsgesellschaft oder einer anderen Gesellschaftsform, bei der sie sich steuerlich als Mitunternehmer qualifiziert (Ausnahme: vermögensverwaltende gewerblich geprägte Personengesellschaft), wie beispielsweise einer atypisch stillen Gesellschaft, führt dies auf der Ebene der Stiftung regelmäßig zur Annahme eines steuerpflichtigen wirtschaftlichen Geschäftsbetriebes.

▶ Die Stiftung muss im besonderen Maße dafür Sorge tragen, dass es nicht im Zusammenhang mit der Beteiligung an einer Personengesellschaft zu unzulässigen Mittelverwendungen kommen kann. Die Stellung als persönlich haftender Gesellschafter einer Kommanditgesellschaft ist für die gemeinnützige Stiftung damit ausgeschlossen. 548

Besteht das Risiko, dass die Stiftung zeitnah und nicht zeitnah zu verwendende Mittel für die Personengesellschaft einsetzen muss, wird ihr die Veräußerung der Beteiligung zugemutet. Andererseits vertritt die Finanzverwaltung die Meinung, dass die Stiftung in der Beteiligung ruhende stille Reserven auch dann zu besteuern hat, wenn sie alsbald nach der Zuwendung der Beteiligung z. B. anlässlich der letztwilligen Verfügung des Stifters, die Veräußerung der Beteiligung betreibt. Vielfach wird sich daher ein (ggf. rückwirkender) Rechtsformwechsel der Beteiligungsgesellschaft anbieten. 549

IV. Weitere Reorganisationsmaßnahmen

1. Fusionen von Stiftungen

Eine Verschmelzung von Stiftungen oder die Verschmelzung einer Tochter-Kapitalgesellschaft mit ihrer alleinigen Mutterstiftung im Wege der Gesamtrechtsnachfolge auf der Basis des Umwandlungsrechts oder Umwandlungssteuerrechts ist derzeit nicht möglich. Die Praxis behilft sich mit verschiedenen »Umwegen«. 550

a) Zusammenfassung von Stiftungen

Ist nach Landesstiftungsgesetz eine Zusammenlegung (→ vgl. dort) von Stiftungen erlaubt, wird der Vorgang steuerlich dem Erbschaft- und Schenkungsteuergesetz, dort § 7 Abs. 1 Nr. 9 ErbStG zugewiesen. Die Steuerfolge bestimmt sich gem. § 13 Abs. 1 Nr. 16b ErbStG nach dem steuerlichen Status der Empfängerin und ist im Falle einer ebenfalls steuerbegünstigten neuen oder bereits bestehenden Empfängerstiftung steuerbefreit. Ertragsteuerlich ist der Vorgang unbeachtlich. Umsatzsteuer wird nicht ausgelöst, ebenso wenig Grunderwerbsteuer (§ 3 Nr. 2 GrEStG). Die Buchwerte der untergehenden Stiftung werden bei der Aufnehmenden fortgeführt (§§ 8 Abs. 1, 5 Abs. 1 Nr. 9 KStG, § 6 Abs. 3 EStG) auch, soweit wirtschaftliche Geschäftsbetriebe übergehen. 551

Ein Verstoß gegen den Grundsatz der Vermögensbindung liegt nicht vor, da die gemeinnützige Körperschaft bei ihrer Auflösung gem. § 55 Abs. 1 Nr. 4 AO ihr Vermögen auf eine andere gemeinnützige Körperschaft übertragen darf, auch wenn diese andere Zwecke verfolgt, als die untergehende Rechtsträgerin. 552

Gemeinnützigkeitsrechtlich beachtlich sind aber die dabei einsetzenden Mittelströme. Verfügt die untergehende Stiftung über zeitnah zu verwendende Mittel, müssen diese, um nicht Gegenstand einer Fehlverwendung zu werden, im geförderten Bereich der Empfängerstiftung ankommen und zeitnah ausgegeben werden. In der Praxis behandelt die Finanzverwaltung die empfangende Stiftung oft als Rechtsnachfolgerin der untergehenden Stiftung und sieht daher in dem Vermögensübergang keinen erstmaligen 553

Mittelzufluss bei der empfangenden Stiftung. Das hat zur Folge, dass diese Mittel bei der empfangenden Stiftung nicht mehr in die Bemessungsgrundlage für die Berechnung der freien Rücklagen einfließen dürfen und die Haltedauer der untergehenden Stiftung der empfangenen Stiftung für die Prüfung, bis wann die Mittel zu verwenden sind, u. U. angerechnet werden müsste. Höchstrichterliche Rechtsprechung existiert hierzu aber nicht, so dass empfohlen wird, diese Sichtweise der Finanzverwaltung auf dem Prüfstand zu stellen.

554 Soll allerdings das Vermögen der gemeinnützigen Stiftung auf eine steuerpflichtige Stiftung, etwa auf eine Familienstiftung übertragen werden, läge darin ein Verstoß gegen den Grundsatz der Vermögensbindung (§ 55 Abs. 1 Nr. 4 AO), der nur eine Letztzuwendung an eine andere steuerbegünstigte Körperschaft oder eine Zuwendung des Dotationskapitals an den Stifter zulässt.

555 Verstieße die Stiftung dagegen, hätte dies steuerlich den Verlust der Gemeinnützigkeit und gem. § 61 AO in diesem Falle auch die Nachversteuerung über den gesamten 10-Jahres-Zeitraum zur Folge.

b) »Fusion« der Tochtergesellschaft mit der Mutterstiftung

556 Die Verschmelzung der Tochtergesellschaft auf die Stiftung kann rechtlich entweder als Folge einer Liquidation der Tochter mit Auskehrung der Liquidationsmasse an die Alleingesellschafterin oder durch Sachdividende mit anschließender Auflösung der Tochter realisiert werden.

557 Hinsichtlich der steuerlichen Folgen kommt es auf den Status der Tochtergesellschaft an.

558 Im Falle einer steuerbegünstigten Tochtergesellschaft finden die Ausführungen zur Fusion von steuerbegünstigten Stiftungen entsprechende Anwendung. Zu übertragungsbedingten Besteuerungsfolgen kommt es nicht, soweit § 5 Abs. 1 Nr. 9 KStG und § 3 Nr. 6 GewStG reichen, also gemeinnützigkeitsrechtliche Voraussetzungen eingehalten werden.

559 Ist die Tochtergesellschaft steuerpflichtig, erhält die Übertragung ihres Vermögens auf die gemeinnützige Mutterstiftung erhebliche ertragsteuerliche Relevanz. Eine Buchwertverknüpfung ist regelmäßig unzulässig, auch wenn es sich um den gesamten Betrieb der Tochtergesellschaft handelt, da das UmwStG insoweit keine Anwendung findet. Stille Reserven sind demnach aufzudecken und zu versteuern.

560 Dieser Folge entkommt die Stiftung auch nicht dadurch, dass die Total-Ausschüttung der Tochter als Spende an die Mutter angesehen wird, da die Vorschriften der verdeckten Gewinnausschüttung (§ 8 Abs. 3 KStG) also der gesellschaftsrechtlich bedingten Vorzugsbehandlung des beherrschenden Anteilseigners, den Bestimmungen zum Spendenabzug ausdrücklich vorgehen (§ 9 Abs. 1 Nr. 2 KStG) und ihn daher ausschließen.

561 Im Einzelnen sind die steuerlichen Folgen allerdings noch nicht ausdiskutiert, insbesondere dort, wo es um die Folgen einer Verwendung des erlangten Vermögens im steuerbegünstigten Bereich geht. Hierunter fällt insbesondere die Frage nach der zeitnahen

Mittelverwendung, also die zweckentsprechende Verwendung des erlangten Vermögens nach der Saldierung mit dem Buchwert der untergehenden Beteiligung. Letztlich handelt es sich um die Umkehrung des Ausgründungsvorganges und stellt eine Maßnahme der Vermögensumschichtung dar. Es käme also nicht zu einem Verwendungserfordernis. Die Stiftungspraxis befindet sich in diesem Bereich aber wahrlich nicht auf sicherem Grund. Die steuerliche Schlechterstellung der Mutterstiftung gegenüber der Übertragung auf gemeinnützige fremde Dritte wird als bewusste Entscheidung des Gesetzgebers bezeichnet, wobei sich die darin angeblich zum Ausdruck kommende Sanktionsfunktion anhand des Gesetzes aber nur schwer nachvollziehen lässt.

▶ Als »Praktikerlösung« insbesondere dort, wo lediglich Strukturen gestrafft werden 562
sollen, bietet sich die Vermögensauskehrung der »überzähligen« GmbH auf eine gemeinnützige Schwestergesellschaft an, die nach § 5 Abs. 1 Nr. 9 KStG ohne Aufdeckung der stillen Reserven möglich ist. Im Hinblick auf § 58 Nr. 2 AO bedarf es einer Ermächtigung in der Satzung der GmbH, wonach mehr als die Hälfte der Mittel der Gesellschaft einem anderen steuerbegünstigten Rechtsträger zugewendet werden dürfen. Ggf. ist vorab noch eine entsprechende Änderung der Zweckbestimmung der abgebenden GmbH erforderlich. Empfehlenswert ist aber, dies über eine verbindliche Auskunft abzuklären, damit nicht die Finanzverwaltung hinterher eine verdeckte Gewinnausschüttung »über's Eck« annimmt, also eine Gewinnausschüttung an die Mutterstiftung, die das ausgekehrte Vermögen dann in die gemeinnützige Schwestergesellschaft einlegt.

2. Holdingstiftungen und Holdinggesellschaften

Eine Stiftung die bisher ihren Stiftungszweck im Rahmen mehrerer Zweckbetriebe ver- 563
folgte, mag es aus betriebswirtschaftlichen Gründen für sinnvoll erachten, jeden dieser Betriebe in einer eigenen Tochtergesellschaft (gGmbH) zu betreiben. Für die Stiftung selbst bleiben nach diesen Ausgliederungen (→ vgl. dort) keine weiteren operativen Tätigkeiten zurück. Die reine Holdingtätigkeit, also das Halten und Verwalten von Beteiligungen ist eine der Natur nach vermögensverwaltende Tätigkeit.

Hält eine gemeinnützige Stiftung demnach ausschließlich Beteiligungen an gemeinnüt- 564
zigen Tochtergesellschaften, verfolgt sie aber daneben keine eigene operative Stiftungstätigkeit mehr, kommt es für die Aufrechterhaltung ihrer Gemeinnützigkeit darauf an, ob ihr die Zweckverfolgung durch die nachgeschalteten gGmbH als eigene Stiftungstätigkeit zugerechnet werden kann oder nicht. Dies wirft zunächst Fragen nach der Unmittelbarkeit der Zweckverfolgung (§ 57 AO) und der Einschaltung von Hilfspersonen hierbei (§ 57 Abs. 1 S. 2 AO) auf.

Alleine aus der Tatsache, dass die Tochtergesellschaften zumindest mehrheitlich von 565
der Mutter-Stiftung beherrscht werden, folgt noch nicht, dass sie deren Satzungszweck verfolgen, auch wenn deren Satzungszwecke zur Gänze oder in Teilen mit den Zwecken der GmbH-Satzungen übereinstimmen sollten. Die Finanzverwaltung erkennt aber die Möglichkeit an, dass sowohl Stiftung und gGmbH bei Hilfspersonfunktion der gGmbH, unmittelbar ihre eigenen gemeinnützigen Zwecke verfolgen können.

566 Verfolgt die Stiftung neben ihren Zweckbetrieben keinen sonstigen Stiftungszweck, könnte sie aber auch zur Vermeidung der geschilderten Problematik ggf. eine der Einrichtungen zurückbehalten und direkt betreiben.

567 Verbleiben bei der Stiftung keine eigenständigen operativen Aktivitäten, kann sie für eine Zurechnung der Hilfspersonentätigkeit einer Tochtergesellschaft durch entsprechende vertragliche Vereinbarung sorgen.

568 Lässt sich dieser Zustand aus strukturellen Gründen nicht erreichen, muss die Holding-Stiftung dafür sorgen, dass sie aufgrund einer Fördertätigkeit i. S. d. § 58 Nr. 1 AO als Mittelbeschaffungskörperschaft fungiert. Dies setzt ggf. eine Erweiterung oder Änderung des Stiftungszweckes in der Satzung voraus.

569 Schließlich könnte die Holding-Stiftung als Gesellschafterin einer Non-Profit-Gesellschaft des bürgerlichen Rechts mit einer anderen Stiftung oder mit einer ihrer Tochtergesellschaften zusammen gemeinnützige Zwecke verwirklichen. Als Teil dieser Gesellschaftsstruktur könnte sie ggf. nur die Mittel aufbringen, während der zweite Gesellschafter seine Einlage in Form von Tätigkeiten erbringt. Die Zweckverfolgung im Rahmen einer (Personen-)Gesellschaft wird dabei jedem der Gesellschafter unmittelbar anteilig zugerechnet.

3. Formwechsel bei Stiftungen

570 Ein Rechtsformwechsel ist für Stiftungen gesetzlich ausdrücklich ausgeschlossen (§ 272 UmwG).

4. Spaltung einer Stiftung

571 Die Spaltung einer Stiftung ist grds. weder rechtlich, noch steuerlich vorgesehen.

572 Lediglich die Ausgliederung (Unterfall der Spaltung) von Vermögen eines wirtschaftlichen Geschäftsbetriebes oder eines Zweckbetriebes auf eine Personengesellschaft oder Kapitalgesellschaft ist ausnahmsweise zulässig (§§ 161 ff. UmwG). Eine solche Ausgliederung kann nach §§ 20 ff., 24 UmwStG auch steuerneutral möglich sein.

5. Errichtung von »Tochterstiftungen«

573 Stiftungen können rechtlich selbst zum Stifter werden und rechtsfähige oder nichtrechtsfähige Stiftungen errichten. Anders als bei der Gründung von Tochtergesellschaften gibt die Stiftung aber bei der Errichtung von »Tochterstiftungen« Teile ihres Vermögens weg, ohne im Gegenzug dafür Anteile zu erhalten. Es handelt sich also gerade nicht um einen Vorgang der Vermögensumschichtung.

574 Gemeinnützigkeitsrechtlich ist die Errichtung von ebenfalls gemeinnützigen »Tochterstiftungen« unter den Voraussetzungen des § 58 Nr. 1 und Nr. 2 AO auch nach Auffassung des Fiskus steuerlich zwar möglich. Dabei können Mittel aus der freien Rücklage verwendet werden, sofern dadurch der reale Vermögenserhalt nicht beeinträchtigt wird oder sogar zeitnah zu verwendende Mittel eingesetzt werden, wenn die errichtete Stiftung diese Mittel ihrerseits wieder zeitnah verwendet. § 58 Nr. 3 AO sieht auch vor,

dass auch Gewinne aus den wirtschaftlichen Geschäftsbetrieben ganz oder teilweise und darüber hinaus höchstens 15 Prozent ihrer sonstigen zeitnah zu verwendenden Mittel zur Vermögensausstattung der »Tochterstiftung« eingesetzt werden können (sog. »Endowment«), sofern sich die gemeinnützigen Zwecke entsprechen und die »Tochterstiftung« die erhaltenen Mittel und Erträge daraus nicht selbst für eine solche Vermögensausstattung weitergibt. Der Grundsatz der Vermögensbindung wird es der Stiftung aber nicht erlauben, Teile ihres eigenen Stiftungskapitals, fortentwickelt unter dem Gesichtspunkt realen Werterhalts, wegzugeben.

Hat der Stifter die Möglichkeit einer Stiftungserrichtung aber nicht ausdrücklich in die 575
Satzung aufgenommen, stellt sich verschärfend und einengend die Frage nach einer Anerkennung durch die Stiftungsaufsicht.

6. »Verselbständigung« der nichtrechtsfähigen gemeinnützigen Stiftung

Die Umwandlung der unselbständigen in eine rechtsfähige Stiftung bedeutet rechtlich 576
wie steuerrechtlich zuerst die Auflösung des unselbständigen Besteuerungssubjekts und die Übertragung seines Vermögens auf einen selbständigen Rechtsträger. Ungeachtet dessen, dass es bei der rechtlichen Konstruktion des Vorganges zu einem Wechsel in der rechtlichen Zuordnung kommt, entspricht der Vorgang in seinen steuerlichen Folgen dem der Errichtung einer gemeinnützigen, rechtsfähigen Stiftung und ist demzufolge jedenfalls sowohl in der Auflösung der nicht-rechtsfähigen Vermögensmasse als auch in der Errichtung der rechtsfähigen Körperschaft als unentgeltlicher Vermögensübergang insgesamt steuerbefreit.

7. Beendigung der Stiftung

a) Steuerbegünstigte Stiftung

Mit der Übertragung des Stiftungsvermögens auf den Anfallsberechtigten erlischt die 577
Stiftung auch als Steuersubjekt. Besondere steuerliche Vorgänge oder Folgen sind damit nicht verbunden.

b) Sonstige, steuerpflichtige Stiftung

Der Vermögensanfall beim Anfallsberechtigten ist nach § 7 Abs. 1 Nr. 9 ErbStG aus- 578
drücklich als sog. freigebige Zuwendung bestimmt. Dies überrascht deshalb, weil die Vermögenszuwendung keine Schenkung, sondern einem Rechtsanspruch des Erwerbers auf Übertragung entspricht. Diese Norm findet nur auf die vollständige Vermögensauskehrung an den Anfallsberechtigten Anwendung. Ansonsten gelten die allgemeinen Vorschriften des Erbschaft- und Schenkungsteuergesetzes.

I. Familienstiftung

I. Besteuerung von Stifter und Stiftung

579 Wird eine Stiftung im Wesentlichen im Interesse einer oder mehrerer bestimmter Familien errichtet, liegt eine sog. Familienstiftung vor (§ 1 Abs. 1 Nr. 4 ErbStG). Bei der Familienstiftung handelt es sich um eine nicht steuerbegünstigte, rechtsfähige Stiftung. Nach der gemeinnützigen Stiftung ist diese unter den Stiftungen die zweithäufigste Erscheinungsform, die verstärkt in Kombination mit unternehmensnahen (→ vgl. dort) gemeinnützigen Stiftungen eingesetzt wird.

580 Nach der Satzung und schon ggf. aufgrund des Stiftungsgeschäftes besteht das Wesen einer solchen Stiftung darin, der oder den begünstigten Familien zu ermöglichen, das Stiftungsvermögen und die Erträge daraus im eigenen Interesse zu nutzen, soweit dies einer privaten Nutzung zugänglich ist. Dabei reicht die Nutzungsmöglichkeit aus; auf den tatsächlichen Gebrauch kommt es nicht an.

581 Von wesentlichen Familieninteressen kann bereits immer dann ausgegangen werden, wenn neben der Bezugsberechtigung das Stiftungsvermögen noch in besonderer Weise in Anspruch genommen werden kann, z. B. in Form verbilligter oder unentgeltlicher Nutzung von Immobilien, Kunstgegenständen oder Personal.

582 Rechtliche Definitionen der Familienstiftungen finden sich in einzelnen Landesstiftungsgesetzen, so u. a. in Baden-Württemberg § 13 Abs. 2 StiftG BW »ausschließlich dem Wohl einer oder mehrerer bestimmter Familien«, Berlin § 10 Abs. 1 StiftG Bln und Hessen § 21 Abs. 1 StiftG Hessen. Die stiftungsrechtliche Definition betrifft aber im Wesentlichen nur die aufsichtsrechtliche Ausgestaltung des Rechtsverhältnisses zur Stiftung.

583 Davon unabhängig greifen die im Stiftungsalltag bedeutsameren steuerlichen Kriterien. Wo genau die Grenzziehung der nicht steuerbegünstigten Stiftung zur Familienstiftung verläuft, wird aber auch innerhalb des Steuerrechts noch uneinheitlich beantwortet. Nach Auffassung der Finanzverwaltung liegt eine Familienstiftung immer dann vor, wenn

- der Stifter, seine Angehörigen oder seine Abkömmlinge (Kinder, Enkel usw.) zu mehr als der Hälfte bezugs- oder anfallsberechtigt sind (so auch § 15 Abs. 2 AStG) oder
- zwar nur zu mehr als einem Viertel bezugs- oder anfallsberechtigt sind und zusätzliche Merkmale ein »wesentliches Familieninteresse« belegt sind, d. h. zusätzliche Positionen (z. B. Bezugs- und Besetzungsrechte) und Sonderrechte, die das Familieninteresse sichern, gegeben sind, insbesondere ein wesentlicher Einfluss auf die Geschäftsführung der Stiftung. Bei diesen Kriterien kommt es nicht darauf an, ob diese Rechte ausgeübt werden oder nicht.

584 Die Frage nach der Höhe der Anfalls- oder Bezugsberechtigung kommt es allein auf die Ausschüttungen der Stiftung an und die Berechtigung der Destinatäre hieran. Dagegen bleibt es in den Augen der Finanzverwaltung unmaßgeblich, ob die Stiftung ihre Erträge ggf. auch teilweise thesauriert.

Es kann somit steuerlich bereits immer dann von einer Familienstiftung gesprochen werden, wenn die wesentlichen Vermögensinteressen einer Familie mit Hilfe der Stiftung geschützt oder durchgesetzt werden können. Hierzu gehört der Zugang zu Vermögensvorteilen im weiteren Sinne, insbesondere die unentgeltliche oder verbilligte Nutzung von Stiftungsvermögen, die Überlassung von Kunstgegenständen für den privaten Bereich, die Nutzung von Stiftungsimmobilien zu Wohnzwecken, die Überlassung von Stiftungspersonal für private Zwecke der Destinatäre. Maßgeblich kommt es auf die satzungsmäßigen Rechte, also die Nutzungs- oder Verwendungsmöglichkeit, nicht auf die tatsächliche Verwendung durch die Berechtigten an. 585

1. Erbschaftsteuer u. Schenkungsteuer

Bei der Vermögensübertragung anlässlich der Errichtung einer Familienstiftung handelt es sich um eine unentgeltliche Zuwendung. Daher unterliegt der Vermögenstransfer nach allgemeinen Grundsätzen der Steuerpflicht. Die Steuer setzt bei der Bereicherung der Stiftung, der sog. Bemessungsgrundlage, an. Die Höhe des Steuersatzes richtet sich nach der Steuerklasse und der Höhe des steuerpflichtigen Erwerbs. 586

Es fällt deutsche Erbschaft- oder Schenkungsteuer an (§§ 3 Abs. 2 Nr. 1 bzw. 7 Abs. 1 Nr. 8 ErbStG), wenn 587

- der Stifter (Erblasser oder Schenker) Inländer ist, oder
- die Stiftung ihren Sitz oder ihre Geschäftsleitung im Inland hat, oder
- und soweit sog. Inlandsvermögen (vgl. § 121 BewG) übertragen wird.

▶ Deutsche »Expatriates«, die nach langjährigem beruflichen Auslandsaufenthalt zum Ende ihrer Berufstätigkeit schließlich die Rückkehr nach Deutschland erwägen und zur dauerhaften Erhaltung des Vermögens für ihre im Ausland lebenden Kinder die Errichtung einer ausländischen, also einer nicht-deutschen Familienstiftung beabsichtigen, sollten diese Stiftung nachweislich vor ihrem Zuzug nach Deutschland errichten und mit dem entsprechenden Kapital ausstatten. Besonderes Gewicht ist dabei auf die spätere Anerkennung des ausländischen Rechtsträgers (sog. »Intransparenz«) durch den deutschen Fiskus zu legen. 588

a) Steuerklassenprivileg (§ 15 Abs. 2 S. 1 ErbStG)

aa) Handelt es sich um eine inländische Familienstiftung, greifen das Steuerklassenprivileg und ein besonderer Freibetrag ein. Für die inländische Familienstiftung gilt nicht etwa automatisch die Steuerklasse III mit Sätzen zwischen 17 v. H. und 50 v. H., die auf sonstige, nicht steuerbegünstigte Stiftungen zur Anwendung kommt. Die Besteuerungsfolge, d. h. die Steuerklasse, richtet sich vielmehr nach dem entferntesten Verwandtschaftsverhältnis zwischen Stifter und den Begünstigten. 589

Die Steuerklasse findet stets auf den gesamten Vermögensübergang Anwendung, auch, wenn nur ein einziger Vertreter der höheren Steuerklasse allen anderen enger verwandten Destinatären gegenüberstehen sollte. Dabei ist nicht von aktuell bestehenden Verwandtschaftsverhältnissen auszugehen, sondern auch auf alle künftigen Familienmitglieder abzustellen. Bei Begünstigten, die mit dem Stifter ausschließlich in gerader Li- 590 nie (Großeltern, Eltern, Kinder, Enkel) neben dem Ehegatten des Stifters verwandt sind, lässt sich also eine Übertragung auf der Basis der Steuerklasse I erreichen. Damit ist die Familienstiftung durchaus steuerlich privilegiert. Sieht das Stiftungsgeschäft allerdings lediglich unspezifisch die Errichtung zugunsten des Stifters und seiner Familie vor, liegt ein Fall der Steuerklasse III vor.

591 ▶ Die Wahl des Kreises der Destinatäre hat somit erheblichen Einfluss auf die Steuerbelastung der Stiftung und sollte mit größter Sorgfalt abgestimmt werden. Ein mitbegünstigtes Schwiegerkind (Steuerklasse II) verteuert die Vermögensübertragung auf eine aus Ehepartner, Kindern und Enkeln bestehende Familienstiftung bei € 5 Mio. um ca. € 550.000 (ohne Freibeträge), da anstelle eines Steuersatzes von 19 v. H. nunmehr 30 v. H. anzusetzen sind. Hier wäre in der Regel eine Schenkung oder ein Vermächtnis an das Schwiegerkind vorzuziehen. Alternativ könnte die Gründung einer »Schwesterstiftung« in Betracht kommen, um den höheren Steuersatz nur auf den isolierten Vermögensteil zur Anwendung kommen zu lassen. Mit entsprechenden Vorkehrungen in den Satzungen können beide Stiftungen einer einheitlichen Leitung bzw. Verwaltung unterstellt werden.

592 Die anzuwendende Steuerklasse bestimmt auch die steuerlichen Freibeträge gem. § 16 ErbStG. Daneben können – zumindest nach bisher geltender Rechtslage – auch die steuerlichen Vergünstigungen nach § 13 a, b ErbStG beansprucht werden. Hierbei handelt es sich insbesondere um einen Freibetrag in Höhe von € 150.000 sowie um einen Bewertungsabschlag in Höhe von 85 v. H. bzw. 100 v. H. des Betriebsvermögens (sog. Regel- oder Optionsverschonung).

593 bb) Für spätere Zustiftungen, als Schenkung unter Lebenden oder durch Verfügung von Todes wegen, auch wenn sie noch durch den Stifter selbst erfolgen sollten, gilt das Steuerklassenprivileg nach Auffassung der Finanzverwaltung nicht. Alle nach Errichtung auf die Stiftung transferierten Vermögenswerte werden stets unabhängig vom Verwandtschaftsgrad mit Steuerklasse III, also zwischen 30 v. H. und 50 v. H., besteuert.

594 ▶ Diese Folge scheint aufgrund des Gesetzeswortlautes jedoch keineswegs zwingend. Eine bestätigende höchstrichterliche Rechtsprechung findet sich dazu bisher nicht.

595 Nachträgliche Zustiftungen können dann unter das Steuerklassenprivileg fallen, wenn der Stifter bereits in der Stiftungssatzung der Familienstiftung einen rechtssicheren Anspruch hierauf eingeräumt hat. Die Finanzverwaltung will allerdings sogar in diesen Fällen wohl Steuerklasse III angewendet wissen. Diese Folge lässt sich dem Gesetz ebenfalls nicht entnehmen. Andererseits regelt das Gesetz diesen Fall auch nicht explizit. Aus diesem Grund ist eine Abstimmung mit den Finanzbehörden empfehlenswert, bspw. im Rahmen einer verbindlichen Auskunft.

596 ▶ Ist vorherzusehen, dass eine Familienstiftung vom Stifter eine nachträgliche Zustiftung erhalten wird, sollte dies grundsätzlich als eigenständiger Zuwendungsvorgang betrachtet werden. Bei einem Betrag von € 1 Mio. fallen somit € 300.000 als Schenkungsteuer an statt € 190.000 (bei Steuerklasse I) unter Geltung der Familienstiftungsbesteuerung (ohne Berücksichtigung von Freibeträgen). Besser wäre es in ver-

gleichbaren Fällen entweder eine sofortige Zusage über eine aufschiebend bedingte Zustiftung in dic Satzung aufzunehmen oder die Errichtung einer zweiten Stiftung mit eventuell nachgelagerter Verschmelzung vorzusehen. Schließlich könnte der Stifter bei der Stiftungserrichtung auch noch eine erbvertragliche Vereinbarung mit der Stiftung eingehen.

cc) Auch für Familienstiftungen gelten die allgemeinen Steuerbefreiungsvorschriften der §§ 13 und 13a-c ErbStG bei der Übertragung von Betriebsvermögen, ebenso die Stundungsmöglichkeit des § 28 ErbStG. Dagegen kommt das nur für natürliche Personen geltende Steuerklassenprivileg des § 19a ErbStG für Betriebsvermögen und wesentliche Beteiligungen nicht zur Anwendung. 597

dd) Die Schenkungsteuer entsteht im Zeitpunkt der Vermögensübertragung auf die Stiftung (§ 9 Abs. 1 Nr. 2 ErbStG). Entstehungszeitpunkt für die Erbschaftsteuer ist aber erst der Zeitpunkt der Anerkennung der Stiftung (§ 9 Abs. 1 Nr. 1c ErbStG), wenn diese nach dem Todeszeitpunkt liegt. 598

ee) Die Wertermittlung des Vermögens erfolgt auf den Anerkennungszeitpunkt, d. h. insbesondere Werterhöhungen zwischen Todestag und Tag der Anerkennung sind – zumindest nach Ansicht der Rechtsprechung – steuerlich zu berücksichtigen. Dies muss dann konsequenterweise auch für eingetretene Wertminderungen gelten. 599

In der Zwischenzeit angefallene Erträge sind in vollem Umfang ertragsteuerpflichtig. 600

▶ Der bis zur Anerkennung der Stiftung verbleibende Zeitraum kann für steuersenkende Gestaltungen genutzt werden, sei es durch Vermögensumschichtungen oder die Umqualifizierung von Privat- in Betriebsvermögen. 601

b) Ertragsbesteuerung bei der Errichtung

Die Übertragung von Privatvermögen auf die Stiftung löst weder auf Ebene der Stiftung noch beim Stifter Einkommen- oder Körperschaftsteuer aus. Dies betrifft sowohl Immobilien oder Wertpapiere, und zwar unabhängig davon, wie lange sich diese bereits im Bestand des Stifters befanden, als auch Beteiligungen an Kapitalgesellschaften i. S. d. § 17 Abs. 1 S. 1 EStG oder für die Ausstattung der Stiftung mit sog. einbringungsgeborenen Anteilen i. S. d. § 21 Abs. 1 S. 1 UmwStG, also Anteilen, die anlässlich einer Einbringung von Wirtschaftsgütern gegen Gewährung von Gesellschaftsrechten entstanden sind. 602

Überträgt der Stifter betriebliches Vermögen in der Form ganzer Betriebe, Teilbetriebe oder Anteile eines Mitunternehmers an einem Betrieb (§ 6 Abs. 3 EStG), so kommt es ebenfalls nicht zu einer Besteuerung. Steuerpflichtig ist allerdings die Übertragung einzelner betrieblicher Vermögensgegenstände (§ 6 Abs. 1 Nr. 4 S. 1 EStG), wenn diese zuvor aus dem Betriebsvermögen entnommen wurden. 603

c) Umsatzsteuer

604 Hinsichtlich der Umsatzsteuer gelten bei der Errichtung der Familienstiftung keine Besonderheiten. Überträgt der Stifter einen Betrieb oder einen in der Gliederung des Unternehmens gesondert geführten Betrieb auf die Stiftung, handelt es sich um eine sog. Geschäftsveräußerung im Ganzen. Der Vorgang unterliegt gem. § 1 Abs. 1a S. 1 UStG nicht der Umsatzsteuer. Der erwerbende Unternehmer (hier die Stiftung) setzt das Unternehmen des Übertragenden (des Stifters) fort, ungeachtet dessen, dass die Stiftung überhaupt erst mit der Vermögensübertragung ihre unternehmerische Tätigkeit aufnimmt. Liegt keine Geschäftsveräußerung im Ganzen vor, findet gegebenenfalls § 3 Abs. 1b UStG Anwendung, wenn der Stifter Wirtschaftsgüter aus seinem Betriebsvermögen entnimmt.

d) Sonstige Steuern

605 Überträgt der Stifter ein Grundstück auf die Stiftung, greift die Grunderwerbsteuerbefreiung des § 3 Nr. 2 S. 1 GrEStG, der eine Befreiung im Falle der Übertragung von Todes wegen oder der Schenkung unter Lebenden vorsieht. Hat die Stiftung im Schenkungsfalle zusammen mit der Immobilie auch Bankverbindlichkeiten zu übernehmen, wird von einer Teilentgeltlichkeit ausgegangen. Es kommen die Grundsätze der gemischten Schenkung zur Anwendung. Für den nicht von der Schenkung abgedeckten Anteil fällt Grunderwerbsteuer an. Familienstiftungen werden nicht einer Familie mit den damit verbundenen Grunderwerbsteuerbegünstigungen gleichgestellt.

606 Stattet der Stifter die Stiftung mit Anteilen an einer Personengesellschaft aus, die ihrerseits Eigentümerin eines Grundstücks ist, fällt ebenfalls keine Grunderwerbsteuer an (§§ 1 Abs. 3 Nr. 3, 3 Nr. 2 S. 1 GrEStG).

2. Laufende Besteuerung der Stiftung

a) Ertragsbesteuerung der Stiftung

607 Die rechtsfähige Familienstiftung unterliegt als juristische Person gem. § 1 Abs. 1 Nr. 4 KStG der Körperschaftsteuer. Die Stiftung ermittelt ihr steuerpflichtiges Einkommen gem. § 8 KStG. Gem. § 24 S. 1 KStG erhält die Familienstiftung einen jährlichen Freibetrag von € 5.000. Der Körperschaftsteuersatz beträgt derzeit 15 v. H. zuzüglich des Solidaritätszuschlages in Höhe von 5,5 v. H. der Körperschaftsteuerschuld § 4 S. 1 SolZG.

608 Steuerpflichtige Einkünfte kann sie nicht nur aus Gewerbebetrieb, sondern darüber hinaus aus allen Einkunftsarten i. S. d. § 2 Abs. 1 EStG erzielen, die nicht ausschließlich natürlichen Personen vorbehalten sind. M. a. W., die Familienstiftung kann steuerliches Privatvermögen haben. Die Stiftung bildet keinen Gewerbebetrieb kraft Rechtsform. Für inländische Familienstiftungen gilt die Steuerbefreiung des § 8b Abs. 1 u. 2 KStG, d. h. Kapitalerträge in Form von Bezügen im Sinne des § 20 Abs. 1 Nr. 1, 2, 9 EStG bleiben ebenso außer Ansatz wie Gewinne aus der Veräußerung von Anteilen an diesen Gesellschaften. Allerdings gelten gem. § 8b Abs. 3 S. 1 und Abs. 5 S. 1 KStG 5 v. H. der Gewinne bzw. Bezüge als Ausgaben, die nicht als Betriebsausgaben abgezogen

werden dürfen. Das bedeutet, dass 5 v. H. der Gewinne und Bezüge letztlich steuerpflichtig sind.

▶ Dass 5 v. H. der Gewinne und Bezüge auch dann steuerpflichtig sind, wenn es sich um private Einkünfte handelt, ist nicht unumstritten. Denn streng genommen fallen im Privatbereich keine »Betriebsausgaben« an. Der Stiftung ist zu empfehlen, die steuerpflichtige Behandlung von Bezügen und Veräußerungsgewinnen notfalls gerichtlich auszufechten. 609

Sofern die Stiftung an der jeweiligen Körperschaft, die die o. g. Bezüge zahlt, unmittelbar mit weniger als 10 % ihres Nennkapitals beteiligt ist, sind jedoch die Bezüge vollständig steuerpflichtig (§ 8b Abs. 4 KStG). 610

In Zusammenhang mit den Zustiftungen ist bisher noch nicht abschließend geklärt, ob sie richtigerweise als ein einlageähnlicher Vermögensvorgang zu qualifizieren sind oder ob sie Einkünfte i. S. d. § 8 Abs. 2 KStG darstellen. In der Literatur wird zutreffend darauf hingewiesen, dass Zustiftungen keine der Einkunftsarten des § 2 Abs. 1 EStG ansprechen und somit der Vorgang körperschaftsteuerfrei sein müsse. 611

Die satzungsmäßigen Zuwendungen an Destinatäre mindern nicht den steuerpflichtigen Gewinn nach § 10 Nr. 1 KStG, soweit sie nicht auf gesonderten Vertragsverhältnissen (wie z. B. Dienst- oder Werkvertrag) beruhen. 612

b) Gewerbesteuer

Die Familienstiftung ist kein Gewerbebetrieb kraft Rechtsform. Von der Gewerbesteuer werden daher nur wirtschaftliche Geschäftsbetriebe oder Gewerbebetriebe gem. § 2 Abs. 1 und 3 GewStG erfasst. Der Freibetrag beläuft sich auf € 5.000 gem. § 11 Abs. 1 S. 3 Nr. 2 GewStG. Widmet sich die Stiftung reiner Vermögensverwaltung, fällt keine Gewerbesteuer an. 613

c) Umsatzsteuer

Auf dem Gebiet der unternehmerischen Tätigkeit der Stiftung gelten keine Besonderheiten. 614

Zuwendungen der Stiftung an die Destinatäre stellen grds. keinen umsatzsteuerbaren Vorgang dar. 615

d) Ersatzerbschaftsteuer (§ 1 Abs. 1 Nr. 4 ErbStG)

Im Gegensatz zur sonstigen steuerpflichtigen Stiftung unterliegt die inländische Familienstiftung gem. § 1 Abs. 1 Nr. 4 ErbStG jeweils im Abstand von 30 Jahren der sog. Erbersatzsteuer. Dabei wird ein Vermögensübergang von Todes wegen auf zwei Abkömmlinge unterstellt. Der Vorteil dieser Regelung besteht darin, dass der Zeitpunkt der eintretenden Steuerbelastung für die Stiftung kalkulierbar ist. 616

617 ▶ Sonstige, rein privatnützige Stiftungen, die von der Finanzverwaltung als Familienstiftung behandelt und zur Erbersatzsteuer herangezogen werden, müssen sich bei den in der Praxis gar nicht so seltenen Grenzfällen mittels Einspruch und ggf. Klage zur Wehr setzen. Die Abgrenzungsfälle können und müssen aus der Sicht der Praxis durchaus eine weitere Präzisierung durch höchstrichterliche Rechtsprechung erfahren.

618 Der Steuersatz für die Erbersatzsteuer ermittelt sich nach Steuerklasse I und findet 2-fach jeweils auf die Hälfte des steuerpflichtigen Stiftungsvermögens Anwendung. Der Besteuerung liegt das zum jeweiligen Stichtag (§ 11 ErbStG) aktuell vorhandene Stiftungsvermögen zugrunde, bewertet mit seinen steuerlich maßgeblichen Werten nach Abzug des doppelten Freibetrags gem. § 16 Abs. 1 Nr. 2 ErbStG, mithin € 800.000.

619 Durch Auskehrungen an die Begünstigten kann die Stiftung die Erbschaftsteuerschuld nicht beeinflussen. Ausschüttungen mindern nicht die Bemessungsgrundlage (§ 10 Abs. 7 ErbStG). Die Stiftung kann im Rahmen der Erbersatzbesteuerung alle üblichen Freibeträge, Steuerbefreiungen oder Bewertungsabschläge insbesondere auch diejenigen für Betriebsvermögen sowie die Stundung nach § 28 ErbStG für Betriebe der Land- und Forstwirtschaft und sonstiges Betriebsvermögen in Anspruch nehmen.

620 Nach Wahl der Stiftung kann statt des Einmalbetrages die Verrentung gem. § 24 ErbStG gewählt werden. Dabei sind jährliche Zahlungen in Höhe von 1/30 der Erbersatzsteuer, verzinst mit einem Jahreszins von 5,5 v. H. zugrunde zu legen. Die Steuerschuld ist gem. Anlage 9a zu § 13 BewG mit dem Faktor 14,933 zu berechnen.

621 ▶ Hinsichtlich einer Reduzierung der Bemessungsgrundlage für die Erbersatzsteuer bieten sich einige steuerwirksame Maßnahmen an, angefangen von einer entsprechenden Vermögensumschichtung in eher niedrig bewertete Vermögensgegenstände oder in Betriebsvermögen, dem Vorziehen von Ausschüttungen an die Destinatäre, ggf. einem Rechtsformwechsel bei den Beteiligungsgesellschaften, der Nutzung von Schenkungsteuerfonds bis hin zur Umwandlung der Familienstiftung in eine gemeinnützige Stiftung in den dafür geeigneten Fällen.

II. Besteuerung der Destinatäre

1. Erbschaft- und Schenkungsteuer

622 Die Errichtung der Stiftung hat keine steuerlichen Auswirkungen auf die Destinatäre. Erhalten sie spätere Zuwendungen aus der Stiftung, so kommt es darauf an, ob dies einer verpflichtenden Festlegung in der Stiftungssatzung entspricht oder ob eine freie Ermessensentscheidung der Stiftungsorgane vorliegt. Folgt die Auskehrung einer entsprechenden Satzungsbestimmung, fehlt es an der Freiwilligkeit der Leistung und damit an einer Schenkung. Ist die Stiftung der Satzung entsprechend nicht zur Leistung verpflichtet, sollte der Vorgang wohl dennoch schenkungsteuerfrei bleiben, da die Stiftung in Erfüllung ihres Satzungszweckes handelt, nicht in der Absicht, den Destinatär zu bereichern. Allerdings sind die Destinatäre ertragsteuerpflichtig (→ vgl. dort).

▶ Bei entsprechend vorsichtiger Satzungsgestaltung sollte den Destinatären besser ein Anspruch eingeräumt werden, verbunden mit einem Recht des Vorstands, die Auszahlung in bestimmten, begründeten Fällen im Interesse der Stiftung ablehnen zu können. 623

2. Ertragsteuern

Einnahmen aus Zahlungen einer Familienstiftung an ihre Destinatäre unterliegen bei diesen gem. § 20 Abs. 1 Nr. 9 EStG als Kapitaleinkünfte oder gem. § 22 Nr. 1 S. 2 i. V. m. § 3 Nr. 40 S. 1i) EStG als sonstige Einkünfte der Einkommensteuer. Zutreffenderweise ist § 20 Abs. 1 Nr. 9 EStG wohl die spezialgesetzliche und damit vorrangige Regelung, jedenfalls nach Ansicht der Rechtsprechung, wenn die Destinatäre, ähnlich Gesellschaftern einer Kapitalgesellschaft, Einfluss auf das Ausschüttungsverhalten nehmen können. In beiden Fällen findet das sog. Teileinkünfteverfahren Anwendung. Die ausgekehrten Erträge sind bei den Empfängern grds. nur mit der Abgeltungsteuer von 26,38 % (inkl. SolZ) beim Empfänger zu unterwerfen. Werbungskosten sind dagegen nicht mehr abzugsfähig. 624

▶ Der Besteuerungsunterschied bei den beiden Einkunftsarten besteht nicht für die Destinatäre, sondern für die Stiftung, insoweit nämlich als die Anwendbarkeit des § 27 Abs. 7 KStG in Frage steht und als die Stiftung lediglich bei Vorliegen von Kapitaleinkünften gem. § 43 Abs. 1 S. 1 Nr. 7a EStG Kapitalertragsteuer einbehalten und abführen müsste, die für den Destinatär grds. Abgeltungswirkung hat (§ 32d Abs. 1 S. 1EStG). 625

III. Besteuerung bei der Satzungsänderung und Auflösung

1. Satzungsänderung

Im Falle der Familienstiftung bildet der Vorgang der Satzungsänderung einen Sonderfall der Auflösung. Satzungsänderungen, gleich ob unter Lebenden oder von Todes wegen, werden von der Finanzverwaltung als Aufhebung der bestehenden Stiftung, verbunden mit der Neuerrichtung einer zweiten (geänderten) Stiftung qualifiziert. Diese Folgen lassen sich aus den gesetzlichen Vorschriften nicht entnehmen. 626

Die Aufhebung als solche wird nach Ansicht des Fiskus dabei zwar nicht gesondert der Erbschaft- oder Schenkungsteuer unterworfen; es wird also nicht der Rückfall an den Stifter mit anschließendem weiteren Übertragungsvorgang unterstellt, sondern von einem Vermögensübertrag von Stiftung zu Stiftung ausgegangen. Für die Besteuerung soll aber das Verwandtschaftsverhältnis des nach der Stiftungsurkunde entferntest Berechtigten zu dem ursprünglichen Stifter (Erblasser oder Schenker) maßgeblich sein. Der Aufhebungsvorgang selbst bleibt insofern nicht (steuer-) folgenlos, als die laufende 30-jährige Erbersatzsteuerfrist enden soll, also auf den Übertragungszeitpunkt ggf. weit vorzeitig Erbersatzsteuer anfällt. Bei der neuen Stiftung beginnt ein regulärer neuer Erbersatzsteuerzeitraum von 30 Jahren ohne Anrechnung des bereits vorzeitig besteuerten Anteils der aufgelösten Altstiftung. Diese rechtsschöpfende Auslegung der Finanzverwaltung lässt sich anhand des Gesetzestextes nicht nachweisen. 627

628 Zwar löst nicht jede beliebige Satzungsänderung in den Augen der Finanzverwaltung schon die geschilderten Steuerfolgen aus, sondern nur solche, die den Stiftungscharakter ändern. Dem Gesetz ist diese Anforderung nicht zu entnehmen. Welche Änderungen im Einzelnen hiervon erfasst sein sollen, wird von der Finanzverwaltung nur hinsichtlich etwaiger Veränderungen im Kreis der Destinatäre näher festgelegt. Dies gibt zumindest Aufschluss über den vom Fiskus ins Auge gefassten Änderungsgehalt. Damit wird man zumindest davon ausgehen können, dass rein organisatorische Änderungen nicht darunter fallen. Andererseits dürften Veränderungen in den Bezugsrechten voraussichtlich ebenso wie Zweckänderungen den Veränderungen im Kreis der Destinatäre gleichzustellen sein. Es bleibt aber doch noch eine größere »Grauzone«: Ob nämlich bspw. Veränderungen in der Zusammensetzung oder der Organisation von Stiftungsorganen einzubeziehen sein sollen, oder ob nachträglich eingeräumte Entscheidungsbefugnisse, z. B. Vetorechte, des Stifters den Charakter der Stiftung als solcher verändern, lässt sich aufgrund der Maßgabe der Finanzverwaltung nicht mit Bestimmtheit entscheiden.

629 ▶ Die geschilderte Situation beruht auf der Gesetzesauslegung durch die Finanzverwaltung und hat rechtlich damit nur für den Fiskus, faktisch aber auch für den Rechtsanwender, also den Stifter oder die Stiftung, Bedeutung. Satzungsänderungen jenseits von rein redaktionellen oder allgemein-organisatorischen Änderungen gehören daher in der Gestaltungspraxis regelmäßig über eine verbindliche Auskunft der Finanzverwaltung abgesichert. Vermeintlich »schiefgelaufene« Satzungsänderungen sollten andererseits aber auch unbedingt dazu genutzt werden, eine richterliche Klärung der mit der Verwaltungsmeinung verbundenen zahlreichen Unsicherheiten in der Auslegung und Anwendung des Gesetzes herbeizuführen.

2. Auflösung der Familienstiftung

a) Erbschaft- und Schenkungsteuer

630 aa) Wird die Familienstiftung aufgelöst und das Vermögen den Bezugsberechtigten zugewiesen, stellt dies grundsätzlich eine Schenkung dar. Die Auflösung der Familienstiftung unterliegt gem. § 7 Abs. 1 S. 1 Nr. 9 ErbStG bei jedem Anfallsberechtigten der Schenkungsteuer. Es greift das Steuerklassenprivileg für Familienstiftungen (→ vgl. dort) ein; die Steuerklasse richtet sich nach dem Verhältnis des Empfängers zum Stifter. Im Verhältnis zu ihm kann der Anfallsberechtigte ggf. auch seine persönlichen Freibeträge geltend machen. M. a. W., der Stifter gilt als Schenker (§ 15 Abs. 2 S. 2 ErbStG); demzufolge bestimmt sich die Steuerklasse nach dem konkreten Verwandtschaftsverhältnis des betreffenden Anfallsberechtigten zum Stifter.

631 ▶ Vor der Auflösung sollte die steuerliche Optimierung des Stiftungsvermögens durch z. B. Überführung in Betriebsvermögen oder in sonstige steuerlich begünstigte Vermögensgegenstände geprüft werden.

632 Liegen zwischen der Auflösung der Stiftung und dem letzten Stichtag für die Erbersatzsteuer höchstens 2 Jahre, wird die Erbersatzsteuer auf die Schenkungsteuer aus der Auflösung zur Hälfte angerechnet. Beträgt der Zeitraum mehr als zwei aber nicht mehr als

vier Jahre, kann die Anrechnung auf die Schenkungsteuer immerhin noch mit einem Viertel erfolgen

▶ Von erheblicher steuerlicher Tragweite ist der Rückfall des Vermögens an den Stifter, wenn dieser selbst als Anfallsberechtigter vorgesehen oder kein Anfallsberechtigter bestimmt ist. Nicht abschließend geklärt ist die im Falle eines auflösungsbedingten Rückfalls an den Stifter zur Anwendung kommende Steuerklasse. Die Finanzverwaltung geht jedenfalls von einer Besteuerung nach der ungünstigsten (!) Steuerklasse III aus. Dem sollte bereits bei Errichtung der Stiftung durch die Vermögensübertragung unter auflösender Bedingung (§ 29 ErbStG) vorgebeugt werden. An die Stelle einer steuerpflichtigen Rückschenkung tritt dann die steuerlich nicht relevante Rückabwicklung und ferner der Wegfall der bei der Stiftungserrichtung bereits angefallenen Schenkungsteuer. Stiftung und Stifter bewegen sich allerdings auch bei dieser Gestaltung nicht auf völlig gesichertem Boden. 633

bb) Wird die Familienstiftung in der Weise aufgelöst, dass sie samt Vermögen auf eine »normale« steuerpflichtige Stiftung umgewandelt wird, soll dies zumeist zu einem Zeitpunkt vor Fälligkeit der Erbersatzsteuer erfolgen. Die »Umwandlung« selbst besteht rechtlich in der Regel dabei lediglich aus einer Satzungsänderung. Die Finanzverwaltung vertritt dazu- trotz anhaltenden Widerspruchs in der Fachliteratur- die Auffassung, dass mit der Umwandlung der Familienstiftung (1) deren Aufhebung (= Erbersatzsteuerfall) und (2) die Neuerrichtung einer sonstigen steuerpflichtigen Stiftung verknüpft wird. 634

▶ Es fällt also, wie bei jeder Satzungsänderung, doppelt Steuer an. 635

cc) Wird die Familienstiftung in eine gemeinnützige Stiftung »umgewandelt«, löst der Vorgang keine Schenkungsteuer aus (§ 13 Abs. 1 Nr. 16b ErbStG). 636

▶ Ändert der Stifter die Satzung der Familienstiftung nach ihrer Errichtung, so geht die Finanzverwaltung von der Auflösung der bestehenden und der Neuerrichtung der nachfolgenden Stiftung mit den geschilderten Besteuerungsfolgen aus. 637

b) Ertragsteuern

Die Auskehrung des Stiftungsvermögens können zudem beim Anfallsberechtigten der Einkommens- und der Körperschaftsteuer unterliegen, sofern in den Auskehrungen stille Reserven oder Gewinnrücklagen enthalten sind (vgl. § 20 Abs. 1 S. 1 Nr. 9 S. 2 i. V.m § 20 Abs. 1 S. 1 Nr. 2 EStG). 638

▶ Damit besteht die Gefahr einer doppelten Erfassung der Auskehrung des Stiftungsvermögens mit Schenkung- und Einkommensteuer. Die Rechtsprechung sieht die doppelte Besteuerung ein und desselben Sachverhalts als kritisch an, hat hierzu aber noch keine abschließende Entscheidung getroffen. Es empfiehlt sich jedenfalls diese Frage gerichtlich klären zu lassen. 639

J. Fundstellenverzeichnis »Stiftungssteuerrecht«

640 **Aktuelle weiterführende Literatur (Auswahl)**

86. **Arnold**, Arnd; Gemeinnützigkeit von Vereinen und Beteiligung an Gesellschaften; DStR 2005, S. 581 ff.
87. **Augsten**, Ursula; Eigene Zweckverwirklichung bei Outsourcing von gemeinnützigen Organisationen; Stiftung & Sponsoring 5/2002, S. 25 ff.
88. **Augsten**, Ursula; Mittelverwendung im Ausland; Stiftung & Sponsoring 6/2005, S. 21 ff.
89. **Bauer**, Dorthe Christina, Vermögensverwaltung mittels Privatstiftungen und anderer Strukturen: Eine rechtsvergleichende steuer- und zivilrechtliche Analyse am Beispiel von Deutschland, Österreich, Luxemburg und Liechtenstein, ISBN 978–3848706174, Nomos 2013
90. **Von Bechtolsheim**, Rupprecht, Sponsoringeinnahmen gemeinnütziger Einrichtungen – Drei-Stufen-Modell zur Steuer(un)schädlichkeit, NJOZ 2009, 2550
91. **Becker**, Alexander, Der Wegfall des gemeinnützigkeitsrechtlichen Status – Eine Bestandsaufnahme und Hilfestellung für die Praxis, DStR 2010, 953
92. **Becker**, Alexander, Der Wegfall des gemeinnützigkeitsrechtlichen Status – Eine Bestandsaufnahme und Hilfestellung für die Praxis, DStR 2010, 953
93. **Binz**, Mark/**Sorg**, Martin; Die Doppelstiftung im Steuerrecht; ZEV 2005, S. 520 ff.
94. **Buchna**, Johannes; Voller Vorsteuerabzug bei gemischter Nutzung von Gebäuden; Stiftung & Sponsoring 6/2005, S. 23 ff.
95. **Buchna**, Johannes; Unterhaltsleistungen an den Stifter und/oder seine nächsten Angehörigen in Stiftung & Sponsoring 4/2003, S. 18 ff.
96. **Bundesverband Deutscher Stiftungen e. V.**; Grundsätze Guter Stiftungspraxis; Berlin 2006
97. **Busch**, Michaela/**Heuer**, Carl-Heinz; Die österreichische Privatstiftung und die liechtensteinische Familienstiftung im Lichte des deutschen Steuerrechts; Die Roten Seiten zu Stiftung & Sponsoring 2003, Heft 1
98. **Carstensen**, Carsten; Vorgaben für die Vermögensverwaltung der Stiftung nach Gesetz, Satzung und Rechtsprechung; ZSt 2005, S. 90 ff.
99. **Degen**, Christoph; Freiheit und Verantwortung; Stiftung & Sponsoring 2/2006, S. 37 ff.
100. **Dehesseller**, Thomas; Stiftung, Unternehmen und Beschäftigungsförderung; DB 2005, S. 72 ff.
101. **Derlien**, Ulrich/**Freudl**, Fabian; Die »angemessene Weise« der Unterhaltung des Stifters und seiner nahen Angehörigen in Stiftung & Sponsoring 6/2003, S. 17 ff.
102. **Engelsing**, Lutz/**Muth**, Jochen Johannes; Gewinntransfer an steuerbefreite Trägerkörperschaften – der neue Einkommenstatbestand am Beispiel von Berufsverbänden; DStR 2003, S. 917 ff.

103. **Eversberg,** Horst; Besteuerung gemeinnütziger Stiftungen bei Beteiligung an Kapital- und Personengesellschaften; Die Roten Seiten zu Stiftung & Sponsoring 2005, Heft 6
104. **Feick,** Ernst Martin; Die Stiftung als Instrument der Unternehmensnachfolge, BB 2006, Special 6, S. 13 ff.
105. **Feick,** Ernst Martin; Gestaltungen zur erfolgreichen Fortführung einer gemeinnützigen Stiftung nach dem Tod des Stifters, Stiftung & Sponsoring 1/2002, S. 24 ff.
106. **Förster,** Jutta Immer Ärger mit den Nachweisen – Verfahrensprobleme bei grenzüberschreitenden Spenden, DStR 2013, 1516
107. **Freundl,** Fabian; Die Stiftung – Gestaltungsinstrument der Unternehmensnachfolge; DStR 2004, S. 1509 ff.
108. **Fritz,** Thomas/**Schmidt,** Marika; Gesellschafterfremdfinanzierung und Stiftung; Stiftung & Sponsoring 2/2004, S. 26 ff.
109. **Gasser,** Johannes, Liechtensteinisches Stiftungsrecht: Praxiskommentar (Liechtensteinisches Stiftungsrecht)
110. **Geserich,** Stephan, Angemessenheit der Aufwendungen gemeinnütziger Körperschaften für Verwaltung und Spendenwerbung, DStR 2001, S. 604 ff.
111. **Gierhake,** Olaf, Vermögensschutz durch privat- und gemeinnützige Stiftungen in Deutschland, Österreich und Liechtenstein, ISBN 978–3732245680, Rapperswil 2014. (Rechtsvergleich aus deutscher Perspektive).
112. **Götz,** Hellmut; Die unternehmensverbundene Stiftung im Zivil- und Steuerrecht – Teil I; INF 2004, S. 628 ff. und Teil II; INF 2004, S. 669 ff.
113. **Götz,** Hellmut; Die gemeinnützige Stiftung im Zivil- und Steuerrecht; NWB 2005 Fach 2, S. 8603 ff.
114. **Heuer,** Carl-Heinz/**Ringe** Friederike; Die Fusion von Stiftungen; Die Roten Seiten zu Stiftung & Sponsoring 2005, Heft 3
115. **Hippel,** Thomas/**Hopt,** Klaus/**Then,** Volker/**Walz** Rainer; The European Foundation – A New Legal Approach; Bertelsmann Stiftung 2005
116. **Holland,** Ludger. Kooperationen zwischen gemeinnützigen Organisationen – Neues zur Hilfsperson, DStR 2010, 2057
117. **Holland,** Ludger: Hilfspersonenregelung – eine Zwischenbilanz, DStR 2006, 1783
118. **Von Holt,** Thomas, Steuerrechtliche Streitpunkte bei der arbeitsteiligen Zusammenarbeit gemeinnütziger Träger der Wohlfahrtspflege, DB 2010, 1791
119. **Hüttemann,** Rainer; Der neue Anwendungserlass zum Gemeinnützigkeitsrecht (§§ 51 bis 68 AO); FR 2002, S. 1337 ff.
120. **Hüttemann,** Rainer/**Helios,** Marcus; Gemeinnützige Zweckverfolgung im Ausland nach der »Stauffer«-Entscheidung des EuGH, DB 2006, S. 2481 ff.
121. **Hüttemann,** Rainer, Bessere Rahmenbedingungen für den Dritten Sektor, DB 2012, 2592
122. **Hüttemann,** Rainer, **Schauhoff** Stephan: Der BFH als Wettbewerbshüter, DB 2011, 319

123. **Hüttemann**, Rainer, Rechtsfragen des grenzüberschreitenden Spendenabzugs – Anmerkungen zum Regierungsentwurf eines Gesetzes zur Umsetzung steuerlicher Vorgaben sowie zur Änderung steuerlicher Vorschriften, IStR 2010, 118
124. **Hüttemann,** Rainer,: Gesetz zur weiteren Stärkung des bürgerschaftlichen Engagements und seine Auswirkungen auf das Gemeinnützigkeits- und Spendenrecht, DB 2007, 2053
125. **Hüttemann**, Rainer, Gemeinnützigkeits- und Spendenrecht, 2. Auflage 2012, Verlag Dr. Otto Schmidt
126. **Jachmann**, Monika/**Meier-Behringer**, Annette; Gemeinnützigkeit in Europa: Steuer- und europarechtliche Rahmenbedingungen, BB 2006, S. 1823 ff.
127. **Dr. Jachmann,** Monika: Die Entscheidung des EuGH im Fall Stauffer – Nationale Gemeinnützigkeit in Europa, BB 2006, 2607
128. **Kellersmann**, Dietrich/**Schnitger**, Arne; Europarechtliche Bedenken hinsichtlich der Besteuerung ausländischer Familienstiftungen; IStR 2005, S. 253 ff.
129. **Kirchhain**, Christian, Stiftungsbezüge als Kapitaleinkünfte? – Zugleich Anmerkung zum BMF-Schreiben vom 27.06.2006, BB 2006, S. 2387 ff.
130. **Kirchhain**, Christian, Neue Verwaltungsrichtlinien für NPOs – Der neue Anwendungserlass zur Abgabenordnung im Lichte des Ehrenamtsstärkungsgesetzes, DStR 2014, 289
131. **Kirchhain**, Christian, Vom Fördern und Gefordertsein – Auslegungsfragen zur Mittelweitergabe gemeinnütziger Förderkörperschaften DStR 2013, 2141
132. **Kirchhain**, Christian: Ist die ertragsfinanzierte Versorgung der Stifterfamilie durch eine gemeinnützige Stiftung über die Ein-Drittel-Grenze des § 58 Nr. 5 AO hinaus unschädlich?, ZEV 2006, 534
133. **Kirmse,** Doreen; Stiften als Form der Mittelbeschaffung für gemeinnützige Einrichtungen; Stiftung & Sponsoring 6/2005, S. 18 ff.
134. **Klaßmann,** Ralf; Über die Grenzen, Impulse des Europäischen Rechts für das deutsche Gemeinnützigkeitsrecht, Stiftung & Sponsoring 1/2006, S. 34 ff.
135. **Kolbe**, Stefan, Die ertragsteuerliche Behandlung von Auslagenersatz, Aufwandsersatz und Vergütungen an Vorstandsmitglieder eines gemeinnützigen Vereines, DStR 2009, 2465
136. **Koppenhöfer,** Jörg; Gefährdenden Verluste aus Vermögensverwaltung die Gemeinnützigkeit; Stiftung & Sponsoring 3/2003, S. 30 ff.
137. **Kraft,** Gerhard/**Hause,** Katja; Die Gemeinschaftsrechtswidrigkeit des § 15 AStG zur Besteuerung ausländischer Familienstiftungen aus dem Blickwinkel der EuGH – Rechtsprechung; DB 2006, S. 414 ff.
138. **Langenfeld**, Gerrit; Die letztwillige Stiftung, ZEV 2002, S. 481 ff.
139. **Lehr,** Helmut: Wenn »Fördervereine« weniger fördern sollen . . . – Die Auslegung des Selbstlosigkeitsgebots durch die Finanzverwaltung ist nicht haltbar, DStR 2010, 795
140. **Maier,** Jochen; Steueroptimierte Zuwendungen an gemeinnützige Stiftungen; DStR 2006, S. 505 ff.
141. **Melchior**, Jürgen: Änderungen durch das Gesetz zur weiteren Stärkung des bürgerschaftlichen Engagements, DStR 2007, 1745

142. **Meyn**, Barbara, Stiftung und Vermögensverzehr, Zivil- und spendenrechtliche Auswirkungen des Ehrenamtsstärkungsgesetzes für Verbrauchstiftung & Co., Stiftung & Sponsoring (Rote Seiten) 3/2013
143. **Möller**, Senta; Aktuelle Entwicklungen im Stiftungszivil- und -steuerrecht am Beispiel der treuhänderischen Privatstiftung; INF 2005, S. 576 ff.
144. **Musil**, Andreas, Reformbedarf bei der wirtschaftlichen Betätigung gemeinnütziger Körperschaften, DStR 2009, 2453
145. **Nickel**, Jörg/**Robertz**, Michael, Zur Verdoppelung der Höchstbeträge der Grenzen der §§ 10b Abs. 1 Satz 3, 10b Abs. 1a EStG bei zusammenveranlagten Ehegatten, FR 2006, S 66 ff.
146. **o. A.**; Das Schweizer Stiftungsrecht – maßgebliche Änderungen per 1. Januar 2006, SwissFoundations Merkblatt 1/2005.
147. **Ohlmann**, Horst; Nicht haltbar – Neue Gestaltungsformen für Unterhaltsleistungen aus Stiftungserträgen in Stiftung & Sponsoring 6/2006, S. 14 ff.
148. **Freiherr v. Proff**, Maximilian: Gemeinnützigkeit nach den »Stauffer«-Urteilen des EuGH und des BFH, IStR 2007, 269
149. **Roth**, Hans-Peter, Reform des Gemeinnützigkeitsrechts – »Gesetz zur Stärkung des Ehrenamtes, SteuK 2013, 136
150. **Orth**, Manfred: Zur Gewerbesteuerbefreiung von Kooperationen gemeinnütziger Körperschaften, DStR 2012, 116
151. **Orth**, Manfred: Verluste gemeinnütziger Stiftungen aus Vermögensverwaltung, DStR 2009, 1397
152. **Schauhoff**, Stephan; Handbuch der Gemeinnützigkeit, Verlag C. H. Beck, 2. Aufl. München 2005,
153. **Schauhoff**, Stephan; Wertberichtigungen im Stiftungsvermögen – Stiftungsrecht, Gemeinnützigkeitsrecht, bilanzielle Darstellung; DStR 2004, S. 471 ff.
154. **Schauhoff**, Stephan; Gemeinnützigkeitsrecht: Zum zulässigen Aufwand beim Spendensammeln, DStR 2002, S. 1694 ff.
155. **Schauhoff**, Stephan, **Kirchhain** Christian, Was bringt der neue AO-Anwendungserlass für gemeinnützige Körperschaften?, DStR 2012, 261
156. **Schauhoff**, Stephan, **Kirchhain** Christian: Was bringt der neue AO-Anwendungserlass für gemeinnützige Körperschaften?, DStR 2012, 261
157. **Schauhoff**, Stephan, **Kirchhain** Christian: Gemeinnützigkeit im Umbruch durch Rechtsprechung – Anmerkungen zu BFH vom 18.9.2007, I R 30/06, und zu BFH vom 19.12.2007, I R 15/07 sowie Replik zu Heger, DStR 2008, 807, DStR 2008, 1713
158. **Schauhoff**, Stephan, **Kirchhain** Christian: Das Gesetz zur weiteren Stärkung des bürgerschaftlichen Engagements, DStR 2007, 1985
159. **Schauhoff**, Stephan, Handbuch des Gemeinnützigkeitsrechts, 3. Auflage 2010, Verlag C. H. Beck
160. **Scherff**, Axel; Gemeinnützigkeitsrechtlich Aspekte in Holding-Strukturen; DStR 2003, S. 727 ff.
161. **Schiffer**, Jan/**von Schubert**, Michael; Stiftung und Unternehmensnachfolge: Verständnis und Missverständnisse; BB 2002, S. 265 ff.

162. **Schiffer,** Jan/**von Schubert,** Michael; Trusts und ausländische Stiftungen, ErbfB 2003, S. 10 ff.
163. **Schiffer** Jan, **Sommer** Mario: Mittelbeschaffung bei gemeinnützigen Körperschaften: Ein Ruf gegen die Rechtsunsicherheit durch die »Geprägetheorie«, BB 2008, 2432
164. **Schotenroehr**, Harald, Kooperation von Zweckbetrieben gemeinnütziger Körperschaften in Form der Gesellschaft bürgerlichen Rechts – Relevanz der BFH-Entscheidung I R 60/10 vom 25.5.2011?, DStR 2012, 14
165. **Schotenroehr**, Harald, **Schotenroehr**, Marc A.: Möglichkeiten der Eigenkapitalbildung bei steuerbegünstigten Körperschaften – Die Zuführung zur freien Rücklage nach § 62 Abs. 1 Nr. 3 AO, DStR 2013, 1161
166. **Schröder,** Friedrich; Ausgliederung aus gemeinnützigen Organisationen auf gemeinnützige und steuerpflichtige Kapitalgesellschaften; DStR 2001, S. 1415 ff.
167. **Schröder,** Friedrich; Die steuerbegünstigte und steuerpflichtige GmbH bei Non-Profit-Organisationen (Gründung, Ausgliederung und Hilfspersonen) – Teil I; DStR 2004, S. 1815 ff.
168. **Schröder,** Friedrich; Die steuerbegünstigte und steuerpflichtige GmbH bei Non-Profit-Organisationen (Gründung, Ausgliederung und Hilfspersonen) – Teil II; DStR 2004, S. 1859 ff.
169. **Schröder**, Friedrich: Die steuerpflichtige und steuerbegünstigte GmbH im Gemeinnützigkeitsrecht, DStR 2008, 1069
170. **Schunk**, Martin, Kooperationen zwischen gemeinnützigen Körperschaften und § 57 AO – Das BFH-Urteil zur Ausgliederung von Laborbetrieben vom 6.2.2013, DStR 2014, 934
171. **Schütz**, Robert, Julia **Runte** Julia: Das Ehrenamtsstärkungsgesetz – neue Impulse für den Non-Profit-Bereich?, DStR 2013, 1261
172. **Schwintek**, Sebastian; Die Ausgliederung aus Stiftungsvermögen; Stiftung & Sponsoring 3/2002, S. 19 ff.
173. **Seeger**, Andreas, **Thier**, Christoph Cash Pooling – Ein sinnvolles Finanzinstrument zur Nutzung von Kostensenkungspotenzialen auch im gemeinnützigen Konzern, DStR 2011, 184
174. **Seibold,** Felix; Die vermögen- und erbschaftsteuerliche Behandlung von Common Law Trusts; IStR 1994, S. 16 ff.
175. **Seifried**, Carola, **Volland**, Elke: Finanzverwaltung erleichtert Übergang von Unternehmensvermögen auf gemeinnützige Stiftungen, ZEV 2012, 242
176. **Siemers,** Lothar/**Müller** Nicole; Offshore – Trusts als Mittel zur Vermögensnachfolgeplanung?; IStR 1998, S. 385 ff.
177. **Söffing**, Andreas/**Thoma**, Katrin; Gemeinnützigkeits- und Stiftungsrecht; ErbStB 2005 S. 184
178. **Stahlschmidt**, Michael; Die Änderung des Anwendungserlasses zur AO zum Gemeinnützigkeitsrecht; BB 2003 S. 665 ff.
179. **Steiner,** Anton; Erbrechtliche Folgen des steuerlich motivierten Wegzugs nach Österreich, ErbStB 2003 S. 397 ff.
180. **Steiner,** Anton; Die österreichische Privatstiftung; ErbStB 2005, S. 96 ff.

181. **Steinmann,** Gotthard; Das neue Stiftungsrecht- ein Überblick über die zivilrechtlichen sowic steuerlichen Neuerungen, (Ch), SteuerRevue/RevueFiscal Nr. 6/2005 S. 466 ff.
182. **Strachwitz,** Rupert Graf/**Mercker,** Florian; Stiftungen in Theorie, Recht und Praxis- Handbuch für ein modernes Stiftungswesen; Duncker & Humblot, Berlin 2005
183. **Strahl**, Martin; Steuerliche Chancen und Risiken bei Beteiligung einer Körperschaft des öffentlichen Rechts an Tochtergesellschaften – unter besonderer Berücksichtigung von staatlichen Hochschulen als Trägerkörperschaften; FR 2002, S. 916 ff.
184. **Strahl**, Martin; Ausgliederung von wirtschaftlichen Geschäftsbetrieben gemeinnütziger Körperschaften; KÖSDI 2000, S. 12527 ff.
185. **Strahl**, Martin; Gemeinnützige Körperschaften: Gepräge, Unmittelbarkeit, Ausgliederung; KÖSDI 2004, S. 14291
186. **Theobald**, Anette, Arbeitsteilige Zusammenarbeit gemeinnütziger und gewerblicher Körperschaften: Auswirkungen auf die Anwendung von § 4 Nr. 18 UStG, DStR 2011, 946
187. **Thiel**, Jochen, Horst **Eversberg,** Horst: Zur Reichweite des Gebots der zeitnahen Mittelverwendung im Gemeinnützigkeitsrecht, DB 2007, 191
188. **Thömmes,** Otmar/**Nakhai,** Katja; Gemeinnützigkeitsrecht – Förderung der Allgemeinheit und Satzungsbestimmungen zur Ausschließlichkeit und Unmittelbarkeit, DB 2005, S. 2259 ff.
189. **Tiedtke**, Klaus, Peter **Möllmann**, Peter: Reform des Spenden- und Gemeinnützigkeitsrechts – Das Gesetz zur weiteren Stärkung des bürgerschaftlichen Engagements, NJW 2007, 3321
190. **Tiedtke**, Kaus, **Möllmann**, Peter: Spenden und Stiften soll attraktiver werden – Zur geplanten Reform der steuerlichen Spenden- und Stiftungsregelungen sowie des allgemeinen Gemeinnützigkeitsrechts, DStR 2007, 509
191. **D. Ullrich,** Benjamin, Die gemeinnützige GmbH nach dem MoMiG, GmbHR 2009, 750
192. **Volkmann**, Torsten, **Wittke**, Simon: NPO 2.0 – Internetspendenportale, virtuelle Marktplätze und Online-Fördernetzwerke auf dem Prüfstand des Gemeinnützigkeitsrechts, BB 2010, 859
193. **Voll**, Otto/**Voll**, Josef/**Störle,** Johann; Bayerisches Stiftungsgesetz, Richard Boorberg Verlag, Stuttgart u. a. 2003, 4. Aufl.
194. **Volland**, Elke, Auswirkungen des Ehrenamtsstärkungsgesetzes auf Stiftungen und (andere) gemeinnützige Organisationen, ZEV 2013, 320
195. **Wachter**, Thomas; Die österreichische Privatstiftung; DStR 2000 S. 474 ff. und S. 1077 ff.
196. **Wachter**, Thomas; Steuerfallen für steuerbegünstigte Körperschaften; NZG 2003, S. 107 ff.
197. **Wallenhorst**, Rolf, Gemeinnützigkeit: Ist die Prägetheorie überholt?, DStR 2009, 717

198. **Wallenhorst** Rolf/**Halaczinsky**, Raymond, Die Besteuerung gemeinnütziger Vereine, Stiftungen und der juristischen Personen des öffentlichen Rechts, 6. Auflage 2009, Verlag Vahlen
199. **Werkmüller,** Maximilian; Steuerliche Aspekte der ausländischen Familienstiftung; ZEV 1999, S. 138 ff.
200. **Werner**, Rüdiger: Die Doppelstiftung ZEV 2012, 244
201. **Winheller,** Stefan; Aktuelle Entwicklungen im Gemeinnützigkeitsrecht 2005; DStZ 2006 Heft 7, S. 215 ff.
202. **Wochner,** Georg; Rechtsfähige Stiftungen – Grundlagen und aktuelle Reformbestrebungen; BB 1999, S. 1441
203. **Zimmermann**, Klaus, Die Entwicklung des Stiftungsrechts 2011/2012, NJW 2012, 3277
204. **Zollner**, Johannes, Die eigennützige Privatstiftung aus dem Blickwinkel der Stiftungsbeteiligten (Österreichisches Privatstiftungsrecht).
205. **Zurkinden – Erismann,** Linda; Foundation Governance – Selbstregulierung im Rahmen internationaler Herausforderungen und Entwicklungstendenzen unter besonderer Berücksichtigung der Situation in der Schweiz; Die Roten Seiten zu Stiftung & Sponsoring 2006, Heft 1

Teil 3 Stiftungsaktivitäten im Ausland

A. Einleitung

I. Ausgangssituation

1 Unternehmer und vermögende Privatpersonen in Deutschland stehen heute vor der Aufgabe, ihr vorhandenes Familienvermögen bestmöglich generationsübergreifend zu erhalten und vor verschiedenartigen Risiken zu schützen. Die Beantwortung der Frage, wie dies gelingen kann, hat nicht nur aus der Perspektive der betroffenen Persönlichkeiten und deren Familienmitgliedern, sondern auch gesamtgesellschaftlich eine hohe Bedeutung, da mit dem Erfolg und dem Misserfolg z. B. der Gestaltung einer mittelständischen Unternehmensnachfolge auch unmittelbar volkswirtschaftliche Wohlfahrtsfolgen in Deutschland, z. B. im Bereich von Arbeitsplätzen oder im Bereich des Steueraufkommens, verbunden sind.

2 Bei einem typischen deutsche Familienunternehmen sind Familienmitglieder, häufig noch ein das Unternehmen prägender Firmengründer, substantiell, meist sogar mehrheitlich an einem oder mehreren mittelständischen Unternehmen im In- und Ausland beteiligt und in der Geschäftsführung vertreten. Die naheliegende Form der Vermögensnachfolge des Unternehmers ist die Suche und der Aufbau eines geeigneten Unternehmer- und Vermögensnachfolgers innerhalb der Familie. Es sind aber heute nur noch in einer Minderzahl der Fälle geeignete familieninterne Unternehmernachfolger vorhanden, welche aus Sicht des Unternehmers die erforderlichen Persönlichkeitsmerkmale, Interessen und Bildungsvoraussetzungen erfüllen, die für eine erfolgreiche familieninterne Unternehmensnachfolgelösung erforderlich wären. In einigen Fällen besteht auch ein Unwillen oder eine Unfähigkeit seitens des Unternehmers, aus den Familienmitgliedern einen Nachfolger auszuwählen.

3 Aus diesen Gründen gewinnen seit Jahren Vermögensnachfolgeszenarien mit privatnützigen Familienstiftungen und gemeinnützigen Stiftungen für Unternehmer und vermögende Privatpersonen an Bedeutung. Bei diesen Szenarien geht das Eigentum am Unternehmen, an den unternehmerischen Beteiligungen oder übrigen Vermögenswerten der Familie, wie etwa Immobilien oder Wertpapiere, *nicht* oder *nicht nur* auf die Abkömmlinge des Unternehmers oder Vermögensinhabers über, sondern wird von situationsindividuell eingerichteten Stiftungen – meist zeitlich unbegrenzt – weitergeführt.

4 In diesem Teil des Buches steht das Vermögensmanagement- und Vermögensnachfolgemodell einer *Auslands*stiftung, also eines ausserhalb des Hoheitsgebietes der Bundesrepublik Deutschland verselbständigten, privatrechtlich organisierten Zweckvermögens mit Rechtspersönlichkeit, aber ohne Mitglieder oder Eigentümer, im Mittelpunkt. Die Auslandstiftung übernimmt bei dieser Form der Vermögensnachfolge wesentliche Beteiligungen an in Deutschland ansässigen Kapitalgesellschaften, Mitunternehmerschaften an gewerblich tätigen deutschen Personengesellschaften und gegebenenfalls weitere Vermögenswerte wie Immobilien oder Wertpapiere mit der Zielsetzung, diese z. B. in Form einer Beteiligungsträgerstiftung oder einer Unternehmensträgerstiftung, häufig

in der Ausprägung einer privatnützigen Familienstiftung oder einer gemeinnützigen Auslandsstiftung, nach dem Tod des Unternehmers/Stifters fortzuführen.

5 Für deutsche Unternehmer und vermögende Privatpersonen liegt in diesem Zusammenhang zunächst die Prüfung der Möglichkeiten des deutschen Stiftungsrechts bei der Ausgestaltung einer privat- und/oder gemeinnützigen unternehmensverbundenen Stiftung nahe. Auf der Grundlage mehrerer multilateraler Staatsverträge erfolgte in den letzten Jahren allerdings eine zunehmende europaweite Harmonisierung von stiftungs-, gesellschafts- und steuerrechtlichen Rahmenbedingungen, die für Unternehmer und Vermögensinhaber aus Deutschland auch die Prüfung der grenzüberschreitenden Errichtung einer Stiftung im Ausland als Alternative sinnvoll erscheinen lässt. Primär bietet sich hier aufgrund der sprachlichen, kulturellen und rechtlichen Nähe zu Deutschland das deutschsprachige EU-/EWR-Ausland an, also die Republik Österreich oder auch das Fürstentum Liechtenstein. Die Schweiz als weitere deutschsprachige potentiell relevante Stiftungsjurisdiktion ist als Nicht-EU-/EWR-Mitglied von den genannten Harmonisierungen nur in wesentlich geringerem Umfang betroffen, so dass nach wie vor rechtliche und steuerliche Hemmnisse die Errichtung einer schweizerischen Stiftung im Kontext der Unternehmensnachfolge eines deutschen Unternehmers stark erschweren.

6 In Deutschland sind insbesondere in den Bereichen der erbschaftsteuerlichen Behandlung der Übertragung von Betriebsvermögen oder auch im Bereich der Umsetzung von gegen die Diskriminierung von Auslandssachverhalten gerichteten Urteilen des Europäischen Gerichtshofes oder des EFTA Gerichtshofes in nationale Steuervorschriften in den letzten Jahren bedeutsame Änderungen erfolgt, die die europarechtskonforme Neubegründung von österreichischen oder liechtensteinischen Stiftungsstrukturen durch deutsche Stifter erleichtern bzw. zum Teil überhaupt erst ermöglichen.

7 In diesem Kontext ist aktuell zu beobachten, dass viele Unternehmer trotz der typischerweise starken Verwurzelung der Familie und des Unternehmens in Deutschland angesichts der seit 2008 andauernden Finanzkrise zunehmend verunsichert sind, ob Deutschland angesichts der sich möglicherweise dauerhaft verschlechternden politischen und wirtschaftlichen Rahmenbedingungen unter Kontinuitätsgesichtspunkten mit Wirkung für die Zukunft noch der richtige »Standort« für ihr erarbeitetes Familienvermögen darstellt.

Wesentliche Rahmenbedingungen der verschiedenen Stiftungsrechtsstandorte lassen sich der nachfolgenden Tabelle 1 entnehmen. 8

	Deutschland	**Österreich**	**Liechtenstein**
Staatsform	Parlamentarische Demokratie	Parlamentarische Demokratie	Konstitutionelle Erbmonarchie auf parlamentarischer Grundlage
Staatsverschuldung	Hoch	Hoch	Keine
Stiftungsrecht	Stiftung gem. § 80–88 BGB; Landesstiftungsgesetze	Privatstiftungsgesetz von 1993	Stiftung gem. Art. 542 §§ 1–40 PGR
Verfügbare ähnliche Rechtsformen	Unselbständige Stiftung gem. allg. vertragsrechtlichen Grundsätzen des Privatrechts; gemeinnützige GmbH	—	1. Anstalt (Art. 534–551 flPGR), 2. Trust (Art. 897–932 flPGR), 3. Treuunternehmen (Art. 932a §§ 1–170 flPGR)
Gesetzliche Währung	Euro	Euro	Schweizer Franken
Europäische Integration	Europäische Union (EU)	Europäische Union (EU)	Europäischer Wirtschaftsraum (EWR)
Mindeststiftungsvermögen	Abhängig vom Stiftungszweck	70.000 Euro	30.000 Schweizer Franken

Tabelle 1: Ausgewählte Rahmenbedingungen verschiedener deutschsprachiger EU-/EWR-Stiftungsstandorte

Es stellt sich aus der Sicht der Unternehmer deshalb die Frage, ob sich durch die Begründung einer Stiftung im Ausland möglicherweise nicht nur das Vermögensmanagement und die Unternehmensnachfolge im Sinne der obigen Motive qualitativ besser regeln, sondern ob sich damit nicht darüber hinaus – auch ohne dass man den Sitz des Unternehmens oder den Wohnsitz der Familie ändern müsste – die Situation des vorhandenen Privatvermögens hinsichtlich der Exponierung gegen verschiedene wirtschaftliche Risiken verbessern lässt. 9

Gerade weil die mittlerweile erfolgten Rechtsharmonisierungen innerhalb der EU bzw. innerhalb des EWR heute bereits so weit entwickelt sind, dass deutschen Unternehmern und vermögenden Privatpersonen die Gestaltungsmöglichkeiten dieser Stiftungsrechtsordnungen im Vermögensmanagement – und Vermögensnachfolgekontext – wie politisch durch die im EU- bzw. EWR-Vertrag enthaltenen Garantien der vier europäischen Grundfreiheiten durchaus intendiert – diskriminierungsfrei eröffnet sind, stellt sich in einem zweiten Schritt die Frage, welche aus deutscher rechtsanwendender Per- 10 spektive »neuen« stiftungsrechtlichen und steuerrechtlichen Gestaltungsmöglichkeiten im Rahmen einer nachhaltigen Vermögens- und Nachfolgeplanung genutzt werden können.

11 Weiterhin ergibt sich die Frage, ob und ggf. welche – im Vergleich zum deutschen Stiftungsrecht – neuen Möglichkeiten sich durch die Nutzung einer ausländischen Stiftungsrechtsordnung im Bereich der Asset Protection für das Familienvermögen, zusätzlich eröffnen. Die grenzüberschreitende Asset Protection bezeichnet hierbei rechtlich zulässige Gestaltungsmaßnahmen insbesondere des internationalen Privatrechts als Vermögensvorsorge für den Fall, dass zu einem unbestimmten Zeitpunkt in der Zukunft die Haftung und der Zugriff auf das Vermögen des Vorsorgenden droht.

12 Die hier gewählte Betrachtung soll durchgehend aus dem übergeordneten Blickwinkel eines Vermögensinhabers erfolgen, der sich für das rechtliche *Gesamtbild* verschiedener Ausgestaltungsmöglichkeiten von Auslandsstiftungen in den verschiedenen Ländern interessiert. Der Unternehmer soll in die Lage versetzt werden, entscheidungsvorbereitend die rechtlichen und steuerlichen Rahmenbedingungen der Errichtung und des Betriebes einer – ggf. mit seinem deutschen Unternehmen gesellschaftsrechtlich als Mutterorganisation verbundenen – liechtensteinischen oder österreichischen Stiftung zu erfassen und diese mit denen einer deutschen Stiftungslösung vergleichen zu können. Auch die Interessen der dem Unternehmer nahestehenden Familienmitglieder und Angehörigen mit ihren individuellen Fähigkeiten und finanziellen Bedürfnissen sollen als Beteiligte und/oder potentiell Begünstigte einer österreichischen oder liechtensteinischen Stiftung in die Betrachtung des rechtlichen Gesamtkontextes mit einbezogen werden.

II. Grenzen der Ausgestaltungsmöglichkeiten österreichischer und liechtensteinischer Stiftungen aus deutscher Sicht

13 Bürgern der Europäischen Union bzw. des Europäischen Wirtschaftsraums steht es aufgrund der europarechtlich garantierten Grundfreiheiten, hier insbesondere der Niederlassungsfreiheit und der Kapitalverkehrsfreiheit, frei, Rechtsinstitute innerhalb des Geltungsgebietes dieser Abkommen zu ihrem Vorteil zu verwenden, sofern keine europarechtlich rechtfertigungsfähigen Hinderungsgründe oder missbräuchliche Einsatzszenarien vorliegen. Dies gilt auch für die grenzüberschreitenden Einsatz von Stiftungen aus Österreich oder Liechtenstein.

14 Aufgrund europarechtlicher und staatsvertraglicher Diskriminierungsverbote dürften auch aus deutscher Sicht gegen die Errichtung einer österreichischen oder liechtensteinischen Stiftung keine grundsätzlichen Hinderungsgründe mehr bestehen. In den letzten Jahren haben insbesondere folgende Rechtsänderungen zum Abbau ehemals vorhandener Hinderungsgründe für Vermögensübertragungen auf österreichische und liechtensteinische Stiftungen geführt:

– Wirtschaftliche Absenkung der für die Vermögenswidmung relevanten Erbschaft- und Schenkungsteuerbelastungen für Betriebsvermögen aufgrund der Ausweitung der Möglichkeiten der Inanspruchnahme der Bewertungsabschläge im europäischen

Kontext nach der deutschen Erbschaftsteuerreform 2008; Bestätigung der Regelungen durch die neuen Erbschaftsteuerrichtlinien 2011
- Die Erfordernisse zur Abwendung der steuerrechtlichen Hinzurechnung der Erträge der Auslandsstiftung zum Einkommen des Stifters gem. § 15 AStG sind im Falle des EU-Mitgliedlandes Österreich durch die EU-Amtshilferichtlinie in Steuerangelegenheiten, im Falle des EWR-Mitgliedlandes Liechtenstein durch den bereits im Jahre 2009 erfolgten Abschluss eines steuerlichen Informationsaustauschabkommens und mittlerweile auch durch ein Doppelbesteuerungsabkommen (DBA) D-FL gegeben, das zu Beginn des Jahres 2013 in Kraft getreten ist. Das DBA D-FL enthält neben Regelungen zum steuerrechtlichen Informationsaustausch auch Regelungen zur gegenseitigen Amtshilfe in Steuerfragen zwischen den zuständigen Fiskalbehörden Deutschlands und Liechtensteins. Das ehemals angespannte Verhältnis wurde durch den Abschluss dieser Abkommen normalisiert.
- Unter dem neu zum 1.1.2013 in Kraft tretenden Doppelbesteuerungsabkommen zwischen Deutschland und Liechtenstein sind liechtensteinische Stiftungen unter bestimmten Voraussetzungen abkommensberechtigt. Eine Folge ist unter anderem die Möglichkeit zur Rückerstattung der im Abzugswege einbehaltenen deutschen Kapitalertragssteuern aus Dividenden von Beteiligungen an deutschen Kapitalgesellschaften, die im Eigentum liechtensteinischer Stiftungen stehen.

In der Vergangenheit wurden allerdings in bestimmten Missbrauchsszenarien insbesondere liechtensteinischen Stiftungen die zivilrechtliche Anerkennung in Deutschland verweigert bzw. ein steuerlicher Gestaltungsmissbrauch angenommen: 15

- In einem Fall (OLG Stuttgart, 29.06.2009 – 5 U 40/09) fand bei der Errichtung der Auslandsstiftung keine endgültige Vermögensverselbständigung statt. Der Stifter hatte sich im entschiedenen Falle – in Österreich und Liechtenstein zivilrechtlich durchaus möglich – einen jederzeitigen Widerruf in der Stiftungssatzung vorbehalten, zudem war die Vermögensverselbständigung des Stiftungsgeschäftes zudem dadurch stark beeinträchtigt, dass das geschäftsleitende Organ der Stiftung, der Stiftungsrat, durch einen sog. »Mandatsvertrag« an die laufenden Weisungen des Stifters gebunden wurde.
- Die Stiftung wurde in einem weiteren Fall (OLG Düsseldorf – I-22 U 126/06) – nach Ansicht des Gerichtes – vorwiegend zum Zwecke der Steuerhinterziehung errichtet; hierin sah das Gericht einen Grund, der Stiftung die zivilrechtliche Anerkennung zu verweigern
- Ein einem weiteren entschiedenen Fall (FG BW v. 30.3.2011, 4 K 1723/09, BFH v. 13.5.2013, Az I R 39/11) wurde eine extensive »Nutzung« der deutschen Anti-Missbrauchsbestimmung des § 15 AStG durch den Stifter als gestaltungsmissbräuchlich eingestuft. Im entschiedenen Fall hatte ein Stifter eine Auslandsstiftung errichtet und dann innerhalb der Stiftung Geschäfte getätigt, die zu steuerlichen Initialverlusten der Stiftung in Millionenhöhe durch ein Darlehensdisagio geführt hatten. Das Eigenkapital der Stiftung wurde hierdurch komplett aufgezehrt und es bestand erst nach frühestens 8 Jahren die (theoretische) Möglichkeit, dass die Stiftung ihren Zweck erstmalig erfüllen könnte. Der Stifter begehrte eine – nach Ansicht des Gerichtes gestaltungsmissbräuchliche – außensteuerliche Zurechnung des auf diese

Weise entstandenen substanziellen negativen Einkommens der Stiftung auf seine private Ebene, um damit erhebliche – anderweitig erzielte – steuerpflichtige Veräusserungsgewinne auszugleichen.

16 Es bestehen zwar derzeit nach wie vor hie und da Reputationssorgen seitens potentieller Stifter im Hinblick auf die Jurisdiktion Liechtenstein oder auch stellenweise emotionale Abwehrreflexe zuständiger Finanzbeamter der deutschen Steuerverwaltung oder deutscher steuerlicher oder rechtlicher Berater aufgrund des »Nachechos« obiger Erfahrungen mit missbräuchlich und häufig zu Steuerhinterziehungszwecken verwendeten Auslandsstiftungen.

17 Hiervon abgesehen gibt es heute jedoch keine substanziellen rechtlichen Hinderungsgründe für die Wahl der Stiftungsstandorte Österreich oder Liechtenstein für Zwecke einer steuer- und rechtskonformen Gestaltung einer Vermögens- oder Unternehmernachfolge.

18 In Deutschland »nutzbare« Auslandsstiftungskonzeptionen müssen aber stets so konzipiert sein, dass sich aus deutscher Sicht möglichst keine Kritikpunkte ergeben, die die zivilrechtliche Anerkennung der Stiftung in Frage stellen können oder die die konkrete Ausgestaltung in ein aus deutscher Perspektive zweifelhaftes steuerrechtliches Licht rücken. Hierzu ist folgendes sicherzustellen:

- Die Auslandsstiftung ist stets als tatsächlich verselbständigtes Zweckvermögen zu konzipieren, bei der der Nachweis der tatsächlichen Vermögensverselbständigung gem .§ 15 Abs. 6 AStG geführt werden kann; es sind im Zweifel keine Widerrufsvorbehalte des Stifters, keine »starken« Änderungsvorbehalte oder »Mandatsverträge« vorzusehen, die eine tatsächliche Vermögensverselbständigung aus deutscher Sicht fraglich erscheinen lassen.
- Das operative Leitungsorgan der Stiftung sollte seine Tätigkeit tatsächlich in Österreich bzw. Liechtenstein ausüben, um eine Körperschaftssteuerpflicht der Auslandsstiftung in Deutschland zu vermeiden.

19 Bei der Errichtung einer Auslandsstiftung ist es zunächst erforderlich, dass sich der Stifter eigentumsmäßig nachhaltig und endgültig vom gestifteten Vermögen trennt und die jeweils hierauf entfallende deutsche Schenkungssteuer entrichtet, um den Rechtsträger der Auslandsstiftung zivilrechtlich wirksam entstehen zu lassen. Durch eine entsprechende Satzungsgestaltung der Stiftung muss zudem gewährleistet sein, dass das Stiftungsvermögen der Verfügungsmacht des Stifters und seiner Familienmitglieder rechtlich und tatsächlich entzogen ist (s. o.). Diese Trennung ist nicht nur steuerrechtlich geboten, sondern auch zivilrechtlich erforderlich, um die gewünschten Ziele des Stifters und seiner Familie, wie z. B. eine »echte« Vermögensdiversifizierung ins Ausland, einen erhöhten Vermögensschutz (»Asset Protection«) oder auch eine Reduzierung des künftigen erbschaftssteuerlichen Vermögenssubstrats des Stifters zu erreichen.

20 Die tatsächlich erfolgte Vermögenstrennung zu Gunsten der Stiftung schliesst aber andererseits eine vollumfängliche Begünstigung von heutigen und künftigen Familienmitgliedern durch satzungsmässig vorgesehene, auch grosszügige, Versorgungs- und/oder

Sicherheitsleistungen der Stiftung nicht aus. Es können z. B. laufende, auch inflationsangepasste, Vergütungen an Begünstigte bezahlt werden oder Vergütungen an persönliche Ereignisse (z. B. Heirat, Studienabschluss, Invalidität, Pflegebedürftigkeit, noch nicht zugelassene Behandlungsmethoden von Krankheiten) oder den Eintritt von Risiken (z. B. Krieg, politische Unruhen, Währungsverfall, Enteignung von Begünstigten) geknüpft werden. Auch Familienereignisse wie Urlaube oder Fortbildungen können grosszügig (und steuergünstig) gefördert werden. Begünstigungsleistungen von Auslandsstiftungen können z. T. unpfändbar ausgestaltet werden. Auch Wohnrechte von im Eigentum einer Auslandsstiftung stehenden Inlandsimmobilien können – in Deutschland unpfändbare – Begünstigungsleistungen darstellen.

III. Zu widmendes Stiftungsvermögen und mögliche Stiftungszwecke

Hinsichtlich der Grundfrage, für welche Stiftungszwecke und für welche Stiftungsver- 21
mögensarten sich Auslandsstiftungsvarianten für Deutsche anbieten und wie die in Österreich und Liechtenstein zum Teil abweichenden Rahmenbedingungen für deutsche Stifter und deren Unternehmen im Sinne der Stiftermotive nutzbar gemacht werden können, gelten grundsätzlich die gleichen Rahmenbedingungen, wie auch bei deutschen Stiftungen.

Da einem von natürlichen Personen losgelösten, verselbstständigten Zweckvermögen 22
wie der Stiftung die Verfolgung originär eigener Ziele oder Interessen nicht möglich ist und aus diesem Grund in allen drei Ländern (Deutschland, Österreich und Liechtenstein) reine Selbstzweckstiftungen rechtlich ausgeschlossen sind, ist zunächst durch den Stifter inhaltlich zu präzisieren, welche Zwecke die mit Hilfe von in- oder ausländischen Stiftungen zu errichtende Vermögensmanagement- und -nachfolgelösung langfristig verfolgen soll und welche Vermögenswerte hierfür zur Verfügung stehen sollen. Diese Eckwerte stellen den Kern aller weiterführenden Gestaltungs- und Umsetzungsüberlegungen auch unabhängig von der Wahl des Stiftungsstandortes dar.

Alle drei Rechtsordnungen unterscheiden strikt und wohldefiniert zwischen privatnützi- 23
gen und gemeinnützigen Zwecken. In der Folge gelten jeweils unterschiedliche rechtliche Regelwerke für zu errichtende Stiftungen. Die Unterschiede betreffen in allen drei Ländern sowohl stiftungsrechtliche Aspekte (wie etwa das Niveau der staatlich vorgesehenen Stiftungsbeaufsichtigung), steuerrechtliche Aspekte (wie etwa Art und Umfang der Besteuerung in Abhängigkeit vom Gemeinnützigkeitsstatus) als auch Aspekte der Asset Protection (beispielsweise hinsichtlich der anzuwendenden Fristen bei einer späteren Anfechtung oder Anrechnung bereits erfolgter Vermögensübertragungen auf die Stiftung).

Durch Analyse der vom Stifter vorgegebenen Stiftungszwecke und des Stiftungsver- 24
mögens ist deswegen festzustellen, ob die Zwecke einerseits ausschliesslich privatnütziger Art (Familienstiftungen) oder andererseits ausschliesslich gemeinnütziger Art sind oder ob im konkreten Einzelfall Kombinationen dieser Zweckarten vorliegen, die die Begründung zweier Stiftungen, einer privatnützigen und einer gemeinnützigen, erwägenswert erscheinen lassen.

25 Die Vermögensgattungen, die für eine Übertragung auf Stiftungen typischerweise in Frage kommen, umfassen einerseits Unternehmensbeteiligungen in Form von wesentlichen Anteilen (>25 %) an Kapitalgesellschaften und Mitunternehmeranteile an deutschen Personengesellschaften, andererseits aber auch Immobilien und liquide Vermögenswerte wie z. B. Bankdepots mit Geld- und Kapitalmarktanlagen. Es zeigt sich, dass sich diese verschiedenen Vermögensformen aus mehreren rechtlichen und steuerlichen Gründen – an allen drei zur Diskussion stehenden Stiftungsstandorten – in unterschiedlicher Weise für die Widmung an privatnützige Stiftungen einerseits und gemeinnützige Stiftungen andererseits eignen:

26 Gemeinnützige Stiftungen unterliegen in allen drei Rechtsordnungen zwingend einer staatlichen Stiftungsaufsicht mit z. T. erheblichen Kompetenzen innerhalb der Foundation Governance, die u. a. die Tätigkeit der bestellten Stiftungsorgane, wesentliche Rechtsgeschäfte und Vermögensdispositionen und auch etwaige spätere Satzungsänderungen zur Anpassung der Stiftung an sich ändernde Verhältnisse betreffen. Viele Unternehmer sind in Anbetracht dieser Tatsache und vor dem Hintergrund ihrer primären Motive zur Errichtung unternehmensverbundener Stiftungen besorgt, dass wesentliche privatautonome unternehmerische Entscheidungen, die ein etwa mit der Stiftung verbundenes Unternehmen betreffen, durch die starke Stellung der staatlichen Stiftungsaufsicht ohne Haftungsfolgen in eine nicht gewünschte Richtung beeinflusst und damit die künftige Unternehmensentwicklung »falsch« verlaufen könnte. Der gesetzlich vorgesehene Einfluss der Stiftungsaufsicht wie auch andere regulatorische Vorgaben, etwa im Bereich der typischerweise von Unternehmern gemiedenen Publizität, sind bei privatnützig ausgestalteten Stiftungen in allen drei Rechtsordnungen wesentlich geringer als bei gemeinnützigen Stiftungen.

27 Unternehmensbeteiligungen bieten sich vor diesem Hintergrund zur Weiterführung primär in privatnützig ausgestalteten Stiftungen (z. B. Familienstiftungen), bei denen die Definition der Foundation Governance nahezu vollständig privatautonom in der Hand des Stifters liegt, in besonderer Weise an. Hingegen sind bei den übrigen Vermögensformen (Immobilien und liquide Vermögenswerte), die einer standardisierten, vergleichsweise einfachen Verwaltung zugänglich sind, aus Sicht des Stifters nachteilige Auswirkungen der staatlichen Aufsicht auf das bewirtschaftete Vermögen in geringerem Umfang zu befürchten.

28 Bei der Übertragung von Vermögenswerten auf Stiftungen durch deutsche Stifter enthält auch das deutsche Steuerrecht beträchtliche Restriktionen, die ebenfalls die aus aufsichtsrechtlichen und regulatorischen Gründen erfolgte primäre Bevorzugung von privatnützigen Stiftungen für Unternehmensbeteiligungen einerseits, sowie von gemeinnützigen Stiftungen für Immobilien und liquiden Vermögenswerte andererseits, stützen. Während für Unternehmensbeteiligungen erhebliche Bewertungsabschläge bei der Bemessungsgrundlage für die deutsche Schenkung- bzw. Erbschaftsteuer in Anspruch genommen werden können, bestehen derartige Bewertungsprivilegien bei Immobilien und liquiden Vermögenswerten nicht. Umgekehrt wird lediglich auf die Übertragung von Vermögenswerten auf privatnützige Stiftungen überhaupt eine deutsche Schenkungsteuer erhoben, während die Übertragung von Vermögenswerten auf

als gemeinnützig anerkannte Stiftungen steuerfrei erfolgen kann. Kann durch die Nutzung steuerrechtlich vorgesehener Bewertungsabschläge die Bemessungsgrundlage der Schenkungsteuer für die Übertragung von Unternehmensanteilen auf privatnützige Stiftungen substanziell reduziert oder gar eliminiert werden und werden Vermögenswerte, für die entsprechende Bewertungsabschläge nicht zur Verfügung stehen, entweder auf gemeinnützige Stiftungen übertragen oder privatnützigen Stiftungen *darlehensweise* zur Verfügung gestellt, so dürfte eine wirksame steuerliche Optimierung erreicht sein, sofern sich eine solche Strukturierung mit den Zweckvorstellungen des Stifters in Einklang bringen lässt.

Diese rechtlichen und steuerrechtlichen Überlegungen zur vorzugsweisen Zuordnung spezifischer Vermögensformen (Unternehmensbeteiligungen, Immobilien, liquides Vermögen) jeweils zu privatnützigen und gemeinnützigen Stiftungen gelten grundsätzlich sowohl für die Übertragung auf deutsche als auch auf ausländische Stiftungen. 29

Die dargelegte bevorzugte Zuordnung von Vermögenswerten zu Stiftungszweckgattungen ermöglicht eine strukturierte, die Problemkomplexität reduzierende Gegenüberstellung der konkret *nach Berücksichtigung der oben beschriebenen Restriktionen verbleibenden* Gestaltungsmöglichkeiten in- und ausländischer Stiftungen für deutsche Unternehmer und vermögende Privatpersonen. 30

Ist – wie häufig in der Praxis zu beobachten – eine Motivkombination aus privatnützigen und gemeinnützigen Zwecken gegeben, so ist zu überlegen, ob nicht die Errichtung je einer privatnützigen und einer gemeinnützigen Stiftung, ggf. auch in unterschiedlichen Jurisdiktionen, zu einer Optimierung der Abdeckung der vorgefundenen Zweckkombination des Stifters führen kann, ähnlich wie dies in Deutschland auch mit sogenannten Doppelstiftungsmodellen betrieben wird. Hierbei kommt also auch ein Standortmix – also z. B. eine gemeinnützige Stiftung im Inland und eine privatnützige Stiftung in Österreich oder Liechtenstein – in Betracht. 31

Neben einer Analyse der Stiftungszwecke und der zu widmenden Vermögenswerte bietet es sich zudem an, dass der Stifter eine Risikoanalyse hinsichtlich der im Einzelfall bestehenden Vermögensschutzbedürfnisse durchführt, da sich in diesem Bereich, wie noch zu zeigen sein wird, erhebliche Unterschiede im »Schutzniveau« inländischer und österreichischer Stiftungen einerseits und liechtensteinischer Stiftungen andererseits einstellen können. Es stellt sich hierbei etwa die Frage, ob und in welchem Umfang der Stifter derzeit oder in der absehbaren Zukunft unternehmerischen Haftungsrisiken ausgesetzt sein könnte, deren Manifestierung zunächst das vorhandene Privatvermögen des Stifters, mittelbar künftig aber auch die Anfechtbarkeit einer etwa bereits durchgeführten unentgeltlichen Vermögensübertragung auf eine Stiftung tangieren könnte. 32

Ausserdem sollte geprüft werden, ob unentgeltliche Vermögensübertragungen der vorgesehenen Vermögenswerte zu Gunsten von Stiftungen etwa vorhandene Pflichtteilsrechte von Angehörigen oder Güterstandsausgleichsansprüche von Ehegatten berühren. Es ist festzustellen ob, bzw. unter welchen Bedingungen, von einem Einverständnis der Betroffenen mit den geplanten Vermögensverfügungen zu Gunsten einer Stiftung ausgegangen werden kann. Das Ergebnis einer solchen Risikobestandsaufnahme kann 33 ebenfalls Auswirkungen auf die Auswahl eines Standortes für eine privat- und/oder gemeinnützige Stiftung haben und Ansatzpunkte für die Ausgestaltung der Verpflichtungs- und Verfügungsgeschäfte der Vermögensübertragungen einschliesslich der Ausübung von etwa vorhandenen Rechtswahlmöglichkeiten für diese Geschäfte bieten.

B. Privatnützige Auslandsstiftungen

Der Stiftungszweck einer privatnützigen Auslands-Familienstiftung in Österreich oder Liechtenstein könnte etwa – in Anlehnung an entsprechende Satzungsgestaltungen privatnütziger Stiftungen in Deutschland – wie folgt lauten: 34

«Stiftungszweck ist die Förderung und Unterstützung des Stifters, seiner Ehefrau und seiner Abkömmlinge als Begünstigte sowie Erhalt des Vermögens für einen möglichst langen Zeitraum zum Wohle der Begünstigten (Familienstiftung).

Die Stiftung verfolgt ihre Zwecke insbesondere durch
a. die großzügige Unterstützung und Versorgung der Destinatäre entsprechend ihren Anlagen und Neigungen und die großzügige Absicherung des Lebensunterhaltes, des Lebenswandels und des Lebensabends der Destinatäre
b. die Förderung von Berufsausbildung, Studium, und beruflicher Existenzgründung der Destinatäre
c. Unterstützung dieser Personen bei Notlagen oder Bedürftigkeit
d. Finanzielle Unterstützung dieser Personen bei Eheschließung und Geburt
e. Die Förderung des Zusammengehörigkeitsgefühls und des Familiensinns der Destinatäre durch Familientage und Familienreisen

Es existiert kein Rangverhältnis zwischen den genannten Möglichkeiten der Zweckverwirklichung.«

Die Einflussnahmemöglichkeiten des Stifters und seiner Familie auf die Auslandsstiftung werden durch die Definitionsmöglichkeit der Stiftungssatzung einschließlich des Stiftungszwecks (s. o.) und die Einsitznahme des Stifters bzw. von Familienmitgliedern in ein Kontrollorgan der Stiftung gewährleistet. Das Kontrollorgan überwacht den laufenden Betrieb und die satzungsgemäße Zweckverfolgung der Stiftung ähnlich dem Kontrollorgan einer deutschen Stiftung oder dem Aufsichtsrat einer deutschen Aktiengesellschaft, trifft jedoch keine operativen Geschäftsführungsentscheide. 35

I. Stiftungsrecht

Sollen privatnützige Stiftungen im Zusammenhang mit Unternehmens- und Vermögensnachfolgeszenarien genutzt werden, ist neben der grundsätzlichen Bereitschaft des oder der heutigen Vermögensinhaber, sich *hinsichtlich des Eigentums* von den für die Vermögensnachfolge vorgesehenen Vermögenswerten nachhaltig und unwiderruflich zu trennen, auch eine Prüfung erforderlich, welche konkreten Einflussnahmemöglichkeiten für den Stifter nach dem Zeitpunkt der Stiftungserrichtung zur Etablierung einer langfristig erfolgreichen Vermögens- und Unternehmensnachfolge sinnvoll sind. Die individuelle Bearbeitung dieser Frage ist insbesondere dann erforderlich, wenn – wie vorliegend – mit Hilfe einer Stiftungslösung die familienexterne Nachfolge für ein Unternehmen angestrebt wird, das bislang unter dem beherrschenden strategischen und operativen Einfluss des potentiellen Stifters und seiner Familie stand und dass unter dem Dach der Stiftung wirtschaftlich erfolgreich fortgeführt werden soll. Die persönlichen Kenntnisse und Fertigkeiten des Unternehmers dürften im Regelfalle für 36 eine erfolgreiche Stiftungsarbeit in den ersten Jahren nach der Errichtung sehr wertvoll, meist gar unverzichtbar sein. Die zu wählende Rechtsordnung muss die notwendigen Instrumente hierfür bereitstellen können.

37 In allen Rechtsordnungen ist es – in unterschiedlichem Umfang – durchaus möglich, dass der Stifter und z. T. seine Angehörigen auch nach Errichtung der Stiftung auf das Geschehen innerhalb der Stiftung inhaltlich Einfluss nehmen, zumindest solange der Stiftungszweck nicht verändert wird.

38 Im Falle unternehmensverbundener Stiftungen kann die verfügbare Weite des Spektrums rechtlicher Einflussnahmemöglichkeiten des ehemaligen Eigentümers durchaus entscheidend dafür sein, dass ein Stifter eine Stiftungslösung überhaupt wählt und in der Folge ein reibungsloser, auch vom ehemaligen Vermögensinhaber mitgetragener Unternehmensnachfolgeprozess in Deutschland gewährleistet werden kann. Die häufig empirisch beobachteten Primärziele von Stiftern bei der Errichtung unternehmensverbundener Stiftungen, etwa »Unternehmenskontinuität«, »Vorbeugung der Zersplitterung«, »Abwendung von Unsicherheiten bezüglich der Nachfolge« und »Führungskontinuität« (*Fleschutz* 2008) liefern Hinweise auf die hohe praktische Bedeutung hinreichender Stiftereinflussnahmemöglichkeiten auf den Stiftungserfolg nach der Errichtung, z. B. im Bereich der Erhaltung von Arbeitsplätzen. Die diesbezüglichen Vorstellungen des Stifters zu seinen Einflussnahmemöglichkeiten sind zu einem frühen Zeitpunkt qualitativ präzise zu dokumentieren, um die spätere Auswahl einer geeigneten Rechtsordnung und eine der Komplexität eines Unternehmensnachfolgeprozesses gerecht werdende Ausgestaltung der Foundation Governance zu ermöglichen.

39 Eckwerte der Foundation Governance Regeln in den verschiedenen Jurisdiktionen lassen sich der nachfolgenden Tabelle 2 entnehmen.

	Deutschland	**Österreich**	**Liechtenstein**
Gesetzlich geregelte Stiftungsdokumente (Urheber)	Einstufig: 1. Stiftungssatzung (Stifter)	Zweistufig: 1. Stiftungsurkunde (Stifter), 2. Stiftungszusatzurkunde (Stifter)	Dreistufig: 1. Stiftungsurkunde (Stifter); 2. Stiftungszusatzurkunde (Stifter), 3. Reglemente (Stifter, St.-rat)
Publizität	Landesstiftungsverzeichnis: Inhalte bundeslandspezifisch unterschiedlich; erweiterte Publizität bei »großen« Stiftungen gem. dPublG bzw. dKapCoRiLiG	Firmenbuch: Inhalte der Stiftungsurkunde, Zusatzurkunde/n müssen bei Finanzbehörden hinterlegt werden.	(Nicht öffentlich einsehbare) Hinterlegung der Gründungsanzeige; freiwillig: Eintrag ins Öffentlichkeitsregister
Aufsicht	Genehmigung und z. T. auch laufende Rechtsaufsicht und	Eingeschränkte Aufsicht durch das Gericht (§ 40 öPSG)	Freiwillige Unterstellung unter die (laufende) Aufsicht durch die

	Deutschland	Österreich	Liechtenstein
	Prüfung durch die zuständige Landesstiftungsbehörde; in Bayern keine lfd. Aufsicht für privatn. St.		Stiftungsaufsichtsbehörde (in Stiftungsurkunde zu regeln)
Laufendes Stiftungsmanagement			
Rechnungslegung und -prüfung	Stiftungsprüfung grundsätzlich durch die Stiftungsaufsicht; auch durch Wirtschaftsprüfer, vereidigte Buchprüfer möglich	Buchführung, Jahresabschluss mit Lagebericht; obligatorischer Stiftungsprüfer	Eingeschränkte Rechnungslegung; keine gesetzlichen Anforderungen zur Revisionsstelle; privatautonome Regelung
Obligatorisches Aufsichtsorgan	Landesstiftungsaufsicht	Aufsichtsrat (bei mehr als 300 Mitarbeitern)	—
Autorisierung von Stiftungsorganen zur späteren Änderung von Stiftungsdokumenten	Möglich, i. d. R. genehmigungspflichtig durch die Stiftungsaufsicht; Änderung löst ggf. ErbSt aus	Nicht möglich; aber eingeschränktes Änderungsrecht des Stiftungsvorstandes	Mit Ausnahme des Stiftungszwecks durch entsprechenden Vorbehalt in der Stiftungssatzung möglich
Rolle der Begünstigten			
Minimale gesetzlich vorgesehene Informationsberechtigung von Begünstigten (Voraussetzungen)	Keinerlei gesetzliche Informationsrecht	Umfassend: Stiftungsurkunde, Zusatzurkunde, Jahresabschlüsse, Bücher	Keine (bei Unterstellung unter Stiftungsaufsicht oder bei Widerruflichkeit der Stiftung durch den Stifter)
Maximale Informationsberechtigung (Voraussetzungen)	Privatautonom regelbar	Ausweitung der Informationsbefugnis durch Anordnung in Stiftungsdokumenten möglich	Vollständige Einsicht, faktische Kontrollrechte (bei Fehlen einer Kontrollstelle)
Mitwirkung von Begünstigten in Stiftungsorganen	Mitwirkung in allen Stiftungsorganen grundsätzlich möglich	Nicht im Stiftungsvorstand aber in Beirat möglich	Mitwirkung in allen Stiftungsorganen grundsätzlich möglich

Tabelle 2: Stiftungszivilrecht: Foundation Governance

40 In allen drei Rechtsordnungen ist es möglich und für die zivil- und steuerrechtliche grenzüberschreitende »Anerkennung« der Stiftung in Deutschland wohl auch unschädlich, den häufig von Unternehmern geäusserten Wunsch, zumindest bis zu einem gewissen Grade auf das Geschehen in der Stiftung auch nach der Errichtung Einfluss nehmen zu können, nachzukommen. Dies kann insbesondere durch Einsitznahme des Stifters oder seiner Angehörigen in *Aufsichtsorgane* der Stiftung geschehen.

41 In Liechtenstein besteht eine höhere Flexibilität als in Österreich oder in Deutschland, die rechtlichen Rahmenbedingungen während der Laufzeit der Stiftung privatautonom veränderten Rahmenbedingungen anzupassen. Dies kann dort über in der Stiftungssatzung wohldefinierte (!) Änderungsvorbehalte und Einflussnahmerechte des Aufsichtsorgans geschehen, die eine weitere Feinjustierung der Foundation Governance unter Mitwirkung des Stifters nach Errichtung der Stiftung durch behutsame Fortentwicklung auch der Stiftungsdokumente ermöglicht, soweit der »Kern« der Stiftung, der Stiftungszweck und die Vermögensverselbständigung, hierdurch nicht berührt wird. Die bei unternehmensverbundenen Stiftungen gerade in den ersten Jahren nach der Errichtung erfolgskritische Flexibilität, privatautonome Anpassungen vorzunehmen, um etwa Fehlentwicklungen entgegenzuwirken, Fehleinschätzungen zu korrigieren, neue Ideen zu integrieren, die Stiftungsorganisation zu optimieren, geeignete Leitungspersonen auszuwählen und einzuarbeiten, das Bild der Stiftung in der Öffentlichkeit zu prägen und auf Änderungen im gesellschaftlichen, politischen und wirtschaftlichen Umfeld der Stiftung zu reagieren (*Schiffer & Pruns 2011*) ist hier besonders ausgeprägt.

42 Die Einsitznahme des Stifters in derartig mit geeigneten Kompetenzen ausgestattete Aufsichtsorgane ermöglicht es zudem, einerseits den steuerlich in Deutschland gebotenen Nachweis der Verselbständigung des Stiftungsvermögens zu führen und andererseits gleichzeitig die Begründung einer unbeschränkten Körperschaftssteuerpflicht der Stiftung in Deutschland, wie sie bei Einsitznahme in ein operatives Leitungsorgan der Stiftung in Betracht käme, abzuwenden.

II. Steuerrecht

43 Zunächst kann die generelle Aussage getroffen werden, dass die laufende Steuerlast bei privatnützigen Stiftungen – unabhängig vom Stiftungsstandort – insgesamt niedriger liegt als die laufende Besteuerung von Vermögenswerten, die im unmittelbaren Eigentum steuerpflichtiger natürlicher Personen stehen. Dies liegt zum einen an dem allgemein niedrigeren Niveau der Steuern der Körperschaften gegenüber den Einkommen- bzw. Erwerbsteuern natürlicher Personen in allen drei Ländern. Zum anderen bestehen auf der Ebene der Stiftung als Körperschaft regelmäßig umfangreiche Möglichkeiten zur steuerfreien Realisierung von Dividenden und Veräußerungsgewinnen aus Anteilsbesitz, über die natürliche Personen nicht verfügen.

44 Die nachfolgende Tabelle 3 gestattet einen überblicksartigen steuerrechtlichen Vergleich der drei Stiftungsjurisdiktionen.

	Deutschland	Österreich	Liechtenstein
Ertragssteuerrecht (Eckwerte)	Körperschaftsteuer; Regelsatz 15 %; ggf. Gewerbesteuer bei wGB	Körperschaftsteuer; Regelsatz 25 % mit Besonderheiten für Privatstiftungen	Ertragsteuer; Regelsatz 12,5 %; Eigenkapitalzinsabzug i. H. v. dzt. 4 %
Erbschaftssteuer	**Bis zu 30 % Erbersatzsteuer alle 30 Jahre *; drohende Erbschaftsteuer bei Satzungsänderungen**	–	–
DBA-Abkommensnetz	Ausgebaut, ca. 90 Abkommen	Ausgebaut, ca. 80 Abkommen	Im Aufbau, derzeit DBA mit Luxemburg (OECD-Standard), Deutschland (seit 2013 in Kraft), UK und einigen Kleinstaaten
Gruppenbesteuerungsregime	Nur nationale Organschaft möglich	Einstufig internationales Gruppenbesteuerungsregime	Mehrstufig internationales Gruppenbesteuerungsregime

Tabelle 3: Stiftungssteuerrecht: Eckwerte

Ein herausstechendes steuerrechtliches Merkmal der Auslandsstiftungen besteht zunächst darin, dass privatnützige Auslands-Familienstiftungen in der hier vorgeschlagenen Ausgestaltung nicht der deutschen Erbersatzsteuer unterliegen. Vermögenswerte, die sich auf der Ebene der privatnützigen Auslandsstiftung thesaurieren (z. B. Wertsteigerungen von Unternehmensbeteiligungen und Immobilien, aber auch nicht als Stiftungsleistungen ausgeschüttete Cashflows dieser Investments wie z. B. Unternehmensgewinne oder Überschüsse von Mieteinnahmen über Werbungskosten) sind dem erbschaftsteuerlich relevanten Substrat der Bundesrepublik Deutschland endgültig entzogen. 45

In Bezug auf die laufenden steuerlichen Rahmenbedingungen für Beteiligungsträgerstiftungen haben die Stiftungsstandorte Deutschland und Österreich den Vorteil, bereits über ein dichtes bestehendes Netz an bestehenden Doppelbesteuerungsabkommen zu verfügen, was in Liechtenstein noch nicht der Fall ist. Liechtenstein besitzt dafür gegenüber den beiden anderen Standortalternativen ein aus wirtschaftlicher Perspektive besonders attraktives, zudem europarechtskonform ausgestaltetes nationales Steuerrechtssystem mit niedrigen Steuersätzen und großzügigen allgemeinen Freistellungen hinsichtlich der Besteuerung von Auslandssachverhalten (aus liechtensteinischer Perspektive). 46

In der Konstellation, dass das primäre Stiftungsvermögen aus Anteilen an deutschen Personen- oder Kapitalgesellschaften besteht, ist das (noch) nicht sehr dichte DBA-Netz von Liechtenstein aber nicht entscheidend, denn hier spielen lediglich die bilate- 47 ralen steuerlichen Beziehungen zwischen dem Stiftungsstandort einerseits und dem Unternehmensstandort andererseits sowie die nationalstaatlichen Rahmenbedingungen an diesen beiden Standorten eine Rolle. Dem neuen Doppelbesteuerungsabkommen zwischen Deutschland und Liechtenstein kommt deswegen eine besondere Bedeutung zu, da es diese bilateralen Beziehungen, für Anteile an deutschen Unternehmen besitzende, privatnützige liechtensteinische Stiftungen vorteilhaft regelt.

48 Das DBA mit Deutschland ist noch neu, aufgrund seines Inkrafttretens am 1.1.2013 gibt es bis dato noch kaum Einsatzerfahrungen. Es ist jedoch bei unternehmensverbundenen Stiftungen stets darauf zu achten, dass die liechtensteinische Stiftung der ordentlichen Ertragsbesteuerung und nicht etwa dem liechtensteinischen Besteuerungsregime der PVS (Privatvermögensstrukturen) unterliegt, damit die wesentlichen Vorteile des neuen Abkommens auch genutzt werden können.

49 Werden unternehmensverbundene Stiftungen in Österreich oder Liechtenstein von vornherein auf steuerlich intransparente Weise gegründet – behält sich der Stifter also insbesondere keine »starken« Widerrufs- und Satzungsänderungsrechte vor – so gehen die Missbrauchsvermeidungsvorschriften (§ 50d Abs. 3dEStG, bzw. Art. 31 i. V. m. den Protokollbestimmungen 11–13 des DBA DE-FL) aufgrund der tatsächlich erfolgten Vermögensverselbständigung ins Leere. Die Nutzungsmöglichkeiten der Abkommensvorteile aus den anwendbaren DBA seitens österreichischer oder liechtensteinischer Stiftungen werden somit nicht blockiert. Gleiches gilt für liechtensteinische gesellschaftsrechtliche Alternativstrukturen wie Anstalten, Treuunternehmen und Trusts, sofern diese der »normalen« liechtensteinischen Ertragsbesteuerung für juristische Personen unterworfen sind. Diesen ist in Einzelfällen, z. B. bei zu begünstigenden Familienmitgliedern in anderen Rechtskreisen, etwa Common Law Ländern wie den USA oder UK, oder auch beim Vorhandensein von substanziellem Stiftungsvermögen in diesen Rechtskreisen, der Vorzug vor kontinentaleuropäisch geprägten Stiftungslösungen zu geben, die in diesen Zielländern weitgehend unbekannt sein können.

Transfersteuern

50 Der Vermögensübertrag von einem deutschen Stifter auf eine privatnützige Stiftung ist in Deutschland schenkungsteuerpflichtig (vgl. Tabelle 4). In diesem Bereich besteht derzeit noch eine steuerrechtliche Diskriminierung von Auslandsstiftungen in Österreich und Liechtenstein dahingehend, dass das sog. Schenkungsteuer-Klassenprivileg des § 15 Abs. 2dErbStG bei Widmungen an ausländische Familienstiftungen nicht gewährt wird. Dies führt wirtschaftlich dazu, dass Vermögensübertragungen an Auslandsfamilienstiftungen stets und anders als bei deutschen Familienstiftungen der ungünstigsten Schenkungsteuerklasse 3 für Nichtverwandte zugeordnet werden. Dieser klare Verstoss gegen europäisches Primärrecht im EU- (Österreich) bzw. EWR-Raum (Liechtenstein) ist zwar abzulehnen, stellt aber dann keine unüberwindliche Hürde für einen deutschen Rechtsanwender dar, wenn – wie vorliegend bei der Widmung von Betriebsvermögen möglich – *vor* der Anwendung des ungünstigen Tarifs die schenkungsteuerliche Bemessungsgrundlage durch Nutzung der Bewertungsabschläge und nachfolgende Erfüllung der damit verbundenen Auflagen um 85 % bzw. sogar 100 % redu-

ziert werden kann. Eine andere Strategie, der noch bestehenden europarechtswidrigen Diskriminierung von Auslandsstiftungen zu begegnen, kann darin bestehen, ledig ein überschaubares Stiftungsvermögen zu widmen und die Finanzierung von Investmentobjekten der Stiftung über Fremdkapitalinstrumente zu gewährleisten.

	Deutschland	**Österreich**	**Liechtenstein**
Schenkungsteuersatz	Max. 30–50 %	50 %	50 %
Bewertungsprivilegien	85 %, 100 % für Betriebsvermögen	85 %, 100 % für Betriebsvermögen	85 %, 100 % für Betriebsvermögen
Aufdeckung einkommen-steuerl. stiller Reserven	Vermeidbar	Vermeidbar (S. nächste Folie)	Vermeidbar (S. nächste Folie)
Stiftungseingangssteuer/Widmungsteuer		2,5 % Stiftungseingangsteuer; keine Stiftungseingangssteuer bei ausl. Liegenschaften	– (Widmungssteuer nur für FL-Vermögen)

Tabelle 4: Stiftungssteuerrecht: Besteuerung bei Widmung

Im Bereich der Vermögenstransfersteuern erhebt Österreich als Stiftungsstandort für Privatstiftungen deutscher Stifter eine Stiftungseingangssteuer i. H. v. 2,5 % des gestifteten Vermögens. Da Liechtenstein – im Gegensatz zu Österreich – nach dem neuen Steuergesetz ausser einer meist vernachlässigbaren Gründungsabgabe keine Transfersteuer für Widmungen nicht-liechtensteinischer Vermögen erhebt, ist Österreich als »klassischer« Auslandsstiftungsstandort für deutsche Stifter auch aus dieser Perspektive Konkurrenz erwachsen. 51

Laufende Besteuerung

Die Eckwerte der laufenden Besteuerung von verschiedenen Vermögensarten, die im Eigentum alternativ einer deutschen, einer österreichischen oder einer liechtensteinischen Stiftung stehen, lassen sich der nachfolgenden Tabelle 5, für die Besteuerung von Anteilsbesitz an deutschen Unternehmen, entnehmen. 52

	Deutsche (privatnützige) Stiftung	**Österreichische Privatstiftung**	**Liechtensteinische Stiftung**
Anteile an deutscher KapGes >25 %:			
Dividenden	Eff. 0,79 % (KSt auf 5 % naBA)	5 % (lt. DBA DE-AT)	0 % (lt. DBA DE-FL, bei Abkommensberechtigung der St.)
Anteile KapGes >25 %:	Eff. 0,79 % (KSt auf 5 % naBA)	25 % KSt (Zwischensteuer mit Übertra-	

	Deutsche (privatnützige) Stiftung	**Österreichische Privatstiftung**	**Liechtensteinische Stiftung**
Veräußerungsgewinne		gungsmöglichkeit stiller Res.)	**0 %** (lt. DBA DE-FL, bei Abkommensberechtigung der St.)
Anteile an deutscher PersG/Betriebsstätte:			
Lfd. Gewinne	15 % deutsche Körperschaftsteuer, ggf. zzgl. Gewerbesteuer bis zu 19 %	15 % deutsche Körperschaftsteuer, ggf. zzgl. Gewerbesteuer bis zu 19 %	15 % deutsche Körperschaftsteuer, ggf. zzgl. Gewerbesteuer bis zu 19 %
PersG/Betriebsstätte: Realisierte Wertgewinnen der Beteiligung nach Widmung	15 % deutsche Körperschaftsteuer, ggf. zzgl. Gewerbesteuer bis zu 19 %	**25 % österreichische KSt, auf die 15 % deutsche Körperschaftsteuer angerechnet wird, ggf. zzgl. Gewerbe-steuer bis zu 19 %**	15 % deutsche Körperschaftsteuer, ggf. zzgl. Gewerbesteuer bis zu 19 %

Tabelle 5: Lfd. Besteuerung von Anteilen an deutschen Unternehmen

53 Die nachfolgende Tabelle 6 zeigt die laufende Besteuerung von deutschen, österreichischen und liechtensteinischen Stiftungen, deren Stiftungsvermögen aus deutschem Immobilienbesitz und liquiden Vermögensanlagen besteht.

	Deutsche (privatnützige) Stiftung	**Österreichische Privatstiftung**	**Liechtensteinische Stiftung**
Deutsche Immobilien			
Besteuerung der Miet- und Pachterträge	15 % deutsche Körperschaftsteuer	15 % deutsche Körperschaftsteuer	15 % deutsche Körperschaftsteuer
Realisierte Wertgewinnen der Immobilie nach Widmung	15 % deutsche Körperschaftsteuer; außerhalb einer Haltefrist von 10 Jahren steuerfrei	15 % deutsche Körperschaftsteuer; außerhalb einer Haltefrist von 10 Jahren steuerfrei	15 % deutsche Körperschaftsteuer; außerhalb einer Haltefrist von 10 Jahren steuerfrei
Liquides Vermögen			
Besteuerung erhaltener Dividenden von Portfoliobeteiligungen (< 10 %)	15 % KSt zzgl. durch anwendbare DBA reduzierte Quellensteuer von i. d. R. 15 % im Quellenstaat	0 %, zzgl. durch anwendbare DBA reduzierte Quellensteuer von i. d. R. 15 % im Quellenstaat	0 %, zzgl. Quellensteuern von i. d. R. 15 %-35 % im Quellenstaat, derzeit noch wenige DBA

	Deutsche (privatnützige) Stiftung	Österreichische Privatstiftung	Liechtensteinische Stiftung
Besteuerung von Veräußerungsgewinnen bei Portfoliobeteiligungen	Eff. 0,79 % (KSt auf 5 % naBA)	0 % außerhalb der Spe-kulationsfrist von einem Jahr, sonst 25 %	0 %
Besteuerung erhaltender Zinsen	15 % KSt	25 % Zwischensteuer	12,5 % auf Zinsen (soweit sie den EK-Zinsabzug von 4 % p. a. übersteigen)

Tabelle 6: Lfd. Besteuerung dt. Immobilien und liquiden Vermögens

Privatnützige Auslandsstiftungen in Österreich und Liechtenstein zeigen damit im Vergleich mit einer deutschen Stiftung folgende steuerliche Vorteile im Bereich der laufenden Besteuerung: 54

- Wegfall der deutschen Körperschaftsteuerbelastung von Dividenden aus Portfoliobeteiligungen
- Wegfall des pauschalierten 5 % Abzuges nichtabzugsfähiger Betriebsausgaben bei Veräußerungserlösen und Inlandsdividenden (sofern nicht die Veräußerung von Vermögenswerten im Rahmen einer deutschen Betriebstättenbesteuerung erfolgt)
- Vermeidung der deutschen Erbersatzsteuer

Mit Hilfe liechtensteinischer Stiftungen können zudem folgende zusätzliche Vorteile gegenüber einer österreichischen Privatstiftung realisiert werden: 55

- Möglichkeit der vollständigen Eliminierung der deutschen Quellensteuerbelastung von Dividenden deutscher Kapitalgesellschaften an liechtensteinische Stiftungen unter dem neuen DBA DE-FL; die entsprechende Regelung im DBA D-AT sieht dagegen eine in Deutschland verbleibende Quellensteuerbelastung von 5 % vor.
- Vollständige unilaterale Freistellung von Erträgen und Veräußerungserlösen aus Auslandsbeteiligungen und -betriebsstätten von der Besteuerung in Liechtenstein
- Niedrigeres laufendes Ertragssteuerniveau für juristische Personen von 12,5 % in Liechtenstein; Nutzungsmöglichkeit des lokalen Eigenkapitalzinsabzuges; dieser Vorteil wirkt tendenziell umso gewichtiger, je niedriger der fremdfinanzierte Anteil innerhalb des Stiftungsvermögens ist (»Leverage«)
- Keine beschränkte Steuerpflicht der Stiftungsbegünstigten in Liechtenstein; daher Verzicht auf die Einbehaltung von Quellensteuern auf Stiftungsleistungen an Begünstigte; allerdings greift die »EU-Zinsbesteuerung« von 35 %, die im Rahmen der Veranlagung des Begünstigten jedoch vollständig zurückerstattet wird.
- Keine Besteuerung der in der Stiftung aufgelaufenen stillen Reserven nicht liechtensteinischer Vermögenswerte bei einer etwaigen späteren Rechtsformumwandlung, Auflösung oder auch der Sitzverlegung von Liechtenstein in ein Drittland

56 Innerhalb der drei Stiftungsjurisdiktionen ist eine recht klare Rangfolge beim laufenden Besteuerungsniveau auszumachen: Deutschland ist zwar aufgrund des niedrigeren Körperschaftsteuerniveaus (15 %) in der laufenden Besteuerung in aller Regel etwas günstiger als Österreich (25 %), allerdings wirkt die nur in Deutschland erhobene Erbersatzsteuer als Substanzsteuer, die die Rangfolge der Besteuerungsniveaus zwischen Deutschland und Österreich bei Stiftungen mit hohem Vermögenssubstrat umkehrt. Würde in Deutschland künftig eine Vermögenssteuer erhoben, käme diese vermutlich als laufende Substanzsteuer hinzu. Liechtenstein setzt sich unter wirtschaftlichen Gesichtspunkten recht klar vorteilhaft von den beiden Alternativen ab: Erträge und Veräußerungserlöse ausländischer Kapitalbeteiligungen und Mitunternehmeranteile werden von der Besteuerung vollständig freigestellt; Zinserträge werden nur gering (12,5 %), wenn überhaupt (Eigenkapitalzinsabzug), besteuert.

Besteuerung von Begünstigten

57 Hinsichtlich der steuerlichen Belastungen für Begünstigte, die Leistungen von deutschen, österreichischen oder liechtensteinischen Stiftungen beziehen, ergeben sich kaum Unterschiede. Im Ergebnis läuft es in allen drei Fällen auf das deutsche Belastungsniveau heraus; das Besteuerungssubstrat kommt im Falle von deutschen und liechtensteinischen Stiftungen allein Deutschland zu Gute, im Falle einer österreichischen Stiftung wird es zwischen Deutschland und Österreich aufgeteilt.

III. Asset Protection

58 Es wird hier die Perspektive einer Person mit Wohnsitz in Deutschland eingenommen, die insbesondere deutsche unternehmerische Beteiligungen im Privatvermögen hält und die primär die Organisation einer familienexternen Vermögensnachfolge mit Hilfe einer unternehmensverbundenen Stiftung erwägt, da diese auch Aussicht auf Schutz vor bestimmten unternehmerischer Haftungsrisiken bieten kann. Zudem kann mit Hilfe einer Stiftung längerfristig unerwünschten, weil für den Bestandserhalt des Familienvermögens potentiell schädlichen, pflichtteilsrechtlichen und güterstandsrechtlichen Ansprüche begegnet werden, wie die nachfolgende Tabelle 7 zeigt.

	Deutsche (privatnützige) Stiftung	**Österreichische Privatstiftung**	**Liechtensteinische Stiftung**
Asset Protection			
Anfechtbarkeit einer Zuwidmung bei wirksamer Rechtswahl	4 Jahre Schenkungsanfechtung (§ 4 dAnfG)	2 Jahre Schenkungsanfechtung (§ 19 dAnfG i. V. m. § 3 Z. 1 öAnfG)	1 Jahr Schenkungsanfechtung (§ 19 dAnfG i. V. m. Art. 552 § 38 Abs. 1 flPGR i. V. m. Art. 65 Abs. 1 lit a flRSO
Vollstreckbarkeit deutscher Urteile	gegeben	Gegeben über EuGVVO	Nicht gegeben, ggf. Rechtsöffnungsverfahren

	Deutsche (privatnützige) Stiftung	Österreichische Privatstiftung	Liechtensteinische Stiftung
Pflichtteilsrecht			
Pflichtteilsrechte bei dt. Erblasser	50 % des ges. Erbteils	50 % des ges. Erbteils	50 % des ges. Erbteils
Pflichtteilsanrechnungsfrist unentgeltlicher Verfügungen im Wohnsitzland des Erblassers	10 Jahre (Abschmelzungsmodell)	10 Jahre (Abschmelzungsmodell)	10 Jahre (Abschmelzungsmodell)
Pflichtteilsanrechnungsfrist unentgeltlicher Verfügungen nach IPR des Stiftungslandes	10 Jahre (Abschmelzungsmodell)	10 Jahre (Abschmelzungsmodell)	2 Jahre wg. kürzerer Frist in Liechtenstein (aber Vorsicht: Vermögensgerichtsstand in D)

Tabelle 7: Asset Protection/Vermögensnachfolge

Hinsichtlich des Schutzes des Privatvermögens vor primär geschäftlichen Risiken 59 durch unentgeltliche Übertragung von (insbesondere mobilen) Vermögenswerten auf Stiftungen betreffen die Unterschiede der verschiedenen Stiftungsstandorte im Wesentlichen die Zeiträume, innerhalb derer Stiftungsgeschäfte von Gläubigern des Stifters noch angefochten werden können. Die im Rahmen von Einzelzwangsvollstreckungen und in Insolvenzsituationen maßgebliche Schenkungsanfechtungsfrist beträgt in Deutschland 4 Jahre, in Österreich 2 Jahre und in Liechtenstein 1 Jahr. Zudem sind in Liechtenstein Vermögensverfügungen zur Versorgung der Familie in angemessenem Umfang vollständig, mithin ohne Anfechtungsfristen, von der Anfechtung ausgeschlossen.

Auch die Erfolgsaussichten einer späteren Anfechtung von Vermögensverfügungen hin- 60 sichtlich derjenigen Vermögenswerte, die der Stiftung durch Nachstiftung gewidmet wurden, können durch eine zulässige und vor dem Hintergrund der intendierten Asset Protection geeignete Rechtswahl beim Nachstiftungs-/Schenkungsgeschäft reduziert werden; somit kann hier also unter bestimmten Voraussetzungen eine Fristverkürzung oder Anfechtungsfestigkeit im oben beschriebenen Umfang ebenfalls erreicht werden. Ansprüche gegen liechtensteinische Stiftungen müssten in Liechtenstein vor Gericht getragen werden, da Liechtenstein Urteile aus Deutschland nur äußerst eingeschränkt anerkennt und diese nicht vollstreckt. Bei der Anfechtung verbleibt als Möglichkeit allerdings der Zugriff über einen Vermögensgerichtsstand, sofern die Stiftung Vermögenswerte in Deutschland, einem EU-Land oder Drittland unterhält, das – wie z. B. die Schweiz – dem Lugano Abkommen beigetreten ist.

Im Bereich des Schutzes vor familienrechtlichen Ansprüchen können Pflichtteilsergän- 61 zungsansprüche aufgrund des originären Stiftungsgeschäftes und Nachwidmungen des Stifters gegen deutsche und österreichische Stiftungen noch innerhalb von 10 Jahren nach dem Verfügungsdatum zugunsten der Stiftung, wenn auch in jährlich abschmelzendem Umfang, durchgesetzt werden. Die Fristen, innerhalb derer Pflichtteilsergänzungsansprüche im Hinblick auf gewidmete Vermögenswerte durchsetzbar sind, können auch hier ggf. durch eine geeignete Rechtswahl reduziert werden. So lässt sich durch den Einsatz liechtensteinischer Stiftungen, nicht aber mit österreichischen Stiftungen, aufgrund der international-privatrechtlichen Konstellationen und mit Hilfe einer zulässigen Rechtswahl zugunsten des liechtensteinischen Rechts im Ergebnis die pflichtteilsrelevante Frist von 10 Jahren (Deutschland) auf die in Liechtenstein relevante Frist von 2 Jahren verkürzen.

62 Im Bereich möglicher Zugewinnausgleichsansprüche bei Ehescheidungen ist zu beachten, dass nach deutschem Recht noch innerhalb einer Frist von 10 Jahren unentgeltliche Verfügungen eines deutschen Stifters zugunsten einer Stiftung ungeschmälert Berücksichtigung bei der Ermittlung der Höhe des Zugewinnausgleichsanspruchs (beim gesetzlichen Güterstand der Zugewinngemeinschaft) finden, es sei denn, der scheidende Ehegatte hatte der Verfügung zugestimmt. Allerdings sind nach deutschem Recht derartige Ausgleichsansprüche gegenüber der Stiftung nur dann durchsetzbar, wenn die betreffende Vermögenswidmung unter dem Vorsatz erfolgt ist, etwaige spätere Zugewinnausgleichsansprüche zu verkürzen, was selten nachweisbar sein dürfte. Da sowohl das österreichische als auch das liechtensteinische internationale Privatrecht in Fragen des Güterstandes auf deutsches materielles Recht verweisen, wird die Rechtslage grundsätzlich auch von Gerichten in Österreich (bei österreichischen Stiftungen) und in Liechtenstein (bei liechtensteinischen Stiftungen) wie in Deutschland beurteilt. Insbesondere in Liechtenstein ist aber dennoch fraglich, ob etwaige Ausgleichsansprüche auch gegen die bereicherte liechtensteinische Stiftung durchsetzbar sind.

63 Es zeigt sich, dass im Bereich in die Zukunft gerichteter Asset Protection Szenarien, also der Anfechtung unentgeltlicher Vermögensverfügungen zu Gunsten einer Stiftung bei Eintritt unternehmerischer Haftungsrisiken und bei Anrechnung/Anfechtung unentgeltlicher Vermögensübertragungen im Zusammenhang von Pflichtteilsergänzungsansprüchen und güterstandsrechtlichen Zugewinnausgleichsansprüchen die Verwendung einer Privatstiftung in Österreich oder Liechtenstein aus Sicht des Stifters Vorteile gegenüber einer deutschen Lösung insbesondere im Bereich möglicher Fristverkürzungen für die Anfechtbarkeit bzw. Anrechenbarkeit von Vermögensdispositionen bieten kann.

64 Das »Vermögensschutz-Niveau« ist bei dem originären, einseitigen Stiftungserrichtungsgeschäft höher als bei späteren Zu- und Nachstiftungen, da im Falle einer erfolgreichen Anfechtung bei ersterem der Bestand der Stiftung existenziell gefährdet wäre. Der Schutz des Rechtsverkehrs, also das Vertrauen auf die Bestandskraft der Stiftung als juristische Person, geniesst in allen drei Jurisdiktionen höhere Priorität als etwaige künftige Gläubigerinteressen des ursprünglichen Stifters. Bei Zu- und Nachstiftungen besteht hingegen »nur« eine Rückgabeverpflichtung der unentgeltlich übertragenen Vermögenswerte bzw. die Verpflichtung zur Leistung einer Ausgleichszahlung; der Fortbestand der Stiftung als Ganzes erscheint nicht gefährdet. Die Verpflichtung zur Rückführung von Vermögenssubstrat erscheint hier eher zumutbar.

Der Stiftungsstandort Liechtenstein bietet im Vergleich zum Stiftungsstandort Österreich meist ein höheres Vermögensschutz-Niveau, weil verschiedene relevante Anfechtungs- und Anrechnungsfristen zum Teil kürzer sind und weil Liechtenstein nicht in die innergemeinschaftlich harmonisierten grenzüberschreitenden Anerkennungs- und Vollstreckungsmechanismen für Gerichtsurteile eingebunden ist, sondern – im Gegenteil – im Verhältnis zu Deutschland die rechtlichen Voraussetzungen für eine Anerkennung deutscher Gerichtsurteile in Liechtenstein nicht existieren, soweit nicht steuerrechtliche Fragen betroffen sind. 65

Um die Vorteile der Erhöhung des Schutzniveaus von Auslandsstiftungen bestmöglich zu nutzen, bietet es sich aus der Perspektive des Stifters an, wo international-privatrechtlich zulässig, vorhandene Möglichkeiten zur Rechtswahl sowohl bei den Verpflichtungsgeschäften (Stiftungserrichtungsgeschäft, Schenkungen), als auch den Verfügungsgeschäften (tatsächliche Vermögensübertragungen) zu Gunsten der Rechtsordnungen des Stiftungsstandortes, also Österreichs oder Liechtensteins, auszuüben, weil bei einer geeigneten und wirksamen Rechtswahl die ggf. später massgeblichen Fristen, etwa für Schenkungsanfechtungen oder -anrechnungen, z. T. deutlich kürzer ausfallen oder sogar ganz entfallen. 66

C. Vermögens- und Unternehmensnachfolge mit gemeinnützigen Stiftungen

67 Gemeinnützige Stiftungen eignen sich aufgrund der stiftungsaufsichtsrechtlich bedingten Einschränkungen der Privatautonomie in der Foundation Governance grundsätzlich – wie oben ausgeführt – weniger für die Bewirtschaftung unternehmerisch geprägten Stiftungsvermögens mit umfassendem Beteiligungsbesitz als privatnützig ausgerichtete Stiftungen. Demgegenüber sind sie aus deutscher Sicht für die steuerfreie Übertragung und Bewirtschaftung von Immobilienbesitz und liquidem Vermögen prädestiniert.

68 Erscheinen die lokalen steuerrechtlichen Privilegien gemeinnütziger Stiftungen als verzichtbar, etwa weil vor Ort – wie in Liechtenstein – sowieso ein niedriges laufendes Besteuerungsniveau mit umfassenden steuerlichen Freistellungen von Auslandssachverhalten gegeben ist, ist allerdings zu überlegen, ob die etwa seitens des Stifters intendierten gemeinnützigen Zwecke nicht auch im Rechtskleid einer formal privatnützigen, also voll in Liechtenstein steuerpflichtigen Stiftung, die dann keinen lokalen aufsichtsrechtlichen Beschränkungen unterliegt, verfolgt werden können.

69 In Deutschland und Österreich fällt die zivilrechtliche und steuerrechtliche Gemeinnützigkeitsdefinition über die jeweilige Abgabenordnung zusammen. In Liechtenstein wird dagegen durchaus zwischen einer zivilrechtlichen und steuerrechtlichen Gemeinnützigkeit unterschieden, wie nachfolgende Tabelle 8 zeigt.

	Deutschland	**Österreich**	**Liechtenstein**
Formen der Gemeinnützigkeit	Zivilrechtl. GMN = Steuerrechtl. GMN	Zivilrechtl. GMN = Steuerrechtl. GMN	Zivilrechtl. GMN ≠ Steuerrechtl. GMN
	33 % Ertragsverwendung für privatnützige Zwecke unschädlich für Gemeinnützigkeitsstatus	Keine privatnützige Zweckverwendung zulässig	StR-GMN: keine privatn. Zweckverwendung zulässig Zivilrechtl.-GMN: bis <50 % privatnützige Zweckverwendung zulässig
Schenkungssteuerbefreiung der Widmung	Schenkungsteuerbefreiung unproblematisch	Bei gemeinnützigen AT-Stiftungen derzeit nicht gegeben	Bei gemeinnützigen FL-Stiftungen derzeit nicht gegeben Noch kein umfangreiches DBA-Netz, dadurch Nachteile im Asset Management (Quellensteuern)

Tabelle 8: Überblick: Gemeinnützigkeit in den drei Stiftungsstandorten

I. Stiftungsrecht

Im Wesentlichen gelten bei der Frage der Foundation Governance einer gemeinnützigen unternehmensverbundenen Stiftung ähnliche Rahmenbedingungen, wie sie oben bereits für privatnützige Stiftungen beschrieben wurden. Das wichtigste Unterscheidungsmerkmal zu privatnützigen Stiftungen in allen drei Jurisdiktionen besteht allerdings darin, dass (schon zivilrechtlich) gemeinnützige Stiftungen stets und zwingend der jeweiligen Stiftungsaufsicht unterliegen. 70

II. Steuerrecht

Im Falle von Vermögenstransfers auf die in- oder ausländische Stiftung sind Transfers von Immobilien und liquiden Vermögenswerte hinsichtlich der *Bewertung* zwar nicht privilegiert im Sinne des deutschen Erbschaftsteuergesetzes, bei einem in Deutschland anerkannten Gemeinnützigkeitsstatus der Stiftung kommt es aber gar nicht zu einer Erhebung der Steuer, da Vermögenstransfers auf *diese gemeinnützigen* Stiftungen schon dem Grunde nach befreit sind. Bei einer deutschen Stiftung ist die Rechtslage hier klar. Im Verhältnis zu Österreich und Liechtenstein bestehen jedoch leider auf deutscher Seite nach wie vor (europarechtswidrige) Hemmnisse, die häufig verhindern, eine inhaltlich gerechtfertigte Steuerbefreiung auch grenzüberschreitend tatsächlich in Anspruch nehmen zu können. 71

Eine in Deutschland steuerrechtlich anzuerkennende Gemeinnützigkeit von Stiftungen in Österreich und Liechtenstein ist grundsätzlich dann gegeben, wenn die österreichische bzw. liechtensteinische Stiftung die deutschen Gemeinnützigkeitskriterien erfüllt. Die bestehenden Regeln des nationalen deutschen Steuerrechts, die der Erzielung einer Schenkungsteuerbefreiung im grenzüberschreitenden Fall noch entgegenstehen, erschienen insofern befremdlich, als Deutschland die Prüfung der Einhaltung des deutschen Gemeinnützigkeitskataloges anhand der Satzungsbestimmungen prüfen kann und in beiden Ländern gemeinnützige Stiftungen zwingend einer lokalen Stiftungsaufsicht unterworfen sind, die laufend über die Einhaltung der Satzungsbestimmungen wacht. Zudem ist darauf hinzuweisen, dass die deutsche Liste auch steuerlich als gemeinnützig anzuerkennender Zwecke länger und umfassender ist als die der »konkurrierenden« Stiftungsstandorte Österreich und Liechtenstein. In international unüblicher und eher überraschender Weise ist es in Deutschland sogar möglich, bis zu einem Drittel der Stiftungserträge zur Versorgung der Stifterfamilie zu verwenden, ohne dass der steuerrechtliche Gemeinnützigkeitsstatus hierdurch gefährdet wäre. 72

Als zusätzliche Hürde ist auch die derzeit noch auf der administrativen Ebene bestehende Unklarheit zu verzeichnen, wie das (steuerliche) Anerkennungsprozedere einer ausländischen gemeinnützigen Stiftung in Deutschland umgesetzt werden soll. 73

Immerhin hat der EuGH inzwischen dafür gesorgt, dass Spendenabzüge unabhängig vom Stiftungsstandort unter sonst gleichen Bedingungen innerhalb der EU/EWR durch die Fisci zugelassen werden müssen; die hierfür erforderlichen Bedingungen erfüllt Österreich im Verhältnis zu Deutschland durch die bestehende EU-Amtshilfe- 74 richtlinie; Liechtenstein erfüllt diese im Verhältnis zu Deutschland mit Inkrafttreten des DBA zum 1.1.2013.

75 Alle drei Länder stellen jeweils lokal als gemeinnützig anerkannte Stiftungen großzügig von der nationalen Besteuerung frei.

76 Die Vermögenswertgattungen Immobilien und liquide Bankanlagen wie z. B. Wertpapierdepots im Privatbesitz sind bei deutschen Unternehmern typischerweise weltweit stark diversifiziert; werden diese auf gemeinnützige Stiftungen übertragen, besteht die Diversifikation auch unter dem neuen Eigentümer, der gemeinnützigen Stiftung, fort. Die Stiftungsstandorte Deutschland und Österreich haben in diesem Bereich steuerlich den Vorteil, dass sie – im Gegensatz zu Liechtenstein – bereits über ein umfassendes weltweites Netzwerk an Doppelbesteuerungsabkommen verfügen, das auch von gemeinnützigen Stiftungen trotz der weitgehenden lokalen Steuerbefreiungen genutzt werden kann.

III. Asset Protection

77 Hinsichtlich der Vermögensschutzwirkungen gemeinnütziger Stiftungen gelten grundsätzlich die gleichen Regeln, wie sie bereits oben für privatnützige Stiftungen beschrieben wurden, allerdings hat sich gezeigt, dass in Liechtenstein, z. T. auch in Österreich, die Anfechtungs- und Anrechnungsmöglichkeiten von Vermögensverfügungen zu Gunsten dort (zumindest zivilrechtlich) als gemeinnützig anzuerkennender Stiftungen gegenüber den Anfechtungs- und Anrechnungsmöglichkeiten von Verfügungen zu Gunsten privatnütziger Stiftungen noch weiter eingeschränkt werden können, wenn bei den Verpflichtungs- und Verfügungsgeschäften der unentgeltlichen Vermögensübertragungen entsprechende Rechtswahloptionen zu Gunsten liechtensteinischen Rechts ausgeübt werden.

78 Die im Aufbau der Tabelle 7 (privatnützige Stiftungen) entsprechende Tabelle 9 zeigt für (zumindest zivilrechtlich) gemeinnützige, und somit der Stiftungsaufsicht unterliegende Stiftungen folgende Eigenschaften:

	Deutsche (privatnützige) Stiftung	**Österreichische Privatstiftung**	**Liechtensteinische Stiftung (nach dem 1.1.2013)**
Asset Protection			
Anfechtbarkeit einer Zuwidmung bei wirksamer Rechtswahl	4 Jahre Schenkungsanfechtung (§ 4 dAnfG)	**Keine Anfechtungsfristen des Stiftungsgeschäftes bei »angemessenem« Widmungsumfang**	**Keine Anfechtungsfristen des Stiftungsgeschäftes bei »angemessenem« Widmungsumfang**
Vollstreckbarkeit deutscher Urteile	Gegeben	Gegeben über EuGVVO	Nicht gegeben, ggf. Rechtsöffnungsverfahren

	Deutsche (privatnützige) Stiftung	Österreichische Privatstiftung	Liechtensteinische Stiftung (nach dem 1.1.2013)
Pflichtteilsrecht			
Pflichtteilsrechte bei dt. Erblasser	50 % des ges. Erbteils	50 % des ges. Erbteils	50 % des ges. Erbteils
Pflichtteilsanrechnungsfrist unentgeltlicher Verfügungen im Wohnsitzland des Erblassers	10 Jahre (Abschmelzungsmodell)	10 Jahre (Abschmelzungsmodell)	10 Jahre (Abschmelzungsmodell)
Pflichtteilsanrechnungsfrist unentgeltlicher Verfügungen nach IPR des Stiftungslandes	10 Jahre (Abschmelzungsmodell)	10 Jahre (Abschmelzungsmodell)	**Keine Anrechnungsfristen bei Stiftungsgeschäften im Pflichtteilsrecht ohne Wertbegrenzung (aber Vorsicht: Vermögensgerichtsstand in D)**

Tabelle 9: Gemeinnützigkeit und Asset Protection/Vermögensnachfolge

Wirksam erfolgte Zuwendungen zugunsten liechtensteinischer gemeinnütziger Stiftungen sind nach der international-privatrechtlichen Qualifikation – in unbeschränkter Höhe und ohne Berücksichtigung von Fristen – im Ergebnis gem. § 785 Abs. 3 flABGB nicht bei der Bestimmung von Pflichtteilsergänzungsansprüchen zu berücksichtigen; Zuwendungen »in angemessener Höhe« sind nicht anfechtbar. 79

Auch bei österreichischen gemeinnützigen Stiftungen sind Zuwendungen »in angemessener Höhe« gem. § 3 öAnfO nicht anfechtbar, wenn die entsprechenden Rechtsgeschäfte erfolgreich österreichischem Recht unterworfen werden konnten. Im Bereich der pflichtteilsrechtlichen Anrechnung von Vermögensverfügungen zugunsten österreichischer Stiftungen ergeben sich gegenüber der Situation in Deutschland keine Abweichungen. 80

Insgesamt ist leider zu konstatieren, dass derzeit die Wahl gemeinnütziger Stiftungen in Österreich oder Liechtenstein für Vermögensnachfolgezwecke steuerrechtlich keine wesentlichen Vorteile, sondern ein erhebliches Mass an bislang nicht geklärten Rechtsunsicherheiten mit sich bringt. Anwendungsszenarien können sich aber im Einzelfall insbesondere in Konstellationen ergeben, in denen bestimmte Aspekte der Asset Protection von wesentlicher Bedeutung sind: Gerade mit liechtensteinischen, zivilrechtlich gemeinnützigen Stiftungen lassen sich Anfechtungsfristen und Anrechnungsfristen in bestimmten international-privatrechtlichen Konstellationen vollständig eliminieren. 81

Bei allen »Asset Protection«-Szenarien ist allerdings davor zu warnen, »aggressive« Gestaltungen zu wählen, die erkennbar primär oder gar ausschliesslich auf die deutliche 82

Verkürzung von Anfechtungs-, Pflichtteilsergänzungs- oder Zugewinnausgleichsanspruchsfristen gerichtet sind, da diese durchaus Gegenstand einer *Ordre Public*- oder *Fraus Legis*-Prüfung in Deutschland werden könnten.

83 Im Ergebnis sind heute – nach Wegfall der vormals erheblichen zivil- und steuerrechtlichen Errichtungshürden – stets die Eigenschaften einer Stiftungserrichtung in Österreich oder Liechtenstein denen einer Stiftungserrichtung in Deutschland gegenüberzustellen. Die vorstehenden Ausführungen und tabellarischen Übersichten haben gezeigt, dass sich in vielen Fällen deutliche Vorteile der Errichtung einer Auslandsstiftung gegenüber einen Stiftung im Inland ergeben können, wenn man die »Spielregeln« insbesondere in Form der deutschen Missbrauchsvermeidungsvorschriften streng beachtet.

Teil 4 Rechnungswesen, Rechnungslegung und Prüfung

A. Grundlagen des Rechnungswesens selbständiger Stiftungen

Das Rechnungswesen wird in der Praxis von den Stiftern bzw. dem Stiftungsvorstand häufig vernachlässigt und beginnend mit der Buchhaltung, externen Beratern überlassen. Tatsächlich ist dieses Thema jedoch insbesondere für die Geschäftsführung der Stiftung, insbesondere den Vorstand, (→ vgl. dort). von großer Wichtigkeit, um nachvollziehen zu können, wie die Stiftung »wirtschaftet« und in welcher Höhe die Stiftungsmittel tatsächlich für den Stiftungszweck eingesetzt (verwendet) wurden oder werden können. 1

Beide Bereiche, das externe wie das interne Rechnungswesen der Stiftung dienen der Dokumentation und der Rechenschaft, d. h. insoweit hauptsächlich dem Nachweis, dass den Vorschriften der Stiftungssatzung zum planmäßigen Kapitalerhalt und der gebotenen Ertragsverwendung entsprochen wurde (→ IDW RS HFA 5, Tz. 9, im Teil 6 Dokumentation abgedruckt). Allein ein verlässliches und differenziertes Rechnungswesen trägt der Aufgabe Rechnung, dass der Stiftungsvorstand fremdes Vermögen zu verwalten hat. 2

Zum externen Rechnungswesen gehört insbesondere der Jahresabschluss, der auf Grundlage der Finanzbuchhaltung durch den Vorstand erstellt wird. Die Erstellung dieser Jahres (ab)-rechnung bildet eine der Hauptaufgaben eines Stiftungsvorstandes. Das interne Rechnungswesen dagegen besteht bspw. aus Planungsrechnungen, Liquiditätsplanungen, Kosten- und Leistungsrechnungen (→ vgl. dort) und Mittelverwendungskontrollrechnungen. Es stellt die betriebswirtschaftlich-organisatorische Basis der Geschäftsführung dar und wird, je nach Größe und Aktivität der Stiftung, zwar unterschiedlich umfangreich ausgeprägt, in jedem Falle aber notwendig sein. 3

Adressaten der externen Rechnungslegung sind neben der Stiftungsaufsicht und den Finanzbehörden insbesondere auch der Stiftungsvorstand selbst. Der Vorstand muss spätestens anhand der Jahres(ab)-rechnung Erkenntnisse darüber gewinnen, ob die Stiftung dem Grundsatz des Vermögenserhalts nachgekommen ist und das Vermögen weiterhin ausreicht, um den Stiftungszweck dauerhaft zu verfolgen, ferner, ob die Stiftung leistungs- und zahlungsfähig ist. An der externen Jahresrechnung sind außerdem Spender und anderen Geberpersönlichkeiten wie der Stifter selbst oder Zustifter und Sponsoren, die Öffentlichkeit und auch die Destinatäre (vgl. dort) interessiert. 4

Adressaten der internen Rechnungslegung sind primär die Aufsichtsorgane der Stiftung, ggf. Mitarbeiter und schlussendlich auch der Vorstand selbst zur Vertiefung der Erkenntnisse, die er anlässlich der Erstellung der Jahres(ab)-rechnung erlangte. Die Gruppe der Gläubiger oder die der Eigenkapitalgeber, die für die Entwicklung der handelsrechtlichen Rechnungslegung so bedeutsam sind, spielen im Bereich der Stiftung eher eine untergeordnete Rolle, da es die Ebene der Eigenkapitalgeber nicht gibt und nennenswerte Fremdfinanzierung selten anzutreffen ist. 5

Basis eines jeden Rechnungswesens ist die ordnungsgemäße Rechnungslegung, die wiederum eine entsprechende ordnungsgemäße, das heißt nicht nur richtige, sondern insbesondere auch zeitnahe Buchhaltung voraussetzt. 6

7 Es bestehen im Wesentlichen zwei Methoden für die Rechenschaftslegung, die Einnahmen-/Ausgabenrechnung oder den Jahresabschluss:

Rechnungslegung	**Rechnungslegungsinstrumente**	**Buchführung**
Einnahmen-/Ausgaben-Rechnung	– Einnahmen-/Ausgaben-Rechnung – Vermögensübersicht	Einfache Buchführung
Jahresabschluss	– Bilanz – Gewinn- und Verlustrechnung – Anhang/Anlagenspiegel – Lagebericht	Doppelte Buchführung
»Haushalt« (vorausschauend)	– Haushaltsplan – Vermögenshaushalt	Entsprechend den Grundsätzen der laufenden Buchführung als Zahlungsplan oder integrierte Planungsrechnung

8 Das Rechnungswesen bezieht sich somit sowohl auf die fortlaufende Erfassung von Geschäftsvorfällen während des Wirtschaftsjahres, die in der Buchführung der Stiftung abgebildet sind, als auch deren periodische Zusammenfassung und der Verdichtung dieser Vorgänge in Jahres-, Quartals- oder Monatsabschlüssen (-berichten).

9 Die Rechnungslegung von Stiftungen ist weder durch Bundes- noch Landesrecht abschließend gesetzlich geregelt. Die Landesstiftungsgesetze stellen unterschiedliche Anforderungen an die Berichtspflichten der Stiftungen.

10 Eine Konkretisierung der Rechnungslegungspflichten ergibt sich somit ggf. aus der Satzung, aus steuerrechtlichen Vorschriften und unter Umständen – bei Vorliegen kaufmännischer Merkmale – aus dem Handelsrecht.

I. Grundsätze einer Stiftungsbuchführung

11 Der Aufbau der Buchführung ist eng verzahnt mit Art und Umfang der Rechnungslegung, die der Stiftungsvorstand wählt oder für die er sich gegebenenfalls aufgrund gesetzlicher oder satzungsmäßiger Vorgaben entscheiden muss. Die Beibehaltung einer einmal gewählten Rechnungslegung ist aus Gründen der Transparenz und der Vergleichbarkeit der Ergebnisse mit den Vorjahren erforderlich, soweit nicht ein entsprechendes Wachstum der Stiftung den Übergang zu einem differenzierteren Rechnungswesen gebietet. Für einen effizienten Arbeitseinsatz mit einem Mindestmaß an Belastungen im Verwaltungsbereich sollte die Stiftung eine auf ihre Rechnungslegung abgestimmte Buchführung wählen. In der Praxis wird daher zu Recht darauf hingewiesen, dass zuerst eine Entscheidung über die Art der Rechnungslegung getroffen werden sollte und sich daraus dann die Erfordernisse für Umfang und Einrichtung der passenden Buchführung ergeben.

Drei Buchführungssysteme kommen theoretisch in Betracht, das sind: 12

- die einfache Buchführung,
- die doppelte Buchführung,
- die kameralistische Buchführung.

Das Bundesrecht enthält keine Aussage zur Buchführungspflicht. Auch die Landesstiftungsgesetze treffen hierzu nur vereinzelt eine Regelung. Bspw. Bayern oder Baden-Württemberg verpflichten Stiftungen in Art. 25 Abs. 1 S. 1 BayStG, § 7 Abs. 3 StiftG BW zu einer ordnungsgemäßen Buchhaltung. Sofern überhaupt eine Verpflichtung zur Buchführung gesetzlich vorgeschrieben ist, geben Landesgesetz den Stiftungen keine bestimmte Buchführungsmethode vor. Das Bayerische Stiftungsgesetz enthält sogar ausdrücklich den Hinweis, dass die Stiftung hierüber selbst entscheidet. 13

Die »kameralistische Buchführung« (→ vgl. dort) dürfte für privatrechtliche Stiftungen keine praktische Bedeutung mehr haben. 14

Eine ggf. bestehende Verpflichtung zur doppelten Buchführung aus steuerlichen Gründen hängt von den Größenkriterien des § 141 AO ab und der sich daraus ableitenden Verpflichtung zur Umstellung der einfachen Rechnungslegung durch Vermögensaufstellung und Einnahmen-/Ausgabenrechnung (→ vgl. dort) auf einen Betriebsvermögensvergleich (Bilanzierung). Dies setzt jedoch auch bei Erreichen der Größenmerkmale ein Tätigwerden der Finanzverwaltung voraus. Eine generelle, steuerliche Vorgabe an die Stiftungsbuchführung besteht darüber hinaus nicht. 15

Beabsichtigt der Vorstand, dauerhaft im Rahmen einer Einnahmen-/Ausgaben-Rechnung verbunden mit einer Vermögensübersicht Rechnung zu legen, ist eine einfache Buchführung, also die fortlaufende Aufzeichnung aller Mittelzuflüsse und -abflüsse ausreichend. Dieses Buchführungssystem kann allerdings lediglich für (dauerhaft) kleine Stiftungen mit Geldvermögen als tauglich und ausreichend angesehen werden. Wird die Stiftung größer und wächst damit das Bedürfnis nach Transparenz und Planbarkeit, wird ein Systemwechsel nahezu unvermeidlich und führt in der Praxis zu nicht unerheblichen Umstellungsproblemen. Übergänge von der einen zur anderen Form der Rechnungslegung führen neben komplexen Überleitungsrechnungen und nicht unerheblichen Umstellungsarbeiten in der Buchführung selbst häufig auch zu unerwarteten Ergebnisauswirkungen. Dieser Schritt sollte daher nicht ohne externe Begleitung und Planung erfolgen. 16

Besteht daher die Möglichkeit oder Wahrscheinlichkeit, dass die Stiftung nach einer Anlaufzeit zur kaufmännischen Rechnungslegung übergehen müsste, sollte von Anfang an eine doppelte Buchführung eingerichtet werden; die damit verbundene Mehrarbeit ist bei der üblichen EDV-Unterstützung nicht nennenswert. Das System der doppelten Buchführung bietet nicht nur eine größere Sicherheit bei der Erfassung von Geschäftsvorfällen, sondern erlaubt auch eine zutreffende Darstellung der Vermögenssituation der Stiftung durch Abbildung künftiger Belastungen. Vorteilhaft ist ferner eine systemimmanente Darstellung der Bewegungen (Zuführungen und Auflösungen) auf dem Rücklagenkonto, die andernfalls bei steuerbegünstigten Körperschaften nur im Rah- 17 men einer losgelösten Nebenrechnung zu verfolgen wäre. Die Fehleranfälligkeit einer solchen Nebenrechnung ist evident.

18 ▶ Die Bedürfnisse einer internen Rechnungslegung können durch eine einfache Buchführung nicht, durch eine doppelte zumindest grundsätzlich befriedigt werden. Maßgeblich wird es dabei auf das Informationsbedürfnis der Adressaten, in der Regel also Vorstand und Kuratorium, ggf. auch einer gesonderten Geschäftsführung ankommen. Neben Informationen zur Einnahmen und Ausgabensituation werden je nach dem Umfang der Geschäftsvorfälle weitere Daten über Mitteleinsätze oder Projekterfolge benötigt. Diese ergeben sich üblicherweise erst aus einer gesonderten Kosten- und Leistungsrechnung und erlauben eine zeitnahe Information über wesentliche Geschäftsabläufe. Auch der finanzielle, betriebswirtschaftliche Erfolg einzelner Projekte oder Investitionen. Wird aus Kosten- oder Größengründen für die Stiftung keine gesonderte Kostenrechnung geführt, kann eine doppelte Buchführung doch zumindest die Grundlagen für eine allgemeine betriebswirtschaftliche Erfolgsrechnung liefern (vgl. dazu die Kontenklasse 9 für Erfolgs-Konten des internen Rechnungswesens, d. h. einer Kosten- und Leistungsrechnung).

19 Beabsichtigt die Stiftung von vornherein in kaufmännischer Weise Rechnung zu legen, also eine Bilanz einschließlich einer Gewinn- und Verlustrechnung zu erstellen, ist eine doppelte Buchführung ohnehin unerlässlich.

20 Die Buchführung (Finanzbuchhaltung) kann dabei unter Verwendung eines auf die Bedürfnisse der Stiftung angepassten sog. »Industriekontenrahmens« oder eines vergleichbaren Nummerierungssystems bedarfsgerecht ausgelegt werden. Steuerliche Erfordernisse sollten dabei von Anfang an bereits in der Finanzbuchhaltung der Stiftung abgebildet werden. Bei der Einrichtung der Finanzbuchhaltung ist daher wegen des Gebots der Kapitalerhaltung darauf zu achten, dass die Vermögensgegenstände (Aktiva) des Grundstockvermögens der Stiftung stets gesondert ausgewiesen werden.

21 Ferner ist von steuerbegünstigten Stiftungen bereits über die Buchführung nachzuweisen, dass sie ihre Mittel ausschließlich und unmittelbar für Satzungszwecke verwenden. Daneben müssen die vier Vermögensbereiche der Stiftung hinreichend unterscheidbar sein und separiert werden. Eine Untergliederung nach den vier Bereichen: Ideeller Bereich, Vermögensverwaltung, Zweckbetrieb und wirtschaftlicher Geschäftsbetrieb ist zwar nicht zwingend, da es sich um ein einziges ungetrenntes Vermögen der Stiftung mit lediglich unterschiedlichen Besteuerungsfolgen handelt. Die Unterteilung erleichtert aber den Überblick und sollte daher bereits in die Buchhaltung angelegt werden. Erträge oder Aufwendungen, die zwar einer einheitlichen Ertrags- oder Aufwandsart angehören, aber unterschiedlichen Bereichen zuzuordnen sind, sollten mit Hilfe eines erweiterten Nummerierungssystems von vornherein entsprechend aufgegliedert werden.

II. Rechnungslegung der Stiftung

1. Bundes- und landesgesetzliche Vorgaben

Die Vorschriften des BGB (vgl. §§ 86 S. 1, 42 Abs. 2 BGB) verlangen, dass die Feststellung einer Überschuldung oder Zahlungsunfähigkeit sichergestellt sein muss. Sie beinhalten im Übrigen, dass ggf. ein Bestandsverzeichnis vorzulegen ist und eine geordnete Zusammenstellung der Einnahmen und Ausgaben verfügbar zu sein hat (§§ 86 S. 1, 27 Abs. 3, 666, 259 f. BGB). Als ausreichende Anforderungen an eine externe Rechnungslegung können diese Einzelanforderungen aber nicht verstanden werden. 22

Jenseits dieser Mindeststandards finden sich ergänzend landesrechtliche Vorgaben. So sehen bspw. Art. 25 Abs. 2 S. 1 BayStG oder § 7 Abs. 1 S. 1 StiftG NRW für die Stiftungen die Verpflichtung vor, nach Ablauf des Geschäftsjahres 23

- einen Abschluss zu erstellen (meist als Jahresrechnung oder Jahresabrechnung bezeichnet), bestehend aus einer Einnahmen- und Ausgabenrechnung,
- einer Vermögensübersicht und
- einem Bericht über die Erfüllung des Stiftungszwecks.

Mindestens jedoch verpflichten auch die abweichenden Landesstiftungsgesetze die Stiftungen, sich den Regelungen einer ordnungsgemäßen Wirtschaftsführung zu unterwerfen, was auf die Anwendung der bundesgesetzlichen Vorschriften nach §§ 86 S. 1, 27 Abs. 3, 666, 259 f. BGB zielt. 24

Für den Begriff der Jahresrechnung oder Jahresabrechnung findet sich – anders als für den handelsrechtlichen Jahresabschluss – keine gesetzliche Definition. Er ist daher als Oberbegriff zu verstehen, der sich sowohl auf eine Einnahmen-/Ausgaben-Rechnung zusammen mit einer Vermögensübersicht als auch auf einen nach kaufmännischen Grundsätzen erstellten Jahresabschluss beziehen kann. 25

▶ Verbindliche Konkretisierungen nach Art und Umfang der Rechnungslegung können – und sollten – sich regelmäßig aus der Stiftungssatzung ergeben. 26

Stiftungen mit Sitz in Bayern sollen zusätzlich vor Beginn eines jeden Geschäftsjahres einen Haushaltsplan bzw. Voranschlag aufstellen, der die Grundlage für die Verwaltung aller Einnahmen und Ausgaben bildet (Art. 24 S. 1 BayStiftG). Allerdings kann die Stiftungssatzung auf die Aufstellung dieses Voranschlags verzichten. 27

▶ Die Aufstellung einer solchen Haushalts-Planrechnung kann insbesondere bei großen Stiftungen für den Vorstand und auch für das Kontrollorgan durchaus sinnvoll sein. Schließlich verdeutlicht ein Haushaltsplan die (wirtschaftlichen) Ziele des oder der folgenden Jahre und kann somit zu Beginn des Jahres richtungsweisend sein und Fehler vermeiden. Ob diese Planung an die Aufsichtsbehörde weitergeleitet werden soll, ist dagegen dem Geschmack des Stifters überlassen, der diese Frage in der Satzung regeln sollte. 28

2. Handelsrechtliche Vorgaben

29 Unternehmensbezogene oder unternehmensverbundene Stiftungen (→ vgl. dort) haben zwingend die handelsrechtlichen Rechnungslegungsvorschriften der §§ 238 ff. HGB zu beachten, sofern sie einen kaufmännischen Geschäftsbetrieb – bei steuerbefreiten Stiftungen z. B. einen wirtschaftlichen Geschäftsbetrieb – unterhalten. Die Verpflichtung zu kaufmännischer Rechnungslegung kann auch im Fall eines umfangreichen Anteilsbesitzes auf Beteiligungsträgerstiftungen zutreffen, wenn der Besitz ein Handelsgewerbe im Sinne des § 1 Abs. 1 HGB darstellt, das einen in kaufmännischer Weise eingerichteten Geschäftsbetrieb erfordert. Ist die Stiftung Muttergesellschaft eines Konzerns, sollten für sie sinngemäß die für Kapitalgesellschaften geltenden Rechnungslegungs- und Offenlegungsvorschriften (§§ 264 ff. HGB) Anwendung finden.

30 Eine Rechnungslegungspflicht kann sich ferner aus dem Publizitätsgesetz ergeben (§§ 1, 3 PublG). Bei Überschreiten entsprechender Größenkriterien können Stiftungen sowohl zur Erstellung von Jahres-, als auch von Konzernabschlüssen verpflichtet sein. Das Publizitätsgesetz stellt im Ergebnis auf die für Kapitalgesellschaften geltenden Vorschriften des HGB ab.

31 Ist die Stiftung im Übrigen nicht verpflichtet, selbst handelsrechtliche Vorgaben zu beachten, kann sie ihre eigene Rechnungslegung von den unternehmerischen Rechenwerken trennen, sofern es dazu aus Sicht des Vorstandes besondere Veranlassung gibt. In aller Regel ist eine solche Trennung wenig praktikabel, zumindest dann, wenn die unternehmerische Sphäre einen wesentlichen Teil des Geschäftsbetriebes der Stiftung darstellt. Zumindest sollten aber auch im Trennungsfalle ergänzende Angaben zum Unternehmensbereich in der Rechnungslegung der Stiftung enthalten sein.

3. Rechnungslegungsgrundsätze nach IDW

32 Die Rechnungslegung der Stiftung erfüllt ihre Aufgaben nur dann, wenn sie ein zutreffendes, klares und vollständiges Bild der Erzielung und Verwendung von Erträgen sowie der Vermögensanlage der Stiftung zu geben vermag. Nicht alle gesetzlich zulässigen Formen der Rechnungslegung können dies stets in gleicher Weise leisten.

33 Das Institut der Wirtschaftsprüfer (IDW) hat in seiner Stellungnahme zur Rechnungslegung von Stiftungen (IDW RS HFA 5) für rechtlich selbständige Stiftungen des bürgerlichen Rechts Grundsätze einer ordnungsgemäßen Rechnungslegung entwickelt, die sowohl für steuerbegünstigte als auch nicht steuerbegünstigte Stiftungen gelten. Diese Stellungnahme bietet Unterstützung für den Aufbau eines zweckmäßigen Rechnungswesens und einer entsprechenden Berichterstattung.

34 ▶ Bei der Frage der für die Stiftung passenden Rechnungslegungsart sollte diese IDW Stellungnahme unbedingt zu Rate gezogen zu werden. Sie gibt die Berufsauffassung der Wirtschaftsprüfer wieder und ist bei allen Prüfungen, auch den freiwilligen Prüfungen, zu beachten.

35 Die in dieser Stellungnahme zusammengefassten Grundsätze lehnen sich an die kaufmännischen Regeln an und repräsentieren die allgemeinen Maßstäbe einer ordnungs-

gemäßen Rechnungslegung. Sie gelten daher für die Rechnungslegung aller Stiftungen, und zwar unabhängig von der im Einzelfall gewählten Berichtsform.

Danach muss die Rechnungslegung folgenden Anforderungen genügen (s. IDW RS HFA 5, Tz. 30): 36

- Richtigkeit,
- Willkürfreiheit,
- Klarheit,
- Übersichtlichkeit,
- Vollständigkeit,
- Keine Verstöße gegen das Saldierungsverbot,
- Einzelbewertung bei Vermögens- und Schuldposten,
- Vorsichtige Bewertung von Vermögens- und Schuldposten,
- Stetigkeit in der Bewertung,
- Beibehaltung von Gliederung und Ausweis,
- Annahme der Fortführung der Tätigkeit.

Ob sich neben diesen Grundsätzen und den daraus abzuleitenden Anforderungen noch stiftungsspezifische Grundsätze ordnungsgemäßer Jahres(ab)-rechnung aufstellen lassen und welche Ausprägung diese im Einzelnen haben, ist eine eher theoretische Fragestellung, die den Umfang eines Praktikerhandbuchs sprengen würde. Stiftungsspezifischen Berichterfordernissen kann neben einer Anpassung der Gliederungsschemata (→ Teil 6 Dokumentation) oder in dem ebenfalls vorzulegenden Bericht über die Erfüllung des Stiftungszwecks (→ vgl. dort) hinreichend Rechnung getragen werden. 37

4. Rechnungsstil der Jahres(ab)-rechnung

Die Pflicht zur Rechnungslegung beginnt nicht erst im Zeitpunkt des rechtlichen Entstehens der Juristischen Person, sondern bereits mit dem Stiftungsgeschäft selbst, also dem wirtschaftlichen Entstehen der Stiftung. Erfolgt die Stiftung von Todes wegen, ist der maßgebliche Zeitpunkt der Todeszeitpunkt des Stifters. 38

Die Stiftung ermittelt durch die Jahres(ab)-rechnung die Höhe der Erträge, die noch für die satzungsmäßigen Zwecke eingesetzt werden können und bereits eingesetzt wurden. Weiterhin ist das Jahresergebnis relevant für die Bildung der kaufmännischen oder steuerlichen Rücklagen im Falle von gemeinnützigen Stiftungen (→ vgl. dort). 39

Sofern die Satzung keine Maßgaben für die Rechnungslegung der Stiftung enthält, kann sie zwischen einer Einnahmen-/Ausgaben-Rechnung zusammen mit einer Vermögensübersicht einerseits oder einer an den kaufmännischen Jahresabschluss angelehnten Jahresrechnung mit Gewinn- und Verlustrechnung andererseits wählen. 40

a) Einnahmen-/Ausgaben-Rechnung und Vermögensübersicht

Methode der Rechnungslegung	Ausrichtung
Einnahmen-/Ausgaben-Rechnung mit Vermögensübersicht	Abbildung der Geldbewegungen (Einnahmen und Ausgaben)

41 In der Einnahmen-/Ausgaben-Rechnung stellt die Stiftung die ihr im Geschäftsjahr tatsächlich zugeflossenen Gelder den tatsächlich abgeflossenen Zahlungsmittel gegenüber. Diese einfache Form der Rechnungslegung ist nur bei sehr übersichtlichen Verhältnissen mit geringen Zahlungsvorgängen bzw. Geldbewegungen angemessen, da weder Einstellungen in die Rücklagen daraus hervorgehen noch ersichtlich wird ob, ausgewiesene Mittelabflüsse mehrere Zeiträume betreffen oder zum Stichtag Forderungen gegen die Stiftung bestehen, die zukünftig zu Mittelabflüssen führen werden.

b) Jahresabschluss und Lagebericht entsprechend handelsrechtlicher Grundsätze

Methode der Rechnungslegung	Ausrichtung
Jahresabschluss, bestehend aus Bilanz, Gewinn- und Verlustrechnung und ggf. Anhang sowie Lagebericht	Veränderung des Vermögens Erträge/Aufwendungen)

42 Die systembedingten Schwächen der Einnahmen-/Ausgabenrechnung lassen sich auf freiwilliger Basis mit einer an einen kaufmännischen Jahresabschlusses mit Gewinn- und Verlustrechnung angelehnten Bilanzierung ausräumen (sog. doppischer Abschluss). Ein solcher Jahresabschluss hat den Grundsätzen ordnungsmäßiger Buchführung zu entsprechen. Zumindest bei größeren Stiftungen oder Stiftungen mit umfangreichen Aktivitäten dürfte hieran auch unter den Aspekten der getreuen Verwaltung fremden Vermögens (§§ 264 ff. HGB), der Minimierung von Verlustrisiken und der Haftungsbegrenzung für die Stiftungsorgane kein Weg vorbeiführen.

43 Muss oder will die Stiftung einen Jahresabschluss nach handelsrechtlichen Grundsätzen erstellen, stellt sich die Frage nach Umfang und Gliederungstiefe des Jahresabschlusses. Das IDW legt nahe, sich hierbei an den Größenklassen des § 267 HGB zu orientieren.

44 Die Verwaltung fremden Vermögens führt für Stiftungen zu einer mit Kapitalgesellschaften vergleichbaren Rechenschaftspflicht, aus der sich die Anwendung der entsprechenden Bilanzierungs- und Bewertungsvorschriften (§§ 264–289 HGB) ableitet, die vom IDW ausdrücklich empfohlen wird. Die Problematik für Stiftungen liegt in der Anwendung der entsprechenden Bewertungsvorschriften und damit in den handelsrechtlich eingeschränkten Möglichkeiten der Bildung stiller Reserven im Stiftungsvermögen. Dies mag insoweit sachgerecht sein, als die Verfolgung des Stiftungszweckes insbesondere bei steuerbegünstigten Stiftungen die uneingeschränkte und zeitnahe

Mittelverwendung postuliert und der höchstrichterlichen Rechtsprechung zufolge die Bildung stiller Reserven eine Form der Ergebnisverwendung darstellt.

Auf der anderen Seite hat die Stiftung den ungeschmälerten Erhalt ihres Vermögens zu 45 sichern. Dies setzt jedoch gerade ein Vermögenspolster voraus, das nur in der Form stiller Reserven oder freier Rücklagen gebildet werden kann. Ebenso wenig, wie die Stiftung rechtlich gezwungen ist, Vermögensverluste zu realisieren, sollte sie verpflichtet sein, lediglich buchmäßige, also nicht realisierte Vermögenszuwächse der Mittelverwendung zuzuführen. Andernfalls wäre es ganz und gar unverständlich, dass die Mittel aus der Vermögensumschichtung, also realisierte stille Reserven bei der Stiftung gerade nicht dem Verwendungsgebot unterliegen. Die entsprechende Anwendung von Rechtsregeln für Kapitalgesellschaften auf Stiftungen bedarf insoweit einer stiftungsgerechten, einschränkenden Auslegung, die idealer Weise bereits in der Satzung vorgenommen werden sollte.

▶ Generell kann nur die Empfehlung ausgesprochen werden, sich für einen handels- 46 rechtlichen Jahresabschluss auf der Grundlage einer doppelten Buchführung zu entscheiden. Dies stellt nicht nur für große, sondern auch für kleinere und mittlere Strukturen ein angemessenes Rechnungswesen mit adäquater Informationstiefe dar. Entscheidet sich die Stiftung für eine freiwillige Prüfung ihrer Rechnungslegung oder ist sie hierzu aufgrund der Satzung verpflichtet, wird sie zwar die jeweiligen höheren Anforderungen für Kapitalgesellschaften, je nach Größenmerkmal, in Kauf nehmen müssen. Sie erfüllt damit aber gleichzeitig auch ein Gebot der Transparenz und der Verlässlichkeit ihres Rechnungswesens, das den Kern des betrieblichen Informationssystems bildet und ein wesentliches Element zur Eingrenzung und Beherrschung von Risiken (→ vgl. dort) darstellt.

5. Lagebericht

Für mittelgroße und große Stiftungen (entsprechend der Kriterien des § 267 HGB) 47 empfiehlt das IDW neben der entsprechenden Anwendung der erweiterten Gliederungs- und Erläuterungsvorschriften für Kapitalgesellschaften auch die Aufstellung eines Lageberichts i. S. d. § 289 HGB. Dieser vermittelt einen Überblick über den Geschäftsverlauf, die Lage der Stiftung, künftige Risiken und gibt die voraussichtliche künftige Entwicklung, sowie einen Bericht über Vorgänge nach dem Abschlussstichtag, die von besonderer Bedeutung für die Stiftung waren.

Der Bericht über die Erfüllung des Stiftungszwecks (→ vgl. dort) kann darin bereits 48 enthalten sein oder entsprechend reduziert werden.

6. Haushaltsplan

Einzelne Landesstiftungsgesetze (s. bspw. Art. 24 S. 1 BayStG) enthalten die Aufforde- 49 rung an den Stiftungsvorstand, einen sog. Haushaltsplan aufzustellen. Dieser kann zumeist mehr als nur ein Geschäftsjahr umfassen. Bei der Verpflichtung zur Erstellung handelt es sich allerdings lediglich um eine Soll-Vorschrift, von der der Vorstand mit entsprechender Begründung auch abweichen kann. Dies kommt insbesondere bei niedrigen Stiftungserträgen oder lediglich geringer Geschäftstätigkeit in Betracht. Die Satzung der Stiftung kann eine Befreiung von der Verpflichtung zur Erstellung eines Haushaltsplans vorsehen (Art. 24 S. 2 BayStG). Angesichts der ausdrücklichen Regelung des Gesetzes, die nicht mit weiteren Vorgaben konkretisiert wird, dürfte die Anerkennung der Stiftung auch bei Stiftungen mit umfänglicherer Geschäftstätigkeit hiervon nicht abhängig sein. Dennoch wird in vielen dieser Fälle die Erstellung eines Haushaltsplanes bei anstehenden Maßnahmen oder für eine zeitnahe Überwachung und Kontrolle des Vorstandshandelns durch das Aufsichtsorgan sachgerecht oder sogar notwendig sein. Trotz einer entsprechenden Befreiung durch die Satzung kann sich im Einzelfall für den Vorstand durchaus die Verpflichtung ergeben, dem Aufsichtsorgan eine entsprechende Planungsrechnung verfügbar zu machen, um diesen in die Lage zu versetzen, seinen Aufgaben gewissenhaft nachzukommen. Diese Verpflichtung beruht auf allgemeinen Grundsätzen ordnungsgemäßer Unternehmensführung und ist damit unabhängig von ausdrücklichen landesgesetzlichen Vorgaben zu sehen.

50 Der Haushaltsplan oder »moderner« formuliert, der Finanzplan der Stiftung, ist Bestandteil ihres Rechnungswesens. Er beruht in seiner klassischen Ausprägung auf einer Einnahmen-/Ausgaben-Rechnung, die vorhersehbare künftige Geschäftsvorfälle aufnimmt und einen Vergleich mit dem tatsächlich eingetretenen Verlauf erlauben sollte (Soll-Ist-Vergleich).

51 Fußt die Rechnungslegung der Stiftung auf einer Einnahmen-/Ausgaben-Rechnung mit Vermögensrechnung, ist der Haushaltsplan in der klassischen Form systemkompatibel und ohne großen Mehraufwand zu erstellen.

52 Hat sich die Stiftung für eine Rechnungslegung nach kaufmännischen Grundsätzen entschieden, besteht entweder die Möglichkeit, einen separaten Haushaltsplan zu erstellen, der einem Liquiditätsplan gleicht, also auf Einnahmen-/Ausgaben Basis beruht. Dies ist ein durchaus geläufiger Vorgang der Finanzplanung. Soll sich die Plan-Berichterstattung insgesamt am Aufbau des Jahresabschlusses orientieren, sollte eine sog. integrierte Planungsrechnung erstellt werden. Diese hat dieselben Berichtsbestandteile wie der vergangenheitsbezogene Jahresabschluss und besteht mithin aus Plan-Gewinn- und Verlustrechnung Plan-Bilanz sowie idealerweise einer Plan-Kapitalflussrechnung. Der Begriff des Haushaltsplans selbst gibt jedenfalls – gerade angesichts seiner schwachen gesetzlichen Ausformung – keine verbindliche Ausgestaltung vor.

B. Einzelheiten zur Rechnungslegung bei Jahresabschlüssen

I. Einzelfragen zum Jahresabschluss mit Lagebericht

Der handelsrechtliche Jahresabschluss (§ 242 Abs. 3 HGB) besteht aus der Bilanz und einer Gewinn- und Verlustrechnung, der bei Kapitalgesellschaften stets um einen Anhang nach § 264 Abs. 1 S. 1 HGB erweitert wird. Außerdem sieht § 264 Abs. 1 S. 1 HGB die Aufstellung eines Lageberichtes vor. Erstellt die Stiftung aufgrund entsprechender Vorschriften oder freiwillig einen handelsrechtlichen Jahresabschluss, ergeben sich daraus regelmäßig eine Reihe von Besonderheiten. 53

1. Gliederung von Bilanz und Gewinn- und Verlustrechnung

a) Gliederung der Gewinn- und Verlustrechnung

Die Gliederung der Gewinn- und Verlustrechnung der Stiftung richtet sich im Regelfalle nach § 275 Abs. 2 HGB, d. h. dem sog. Gesamtkostenverfahren. Dabei wird das Betriebsergebnis durch Gegenüberstellung aller Erträge (Umsatzerlöse, Bestandsmehrungen und Eigenleistungen) und den insgesamt angefallenen Kosten einer Abrechnungsperiode (in der Regel das Geschäftsjahr) ermittelt. Die Kosten werden nach den Aufwandsarten Material, Personal Abschreibungen und sonstige Kosten gegliedert. 54

Eine Gliederung nach dem sog. Umsatzkostenverfahren erscheint nur in den Fällen einschlägig und praktikabel, in denen neben die Vermögensverwaltung der Stiftung noch eigene unternehmerische Tätigkeiten treten. Das Umsatzkostenverfahren geht von den Umsatzerlösen einer Periode aus und stellt diesen Erlösen die Kosten für ihre Entstehung gegenüber. 55

Das Institut der Wirtschaftsprüfer empfiehlt, ein Gliederungsschema für größenmäßig vergleichbare Kapitalgesellschaften zu wählen, um eine hinreichende Aufgliederung zu gewährleisten (s. IDW RS HFA 5, Tz. 47 ff.). Den besonderen Strukturmerkmalen von Stiftungen wird dann durch Hinzufügen, Weglassen oder Umbenennen von Gliederungspositionen Rechnung getragen. Im Bereich der Gewinn- und Verlustrechnung kann bspw. die Position Umsatzerlöse auch als Spenden, Zuwendungen oder Erträge aus der Vermögensverwaltung bezeichnet werden, falls einschlägig. 56

b) Gliederung der Bilanz

Will oder muss die Stiftung nicht nach den Grundsätzen der Kapitalgesellschaften Rechnung legen, sind in der Bilanz zumindest folgende Posten gesondert auszuweisen und, soweit erforderlich, auch hinreichend aufzugliedern: 57

- Anlagevermögen,
- Umlaufvermögen,
- Aktive Rechnungsabgrenzungsposten, d. h. Ausgaben, die im laufenden Geschäftsjahr angefallen sind und erst im folgenden Jahr Aufwand darstellen,
- Eigenkapital,
- Schulden und

- Passive Rechnungsabgrenzungsposten, d. h. Einnahmen, die im laufenden Geschäftsjahr erfolgten, jedoch erst im folgenden Geschäftsjahr einen Ertrag darstellen.

58 Im Übrigen ist bei Anwendung handelsrechtlicher Grundsätze die Gliederung der Bilanz am Schema des § 266 HGB auszurichten. Als stiftungsrechtliche Gliederungs-Besonderheiten (Sonderposten) sind regelmäßig zusätzlich zu berücksichtigen:

- Sonderposten für erhaltene Spenden oder Zuschüsse,
- Sonderposten für Vermögen unselbständiger Stiftungen unter Treuhand-Verwaltung,
- Stiftungsbezogene Mittelverwendung,
- Verbindlichkeiten aus satzungsmäßigen Leistungen.

59 Verbindlichkeiten aus satzungsmäßigen Leistungen können allerdings erst bilanziert werden, wenn zum Bilanzstichtag für die Stiftung daraus eine wirtschaftliche Belastung entstanden ist. Dies ist immer dann der Fall, wenn die Leistung zugesagt wurde und der Höhe nach feststeht. Sind demgegenüber die Höhe oder die Fälligkeit der Leistung noch ungewiss, ist der Vorgang im Rahmen einer Rückstellung zu berücksichtigen.

2. Anlagespiegel/Anlageverzeichnis als Grundlage für AfA

60 Sofern eine Stiftung handelsrechtliche Bilanzierungsgrundsätze zu beachten hat, ergibt sich die Verpflichtung zur Darstellung der Entwicklung der einzelnen Posten des Anlagevermögens gem. § 268 Abs. 2 S. 1 HGB bereits aus dem Gesetz.

61 Um den Werteverzehr übersichtlich darzustellen, empfiehlt sich aber auch für alle übrigen Stiftungen die Aufstellung eines Anlagenspiegels, in dem die Anschaffungskosten, die Abschreibungen und der Buchwert dargestellt werden.

62 Grundsätzlich sind auch die gemeinnützigen Stiftungen verpflichtet, den Werteverzehr ihres Anlagevermögens durch Abschreibungen auszuweisen.

63 Nach Ansicht des BFH sollen durch die Abschreibung neben einem Ausweis des Werteverzehrs zugleich die Mittel zur Anschaffung von Ersatzwirtschaftsgütern bzw. zur Instandsetzung des vorhandenen Vermögens freigesetzt werden. Sofern die Stiftung allerdings nicht zwingend steuerliche Werte (und insbesondere die steuerlichen Nutzungsdauern) für die abnutzbaren Wirtschaftsgüter des Anlagevermögens ansetzen muss, kann unter Absprache mit der Stiftungsaufsicht die tatsächliche (längere) Nutzungsdauer angesetzt werden. Dies gilt insbesondere bei Gebäuden, die in der Regel nicht nach 50 Jahren verbraucht sind. In der Stiftungsbilanz würden sie jedoch nach 50 Jahren nur noch mit einem Erinnerungswert von € 1,00 abgebildet werden. Die Berücksichtigung einer längeren Nutzungsdauer (bspw. bei Gebäuden 100 Jahre) stellt demgegenüber eine realistischere Abbildung des Vermögensgegenstands dar und mindert den Jahresüberschuss entsprechend behutsamer.

64 Gegenposten des Abschreibungsaufwands kann der Sonderposten der Umschichtungsrücklage sein. Durch die Umschichtungsrücklage wird entsprechend der Auffassung des BFH dem Zweck der Abschreibung insoweit Rechnung getragen, dass die Abschreibung späteren Instandhaltungszwecken dient.

3. Gesonderte Aufzeichnung der Zu- und Abflüsse bei Darlehensverhältnissen

Die Stiftung kann im Rahmen ihrer steuerbegünstigten Zweckerfüllung bspw. zinsgünstige Darlehen an junge Künstler zur Anschaffung von Musikinstrumenten oder vergleichbare Darlehensmittel ausreichen. Um die zweckmäßige Mittelverwendung nachvollziehen zu können, muss die Stiftung neben dem Darlehensvertrag auch die ordnungsgemäße Ausreichung des Darlehens sowie die Rückzahlung gesondert und nachvollziehbar dokumentieren und aufzeichnen. 65

4. Aufzeichnung bei geringfügigen Wirtschaftsgütern

Geringfügige Wirtschaftsgüter sind gem. § 6 Abs. 2 EStG bewegliche Wirtschaftsgüter des Anlagevermögens, die selbständig nutzbar sind und deren Anschaffungskosten netto nicht mehr als € 150,00, € 410,00 bzw. € 1.000,00 betragen. 66

Diese Wirtschaftsgüter sind auch unter steuerlichen Gesichtspunkten sofort als Betriebsausgaben abziehbar und müssen daher nicht, können jedoch, über ihre betriebsgewöhnliche Nutzungsdauer abgeschrieben werden. 67

Allerdings sind diese Wirtschaftsgüter, soweit die Anschaffungskosten netto € 150,00 übersteigen, in einem besonderen, laufend geführten Verzeichnis aufzunehmen. In diesem Verzeichnis sind neben dem Tag der Anschaffung auch die Höhe der Anschaffungskosten zu vermerken. Sofern die Stiftung eine Buchführung vornimmt, aus der diese Angaben ersichtlich sind, kann auf ein separates Verzeichnis verzichtet werden. 68

Zudem besteht ein Wahlrecht, statt der € 410-Regelung die sog. Poolabschreibung über fünf Jahre für alle Wirtschaftsgüter vorzunehmen, deren Anschaffungskosten zwischen € 150,00 und € 1.000,00 liegen. Diese Poolbildung erfasst dann aber stets alle Anschaffungen geringwertiger Wirtschaftsgüter eines Wirtschaftsjahres. 69

5. Allgemeine Aufzeichnungspflichten gem. § 145 Abs. 1 AO

Adressaten des § 145 Abs. 1 AO sind diejenigen, die nach §§ 140, 141 AO zur Buchführung verpflichtet sind. Es handelt sich um eine Generalklausel, die die allgemeinen Anforderungen an eine übersichtliche und ordnungsgemäße Buchführung manifestiert. 70

Grundgedanke der Norm ist die Nachvollziehbarkeit der einzelnen Geschäftsvorfälle von der Bilanz bis zum dazugehörigen Beleg. Daher schreibt § 145 Abs. 1 AO vor, dass es einem sachverständigen Dritten innerhalb angemessener Zeit möglich sein muss, sich einen Überblick über die Geschäftsvorfälle und die Lage des Unternehmens zu verschaffen. 71

6. Bewertung von Stiftungsvermögen

Entscheidet sich die Stiftung zur Rechnungslegung nach kaufmännischen Grundsätzen, gelten auch für sie die folgenden allgemeinen Bewertungsgrundsätze: 72

Grundsatz der Bilanzidentität (§ 252 Abs. 1 Nr. 1 HGB)	Zwischen der Schlussbilanz eines Geschäftsjahres und der Eröffnungsbilanz des folgenden Jahres dürfen keine Buchungen vorgenommen werden. Sie müssen die identischen Werte ausweisen.
Grundsatz der Unternehmensfortführung (§ 252 Abs. 1 Nr. 2 HGB)	Die Fortsetzung des Unternehmens im Folgejahr ist als Regelfall der Bewertung zugrunde zu legen.
Grundsatz der Bewertung zum Abschlussstichtag (§ 252 Abs. 1 Nr. 3 HGB)	Wertansätze (unabhängig vom Zeitpunkt der tatsächlichen Ermittlung) sind auf den Schluss des Geschäftsjahres zu ermitteln.
Grundsatz der Einzelbewertung (§ 252 Abs. 1 Nr. 3 HGB)	Die Bewertung muss für die einzelnen Vermögensgegenstände und Schulden separat erfolgen. Hierdurch wird eine Saldierung zwischen Wertminderungen und Erhöhungen vermieden.
Grundsatz der Vorsicht einschließlich des Imparitäts- und Realisationsprinzips (§ 252 Abs. 1 Nr. 4 HGB)	Sämtliche Wirtschaftsgüter sind hinsichtlich ihrer wertbeeinflussenden Chancen und Risiken beim Wertansatz kritisch zu würdigen. Das Imparitätsprinzip als Ausfluss des Vorsichtsprinzips schreibt die Berücksichtigung der vorhersehbaren Verluste und Risiken vor. Gewinne sind nur bei ihrer Realisierung zum Abschlussstichtag zu berücksichtigen.
Grundsatz der Periodenabgrenzung (§ 252 Abs. 1 Nr. 5 HGB)	Aufwendungen und Erträge sind unabhängig von den Zahlungsflüssen in dem Geschäftsjahr zu berücksichtigen, in das sie wirtschaftlich gehören.
Grundsatz der Bewertungsstetigkeit (§ 252 Abs. 1 Nr. 6 HGB)	Bewertungsmethoden vorangegangener Jahresabschlüsse (JA) sollen beibehalten werden, um die Vergleichbarkeit der JA zu erleichtern.

73 Zeitwerte von Vermögensgegenständen oder Schulden können als Zusatzangaben im Anhang aufgeführt werden.

74 Während der Bewertungsansatz – sofern vorhanden – von fortgeführten Anschaffungs- oder Herstellungskosten des betreffenden Vermögensgegenstandes ausgeht, sind bei unentgeltlich erlangten Wirtschaftsgütern andere Ansätze nötig. Unentgeltliche Zugänge resultieren bspw. beim Sachvermögen aus dem Stiftungsakt selbst, späteren Zustiftungen oder Sachspenden. Hierbei kann die Stiftung fiktive Anschaffungskosten ansetzen mit der Folge, dass sie einen Ertrag realisiert. Dies kann sinnvoll sein, wenn die dauernde Nutzung durch die Stiftung vorgesehen ist, es sich also um Anlagevermögen handelt. Das IDW (IDW RS HFA 5, Tz. 46) empfiehlt den Ansatz fiktiver Anschaffungskosten in Höhe des vorsichtig geschätzten Zeitwertes zum Zeitpunkt der Zuwen-

dung. Dieser Wertansatz entspricht auch dem Gesichtspunkt der inhaltlichen Gleichwertigkeit von Geld- und Sachspenden.

Diese Erwägungen gelten auch bei Sachspenden des Umlaufvermögens, also Spenden, die an Destinatäre weitergegeben werden sollen. 75

Legt die Stiftung demgegenüber nicht nach den Vorschriften des Handelsrechts Rechnung, so muss sie ihr Vermögen nicht zu Zeitwerten (→ vgl. dort) in der Bilanz ansetzen, kann dies aber tun, soweit es ihr sachgerecht erscheint. In diesem Falle erfordert das Gebot der Klarheit allerdings hierzu ergänzende Angaben. Die Stiftung hat durch Einstellung in einen Bilanzposten mit der Bezeichnung »Neubewertungsrücklage« sicherzustellen, dass die Aufwertungsbeträge nicht als Bestandteile des verwendungsfähigen Ergebnisses ausgewiesen werden. Ferner kommt eine Bilanzierung zu Zeitwerten nur insoweit in Betracht, als Vermögensgegenstände ebenso wie Schulden einbezogen werden. 76

7. Eigenkapital und Kapitalerhaltung

a) Untergliederung der Bilanzposition

Das Eigenkapital stellt die Summe aller Vermögensgegenstände der Stiftung abzüglich aller Schulden dar, d. h. das Netto – Reinvermögen, auch als Stiftungsvermögen bezeichnet. 77

Die Position »Eigenkapital« in der Bilanz der Stiftung bzw. der Vermögensaufstellung sollte nach IDW RS HFA 5, Tz. 55 ff. untergliedert werden in: 78

- Stiftungskapital, untergliedert in Errichtungs- und Zustiftungskapital
- Rücklagen, untergliedert in Kapital- und Ergebnisrücklagen
- Umschichtungsergebnis
- Ergebnisvortrag.

b) Stiftungskapital

Unter der Position des Stiftungskapitals (Grundstockvermögen) ist der Wert des Vermögens auszuweisen, das die Stiftung vom Stifter als anfängliche Vermögensausstattung, d. h. als Anfangs- bzw. Dotationskapital (→ vgl. dort) oder später in Form von Zustiftungen erhalten hat oder aus Ergebnisrücklagen kapitalerhöhend zugeführt wurde. 79

c) Rücklagen

Die Rücklagen setzen sich aus Kapital- und Ergebnisrücklagen zusammen. In der Kapitalrücklage werden Zuwendungen abgebildet, die weder auf die Errichtung noch auf Zustiftungen entfallen. Ergebnisrücklagen werden aus den Jahresergebnissen des laufenden Jahres oder vergangener Perioden gebildet. Sofern die Ergebnisrücklagen für spezifische Zwecke, Projekte oder Investitionen gebildet werden, kann hierfür eine weitere Untergliederung erfolgen. 80

81 Zuführungen zu den Ergebnisrücklagen oder Entnahmen hieraus erfordern einen Beschluss des zuständigen Stiftungsorgans, der spätestens mit der Feststellung des Jahresabschlusses gefasst sein muss.

d) Umschichtungsergebnis

82 Umschichtungsergebnisse resultieren aus Umschichtungen des Grundstockvermögens. Umschichtungsgewinne sind einer Verwendung für Satzungszwecke nicht zugänglich, soweit der Stifter dies nicht ausdrücklich in der Satzung vorgesehen hat. Sie unterliegen demzufolge dem Bestandserhaltungsgebot, das jedoch eine Verrechnung mit Umschichtungsverlusten ermöglicht.

83 Aus Gründen der Klarheit sollte das Grundstockvermögen auf der Aktivseite mit einem Davon-Vermerk gekennzeichnet oder im Anhang dargestellt werden.

e) Ergebnisvortrag

84 Jahresergebnisse, die weder einer bestimmten Verwendung zugeführt noch in die Ergebnisrücklagen eingestellt werden, müssen als Ergebnisvortrag ausgewiesen werden. Die Position Ergebnisvortrag kann selbstverständlich auch negativ werden.

f) Ergebnisverwendung

85 Das IDW empfiehlt ferner, die Veränderung des Eigenkapitals transparent zu gestalten, in dem die laufenden Ergebnisse und anderen Eigenkapitalmaßnahmen getrennt ausgewiesen werden. Hierfür wird folgender Ausweis vorgeschlagen, der im Anschluss an die Gewinn- und Verlustrechnung zu ergänzen ist (s. IDW RS HFA 5, Tz. 67 f.):

- Jahresergebnis
- +/– Ergebnisvortrag aus dem Vorjahr
- +/– Einstellungen in/Entnahmen aus dem Posten Umschichtungsergebnisse
- +/– Einstellungen in/Entnahmen aus den Ergebnisrücklagen
- = Ergebnisvortrag

g) Kapitalerhaltungskonzept

86 Im Rahmen des Kapitalerhaltungskonzepts sind die nominale und die reale Kapitalerhaltung zu unterscheiden. Der wirtschaftsprüfende Berufstand (IDW RS HFA 5, Tz. 9 f.) spricht sich grundsätzlich für eine reale Kapitalerhaltung aus. Dieser Maßstab sollte im Idealfall durch den Stifterwillen in der Stiftungssatzung dokumentiert werden.

87 Ziel des Konzeptes einer planmäßigen Kapitalerhaltung ist es, mittel- bis langfristig die Sicherung des Stiftungsvermögens zu gewährleisten. Die Kapitalerhaltung kann sich dabei an den speziellen Stiftungsleistungen (z. B. einem eigenen Index für die individuellen Leistungen der Stiftung) oder an allgemeinen Preisindizes orientieren. Die indexorientierte Vermögenserhaltungsplanung der Stiftung kann dabei um Zeitwertzuwächse beim Stiftungsvermögen gekürzt werden.

Die Dotierung der entsprechenden Rücklage muss generell den Anforderungen einer planmäßigen Vermögenssicherung genügen. Dies kann für einzelne Stichtage daher durchaus zu abweichenden Entscheidungen der Stiftungsorgane führen. Eine nicht ausreichende Dotation der Kapitalerhaltungsrücklage in einzelnen Wirtschaftsjahren, z. B. als Folge höherer Stiftungsleistungen, muss dann allerdings in nachfolgenden Jahren ausgeglichen werden. 88

Die Rücklagenbildung unterliegt bei steuerbegünstigten Stiftungen zudem den Vorgaben des steuerlichen Gemeinnützigkeitsrechts (vgl. → dort), dessen Grenzen durch den Vorstand zu beachten sind. 89

II. Einzelne Aspekte von Leistungen und Spenden

1. Abbildung von satzungsgemäßen Leistungen der Stiftung und Verpflichtungen gegenüber Destinatären

Satzungsgemäße Leistungen sind in der Gewinn- und Verlustrechnung der Stiftung gesondert auszuweisen. In der Bilanz erfolgt die Darstellung nach allgemeinen Grundsätzen. Hat die Stiftung gegenüber Leistungsempfängern eine verpflichtende Zusage abgegeben, die auch der Höhe nach bestimmt ist, muss diese Zusage als Verbindlichkeit in der Bilanz ausgewiesen werden. 90

Ist die Leistungszusage zwar verbindlich, kann die Höhe der versprochenen Leistung aber noch nicht abschließend festgelegt werden, so sind gem. § 249 HGB nach allgemeinen handelsrechtlichen Grundsätzen Rückstellungen zu bilden. Dies trifft auch auf die noch nicht fällige Leistungszusage zu. 91

Steht die Zusage der Stiftung unter dem Vorbehalt, dass ausreichende Mittel erwirtschaftet werden können, ist diese Zusage so lange nicht als Verbindlichkeit zu bilanzieren, als die Mittel dafür noch nicht zur Verfügung stehen. Erst mit ihrer Erwirtschaftung und damit Wegfall des Vorbehalts, erfolgt auch der entsprechende Bilanzansatz. Soweit zum Bilanzstichtag die Mittel noch nicht vorhanden sind, sollte der Vorstand aber zumindest einen Hinweis auf die aufschiebend bedingte Verpflichtung sowie eine entsprechende Erläuterung z. B. in den sog. Anhang aufnehmen – sofern ein solcher aufgestellt wird. 92

Leistungs- oder Rentenverpflichtungen gegenüber Destinatären und nahen Angehörigen des Stifters sind als Teil der satzungsgemäßen Leistungen auszuweisen. 93

2. Erhaltene Spenden, Zinsen und Sponsorenleistungen

Die Rechnungslegung spendensammelnder Stiftungen erfüllt nur dann ihren Zweck, wenn auch die interessierte Öffentlichkeit, also Spender oder zukünftige Spender sich ein zutreffendes, vollständiges und klares Bild vom Spendenaufkommen und seiner Verwendung machen und sich über die Vermögenslage der Stiftung unterrichten können. Das führt ein weiteres Mal dazu, dass die Stiftung gut beraten ist, sich freiwillig an der handelsrechtlichen Rechnungslegung zu orientieren, sofern hierzu nicht aus anderen Gründen (→ vgl. dort) ohnehin schon eine Verpflichtung bestehen sollte. 94

95 Für den Spendenausweis in der Jahres(ab)-rechnung der Stiftung kann folgenden Empfehlungen IDW gefolgt werden (IDW RS HFA 21):

a) Spenden in der Bilanz

96 Direkt für den Stiftungszweck zu verwendende Geldspenden sind sofort erfolgswirksam zu vereinnahmen.

97 Unentgeltlich zugewandte Gegenstände oder Dienstleistungen stellen ebenso wie Vermögensübernahmen aufgrund von Erbschaften, Schenkungen oder Vermächtnissen Sachspenden dar.

98 Verbleibt der zugewandte Gegenstand bei der Stiftung, damit sie ihn zur Erfüllung des Stiftungszwecks nutzen kann, ist dieser Gegenstand im Anlagevermögen auszuweisen. Ebenso ist mit Gegenständen zu verfahren, die Teil eines Herstellungsprozesses werden, also z. B. in ein zu errichtendes Gebäude ein- oder angebaut werden sollen. Soll der Gegenstand dagegen an die Zuwendungsempfänger der Stiftung weitergegeben werden, ist dies zum Stichtag aber noch nicht umgesetzt, so erfolgt der Ausweis im Umlaufvermögen. In beiden Fällen ist es sachgerecht, den erlangten Gegenstand mit dem Wert anzusetzen, der bei vorsichtiger Schätzung den Kosten entspricht, die die Stiftung im Erwerbsfalle dafür hätte aufwenden müssen. Dieser Ansatz geht davon aus, dass Sachspenden und Geldspenden inhaltlich gleichwertig sind und deshalb keine Differenzierung in der Bilanz rechtfertigen.

99 Handelt es sich bei der Sachspende um eine unentgeltliche Leistung, kommt ein bilanzieller Ausweis nur dann in Betracht, wenn der Leistende hierfür üblicherweise einen Vergütungsanspruch hatte, auf den er aber verzichtete. Die Höhe des Vergütungsanspruchs bestimmt den Wertansatz; im Übrigen verläuft der bilanzielle Ausweis wie zuvor geschildert.

b) Spenden mit Zweckbindung und Zinsen aus ihrer Zwischenanlage

100 Spender pflegen gelegentlich, die Zuwendung mit einem Verwendungszweck zu verbinden. Dabei gilt es zu differenzieren zwischen einem Zweckhinweis (Verwendungswunsch) und einer echten Zweckbindung (Auflage). Nur die »echte« Zweckbindung führt dazu, dass die Stiftung im Falle einer nicht oder nicht vollständig zweckentsprechenden Mittelverwendung dem Spender gegenüber eine Rückzahlungsverpflichtung hat.

101 Erhält die Stiftung solche Mittel mit einer – z. B. projektbezogenen – Zweckbindung, so sind diese Mittel als Verbindlichkeit zu passivieren, sofern sie am Stichtag noch nicht eingesetzt wurden, um dadurch die Rückzahlungsverpflichtung der Stiftung offen zu legen, sofern und solange sie diese Mittel nicht entsprechend der Auflage des Spenders einsetzt.

102 Der Passivposten wird zumeist als »Verbindlichkeiten aus noch nicht verwendeten, zweckgebundenen Spenden« bezeichnet. Er sollte als erster Posten der Verbindlichkeiten (§ 266 Abs. 3 Buchst. C HGB) aufgeführt werden. Die Auflösung erfolgt bei ent-

sprechender Verwendung der Mittel oder bei Wegfall der Zweckbindung, z. B. durch Verzicht des Spenders auf die gemachte Auflage. Erst im Zeitpunkt der Auflösung, nicht bereits bei ihrer Bildung, wirkt sich die zweckgebundene Spende in der Gewinn- und Verlustrechnung der Stiftung aus.

Hat die Stiftung zum Bilanzstichtag mit zweckgebundenen Mitteln bereits Vermögens- 103 gegenstände angeschafft, soll einer vereinbarten Rückzahlungsverpflichtung der Stiftung durch die Bildung eines passiven Sonderpostens »Sonderposten für zweckgebundene Spenden im Anlagevermögen« Rechnung getragen werden. Der Passivposten ist sodann entsprechend der Abnahme der Rückzahlungsverpflichtung aufzulösen. Der Ertrag der Stiftung aus den zweckgebundenen Mitteln wird auf diese Weise zeitlich entsprechend dem regulären Wertverlust des angeschafften Gegenstandes gestreckt.

Legt die Stiftung Spendenmittel mit Zweckbindung bis zu ihrer Verwendung verzins- 104 lich an, sollen die Zinsen daraus wie die Spendenmittel selbst behandelt werden. Sie sind also zur Berücksichtigung einer noch bestehenden Rückzahlungsverpflichtung der in der Bilanz gebildeten Verbindlichkeit zuzuführen. Die Stiftung kann davon nur absehen, wenn bekannt ist oder zu vermuten steht, dass der Spender im Rückzahlungsfalle keine Ansprüche auf die zwischenzeitlichen Zinsen erheben, sondern sie für andere Verwendungszwecke freigeben würde.

Hat die Stiftung diese Spendenmittel nicht gesondert angelegt, kann sie sich notfalls 105 mit einem Durchschnittszinssatz behelfen. Entstehen der Stiftung in Zusammenhang mit der Anlage zweckgebundener Mittel Aufwendungen, z. B. Depot- oder Verwaltungskosten, können diese von den Zinsen abgesetzt werden.

Unterliegen die Zinsen der Verwendungsbindung, gehören sie nicht in die Gewinn- 106 und Verlustrechnung der Stiftung. Es wird jedoch für zulässig angesehen, den Posten »Sonstige Zinsen und ähnliche Erträge« mit einer Vorspalte zu versehen. Dort kann, quasi nachrichtlich, der Gesamtbetrag der Zinsen einschließlich der auf zweckgebundene Spenden entfallenden Zinsen angegeben werden, wobei dann aber der Betrag, der davon den Verbindlichkeiten zugeführt wurde, offen abgesetzt werden muss.

Wünscht der Spender eine bestimmte Verwendung, ohne dass er dies der Stiftung ver- 107 pflichtend auferlegt, sind die Mittel in der Jahres(ab)-rechnung in eine Gewinnrücklage (§§ 272 Abs. 3, 275 Abs. 4 HGB) einzustellen.

c) Sponsorenleistungen

Spenden werden definitionsgemäß ohne die Erwartung einer Gegenleistung übertra- 108 gen. Daher stellen sie keine Umsätze im Rahmen eines Leistungsaustausches dar. Sind Sponsorenleistungen bei wirtschaftlicher Betrachtung somit als spendengleiche, unentgeltliche Zuwendungen anzusehen, sollten sie im Jahresabschluss der Stiftung auch als Spende ausgewiesen werden, und zwar unabhängig von ihrer steuerlichen Erfassung (→ vgl. wirtschaftlicher Geschäftsbetrieb). Stehen die Leistungen des Sponsors dagegen im Verhältnis von Leistung und Gegenleistung, stellen sie Entgelte dar, die als Umsatzerlöse oder sonstige betriebliche Erträge auszuweisen sind.

d) Behandlung von Spenden in der Gewinn- und Verlustrechnung

109 Das Gliederungsschema einer Gewinn- und Verlustrechnung sollte sich sinnvoller Weise an § 275 Abs. 2 HGB (Gliederung nach dem Gesamtkostenverfahren) orientieren. Erhaltene Sachspenden sind als Ertrag auszuweisen, verwendete Sachspenden sind als Aufwand zu erfassen, sofern sie nicht aktiviert werden müssen (→ vgl. dort). Je nach Umfang und Komplexität der Stiftungstätigkeit kann eine weitere Auffächerung der betreffenden Ertrags- und Aufwandsposten angezeigt sein.

110 Das Spendenaufkommen der Stiftung sollte in der Gewinn- und Verlustrechnung wegen seiner Bedeutung in einem eigenen Posten noch vor den Umsatzerlösen ausgewiesen werden. Wegen des fehlenden Leistungs- und Gegenleistungsverhältnisses wäre ein Ausweis als Umsatzerlöse unzutreffend. Für Sponsorenleistungen (→ vgl. dort) ist eine Zuordnung nach dem wirtschaftlichen Gehalt des Vorgangs zu treffen. Das IDW empfiehlt zudem eine Überleitung des Spendenertrags nach folgendem Muster (s. IDW RS HFA 21, Tz. 24 f.):

- Im Geschäftsjahr zugeflossene Spenden
- \+ Verbrauch in Vorjahren zugeflossener Spenden
- – noch nicht verbrauchter Spendenzufluss des Geschäftsjahres
- = Ertrag aus Spendenverbrauch des Geschäftsjahres

111 Aufwendungen, die unmittelbar der Erfüllung des Stiftungszwecks dienen, bilden insgesamt einen Teil des Postens »Sonstige betriebliche Aufwendungen«. Sie sollten dort aber ebenfalls gesondert ausgewiesen und ggf. nach Verwendungszwecken untergliedert werden. Kosten der allgemeinen Verwaltung können dagegen nicht Bestandteil des Sonderausweises werden, da sie sich nicht unmittelbar auf einen bestimmten Förderzweck beziehen und somit die Aussagekraft des Sonderausweises beeinträchtigen würden.

III. Weitere Berichterstattung

1. Anhang und Lagebericht

112 Stellt die Stiftung einen Anhang auf, gelten die allgemeinen Vorschriften des Handelsrechts, §§ 284 f. HGB. Der Anhang erläutert die wesentlichen Bilanzierungs- und Bewertungsgrundsätze des Jahresabschlusses. Für Stiftungen ist der Anhang der Ort, an dem sich weitergehende Erläuterungen zum Spendenaufkommen, zu zweckgebundenen Spenden und zur Entwicklung der entsprechenden Verbindlichkeiten bzw. des betreffenden Sonderpostens finden sollten.

113 Als Rechenschaftsinstrument kann ferner ein Lagebericht aufgestellt werden. Dort hat der Vorstand den Geschäftsverlauf und die Lage der Stiftung darzulegen. Der Lagebericht soll dem Adressaten ein Bild vermitteln, das den tatsächlichen Verhältnissen der Stiftung entspricht und angemessen die Risiken der künftigen Entwicklung widerspiegelt. Dies schließt Erläuterungen zu Vorgängen von besonderer Bedeutung ebenso ein, wie Ereignisse, die nach dem Abschlussstichtag eingetreten sind und künftig Einfluss auf die Entwicklung der Stiftung nehmen werden. Der Lagebericht ist auch der Ort, an

dem der Vorstand auf die gegenwärtigen und künftigen Schwerpunkte der Stiftung eingehen soll.

Der Bericht über die Erfüllung des Stiftungszwecks (gem. Art. 25 Abs. 2 S. 1 BayStG (→ 3) sowie § 7 Abs. 1 S. 1 StiftG NRW) soll den externen Adressaten einen wesentlichen Überblick über die wirtschaftlichen und rechtlichen Verhältnisse der Stiftung bieten und Auskunft über die Leistungsfähigkeit der Stiftung im Rahmen ihrer Zweckerfüllung geben. 114

Da der Lagebericht und der Bericht über die Erfüllung des Stiftungszwecks sich nach Inhalt und Zielsetzung ähnlich sind, bietet sich eine Zusammenfassung beider Berichte an. 115

2. Bericht über die Erfüllung des Stiftungszwecks

Einige Landesstiftungsgesetze wie bspw. Art. 25 Abs. 2 S. 1 BayStiftG sowie § 7 Abs. 1 S. 1 StiftG NRW verlangen die Erstellung eines Berichtes über die Erfüllung des Stiftungszweckes. Inhalt und Form des Berichtes werden gesetzlich nicht geregelt, so dass der Vorstand in der Berichterstattung grundsätzlich frei ist. 116

Der Bericht könnte folgende Bereiche ansprechen: 117

- Stiftungszweck,
- Steuerlicher Status und Einzelinformationen hierzu,
- Besetzung der Organe,
- Verantwortungsbereich der Organe,
- Wesentliche Beteiligungen und bedeutende Verträge,
- Aussagefähige Angaben zur Effizienz und Effektivität des Mitteleinsatzes,
- Aussagen zum Nutzen des Mitteleinsatzes für die Zuwendungsempfänger,
- Erläuterung der geförderten Zwecke im Berichtsjahr,
- Höhe der verplanten und ausgezahlten Mittel,
- Benennung der Leistungsempfänger,
- Planmäßige Erhaltung des Vermögens,
- Erfüllung von Auflagen und Nachlassverbindlichkeiten.

C. Einzelheiten zur Rechnungslegung bei Einnahmen-/Ausgaben-Rechnung

I. Einnahmen-/Ausgaben-Rechnung

118 Ist keine kaufmännische Rechnungslegung erforderlich, kann die Rechnungslegung durch Aufstellung einer Einnahmen-/Ausgaben-Rechnung verbunden mit einer Vermögensübersicht erfolgen.

119 In der Einnahmen-/Ausgaben-Rechnung sind alle Zu- und Abflüsse von Geldmitteln des Geschäftsjahres zu erfassen. Es wird dem Stiftungsvorstand allerdings im Sinne einer Verbesserung des Informationsgehaltes zu empfehlen sein, auch regelmäßig die Vorjahreszahlen aufzunehmen und damit seine Rechnungslegung ähnlich der von Kapitalgesellschaften transparenter zu gestalten.

a) Einnahmen

120 Zu den Einnahmen oder Ausgaben gehören alle Zahlungsvorgänge aus reinen Finanzierungsabläufen, z. B. Darlehens- und Wertpapiergeschäfte, Vermögensumschichtungen, vereinnahmte oder verausgabte Mittel im Namen und auf Rechnung Dritter sowie Sachspenden (→ vgl. dort). Diese Vorgänge sind in der Einnahmen-/Ausgaben-Rechnung gesondert zu erfassen.

121 Einnahmen aus dem Finanzbereich umfassen neben dem Zufluss an Geldmitteln auch solche aus der Aufnahme von Darlehen, aus Zuführungen zum Stiftungskapital oder aus Zustiftungen. Entsprechendes gilt auch für die Ausgabenseite.

122 Bei Schenkungen, Erbschaften oder Vermächtnissen ist zu klären, ob der Wille des Überlassenden auf eine Spende oder eine Zustiftung gerichtet war. Handelt es sich um eine Zustiftung, so sind Geldzugänge als Einnahmen des Finanzbereichs zu erfassen. Zustiftungen in Form von Sachvermögen sind in doppelter Weise zu berücksichtigen: als (fiktive) Einnahmen im Finanzbereich und als (fiktive) Ausgaben im Investitionsbereich.

b) Ausgaben

123 Ausgaben aus laufender Tätigkeit werden zweckmäßigerweise untergliedert in:

- Satzungsmäßige Leistungen
- Personalausgaben
- Sachausgaben
- Sonstige Ausgaben.

124 Projektbezogene Untergliederungen können sich aber ebenso als zutreffend oder sogar unumgänglich erweisen, wie eine Untergliederung nach Satzungszwecken oder nach Zuwendungsempfängern. Die erweiterten Informationen können dabei ebenso in der Gliederung selbst als auch in Nebenrechnungen oder Erläuterungen hierzu dar-

gestellt werden. Nicht unmittelbar zuzuordnende Ausgaben sind als Ausgaben der allgemeinen Verwaltung auszuweisen.

Folgendes Gliederungsschema der Einnahmen-/Ausgaben-Rechnung bietet sich nach den Empfehlungen des IDW (s. IDW RS HFA 5, Tz. 80) in Anlehnung an die Darstellung von Kapitalflussrechnungen an: 125

- \+ Einnahmen aus laufender Tätigkeit
- – Ausgaben aus laufender Tätigkeit
- = Einnahmen-/Ausgabenüberschuss aus laufender Tätigkeit
- \+ Einnahmen aus Abgängen von Gegenständen des Anlagevermögens
- – Ausgaben für Investitionen in das Anlagevermögen
- = Einnahmen-/Ausgabenüberschuss aus der Investitionstätigkeit
- \+ Einnahmen aus der Finanzierungstätigkeit
- – Ausgaben aus der Finanzierungstätigkeit
- = Einnahmen-/Ausgabenüberschuss aus der Finanzierungstätigkeit

Der Saldo der Einnahmen-/Ausgabenüberschüsse aus laufender Tätigkeit, Investitionen und Finanzierungen entspricht der Veränderung des Finanzmittelfonds in der Rechnungsperiode. 126

II. Vermögensübersicht

Ist keine kaufmännische Rechnungslegung erforderlich, kann die Rechnungslegung durch Aufstellung einer Einnahmen-/Ausgaben-Rechnung verbunden mit einer Vermögensübersicht erfolgen. 127

Der Ansatz von Vermögensgegenständen und Schulden in der Vermögensübersicht sollte sich grundsätzlich an den entsprechenden Vorschriften der handelsrechtlichen Rechnungslegung orientieren; dies bedeutet zunächst, dass alle Aktiva und Passiva vollständig enthalten sein müssen. Hierzu gehören insbesondere auch Rentenverpflichtungen oder Pensionsverpflichtungen gegenüber Destinatären der Stiftung. 128

Schreiben die Landesstiftungsgesetze keine besondere Form der Vermögensübersicht vor, so sollte mindestens folgender Ausweis beachtet werden (s. IDW RS HFA 5, Tz. 87): 129

Vermögensgegenstände: 130

- Immaterielle Vermögensgegenstände,
- Sachanlagen,
- Finanzanlagen,
- Zahlungsmittel
- übrige Vermögensgegenstände

Stiftungskapital und Schulden: 131

- Eigenkapital
- Verbindlichkeiten gegenüber Kreditinstituten,
- Übrige Verpflichtungen.

132 Ergänzend zur Vermögensrechnung kann eine Mittelverwendungsrechnung (→ vgl. dort) erforderlich sein.

III. Behandlung von Spenden, Zinsen und Sponsorenleistungen in der Einnahmen-/Ausgaben- und Vermögensrechnung

133 Unter den Einnahmen und Ausgaben werden alle Zu- und Abflüsse von Geldmitteln erfasst. Hierzu gehören aber auch die Zugänge von Sachspenden und deren Abgänge durch entsprechende Verwendung. Für die Behandlung der Sachspenden in der Einnahmen-/Ausgaben- und der Vermögens-Rechnung gelten die Ausführungen zur Behandlung in der Bilanz und Gewinn- und Verlustrechnung (→ vgl. dort) entsprechend. Investitionen, Finanzierungen und für Dritte abgewickelte Vorgänge sind dabei in der Einnahmen-/Ausgaben-Rechnung stets gesondert abzubilden.

D. Sonderfragen

I. Offenlegung der Jahres(ab)-rechnung

Stiftungen sind nur dann zur Offenlegung ihrer Jahres(ab)-rechnungen analog §§ 325 ff. HGB verpflichtet, wenn sie unter das sog. Publizitätsgesetz (§§ 9, 15 PublG) fallen oder die Satzung ausnahmsweise eine solche Verpflichtung vorsieht. 134

Entsprechend den landesgesetzlichen Bestimmungen sind aber die Rechnungslegungsunterlagen vollständig oder in Teilen bei den Stiftungsaufsichtsbehörden einzureichen. Die ebenfalls unterschiedlichen landesgesetzlichen Fristen sind dabei einzuhalten. Exemplarisch zeigt die folgende Aufstellung die unterschiedliche landesrechtliche Ausgestaltung der einzureichenden Unterlagen und Einreichungsfristen: 135

Landesstiftungsgesetz	Einzureichende Unterlagen	Einreichungsfristen
Art. 25 Abs. 2 S. 1 BayStG	– Rechnungsabschluss – Vermögensübersicht – Bericht über die Erfüllung des Stiftungszwecks	Sechs Monate nach Ablauf des Geschäftsjahres
§ 7 Abs. 1 S. 1 StiftG NRW	– Jahresabrechnung – Vermögensübersicht – Bericht über die Erfüllung der Stiftungszwecke	Zwölf Monate nach Ablauf des Geschäftsjahres

§ 8 Abs. 1 Nr. 2 StiftG Bln	– Jahresbericht, bestehend aus
	  – Jahresabrechnung
	  – Vermögensübersicht
	  – Bericht über die Erfüllung des Stiftungszwecks
	– Bei Prüfung durch einen Wirtschaftsprüfer dessen Prüfbericht
		Vier Monate nach Ablauf des Geschäftsjahres oder bei einem Prüfbericht eines Wirtschaftsprüfers acht Monate

§ 12 Abs. 2 Nr. 2 BremStiftG	– Bericht über die Erfüllung des Stiftungszwecks – Jahresabrechnung – Vermögensübersicht	Nur auf Verlangen der Stiftungsbehörde

Die Stiftungsaufsicht kann anordnen, dass ein Prüfungsverband, ein Wirtschaftsprüfer oder eine andere zur Erteilung eines gleichwertigen Bestätigungsvermerks befugte Person die Jahres(ab)-rechnung der Stiftung prüfen soll. Diese Prüfung muss sich auch auf die Erhaltung des Stiftungsvermögens und die satzungsgemäße Verwendung der Erträge erstrecken. In diesem Fall verzichtet die Stiftungsaufsichtsbehörde auf eine eigene Prüfung und anerkennt die Jahresrechnung unter Würdigung des Prüfungsberichts (vgl. Art. 25 Abs. 3 BayStG, § 7 Abs. 1 S. 2 StiftG NRW). In anderen Bundesländern können durch die freiwillige Einreichung des Prüfungsberichts mit Zustimmung der Stiftungsaufsicht die von der Stiftung zu erbringenden Nachweise weitestgehend ersetzt werden. 136

II. Rechnungswesen unselbständiger Stiftungen

137 Mangels eigener Rechtspersönlichkeit sind unselbständige Stiftungen auch nicht zur eigenen Rechnungslegung verpflichtet. Sie bilden ein Sondervermögen im Eigentum eines Trägers (Treuhänder), der dieses Vermögen von seinem eigenen getrennt zu halten und zu verwalten hat.

138 Dementsprechend weist der Treuhänder das Vermögen der unselbständigen Stiftung entweder gesondert in seiner eigenen Bilanz als jeweils letzten Posten mit der entsprechenden Kennzeichnung des Treuhandcharakters aus. Alternativ kann der Träger das Treuhandvermögen auch außerhalb, d. h. unterhalb seiner eigenen Bilanz, mit dem sog. Ausweis »unter dem Strich«, vermerken. Das Treuhandvermögen sollte aber unabhängig von seinem Ausweis in jedem Falle aufgegliedert werden, sei es in der Bilanz des Treuhänders selbst, unter der Bilanz oder im Anhang. Verwaltet der Treuhänder mehrere unselbständige Stiftungen, können diese beim Ausweis zusammengefasst werden. Die Bewertungsmethoden sollten einheitlich sein und denen des Treuhänders entsprechen.

139 Erträge und Aufwendungen der unselbständigen Stiftung sind in entsprechender Weise als letzter Posten in der Gewinn- und Verlustrechnung des Treuhänders oder »unter dem Strich« zu erfassen und aufzugliedern.

III. Allgemeine steuerliche Aufzeichnungspflichten für Stiftungen

1. Allgemeine Anforderungen

140 Steuerrechtliche Gliederungs- und Abgrenzungsanforderungen sowie steuerliche Sonderrechnungen sind für die allgemeine externe Rechnungslegung der Stiftung nicht maßgebend und werden demnach davon auch nicht abgedeckt. Den steuerlichen Anforderungen ist somit gesondert Rechnung zu tragen.

141 Dabei ist zwischen privatnützigen und gemeinnützigen Stiftungen zu unterscheiden. Für beide gelten die steuerlichen Vorschriften über die sog. originäre und die derivative Buchführungspflicht.

142 Nur steuerbegünstigte Stiftungen haben darüber hinaus noch weitere steuerliche Rechnungslegungsvorschriften zu beachten.

§ 140 AO	§ 141 AO	§ 63 Abs. 3 AO
Derivative steuerliche Buchführungspflicht	Originäre steuerliche Buchführungspflicht	Buchführungspflichten nach Gemeinnützigkeitsrecht

143 Soweit die privatnützige oder gemeinnützige Stiftung bereits nach anderen gesetzlichen Vorschriften verpflichtet ist, bestimmte Aufzeichnungen vorzunehmen, werden diese gem. § 140 AO grundsätzlich auch für steuerliche Zwecke zugelassen, da weder die Steuergesetze selbst noch die dazu ergangenen Verwaltungsauffassungen den Stiftungen Form, Inhalt oder Umfang der Rechnungslegung verbindlich vorgeben. Daneben

sind die besonderen steuerlichen Anforderungen der §§ 145–148 AO zu beachten, die an die Aufzeichnungen zu stellen sind. Danach müssen insbesondere:

- sämtliche Belege vollständig und geordnet vorliegen und zeitnah erfasst werden,
- das Gebot der Richtigkeit und Willkürfreiheit beachtet werden,
- die Aufzeichnungen klar und übersichtlich sein,
- das Verbot der Saldierung aktiver mit passiven Posten beachtet und
- Vermögensgegenstände und Schuldposten einzeln bewertet sein.

Eine allgemeine Verpflichtung der Stiftung zur Einrichtung einer Buchführung oder 144
zur Strukturierung der Buchführung in einer bestimmten Form ergibt sich daraus allerdings noch nicht.

Betätigt sich die Stiftung allerdings gewerblich oder land- und forstwirtschaftlich und 145
überschreitet sie dabei in der Summe ihrer wirtschaftlichen Geschäftsbetriebe die Buchführungsgrenzen des § 141 AO, von derzeit

Buchführungsgrenzen	**Gewerbebetrieb**	**LuF**
	€	€
Umsätze (incl. steuerfreier Umsätze, ohne § 4 Nr. 8–10 UStG)	> 500.000	> 500.000
Selbstbewirtschaftete Flächen mit einem steuerlichen Waldwert von		> 25.000
Gewinn Gewerbebetrieb/LuF	> 50.000	> 50.000

kann sich für die Stiftung die Verpflichtung zur Führung von Büchern und zur Erstellung von Jahresabschlüssen nach den allgemeinen handelsrechtlichen Vorschriften (§§ 238, 240, 242, 243–256 HGB) ergeben. Die Stiftung kann in diesen Fällen von der Finanzverwaltung aufgefordert werden, auf der Grundlage einer doppelten Buchführung die Gewinnermittlung durch Betriebsvermögensvergleich (Bilanz mit Gewinn- und Verlustrechnung) vorzunehmen.

2. Umsatzsteuerliche Aufzeichnungspflichten

Neben den Aufzeichnungspflichten, die sich für die Stiftung nach §§ 140 ff. AO erge- 146
ben können, muss eine Stiftung auch die unter § 22 Abs. 2 UStG normierten Aufzeichnungspflichten beachten. Voraussetzung für die umsatzsteuerlichen Aufzeichnungspflichten ist, dass sich die Stiftung unternehmerisch betätigt.

Führt die Stiftung steuerbare und steuerpflichtige Umsätze aus und nimmt sie die Mög- 147
lichkeit des Vorsteuerabzugs gem. § 15 UStG in Anspruch, sind sowohl die erbrachten Ausgangsleistungen als auch alle (erhaltenen) Eingangsleistungen vollständig einzeln aufzuzeichnen. Sie bilden die Grundlage für die Umsatzsteuervoranmeldungen und die Umsatzsteuer-Jahreserklärung (§ 18 Abs. 1 S. 1, Abs. 3; § 22 Abs. 1 S. 1 UStG und §§ 63 ff. UStDV). Maßgebend gem. § 22 Abs. 2 Nr. 1 S. 1 UStG sind die vereinbarten bzw. die vereinnahmten (§ 22 Abs. 2 Nr. 1 S. 5 UStG) Entgelte. Die Stiftung

erfasst dabei in der EDV-gestützten Buchhaltung im Regelfall zunächst die Bruttobeträge und trennt dabei lediglich nach den betreffenden Steuersätzen (Eingabe der betreffenden Steuerschlüssel) und nach steuerfreien Umsätzen. Erst bei der Abgabe der Umsatzsteuervoranmeldung erfolgt sodann die Aufteilung in die Bemessungsgrundlage (Netto-Umsatz) und Steuer.

148 Für sog. Kleinunternehmer (→ vgl. dort) gelten Erleichterungen nach § 65 UStDV. Sie müssen nur eingeschränkte Aufzeichnungen durchführen. Aufzuzeichnen sind insbesondere die Werte der erhaltenen Gegenleistungen für die von ihnen erbrachten Leistungen sowie für die unentgeltliche Erbringung von Leistungen für Zwecke, die außerhalb des Unternehmens liegen.

149 Als Faustformel lässt sich zusammenfassen, dass sowohl die Entgelte für die von der Stiftung im unternehmerischen Bereich der Stiftung ausgeführten Umsätze als auch die geleisteten Entgelte separat erfasst werden müssen. Daneben sind die dazugehörigen Belege geordnet aufzubewahren.

150 Die Aufzeichnungspflichten erstrecken sich auch auf gemischt genutzte Wirtschaftsgüter, soweit sie auch im unternehmerischen Bereich eingesetzt werden.

IV. Steuerbegünstigte Stiftungen

151 Das Steuerrecht sieht eine Vielzahl von Nachweisen und Aufzeichnungen vor, die Stiftungen ebenso wie Unternehmen zu führen haben oder die sich aus der Besonderheit eines steuerbegünstigten Rechtsträgers erklären. Handelt es sich um eine gemeinnützige Stiftung, sind die weiteren Voraussetzungen der §§ 51–68 AO (→ 8) auch bezüglich der Rechnungslegung zu beachten (→ vgl. dort). Insbesondere bei den steuerbegünstigten Stiftungen ist die Führung umfänglicher Nachweise somit letztlich der Preis für die mit dem »Gütesiegel« der Gemeinnützigkeit verbundenen steuerlichen Vorteile.

1. Steuerliche Buchführungs- und Aufzeichnungsgrundsätze

152 Steuerbegünstigte Stiftungen haben im Rahmen der besonderen steuerlichen Anforderungen des § 63 Abs. 3 AO durch ordnungsgemäße Aufzeichnungen ihrer Einnahmen und Ausgaben nachzuweisen, dass die tatsächliche Geschäftsführung auf die zeitnahe, ausschließliche und unmittelbare Verwirklichung der steuerbegünstigten Satzungszwecke gerichtet ist.

153 Neben den allgemeinen zivilrechtlichen Anforderungen (→ vgl. dort), gilt auch für die steuerbegünstigte Stiftung die allgemeine Verpflichtung der Abgabenordnung der §§ 140, 141 ff. AO (→ vgl. dort) zur Führung von Büchern. Eine weitergehende Forderung nach Anwendung der handelsrechtlichen Rechnungslegung für gemeinnützige Stiftungen lässt sich darauf allerdings nicht stützen, da sich dies nur entweder aus der jeweiligen Rechtsform oder der wirtschaftlichen Tätigkeit herleiten lässt.

154 Die Verpflichtung des § 141 AO hängt auch für die gemeinnützige Stiftung vom Erreichen der dort genannten Größenkriterien ab und bezieht sich auf die gesamte wirt-

schaftliche Betätigung. Daher werden lediglich Einkünfte eines etwaigen Zweckbetriebes oder eines wirtschaftlichen Geschäftsbetriebes in die Berechnung der Größenmerkmale einbezogen. Mehrere wirtschaftliche Geschäftsbetriebe der steuerbegünstigten Stiftung sind dabei als einheitlicher wirtschaftlicher Geschäftsbetrieb zu behandeln.

Nach §§ 143, 144 AO hat die Stiftung für ihre wirtschaftliche Betätigung jeweils Aufzeichnungen über Warenein- und Warenausgänge zu führen. 155

Für typische Zweckbetriebe oder wirtschaftliche Geschäftsbetriebe gemeinnütziger Stiftungen bestehen besondere Buchführungs- und Aufzeichnungspflichten, die zu denen der Stiftung selbst hinzutreten. Hierzu zählen insbesondere: 156

- Krankenhäuser nach der Krankenhaus-Buchführungs-VO i. d. F. vom 24.03.1987, zuletzt geändert am 20.12.2012,
- Pflegeeinrichtungen nach der Pflege-Buchführungs-VO i. d. F. vom 22.11.1995, zuletzt geändert am 20.12.2012.

Die Finanzverwaltung kann gem. § 148 AO in begründeten Ausnahmefällen Erleichterungen hinsichtlich der Buchführung-, Aufbewahrungs- und Aufzeichnungspflichten bewilligen, die allerdings jederzeit widerrufen werden können. 157

2. Umsatzsteuerliche Aufzeichnungspflichten

(→ vgl. B III 2) 158

3. Entwicklung des Rücklagenkontos

(→ vgl. dort und B I 7d) 159

4. Mittelverwendungsrechnung

Steuerbegünstigte Stiftungen haben dem Finanzamt gegenüber den Nachweis zu führen, dass sie ihre Mittel ordnungsgemäß und zeitnah für die betreffenden gemeinnützigen Zwecke verwendet haben. Das geeignete Mittel dazu ist die Erstellung einer sog. Mittelverwendungsrechnung, deren Form nicht vorgeschrieben ist. Die Mittelverwendungsrechnung ist eine steuerliche Nebenrechnung, deren Ziel es ist, nach dem Gemeinnützigkeitsrecht unzulässige Thesaurierungen zu unterbinden. 160

Dem Vermögen und den dieses Vermögen zulässigerweise mehrenden Mitteln stehen die zweckentsprechend einzusetzenden Mittel gegenüber. Mittel sind dabei grundsätzlich alle vorhandenen Vermögenswerte ungeachtet ihrer Herkunft und Dauer der Zugehörigkeit. Der Einsatz dieser Mittel setzt keine Verausgabung zum Stichtag voraus, sondern erlaubt in zulässigem Umfang die Bildung entsprechender (z. B. projektbezogener) Rücklagen oder die Investition in Vermögensgegenstände, die für steuerbegünstigte Zwecke genutzt werden. 161

162 Eine einfache Mittelverwendungsrechnung kann folgendermaßen aussehen:

	€	
Aktivvermögen zum Stichtag	______	Immobilien, Wertpapiere, Forderungen, Bank, Kasse
Verbindlichkeiten	- ______	
Vorhandene Mittel (Nettovermögen)	______	
abzgl.		
für steuerbegünstigte Zwecke eingesetzte Mittel	- ______	
Stiftungsvermögen	- ______	Stiftungskapital Zustiftungen, Erbschaften, Vermächtnisse
zweckgebundene Rücklagen (§ 58 Nr. 6 AO)	- ______	z.B. Projekte im ideellen Bereich
freie Rücklagen (§ 58 Nr. 7a AO)	- ______	zulässige Stärkung des Stiftungsvermögens
im laufenden Jahr zugeflossene Mittel	- ______	Gewinne inkl. Spenden (nach Zuführung zu Rücklagen)
Verwendungsrückstand (+)/ Verwendungsüberhang (-)	+/- ______	

Die zum Stichtag noch vorhandenen Mittel des laufenden Jahres, die der zeitnahen Verwendung unterliegen, sind abzuziehen, da sie zulässigerweise erst bis zum Ende des Folgejahres eingesetzt werden müssen (Mittelvortrag).

5. Mittelvortrag

163 Die zum Stichtag noch vorhandenen Mittel des laufenden Jahres, die der zeitnahen Verwendung unterliegen, sind abzuziehen, da sie zulässigerweise erst bis zum Ende des Folgejahres eingesetzt werden müssen (Mittelvortrag).

164 Der Mittelvortrag umfasst die noch nicht zugesagten und noch nicht zugewiesenen Mittel.

165 Die Entwicklung des Mittelvortrages kann wie folgt aussehen:

	Zu verwendende Mittel	Verwendung lfd. Jahr	Mittelvortrag lfd. Jahr
	€	€	€
Vorjahr			
Lfd. Jahr			

Endet die Mittelverwendungsrechnung mit einem Verwendungsrückstand, also mit einem positiven Ergebnis, hat die Stiftung zu wenige Mittel für die Verwirklichung des Satzungszwecks bereitgestellt. Es liegt in Höhe des Überhangs eine entgegen § 55 Abs. 1 Nr. 5 S. 1, 3 AO unzulässige Thesaurierung vor. Diese Fehlallokation ist heilbar. Nach § 63 Abs. 4 AO kann das Finanzamt der Stiftung eine Frist für die Verwendung der Mittel setzen. Hintergrund dieser Regelung ist die Vermeidung übereilter und unüberlegter Mittelverwendung. 166

Eine denkbare zulässige Verwendung kann auch in der Bildung einer zweck- oder projektgebundenen Rücklage nach § 58 Nr. 6 AO liegen. 167

Um auszuschließen, dass die Stiftung die Gelder »rasch verteilen« muss, wird in aller Regel eine angemessene Frist von 1–2 Jahren eingeräumt werden. Der Stiftung kann nur geraten werden, mit der Finanzverwaltung über die besonderen Umstände des Einzelfalls und eine sich daraus möglicherweise ergebende längere Fristdauer zu sprechen. 168

Erst wenn die Stiftung mehrfach gegen das Gebot der zeitnahen Mittelverwendung verstößt oder die gesetzte Frist verstreichen lässt, kann die Aberkennung der Gemeinnützigkeit drohen. 169

6. Geschäftsbericht

Die gemeinnützige Stiftung hat gem. § 63 Abs. 1 AO der Finanzverwaltung nachzuweisen, dass ihre tatsächliche Geschäftsführung den Vorgaben der Satzung und den steuerrechtlichen Vorschriften der §§ 51 ff. AO über die Gemeinnützigkeit entspricht. Hierzu gehören insbesondere die ordnungsgemäßen Aufzeichnungen der Einnahmen und Ausgaben (§ 63 Abs. 3 AO) sowie der Nachweis der materiellen Satzungsmäßigkeit der Geschäftsführung. Wenn auch die gesetzlichen Regelungen keine explizite Verpflichtung zur Berichterstattung über die tatsächliche Geschäftsführung vorsehen, fordert jedoch die Finanzverwaltung einen solchen Bericht. 170

Die Berichterstattung hat jährlich zu erfolgen. Eine bestimmte Form ist dabei von der Finanzverwaltung nicht vorgegeben, sie erwartet allgemeine Nachweise, z. B. durch Protokolle oder Tätigkeitsberichte, auf Grund derer eine Prüfung der tatsächlichen Geschäftsführung möglich wird. In der Praxis wird darunter allerdings eine geordnete und zusammenhängende Berichterstattung erwartet, die die Beurteilung der Geschäftsführungstätigkeit zulässt. Der Bericht sollte die Rechnungslegung der Stiftung und den Geschäftsverlauf erläutern. Der Umfang der Berichterstattung bestimmt sich nach dem Umfang der Stiftungstätigkeit. In Form und Aufbau kann sich der Vorstand z. B. an dem handelsrechtlichen Anhang (§§ 284 ff. HGB) orientieren und seinen Bericht dabei zweckmäßigerweise nach den einschlägigen Vermögenssphären der Stiftung untergliedern. Eine Verwendung von Fördermitteln wäre gesondert nachzuweisen. 171

172 Folgende, wesentliche Bereiche sollten in der Regel im Geschäftsbericht angesprochen werden:

Ideeller Bereich	– Erläuterungen zu Art und Weise der Zweckverfolgung sowie zu – Spendenaufkommen, – Zuwendungsbescheinigungen, – Darlehensvergaben, – Einschaltung von Hilfspersonen, – Aufteilung gemischt genutzter Wirtschaftsgüter, – Angaben zu Umstrukturierungen, z. B. Ausgliederungen von steuerbegünstigten Vermögensteilen.
Vermögensverwaltung	– Vermögensumschichtungen, – Investitionen, – wesentliche Unternehmensbeteiligungen, – Abgrenzung zu anderen Vermögenssphären.
Zweckbetrieb	– Ausführungen zu jedem Zweckbetrieb gesondert, – Erläuterung von Vorgängen die zur Vermögensverwaltung oder zu einem wirtschaftlichen Geschäftsbetrieb abzugrenzen sind sowie von – sonstigen Vorgängen, die umsatzsteuerlich eng mit dem Zweckbetrieb verbunden sind, – Erläuterungen zur Einschaltung von Hilfspersonen,
Wirtschaftliche(r) Geschäftsbetrieb(e)	– Erläuterungen ggf. zu den verschiedenen Geschäftsbereichen des wirtschaftlichen Geschäftsbetriebes mit Abgrenzung, – wesentliche Unternehmensbeteiligungen, sofern nicht Vermögensverwaltung, – Aufteilung gemischter Aufwendungen zu verschiedenen wGB, – Angaben ggf. zu erfolgten Verlustausgleichen, – Angaben zur Herkunft der für Erwerb oder Aufbau des wGB verwendeten Mittel, – Angaben zur kaufmännischen Notwendigkeit einer Rücklagenbildung, – Erläuterungen zu Umstrukturierungen oder betrieblichen Reorganisationsmaßnahmen, – Verwendung von Vermögensgegenständen aus dem steuerbegünstigten Bereich.

173 Verfolgt eine Körperschaft mehrere steuerlich unterschiedlich begünstigte Zwecke, so müssen die stärker begünstigten Zwecke auch nach der tatsächlichen Geschäftsführung von den weniger begünstigten getrennt werden. Hierüber sollten ebenfalls Angaben enthalten sein.

E. Prüfung der Stiftung

I. Prüfungspflicht

Die gesetzliche Prüfungspflicht besteht aufgrund von Landesstiftungsgesetzen, z. B. § 7 Abs. 1 S. 1 und 2 StiftG NRW bzw. Art. 25 Abs. 2, 3 BayStG. Die Prüfungspflicht obliegt grundsätzlich der Stiftungsaufsichtsbehörde. Diese kann jedoch bestimmen, dass die Stiftung durch einen Wirtschaftsprüfer oder eine andere zur Erteilung eines gleichwertigen Bestätigungsvermerks befugte Person die Prüfung der Stiftung übernimmt. 174

Daneben kann sich eine Prüfungspflicht für Stiftungen bspw. durch Überschreiten der Größenklassen des Publizitätsgesetzes in Verbindung mit den handelsrechtlichen Vorschriften der §§ 316 ff. HGB ergeben. 175

Neben den gesetzlichen Vorschriften kann sich die Prüfungspflicht der Stiftung aus der Satzung ergeben. 176

Alle übrigen Stiftungen können sich einer freiwilligen Prüfung unterziehen. Abschlussprüfer sind Wirtschaftsprüfer, vereidigte Buchprüfer oder die betreffenden Wirtschaftsprüfungsgesellschaften. 177

Wird ein externer Prüfer mit der Abschlussprüfung beauftragt, ersetzt dies nach den meisten Landesstiftungsgesetzen die Prüfung durch die Stiftungsaufsichtsbehörde. Allerdings entbindet die externe Prüfung nicht die Stiftung von der Vorlage des Prüfungsberichts bei der Stiftungsaufsicht. 178

▶ In der Praxis kann der externe Abschlussprüfer Stiftungsorganen wertvolle Hilfestellungen in Fragen des Rechnungswesens geben. Will die Stiftung nicht, dass der Abschlussprüfer hier Hinweise in seinen Prüfungsbericht aufnimmt, um dadurch nicht unnötig der Stiftungsaufsichtsbehörde Anlass zu Rückfragen zu geben, sollte sie den Prüfer um einen sog. »Managementletter« mit den entsprechend detaillierten Hinweisen bitten. 179

II. Prüfung und Prüfungsergebnis

1. Umfang und Durchführung

Als unverzichtbare Bestandteile gehören zur Prüfung folgende Bereiche: 180

- Ordnungsmäßigkeit der Rechnungslegung und Buchführung,
- Jahresabschluss,
- Verwirklichung des Stiftungszwecks,
- Ordnungsmäßigkeit der Mittelverwendung,
- Ordnungsmäßigkeit der Geschäftsführung,
- Einhaltung der Gemeinnützigkeitsvorschriften,
- Erhalt des Stiftungskapitals.

181 Die Jahresabschlussprüfung ist weder eine Unterschlagungsprüfung noch eine Prüfung der Effektivität des Mitteleinsatzes. Prüfungen, die solche Themen zum Gegenstand haben, können als Sonderprüfung oder als Erweiterung des Prüfungsauftrages gesondert vergeben werden.

182 Um einen Bestätigungsvermerk (Testat) gem. § 322 Abs. 1 HGB zu erhalten, hat sich die Prüfung auf Buchführung, den Jahresabschluss (Bilanz, Gewinn- und Verlustrechnung), den Anhang und ggf. den Lagebericht zu erstrecken. Bei gemeinnützigen Stiftungen kommt – entsprechend den landesgesetzlichen Vorgaben – auch die Prüfung des Berichts über die Erfüllung des Stiftungszwecks hinzu.

183 Der Prüfer hält das Ergebnis der Prüfung in einem Prüfungsbericht fest. Der Bericht enthält Angaben zum Prüfungsauftrag und der Prüfungsdurchführung sowie die wesentlichen Prüfungsergebnisse. Abweichungen von handelsrechtlichen Gliederungsvorschriften sind zu erläutern. Ebenfalls sind Angaben zur Erweiterung des Prüfungsauftrages und einer Durchführung vorzusehen.

184 Zu den grundsätzlichen Prüfungsfeststellungen gehört die Beurteilung der Vermögens- und Ertragslage, Aussagen zu Einhaltung gesetzlicher Vorschriften, Angaben zu den sonstigen rechtlichen und wirtschaftlichen Verhältnissen sowie Feststellungen und Erläuterungen zur Rechnungslegung.

185 Speziell bei gemeinnützigen Stiftungen enthält der Prüfungsbericht Angaben über die Beachtung der steuerlichen Vorschriften.

186 Gliederung und Erläuterung des Prüfers haben sich den Besonderheiten der (gemeinnützigen) Körperschaft anzupassen.

187 Sonstige wesentliche Prüferfeststellungen sollten als Anlagen zum Prüfungsbericht genommen werden, insbesondere zu getroffenen Feststellungen, die in der Bilanz der Körperschaft oder der Vermögensaufstellung selbst ihren Niederschlag finden mussten.

188 Mit dem Prüfungsvermerk bestätigt der Abschlussprüfer bei ordnungsgemäßer Geschäftsführung, dass seine Prüfung zu keinen Einwendungen geführt hat und der von den gesetzlichen Vertretern der Stiftung aufgestellte Jahresabschluss aufgrund seiner Erkenntnisse und Beurteilung unter Beachtung der Grundsätze ordnungsmäßiger Buchführung ein den tatsächlichen Verhältnissen entsprechendes Bild der Vermögens-, Finanz- und Ertragslage der gemeinnützigen Stiftung vermittelt. Stellt der Prüfer Risiken fest, die den Fortbestand der Stiftung gefährden könnten, hat er hierauf gesondert einzugehen. Existiert ein Lagebericht, hat der Abschlussprüfer auch hierzu Stellung zu nehmen.

2. Offenlegung

189 Eine Verpflichtung zur Offenlegung der Jahresabschlüsse bzw. der Jahres(ab)-rechnung besteht für die Stiftung grundsätzlich nicht, sofern die Satzung dies nicht ausdrücklich vorschreibt. Dies hindert die Stiftung selbstverständlich nicht daran, ihre Abschlüsse auf freiwilliger Basis zu veröffentlichen und somit ein höheres Maß an Transparenz zu fördern. Will die Stiftung das Spendensiegel des deutschen Zentralinstituts für so-

ziale Fragen (DZE) erlagen, ist hierfür eine gewisse Offenlegung der Geschäftszahlen erforderlich.

F. Fundstellenverzeichnis »Rechnungswesen, Rechnungslegung und Prüfung«

190 **Aktuelle weiterführende Literatur (Auswahl)**

206. **Aktive Bürgerschaft e. V. (Hrsg.)**, Vermögensverwaltung und *Rechnungslegung*: Mit Mustersatzungen für Treuhandstiftung und Fonds (Ratgeber für Bürgerstiftungen) Berlin 2008
207. **Apitz**, Betriebsprüfungen bei gemeinnützigen Körperschaften, Teil I, StBp 2004, S. 89 ff.; Teil II, StBp 2004, S. 125 ff. und Teil III, StBp 2004, S. 153 ff.
208. **Bassen**, Internationale *Rechnungslegung* von Nonprofit-Organisationen Lohmar (Josef Eul) 2012
209. **Dr. Berndt/Schumacher/Hechenblaikner**, Die Stellungnahme des IDW zur Bilanzierung bei Spenden sammelnden Organisationen (2013)
210. **Boochs/Ganteführer**, Dotierung und Verwendung der Mittel oder des Stiftungskapitals einer gemeinnützigen Stiftung am Beispiel einer Künstlerstiftung, DB 1997, S. 1840 ff.
211. **Busse**, *Rechnungslegung* spendensammelnder Organisationen in Deutschland; Göttingen (Cuvillier) 2010
212. **Busse/Paarz**, *Rechnungslegung* von Nonprofit-Organisationen Arbeitshilfen – Fallbeispiele – Checklisten – Materialien Weinheim (Wiley-VCH) 2012
213. **Busson/Welz**, Neue Stellungnahme zur *Rechnungslegung* Spendensammelnder Organisationen; in: StiftungsBrief 2010, S. 109–111
214. **Doll**, Grundsätze der *Rechnungslegung* von Spenden sammelnden Organisationen. Zielsetzung, Abgrenzung und Anwendungsfragen des IDW RS HFA 21; in: npoR 4/2011, S. 118–125
215. **Doppstadt**; Zur Notwendigkeit der Erhöhung der Transparenz in der Rechnungslegung von Stiftungen, Stiftung & Sponsoring 4/2003, S. 24 ff.
216. **Eichhorn**, **Heiling**, **Schanbacher**, Brent; Stiftungszweck und Rechenschaftslegung, Zur Legitimation und Ausgestaltung stiftungsrechtlicher Publizität, Rote Seiten zum Magazin Stiftung & Sponsoring 2004, S. 2 ff.
217. **Helios/Strieder (Hrsg.)**, Beck'sches Handbuch der Genossenschaft; Recht, Steuern, *Rechnungslegung;* München (Beck) 2009
218. **Herrmann**, Die *Rechnungslegung* Spenden sammelnder Stiftungen Überlegungen zur sachgerechten Abbildung von Spendeneinnahmen in der Jahresrechnung unter Berücksichtigung des Entwurfs zur IDW-Verlautbarung ERS HFA 21. n. F., in: ZSt 2009, S. 66–79
219. **Heister**, *Rechnungswesen* in Nonprofit-Organisationen; Stuttgart (Schäffer-Poeschel) 2008 (IX, 230 S.)
220. **Heuer/Ringe**; Die Fusion von Stiftungen; Die Roten Seiten zu Stiftung & Sponsoring 2005, Heft 3
221. **Hüttche**; Zur Rechnungslegung der gemeinnützigen GmbH, GmbHR 1997, S. 1095 ff.

222. IDW Prüfungsstandard: Prüfung von Stiftungen (IDW PS 740) (Stand: 25.02.2000)
223. Entwurf einer Neufassung der IDW Stellungnahme zur Rechnungslegung: Rechnungslegung von Stiftungen (IDW RS HFA 5 n. F.) (Stand: 06.12.2013)
224. **Karsten;** Der Geschäftsbericht nach § 63 AO, Hinweise zur Erstellung des Geschäftsberichts für eine gemeinnützige Einrichtung, BB 2006, S. 1830 ff.
225. **Koss;** Die Einrichtung der Buchhaltung einer Stiftung, Stiftung & Sponsoring 3/2002, S. 5 ff.
226. **Koss;** Bundesverband Deutscher Stiftungen (Hrsg.), Das Rechnungswesen einer Stiftung, Verlag Bundesverband Deutscher Stiftungen, Berlin 2004, 1. Aufl.
227. **Kußmaul/Meyering;** Die Rechnungslegung der Stiftung; DStR 2004, S. 371 ff.
228. **Lehmann;** Bilanzielle Behandlung von Zuwendungen (Spenden) an gemeinnützige Einrichtungen, DB 2006, S. 1281 ff.
229. **Mattheus;** Eckpfeiler einer stiftungsrechtlichen Publizität; DStR 2003, S. 254 ff.
230. **Orth;** Zur Rechnungslegung von Stiftungen, DB 1997, S. 1341 ff.
231. **Oser/Kopf,** Konzern*rechnungslegungs*frist von Stiftungen nach BilMoG?; Das Beispiel der Carl-Zeiss-Stiftung; in: FuS 4/2011, S. 159–163
232. **Löw,** Buchhaltung und *Rechnungslegung* für gemeinnützige Vereine und Stiftungen; Hamburg (Dashöfer) 2010 (40 S.)
233. **Saenger/Veltmann,** Corporate Governance in Stiftungen, ZSt 2005, S. 67 ff.
234. **Sauer/Luger,** Vereine und Steuern *Rechnungslegung*, Besteuerungsverfahren, Gemeinnützigkeit, Spenden, Ehrenamt (Beck-Rechtsberater) München (Beck im dtv) 6. Aufl. 2010 (XXII, 325 S.)
235. **Schauhoff;** Wertberichtigungen im Stiftungsvermögen – Stiftungsrecht, Gemeinnützigkeitsrecht, bilanzielle Darstellung; DStR 2004, S. 471 ff.
236. **Schauhoff;** Handbuch der Gemeinnützigkeit, Verlag C. H. Beck, 2. Aufl. München 2005,
237. **Schindler;** Vermögensanlage von Stiftungen im Zielkonflikt zwischen Rendite, Risiko und Erhaltung der Leistungskraft, DB 2003, S. 297 ff.
238. **Schüller;** Die Auswirkungen des KonTraG auf Stiftungen, Rote Seiten zum Magazin Stiftung & Sponsoring 2002, Heft 3,
239. **Schwintek;** Die Ausgliederung aus Stiftungsvermögen; Stiftung & Sponsoring 3/2002, S. 19 ff.
240. **Segna,** *Rechnungslegung* und Prüfung von Vereinen – Reformbedarf im deutschen Recht; in: DStR 2006, S. 1568–1573
241. **Spiegel;** Die Bestandserhaltung des Stiftungsvermögens im Rahmen der Rechnungslegung, Rote Seiten zum Magazin Stiftung & Sponsoring 2000, Heft 3.
242. **Teuffel-Werhahn,** Entwurf der neuen IDW-Stellungnahme zur *Rechnungslegung* von Stiftungen veröffentlicht in: StiftungsBrief 5/2013, S. 88–92
243. **Thomsen;** Zweckentsprechende Ausgestaltung der Rechnungslegung kleiner Stiftungen, Stiftung & Sponsoring 2/2002, S. 5 ff.
244. **Voll/Voll/Störle;** Bayerisches Stiftungsgesetz, Richard Boorberg Verlag, Stuttgart u. a. 2003, 4. Aufl.
245. **Walter/Golpayegani;** Die kaufmännische Rechnungslegung bei rechtsfähigen Stiftungen des bürgerlichen Rechts, DStR 2000, S. 701 ff.

246. **Wambach/Etterer;** Risikomanagement, Controlling und Prüfung, Instrumente zur effizienten Steuerung von Stiftungen, Rote Seiten zum Magazin Stiftung & Sponsoring 2006, Heft 2.
247. www.stiftung-sponsoring.de/recht-steuern/urteile-erlasse/ruecklagenbildung-und-vermoegenszufuehrungen-bei-steuerbeguenstigten-koerperschaften.html?s=rechnungslegung

Teil 5 ABC der Stiftung

Vorbemerkung:
Da sich der Begriff der gemeinnützigen Stiftung im allgemeinen Sprachgebrauch durchgesetzt hat, wird im Stichwortverzeichnis der Gemeinnützigkeitsbegriff auch dann verwendet, wenn korrekter Weise von einer steuerbegünstigten Stiftung gesprochen werden müsste. Steuerbegünstigte Stiftungen verfolgen gemeinnützige, mildtätige oder kirchliche Zwecke. Sofern nicht explizit auf die Differenzierung zwischen Gemeinnützigkeit, Mildtätigkeit und kirchlichen Zwecken eingegangen wird, ist der Begriff der gemeinnützigen Stiftung in Anlehnung an den allgemeinen Sprachgebrauch als Synonym zu verstehen.

1. **Admassierungsverbot**
Die gemeinnützige Stiftung muss ihre erwirtschafteten Erträge zeitnah dem festgelegten Stiftungszweck zugutekommen lassen. Sie darf die Erträge daher in der Regel **nicht** dem Stiftungskapital (→ Grundstockvermögen) zuführen. Konkrete Vorgaben enthalten die → Landesstiftungsgesetze (vgl. Dokumentation). Das Admassierungsverbot konkurriert mit dem Grundsatz der Kapitalerhaltung. Das Steuerrecht sieht in § 62 Abs. 1 Nr. 1, Nr. 3, Abs. 4 AO deshalb Ausnahmen vom Admassierungsverbot vor. Danach darf eine Stiftung ein Drittel ihrer Erträge in eine sog. freie Rücklage zuführen, um bspw. die Inflation auszugleichen.

2. **Altenhilfe/Förderung der**
Als → gemeinnütziger Zweck anerkannt.

3. **Anerkennungsverfahren**
Seit 01.09.2002 muss eine Stiftung zur Erlangung ihrer Rechtsfähigkeit durch die zuständige Landesbehörde (Stiftungsaufsicht, vgl. Dokumentation) anerkannt werden. Die Anerkennung erfolgt mittels Urkunde. Soweit die zu gründende Stiftung die formalen Voraussetzungen der §§ 80 ff. BGB erfüllt, hat sie einen Anspruch auf Anerkennung. Der Stiftungsaufsicht steht insoweit kein Ermessen zu. Zuvor hatte die Stiftungsaufsicht die Aufgabe, Stiftungsgründungen zu genehmigen.

4. **Anfall**
Im Falle der Auflösung oder Aufhebung der Stiftung muss das Vermögen der gemeinnützigen Stiftung einer anderen steuerlich begünstigten Organisation zukommen (Vermögensanfall). Eine entsprechende Klausel muss in der Satzung zwingend vorgesehen werden, da anderenfalls die steuerliche Begünstigung entfällt (vgl. § 61 Abs. 1 AO)

5. **Anhang**
Der Anhang erweitert den Jahresabschluss und soll zusätzliche Informationen über die Vermögens-, Finanz- und Ertragslage vermitteln. Er enthält zusätzliche Angaben, die noch nicht in der Bilanz bzw. Gewinn- und Verlustrechnung erfasst wurden. Hierbei handelt es sich bspw. um die Darstellung der angewendeten Bilanzierungs- und Bewertungsmethoden oder Angaben zu den einzelnen Posten in der Bilanz und Gewinn- und Verlustrechnung.

6. **Anlaufphase**
Nach Auffassung der Finanzverwaltung ist in den ersten Jahren nach Gründung der gemeinnützigen Stiftung (Anlaufphase) ein weniger strenger Ansatz hinsichtlich des Grundsatzes der → Selbstlosigkeit zugrunde zu legen. Unter anderem können während dieser Zeit Mittel des → ideellen Bereiches zum Ausgleich eines → Verlustes des → wirtschaftlichen Geschäftsbetriebes genutzt werden (vgl. AEAO Rn 7 zu 55 § AO). Daneben können diese Mittel auch überwiegend für → Verwaltungskosten und Spendenwerbung verwendet werden (vgl. AEAO Rn 7 zu 55 § AO). Die Zeitspanne der Anlaufphase hängt vom Einzelfall ab und beträgt höchstens vier Jahre. Die Anlaufphase ist als Ausnahmefall anzusehen und daher stets begründungsbedürftig.

7. **Ansparrücklage**
Gemäß § 62 Abs. 1 Nr. 3 AO hat die Stiftung im Jahr ihrer Gründung sowie in den folgenden drei Jahren die Möglichkeit zur Bildung einer Ansparrücklage.

8. **Anstaltsstiftung**
Diese Stiftung, auch Anstaltsträgerstiftung genannt, erfüllt ihren Zweck unmittelbar durch den Einsatz des Stiftungsvermögens in Form eigener Einrichtungen. In der Regel betreibt die Anstaltsstiftung Krankenhäuser, Altenheime, Museen oder unterhält Kunst- oder Musikinstrumentensammlungen.

9. **Arbeitsgemeinschaften**
Steuerbegünstigte Stiftungen können miteinander Arbeitsgemeinschaften bilden; es handelt sich um eine gemeinschaftliche Zweckverwirklichung. Der Grundsatz der Unmittelbarkeit wird durch die Arbeitsgemeinschaft nicht verletzt. Die Arbeitsgemeinschaft kann auch zwischen einem steuerpflichtigen und einem gemeinnützigen Rechtsträger zustande kommen; häufiges Beispiel ist eine Veranstaltergemeinschaft.

10. **Arbeitnehmer**
Der Stiftung ist die Beschäftigung von Arbeitnehmer und freiberuflich Tätigen unbenommen. Gemeinnützige Stiftungen haben allerdings die Begrenzung der → Verwaltungskosten zu beachten.

11. **Arbeitslohnspende**
Verzichtet eine Person, die bei der Stiftung angestellt ist auf ihren Lohn für eine Arbeitsleistung, die sie schon erbracht hat, stellt das eine Arbeitslohnspende (Sachspende) dar. Die Stiftung muss beachten, dass sie trotz der Spende aber ihre Arbeitgeberpflichten zu erfüllen hat, insbesondere, dass Lohnsteuer und Sozialversicherungsbeiträge abgeführt werden.

12. **Asset Allocation**
Die Asset Allocation beschreibt die Zusammensetzung des vorhandenen Vermögens auf die verschiedenen Anlageklassen. Vermögensanlageformen können bspw Finanzanlagen, Immobilien oder Bankguthaben sein.

13. **Asset Protection**
Mitunter liegt die Intention der Stiftungserrichtung auch der Sicherung des Vermögens vor dem Zugriff Dritter (Asset Protection). Unter Berücksichtigung des Stiftungsrechts der Länder (vgl. Dokumentation) wäre die Satzung entsprechend zu gestalten.

14. **Auflösung durch Bedingungseintritt**
Grundsätzlich sind Stiftungen auf Dauer angelegt. Der Stifter kann jedoch der Stiftung einen solchen Zweck auferlegen, mit dessen Erfüllung sich die Stiftung automatisch auflösen soll. Typischerweise handelt es sich dabei um Stiftung die zur Überwendungen einer Notsituation, z. B. aufgrund von Naturkatastrophen gegründet werden.

15. **Auflösung durch Satzungsbeschluss**
Im Rahmen der Satzung einer Stiftung kann den beschlussfassenden Organen, regelmäßig dem Vorstand, das Recht zur Auflösung der Stiftung eingeräumt werden.

16. **Auflösung durch die Stiftungsaufsicht**
Die Stiftungsaufsicht hat das Recht die Aufhebung der Stiftung anzuordnen (vgl. § 87 Abs. 1 BGB) Dieses Instrument kann allerdings nur unter sehr engen Voraussetzungen herangezogen werden (vgl. Dokumentation) und muss die ultima ratio in der Phalanx der Möglichkeiten der Stiftungsaufsicht sein (vgl. exemplarisch: § Art 8 BayStG). Der Grund kann neben der Gefährdung des Gemeinwohls auch die Unmöglichkeit der Stiftungserfüllung sein.

17. **Auflösung durch Zeitablauf**
Stiftungen können in seltenen Fällen auch zeitlich befristet werden. Hierbei handelt es sich in der Regel um Stiftungen, die für ein zeitlich begrenztes Projekt, wie bspw. die Errichtung oder Sanierung eines Denkmals, errichtet werden.

18. **Auflösung durch Zusammenlegung**
→ Zusammenlegung

19. **Auflösung durch Zulegung**
→ Zulegung

20. **Auflösung/Steuerliche Folgen**
Im Rahmen der Auflösung einer Stiftung kommt es zu einem Vermögensanfall Dritter. Im Falle einer nicht steuerbegünstigten Stiftung unterliegt dieser Vermögensanfall der Schenkung- bzw. Erbschaftsteuer (vgl. § 7 Abs. 1 Nr. 9 ErbStG). Die Satzungen steuerbegünstigter Stiftungen müssen dahingegen eine andere steuerbegünstigte Körperschaft als Anfallsberechtigte vorsehen (→ Vermögensanfall).

21. **Auftragsforschung**
Auftragsforschung ist als → Zweckbetrieb anerkannt (vgl. § 68 Nr. 9 S. 2 AO). Hierbei handelt es sich um die Forschungstätigkeit einer gemeinnützigen Stiftung, die im Auftrag eines nicht gemeinnützige Rechtsträgers, dem die Ver-

wertung der Forschungsergebnisse zustehen soll, tätig wird. Allerdings ist der gegenständliche Anwendungsbereich nach § 68 Nr. 9 S. 1 AO begrenzt auf Forschungseinrichtungen, deren Träger sich überwiegend aus Zuwendungen der öffentlichen Hand oder Dritter oder aus der Vermögensverwaltung finanzieren. Der Gesetzgeber wollte insoweit klarstellen, dass solche Forschungseinrichtungen wegen ihrer Eigen- oder Grundlagenforschung gemeinnützig sind. Daher sind Steuervergünstigungen nur gerechtfertigt, wenn die Auftragsforschung keinen selbständigen Zweck neben der Forschung darstellt.

22. **Aufwandsentschädigung**
→ Aufwendungsersatz

23. **Aufwandsersatz**
Es handelt sich um eine → Aufwandsentschädigung, d. h. die Stiftung ersetzt aufgrund vorheriger schriftlicher Vereinbarung Mitarbeitern oder Dritten die Mittel, die sie für die Stiftung aufgewendet haben.

24. **Aufwandsspende**
Eine Aufwandsspende ist anzunehmen, wenn der Spender aufgrund einer Leistung bzw. einer schuldrechtlichen Vereinbarung einen Geldanspruch gegenüber der Stiftung hat und auf diesen bestehenden Anspruch verzichtet. Sofern der Leistende keinen Erstattungsanspruch hat, weil vereinbart ist, dass er unentgeltlich tätig wird, liegt steuerlich gesehen keine Spende vor.

25. **Auslandsspende**
Die Spende an eine im EU oder EWR Ausland ansässige Körperschaft wird in Deutschland anerkannt, wenn die ausländische Empfänger-Körperschaft steuerbefreit wäre, wenn sie inländische Einkünfte erzielen würde (vgl. § 10b Abs. 1 Satz 2 Nr. 2 und 3 EStG, § 9 Abs. 1 Nr. 2 Satz 2 KStG, § 9 Nr. 5 Satz 2b) und c) GewStG). Diese Regelung geht zurück auf eine Entscheidung des EuGH und erweist sich in der Praxis als überaus kompliziert, vor allem, wenn von dem Steuerpflichtigen/Spender der Nachweis der »fiktiven Steuerbegünstigung« zu führen ist. **Diese Grundsätze können allerdings im Rahmen einer Spende an eine ausländische Körperschaft des öffentlichen Rechts nicht greifen, da entsprechende Nachweise auch im Inland nicht zu führen sind.**

26. **Außenprüfung**
Auch gemeinnützige Stiftungen unterliegen der Außenprüfung (Betriebsprüfung) durch das Finanzamt. Prüfungsgegenstand sind wie bei allen Steuerpflichtigen die Buchführung, alle steuerlich relevanten Aufzeichnungen sowie Jahresabschlüsse oder Jahresrechnungen bzw. Einnahmen- und Ausgabenrechnung. Hinzu tritt für gemeinnützige Rechtsträger die Überprüfung der Voraussetzung der Gemeinnützigkeit. In diesem Zusammenhang werden regelmäßig die unterschiedlichen Sphären der gemeinnützigen Stiftung (Ideeller Bereich, Vermögensverwaltung, Zweckbetrieb und wirtschaftlicher Geschäftsbetrieb) intensiv geprüft, da mit der entsprechenden Zuordnung unterschiedliche steuerliche

Konsequenzen einhergehen. Die Außenprüfung kann daher auch Ausgangspunkt von Straf- und Haftungsfragen sein.

27. **Ausschließlichkeit**
Die Steuerbegünstigung gemeinnütziger Stiftungen knüpft daran, dass sie ausschließlich steuerbegünstigte Zwecke verfolgt (§§ 56, 51 Abs. 1 Satz 1 AO). Obwohl der Wortlaut des § 56 AO keinen Spielraum lässt, wird dieser Grundsatz durch viele Ausnahmen durchbrochen (vgl. § 58 Nr. 5, 8, 9 AO).

28. **Begünstigungsverbot**
§ 55 Abs. 1 S. 2 AO sowie § 55 Abs. 1 Nr. 3 AO statuieren für gemeinnützige Körperschaften den Grundsatz, dass weder Personen noch Einrichtungen in ihrer Eigenschaft als Mitglieder/Gesellschafter durch unverhältnismäßig hohe Vergütungen begünstigt werden dürfen. Insbesondere darf die Stiftung keine Mittel zuwenden oder auf den Erhalt von Mitteln verzichten oder zu vertraglichen Bedingungen abschließen, wie sie unter fremden Dritten nicht in gleicher Weise zustande gekommen wären. Unbenommen sind ihr dagegen fremdübliche entgeltliche Vereinbarungen, u. a. Miet-, Kauf- und Arbeitsverträge.

29. **Benefizveranstaltung**
Zuwendungen an die Stiftung im Zusammenhang mit Benefizveranstaltungen unterliegen beim Zuwendenden nur insoweit dem Spendenabzug, als keine rechtliche Verknüpfung zwischen Kartenpreis und Spende besteht. Der Spendenanteil muss eindeutig und klar gekennzeichnet sein. Die Spende muss freiwillig geleistet werden.

30. **Best-Practice-Standards**

31. **Beteiligungsträgerstiftung**
Die Beteiligungsträgerstiftung hält in ihrem Vermögen Beteiligungen an Personen- oder Kapitalgesellschaften. Die Stiftung kann sich auf das bloße Halten der Beteiligungen beschränken oder aktiv auf die Geschäftsführung Einfluss nehmen. Sie wird auch als unternehmensverbundene Stiftung bezeichnet.

32. **Betrieb gewerblicher Art**
§ 4 Abs. 1 S. 1 KStG definiert Betriebe gewerblicher Art einer juristischen Person des öffentlichen Rechts als Einrichtungen, die einer nachhaltigen wirtschaftlichen Tätigkeit zur Erzielung von Einnahmen außerhalb der Land- und Forstwirtschaft dienen. Der Betrieb muss sich innerhalb der Gesamtbetätigung der Stiftung des öffentlichen Rechts wirtschaftlich herausheben. Eine Gewinnerzielungsabsicht ist nicht erforderlich, ebenso nicht die Beteiligung am allgemeinen wirtschaftlichen Verkehr, d. h. Erkennbarkeit nach außen.

33. **Betriebsaufspaltung**
Die Betriebsaufspaltung ist eine steuerliche Konstruktion, welche dadurch gekennzeichnet ist, dass ein Besitzunternehmen (nat. bzw. jur. Person) Vermögensgegenstände einem operativen Unternehmen, der sog. Betriebsgesellschaft, zur Nutzung überlässt und gleichzeitig beide Unternehmen von der gleichen Person

(Gruppe) beherrscht werden. Der Vermögensgegenstand, der im Rahmen dieser Konstruktion überlassen wird sowie ggf. vermeintlich gehaltene Geschäftsanteile an den beteiligten Unternehmen gehören zum steuerlichen Betriebsvermögen. Damit geht ein hohes steuerliches Risiko der Aufdeckung stiller Reserven einher. Besondere Bedeutung gilt der Auflösung der Betriebsaufspaltung im Rahmen der Stiftungsgründung.

34. **Betriebsmittelrücklage**
Diese gem. § 62 Abs. 1 Nr. 1 AO steuerlich zulässigen Rücklagen werden zur Zweckerfüllung der Stiftung vorgehalten. Diese Reserven dienen der Vorsorge für periodisch wiederkehrende Ausgaben der Stiftung. Hierbei handelt es sich insbesondere um Löhne oder Mieten. Die Höhe sowie der Zeitraum (bis zu 12 Monate), für den die Rücklage gebildet werden darf, hängen vom Einzelfall ab. Die Zulässigkeit dieser Rücklage ist unabhängig von der Bildung oder dem Bestehen einer → freien Rücklage.

35. **Betriebsprüfung**
→ Außenprüfungen

36. **Betriebsvermögen**
Zum steuerlichen Betriebsvermögen gehören Wirtschaftsgüter, die ausschließlich und unmittelbar für betriebliche Zwecke genutzt werden oder hierfür bestimmt sind (sog. notwendiges Betriebsvermögen) bzw. in einem objektiven Nutzungs- und Funktionszusammenhang zum Betrieb stehen (sog. gewillkürtes Betriebsvermögen). Im Rahmen des wirtschaftlichen Geschäftsbetriebes beziehungsweise des Zweckbetriebes einer gemeinnützigen Stiftung besteht regelmäßig Betriebsvermögen.

37. **Bilanz E-Bilanz**
Gemeinnützige Stiftungen sind regelmäßig nicht verpflichtet eine Bilanz zu erstellen. Selbstverständlich kann eine solche freiwillig erstellt werden. Es kann sich allerdings auch für die gemeinnützige Stiftung eine Bilanzierungspflicht ergeben, wenn sie einen wirtschaftlichen Geschäftsbetrieb unterhält. In diesem Fall ist auch eine E-Bilanz zu erstellen. Ob auch Stiftungen, welche freiwillig bilanzieren eine solche Verpflichtung trifft, ist noch nicht abschließend geklärt.

38. **Bottom-Up-Modell**
Hierbei handelt es sich um eine bestimmte Art der Gründung einer Bürgerstiftung. Im Gegensatz zum → Top-Down-Modell geht hier die Initiative zur Gründung einer Bürgerstiftung nicht von einem öffentlichen Träger, sondern von einer größeren Anzahl von Bürgern aus, die mitsammen das Grundstockvermögen stellen.

39. **Brauchtum/Förderung des**
Die Förderung des traditionellen Brauchtums ist als gemeinnütziger Zweck anerkannt (§ 52 Abs. 2 Nr. 34 AO).

40. **Buchführung**
→ Rechnungslegung

41. **Buchwert**
Der Buchwert ist der Anschaffungs- bzw. Herstellungswert eines Wirtschaftsgutes abzüglich der vorgenommenen Abschreibungen.

42. **Buchwertprivileg**
Die steuerliche Begünstigung von gemeinnützigen Stiftungen setzt sich auch auf der Ebene der Zuwendungen nat. oder jur. Person fort. Im Rahmen einer Entnahme aus dem Betriebsvermögen und anschließende Zuwendung an eine gemeinnützige Stiftung kommt es nicht zu einer Aufdeckung etwaiger stiller Reserven des entnommenen und zugewendeten Gegenstandes, da hier das sog. Buchwertprivileg greift (vgl. § 6 Abs. 1 Nr. 4 S. 4 EStG)Hierbei handelt es sich um ein Wahlrecht, den Buchwert anstelle des jeweiligen gemeinen Wertes (Verkehrswert) des entnommenen Wirtschaftsgutes anzusetzen.

43. **Bürgerschaftliches Engagement/Förderung des**
Als → gemeinnütziger Zweck anerkannt.
→ Bürgerstiftung

44. **Bürgerstiftung**
Diese Stiftungsform wird von Bürgern für Bürger betrieben und ist demnach Ausdruck des bürgerschaftlichen Engagements. Typischerweise weist die Bürgerstiftung nicht den einen Stifter auf, sondern eine Vielzahl von Stiftern, welche in der Regel ehrenamtlich tätig sind. Vor diesem Hintergrund haben Bürgerstiftungen regelmäßig lokale Projekte im Fokus. Die Zahl der Bürgerstiftungen sowie des entsprechenden Stiftungskapitals in Deutschland steigt kontinuierlich an (vgl. aktuelle Zahlen und Fakten der Initiative Bürgerstiftungen).

45. **By-Laws**
Neben der Satzung hat der Stifter die Möglichkeit in By-Laws, wie bspw. in einer Geschäftsordnung oder Anlagerichtlinien Einzelheiten seines Stifter-Willens zu regeln. Der Vorteil von diesen »By-Laws« ist die im Vergleich zur Satzungsänderung wesentlich flexiblere Möglichkeit zur Anpassung an neue Entwicklungen. So könnte ein Stifter in der Satzung die Grundsätze der Stiftungstätigkeit beschreiben und die konkrete Regelung der Vermögensverwaltung in speziellen Anlagerichtlinien vorsehen.

46. **Community Foundation**
Dieser Begriff ist gleichbedeutend mit der → Bürgerstiftung.

47. **Corporate Citizenship**
Das bürgerschaftliche Engagement und die Verantwortung von Unternehmen wird unter dem Begriff des Corporate Citizenship zusammengefasst. Es umfasst in weiten Teilen soziales Engagement, Materielle und personelle Unterstützung außerunternehmerischer gemeinschaftlicher Anliegen und ist im Zusammenhang mit dem → Corporate Social Responsibility zu sehen.

48. **Corporate Gouvernance**
Darunter versteht man das ernsthafte Wahrnehmen von Kontroll- und Leitungsaufgaben. Diese Aufgaben können bei Stiftungen auf das Kontrollorgan (bspw. auf ein Kuratorium oder den Stiftungsbeirat) oder auch auf den Wirtschaftsprüfer übertragen werden. Dieser Begriff stammt aus dem unternehmerischen Bereich und ist nach mehreren Unternehmenszusammenbrüchen insbesondere bei Aktiengesellschaften zwischenzeitlich von täglicher praktischer Bedeutung. Auch der Bundesverband Deutscher Stiftung greift dieses Thema in verschiedenen Handlungsempfehlungen auf (vgl. Broschüre »Grundsätze guter Stiftungspraxis«).

49. **Corporate Social Responsibility**
Die allgemeine Verantwortung von Unternehmen für soziale bzw. ökologische Belange und die entsprechende Unterstützung in diesem Bereich wird unter dem Begriff der Corporate Social Responsibility (CSR) zusammengefasst. Auf EU-Ebene wird an einer entsprechenden Richtlinie gearbeitet (→ CSR-Richtlinie)

50. **CSR Richtlinien**
Im Hinblick auf die allgemeine Verantwortung von Unternehmen für Gemeinwohlbelange (vgl. → CSR) hat das EU-Parlament zum Zeitpunkt der Aufsetzung dieses Glossars dem Vorschlag einer »Richtlinie zur Berichterstattung über Umwelt- und Sozialbelange sowie Diversität« aufgestellt. Demnach ist der Lagebericht, mithin der Jahresabschluss um nicht finanzielle Informationen (Geschäftsmodelle, Strategie, Risikoanalyse, außer finanzielle Leistungsaspekte) zu ergänzen. Die Richtlinie soll sich aber lediglich auf Großunternehmen (>500 Mitarbeiter) und Unternehmen von öffentlichem Interesse (v. a. Banken, Versicherungen etc.) erstrecken und kleinere sowie mittlere Unternehmen ausschließen.

51. **Dachstiftung**
Eine Dachstiftung ist eine Stiftung, die unter ihrem Dach treuhänderische Stiftungen oder auch Themenfonds professionell verwaltet. Der Vorteil für die Inanspruchnahme einer Dachstiftung liegt in dem eigenen geringen Aufwand, wenn eine → treuhänderische Stiftung den Service einer bestehenden Dachstiftung in Anspruch nimmt.

52. **Dachverband**
Ein Dachverband ist ein Zusammenschluss mehrerer steuerbegünstigter Körperschaften, der seinerseits eine Organisationseinheit für diese gemeinnützigen Körperschaften darstellt. Der Dachverband nimmt allgemeine, aus der Tätigkeit und Aufgabenstellung der Mitgliederkörperschaften erwachsene Interessen wahr. Der Dachverband selbst bleibt nur dann gemeinnützig gem. § 57 Abs. 2 AO, wenn jedes Mitglied des Dachverbands steuerlich begünstigt ist. Sofern ein Dachverband selbst unmittelbar gemeinnützige Zwecke verfolgt, können dieser Körperschaft auch Mitglieder angehören, die nicht selbst gemeinnützig sind. Allerdings muss der Dachverband dann das Gebot der Selbstlosigkeit im Sinne des

§ 55 Abs. 1 AO beachten. Das bedeutet, dass der Dachverband die nicht-steuerbegünstigten Organisationen nicht mit Rat und Tat fördern darf.

53. **Darlehensförderung**
Die Stiftung kann die Tätigkeit einer gemeinnützigen oder steuerpflichtigen Tochtergesellschaft, unter anderem durch (zinsgünstige bzw. zinslosen) Darlehen fördern (vgl. § 58 Nr. 2 AO). Es muss allerdings gewährleistet sein, dass die Erfüllung eigener Stiftungszwecke nicht gefährdet ist.

54. **Denkmalschutz/Förderung des**
Als → gemeinnütziger Zweck anerkannt. Die Stiftung kann auch Denkmäler, die im Eigentum von Privatpersonen stehen, fördern.

55. **Destinatär**
Destinatäre sind Personen (natürliche oder juristische), die Zuwendungen aus der Stiftung erhalten sollen. Sie haben grundsätzlich keine Auskunfts- und Kontrollrechte oder Mitwirkungsrechte, es sei denn diese Rechte sind in der Satzung vorgesehen. Die Zuwendung der Stiftung an die Destinatäre stellt keine steuerpflichtige Schenkung dar. Sie unterliegt aber der Einkommensteuer, wobei zu unterscheiden ist, ob eine gemeinnützige Stiftung oder eine Familienstiftung die Zahlungen leistet. Zuwendungen der Familienstiftung sowie gemeinnützigen Stiftungen stellen regelmäßig steuerpflichtige Einnahmen der Destinatäre dar. Die steuerliche Einordnung derselben ist dahingegen unterschiedlich und hängt von den Umständen des Einzelfalls ab.

56. **Direktorium**
Bezeichnung für den → Stiftungsvorstand

57. **Disproportionales Stimmrecht**
Doppelstiftungsmodelle (→ vgl. Doppelstiftung) arbeiten oft mit Mehrfachstimmrechten und Gewinnbezugsrechten, die nicht der Beteiligung des betreffenden Gesellschafters am Kapital der Gesellschaft entsprechen. Bspw. kann ein Gesellschafter einen Anteil von 10 v. H. am Stammkapital einer Gesellschaft halten, jedoch Stimm- und Gewinnbezugsrechte in Höhe von 90 v. H. haben. Ein weiterer Gesellschafter würde dann einen Kapitalanteil von 90 v. H. halten mit entsprechend reduzierten Stimm- und Gewinnbezugsrechten von 10 v. H.

58. **D & O-Versicherung**
Der Name der Versicherung leitet sich aus »Directors & Officers Liability Insurance« ab. Es handelt sich um eine Vermögensschadenhaftpflichtversicherung, die bei entsprechender Ausgestaltung die persönliche Haftung der Stiftungsorgane abdeckt.

59. **Doppelstiftung**
Eine Doppelstiftung kombiniert die Vorteile einer unternehmensverbundenen Stiftung mit den Steuervorteilen einer gemeinnützigen Stiftung. Es handelt sich typischerweise um einen Verbund aus Familienstiftung und gemeinnütziger Stiftung, die beide an einer steuerpflichtigen Kapitalgesellschaft beteiligt

sind. Die gemeinnützige Stiftung hält regelmäßig die Mehrheit der Anteile an der Kapitalgesellschaft. Allerdings verfügt sie über ein geringes Stimmrecht bzgl. Entscheidungen der Geschäftsführung. Diese werden z. B. von einer Familienstiftung gehalten, so dass die Familie die »Kontrolle« über die Kapitalgesellschaft behält. Es liegt insoweit ein → disproportionales Stimmrecht vor.

60. **Dotationskapital**
Hierunter versteht man das anfängliche Grundstockvermögen (→ Stiftungskapital) der Stiftung, mit dem der Stifter die Stiftung zur Zweckerfüllung ausgestattet hat. Diesbezüglich gibt es keine gesetzlich festgelegte Mindesthöhe. Maßgeblich ist, dass die Handlungsfähigkeit der Stiftung gewährleistet ist. Hier ist eine Abstimmung mit der Stiftungsaufsicht zweckdienlich.

61. **Dritter Sektor**
Der gesamte Bereich der gemeinnützigen Organisationen (→ NGO, → Non-Profit), Tätigkeit etc. wird oftmals mit dem Begriff Dritter Sektor umschrieben.

62. **Durchlaufende Gelder**
Unter durchlaufenden Geldern versteht man die steuerfreien Beträge i. S. des § 3 Nr. 50 EStG, die der Arbeitnehmer vom Arbeitgeber erhält, um sie für den Arbeitgeber auszugeben.

63. **Durchlaufspende**
Bis zum 31.12.1999 erkannte die Finanzverwaltung Spendenbescheinigungen nur dann an, wenn die Spenden an eine Körperschaft des öffentlichen Rechts als Spendenempfänger geleistet worden waren. Diese Körperschaft musste dann anschließend diese Spende an den eigentlichen Zuwendungsempfänger weiterleiten. Dieses Durchlaufspendenverfahren wurde in der Praxis vielfach kritisiert, da es zu einer Ungleichbehandlung verschiedener Normadressaten führte. Ab 1.1.2000 dürfen sämtliche Körperschaften, Personenvereinigungen und Vermögensmassen, die ausschließlich und unmittelbar gemeinnützigen Zwecken dienen, → Spendenbescheinigungen ausstellen.

64. **Ehrenamtliche Tätigkeit**
Bei der ehrenamtlichen Tätigkeit handelt es sich in der Regel um eine unentgeltlich oder gegen geringes Entgelt erbrachte Arbeitsleistung. Unentgeltlichkeit liegt auch dann vor, wenn der ehrenamtlich Tätige Ersatz für entstandene Aufwendungen von der Stiftung erhält. Geringe Einnahmen aus der ehrenamtlichen Tätigkeit sind i. H. v. 2400 EUR pro Jahr (→ Übungsleiterpauschale), 720 EUR p. a. (Ehrenamtspauschale) steuerfrei.

65. **Ehrenamtspauschale**
Einnahmen aus einer ehrenamtlichen Tätigkeit für eine Körperschaft des öffentlichen Rechts in D oder der EU sind in Höhe von 720 EUR p. a. steuerfrei (vgl. § 3 Nr. 26).

66. **Ehrenamtsstärkungsgesetz**
Mit dem Gesetz zur Stärkung des Ehrenamtes (Ehrenamtsstärkungsgesetz) vom

21. März 2013 (BGBl. I S. 556) kam es zu zahlreichen, v. a. steuerrechtlichen Änderungen im Hinblick auf gemeinnützige Organisationen. Diese erfassen unter anderem den Bereich der Vermögensverwendung sowie der Rücklagenbildung.

67. **Eigenstiftung**
Eine → unselbständige Stiftung benötigt einen Rechtsträger, sei es eine juristische oder eine natürliche Person. Der Stifter kann sich allerdings nicht selbst zum Stiftungsträger erklären. Dies wäre eine unzulässige Eigenstiftung.

68. **Einbringungsgeborene Anteile**
Hierbei handelt es sich um Anteile an einer Kapitalgesellschaft, die ein Gesellschafter bspw. durch Sacheinlage oder Anteilstausch unter dem → Teilwert erworben hat (§§ 20 Abs. 2 S. 2. 21 Abs. 1 S. 2 UmwStG in der Fassung des SEStEG). Einbringungsgeborene Anteile können anlässlich der Gesellschaftsgründung oder anlässlich einer Kapitalerhöhung ausgegeben werden. Für einbringungsgeborene Anteile i. S. v. § 21 Abs. 1 S. 2 UmwStG (alte Fassung) gelten besondere Vorschriften.

69. **Einfache Buchführung**
Diese Art der Buchführung zeichnet fortlaufend die Mittelzuflüsse und -abflüsse auf. Letztlich handelt es sich um eine einfache Einnahmen/Ausgaben-Rechnung.

70. **Einkommensteuer**
Die Tätigkeit des Stifter und der Stiftung wirken sich auf die Einkommensteuer aus. Zum einen kann der → Stifter und Spender seine → Spenden oder → Zustiftungen als Sonderausgaben im Rahmen seiner persönlichen Einkommensteuerveranlagung berücksichtigen. Zum anderen begründen Zuwendungen der Stiftung an die → Destinatäre regelmäßig steuerpflichtige Einkünfte.

71. **Einkommensstiftung (vgl. Sammelstiftung)**
Die Einkommensstiftung wird auch als → Sammelstiftung bezeichnet. Es handelt sich um eine Stiftung, die mit verhältnismäßig geringem Grundstockvermögen ausgestattet wurde und daher auf Spenden und Zustiftungen angewiesen ist.

72. **Einnahme-Überschuss-Rechnung**
Grundsätzlich ist der betriebliche Gewinn durch Betriebsvermögensvergleich zu ermitteln. Sofern die Stiftung jedoch zu keiner Buchführung verpflichtet ist, kann sie aus Vereinfachungsgründen ihr Ergebnis durch eine sog. Einnahme-Überschuss-Rechnung ermitteln, im land- und forstwirtschaftlichen Bereich entspricht dies einer vereinfachten Gewinnermittlung nach Durchschnittssätzen. Die Einnahme-Überschuss-Rechnung ermittelt das Ergebnis als Überschuss der Einnahmen über die Werbungskosten. Letztlich handelt es sich um eine Einnahmen-Ausgaben-Rechnung ohne Berücksichtigung der Vermögensänderungen.

73. **Elektronischer Datenzugriff**
Die Finanzverwaltung hat aufgrund der § 146 Abs. 5 S. 3 i. V. m. § 147 Abs. 6 AO die Möglichkeit, Unterlagen, die unter Einsatz eines Datenverarbeitungssystems erstellt worden sind, im Wege des elektronischen Zugangs oder Zugriffs zu prüfen. Dabei entscheidet die Finanzverwaltung, ob die Prüfung durch Einsichtnahme, durch Nutzung der EDV des Steuerpflichtigen oder durch Mitnahme der Daten und Prüfung im Finanzamt durchgeführt wird.

74. **Endowment**
Steuerbegünstigten Stiftungen ist die weitreichende Unterstützung finanzieller und sonstiger Art anderer steuerbegünstigter Stiftungen gestattet (§ 58 Nr. 3 AO, sog. Endowment). Dies umfasst auch die Weitergabe zur Vermögensausstattung dieser Stiftung. Das bisherige Endowmentverbot wurde im Rahmen des Ehrenamtsstärkungsgesetzes aufgegeben. Gewährleistet sein muss aber einerseits, dass die Empfängerstiftung denselben steuerlichen Zweck verfolgt und dass die Mittel on der Empfängerkörperschaft nicht wieder im Sinne des § 58 Nr. 3 AO weitergegeben werden.

75. **Endowment-Fund**
→ Stiftungsvermögen

76. **E-Philanthropy**
(→ vgl. virtuelle Stiftungen)

77. **Erbersatzsteuer**
Familienstiftungen unterliegen der sog. Erbersatzsteuer (vgl. § 1 Abs. 1 Nr. 4 ErbStG). Danach muss die Familienstiftung alle 30 Jahre Erbschaftsteuer entrichten. Der Erbersatzsteuer liegt der Gedanke zugrunde, dass in der Regel alle 30 Jahre ein Vermögensübergang auf zwei Kinder stattfindet.

78. **Erbschaftsmarketing**
Die Finanzierung von Stiftung erfolgt regelmäßig durch Spenden und Zuwendungen, welche der Spender auch erst im Zeitpunkt seines Todes der Stiftung zuwenden kann. Der Akquise solcher oftmals hoher Gelder geht oftmals ein speziell darauf ausgerichtetes Marketing (sog. Erbschaftsmarketing) voraus.

79. **Ergebnisrücklage**
Diese Rücklagen stellen eigene Mittel der Stiftung dar. Sie werden aus dem Jahresergebnis gebildet. Da gemeinnützige Stiftungen grundsätzlich dem Gebot der → zeitnahen Mittelverwendung unterliegen, hat der Gesetzgeber hinsichtlich der Bildung von Rücklagen einige Besonderheiten vorgesehen. Zulässige Rücklagenzuführungen stellen damit zugleich eine Form steuerlich anerkannter Mittelverwendung dar. Hierzu gehört die → freie Rücklage gem. § 62 Abs. 1 Nr. 3 AO als eine Form der Ergebnisrücklage. Danach darf eine gemeinnützige Stiftung bis zu einem Drittel des Überschusses der Einnahmen über die Ausgaben aus der Vermögensverwaltung sowie 10 v. H. ihrer sonstigen zeitnah zu verwendenden Mittel einer freien Rücklage zuführen. Nicht ausgenutzte Beträge können in den zwei Folgejahren in die freie Rücklage eingestellt werden.

Weiterhin können beispielsweise Umschichtungsgewinne, die einer Verwendung für Satzungszwecke nicht zugänglich sind, in eine Ergebnisrücklage (Umschichtungsrücklage) eingestellt werden.

80. **Erlöschen**
→ Auflösung

81. **Ersatzvornahme**
Die → Stiftungsaufsicht verfügt unter anderem über das Recht einzelne Maßnahmen zur Verwirklichung des Stiftungszwecks vorzunehmen, falls die Stiftungsorgane trotz Androhung nicht tätig werden (Ersatzvornahme). Dabei ist der Grundsatz der Verhältnismäßigkeit zu beachten.

82. **Erziehung, Volks und Berufsbildung/Förderung der**
Als → gemeinnütziger Zweck anerkannt.

83. **European Foundation/Europäische Stiftung**
Die EU-Kommission hat in 2012 einen Statuten-Vorschlag für eine Europäische Stiftung erarbeitet, um mit einer neuen europaeinheitlichen Rechtsform die Hindernisse einer grenzüberschreitenden Stiftungstätigkeit innerhalb der EU zu überwinden. Die Europäische Stiftung soll von Todes wegen, durch eine Stiftungsgeschäft unter Lebenden oder durch Verschmelzung und Umwandlung bereits bestehenden gemeinnützigen Einrichtung möglich sein. Dieser Vorschlag wurde zwischenzeitlich verworfen und in unterschiedlichen Varianten neu aufgelegt. Wesentlicher Streitpunkt ist die Frage der Harmonisierung des Steuerrechts im Bereich gemeinnütziger Organisationen.

84. **Evaluation**
Stiftungen und gemeinnützige Organisationen sind mit zunehmender Professionalisierung gehalten, ihre Prozesse, die Qualität und insbesondere die Art und den Umfang der Mittelverfolgung nachzuvollziehen, zu kontrollieren und daraus Schlussfolgerungen für die weitere Arbeit und deren Qualität zu treffen.

85. **Exklusivrechte**
Die sog. → Auftragsforschung stellt gem. § 68 Nr. 9 S. 2 AO einen → Zweckbetrieb dar. Sie steht im Gegensatz zu der originären → Grundlagenforschung, welche als gemeinnützig anerkannt ist (vgl. § 52 Abs. 2 Nr. 1 AO).

86. **Fahrtkosten**
Sowohl ehrenamtliche Mitarbeiter als auch Mitglieder der Stiftungsorgane können Fahrtkostenersatz als Teil der Aufwandsentschädigung erhalten. Ersetzt werden dabei zumeist die nachgewiesenen, tatsächlichen Aufwendungen.

87. **Fakultative Stiftungsorgane**
Eine Stiftung muss zwingen über einen → Vorstand als Vertretungsorgan verfügen. Daneben können aber auch weitere Organe gebildet werden. Zu nennen sind dabei v. a. → Beirat und → Kuratorium.

88. **Familienstiftung**
Die Familienstiftung ist keine gemeinnützige Stiftung. Sie dient ihrem Zweck nach wesentlich dem Interesse einzelner oder mehrerer bestimmter Familien und wird üblicherweise als Gestaltung zur langfristigen Sicherung des Familienvermögens einerseits und zur Gewährleistung der finanziellen Absicherung der Familie andererseits genutzt. Diesbezüglich werden verschiedene quantitative Abgrenzungskriterien herangezogen, eine klare Grenze, ab wann die Familieninteressen überwiegen, besteht nicht. Auch die Finanzverwaltung hat ihre starren Grenzen aufgegeben und stellt auf eine Gesamtbetrachtung ab (vgl. R E 1.2 Abs. 3 ErbStR). Einzubeziehen in diese Abwägung sind nicht allein Zuwendungen, sondern vielmehr auch die Nutzung von Vermögen, Personal etc. der Stiftung. Besondere Schwierigkeit werfen dabei Stiftungen auf, welche die Verfolgung von Familien-, aber auch von sonstigen Interessen vorsehen. Die Änderung der Satzung einer Familienstiftung kann als steuerpflichtige Auflösung und Neugründung qualifiziert werden.
Im Gegensatz zu der→ steuerbegünstigten Stiftung genießt die Familienstiftung keine weitreichenden Steuerbegünstigungen und unterliegt der laufenden Besteuerung. Damit fällt auch im Rahmen der Gründung Schenkung- bzw. Erbschaftsteuer an und in einem 30 Jahresturnus kommt es zu einer Besteuerung des Vermögens, sog. → Erbersatzsteuer.

89. **Feststellungsbescheid**
Das zuständige Finanzamt bestätigt seit Anfang 2013 die Verfolgung steuerbegünstigter Zwecke im Rahmen eines Feststellungsbescheides (vgl. § 60a AO). Auf dieser Grundlage ist die Stiftung zur Ausstellung von Spendenbescheinigungen berechtigt. Die Neuregelung wurde durch das Ehrenamtsstärkungsgesetz eingeführt und tritt an die Stelle der bisher vorläufigen Bescheinigung für gemeinnützige Organisationen, mit welcher eine rechtliche Unsicherheit einherging.

90. **Finanzanlage**
Die Frage der zulässigen Finanzanlage ist überaus problematisch, da sie die Kernaufgabe, die Verwirklichung steuerbegünstigter Zwecke betrifft. Dabei treffen die Prinzipien der Vermögenserhaltung und der Verpflichtung zur Erzielung von Erträgen, zur weiteren Umsetzung der Satzungszwecke aufeinander. Hoch spekulative Vermögensanlagen sind der Stiftung untersagt. Eine einheitliche Definition oder Grenzziehung besteht nicht. In Zweifelsfällen sollte hier eine enge Abstimmung der Finanzverwaltung und der zuständigen Stiftungsaufsicht vorgenommen werden. In diesem Punkt droht auch ein erhebliches Haftungsrisiko für die handelnden Organe.

91. **Förderrichtlinien**
Förderrichtlinien definieren Ziele und Förderschwerpunkte der Stiftung. Sie enthalten die Kriterien für förderungswürdige Projekte bzw. Organisationen oder Personen. Außerdem stellen sie die formalen Anforderungen an Projektanträge auf.

92. **Förderstiftung**
Förderstiftungen oder Fördervereine verfolgen ihre Zwecke durch eine Ausschüttung der Stiftungserträge an die in der Satzung vorgesehenen begünstigten Personen. Diese → Destinatäre sind in der Regel selbst gemeinnützige Körperschaften, die mit den zugeflossenen Erträgen der Förderstiftung ihre gemeinnützigen Zwecke verwirklichen.

93. **Förmlichkeitsgebot**
Zur Vermeidung von Missverständnissen, insbesondere hinsichtlich des Stifterwillens nach dessen Ableben sowie im Hinblick auf die steuerliche Anerkennung sollten Vereinbarungen zwischen Stifter und Stiftung schriftlich erfolgen.

94. **Förderverein**
→ Förderstiftung

95. **Forschungseinrichtungen**
Es handelt sich um Einrichtungen für Wissenschaft und Forschung. Gem. § 68 Nr. 9 S. 1 AO stellen sie einen steuerbefreiten Zweckbetrieb dar, wenn die Träger der Einrichtung überwiegend Zuwendungen von der öffentlichen Hand oder von dritter Seite erhalten oder sich durch Vermögensverwaltung finanzieren. Erforderlich ist, dass die Auftragsforschung nicht als eigenständiger Zweck neben die gemeinnützige Zweckverfolgung tritt.

96. **Foundation Gouvernance**
Dieser Begriff steht parallel zu dem Begriff des → Corporate Governance.

97. **Freie Rücklage**
Gem. § 62 Abs. 1 Nr. 3 AO darf die gemeinnützige Stiftung unter steuerrechtlichen Gesichtspunkten ein Drittel ihres erwirtschafteten Überschusses der Einnahmen über die Ausgaben aus der Vermögensverwaltung sowie 10 v. H. ihrer sonstigen zeitnah zu verwendenden Mittel in eine freie Rücklage einstellen. Nicht ausgenutzte Beträge können in den zwei Folgejahren in die freie Rücklage eingestellt werden. Der freien Rücklage liegt die Überlegung zugrunde, die Leistungsfähigkeit der Stiftung langfristig und nachhaltig zu sichern. Darüber hinaus dient diese Rücklage auch der Verwirklichung des Gebots der Kapitalerhaltung. Dies ist insbesondere bei Stiftungen wichtig, deren Stiftungsvermögen hauptsächlich aus Geld- bzw. Finanzanlagen besteht. Durch diese Rücklage kann die inflationsbedingte Wertminderung vermieden werden.

98. **Freistellungsbescheid**
Der Freistellungsbescheid wurde an dem Jahr 2013 durch den → Feststellungsbescheid i. S. d § 60a AO ersetzt.

99. **Fundraising**
Es handelt sich um sämtliche Aktivitäten, die die Stiftung unternimmt, um Geld und Sachmittel zu beschaffen. Neben dem Sammeln von Spenden sollen die Spender auch zu Zuwendungen zum Stiftungsvermögen (→ Zustiftung) motiviert werden. Klassische Fundraisingaktivitäten sind u. a. persönliche oder

schriftliche Ansprache, Gesellschafts- und Sportveranstaltungen aber auch klassisches Marketing.

100. **Gebrauchstiftung**
Die Gebrauchstiftung kennzeichnet den Normaltypus der Stiftung, bei der das Vermögen in seinem Bestand zu erhalten ist, also gebraucht werden soll. Das Gegenteil davon ist die → Verbrauchsstiftung, die auf einen Verbrauch des Stiftungskapitals angelegt ist.

101. **Geldanlage**
→ Finanzanlage

102. **Geldspende**
Die Geldzuwendung ist die Üblichste Form der → Spende. Daneben tritt u. a. die Sachzuwendung

103. **Gelegenheitsgeschenke**
Bei Gelegenheitsgeschenken, v. a. von Seiten des Arbeitgebers handelt es sich um Sachleistungen, die im gesellschaftlichen Verkehr üblicherweise ausgetauscht werden. Diese sind bis zu einem Wert von 40,00 EUR inkl. USt von der Besteuerung ausgenommen.

104. **Gemeiner Wert**
Der gemeine Wert wird gem. § 9 Abs. 2 S. 1 BewG durch den Preis bestimmt, der im gewöhnlichen Geschäftsverkehr nach der Beschaffenheit des Wirtschaftsgutes bei einer Einzelveräußerung zu erzielen wäre. M. a. W. es handelt sich um den Markt- oder Verkehrswert.

105. **Gemeinnützige GmbH**
→ Stiftungs-GmbH

106. **Gemeinnützige Stiftung**
Als gemeinnützige Stiftung wird im allgemeinen Sprachgebrauch eine Stiftung bezeichnet, welche steuerbegünstigte Zwecke i. S. d. §§ 51 ff AO verfolgt. Insoweit ist der Begriff ungenau, da neben der Verfolgung gemeinnütziger Zwecke auch die Verfolgung → mildtätiger oder → kirchlicher Zwecke begünstigt ist. Die gemeinnützige Stiftung in diesem Sinne genießt weitreichende → steuerliche Begünstigungen.

107. **Gemeinnütziger Zweck**
Die weitgehende steuerliche Begünstigung der Stiftung setzt die Verfolgung gemeinnütziger Zwecke voraus. Dabei handelt es sich um einen steuerrechtlichen Begriff, welcher neben die zivilrechtliche Voraussetzungen der Stiftung tritt. Eine Stiftung verfolgt. gemeinnützige Zwecke, wenn sie die Allgemeinheit auf materiellem, geistigem oder sittlichem Gebiet selbstlos fördert (vgl. § 52 Abs. 1 S. 1 AO). Eine grds. abschließende Aufzählung enthält § 52 Abs. 2 AO. Neben dem gemeinnützigen Zweck unterliegen auch der mildtätige und kirchliche Zweck der steuerlichen Begünstigung.

108. **Gemeinschaftsstiftungen**
Eine Gemeinschaftsstiftung bezeichnet den Fall, dass sich mehrere Stifter zur Errichtung einer Stiftung und der Verfolgung eines gemeinsamen Stiftungszweckes zusammenschließen. Typische Ausprägung ist die → Bürgerstiftung.

109. **Gemeinwohl**
Gem. § 80 Abs. 2 BGB ist für die Anerkennung jeder Stiftung – unabhängig von der Frage der Gemeinnützigkeit – Voraussetzung, dass der Stiftungszweck nicht das Gemeinwohl gefährdet. Unter Gemeinwohl wird der Nutzen, den die Allgemeinheit aus einem Tun ziehen kann, verstanden. Eine Gefährdung des Gemeinwohls liegt vor, wenn der Stiftungszweck gegen ein gesetzliches Verbot oder gegen die guten Sitten verstößt.

110. **Gemeinwohlkonforme Allzweckstiftung**
Die rechtsfähige Stiftung des bürgerlichen Rechts, deren Anerkennung sich nach den §§ 80 ff. BGB richtet, wird als gemeinwohlkonforme Allzweckstiftung bezeichnet. Hierdurch soll die durch das bürgerliche Recht garantierte Zweckvielfalt der Stiftungslandschaft zum Ausdruck kommen.

111. **Gemischte Stiftung**
Von einer gemischten Stiftung spricht man, wenn die Stiftung mehrere Zwecke erfüllen soll. Sofern diese Zwecke zeitlich nacheinander verfolgt werden sollen, handelt es sich um eine gemischte Stiftung in Form der → Sukzessivstiftung.

112. **Genehmigungsvorbehalt**
Die Stiftungsgesetze verschiedener Bundesländer sehen vor, dass bestimmte Rechtsgeschäfte der Genehmigung durch die Stiftungsaufsichtsbehörde bedürfen, um Rechtswirksamkeit zu entfalten. Die Genehmigung deckt das Rechtsgeschäft in dem der Stiftungsbehörde bekannt gemachten Umfang ab. Bis zur Erteilung der Genehmigung ist das Geschäft schwebend unwirksam.

113. **Geprägetheorie**
Grundsätzlich darf eine gemeinnützige Stiftung wirtschaftliche Tätigkeiten in Rahmen eines sog. wirtschaftlichen Geschäftsbetriebs ausüben. Allerdings fällt die Steuerbegünstigung weg, wenn die wirtschaftliche Tätigkeit bei einer Gesamtbetrachtung der Tätigkeitsbereiche der Stiftung das Gepräge gibt. Die Geprägetheorie wurde inzwischen von der Rechtsprechung verworfen und daher von der Finanzverwaltung aufgegeben. Die Finanzverwaltung sieht es daher inzwischen auch als für die Gemeinnützigkeit, insbesondere für das Ausschließlichkeitserfordernis für unschädlich an, wenn eine Stiftung sich vollständig aus Mitteln eines wirtschaftlichen Geschäftsbetriebes finanziert, solange sämtliche daraus entstehenden Gewinne für die gemeinnützige Zweckverfolgung verwendet werden.

114. **Gesamtkostenverfahren**
Gem. § 275 Abs. 2 HGB kann die Gewinn- und Verlustrechnung nach dem Gesamtkostenverfahren ermittelt werden. Dabei wird das Betriebsergebnis durch Gegenüberstellung aller Leistungen (Umsatzerlöse, Bestandsmehrungen und

Eigenleistungen) und den insgesamt angefallenen Kosten einer Abrechungsperiode (in der Regel das Geschäftsjahr) ermittelt. Die Kosten werden nach den Aufwandsarten Material, Personal, Abschreibungen und sonstige Kosten gegliedert.

115. **Geschäftsführung**
Die Stiftung wird durch ihren Vorstand vertreten, welcher in der Regel auch die Geschäftsführung wahrnimmt (§ 81 Abs. 1 Satz 1 Nr. 5 BGB). Unabhängig davon steht es der Stiftung frei, neben dem Vorstand einen Geschäftsführer mit dieser Aufgabe zu betreuen.

116. **Geschäftsführergehalt**
Nach Auffassung der Finanzverwaltung sind die Kosten für das Geschäftsführergehalt den allgemeinen Verwaltungskosten zuzurechnen. Dies belastet die Verwaltungskosten im Normalfall erheblich, da sie einschl. aller Aufwendungen für Spendenwerbung im Regelfalle 50 v. H. der gesamten Einnahmen nicht übersteigen dürfen. Ausnahmen sollen nur dann gelten, wenn der Geschäftsführer nachweislich selbst an gemeinnützigen Projekten mitarbeitet.

117. **Geschäftsordnung**
Neben der Satzung können auch im Rahmen einer Geschäftsordnung die Rahmenbedingungen der Tätigkeit der Stiftungsorgane, insbesondere der Geschäftsführung festgelegt werden. Die Niederlegung außerhalb der Satzung gewährleistet eine weitergehende Flexibilität.

118. **Gesundheitswesen/Förderung von**
Als → gemeinnütziger Zweck anerkannt.

119. **Gewinnermittlung**
Gemeinnützige Stiftungen können ihr Ergebnis (Gewinn) im Rahmen einer Einnahmen-Überschussrechnung ermitteln, es sei denn, sie sind verpflichtet eine → Bilanz zu erstellen.

120. **Gewerbesteuer**
Die gemeinnützige Stiftung ist insoweit von der Gewerbesteuer befreit, als dass sie → ideelle Zwecke verfolgt (vgl. § 3 Nr. 6 GewStG). Die Steuerbefreiung entfällt bezüglich des → wirtschaftlichen Geschäftsbetriebes sowie des → Zweckbetriebes.

121. **gGmbH**
Die gGmbH ist eine gemeinnützige Körperschaft in der Rechtsform der Gesellschaft mit beschränkter Haftung. Die Verwendung des kleinen Buchstabens »g« vor der GmbH ist inzwischen gesetzlich zugelassen und bezeichnet den Gemeinnützigkeitsstatus der Gesellschaft, die wie andere gemeinnützige Körperschaften entsprechende Steuerbegünstigungen genießt.

122. **Gleichberechtigung/Förderung der**
Als → gemeinnütziger Zweck anerkannt.

123. **Grabpflege**
→ Stifterunterhalt

124. **Grenzüberschreitenden Spenden**
→ Auslandsspende

125. **Gründung**
Die Gründung einer Stiftung erfolgt in verschiedenen Schritten. Der Stifter verpflichtet sich im Rahmen des → Stiftungsgeschäfts zur Gründung und Finanzierung der im Rahmen der → Stiftungssatzung konkretisierten Stiftung. Nachdem dies durch die → Stiftungsaufsichtsbehörde anerkannt ist, ist die rechtsfähige Stiftung gegründet. Ihre → steuerliche Privilegierung erlangt sie aber erst nach Anerkennung durch das zuständige Finanzamt. Ein mit allen Stellen abgestimmtes Vorgehen ist ratsam.

126. **Grundbuchfähigkeit**
Die Stiftung kann als Rechtsubjekt auch als Eigentümer von Grundstücken in das Grundbuch eingetragen werden.

127. **Grunderwerbsteuer**
Der Grunderwerbsteuer unterliegt dem Grunde nach jeder Rechtsträgerwechsel. Befreit sind allerdings unentgeltlich Übertragung im Rahmen einer Schenkung oder im Todesfall (§ 3 Nr. 2 GrEStG).

128. **Grundlagenforschung**
Die Förderung von Wissenschaft und Forschung ist als gemeinnütziger Zweck anerkannt (§ 52 Abs. 2 Nr. 1 AO). Dies umfasst aber gerade nicht jede Art der Forschung, sondern vielmehr nur Grundlagenforschung ist.

129. **Grundsätze guter Stiftungsführung**
Der Bundesverband Deutscher Stiftungen gibt u. a. für die Tätigkeit von Stiftungen Handlungsempfehlungen heraus (vgl. → Corporate Governance). Die Grundsätze guter Stiftungsführung richten sich an Leiter, Mitarbeiter und Handelnde von Stiftungen. Ziel ist die effektive und transparente Verfolgung der Stiftungsziele unter Vermeidung von Interessenskollisionen.

130. **Grundsatz der Kapitalerhaltung**
Das Stiftungskapital darf in seinem Wert nicht geschmälert werden. Minderungen bzw. Verbrauch sind verboten. Allerdings können – ggf. in Absprache mit der zuständigen Aufsichtsbehörde – Vermögensumschichtungen vorgenommen werden.

131. **Grundsteuer**
Die gemeinnützige Stiftung ist insoweit von der Grundsteuer befreit, als dass das Grundstück ideellen Zwecken dient und entsprechend genutzt wird.

132. **Grundstockvermögen**
Das Grundstockvermögen bezeichnet das Stiftungskapital, bestehend aus dem → Dotationskapital (Anfangskapital), erhöht um Zustiftungen sowie zweck-

gebundene Spenden zur Verstärkung des Kapitals und Zuführungen zum Stiftungskapital aus den freien Rücklagen.

133. **Gründungsfreibetrag**
Siehe auch → Vermögensstockfreibetrag.

134. **Gutscheinspende**
Es handelt sich um Warengutscheine von Unternehmen, die beispielsweise bei Verlosungen zu Gunsten gemeinnütziger Zwecke als Preis zur Verfügung gestellt werden. Der auf dem Gutschein ausgewiesene Wert gilt als Wert der Spende.

135. **Gütesiegel (Bürgerstiftung)**
Der Bundesverband Deutscher Stiftungen erteilt Bürgerstiftungen auf Antrag für einen Zeitraum von zwei Jahren ein Gütesiegel. Voraussetzung ist, dass die Satzung der Stiftung zehn Satzungsmerkmale erfüllt. Diese können auf der Internetseite des Bundesverbandes Deutscher Stiftungen eingesehen werden.

136. **Haftung**
Die Mitglieder der Organe, insbesondere die Mitglieder des Vorstandes können für Pflichtverletzungen haften. Dies gilt insbesondere für den Bereich der Kapitalerhaltung und der Mittelverwendung (siehe auch → Sphären).

137. **Hauptgeldstiftung**
Eine Hauptgeldstiftung definiert sich durch die Art ihres → Grundstockvermögens. Diese Stiftung hat in ihrem Grundstockvermögen vornehmlich Geld, das es erlaubt, den Stiftungszweck durch Ausschüttung erwirtschafteter Erträge zu erfüllen.

138. **Handelsregister**
Erfüllt eine Stiftung die Kaufmannseigenschaft, ist sie in das Handelsregister einzutragen. Dies ist bei der gemeinnützigen Stiftung zu verneinen (→ Publizität).

139. **Handikap/Einrichtungen**
Einrichtungen zur Förderung und Unterstützung von Menschen mit einem Handikap im Arbeitsmarkt stellen unter bestimmtem Voraussetzungen Zweckbetriebe dar (vgl. § 68 Nr. 3 AO)

140. **Heimatpflege/Förderung der**
Als → gemeinnütziger Zweck anerkannt.

141. **Holdingstiftung**
Eine Holdingstiftung ist eine Stiftung, die gemeinnützige Zwecke nicht mehr durch eigene fördernde, operative Tätigkeiten erfüllt, sondern wie eine Holdinggesellschaft nur noch ihre Beteiligungen an gemeinnützigen oder steuerpflichtigen Tochtergesellschaften verwaltet. Eine eigene operative Fördertätigkeit entwickelt die Stiftung darüber hinaus nicht mehr. Handelt es sich bei den Tochtergesellschaften um gemeinnützige Gesellschaften, so kann deren Gemeinnützigkeit immer dann gefährdet sein, wenn sie ausschließlich als Hilfsperson

der Holdingstiftung fungieren und keine eigenen operativen Zwecke mit- oder daneben verfolgen.
Bestehen die Beteiligungen der Holdingstiftung in steuerpflichtigen Gesellschaften, stellt sich die Frage der Vermögensverwaltung oder des wirtschaftlichen Geschäftsbetriebs. Dies wird anhand der Intensität der Einflussnahme entschieden.

142. **Honorarverzicht**
Der Verzicht auf eine Vergütung gegenüber der Stiftung stellt eine Spende dar.

143. **Ideeller Bereich**
Die steuerbegünstigte Stiftung erbringt im ideellen Bereich keine Leistungen um einer Gegenleistung willen. Vielmehr steht die Mittelverwendung zur Verwirklichung der gemeinnützigen Zwecke im Vordergrund.

144. **IDW Standard**
Der Standard IDW RS HFA 5 des Instituts der Wirtschaftsprüfer in Deutschland e. V. (IDW) enthält Regeln für die Rechnungslegung von Stiftungen. Obwohl diese keine rechtliche Bindung entfalten, können sie als maßgeblich für die Rechnungslegung von Stiftungen angesehen werden.

145. **Insolvenz**
Auch die (steuerbegünstigte) Stiftung unterliegt den allgemeinen insolvenzrechtlichen Regeln.

146. **International Public Sector Accounting Standards (IPSAS)**
Internationale Rechnungslegungsstandards für den öffentlichen Sektor.

147. **Jugendhilfe/Förderung von**
Als → gemeinnütziger Zweck anerkannt.

148. **Kameralistische Buchführung**
Das Grundprinzip der kameralistischen Buchführung beruht auf einem Vergleich zwischen den Einnahmen und Ausgaben lt. Haushaltsplan und den tatsächlichen Einnahmen und Ausgaben. Das System ist im Bereich kaufmännische Rechnungslegung nicht mehr gebräuchlich, da insbesondere keine Bewertung des Vermögens vorgenommen wird.

149. **Kapitalerhaltungsrücklage**
Diese Rücklage soll den Erhalt des Stiftungsvermögens mittel- bis langfristig sichern. Die freie Rücklage gem. § 62 Abs. 1 Nr. 3 AO stellt eine Kapitalerhaltungsrücklage dar. Sie unterliegt nicht dem Gebot der zeitnahen Mittelverwendung bzw. stellt eine besondere Art der Mittelverwendung dar.

150. **Kapitalstiftung**
Die Kapitalstiftung entspricht der → Hauptgeldstiftung. Sie hat in ihrem Grundstockvermögen vornehmlich Geld, das es erlaubt, den Stiftungszweck durch Ausschüttung erwirtschafteter Erträge zu erfüllen.

151. **Katastrophen**
In Katastrophenfällen kann die Überweisung als → Zuwendungsnachweis der → Spende und somit zur Geltendmachung der entsprechenden Sonderausgaben genügen.

152. **Kirchliche Stiftung**
Zweck einer kirchlichen Stiftung ist die Erfüllung ausschließlich oder überwiegend kirchlicher Aufgaben. Darüber hinaus muss eine kirchliche Stiftung eine besondere organisatorische Verbindung zu einer Kirche aufweisen. Kirchliche Stiftungen werden durch eine Kirche gegründet. Neben der staatlichen Anerkennung ist eine spezielle kirchenrechtliche Anerkennung notwendig. Zuständig ist die jeweilige kirchliche Behörde. Bei Versagen der kirchlichen Anerkennung bleibt gleichwohl eine privatrechtlich errichtete Stiftung bestehen.

153. **Kirchlicher Zweck**
Kirchliche Zwecke werden gem. § 54 Abs. 1 AO verfolgt, wenn die Stiftung eine Religionsgemeinschaft, die Körperschaft des öffentlichen Rechts ist, selbstlos fördert. Kirchliche Zwecke unterliegen ebenso wie die → gemeinnützigen und → mildtätigen Zwecke diversen Steuerbegünstigungen.

154. **Kleiderspende**
Kleiderspenden, welche an gemeinnützige Organisationen erbracht werden, sind als → Sachspende anerkannt. Die steuerliche Anerkennung des in der Zuwendungsbescheinigung ausgewiesenen Wertes von getragener Kleidung wird allerdings regelmäßig versagt.

155. **Kleinunternehmerregelung**
Betragen die steuerpflichtigen Einnahmen zzgl. Umsatzsteuer der Stiftung im laufenden Jahr Einnahmen nicht mehr als 17.500 EUR und im vorangegangenen Jahr nicht mehr als 50.000 EUR, wird keine Umsatzsteuer erhoben, es sei denn die Stiftung verzichtet für einen Zeitraum von fünf Jahren auf diese Möglichkeit (sog. Kleinunternehmerregelung, § 19 UStG). Dementsprechend ist aber auch der Vorsteuerabzug ausgeschlossen.

156. **Körperschaftsteuer**
Die Stiftung ist unbeschränkt steuerpflichtig (vgl. § 1 Abs. 1 Nr. 4 KStG). Gemeinnützige Körperschaften sind allerdings bezüglich ihrer ideellen Tätigkeit von der Körperschaftsteuer befreit (vgl. § 5 Abs. 1 Nr. 9 KStG). Darüber hinaus unterliegen die Einkünfte des wirtschaftlichen Geschäftsbetriebs der Körperschaftsteuer.

157. **Kommunale Stiftung**
Kommunale Stiftungen werden in der Regel von Bürgern gegründet, die mit ihrer Zuwendung einen wohltätigen Zweck im Aufgabenbereich der Kommune unterstützen wollen. Die Verwaltung einer kommunalen Stiftung erfolgt – sofern die Satzung nichts anderes vorsieht – von den Organen derjenigen Gebietskörperschaft, in deren Aufgabenbereich die Stiftung ihrer Zweckbestimmung nach fällt.

158. **Konzern**
Steht die Stiftung an der Spitze eines Konzerns, so stellt sich hinsichtlich ihrer Gemeinnützigkeit die Frage der Einflussnahme auf die nachgeordneten Gesellschaften. Es kann sich bei den unternehmerischen Beteiligungen um wirtschaftliche Geschäftsbetriebe oder um einen Vorgang der Vermögensverwaltung handeln. Die Einordnung entscheidet sich anhand der Intensität der Einflussnahme und der Rechtsform der Beteiligungen.

159. **Kontrolle**
Die Stiftung unterliegt der Kontrolle durch die zuständige Aufsichtsbehörde → Stiftungsaufsicht und im Falle einer entsprechenden Satzungsausgestaltung der internen Überwachung durch das → Kuratorium.

160. **Kooptation**
Hierbei handelt es sich um das bei Stiftungsorganen häufige Verfahren der »Selbstergänzung«. Scheidet danach ein Organmitglied aus, wählen die verbleibenden Mitglieder den Nachfolger. Sie haben dabei ggf. die in der Satzung niedergelegten Kriterien zu berücksichtigen. Das Kooptationsverfahren kann durch eine entsprechende Satzungsbestimmung ausgeschlossen werden.

161. **Kosten- und Leistungsrechnung**
Die Kosten- und Leistungsrechnung teilt Kosten den entsprechenden internen Prozessen für Zwecke der Disposition und Kontrolle von einzelnen Bereichen/Projekten. Sie dient auch der Preisbildung.

162. **Kunst und Kultur/Förderung von**
Als → gemeinnütziger Zweck anerkannt.

163. **Kuratorium**
Ein Kuratorium ist ein gesetzlich nicht vorgeschriebenes Organ der Stiftung, das in der Regel Kontroll- und Überwachungsfunktionen gegenüber dem Stiftungsvorstand wahrnimmt. Dem Kuratorium können aber auch echte Entscheidungsbefugnisse übertragen werden. Dieses Organ wird auch als → Stiftungsrat bezeichnet.
Haftung OLG Oldenburg 8.11.13, 6 U 50/13

164. **Landesstiftungsgesetze**
Gemäß § 80 Abs. 1 BGB unterliegt die Stiftung neben den §§ 80 ff. BGB auf dem jeweiligen Landesrecht ihrer Belegenheit. Diese sind in weiten Teilen vergleichbar aber im Detail auch sehr unterschiedlich (siehe Dokumentation), so dass das Landesrecht für den Sitz von Bedeutung sein kann.

165. **Lebensrettung/Katastrophenschutz/Förderung der**
Als → gemeinnütziger Zweck anerkannt.

166. **Liechtensteinische Stiftung**
Die Liechtensteinische Stiftung ist eine Stiftung, welcher das liechtensteinische Personen und Gesellschaftsrecht (PGR) und nicht deutsches Recht zugrunde

liegt. Sie wird auch als → Familienstiftung genutzt. Die Liechtensteinische Stiftung kann auch in Deutschland steuerpflichtig sein.

167. **Liquidation**
→ Auflösung

168. **Mehrzweckstiftung**
Es handelt sich um ein Synonym für die → gemischte Stiftung. Die Mehrzweckstiftung verfolgt mehrere Stiftungszwecke entweder zeitgleich oder zeitlich nacheinander.

169. **Mildtätiger Zweck**
Gem. § 53 S. 1 AO verfolgt eine Stiftung mildtätige Zwecke, wenn sie Personen, die persönlich oder wirtschaftlich hilfsbedürftig sind, selbstlos unterstützt. Die Verfolgung mildtätiger Zwecke hat diverse Steuerbegünstigungen zur Folge.

170. **Mindesthöhe Stiftungskapital**
Es gibt keine gesetzliche Vorschrift über die Höhe des Stiftungskapitals (→ Mindestkapital).
Das Stiftungsrecht schreibt weder durch Landes- noch durch Bundesgesetz ein Mindestkapital vor. § 80 Abs. 2 BGB fordert jedoch einen Kapitalausstattung, die der Stiftung die dauernde und nachhaltige Erfüllung des Stiftungszwecks gesichert erscheinen lässt. In der Regel halten die Stiftungsaufsichten der Länder eine Größenordnung von € 50.000 für angemessen, wobei stets auf den Einzelfall und die Tätigkeit der Stiftung abgestellt. Die »richtige« Höhe des Stiftungskapitals hängt insbesondere von dem Tätigkeitsbereich der Stiftung ab. → Verbrauchstiftungen sind aber zulässig.

171. **Mindestkapital**
→ Grundstock

172. **Mittelbeschaffung**
Der Zweck der gemeinnützigen Stiftung kann auch in der Beschaffung von Mitteln für eine andere unbeschränkt steuerpflichtige gemeinnützige Körperschaft liegen (vgl. § 58 Nr. 1 AO).

173. **Mittelfehlverwendung**
Eine Mittelfehlverwendung liegt vor, wenn Mittel der Stiftung für Zwecke, die nicht von der Satzung umfasst sind, verwendet werden.
→ Grundstock

174. **Mittelverwendung**
Die Stiftung muss die ihr zur Verfügung stehenden Mittel zur Verfolgung ihres satzungsgemäßen Zwecks verwenden. Dabei fordert § 55 Abs. 1 Nr. 5 S. 3 AO, sog. → zeitnah zu verwendende Mittel spätestens bis zu dem Ende des zweiten Kalender- oder Wirtschaftsjahres eingesetzt zu haben, das dem Zuflussjahr folgt. Zu den zeitnah zu verwendenden Mitteln gehören alle die Gelder, die die Stiftung erlangt, ohne sie zur Kapitalverstärkung zurückbehalten oder für ein bestimmtes Projekt in die Rücklage einstellen zu dürfen. Dazu gehören

alle Mittel unabhängig von ihrer Herkunft (Spenden, Überschüsse aus der Vermögensverwaltung und Gewinne aus wirtschaftlichen Geschäfts- und Zweckbetrieben). Die gemeinnützige Stiftung hat die Einhaltung des Gebots der zeitnahen Mittelverwendung nachzuweisen.

175. **Mittelverwendungsrechnung**
Nach dem Grundsatz der → zeitnahen Mittelverwendung muss die gemeinnützige Stiftung die vereinnahmten Erträge entweder im Jahr der Vereinnahmung bzw. bis zum zweiten Folgejahr satzungsgemäß gem. § 55 Abs. 1 Nr. 5 S. 3 AO verwenden. Sofern die Mittel nicht schon im Jahr des Zuflusses verwendet wurden, muss die Stiftung die zeitnahe Verwendung nachweisen. Dies geschieht in der Regel durch eine Nebenrechnung, die sog. Mittelverwendungsrechnung.

176. **Mittelvortrag**
Hierbei handelt es sich um Stiftungsmittel im Sinne des § 55 Abs. 1 Nr. 5 AO, die bis zum Kalenderjahresende weder für zweckentsprechende Maßnahmen ausgegeben, noch in eine der zulässigen Rücklagen eingestellt wurden. Diese Mittel, die bis zur Ende des zweiten Folgejahres für Stiftungszwecke eingesetzt werden müssen, werden als sog. Mittelvortrag ausgewiesen. Der Mittelvortrag ist ein Gliederungsposten des Eigenkapitals (Stiftungsvermögen).

177. **Museum**
Als → gemeinnütziger Zweck anerkannt.

178. **Musik**
Als → gemeinnütziger Zweck anerkannt.

179. **Mustersatzung**
Die für Stiftungen zuständigen Landesbehörden, in der Regel Innen- oder Justizministerium bzw. Senat, stellen regelmäßig Muster einer Stiftungssatzung sowie des Stiftungsgeschäfts zur Verfügung. Diese sind zweifelsohne kritisch den Bedürfnissen der jeweiligen Stifter und Stiftungen anzupassen, spiegeln aber die Anforderungen der jeweiligen Stiftungsaufsicht wieder.

180. **Name der Stiftung**
Der Name der Stiftung ist bereits im Stiftungsgeschäft niederzulegen (vgl. § 81 Abs. 1 Satz 3 Nr. 1 BGB). Diesbezüglich ist der Stifter weitgehend frei. Namensrecht Dritter sind allerdings zu wahren und es muss eine gewisse Individualisierung möglich sein. Bloße Buchstaben oder Zahlenkombinationen kommen daher nicht in Betracht, es sei denn sie haben eine weitergehende Aussagekraft.

181. **Nachversteuerung**
Verstößt die Stiftung gegen die Vorschriften der Gemeinnützigkeit, kann die Finanzverwaltung der Stiftung den Gemeinnützigkeitsstatus und damit die Steuerbegünstigungen versagen. Gem. § 61 Abs. 3 S. 2 AO kann eine Nachversteuerung rückwirkend bis zu zehn Jahre erfolgen. D. h. die Stiftung wird für den gesamten Zeitraum so behandelt, als sei sie in den letzten zehn Jahren nicht gemeinnützig gewesen. Dies betrifft u. U. auch die Zuwendung des Stiftungs-

kapitals an die Stiftung selbst und löst dementsprechend Erbschaftsteuer oder Schenkungssteuer aus. Davon zu unterscheiden ist die vorübergehende Aberkennung der Gemeinnützigkeit für das betreffende Kalenderjahr.

182. **Naturschutz, Landschaftspflege, Umweltschutz/Förderung von**
Als → gemeinnütziger Zweck anerkannt.

183. **Negativtestat**
Bestimmte Rechtsgeschäfte erfordern für ihre Rechtswirksamkeit die Genehmigung der Stiftungsaufsicht. Ist eine solche Genehmigung nicht erforderlich, erteilt die Stiftungsaufsicht in Zweifelsfällen der Stiftung ein Negativtestat. Die Stiftungsaufsicht bescheinigt der Stiftung darin die Genehmigungsfreiheit des gemeldeten Rechtsgeschäfts. Somit kann die Stiftung dann den Nachweis führen, dass das Geschäft rechtsgültig zustande gekommen ist.

184. **Nicht-Anwendungserlass**
Ein finanzgerichtliches Urteil wirkt grundsätzlich immer nur zwischen den Parteien des einzelnen Klageverfahrens. Durch Veröffentlichung des Urteils im Bundessteuerblatt bringt die Finanzverwaltung zum Ausdruck, dass sie dieses Urteil auf vergleichbare Fälle anwendet. Soll klargestellt werden, dass das Urteil nicht über den Einzelfall hinaus Beachtung finden soll, ergeht ein für die Finanzverwaltung bindender Nichtanwendungserlass.

185. **Nicht rechtsfähige Stiftung**
Die nicht rechtsfähige Stiftung weist alle Kriterien einer Stiftung auf, nämlich Stiftungszweck, Stiftungsvermögen und die Intention der Dauerhaftigkeit; sie hat jedoch keine eigene Rechtspersönlichkeit. Die nicht rechtsfähige (oder auch nicht selbständige Stiftung) wird durch Zuwendung von Stiftungsvermögen an eine natürliche oder juristische Person als Stiftungsträger verstanden, wobei der Stiftungsträger den vom Stifter vorgegebenen Stiftungszweck durch Nutzung des übertragenen Vermögens zu erfüllen hat. Die Gründung erfolgt durch schuldrechtlichen Vertrag zwischen Stifter und Stiftungsträger. Die nicht rechtsfähige Stiftung unterliegt nicht der Stiftungsaufsicht.

186. **Notvorstand**
Ist die Beschlussfähigkeit des Stiftungsvorstands nicht gegeben, z. B. wegen Ausscheidens von Vorstandsmitgliedern oder dem Wegfall des einzigen Vorstandsmitgliedes, bestellt die Stiftungsaufsichtsbehörde gem. § 86 S. 1 i. V. m. § 29 BGB einen Notvorstand, sofern die verbleibenden Organmitglieder nicht selbst durch → Kooptation die Beschlussfähigkeit wiedererlangen können.

187. **NPO**
NPO's sind sog. Non Profit Organisations. Es handelt sich um gemeinnützige Körperschaften wie bspw. gemeinnützige Stiftungen, → gGmbH's oder gemeinnützige Vereine.

188. **Öffentlich-rechtliche Stiftung**
Hierbei handelt es sich um rechtsfähige Stiftungen des öffentlichen Rechts. Sie

entstehen durch einen hoheitlichen Errichtungsakt und erfüllen ausschließlich öffentliche Zwecke.

189. **Öffentliche Stiftung**
Hierbei handelt es sich um rechtsfähige Stiftungen des bürgerlichen Rechts, die nicht ausschließlich private Zwecke sondern auch öffentliche Zwecke verfolgen. Weiterhin werden auch Stiftungen des öffentlichen Rechts als öffentliche Stiftung verstanden. Öffentliche Stiftungen dienen der Allgemeinheit. Als besonderer Stiftungstyp finden sie in einzelnen Landesstiftungsgesetzen ihren Niederschlag.

190. **Öffentliche Zwecke**
Als öffentliche Zwecke gelten die der Religion, der Wissenschaft, der Forschung, der Bildung, dem Unterricht, der Erziehung, der Kunst, der Denkmalpflege, der Heimatpflege, dem Schutz der natürlichen Lebensgrundlagen, dem Sport, den sozialen Aufgaben oder sonst dem Gemeinwohl dienenden Zwecke (vgl. Art. 1 Abs. 3 Satz 2 BayStiftG).

191. **Organ**
Die Stiftung handelt durch ihre Organe. Gesetzlich zwingend vorgeschrieben ist der Vorstand der Stiftung. Er ist gem. §§ 86 S. 1, 26 Abs. 2 S. 1 BGB ihr gesetzlicher Vertreter und vertritt die Stiftung gerichtlich und außergerichtlich.
Als weiteres, allerdings nicht gesetzlich vorgeschriebenes Stiftungsorgan, kann ein Kontrollorgan, wie bspw. ein → Kuratorium oder → Stiftungsrat in der Satzung vorgeschrieben werden.

192. **Organmitglieder**
Die → Organe setzen sich wiederum aus deren Repräsentanten, den Organmitgliedern zusammen.

193. **Parteifähigkeit**
Die Stiftung kann als Rechtssubjekt Kläger und Beklagter in einem Gerichtsverfahren sein.

194. **Parteinahe Stiftung**
Unter der Bezeichnung parteinahe Stiftung werden Organisationen mit einer klaren Nähe zu politischen Partien auf Bundes- oder Landeseben zusammengefasst. Oftmals handelt es ich dabei nicht um eine Stiftung, sondern um einen eingetragenen Verein (e. V.)

195. **Parteispende**
Spenden an politische Parteien können von natürlichen Personen nur in Höhe von 50 % der Spende, maximal 825 EUR bzw. 1650 bei Zusammenveranlagung von der Steuer abgezogen (vgl. § 34g EStG) und darüber hinaus in Höhe von maximal 1650 EUR beziehungsweise 3300 als Sonderausgaben geltend gemacht werden (§ 10b Abs. 2 EStG). Dahingegen sind Zuwendungen juristischer Personen an Parteien nicht steuerlich begünstigt, da der Betriebsausgabenabzug ausgeschlossen ist (vgl. § 8 Abs. 1 KStG, § 4 Abs. 6 EStG).

196. **Pauschaler Aufwandsersatz**
Häufig wird ehrenamtlichen Mitarbeitern eine pauschale Aufwandsentschädigung anstelle eines Einzelnachweises zugesagt. Die steuerliche Problematik besteht darin, dass möglicherweise eine verdeckte Lohnzahlung vorliegen kann. Dies drängt sich insbesondere bei laufenden Pauschalvergütungen auf.

197. **Pflichtteil**
Die Übertragung von Vermögen auf die Stiftung im Todesfall vermag einen etwaigen Pflichtteils- oder Pflichtteilsergänzungsanspruch von Familienangehörigen des übertragenden nicht verhindern. In diesem Fall richtet sich der Anspruch gegen die Stiftung.

198. **Planungsrechnung**
Eine Planungsrechnung wird in der Regel vor Beginn eines bestimmten Projekts erstellt, um die benötigten Ressourcen und finanziellen Auswirkungen zu erfassen. Eine Planungsrechnung kann auch als Haushaltsplan oder Investitionsplan erstellt werden.

199. **Politische Parteien/Unterstützung**
Gemeinnützigen Stiftung ist es untersagt, ihre Mittel für die unmittelbare oder mittelbare Unterstützung politischer Parteien zu verwenden (§ 55 Abs. 1 Nr. 1 Satz 3 AO).

200. **Präambel**
Der Stiftungssatzung kann eine Präambel vorangestellt werden. Dies ist gesetzlich nicht vorgeschrieben, bietet allerdings die Möglichkeit, u. a. den Stifterwillen niederzulegen. Sie kann daher für spätere Auslegungen von Bedeutung sein.

201. **Private/privatnützige Stiftung**
Dieser Stiftungstyp dient einem bestimmten Personenkreis, der in der Regel durch die Zugehörigkeit zu einer Familie bzw. einem Betrieb gekennzeichnet ist. Die Destinatäre sind in der Regel Privatpersonen, die die Erträge für private Zwecke verwenden. Hauptanwendungsfall der privaten Stiftung ist die → Familienstiftung.

202. **Private Stiftung des bürgerlichen Rechts**
Private Stiftungen des bürgerlichen Rechts dienen einem begrenzten Personenkreis bzw. einem Unternehmen. Dagegen begünstigen öffentliche Stiftungen des bürgerlichen Rechts die Allgemeinheit.

203. **Projektrücklage**
Diese Art der Rücklage sammelt Mittel für ein konkretes Vorhaben des ideellen Bereiches an, für dessen Durchführung bereits konkrete Zeitvorstellungen bestehen. Aufgrund der Regelung des § 62 Abs. 1 Nr. 1 AO verstößt die Projektrücklage auch nicht gegen die Pflicht zur zeitnahen Mittelverwendung.

204. **Projektträgerschaft**
Die steuerbegünstigte Stiftung kann sich nach § 68 Nr. 9 AO als Träger einer Wissenschafts- und Forschungseinrichtung betätigen. Dies stellt bei ihr einen

steuerfreien Zweckbetrieb dar, der jedoch auf die Forschung ausgerichtet sein muss. Anwendungsbezogene, nicht forschungsorientierte Projektträgerschaften fallen nicht unter die Steuerbegünstigung. Die Abgrenzung im Einzelfall ist schwierig, zumal die Finanzverwaltung einen Zweckbetrieb nur im Zusammenhang mit der ausschließlich wissenschafts- und forschungsorientierten Zweckverwirklichung der Stiftung sieht, nicht wenn diese lediglich einen Nebenzweck darstellt.

205. **Publizität**
Der Begriff der Publizität erfasst verschiedene Aspekte der Transparenz der Stiftung. Eine Eintragung in das → Handelsregister ist bei einzelnen Stiftungen denkbar. Eine nationales → Stiftungsregister besteht nicht.
Für die gemeinnützige Stiftung besteht keine Verpflichtung zur Veröffentlichung ihres Jahresabschlusses bzw. der Rechnungslegung, es sei denn, es wird ein Gewerbe betrieben (→ Publizitätsgesetz). Eine freiwillige Offenlegung ist möglich und gegebenenfalls opportun.

206. **Publizitätsgesetz**
Das Publizitätsgesetz (PublG), welches die Offenlegung von Jahresabschlüssen erfasst, erstreckt sich auch auf Stiftungen, wenn diese ein Gewerbe betreiben (§ 3 Abs. 1 Nr. 4 PublG).

207. **Qualitätssicherung**
Die zunehmende und erforderliche Professionalisierung des Stiftungsmanagement setzt auch Qualitätssicherung im Hinblick auf die konkrete Mittelverwendung voraus.

208. **Rechnungswesen**
Es handelt sich um die Erfassung, Ermittlung, Planung und Auswertung aller Geschäftsvorgänge, die zahlenmäßig bestimmt und erfasst werden können.

209. **Rechnungslegung**
Die Rechnungslegung der Stiftungen, deren Zweck u.a. in der Dokumentation, Kontrolle und Planung liegt, muss den allgemeinen gesetzlichen Anforderungen (→ IDW-Standard) und den Vorgaben der Landesstiftungsgesetze genügen (vgl. Dokumentation). Eine bundeseinheitliche Regelung besteht nicht.

210. **Reisekostenvergütung**
Reisekostenvergütungen sind Erstattungsleistungen der Stiftung für Aufwendungen, die ehrenamtlichen Mitarbeitern, Angestellten oder Organen der Stiftung im Zusammenhang mit einer Dienstreise entstanden sind. Reisekosten im Rahmen der steuerlichen Sätze können von der Stiftung an Mitarbeiter oder Organmitglieder steuerfrei vergütet werden.

211. **Religion/Förderung von**
Als → gemeinnütziger Zweck anerkannt.

212. **Rücklagen**
Auch gemeinnützige Stiftungen können – wenngleich nur in beschränktem Umfang und besonderen Fällen – Rücklagen bilden, unter anderem zur Finanzierung eines Projektes (→ Projektrücklage), zur Wiederbeschaffung eines Wirtschaftsguter (→ Wiederbeschaffungsrücklage), zum Erwerb oder zur Erhaltung von Beteiligungen an Kapitalgesellschaften in Höhe von max. 10 %, zur Erhalt und Aufstockung des Stiftungskapitals oder zur späteren Verwendung (→ freie Rücklage) (§ 62 Abs. 1, 4 AO).

213. **Rückwirkungsverbot**
Zwischen dem Stifter und seinen nahen Angehörigen gilt der steuerliche Grundsatz, wonach Zuwendungen der Stiftung nur aufgrund klarer, im Vorhinein getroffener Vereinbarungen zulässig sind. Daher ist bei der Satzungserstellung besonders sorgfältig vorzugehen, da nachträgliche Änderungen kaum möglich sind. Die Reichweite dieses Grundsatzes im Bereich der Stiftungen ist nicht völlig unbestritten.

214. **Sachspende**
Sachspenden sind Zuwendungen von körperlichen oder immateriellen Wirtschaftsgütern, die Eigentum der Stiftung werden. Nutzungen und Leistungen fallen dagegen nicht unter den Begriff der Sachspende und sind gem. § 10b Abs. 3 S. 1 EStG beim Spender nicht im Rahmen der Einkommensteuer als Sonderausgaben abzugsfähig.

215. **Sammelbestätigung**
Es handelt sich um die Bestätigung mehrerer Zuwendungen in einer förmlichen Zuwendungsbestätigung. Die Finanzverwaltung hat in einem BMF-Schreiben genaue Vorgaben für die Form einer Sammelbestätigung aufgestellt.

216. **Sammelstiftung**
Es handelt sich um eine Stiftung, die mit einem niedrigen Grundstockvermögen ausgestattet ist, und ihren Stiftungszweck durch Einwerben von Spenden, Zustiftungen u. ä. finanziert und erfüllt.

217. **Satzung**
Die Satzung einer Stiftung ist ihr Herzstück. Es handelt sich um eine Stiftungsverfassung, die zwingend folgende Regelungsbereiche enthalten muss: Name; Sitz; Zweck; Vermögen; Vorstand; ggf. Verfolgung steuerbegünstigter Zwecke (§ 81 Abs. 1 BGB). Darüber hinaus muss die steuerbegünstigte Stiftung eine anfallberechtigte steuerbegünstigte Körperschaft benennen (Vgl. → Vermögensbindung). Die Satzung ist im Rahmen des Stiftungsgeschäfts aufzustellen.

218. **Satzungsmäßige Vermögensbindung**
→ Vermögensbindung

219. **Schenkungsteuer**
Die unentgeltliche Zuwendung an eine gemeinnützige Stiftung unterliegt weder der Schenkung- noch der Erbschaftsteuer (§ 13 Abs. 1 Nr. 16b ErbStG). Sollten

die Voraussetzungen der Steuerbefreiung innerhalb von zehn Jahren nach der Zuwendung wegfallen, kommt es zu einer Besteuerung. Abgrenzungsschwierigkeiten bereiten entgeltliche Gegenleistungen im weitesten Sinn, u. a. das → Sponsoring.
Die nicht gemeinnützige Familienstiftung unterliegt dahingegen Zeitpunkt der Vermögensausstattung der Erbschaft- bzw. Schenkungsteuer sowie alle 30 Jahre der → Erbersatzsteuer.

220. **Selbständige Stiftungen**
Eine Stiftung ist selbständig, wenn sie selbst Träger von Rechten und Pflichten gem. § 80 ff. BGB ist. Das Gegenstück hierzu sind die → unselbständigen Stiftungen, die sich für die Verwaltung des Stiftungsvermögens eines anderen Rechtsträgers bedienen.

221. **Selbstlosigkeit**
Die Verfolgung steuerbegünstigter gemeinnütziger Zwecke durch eine Stiftung setzt deren selbstlose Tätigkeit voraus (vgl. § 52 Abs. 1 AO). Selbstlosigkeit ist zu bejahen, wenn nicht in erster Linie eigenwirtschaftliche Interessen verfolgt werden (vgl. § 58 AO). Hier wird die klare Grenze zu Wirtschaftsunternehmen gezogen.

222. **Selbstzweckstiftung**
Eine Selbstzweckstiftung ist eine Stiftung, deren Zweck es ist, ausschließlich ihr eigenes Vermögen zu verwalten. Solche Stiftungen sind unzulässig, da sie weder der Allgemeinheit noch einem bestimmten Empfängerkreis dienen.

223. **Schuldrechtlicher Anspruch**
Auf der Grundlage des Stiftungsgeschäftes erlangt die Stiftung einen schuldrechtlichen Anspruch gegenüber dem Stifter auf Zuführung des in dem Stiftungsgeschäft festgelegten Vermögens.

224. **Sitz/Sitzverlegung**
Der Sitz der Stiftung ist bereits im Rahmen des Stiftungsgeschäfts festzulegen (vgl. § 81 Abs. 1 Satz 3 Nr. 2 BGB). Der Sitz ist maßgeblich für das anzuwendende Landesstiftungsgesetz. Hier können ggf. beachtliche Abweichungen bestehen (siehe Dokumentation). Eine spätere Sitzverlegung bedarf einer Satzungsänderung und somit der Zustimmung der zuständigen Stiftungsaufsicht.

225. **Social Business**
Der Begriff des Social Business umschreibt wirtschaftlich tätige Unternehmen, die nicht oder nicht ausschließlich im Interesse ihrer Eigentümer, Gesellschafter etc., sondern zur Verwirklichung sozialer und gemeinwohlorientierte Zwecke tätig werden. Dementsprechend kommt es regelmäßig zu keiner Ausschüttung. Dabei kann es sich auch um Tochtergesellschaften gemeinnütziger Organisationen handeln.

226. **Social-Franchising**
Das Grundprinzip des Franchising, also das multiplizieren eines erfolgreichen Geschäftsmodells i. w. S. gegen Entgelt, wird auch zur Verwirklichung gemeinnütziger Zwecke herangezogen. Einen entsprechenden Leitfaden hat unter anderem der Bundesverband Deutscher Stiftungen mit dem Titel »Social Business« herausgegeben.

227. **Soziales Investment**
Investitionen und Geldanlagen, die auf Renditeerzielung angelegt sind, welche aber die Unterstützung sozialer und gesellschaftlicher Projekte zum Gegenstand haben (social impact).

228. **Sozialkonzerne**
Gemeinnützige Unternehmen mit einer gesellschaftsrechtlichen Konzernstruktur werden Sozialkonzerne bezeichnet. Der allgemeine Sprachgebrauch wendet diesen Begriff auf große gemeinnützige Organisationen an.

229. **Spende**
Die Spende stellt eine freiwillige und unentgeltliche Zuwendung »zur Förderung → steuerbegünstigter Zwecke im Sinne der §§ 52 bis 54 AO« (vgl. § 10b Abs. 1 Satz 1 EStG) dar, welcher keine Gegenleistung gegenüber steht. Neben eine Geldspende kommen auch → Sachspenden oder→ Aufwandsspenden in Betracht.
Liegt eine Gegenleistung vor, insbesondere im Bereich des → Sponsorings, ist eine Spende zu verneinen. Die Spende kann auf Ebene des Spenders im Rahmen des → Spendenabzuges steuerlich geltend gemacht werden. Voraussetzungen ist aber stets eine → Zuwendungsbescheinigung

230. **Spendenabzug**
Der Spender kann die Spenden steuerlich als Sonderausgaben beziehungsweise Betriebsausgaben abziehen. Der Abzug setzt insbesondere voraus, dass dem Spender eine Spendenbescheinigung der Stiftung vorliegt. Der Abzug ist auf 20 % des Gesamtbetrages der Einkünfte beziehungsweise 4 ‰ der Summe der gesamten Umsätze und der im Kalenderjahr aufgewendeten Löhne und Gehälter begrenzt (vgl. § 10b Abs. 1 EStG, § 9 Abs. 1 Nr. 2 KStG). Spenden werden auch gewerbesteuerlich anerkannt (vgl. § 9 Nr. 5 GewStG).
Natürliche Personen können, im Gegensatz zu juristischen Personen, auch Parteispenden teilweise steuerlich geltend machen (vgl. Parteispende).

231. **Spendenbescheinigung**
Mit der Spendenbescheinigung (→ neu: Zuwendungsbestätigung) weist der Steuerpflichtige dem Finanzamt nach, dass er die erforderlichen Voraussetzungen für den Abzug der Ausgaben als Sonderausgaben (Spenden) erfüllt hat.

232. **Spenden-Mailing**
Spenden-Mailings sind Emails oder auch Briefe, die in der Regel die Stiftung kurz vorstellen und um eine Spende bitten. Es stellt die klassische Form der Spendenakquisition dar.

233. **Spendenwerbung**
Kosten der Spendenwerbung gehören zu den Verwaltungsausgaben. Diese dürfen zusammen mit den anderen Verwaltungsausgaben in der Regel 50 v. H. der Einnahmen im ideellen Bereich und der Überschüsse aus Vermögensverwaltung und wirtschaftlichen Geschäftsbetrieben nicht übersteigen. Je nach Lage des Einzelfalls kann bereits ein deutlich geringerer Prozentsatz von der Finanzverwaltung aufgegriffen werden.

234. **Spendensiegel**
In Deutschland besteht kein öffentliches bzw. staatliches Spendensiegel. Allerdings werden unter diesem Begriff verschiedene Auszeichnungen, Qualitätsnachweise etc. unterschiedlicher Organisationen zusammengefasst.

235. **Sphärenmodell**
Die verschiedenen Tätigkeits- und Vermögensbereiche der gemeinnützigen Stiftung (ideeller Bereich, Vermögensverwaltung, Zweckbetrieb, Wirtschaftlicher Geschäftsbetrieb) werden allgemein auch als Sphären bezeichnet. Da diese vier Bereiche unterschiedlichen steuerlichen Rahmenbedingungen folgen, wird dieser Bereich intensiv von Seiten der Finanzverwaltung geprüft. In diesem Zusammenhang greift auch die Verpflichtung, dass die tatsächliche Geschäftsführung im Grunde dem in der jeweiligen Satzung niedergelegten Grundsätzen des Gemeinnützigkeitsrechtes entsprechen muss (vgl. § 63 Abs. 1 AO). Dies setzt entsprechende Aufzeichnungen voraus (vgl. § 63 Abs. 1 AO). Im Ergebnis bedeutet dies, dass die Sphären gesondert erfasst werden.

236. **Sponsoring**
Die Stiftung erbringt als Gegenleistung für eine finanzielle Unterstützung Werbeleistungen, beispielsweise für Unternehmen. Die Förderung der gemeinnützigen Zwecke der Stiftung ist ein bewusst gewählter Effekt des Unternehmens, neben der eigentlichen Werbung auch in der Öffentlichkeit als Förderer gemeinnütziger Projekte wahrgenommen zu werden. Außerdem sind Sponsorenleistungen in der Regel als Betriebsausgaben steuerlich abziehbar. Die Stiftung profitiert vom Sponsoring gleichermaßen. Das vom Unternehmen gezahlte Entgelt kann für die Satzungszwecke verwendet werden.

237. **Sport/Schach/Förderung des**
Als → gemeinnütziger Zweck anerkannt.

238. **Sportveranstaltungen**
Sportliche Veranstaltungen eines Sportvereins stellen einen Zweckbetrieb dar, wenn die Einnahmen zzgl. Umsatzsteuer p. a. 45.000 EUR nicht übersteigen (vgl. 67a AO)

239. **Stake holder**
In Weiterentwicklung des betriebswirtschaftlichen Shareholder-Value-Ansatzes erfasst das Stake holder-Prinzip das Unternehmen in seinem sozial-ökonomischen Kontext. Stake holder ist jede auf ein Unternehmen bezogene Interessen- und Anspruchsgruppe. Bezogen auf gemeinnützige Institutionen sind diese die

Empfänger von Fördermitteln, die Destinatäre, die Stiftungsmitarbeiter, das soziale und politische Umfeld einer Stiftung, die von Stiftungsmaßnahmen betroffenen Bürger aber auch (z. B. bei Zweckbetrieben) das unternehmerische Umfeld. Insgesamt sind alle Gruppen erfasst, die durch die Stiftungstätigkeit beeinflusst werden.

240. **Steuer**
Die Stiftung unterliegt als Körperschaftsteuersubjekt der Körperschaftsteuer. Darüber hinaus unterliegt sie grundsätzlich auch der → Gewerbe-, → Grund,- → Grunderwerb-, → Erbschaft- und Schenkungsteuer. Allerdings bestehen für gemeinnützige Stiftungen zahlreiche → Steuerbefreiungen.

241. **Steuerbegünstigte Stiftung**
Gem. § 51 S. 1 AO erfolgt eine Anerkennung als steuerbegünstigte Stiftung, wenn dies Stiftung gemeinnützige, mildtätige oder kirchliche Zwecke verfolgt. Die Stiftung muss diese Zwecke selbstlos, ausschließlich und unmittelbar verfolgen. Weiterhin ist erforderlich, dass die Satzung neben einer Aufzählung der zu verfolgenden Zwecke auch die Art und Weise der Zweckverfolgung selbst entsprechend festhält. Im allgemeinen Sprachgebrauch wird an Stelle des Begriffs der steuerbegünstigten Stiftung häufig der Begriff einer gemeinnützigen Stiftung verwendet.

242. **Steuerbefreiung**
Die steuerbegünstige Stiftung genießt zahlreiche Begünstigungen im Bereich der → Körperschaft-, → Gewerbe-, → Umsatz-, → Schenkung-, → Erbschaft-, → Grunderwerb-, → Grundsteuer.

243. **Steuerhinterziehung**
Die Stiftung unterliegt, trotz etwaiger Steuerbefreiungen und steuerlicher Vergünstigungen, vergleichbar einem gewerblichen Unternehmen, der Besteuerung. Damit gehen zahlreiche Verpflichtungen und letztendlich Risiken sowohl für die → Stiftung als auch für die handelnden → Organmitglieder einher. Ein bewusst unrichtiger oder auch nur allzu nachlässiger Umgang im Hinblick auf die der Besteuerung zugrunde liegenden Sachverhalte kann neben einer persönlichen Haftung auch strafrechtliche Folgen für die Organmitglieder nach sich ziehen. Dies gilt insbesondere für die Einordnung bestimmter Sachverhalte in die verschiedenen → Sphären der Stiftung.

244. **Stifter**
Die Stiftung wird durch einen Stifter gegründet. Dies kann sowohl eine natürliche als auch eine juristische Person sein.

245. **Stifterdarlehen**
Dem Stifterdarlehen liegt das Konzept zugrunde, wonach der Stifter zu seinen Lebzeiten das Vermögen nicht aus der Hand gibt sondern der Stiftung darlehenshalber zuwendet. Die Stiftung legt diese Mittel an und kann die Erträge daraus ihren gemeinnützigen Zwecken zuführen. Sollte der Stifter einen Zugriff

auf dieses Vermögen benötigen, kann er das Darlehen kündigen und hat die Mittel wieder zur eigenen Verfügung.

246. **Stifterunterhalt**
Die Stiftung kann max. 1/3 ihres Einkommens zu Versorgung des Stifters, dessen Angehörigen und zur Grabpflege verwenden (vgl. § 58 Nr. 6 AO)

247. **Stifterwille**
Der Stifterwille ist in der Satzung der Stiftung bindend niedergelegt. Eine nachträgliche Anpassung desselben in der Satzung ist nur mit Zustimmung der Stiftungsaufsicht möglich und wird überaus restriktiv gehandhabt. Der Stifterwille ist daher mit Bedacht zu formulieren. Um eine etwaige Auslegung v. a. auch nach Ableben des Stifters zu gewährleisten, bietet sich eine weitergehende Erläuterung der Intention des Stifters etc. in der → Präambel an.

248. **Stiftung**
Der Stiftungsbegriff umfasst zum einen die Rechtsform der Stiftung im Sinne der §§ 80 ff BGB; zum Anderen bezeichnet Stiftung den Vorgang des Stiftens, d. h. der Verselbständigung von Vermögen zu einem eigenständigen Zweck. Tatsächlich wird die Bezeichnung Stiftung auch von zahlreichen GmbH oder Vereinen geführt. Hintergrund ist oftmals die Vermeidung der staatlichen Aufsicht sowie der strengen Regeln der Stiftung.

249. **Stiftung auf Zeit**
Eine Stiftung auf Zeit ist von Vornherein nur für eine bestimmte Dauer angelegt. Während dieser Dauer muss die Stiftung ihr Stiftungskapital erhalten. Dies unterscheidet die Stiftung auf Zeit von der → Verbrauchsstiftung. Die Stiftung auf Zeit ist im Regelfalle an ein bestimmtes Projekt gebunden. Nach Zeitablauf ist das Stiftungskapital (anderen) gemeinnützigen Zwecken zuzuführen oder (sehr selten) an den Stifter zurück zu gewähren.

250. **Stiftung & Co. KG**
Es handelt sich um eine Personengesellschaft im Sinne des § 15 Abs. 1 Nr. 2 EStG. In dieser Konstellation wird die Stiftung als Komplementärin tätig. Kommanditisten sind in der Regel Familienmitglieder oder andere Personen. Aufgrund der ausschließlichen Geschäftsführungsbefugnis ist die Stiftung in der Lage, den Willen des Stifters effektiv durchzusetzen. Anders als bei der GmbH & Co. KG erzielt die Stiftung nicht aufgrund § 15 Abs. 3 Nr. 1 EStG insgesamt gewerbliche Einkünfte. Vielmehr ist für die Beurteilung der Einkunftsart auf die von der Personengesellschaft ausgeübte Tätigkeit abzustellen.

251. **Stiftung des bürgerlichen Rechts**
Die Stiftungen, die nach § 80 ff. BGB das Anerkennungsverfahren durch die Stiftungsaufsicht durchlaufen, stellen Stiftungen des bürgerlichen Rechts dar. Unterschieden werden private und öffentliche Stiftungen des bürgerlichen Rechts. Abgrenzungskriterium ist jeweils die Zweckbindung.

252. **Stiftung des öffentlichen Rechts**
Diese Stiftungsart wird auch öffentlich-rechtliche Stiftung genannt. Sie sind mit der öffentlichen Verwaltung verbunden und verfolgen ausschließlich öffentliche Zwecke. Zur Errichtung bedarf es eines Stiftungsaktes (bspw. durch Gesetz oder privatrechtlicher Willenserklärung) sowie eines staatlichen Hoheitsaktes (Verleihung oder Verwaltungsakt).

253. **Stiftungs-Aktiengesellschaft**
Aktiengesellschaften können als gemeinnützige Stiftungsaktiengesellschaften anerkannt werden, wenn der Gegenstand des Unternehmens nicht auf den Betrieb eines Handelsgewerbes ausgerichtet ist und die Gesellschaft gemeinnützige Zwecke verfolgt.

254. **Stiftungsaufsicht**
Die Tätigkeit der Stiftung unterliegt der Stiftungsaufsicht als Rechtaufsichtsbehörde. Dabei handelt es sich um Landesbehörden, welche regelmäßig dem Innen- oder Justizresort unterstellt sind (siehe Dokumentation). Im weitesten Sinn kontrolliert sie die Übereinstimmung des Stiftungshandelns mit den Vorgaben von Gesetz und Satzung. Daneben regeln die Landesstiftungsgesetze teilweise in sehr unterschiedlicher Ausprägung die konkreten Aufgaben und Handlungsoptionen der Stiftungsaufsicht (siehe Dokumentation).

255. **Stiftungsfonds**
Ein Stiftungsfonds ist eine zweckgebundene Zustiftung, welche das Kapital einer Stiftung erhöht. Es handelt sich um unselbständige kleine und kleinste Stiftungsvermögen ohne eigene Organisationsstruktur. Genau wie die → Treuhandstiftung kann der Stiftungsfonds mit dem Namen des Gründers verbunden werden.
Mit der Spendenbescheinigung (→ neu: Zuwendungsbestätigung) weist der Steuerpflichtige dem Finanzamt nach, dass er die erforderlichen Voraussetzungen für den Abzug der Ausgaben als Sonderausgaben (Spenden) erfüllt hat.

256. **Stiftungsgeschäft**
Hierbei handelt es sich um die verbindliche Erklärung des Stifters, ein Vermögen zur Erfüllung eines bestimmten Zwecks dauerhaft zu widmen. Das Stiftungsgeschäft kann unter Lebenden gem. § 81 Abs. 1 S. 1 BGB oder durch eine Verfügung von Todes wegen nach § 83 S. 1 BGB erfolgen. Die Erklärung muss unter Lebenden stets schriftlich erfolgen (d. h. mit Namensunterschrift); Bei Erklärungen von Todes wegen muss sie den Anforderungen einer letztwilligen Verfügung (Testament oder Erbvertrag) entsprechen.

257. **Stiftungs-GmbH**
Es handelt sich um eine GmbH, welche eine dauerhafte Bindung des Gesellschaftsvermögens im Sinne des Gesellschafterwillens in der Satzung vorsieht. Bei gemeinnützigen Stiftungs- GmbHs ist zu beachten, dass § 58 Nr. 6 AO keine Anwendung findet, da diese Regelung ausschließlich für Stiftungen gelten. Rechtsfolge ist, dass keine Erträge an den Gründungsgesellschafter bzw.

an dessen Angehörige ausgeschüttet werden dürfen. Diese Vorgehensweise würde zum Verlust der Steuerbegünstigung führen. Im Gegensatz dazu darf bei einer Stiftung ein Drittel der Erträge für den Unterhalt des Stifters bzw. seiner nächsten Angehörigen verwendet werden.
Ein bekanntes Beispiel für eine Stiftungs- GmbH ist die Robert-Bosch-Stiftung GmbH.

258. **Stiftungsgeschäft von Todes wegen**
Beim Stiftungsgeschäft von Todes wegen (§ 83 Satz 1 BGB) besteht das → Stiftungsgeschäft aus einer letztwilligen Verfügung von Todes wegen (bspw. durch Testament). Besondere Bedeutung kommt dabei der Konkretisierung des Stifterwillens im Rahmen der testamentarischen Regelung zu.

259. **Stiftungskapital steuerliche Auswirkung der Ausstattung**
Das Stiftungskapital (bislang → Grundstockvermögen) besteht regelmäßig aus dem Anfangskapital (Dotationskapital) erhöht um nachfolgende Zuwendungen des Stifters oder Dritter auf das Kapital zzgl. der Umwandlung freier Rücklagen. Das Stiftungskapital darf nicht verbraucht werden, sondern dient der Erwirtschaftung der Erträge, die entsprechend dem Stiftungszweck ausgeschüttet werden. Es muss auf Dauer erhalten bleiben (→ Grundsatz der Kapitalerhaltung).

260. **Stiftungskörperschaft**
Neben reinen Stiftungen hat die anwaltliche Kautelarpraxis bereits bekannte Körperschaften, wie beispielsweise die GmbH oder die Aktiengesellschaft mit stiftungsähnlichen Merkmalen ausgestattet. Der Vorteil dieser Gestaltungsmethode liegt darin, dass diese Unternehmen keiner staatlichen Aufsicht unterliegen. Andererseits kann die dauerhafte Zweckerfüllung sowie die Bindung des Kapitals nicht garantiert werden.

261. **Stiftungslehrstuhl**
Ein Stiftungslehrstuhl entsteht in der Regel durch die Errichtung einer unselbständigen Stiftung zur Finanzierung eines Lehrstuhls mittels Treuhandvertrag.

262. **Stiftungsorgan**
Ein Organ der Stiftung ist stets der Vorstand der Stiftung. Er ist gem. §§ 86 S. 1, 26 Abs. 2 S. 1 BGB ihr gesetzlicher Vertreter und vertritt die Stiftung gerichtlich und außergerichtlich. Zu beachten ist insoweit, dass die Landesstiftungsgesetze in der Regel bestimmte Rechtsgeschäfte unter ihren Genehmigungsvorbehalt stellen, so dass der Tätigkeitsbereich des Vorstands insoweit eingeschränkt wird. Als weiteres, allerdings nicht gesetzlich vorgeschriebenes Stiftungsorgan kann ein Kontrollorgan, wie bspw. ein → Kuratorium oder → Stiftungsrat in der Satzung vorgeschrieben werden.

263. **Stiftungsrat**
Der Stiftungsrat stellt ein gesetzlich nicht zwingend vorgeschriebenes Stiftungsorgan dar. In der Regel handelt es sich um ein Beratungs- bzw. Kontrollorgan des Vorstands. Dieses Organ wird auch als → Kuratorium bezeichnet.

264. **Stiftungsreife**
Von Stiftungsreife spricht man, wenn der Stifter nach entsprechender Abwägung dazu bereit ist, sein (Teil-)Vermögen für die Gründung einer Stiftung zu verwenden. Maßgeblich ist das Bewusstsein, dass er nach Anerkennung der Stiftung nicht mehr über dieses Vermögen verfügen kann.

265. **Stiftungsrecht**
Es besteht kein einheitliches Bundesstiftungsgesetz. Die Stiftung unterliegt vielmehr sowohl bundes- als auch landesrechtlichen Vorschriften. Die rechtsfähige Stiftung findet ihren Niederschlag in den §§ 80 ff BGB. Darüber hinaus verfügt jedes Bundesland über ein eigenes Landesstiftungsgesetz. Die Ländervorschriften weichen teilweise deutlich voneinander ab, so dass dem Landesrecht eine beachtliche Bedeutung zukommen kann (vgl. Dokumentation). Handelsrechtliche und steuerrechtliche Vorschriften finden Anwendung.

266. **Stiftungsregister**
In Deutschland besteht kein öffentliches bundesweites Stiftungsregister. Gemeinnützige Stiftungen sind gerade nicht im Handelsregister eingetragen. Die einzelnen Bundesländer sehen Landesstiftungsregister vor (vgl. Dokumentation). So sehen zum Beispiel Bayern und Berlin öffentlich einsehbare Stiftungsverzeichnisse vor.

267. **Stiftungs-TV**
Die Vorstellung neuer Ansätze aus dem Gemeinnützigkeitsbereich ist Gegenstand des Stiftungs-TV.

268. **Stiftungsverein**
Ein solcher Verein verfügt über eine kapitalartige Vermögensausstattung, um eine dem Wesen einer Stiftung entsprechende Aufgabenerfüllung zumindest über einen gewissen Zeitraum sicher zu stellen. Von einem Stiftungsverein spricht man jedoch nicht, wenn der Verein seinen Zweck alleine mit Mitgliedsbeiträgen und Spenden verfolgt. Vertragstechnisch muss sichergestellt sein, dass der Verein entgegen seines typischen Merkmals auf Dauer angelegt ist. Als bekanntes Praxisbeispiel sei die Konrad-Adenauer-Stiftung e. V. genannt.

269. **Stiftungsvermögen**
Die Landesstiftungsgesetzt regeln die Pflichten des Vorstandes hinsichtlich des Stiftungsvermögens sowie der diesbezüglichen Kontrolle der Stiftungsaufsicht. Dabei ist der Begriff des Stiftungsvermögens unscharf. Gemeint ist in der Regel das → Stiftungskapital, während das Stiftungsvermögen im eigentlichen Sinne alle aktuellen Vermögenswerte der Stiftung umfasst, also auch den Bestand an zeitnah zu verwendenden Mitteln.

270. **Stiftungsvorstand**
Der Stiftungsvorstand ist das gesetzlich vorgeschriebene (vgl. § 86 S. 1 i. V. m. § 26 BGB) Organ der Stiftung. Der Vorstand vertritt die Stiftung im Rechtsverkehr und übernimmt die Geschäftsführung.

271. **Stiftungszweck**
Die Stiftung muss stets einen bestimmten Zweck erfüllen, nicht das → Gemeinwohl gefährden (vgl. § 80 Abs. 2 BGB). Sofern die Stiftung steuerbegünstigte Zwecke verfolgen soll, sind die Regelungen der §§ 51 ff. AO zu beachten.

272. **Sukzessivstiftung**
Eine Sukzessivstiftung liegt vor, wenn eine Stiftung mehrere Stiftungszwecke verfolgt (→ gemischte Stiftung), die zeitlich nacheinander erfüllt werden sollen.

273. **Tatsächliche Geschäftsführung (Anforderungen)**
Die Geschäftsführung einer gemeinnützigen Stiftung muss der Erfüllung des steuerbegünstigten Zwecks unter Berücksichtigung der Satzung dienen (vgl. § 63 Abs. 1 AO). Dies muss durch entsprechende Aufzeichnungen der Ein- und Ausgaben belegt werden können. Ein Verstoß kann schlimmstenfalls zu einem Verlust der Steuerbegünstigung führen.

274. **Teilwert**
Unter dem Teilwert wird gem. § 10 S. 2, 3 BewG der Betrag verstanden, den ein Erwerber des ganzen Unternehmens im Rahmen des Gesamtkaufpreises für das einzelne Wirtschaftsgut ansetzen würde. Für die Bewertung ist davon auszugehen, dass der Erwerber das Unternehmen fortführt. Der Teilwert entspricht regelmäßig dem Verkehrswert oder Marktwert eines Wirtschaftsgutes.

275. **Telefonkosten**
Soweit Telefonkosten im Rahmen der Stiftungstätigkeit bei den Mitarbeitern oder Stiftungsorganen anfallen, kann die Stiftung diesen Aufwand entsprechend ersetzen (→ Aufwandsersatz).

276. **Testamentsvollstreckung**
Die Errichtung der Stiftung auf den Todesfall kann auch einem Testamentsvollstrecker obliegen. Strittig ist, ob und inwieweit über die Gründung der Stiftung hinaus Testamtentsvollstreckung angeordnet werden kann. Sollte eine entsprechende »Überwachung« von Seiten des Erblassers angestrebt werden, kann die jeweilige Person auch als entsprechend starkes Organmitglied in der Stiftung vorgesehen werden.

277. **Themenfonds**
Hier bieten Stiftungen an, einen Teil ihrer Mittel für bestimmte Zwecke zu reservieren. In diese »Fonds« können die Stifter einzahlen. Ein Beispiel für einen solchen Themenfond ist der Ausbildungsfond. Unter steuerlichen Gesichtspunkten stellt die Zuwendung an den Themenfond eine zweckgebundene Spende dar.

278. **Tierschutz/Förderung des**
Als → gemeinnütziger Zweck anerkannt.

279. **Top-Down-Modell**
Hierbei handelt es sich um eine Möglichkeit der Gründung einer → Bürgerstiftung, bei der ein Stifter das Grundstockvermögen zur Verfügung stellt.

280. **Trägerkörperschaft**
Unter einer Trägerkörperschaft werden Körperschaften im Sinne des § 51 Satz 2 AO verstanden. Trägerkörperschaften sind in der Regel juristische Personen des öffentlichen Rechts. Sie treten häufig in der Praxis im Zusammenhang mit von ihnen unterhaltenen → Betrieben gewerblicher Art auf.

281. **Treuhandstiftung**
Eine Treuhandstiftung ist eine → unselbständige Stiftung. Ein Stifter wendet einer natürlichen oder juristischen Person Vermögenswerte zu, die diese dauerhaft zur Verfolgung des vom Stifter festgelegten Zweckes verwaltet. Im Rahmen eines Treuhandvertrags verwaltet der Treuhänder das Vermögen in eigenem Namen aber im Interesse des vom Stifter vorgegebenen Zwecks. Bei der Treuhandstiftung ist weder ein Mindestkapital noch eine staatliche Anerkennung notwendig.

282. **Überschussrechnung**
Grundsätzlich ist der betriebliche Gewinn durch Betriebsvermögensvergleich zu ermitteln. Dies trifft auch auf eine gemeinnützige Stiftung zu, die über einen wirtschaftlichen Geschäftsbetrieb verfügt. Sofern die Stiftung keine Buchführung vornimmt, kann sie ihr Jahresergebnis durch eine sog. → (Einnahme-)Überschuss-Rechnung ermitteln, im land- und forstwirtschaftlichen Bereich entspricht dies einer vereinfachten Gewinnermittlung nach Durchschnittssätzen. Die Einnahme-Überschuss-Rechnung ermittelt ganz allgemein das Ergebnis als Überschuss oder Fehlbetrag der Einnahmen über die Ausgaben, ohne Berücksichtigung von Vermögensänderungen.

283. **Übungsleiter**
Vergütungen für Tätigkeiten als Übungsleiter sind nach § 3 Nr. 26 EStG bis zu einer Höhe von € 2.400 steuerbefreit. Übungsleiter sind dabei die Leiter von Veranstaltungen, bei denen die Teilnehmer ihre Fähigkeiten erwerben oder verbessern, zumeist in körperlicher Hinsicht, z. B. durch Trainer. Eine besondere Übungsleiterbefähigung ist nicht Voraussetzung. Der Übungsleiter steht dem Ausbilder, Erzieher und Betreuer damit gleich.

284. **Übungsleiterfreibetrag**
→ Übungsleiter

285. **Umsatzsteuer/Vorsteuer**
Die gemeinnützige Stiftung kann im Rahmen ihres Tätigkeitsspektrums (→ Sphären) auch umsatzsteuerpflichtige Lieferungen/Leistungen im Sinne des Umsatzsteuergesetzes erbringen. Für den ideellen Bereich ist dies zu verneinen, Im Bereich der Vermögensverwaltung, des Zweckbetriebs und des wirtschaftlichen Geschäftsbetriebs ist es dahingegen regelmäßig zu bejahen. Der Regelsteuersatz in Höhe von 19 % kann im Bereich der Vermögensverwaltung sowie des Zweckbetriebs auf 7 % ermäßigt sein (vgl. § 13 Abs. 2 Nr. 8a UStG). Korrespondierend mit der Umsatzsteuerpflicht ist die Stiftung auch zum Vorsteuerabzug berechtigt.

286. **Umsatzsteuerliche Organschaft**
Gem. § 2 Abs. 2 Nr. 2 S. 1 UStG liegt eine Organschaft vor, wenn eine juristische Person nach dem Gesamtbild der tatsächlichen Verhältnisse finanziell, wirtschaftlich und organisatorisch in das Unternehmen des Organträgers eingegliedert ist. Es handelt sich um eine Gruppe rechtlich selbständiger Personen, die gemeinsam besteuert werden. Die Organgesellschaft wird in eine andere, rechtlich selbständige Person (den Organträger) so integriert, dass die steuerlichen Vorgänge der Organgesellschaft dem Organträger als eigene Tätigkeiten zugerechnet werden. Beide Personen sind als ein einheitlicher Steuerpflichtiger über den Organträger zu erfassen. Innenumsätze unterliegen daher nicht der Umsatzsteuer.

287. **Unselbständige Stiftungen**
Eine unselbständige Stiftung liegt vor, wenn der Stifter einer natürlichen oder juristischen Person Vermögenswerte zuwendet, die diese Person dauerhaft zur Verfolgung des vom Stifter festgelegten Zweckes verwaltet. Bei einer unselbständigen Stiftung ist kein Mindestkapital vorgeschrieben. Im Übrigen ist keine staatliche Anerkennung und nachfolgende Aufsicht notwendig.

288. **Unterhalt**
→ Stifterunterhalt

289. **Unternehmensstiftung**
Bei Unternehmensstiftungen erwirtschaftet ein Unternehmen die Erträge der Stiftung (→ unternehmensverbundene Stiftung). In der Regel handelt es sich um → Familienstiftungen. Eine Unternehmensstiftung kann so ausgestaltet sein, dass die Stiftung das Unternehmen selbst betreibt. Weiterhin ist möglich, dass die Stiftung lediglich die Beteiligung an dem Unternehmen hält.

290. **Unternehmensträgerstiftung**
Diese Stiftung betreibt selbst ein Unternehmen und ist somit Träger eines Unternehmens (→ Unternehmensstiftung).

291. **Unternehmensverbundene Stiftung**
Die unternehmensverbundene Stiftung stellt den Oberbegriff für → Unternehmensträgerstiftungen und → Beteiligungsträgerstiftungen dar. Verallgemeinernd werden unter unternehmensverbundenen Stiftungen solche Stiftungen verstanden, die mit einem gewerblich tätigen Unternehmen in einem Austauschverhältnis stehen.

292. **Unternehmereigenschaft**
Das Umsatzsteuerrecht stellt für die Beurteilung steuerbarer Fälle auf die Unternehmereigenschaft der beteiligten Personen ab. Steuerschuldner der Umsatzsteuer kann im Regelfall nur ein Unternehmer sein. Nach § 2 Abs. 1 UStG ist Unternehmer, wer eine gewerbliche oder berufliche Tätigkeit selbständig ausübt. Unerheblich ist, ob der Leistende Gewinnerzielungsabsicht hatte.

293. **Venture Philantropy**
Venture Philantropy ist eine Ausprägung gemeinnütziger Aktivitäten unter Anwendung von Private Equity und Venture Capital Modellen auf i. w. S. gemeinnützige Projekte. VP Modelle können als unselbständige Stiftungen strukturiert werden (→ Venture Philantropy Funds) und zeichnen sich durch die aktive Einbringung der Stifter in der Projektarbeit aus.

294. **Veranstaltungen**
Macht sich die Stiftung eine Veranstaltung in der Weise nutzbar, dass sie Werberechte an Dritte vergibt, so liegt ein wirtschaftlicher Geschäftsbetrieb jedenfalls dann vor, wenn die Stiftung dafür eine Gegenleistung erhält.

295. **Verbrauchsstiftung**
Unter dem Oberbegriff der Verbrauchsstiftung i. w. S. fallen solche Stiftungsarten, die ein bestimmtes zeitlich begrenztes Projekt fördern. Dieser Stiftungstyp weist nicht alle Merkmale der Stiftung auf, da dazu die Dauerhaftigkeit ihrer Existenz erforderlich ist. Eine Verbrauchsstiftung i. w. S. liegt vor, wenn das Stiftungskapital von Anbeginn an für die gesamte Dauer des Bestehens der Stiftung für die (z. B. gemeinnützigen) Zwecke ausgegeben werden kann. Der Grundsatz der Vermögenserhaltung ist bei dieser Stiftung eingeschränkt.
Da die steuerrechtlichen Rahmenbedingungen der Verbrauchsstiftung nicht unumstritten sind, ist vor Gründung zwingend eine Abstimmung mit der Finanzverwaltung vorzunehmen.

296. **Verbraucherschutz/Förderung des**
Als → gemeinnütziger Zweck anerkannt.

297. **Verein**
Zahlreiche Vereine führen auch die Bezeichnung Stiftung. Vereine können auch steuerbegünstigte gemeinnützige Zwecke verfolgen. Es handelt sich allerdings um eine unterschiedliche Rechtsform, welche insbesondere nicht der staatlichen Aufsicht untersteht.

298. **Verfolgte/Flüchtlinge/Hilfe für**
Als → gemeinnütziger Zweck anerkannt. Die gesetzliche Regelung ist sehr weit.

299. **Vergütungsverzicht**
Der Verzicht auf einen Vergütungsanspruch kann eine → Spende darstellen. Dies setzt voraus, dass der Anspruch in einem ersten Schritt entsteht und in einem zweiten Schritt auf die Geltendmachung desselben verzichtet wird. Dahingegen stellt die unentgeltliche Erbringung von Leistungen beziehungsweise Arbeitskraft keine Spende dar.

300. **Verlustausgleich**
Finanzverwaltung und Rechtsprechung gehen immer dann von einer (steuerschädlichen) Mittelfehlverwendung aus, wenn die Stiftung Verluste ihres wirtschaftlichen Geschäftsbetriebes durch Mittel des ideellen Tätigkeitsbereichs ausgleicht. Hierzu zählen grundsätzlich alle zeitnah zu verwendenden Mittel.

Nach Auffassung der Finanzverwaltung ist jedoch ein begrenzter Verlustausgleich zulässig, wenn die Stiftung insofern Gewinne aus früheren Jahren »kompensiert«.

301. **Vermögensstock**
Als Vermögensstock wird das zwingend zu erhaltende Stiftungskapital der Stiftung bezeichnet (→ Vermögenserhaltung)

302. **Vermögensaufstockung**
Der → Vermögensstock einer Stiftung kann durch Zuwendungen aufgestockt werden. Dies kann durch Erwerb von Todes wegen, durch unmissverständliche gebundene Zuwendungen, durch entsprechend konkrete »Spenden« oder durch konkrete Sachzuwendungen (§ 62 Abs. 3 Nr. 1–4 AO) erfolgen. Bezüglich der Spende in den Vermögensstock gelten besondere steuerrechtliche Rahmenbedingungen (→ Vermögensstockfreibetrag).

303. **Vermögensbindung/Grundsatz der/Satzungsmäßige**
Im Zuge der Auflösung einer steuerbegünstigten Stiftung darf das Vermögen derselben ausschließlich für steuerbegünstigte Zwecke verwendet werden, sog. Grundsatz der Vermögensbindung (vgl. § 55 Abs. 1 Nr. 4 AO). Diese Regelung ist überaus streng, da Verstöße, unabhängig von der Festsetzungsverjährung der entsprechenden Steuerbescheide, zu einem rückwirkenden Wegfall der Steuerbegünstigung führen können. In der Satzung der Steuerbegünstigten Stiftung ist eine andere inländische steuerbegünstigte Körperschaft konkret benennen, welcher das Vermögen der aufgelösten Stiftung zukommen soll (vgl. § 61 Abs. 1 AO).

304. **Vermögenserhaltung**
Der → Grundsatz der Kapitalerhaltung ist gleichbedeutend mit der Vermögenserhaltung. Dieser Grundsatz besagt, dass das Stiftungskapital in seinem Wert nicht geschmälert werden darf. Minderungen bzw. Verbrauch sind verboten. Allerdings dürfen – ggf. in Absprache mit der zuständigen Aufsichtsbehörde – Vermögensumschichtungen vorgenommen werden.

305. **Vermögenssphären**
Eine gemeinnützige Stiftung verfügt grundsätzlich über vier Vermögenssphären: den ideellen Bereich, den Bereich der Vermögensverwaltung, die steuerfreien Zweckbetriebe und die steuerpflichtigen wirtschaftlichen Geschäftsbetriebe.

306. **Vermögensstockfreibetrag**
Gem. § 10b Abs. 1a EStG verfügt der Stifter über einen steuerlich abzugsfähigen Vermögensstockfreibetrag (früher auch Gründungsfreibetrag genannt) in Höhe von € 1.000.000 für die Ausstattung seiner Stiftung mit Stiftungskapital (bei zusammenveranlagten Ehegatten € 2.000.000). Diesen Betrag kann der Stifter innerhalb von zehn Jahren einmal in Anspruch nehmen. Nicht von diesem Privileg erfasst sind Spenden in das sog. verbrauchbare Vermögen der Stiftung. Für diese gilt nur der allgemeine Spendenabzug. Nach der Gesetzesbegründung soll »verbrauchbares Vermögen« solches Vermögen sein, dessen

Verbrauch vom Stifter bestimmt oder ermöglicht wurde. Der genaue Umfang des Begriffs des »verbrauchbaren Vermögens« ist aber noch nicht abschließend geklärt.

307. **Vermögensumschichtung**
Es handelt sich um Veränderungen der konkreten Vermögenszusammensetzung. Für den → Grundsatz der Kapitalerhaltung ist lediglich erforderlich, dass das Vermögen in seinem Wert, nicht jedoch in seiner konkreten Zusammensetzung erhalten wird. Daher kann es sinnvoll sein, die Struktur der Vermögensanlagen an die Sicherheits- und Erträgnisansprüche einer auf Dauer angelegten Stiftung anzupassen. Allerdings sind die Stiftungsorgane an die Grundstruktur des Vermögens gebunden. Sofern der Stifter Wertpapiere in das Grundstockvermögen einbringt, können diese nicht in Immobilien umgeschichtet werden. Allerdings können z. B. anstelle von hochspekulativen Hedge-Fonds festverzinsliche Wertpapiere angeschafft werden.

308. **Vermögensverwaltung**
Vermögensverwaltung im Sinne des § 14 Satz 3 AO bedeutet die Nutzung vorhandenen Vermögens, beispielsweise durch verzinsliches Anlegen von Kapitalvermögen.

309. **Verschmelzung**
Eine Verschmelzung zweier Stiftungen ist nach den Vorschriften des Umwandlungsgesetzes nicht zulässig. Wollen sich Stiftungen dennoch zusammenschließen, so ist die freiwillige Zusammenlegung Ländersache und damit unterschiedlich geregelt. Daneben dürfen die Stiftungsaufsichtsbehörden Stiftungen zwangsweise zusammenschließen, um eine Auflösung zu vermeiden. Der Zusammenschluss zweier Stiftungen ist ertragsteuerlich nicht relevant, er ist als schenkungssteuerbarer Vorgang anzusehen, der bei Zusammenlegung steuerbegünstigter Körperschaften steuerbefreit ist.

310. **Verwaltungskosten**
Nach Auffassung der Finanzverwaltung dürfen die Aufwendungen für die Verwaltung einschließlich der Aufwendungen für Spendenwerbung und etwaiger Geschäftsführervergütungen insgesamt 50 v. H. der gesamten Stiftungseinnahmen nicht übersteigen. Hierzu zählen Spendeneinnahmen und sonstige Einnahmen im ideellen Bereich, Überschüsse aus Vermögensverwaltung und aus wirtschaftlichen Geschäftsbetrieben. Je nach Einzelfall kann die prozentuale Grenze sogar niedriger sein.

311. **Verwendungsrückstand**
Kommt die Stiftung ihrem Gebot auf → zeitnahe Mittelverwendung nicht spätestens zum Ende des auf den Zufluss folgenden Wirtschaftsjahres nach, liegt ein sog. Verwendungsrückstand vor. Die Feststellung des Verwendungsrückstandes erfolgt anhand des »FIFO-Verfahrens«. Dabei handelt es sich um eine Verbrauchsfolgenannahme, die davon ausgeht, dass die zuerst zugeflossenen Mittel auch wiederum zuerst verausgabt werden. Ein Verwendungsrückstand

kann die Gemeinnützigkeit der Stiftung für das betreffende Jahr gefährden. Im Regelfall setzt die Finanzverwaltung allerdings eine Frist zur Verwendung der Mittel gem. § 63 Abs. 4 AO.

312. **Verzicht**
→ Aufwandspende

313. **Virtuelle Stiftung**
Im Gegensatz zur herkömmlichen Stiftung verfügt die virtuelle Stiftung weder über eigene Rechtspersönlichkeiten, noch über eigenes Vermögen. Stattdessen stehen die Erträge aus der Anlage mehrerer, meist zusammengefasster Vermögensmittel zur Förderung eines bestimmten Zwecks zur Verfügung. Die Abgrenzungen im Einzelnen zur unselbständigen treuhänderischen Stiftung sind rechtlich noch höchst umstritten.

314. **Vorratsstiftung**
Die Vorratsstiftung stellt die erste Stufe eines zweistufigen Konzeptes dar. Hierbei handelt es sich im Regelfall um eine rechtsfähige Stiftung, die vom Stifter zu Lebzeiten mit geringem Grundstockvermögen ausgestattet und geschaffen wird, um nach dem Tod des Stifters als dessen Erbin oder Vermächtnisnehmerin ihre endgültige Kapitalausstattung zu erhalten.

315. **Vorstand**
Der Vorstand ist das einzige gesetzlich zwingend vorgeschriebene Organ der Stiftung gem. § 86 Satz 1 i. V. m. § 26 Abs. 1 S. 1 BGB. Als Vorstandsmitglieder kommen natürliche oder juristische Personen in Betracht. Der Vorstand hat nach dem Gesetz mindestens 1 Mitglied. Er führt die Geschäfte und vertritt die Stiftung gerichtlich und außergerichtlich.

316. **Vorstandsgehälter**
Für das in der Abgabenordnung normierten Begünstigungsverbot gem. § 55 Abs. 1 Nr. 1, Nr. 3 AO hat die Stiftung die Nachweispflicht, dass die Vorstandsbezüge hinsichtlich ihrer Gesamtausstattung das angemessenen Gehalt einer vergleichbaren Leistung auf dem Markt nicht übersteigen.

317. **Vorsteuer**
Im Rahmen des Vorsteuerabzuges haben Unternehmer die Möglichkeit zur Rückerstattung der von ihnen an andere Unternehmer entrichteten Umsatzsteuer (vgl. § 15 UStG). Dies setzt aber voraus, dass sie selbst umsatzsteuerpflichtige Leistungen erbringen. Dies ist bei Stiftungen regelmäßig nur teilweise der Fall (vgl. → Umsatzsteuer). Der Vorsteuerabzug kommt daher nur teilweise in Betracht.

318. **Vorstiftung**
Errichtet der Stifter von Todes wegen eine Stiftung, bestimmt das Gesetz, dass diese Stiftung trotz ihrer erst deutlich späteren Anerkennung als im Todeszeitpunkt des Stifters entstanden gilt. Die rechtlichen Rahmenbedingungen dieser Periode sind umstritten. Teilweise wird diesbezüglich von einer Vorstiftung aus-

gegangen, deren Rechtshandlungen mit Anerkennung der Stiftung auf diese übergehen. Diese Ansicht ist aber überaus umstritten, so dass in dieser Schwebezeit eine gewisse Zurückhaltung der Handelnden geboten erscheint.

319. **Wissenschaft und Forschung/Förderung von**
Als → gemeinnütziger Zweck anerkannt.

320. **Wiederbeschaffungsrücklage**
Die gemeinnützige Stiftung kann eine Rücklage zur Wiederbeschaffung eines Wirtschaftsgutes bilden, welches zur Verwirklichung der steuerbegünstigten und satzungsgemäßen Zwecke erforderlich ist (§ 62 Abs. 1 Nr. 2 AO).

321. **Wettbewerb**
Die Steuerbegünstigung der Stiftung findet ihre dogmatische Rechtfertigung unter anderem darin, dass die Stiftung am allgemeinen geschäftlichen Wettbewerb nicht teilnimmt, die Steuerbegünstigung daher zu keiner Wettbewerbsverzerrung führen kann. Dies ist im Rahmen des → wirtschaftlichen Geschäftsbetriebes zu verneinen. Der→ Zweckbetrieb setzt den geringsten möglichen Eingriff in den Wettbewerb voraus.

322. **Wirtschaftlicher Geschäftsbetrieb**
Ein wirtschaftlicher Geschäftsbetrieb ist eine selbständige, nachhaltige Tätigkeit, durch die Einnahmen oder andere wirtschaftliche Vorteile erzielt werden und die über den Rahmen einer Vermögensverwaltung hinaus geht (vgl. § 64 Abs. 1 i. V. m. § 14 AO). Wenn auch nicht ausdrücklich eine Teilnahme am allgemeinen wirtschaftlichen Verkehr verlangt wird, ist in der Regel eine nachhaltige Einnahmeerzielung nur durch ein Auftreten nach außen, d. h. eine Teilnahme am Markt möglich.
In der Sphäre des wirtschaftlichen Geschäftsbetriebes ist die Stiftung in der Regel voll steuerpflichtig und zum Vorsteuerabzug berechtigt. Übersteigen die Einnahmen zzgl. Umsatzsteuer allerdings nicht 35.000 EUR p. a. unterliegen sie nicht der Körperschaft- und Gewerbesteuer (vgl. § 64 Abs. 3 AO).

323. **Wohlfahrtspflege/Förderung der**
Als → gemeinnütziger Zweck anerkannt.

324. **Zeitnahe Mittelverwendung**
Gemeinnützige Stiftungen haben nach dem Willen des Gesetzgebers ihre Erträge zeitnah für die steuerbegünstigten Zwecke zu verwenden. Gem. § 55 Abs. 1 Nr. 5 S. 3 AO ist eine zeitnahe Mittelverwendung gegeben, wenn die Mittel spätestens in dem auf den Zufluss folgendem zweiten Kalender- oder Wirtschaftsjahr für die satzungsgemäßen Zwecke ausgegeben werden.

325. **Zeitwert**
Der Zeitwert eines Wirtschaftsgutes ist dessen Anschaffungswert vermindert um die planmäßigen Abschreibungen.

326. **Zucht (Pflanzen, Tier)/Förderung der**
Als → gemeinnütziger Zweck anerkannt.

327. **Zulegung**
Eine Stiftung kann unter Berücksichtigung der Satzung sowie der Landesstiftungsgesetze auf eine bestehende Stiftung übertragen werden. Im Zuge dessen erlischt die übergehende Stiftung, während die übernehmende Stiftung bestehen bleibt.

328. **Zusammenlegung**
Im Rahmen einer Zusammenlegung werden die beteiligten Stiftungen aufgelöst und gehen in einer neu zu gründenden Stiftung auf. Diesbezüglich sehen die einzelnen Landesstiftungsgesetze entsprechende Vorbehalte vor.

329. **Zuschüsse**
Erhält die Stiftung von dritter Seite Zuschüsse, ist zu unterscheiden, ob diese einem steuerbefreiten Zweckbetrieb, einem steuerpflichtigen wirtschaftlichen Geschäftsbetrieb zuzurechnen sind oder ob es sich um eine Förderung der ideellen Tätigkeit handelt. Zuschüsse der öffentlichen Hand, die auflagen- und bedingungsfrei sind, fördern im Regelfall den ideellen Bereich einer Stiftung.

330. **Zustiftung**
Zustiftungen fließen dem Stiftungskapital zu. Rechtsfolge ist, dass nicht die Zustiftung als solche, sondern nur die aus ihr erwirtschafteten Erträge als Mittelverwendung dem Stiftungszweck zugeführt werden.

331. **Zuwendung**
Der Begriff der Zuwendung umfasst im Falle der Stiftung unterschiedliche Erwerbsvorgänge. Zum einen ist darunter die Zuwendung des Stiftungskapitals selbst zu verstehen. Zuwendung betrifft zum anderen die Übertragung von Vermögensgegenständen von dritter Seite auf die Stiftung, sei es durch Spenden, durch Zustiftungen, durch Zuwendungen von Todes wegen in Form von Erbeinsetzung oder Vermächtnissen. Bei all diesen Vorgängen handelt es sich um Zuwendungen ohne Gegenleistung (auch freigiebige Zuwendungen).

332. **Zuwendungsbestätigung**
Die Spendenbestätigung wird gem. § 50 Abs. 1 EStDV als Zuwendungsbestätigung bezeichnet und hat auf amtlich vorgeschriebenem Vordruck zu erfolgen. Das Bundesministerium der Finanzen veröffentlicht regelmäßig aktuelle Muster. Der Zuwendungsempfänger (Stiftung) bestätigt durch dieses Formular, dass der Spender Zuwendungen an eine allgemein als besonders förderungswürdig anerkannte Stiftung gespendet hat.
Darüber hinaus besteht die Möglichkeit einer vereinfachten Zuwendungsbescheinigung mittels eines Bareinzahlungsbeleges oder Kontoauszuges: Bei Katastrophenfällen, wenn die Finanzverwaltung ein entsprechendes Sonderkonto bzw. ein anderes Konto des Spendenempfängers benennt, bei Kleinspenden in Höhe von max. 200 EUR an Körperschaften des öffentlichen Rechts sowie an sonstige gemeinnützige Körperschaften, welche entsprechende Einzahlungsformulare zur Verfügung stellen (vgl. § 50 Abs. 2 EStDV).

333. **Zwangsgeld**
Die Stiftung untersteht der Stiftungsaufsicht. Diese verfügt, entsprechend der → Landesstiftungsgesetze über verschiedene Sanktionsmöglichkeiten, unter anderem das Zwangsgeld (vgl. Dokumentation).

334. **Zweck/Änderung**
Bezüglich des Zwecks der Stiftung bestehen keine Beschränkungen, solange das Gemeinwohl nicht gefährdet ist (vgl. § 80 Abs. 2 BGB). Die steuerliche Privilegierung setzt allerdings die Verfolgung → steuerbegünstigter Zwecke voraus. Eine Änderung des Zwecks stellt eine Satzungsänderung dar, welche nur unter engen Voraussetzungen und mit Zustimmung der→ Stiftungsaufsicht möglich ist.

335. **Zweckbetrieb**
Zweckbetrieb sind solche wirtschaftlichen Geschäftsbetriebe, für die die Steuerbegünstigung (wegen Gemeinnützigkeit) ausnahmsweise doch gewährt wird (vgl. § 65 AO).
Ein Zweckbetrieb liegt vor, wenn die Stiftung mit dem wirtschaftlichen Geschäftsbetrieb ihre satzungsmäßigen Zwecke erfüllt. Weiterhin dürfen diese Zwecke eben nur durch einen solchen Geschäftsbetrieb erreicht werden. Ferner darf der wirtschaftliche Geschäftsbetrieb nicht in größerem Umfang zu nichtbegünstigten Unternehmen in Wettbewerb treten, als dies für die Erfüllung der gemeinnützigen Zwecke unbedingt notwendig ist.
Es reicht nicht aus, wenn der Zweckbetrieb steuerbegünstigte Zwecke allgemein fördert oder die geförderten Zwecke nicht in der Satzung aufgeführt sind. Auch die reine Mittelbeschaffung wäre kein hinreichender Zweck eines wirtschaftlichen Geschäftsbetriebs, der zu einer Anerkennung als Zweckbetrieb führen könnte.
§ 68 AO zählt aber bestimmte Unternehmungen als Zweckbetriebe auf, ohne dass die o. g. Voraussetzungen erfüllt werden müssen. Darunter fallen u. a. Heime, Fördereinrichtungen, Arbeitsstätten für Menschen mit Handikap, kulturelle Einrichtungen, Volkshochschulen etc., Wissenschafts- und Forschungseinrichtungen. Des Weiteren bestehen Spezialregeln für Einrichtungen der Wohlfahrtspflege (vgl. § 66 AO), Krankenhäuser (vgl. § 67 AO) und sportliche Veranstaltungen (vgl. § 67a AO).
Steuerlich unterliegt der Zweckbetrieb weitgehend der regulären Besteuerung. Allerdings kann der ermäßigte Umsatzsteuersatz von 7 % zur Anwendung kommen.

336. **Zweckbindung**
Der Zuwendende kann die Übertragung der Mittel an die Stiftung zulässigerweise mit der Auflage verknüpfen, diese Mittel für einen bestimmten Zweck, z. B. ein bestimmtes Förderprojekt oder zur Verstärkung des Stiftungskapitals zu verwenden. Es bleibt der Sache nach eine freigiebige Zuwendung, die die Stiftung berechtigt, eine Zuwendungsbescheinigung auszustellen. Sofern die Mittel

nicht zweckentsprechend verwendet werden, steht dem Spender ein bereicherungsrechtliches Rückforderungsrecht zu.

337. **Zweckvermögen**
Das Zweckvermögen bildet steuerrechtlich eine eigene Körperschaft. Zweckvermögen bildet eine zumindest steuerlich verselbständigte Vermögensmasse z. B. in Form einer öffentlichen Sammlung von Mitteln (gem. § 1914 BGB). Das Zweckvermögen ist nicht zu verwechseln mit dem → Stiftungsvermögen, das ebenfalls dem Satzungszweck der Stiftung gewidmet ist.

Teil 6 Dokumentation

A. Muster und Formulare

Muster*
Stiftungsgeschäft unter Lebenden
zur Errichtung einer rechtsfähigen Stiftung zu Lebzeiten des Stifters

Stiftungsgeschäft

über die Errichtung der

....
(Name der Stiftung)

in

....
(Sitz der Stiftung)

I. Hiermit errichte(n) ich (wir)

....
(Vorname, Name, Anschrift)

als rechtsfähige Stiftung des bürgerlichen Rechts

die

....
(Name der Stiftung)

II. Die Stiftung soll ihren Sitz in .... haben und Rechtsfähigkeit erlangen.

III. Zweck der Stiftung ist die Förderung von

....
(z. B. die Förderung von Kunst und Kultur, Wissenschaft und Forschung, Bildung und Erziehung, des Umwelt-, Landschafts- und Denkmalschutzes, des Sports etc.)

(Es besteht weiterhin die Möglichkeit vorzusehen, dass auf schriftlichen Antrag des Stifters oder auf schriftlichen Antrag eines nächsten Angehörigen bis zu einem Drittel des Einkommens der Stiftung dazu verwandt werden kann, dem Antragsteller in angemessener Weise Unterhalt zu gewähren.)

IV. Die Stiftung wird mit folgendem Vermögen ausgestattet:

1.
....

2.
....

3.
....
(Hier ist eine genaue Auflistung von Barvermögen, Wertpapiervermögen, Immobilienvermögen und Sachvermögen einzufügen.)

V.
Die Stiftung soll durch einen aus....... Personen bestehenden Vorstand (und ein aus .... Personen bestehendes Kuratorium) verwaltet werden.

(Für den Stifter / die Stifterin besteht die Möglichkeit, selbst als Vorsitzende(r) des ersten Vorstandes zu wirken. So kann formuliert werden: „Vorsitzende/r des ersten Vorstandes werde ich selbst sein".)

Als ersten Vorstand bestelle ich (bestellen wir):

1. ....
(Vorname, Name, Anschrift)

2. ....
(Vorname, Name, Anschrift)

3. ....
(Vorname, Name, Anschrift)

Als erstes Kuratorium bestelle ich (bestellen wir):

1. ....
(Vorname, Name, Anschrift)

2. ....
(Vorname, Name, Anschrift)

3. ....
(Vorname, Name, Anschrift)

VI. Die weiteren Einzelheiten über die Organisation der Stiftung und die Verwirklichung des Zwecks sind in der Stiftungssatzung geregelt, die Bestandteil dieses Stiftungsgeschäfts ist.

(Unzutreffendes bitte streichen und Ergänzungen entsprechend der Satzung vornehmen.)

....	....
(Ort und Datum)	(Unterschrift des Stifters / der Stifterin)

**Hinweis:* *Das folgende Muster wurde im Dezember 2013 erarbeitet. Es ist lediglich als Hilfestellung und Anregung zu verstehen. In keinem Fall sollten Sie den Mustertext in seiner jetzigen Form übernehmen, sondern jeweils an die konkreten Umstände anpassen. Es gibt Zweckmäßigkeitsfragen, die unterschiedlich beantwortet werden können.*

Muster*
Satzung einer rechtsfähigen Stiftung

Präambel

In einer kurzen Präambel können die Stifter / die Stifterin den Anlass und Motive für die Errichtung der Stiftung beschreiben. Diese Formulierungen können für die spätere Auslegung des Stifterwillens eine wertvolle Hilfe darstellen.

§ 1
Name, Rechtsform, Sitz und Geschäftsjahr

(1) Die Stiftung..
(Name der Stiftung)

mit Sitz in...
(Ortsangabe)

verfolgt ausschließlich und unmittelbar – gemeinnützige – mildtätige – kirchliche – Zwecke
(Unzutreffendes bitte streichen) im Sinne des Abschnitts „Steuerbegünstigte Zwecke" der Abgabenordnung.

(2) Sie ist eine rechtsfähige (*zusätzlich in Rheinland-Pfalz:* öffentliche) Stiftung des bürgerlichen Rechts.

(3) Geschäftsjahr der Stiftung ist das Kalenderjahr.

§ 2
Stiftungszweck

(1) Zweck der Stiftung ist...
(z.B. die Förderung von Kunst und Kultur, Wissenschaft und Forschung, Bildung und Erziehung, des Umwelt, Landschafts- und Denkmalschutzes, des Sports etc.)

(2) Der Stiftungszweck wird insbesondere verwirklicht durch

....
(Hier sollte eine Konkretisierung des Zwecks vorgenommen werden.
Folgende Formulierungen kommen beispielsweise hierfür in Frage:
- Trägerschaft der... (Einrichtung) in ...,
- Zuwendungen an die ... (Einrichtung) in ...,
- Förderung von Vorhaben, die geeignet sind ...,
- Förderung von Maßnahmen, die ... zum Ziel haben,
- Durchführung von wissenschaftlichen Veranstaltungen und Forschungsvorhaben,
- Vergabe von Forschungsaufträgen,
- Gewährung von Stipendien etc.
Es sind die Vorschriften der Abgabenordnung zu beachten, falls eine Steuerbefreiung seitens des zuständigen Finanzamts angestrebt wird.)

(3) Zweck der Stiftung ist auch die Beschaffung von Mitteln gemäß § 58 Nr. 1 AO zur Förderung von (z. B. die Förderung von Kunst und Kultur, Wissenschaft und Forschung, Bildung und Erziehung, des Umwelt-, Landschafts- und Denkmalschutzes, des Sports etc.) für die Verwirklichung der steuerbegünstigten Zwecke einer anderen Körperschaft oder für die Verwirklichung steuerbegünstigter Zwecke durch eine Körperschaft des öffentlichen Rechts.

(4) Die Stiftung erfüllt ihre Aufgaben selbst oder durch eine Hilfsperson im Sinne des § 57 Abs. 1 S. 2 AO, sofern sie nicht im Wege der Mittelbeschaffung gemäß § 58 Nr. 1 AO tätig wird. Die Stiftung kann zur Verwirklichung des Stiftungszwecks Zweckbetriebe unterhalten.

§ 3
Gemeinnützigkeit

(1) Die Stiftung ist selbstlos tätig. Sie verfolgt nicht in erster Linie eigenwirtschaftliche Zwecke. Die Mittel der Stiftung dürfen nur für die satzungsgemäßen Zwecke verwendet werden. Die Stifter und ihre Erben erhalten keine Zuwendungen aus Mitteln der Stiftung.

(2) Es darf keine Person durch Ausgaben, die dem Zweck der Stiftung fremd sind, oder durch unverhältnismäßig hohe Vergütungen begünstigt werden.

§ 4
Stiftungsvermögen

(1) Das Stiftungsvermögen ergibt sich aus dem Stiftungsgeschäft. (*und / oder* Die Stiftung ist ferner Testamentserbe.)

(2) Das Stiftungsvermögen ist (nach Abzug von Vermächtnissen und Erfüllung von Auflagen) in seinem Bestand dauernd und ungeschmälert zu erhalten und sicher und ertragreich anzulegen.

(3) Vermögensumschichtungen sind zulässig. Umschichtungsgewinne dürfen ganz oder teilweise zur Erfüllung des Stiftungszwecks verwendet werden.

(4) Dem Stiftungsvermögen wachsen die Zuwendungen zu, die dazu bestimmt sind (Zustiftungen). Die Stiftung darf derartige Zustiftungen annehmen. Sie darf auch Zuwendungen ohne Zweckbestimmung aufgrund einer Verfügung von Todes wegen dem Vermögen zuführen.

§ 5
Verwendung der Vermögenserträge und Zuwendungen

(1) Die Stiftung erfüllt ihre Aufgaben aus den Erträgen des Stiftungsvermögens und aus Zuwendungen, die nicht ausdrücklich zur Stärkung des Stiftungsvermögens bestimmt sind. Davon ausgenommen sind die Rücklagenbildung oder Zuführungen zum Stiftungsvermögen gemäß § 62 Abs. 1 Nr. 3 AO.

(2) Die Stiftung kann ihre Mittel ganz oder teilweise einer Rücklage zuführen, soweit dies im Rahmen der steuerlichen Gemeinnützigkeit zulässig ist.

(3) Zur Werterhaltung können / sollen (*Unzutreffendes bitte streichen*) im Rahmen des steuerrechtlich Zulässigen Teile der jährlichen Erträge zur Substanzerhaltung und als Inflationsausgleich einer freien Rücklage zugeführt werden.

(4) Im Rahmen des steuerrechtlich Zulässigen kann die Stiftung Mittel einer anderen steuerbegünstigten Körperschaft oder einer juristischen Person des öffentlichen Rechts zur Vermögensausstattung zuwenden.

(5) Ein Rechtsanspruch Dritter auf Gewährung der jederzeit widerruflichen Förderleistungen aus der Stiftung besteht aufgrund dieser Satzung nicht.

§ 6
Organe der Stiftung

(1) Organe der Stiftung sind der Vorstand und das Kuratorium. *(Der Stifter kann auch andere Bezeichnungen wählen oder weitere Organe einrichten.)*

(2) Die Mitglieder der Stiftungsorgane sind ehrenamtlich tätig. Sie haben jedoch Anspruch auf Ersatz ihrer notwendigen Auslagen. (*oder anstelle der Ehrenamtlichkeit*: Sie haben Anspruch auf Ersatz der ihnen entstandenen Auslagen und Aufwendungen. Für den Zeitaufwand und Arbeitseinsatz der Mitglieder des Vorstandes kann das Kuratorium eine in ihrer Höhe angemessene Pauschale beschließen.)

(3) Ein Mitglied eines Organs kann nicht zugleich einem anderen Organ angehören.

§ 7
Vorstand

(1) Der Vorstand besteht aus ... Mitgliedern *(Hier kann auch eine Minimal- und Maximalanforderung formuliert werden).*

(2) Der erste Vorstand ist im Stiftungsgeschäft berufen. Er gehört dem Vorstand auf Lebenszeit an. Zu seinen Lebzeiten ist der Stifter Vorsitzender des Vorstandes und bestellt auch den stellvertretenden Vorsitzenden und die anderen Vorstandsmitglieder. Der Stifter ist berechtigt, das Amt jederzeit niederzulegen.

(3) Nach dem Tod des Stifters bestellt das Kuratorium auf Vorschlag der verbleibenden Vorstandsmitglieder ein neues Vorstandsmitglied. Wiederbestellungen sind zulässig. Die Amtszeit der Vorstandsmitglieder beträgt vier Jahre. Der Vorstand wählt nach Ausscheiden des Stifters und der Ergänzung des Vorstandes aus seiner Mitte einen Vorsitzenden und einen stellvertretenden Vorsitzenden.

(4) Dem Vorstand sollen Personen angehören, die besondere Fachkompetenz und Erfahrung in Hinblick auf die Aufgabenerfüllung der Stiftung aufweisen. Ein Mitglied soll in Finanz- und Wirtschaftsfragen sachverständig sein. Mitglieder des Kuratoriums dürfen nicht zugleich dem Vorstand angehören.

(5) Das Amt eines Vorstandsmitgliedes endet nach Ablauf der Amtszeit (*oder* bei Vollendung des ... Lebensjahres). Das Vorstandsmitglied bleibt in diesen Fällen solange im Amt, bis ein Nachfolger bestellt ist. Das Amt endet weiter durch Tod und durch Niederlegung, die jederzeit zulässig ist. In diesen Fällen bilden die verbleibenden Vorstandsmitglieder den Vorstand. Bis zum Amtsantritt des Nachfolgers führen sie die unaufschiebbaren Aufgaben der laufenden Stiftungsverwaltung allein weiter. Ein ausgeschiedenes Vorstandmitglied ist unverzüglich vom Kuratorium zu ersetzen. Vom Stifter bestellte Vorstandsmitglieder können von diesem, andere Vorstandsmitglieder können vom Kuratorium oder vom Vorstand jederzeit aus wichtigem Grunde abberufen werden. Ihnen ist zuvor Gelegenheit zur Stellungnahme zu geben. Das abberufene Mitglied kann die Berechtigung der Abberufung binnen einer Frist von einem Monat seit Kenntnis gerichtlich prüfen lassen. Im Falle eines Rechtsstreits ruhen die Rechte des abberufenen Mitglieds bis zur rechtskräftigen oder einstweiligen Entscheidung des Gerichts. Erst danach kann ein Rechtsnachfolger bestimmt werden.

§ 8
Aufgaben des Vorstandes

(1) Der Vorstand entscheidet in allen grundsätzlichen Angelegenheiten nach Maßgabe der Satzung in eigener Verantwortung und führt die laufenden Geschäfte der Stiftung. Er hat die Stellung eines gesetzlichen Vertreters und vertritt die Stiftung gerichtlich und außergerichtlich. Die Mitglieder des Stiftungsvorstandes sind einzelvertretungsberechtigt. Im Innenverhältnis vertritt der Vorsitzende des Stiftungsvorstandes die Stiftung allein, für den Fall der Verhinderung der stellvertretende Vorsitzende.

(2) Der Vorstand hat im Rahmen des Stiftungsgesetzes und dieser Stiftungssatzung den Willen des Stifters so wirksam wie möglich zu erfüllen. Seine Aufgaben sind insbesondere:
- die Verwaltung des Stiftungsvermögens,
- die Verwendung der Stiftungsmittel,
- die Aufstellung eines Haushaltsplanes, der Jahresrechnung und des Tätigkeitsberichtes.

(3) Zur Vorbereitung seiner Beschlüsse, der Erledigung seiner Aufgaben und insbesondere der Wahrnehmung der laufenden Geschäfte kann der Vorstand einen Geschäftsführer bestellen und Sachverständige hinzuziehen. In diesem Fall hat der Geschäftsführer die Stellung eines besonderen Vertreters im Sinne des § 30 BGB.

§ 9
Beschlussfassung des Vorstandes

(1) Beschlüsse des Vorstandes werden in der Regel auf Sitzungen gefasst. Der Vorstand wird vom Vorsitzenden oder seinem Stellvertreter nach Bedarf, mindestens aber einmal jährlich unter Angabe der Tagesordnung und Einhaltung einer Frist von zwei Wochen zu einer Sitzung einberufen. Sitzungen sind ferner einzuberufen, wenn ... Mitglieder des Vorstandes dies verlangen. Wenn kein Mitglied des Vorstandes widerspricht, können Beschlüsse auch im schriftlichen Verfahren gefasst werden.

(2) Ein Vorstandsmitglied kann sich in der Sitzung durch ein anderes Vorstandsmitglied vertreten lassen. Kein Vorstandsmitglied kann mehr als ein anderes Vorstandsmitglied vertreten.

(3) Der Vorstand ist beschlussfähig, wenn nach ordnungsgemäßer Ladung mindestens die Hälfte / zwei Drittel seiner Mitglieder (*Unzutreffendes bitte streichen*), unter ihnen der Vorsitzende oder sein Stellvertreter, anwesend oder vertreten sind. Ladungsfehler gelten als geheilt, wenn alle Mitglieder anwesend sind und niemand widerspricht. An einer schriftlichen Abstimmung muss / müssen sich mindestens die Hälfte / zwei Drittel (*Unzutreffendes bitte streichen*) der Vorstandsmitglieder beteiligen.

(4) Der Vorstand trifft seine Entscheidungen mit einfacher Mehrheit der anwesenden oder sich an der schriftlichen Abstimmung beteiligenden Mitglieder, sofern die Satzung nichts Abweichendes bestimmt. Bei Stimmengleichheit gibt die Stimme des Vorsitzenden, ersatzweise seines Stellvertreters den Ausschlag.

(5) Über die Sitzungen sind Niederschriften zu fertigen und vom Sitzungsleiter und dem Protokollanten zu unterzeichnen. Sie sind allen Mitgliedern des Vorstandes und dem Vorsitzenden des Kuratoriums zur Kenntnis zu bringen.

(6) Weitere Regelungen über den Geschäftsgang des Vorstandes und diejenigen Rechtsgeschäfte, zu deren Durchführung der Vorstand der Zustimmung des Kuratoriums bedarf, kann eine vom Kuratorium zu erlassende Geschäftsordnung enthalten.

§ 10
Kuratorium

(1) Das Kuratorium besteht aus ... Mitgliedern. Die Mitglieder des ersten Kuratoriums werden vom Stifter berufen. *(Auch hier ist eine Minimal- und Maximalanforderung denkbar).*

(2) Scheidet ein Kuratoriumsmitglied aus, so wählt das Kuratorium auf Vorschlag des Vorstandes einen Nachfolger. Wiederwahlen sind zulässig. Die Amtszeit der Kuratoriumsmitglieder beträgt vier Jahre. Das Kuratorium wählt aus seiner Mitte einen Vorsitzenden und einen stellvertretenden Vorsitzenden.

(3) Dem Kuratorium sollen Personen angehören, die besondere Fachkompetenz und Erfahrung in Hinblick auf die Aufgabenerfüllung der Stiftung aufweisen. Ein Mitglied soll in Finanz- und Wirtschaftsfragen sachverständig sein.

(4) Das Amt eines Kuratoriumsmitgliedes endet nach Ablauf der Amtszeit oder bei Vollendung des ... Lebensjahres. Das Kuratoriumsmitglied bleibt in diesen Fällen solange im Amt, bis ein Nachfolger bestellt ist. Das Amt endet weiter durch Tod und durch Niederlegung, die jederzeit zulässig ist. In diesen Fällen bilden die verbleibenden Kuratoriumsmitglieder das Kuratorium. Bis zum Amtsantritt des Nachfolgers führen sie die unaufschiebbaren Aufgaben allein weiter. Ein ausgeschiedenes Kuratoriumsmitglied ist unverzüglich vom Kuratorium durch Zuwahl zu ersetzen. Ein Kuratoriumsmitglied kann vom Kuratorium in einer gemeinsamen Sitzung mit dem Vorstand jederzeit aus wichtigem Grunde abberufen werden. Der Beschluss bedarf der Mehrheit der Mitglieder von Vorstand und Kuratorium. Das betroffene Mitglied ist bei dieser Abstimmung von der Stimmabgabe ausgeschlossen. Ihm ist zuvor Gelegenheit zur Stellungnahme zu geben. Das abberufene Mitglied kann die Berechtigung der Abberufung binnen einer Frist von einem Monat seit Kenntnis gerichtlich prüfen lassen. Im Falle eines Rechtsstreits ruhen die Rechte des abberufenen Mitglieds bis zur rechtskräftigen oder einstweiligen Entscheidung des Gerichts. Erst danach kann ein Rechtsnachfolger bestimmt werden.

§ 11
Aufgaben und Beschlussfassung des Kuratoriums

(1) Das Kuratorium berät, unterstützt und überwacht den Vorstand im Rahmen des Stiftungsgesetzes und dieser Stiftungssatzung, um den Willen des Stifters so wirksam wie möglich zu erfüllen. Seine Aufgaben sind insbesondere:
- Empfehlungen für die Verwaltung des Stiftungsvermögens,
- Empfehlungen für die Verwendung der Stiftungsmittel,
- Genehmigung des Haushaltsplanes, der Jahresrechnung und des Tätigkeitsberichtes
- Entlastung des Vorstandes,
- Bestellung von Mitgliedern des Vorstandes.

(2) Zur Vorbereitung seiner Beschlüsse kann das Kuratorium Sachverständige hinzuziehen.

(3) Das Kuratorium soll mindestens einmal im Jahr zu einer ordentlichen Sitzung zusammenkommen. Eine außerordentliche Sitzung ist einzuberufen, wenn mindestens ... Mitglieder oder der Vorstand dies verlangen. Die Mitglieder des Vorstandes, der Geschäftsführer und Sachverständige können an den Sitzungen des Kuratoriums

beratend teilnehmen.

(4) Für die Beschlussfassung des Kuratoriums gilt § 9 entsprechend. *(Für eine gemeinsame Beschlussfassung von Vorstand und Kuratorium sind entsprechende Regelungen, insbesondere zur Ladung bei gemeinsamer Sitzung / Mehrheiten zu ergänzen; ein pauschaler Verweis auf § 9 reicht nicht)* Das Kuratorium kann sich eine Geschäftsordnung geben.

§ 12
Satzungsänderung

(1) Die Organe der Stiftung können Änderungen der Satzung beschließen, wenn sie den Stiftungszweck nicht berühren und die ursprüngliche Gestaltung der Stiftung nicht wesentlich verändern oder die Erfüllung des Stiftungszwecks erleichtern.

(2) Beschlüsse über Änderungen der Satzung können nur auf gemeinsamen Sitzungen von Vorstand und Kuratorium gefasst werden. Der Änderungsbeschluss bedarf einer Mehrheit von zwei Dritteln der Mitglieder des Vorstandes und des Kuratoriums.

(3) Beschlüsse über Änderungen der Satzung bedürfen der Genehmigung der Stiftungsaufsichtsbehörde. Sie sind mit einer Stellungnahme der zuständigen Finanzbehörde anzuzeigen.

§ 13
Zweckerweiterung, Zweckänderung, Zusammenlegung, Auflösung

(1) Die Organe der Stiftung können der Stiftung einen weiteren Zweck geben, der dem ursprünglichen Zweck verwandt ist und dessen dauernde und nachhaltige Verwirklichung ohne Gefährdung des ursprünglichen Zwecks gewährleistet erscheint, wenn das Vermögen oder der Ertrag der Stiftung nur teilweise für die Verwirklichung des Stiftungszwecks benötigt wird.

(2) Die Organe der Stiftung können die Änderung des Stiftungszwecks, die Zusammenlegung mit einer anderen Stiftung oder die Auflösung der Stiftung beschließen, wenn der Stiftungszweck unmöglich wird oder sich die Verhältnisse derart ändern, dass die dauernde und nachhaltige Erfüllung des Stiftungszwecks nicht mehr sinnvoll erscheint (möglich ist). Die Beschlüsse dürfen die Steuerbegünstigung der Stiftung nicht beeinträchtigen.

(3) Beschlüsse über Zweckerweiterung, Zweckänderung, Zusammenlegung oder Auflösung können nur auf gemeinsamen Sitzungen von Vorstand und Kuratorium gefasst werden. Der Änderungsbeschluss bedarf einer Mehrheit von drei Vierteln (der Einstimmigkeit) der Mitglieder des Vorstandes und des Kuratoriums.

(4) Beschlüsse über Zweckerweiterung, Zweckänderung, Zusammenlegung oder Auflösung werden erst nach Genehmigung der Stiftungsaufsichtsbehörde wirksam. Sie sind mit einer Stellungnahme der zuständigen Finanzbehörde anzuzeigen.

§ 14
Vermögensanfall

Bei Auflösung oder Aufhebung der Stiftung oder bei Wegfall steuerbegünstigter Zwecke fällt das Vermögen der Stiftung

1. an ... *(Bezeichnung einer juristischen Person des öffentlichen Rechts oder einer anderen steuerbegünstigten Körperschaft)*, welche es unmittelbar und ausschließlich für gemeinnützige, mildtätige oder kirchliche Zwecke zu verwenden hat.

   oder

2. an eine juristische Person des öffentlichen Rechts oder an eine andere steuerbegünstigte Körperschaft zwecks Verwendung für... (Angabe eines bestimmten gemeinnützigen, mildtätige oder kirchlichen Zwecks, z.B. Förderung von Wissenschaft und Forschung, Erziehung, Volks- und Berufsbildung, Unterstützung von Personen, die im Sinne von § 53 AO wegen... bedürftig sind, Unterhaltung des Gotteshauses in ...).

§ 15
Stiftungsaufsicht

(1) Die Stiftung unterliegt der staatlichen Aufsicht nach Maßgabe des jeweils im Lande .... geltenden Stiftungsrechts.

(2) Stiftungsaufsichtsbehörde ist .... in.........................

(3) Die Stiftungsaufsichtsbehörde ist auf Wunsch jederzeit über die Angelegenheiten der Stiftung zu unterrichten. Mitteilungen über Änderungen in der Zusammensetzung der Stiftungsorgane sowie Haushaltsplan, Jahresrechnung und Tätigkeitsbericht sind unaufgefordert vorzulegen.

....	....
(Ort, Datum)	(Unterschrift/en des Stifters / der Stifter)

**Hinweis: Das folgende Muster wurde im Dezember 2013 erarbeitet. Es ist lediglich als Hilfestellung und Anregung zu verstehen. In keinem Fall sollten Sie den Mustertext in seiner jetzigen Form übernehmen, sondern jeweils an die konkreten Umstände anpassen. Es gibt Zweckmäßigkeitsfragen, die unterschiedlich beantwortet werden können.*

Bayerisches Staatsministerium
des Innern

Merkblatt für die Errichtung einer Stiftung

mit Muster für ein Stiftungsgeschäft und eine Stiftungssatzung

herausgegeben zusammen mit den Bayerischen Staatsministerien für Wissenschaft, Forschung und Kunst und für Unterricht und Kultus

Stand 01.10.2009

www.innenministerium.bayern.de/buerger/staat/stiftungen

Abschnitt B:

STIFTUNGSSATZUNG

Hinweis:

Dieses Muster berücksichtigt sowohl das geltende Stiftungs- als auch das Steuerrecht. Es empfiehlt sich daher, die ***fett*** *gedruckten Bestimmungen (§§ 1, teilw. 2, 3, teilw. 4, teilw. 5, teilw. 6, 12 bis 15) möglichst ohne Änderungen zu übernehmen.*

Hinsichtlich der Organe (Zahl, Bezeichnung, Größe, Aufgabenverteilung, Bestellung, Geschäftsgang) hat der Stifter einen großen Gestaltungsspielraum. Das Satzungsmuster (§§ 6 bis 11) enthält nur beispielhaft bzw. rahmenartig hierzu Regelungen. Es bedarf daher insbesondere bei den §§ 7 und 9 noch einer individuellen Ausformung.

* = Nichtzutreffendes streichen

Satzung

der .... (Name der Stiftung) in ....

Präambel [6]

....
....
....

§ 1

Name, Rechtsstellung, Sitz [7]

Die Stiftung führt den Namen .... Sie ist eine rechtsfähige Stiftung des bürgerlichen Rechts mit Sitz in ....

§ 2

Stiftungszweck

(1) Zweck der Stiftung ist .... [8]

---

[6] *Eine* ***Präambel*** *(Vorspruch) ist nicht notwendig; sie kann aber mit dazu dienen, später bei Bedarf den (mutmaßlichen) Stifterwillen festzustellen. In einer Präambel könnte insbesondere das Motiv bzw. der Anlass zur Errichtung der Stiftung dargestellt werden.*

[7] *Vgl. Fußnoten 1 und 2.*

[8] *Vgl. Fußnote 3.*

(2) Der Stiftungszweck wird insbesondere durch folgende Maßnahmen verwirklicht:
1. ....
2. ....
3. ....

(3) Die Stiftung verfolgt damit ausschließlich und unmittelbar gemeinnützige / mildtätige / gemeinnützige und mildtätige* Zwecke im Sinn des Abschnitts „Steuerbegünstigte Zwecke" der Abgabenordnung.

(4) Die Stiftung kann auch anderen, ebenfalls steuerbegünstigten Körperschaften, Anstalten und Stiftungen oder einer geeigneten öffentlichen Behörde finanzielle oder sachliche Mittel zur Verfügung stellen, wenn diese Stellen mit den Mitteln den Stiftungszweck nach Absätzen 1 und 2 fördern. [9]

§ 3

<u>Einschränkungen</u>

(1) Die Stiftung ist selbstlos tätig. Sie verfolgt nicht in erster Linie eigenwirtschaftliche Zwecke. Sie darf keine juristische oder natürliche Person durch Ausgaben, die dem Zweck der Stiftung fremd sind, oder durch unverhältnismäßig hohe Unterstützungen, Zuwendungen oder Vergütungen begünstigen.

(2) Ein Rechtsanspruch auf Leistungen der Stiftung steht den durch die Stiftung Begünstigten aufgrund dieser Satzung nicht zu.

§ 4

<u>Grundstockvermögen</u>

(1) Das der Stiftung zur dauernden und nachhaltigen Erfüllung ihres Stiftungszwecks zugewendete Vermögen (Grundstockvermögen) ist in seinem Wert ungeschmälert zu erhalten. Es besteht zum Zeitpunkt der Errichtung der Stiftung aus ...... Euro Barvermögen. / Es ergibt sich aus der Anlage; diese ist wesentlicher Bestandteil dieser Satzung. *[10]

(2) Zustiftungen (Zuwendungen zum Grundstockvermögen) sind zulässig. Zuwendungen ohne Zweckbestimmung aufgrund einer Verfügung von Todes wegen können dem Grundstockvermögen zugeführt werden. [11]

---

[9] *Eine solche Bestimmung bietet sich an für Stiftungen, die ihren Zweck auch dadurch verwirklichen, dass sie Einrichtungen unterstützen, die den selben Zweck wie die Stiftung verfolgen.*

[10] *Vgl. auch Fußnote 4. Die einzelnen Vermögensbestandteile und ggf. -werte des Grundstock- und ggf. sonstigen Vermögens der Stiftung sind, insbesondere wenn es umfangreich bzw. vielfältig ist, möglichst detailliert in einer Anlage zu § 4 (vgl. anliegendes Muster), ansonsten in der Satzung selbst anzugeben und zwar jeweils zu einem möglichst aktuellen Stichtag (bei späteren Neufassungen jeweiliges Datum einsetzen).*

[11] *Auch ohne solche Bestimmungen können Zustiftungen erfolgen. Der Hinweis kann aber dazu dienen, dass Zustiftungen, also Zuwendungen (des Stifters oder anderer Personen), die zur Aufstockung des Grundstockvermögens gedacht sind, beabsichtigt oder erwünscht sind. Unter bestimmten Voraussetzungen bedürfen Zustiftungen der Genehmigung durch die Stiftungsaufsichtsbehörde (Art. 19 Nr. 1 BayStG). Vgl. auch Fußnote 12.*

§ 5

Stiftungsmittel

(1) Die Stiftung erfüllt ihre Aufgaben
1. aus den Erträgen des Grundstockvermögens,
2. aus Zuwendungen, soweit sie vom Zuwendenden nicht zur Aufstockung des Grundstockvermögens bestimmt sind; § 4 Abs. 2 Satz 2 bleibt unberührt, [12]
3. .... [13]

(2) Sämtliche Mittel dürfen nur für die satzungsgemäßen Zwecke verwendet werden.

(3) Im Rahmen der steuerrechtlichen Bestimmungen dürfen Rücklagen gebildet werden, insbesondere, soweit dies erforderlich ist, um das Grundstockvermögen in seinem Wert ungeschmälert zu erhalten und die steuerbegünstigten satzungsgemäßen Zwecke dauernd und nachhaltig erfüllen zu können. [14]

§ 6

Stiftungsorgane

(1) Organe der Stiftung sind
1. der Stiftungsvorstand,
2. der Stiftungsrat. [15]

(2) Die Mitglieder der Stiftungsorgane sind zur gewissenhaften und sparsamen Verwaltung der Stiftung verpflichtet. [16]

---

[12] *Grundsätzlich sind Zuwendungen an die Stiftung (Spenden) ebenso wie die Stiftungserträge unmittelbar für die Verfolgung des satzungsgemäßen Stiftungszwecks nach den steuerrechtlichen Bestimmungen **„zeitnah"** einzusetzen. In bestimmten Fällen (ausdrückliche Bestimmung durch den Zuwendenden, Zuwendung von Todes wegen, Zuwendungen im Rahmen eines entsprechend formulierten Spendenaufrufs, Zuwendungen bestimmter Vermögensgegenstände, die ihrer Natur nach der Vermögensbildung dienen) können sie jedoch als Zustiftungen dem Grundstockvermögen zugeführt werden. Vgl. auch Fußnote 11.*

[13] *Soweit der Stiftung noch andere Mittel zur Zweckerfüllung zur Verfügung stehen, sind diese ebenfalls anzugeben (z.B. gesetzlich begründete Zuschüsse, Einnahmen aus dem Betrieb bestimmter Einrichtungen, sonstiges Vermögen der Stiftung, soweit es unmittelbar eingesetzt werden kann).*

[14] *Die Bildung von Rücklagen aus Stiftungserträgen oder Zuwendungen im Rahmen der steuerrechtlichen Vorschriften ist auch ohne ausdrückliche Satzungsbestimmung zulässig. Ein entsprechender Hinweis in der Satzung soll aber die Stiftungsorgane auf diese Möglichkeit hinweisen. Die Bildung einer **Werterhaltungsrücklage** ist insbesondere bei Kapitalstiftungen zur wertmäßigen Erhaltung des Grundstockvermögens in aller Regel notwendig (Art. 6 Abs. 2, Abs. 3 Satz 2 BayStG). Hierfür kommt steuerrechtlich nur die „freie Rücklage" in Betracht. Über die Voraussetzungen der Rücklagenbildung im Einzelnen geben die Finanzämter Auskunft.*

[15] *Häufig werden für dieses Organ auch die Bezeichnungen „Stiftungsbeirat" oder „Kuratorium" verwendet.*

[16] *(Fußnote derzeit nicht belegt)*

(3) Die Tätigkeit in den Stiftungsorganen ist ehrenamtlich. Anfallende Auslagen werden ersetzt. Für den Sach- und Zeitaufwand der Mitglieder des Stiftungsvorstands kann der Stiftungsrat eine in ihrer Höhe angemessene Pauschale beschließen. [17]

§ 7

Stiftungsvorstand [18]

(1) Der Stiftungsvorstand besteht aus .... Mitgliedern. [19] Sie werden vom / von* ..... [20] auf die Dauer von ... Jahren [21] bestellt / gewählt*; bei vorzeitigem Ausscheiden eines Vorstandsmitglieds wird das neue Mitglied nur für den Rest der Amtszeit bestellt / gewählt.*[22] Wiederbestellung / Wiederwahl* ist zulässig. Ein ausscheidendes Mitglied bleibt bis zur Bestellung / Wahl* des jeweiligen nachfolgenden Mitglieds - auf Ersuchen des Stiftungsrats* - im Amt. [23]

---

[17] *Die **Ehrenamtlichkeit** stellt den Regelfall der Stiftungsverwaltung dar. Soll eine Zahlung von Sitzungsgeldern oder Aufwandspauschalen in angemessenem Umfang erfolgen, **muss** dies vor allem aus steuerlichen Gründen in der Satzung geregelt werden. In diesen Fällen oder wenn ausnahmsweise eine **Vergütung** für Mitglieder von Stiftungsorganen (in der Regel nur des Stiftungsvorstands) gewährt werden soll, ist auch festzulegen, wer über die Höhe der Beträge entscheidet (in der Regel der Stiftungsrat).*

[18] *Der Formulierungsvorschlag gilt für die Bestellung / Wahl der Vorstandsmitglieder durch bestimmte Institutionen oder Personen („gekorene" Mitglieder). Möglich ist auch, die Mitgliedschaft an bestimmte, genau zu bezeichnende Funktionen oder Ämter zu knüpfen („geborene" Mitglieder), oder auch eine Kombination verschiedener Möglichkeiten (z.B. Bestimmung der ersten Mitglieder durch den Stifter, dann Wahl durch den Stiftungsrat).*

[19] *Der Stiftungsvorstand als geschäftsführendes Vertretungsorgan (vgl. §§ 86, 26 BGB) wird - insbesondere wenn auch ein Stiftungsrat vorgesehen ist - im Interesse der Effizienz häufig nur mit zwei oder drei Mitgliedern besetzt; mehr als fünf Mitglieder sollte er möglichst nicht umfassen. Mit einer **variablen Mitgliederzahl** (z.B. „Der Stiftungsvorstand besteht aus zwei bis vier Mitgliedern") kann eine größere Flexibilität erreicht werden. **Ein einköpfiger Stiftungsvorstand ist wegen des Vertretungsproblems nicht zu empfehlen.***

[20] ***Entsendungs- bzw. benennungsberechtigt** können z.B. eine oder mehrere Institutionen (die genau zu bezeichnen sind), bestimmte Personen (z.B. Mitglieder einer Familie) oder der Stiftungsrat sein. Erforderlichenfalls sind entsprechende **Einverständniserklärungen** einzuholen. Auch der Stifter selbst kann sich das Benennungsrecht vorbehalten; dies kommt vor allem bei der Bestellung der Mitglieder des ersten Vorstands in Betracht.*

[21] *Meist wird eine **Amtszeit** zwischen drei und fünf Jahren bestimmt. Möglich ist die Festlegung unterschiedlicher Amtszeiten für die ersten Mitglieder (**Staffelung**), um ihr gleichzeitiges Ausscheiden zu vermeiden, ebenso die Festlegung einer **Altersgrenze** für Berufung und /oder Ausscheiden. Insbesondere wenn keine Amtszeit festgelegt wird, sollte (zusätzlich) eine **Abberufungsmöglichkeit** aus wichtigem Grund durch den Ernennungsberechtigten oder den Stiftungsrat (evtl. mit qualifizierter Mehrheit) vorgesehen werden.*

[22] *Ein solcher Zusatz ist sinnvoll, wenn ein Auseinanderfallen der Amtszeiten nicht erwünscht ist.*

[23] *Diese Bestimmung soll sicherstellen, dass der Stiftungsvorstand jederzeit handlungsfähig bleibt, wenn das neue Mitglied nach Ablauf der regulären Amtszeit oder im Fall einer Amtsniederlegung noch nicht gewählt / bestellt ist. Die Ergänzung „auf Ersuchen des Stiftungsrats" erscheint sinnvoll zur Vermeidung von Problemen bei Ausscheiden wegen Krankheit oder „im Unfrieden".*

(2) Der Stiftungsvorstand wählt aus seiner Mitte einen Vorsitzenden und einen stellvertretenden Vorsitzenden, der den Vorsitzenden in allen Angelegenheiten bei Verhinderung vertritt. [24]

§ 8

Vertretung der Stiftung, Aufgaben des Stiftungsvorstands, Geschäftsführung

(1) Der Stiftungsvorstand vertritt die Stiftung gerichtlich und außergerichtlich. Er hat die Stellung eines gesetzlichen Vertreters. Seine Mitglieder sind einzelvertretungsberechtigt. Im Innenverhältnis vertritt der Vorsitzende die Stiftung allein. [25]

(2) Der Stiftungsvorstand ist befugt, an Stelle des Stiftungsrats dringliche Anordnungen zu treffen und unaufschiebbare Geschäfte zu besorgen. Hiervon hat er dem Stiftungsrat spätestens in der nächsten Sitzung Kenntnis zu geben.

(3) Der Stiftungsvorstand führt entsprechend den Richtlinien und Beschlüssen des Stiftungsrats die Geschäfte der laufenden Verwaltung. Aufgaben des Stiftungsvorstands [26] sind insbesondere

1. die Aufstellung des Haushaltsvoranschlags der Stiftung, [27]
2. die Vorlage von Vorschlägen zur Verwendung der Erträge des Grundstockvermögens und zum Verbrauch bestimmter Zuwendungen,
3. die ordnungsgemäße Buchführung und Sammlung der Belege, [28]

---

[24] *Vorsitz und Stellvertretung können auch von vornherein an bestimmte Funktionen, Personen, Ämter bzw. benennungsberechtigte Institutionen geknüpft sein. Bei entsprechender Ergänzung in Absatz 1 könnte Absatz 2 dann entfallen. Es ist auch möglich, dass der Stiftungsrat den Vorsitzenden bzw. den stellvertretenden Vorsitzenden bestimmt. Ebenso kann sich der Stifter selbst als Vorsitzenden des Stiftungsvorstands (unbefristet) einsetzen.*

[25] *Statt Einzelvertretung kann auch die Vertretung durch den Vorsitzenden bzw. den stellvertretenden Vorsitzenden gemeinsam mit einem weiteren bzw. dem dritten Vorstandsmitglied vorgesehen werden.*

*Die vertretungsberechtigten Vorstandsmitglieder können Rechtsgeschäfte im Namen der Stiftung mit sich im eigenen Namen oder als Vertreter eines Dritten (**„In-Sich-Geschäfte“** / Selbstkontrahierung) nur vornehmen, wenn das Rechtsgeschäft ausschließlich in der Erfüllung einer Verbindlichkeit besteht oder wenn in der Satzung eine Befreiung von diesem Verbot allgemein oder für den Einzelfall vorgesehen ist (Art. 14 BayStG). Folgender Satz könnte dann angefügt werden:*
„Von den Beschränkungen des Art. 14 Abs. 1 Satz 1 BayStG ist der Stiftungsvorstand befreit.“ bzw.
„Von den Beschränkungen des Art. 14 Abs. 1 Satz 1 BayStG kann der Stiftungsrat den Stiftungsvorstand im Einzelfall befreien.“
*Besteht dagegen ein Verbot der Selbstkontrahierung, muss die Stiftungsaufsichtsbehörde einen **besonderen Vertreter** bestellen. Unter bestimmten Voraussetzungen bedürfen In-Sich-Geschäfte der stiftungsaufsichtlichen Genehmigung (Art. 19 Nr. 3 BayStG).*

[26] *Bei einer Stiftung mit zwei Organen wird in der Regel die Verwaltung dem Stiftungsvorstand, die Festlegung von Grundsätzen und Richtlinien für die Verwaltung und die Überwachung des Stiftungsvorstands dem Stiftungsrat zufallen. Der Stifter kann es bei der Regelung in Absatz 3 Satz 1 belassen. Soll das Überwachungsorgan außer der allgemeinen Überwachungsaufgabe weitere Rechte erhalten, muss der Stifter die beiderseitige Aufgabenabgrenzung festlegen. Absatz 3 Satz 2, der im Zusammenhang mit den Aufgaben des Stiftungsrats (vgl. § 10 Abs. 1 Satz 2) zu sehen ist, enthält hierfür Vorschläge, die erweitert oder gestrichen werden können.*

[27] *Entfällt, sofern aus wichtigen sachlichen Gründen auf die Aufstellung eines Voranschlags verzichtet wird (z.B. bei kleinen, ehrenamtlich verwalteten Stiftungen mit regelmäßig gleichbleibenden Einnahmen und Ausgaben), vgl. Art. 16 Abs. 1 Satz 3 BayStG.*

[28] *Die Stiftung ist zu einer **ordnungsgemäßen Buchführung** verpflichtet; die Art der Buchführung bestimmt sie im Rahmen der gesetzlichen Bestimmungen und entsprechend den jeweiligen Vermö-*

4. die Erstellung der Jahresrechnung (Aufstellung über die Einnahmen und Ausgaben der Stiftung und Vermögensübersicht), die Fertigung des Berichts über die Erfüllung des Stiftungszwecks und die Vorlage der für die Rechnungsprüfung erforderlichen Unterlagen innerhalb von sechs Monaten nach Ablauf des Geschäftsjahres an die Stiftungsaufsichtsbehörde. [29]

(4) Der Stiftungsvorstand hat die Jahresrechnung der Stiftung durch einen Prüfungsverband, einen Wirtschaftsprüfer oder einen vereidigten Buchprüfer prüfen zu lassen. [30] Die Prüfung und der Vermerk über das Ergebnis der Prüfung müssen sich auch auf die Erhaltung des Grundstockvermögens und die bestimmungsgemäße Verwendung seiner Erträge und zum Verbrauch bestimmter Zuwendungen erstrecken.

(5) Geschäftsjahr ist das Kalenderjahr. [31]

(6) Für den Geschäftsgang des Stiftungsvorstands gelten die Bestimmungen des § 11 dieser Satzung entsprechend. [32]

§ 9

Stiftungsrat [33]

(1) Der Stiftungsrat besteht aus .... Mitgliedern. [34] Sie werden vom / von* ...... auf die Dauer von ... Jahren bestellt / gewählt;* bei vorzeitigem Ausscheiden eines Mitglieds wird das

---

gensverhältnissen selbst (einfache Einnahmen- und Ausgabenrechnung oder kaufmännische Buchführung), vgl. Art 16 Abs. 1 Satz 1 und 2 BayStG.

*Der Stiftungsvorstand kann mit Zustimmung des Stiftungsrats einen **Geschäftsführer** bestellen. Er muss nicht Mitglied des Stiftungsvorstands sein. Ihm kann eine Vergütung gewährt werden, vgl. dazu auch Fußnote 17. Mit den in Nrn. 3 und 4 genannten Pflichten kann der Stiftungsvorstand auch geeignete andere Stellen beauftragen (z.B. Buchhalter, Steuerberater); die Verantwortung bleibt aber beim Stiftungsvorstand.*

[29] *vgl. Art. 16 Abs. 1 Satz 4 BayStG, § 4 AVBayStG.*

[30] *Eine solche **externe Prüfung** sollte insbesondere für Stiftungen mit umfangreichem bzw. komplexem Vermögen und vielfältigen Geschäftsvorgängen (z.B. bei wirtschaftlichem Geschäftsbetrieb) vorgesehen werden; sie kann von der Stiftungsaufsichtsbehörde auch verlangt werden. Die Stiftungsaufsichtsbehörde sieht dann von einer eigenen Prüfung ab (Art. 16 Abs. 3 und 4 BayStG). Die „externe" Prüfung durch eine unabhängige Stelle entbindet den Stiftungsvorstand nicht von seinen eigenen Pflichten nach Absatz 3 Nrn. 3 und 4 (vgl. Fußnote 28). Jedoch ist eine gesonderte Vorlage der ungeprüften Jahresrechnung und anschließende Vorlage des Prüfberichts nicht sinnvoll; der Stiftungsaufsicht soll nur die die bereits geprüfte Jahresrechnung rechtzeitig (innerhalb von sechs Monaten nach Ablauf des Geschäftsjahres) vorgelegt werden.*

[31] *Falls das Geschäftsjahr nicht vom Kalenderjahr abweicht, kann auf diese Regelung verzichtet werden.*

[32] *Der Stiftungsvorstand kann sich auch eine **Geschäftsordnung** geben (ggf. mit Zustimmung des Stiftungsrats); sinnvoll ist dies bei mindestens dreiköpfigen Gremien.*

[33] *Die Fußnoten 18 und 20 bis 24 (zu § 7) gelten entsprechend.*

[34] *Der Stiftungsrat ist in der Regel größer als der Vorstand (z.B. fünf oder sieben Mitglieder). Empfehlenswert ist die Festlegung einer variablen Zahl (z.B. „besteht aus fünf bis acht Mitgliedern"), vgl. Fußnote. 19.*

neue Mitglied nur für den Rest der Amtszeit bestellt / gewählt.* Wiederbestellung / Wiederwahl* ist zulässig. Ein ausscheidendes Mitglied bleibt bis zur Bestellung / Wahl* des jeweiligen nachfolgenden Mitglieds - auf Ersuchen des Stiftungsrats* - im Amt.

(2) Mitglieder des Stiftungsrats dürfen nicht zugleich dem Stiftungsvorstand angehören. [35]

(3) Der Stiftungsrat wählt aus seiner Mitte einen Vorsitzenden und einen stellvertretenden Vorsitzenden, der den Vorsitzenden in allen Angelegenheiten bei Verhinderung vertritt.

§ 10

Aufgaben des Stiftungsrats

(1) Der Stiftungsrat entscheidet in allen grundsätzlichen Angelegenheiten und berät, unterstützt und überwacht den Stiftungsvorstand bei seiner Tätigkeit. [36] Er beschließt insbesondere über [37]

1. den Haushaltsvoranschlag, vgl. § 8 Abs. 3 Satz 2 Nr. 1, [27]
2. die Verwendung der Erträge des Grundstockvermögens und zum Verbrauch bestimmter Zuwendungen, vgl. § 8 Abs. 3 Satz 2 Nr. 2,
3. die Jahresrechnung und den Bericht über die Erfüllung des Stiftungszwecks, vgl. § 8 Abs. 3 Satz 2 Nr. 4,
4. die Bestellung eines Prüfungsverbandes, eines Wirtschaftsprüfers oder eines vereidigten Buchprüfers, vgl. § 8 Abs. 4,
5. die Wahl / Bestellung* der Mitglieder des Stiftungsvorstands, vgl. § 7,
6. die Entlastung des Stiftungsvorstands,
7. Änderungen der Stiftungssatzung und Anträge auf Umwandlung oder Aufhebung der Stiftung, vgl. § 12.

(2) Der Vorsitzende des Stiftungsrats vertritt die Stiftung bei Rechtsgeschäften mit dem Stiftungsvorstand oder einzelnen Mitgliedern des Stiftungsvorstands. [38]

---

[35] *Diese Regelung empfiehlt sich im Hinblick auf die Überwachungsfunktion des Stiftungsrats zur Vermeidung von Interessenkollisionen, vgl. auch Fußnote 26.*

[36] *Der Stiftungsrat kann auch als ein ausschließlich den Stiftungsvorstand überwachendes, beratendes und unterstützendes Organ ohne eigene Entscheidungsbefugnisse gestaltet werden, vgl. auch Fußnote 26.*

[37] *Als weiterer Punkt kommt z.B. die Entscheidung über die Höhe von Aufwandsentschädigungen oder Vergütungen für Vorstandsmitglieder in Betracht, vgl. Fußnote 17.*

[38] *Der Vorsitzende des Stiftungsrats kann mit einer solchen Regelung in Fällen der* ***Interessenkollision*** *zum „Besonderen Vertreter" nach § 86 Satz 1, § 30 BGB bestimmt werden; die Bestellung eines besonderen Vertreters durch die Stiftungsaufsichtsbehörde nach Art. 14 Abs. 1 Satz 2 BayStG entfällt. Falls der Vorsitzende des Stiftungsrats - abweichend von § 9 Abs. 2 dieses Musters - gleichzeitig Mitglied des Stiftungsvorstands ist, ist ein anderes Mitglied des Stiftungsrats zu bestimmen.*

§ 11

Geschäftsgang des Stiftungsrats

(1) Der Stiftungsrat wird vom Vorsitzenden nach Bedarf, mindestens jedoch ... jährlich [39] unter Angabe der Tagesordnung und Einhaltung einer Frist von ... Tagen / Wochen* [40] zu einer Sitzung einberufen. Die Einberufung erfolgt schriftlich; die Schriftform gilt durch Telefax, E-Mail oder durch sonstige dokumentierbare Übermittlung in elektronischer Form als gewahrt. Sitzungen sind ferner einzuberufen, wenn ... Mitglied / Mitglieder* [41] oder der Stiftungsvorstand dies verlangt / verlangen.* Der Vorsitzende des Stiftungsvorstands / Der Stiftungsvorstand* kann an der Sitzung des Stiftungsrats teilnehmen, auf Verlangen des Stiftungsrats ist er dazu verpflichtet.

(2) Der Stiftungsrat ist beschlussfähig, wenn ordnungsgemäß geladen wurde und mindestens ... Mitglieder [42], unter ihnen der Vorsitzende oder der stellvertretende Vorsitzende anwesend sind. Ladungsfehler gelten als geheilt, wenn alle betroffenen Mitglieder anwesend sind und keines dieser Mitglieder Widerspruch erhebt.

(3) Der Stiftungsrat trifft seine Entscheidungen, soweit kein Fall des § 12 vorliegt, mit - einfacher* - Mehrheit [43] der abgegebenen Stimmen. Bei Stimmengleichheit gibt die Stimme des Vorsitzenden oder des stellvertretenden Vorsitzenden den Ausschlag. [44]

(4) Wenn kein Mitglied widerspricht, können Beschlüsse im schriftlichen Umlaufverfahren gefasst werden; die Schriftform gilt durch Telefax, E-Mail oder durch sonstige dokumentierbare Übermittlung der Stimmabgabe in elektronischer Form als gewahrt. [45] Dies gilt nicht für Entscheidungen nach § 12 dieser Satzung.

(5) Über die Ergebnisse der Sitzungen und der Beschlussfassungen im schriftlichen Verfahren sind Niederschriften zu fertigen und vom Vorsitzenden und dem Schriftführer zu unterzeichnen. Sie sind allen Mitgliedern der Stiftungsorgane zur Kenntnis zu bringen.

---

[39] *Der Stiftungsrat sollte in der Regel **mindestens einmal jährlich** einberufen werden.*

[40] *Üblicherweise beträgt die **Ladungsfrist** eine bis zwei Wochen.*

[41] *Die Zahl hängt von der Größe des Stiftungsrats ab, sollte aber immer niedriger als die Hälfte der Mitgliederzahl sein.*

[42] *In der Regel mehr als die Hälfte der Mitglieder.*

[43] *Wenn der Stiftungsrat nur drei Mitglieder umfasst, ist das Wort „einfacher" entbehrlich. Eine qualifizierte Mehrheit kommt außer im Fall des § 12 auch für andere gewichtige Entscheidungen in Betracht. Zulässig wäre auch eine Regelung, nach der sich ein abwesendes Mitglied aufgrund einer schriftlichen Erklärung, die zur Niederschrift zu nehmen ist, durch ein anwesendes Mitglied bei der Abstimmung vertreten lassen kann. Auf die Beschlussfähigkeit hätte eine Vollmacht keinen Einfluss. Möglich wäre auch eine Bestimmung, dass keine Beschlüsse gegen die Stimme des Stifters gefasst werden können, solange er Mitglied des Stiftungsrats ist.*

[44] *Ohne eine solche Regelung wäre ein Beschluss bei Stimmengleichheit abgelehnt.*

[45] *Das schriftliche Umlaufverfahren empfiehlt sich als Alternative oder zusätzlich zu einer Vertretungsregelung (vgl. Fußnote 43), insbesondere dann, wenn die Mitglieder aus weit von einander entfernten Orten kommen oder sonst häufig verhindert sind.*

§ 12

Satzungsänderungen, Umwandlung und Aufhebung der Stiftung

(1) **Satzungsänderungen sind zulässig, soweit sie zur Anpassung an veränderte Verhältnisse geboten erscheinen. Sie dürfen die Steuerbegünstigung der Stiftung nicht beeinträchtigen oder aufheben. Soweit sie sich auf die Steuerbegünstigung der Stiftung auswirken können, sind sie der zuständigen Finanzbehörde zur Stellungnahme vorzulegen.**

(2) **Änderungen des Stiftungszwecks sind nur zulässig, wenn seine Erfüllung unmöglich wird oder sich die Verhältnisse derart ändern, dass die Erfüllung des Stiftungszwecks nicht mehr sinnvoll erscheint. Umwandlung und Aufhebung der Stiftung richten sich nach den gesetzlichen Vorschriften.**

(3) **Beschlüsse nach Absatz 1 bedürfen der Zustimmung von ... Mitgliedern / der Mitglieder* des Stiftungsrats, Beschlüsse nach Absatz 2 der Zustimmung aller Mitglieder des Stiftungsrats.** [46] **Die Beschlüsse werden erst nach Genehmigung durch die Regierung (§ 14) wirksam.** [47]

§ 13

Vermögensanfall

Bei Aufhebung oder Auflösung der Stiftung oder bei Wegfall ihrer steuerbegünstigten Zwecke fällt das Restvermögen an .... [48] **Dieser / Diese / Dieses* hat es unter Beachtung des Stiftungszwecks unmittelbar und ausschließlich für gemeinnützige / mildtätige / gemeinnützige und mildtätige* Zwecke zu verwenden.** [49]

---

[46] *Bei solchen Beschlüssen ist es in Abweichung der Regelung in § 11 Abs. 3 empfehlenswert, eine qualifizierte Mehrheit (z.B. zwei Drittel oder drei Viertel) bzw. bei kleinen Organen die Zustimmung aller Mitglieder zu fordern. Es sollte die konkrete Zahl der Mitglieder genannt werden, sofern in § 9 Abs. 1 nicht eine variable Mitgliederzahl vorgesehen ist. Zusätzlich kann die Zustimmung des Stiftungsvorstands verlangt werden. Ferner kann sich der Stifter hier ein Vetorecht vorbehalten, auch wenn er nicht in den Stiftungsorganen vertreten ist. Siehe auch Fußnote 43.*

[47] *Eine vorherige Abstimmung mit der Regierung ist dringend zu empfehlen.*

[48] *Bezeichnung der anfallsberechtigten juristischen Person des öffentlichen Rechts oder einer anderen steuerbegünstigten Körperschaft. Von dieser ist erforderlichenfalls eine Zustimmungserklärung einzuholen. Ist kein Anfallsberechtigter bestimmt, fällt das restliche Vermögen an den Fiskus oder eine Gebietskörperschaft (vgl. Art. 9 BayStG).*
Der Wegfall der steuerbegünstigten Zwecke führt - ungeachtet der steuerlichen Folgen - stiftungsrechtlich nicht unmittelbar zum Vermögensanfall. Vielmehr ist zunächst eine Umwandlung der Stiftung (andere Zweckbestimmung) zu prüfen. Erst wenn auch diese Möglichkeit ausscheidet, ist die Stiftung von der Anerkennungsbehörde aufzuheben und der Vermögensanfall tritt ein.

[49] *Alternativ zur Bezeichnung einer* ***bestimmten Einrichtung*** *(vgl. Fußnote 48) kann die Formulierung des § 13 auch wie folgt lauten:*
„... fällt das Restvermögen an eine juristische Person des öffentlichen Rechts oder eine andere steuerbegünstigte Körperschaft zwecks Verwendung für ..." (Angabe eines ***bestimmten*** *steuerbegünstigten Zwecks).*

§ 14

<u>Stiftungsaufsicht</u>

(1) Die Stiftung untersteht der Aufsicht der Regierung von / der* ....

(2) Der Stiftungsaufsichtsbehörde sind Änderungen der Anschrift, der Vertretungsberechtigung und der Zusammensetzung der Organe unverzüglich mitzuteilen.

§ 15

<u>Inkrafttreten</u>

Die Satzung tritt mit Anerkennung der Stiftung durch die Regierung von /der* ... in Kraft.

....

....

(Ort, Datum)   (Unterschrift des Stifters / Testamentsvollstreckers / Bevollmächtigten)

Abschnitt A:

STIFTUNGSGESCHÄFT

Hinweis:
Dieses Muster gilt für die Errichtung einer rechtsfähigen Stiftung unter Lebenden. Beim Stiftungsgeschäft von Todes wegen sind die besonderen erbrechtlichen Formvorschriften zu beachten (Testament, Erbvertrag).

* = Nichtzutreffendes streichen

U r k u n d e

über die Errichtung der .... (Name der Stiftung) in ....

Hiermit errichte(n) ich / wir*

....
(Vorname/n, Name/n, evtl. Anschrift/en)

folgende Stiftung:

I.

Die Stiftung soll den Namen .... [1] führen, ihren Sitz in .... [2] haben und die Rechtsfähigkeit erlangen.

II.

Zweck der Stiftung ist .... [3]
Die Einzelheiten über die Verwirklichung des Stiftungszwecks werden in der Stiftungssatzung geregelt.

---

[1] *Der **Name der Stiftung** ist das wesentliche Kennzeichen ihrer Identität und insofern unverzichtbares und schutzwürdiges Merkmal ihrer Eigenschaft als Rechtsperson. Er sollte deshalb möglichst in kurzer, einprägsamer Form den Stifter, die Stiftungsart oder den Stiftungszweck erkennen lassen. Evtl. bestehende Namensrechte sind zu beachten; von anderen Stiftungen am selben Ort soll sich der Name der Stiftung unterscheiden.*

[2] *Den **Sitz der Stiftung** (Gemeinde, Stadt) bestimmt der Stifter nach dem Ort der Verwaltung, dem Wirkungsbereich, ggf. den zum Vermögen der Stiftung gehörenden Liegenschaften oder anderen (subjektiven oder objektiven) Bezugspunkten. Nach dem Sitz der Stiftung bestimmt sich die örtliche Zuständigkeit der Stiftungsaufsichts- und -anerkennungsbehörde.*

[3] *z.B. „Förderung des Gesundheitswesens und der Behindertenhilfe" oder „Erhaltung des Denkmals..." usw. Die Formulierung des **Stiftungszwecks** sollte in Stiftungsgeschäft und Stiftungssatzung (§ 2 Abs. 1 des Musters) wörtlich übereinstimmen.*

III.

Die Stiftung wird mit einem Grundstockvermögen von .... Euro ausgestattet.
Im Einzelnen: [4]

1. ....
2. ......
3. ......

IV.

Die Stiftung soll von einem Stiftungsvorstand gesetzlich vertreten und zusammen mit einem Stiftungsrat verwaltet werden. [5]
Die Einzelheiten werden durch die Stiftungssatzung geregelt.

V.

Für die Stiftung gilt die anliegende Satzung; sie ist wesentlicher Bestandteil dieses Stiftungsgeschäfts.

....	....
(Ort, Datum)	(Unterschrift des Stifters)

[4] *Anzugeben sind der (Gesamt-)Wert zum Zeitpunkt der Stiftungserrichtung und die Art und Bezeichnung des **Grundstockvermögens** und ggf. sonstigen Vermögens der Stiftung (z.B. Geldvermögen, Wertpapiere, Immobilien). Die detaillierte Angabe der einzelnen Vermögensbestandteile und ggf. -werte erfolgt ggf. in der Satzung oder einer Anlage hierzu (vgl. auch Fußnote 10 und Anlage zu § 4 der Satzung).*

[5] *Der Stifter kann die **Verwaltung** der Stiftung abweichend regeln (siehe Teil I, Nr. 8 des Merkblatts und Vorbemerkungen zu den Mustern). Gesetzlich vorgeschrieben ist nur der Vorstand.*

Regierung von Oberbayern München, ...

Stifungsaufsicht:

Vertretungsbescheinigung der Stiftung in München

Die .... Stiftung ist eine rechtsfähige öffentliche Stiftung des bürgerlichen Rechts mit Sitz in München.

Zweck der Stiftung ist die Förderung von Forschung, Entwicklung und Anwendung der Therapie mit Partikelbestrahlung im Rahmen der öffentlichen Gesundheitspflege sowie die Unterstützung bedürftiger Personen.

Organe der Stiftung sind der Stiftungsvorstand und das Kuratorium.

Der Stiftungsvorstand besteht aus zwei oder drei Personen. Sie können nicht gleichzeitig dem Kuratorium angehören. Die Amtszeit der Vorstandsmitglieder beträgt fünf Jahre Sie werden zu Lebzeiten des Stifters vom Stifter bestellt (§ 8 Abs. 1 der Stiftungssatzung).

Der Stiftungsvorstand vertritt die Stiftung gerichtlich und außergerichtlich. Er hat die Stellung eines gesetzlichen Vertreters. Je zwei Mitglieder des Vorstandes vertreten die Stiftung gemeinsam (§ 8 Abs. 5 und 6 der Satzung).

Im Stiftungsgeschäft vom .... wurden vom Stifter für den Stiftungsvorstand bestellt:

- Herr .... als Vorsitzender und
- Herr ....

Ihre Amtszeit von fünf Jahren beginnt mit der Rechtsfähigkeit der Stiftung am .... und endet damit am ....

Bundesministerium
der Finanzen

MR Peter Rennings
Vertreter des Unterabteilungsleiters IV C

POSTANSCHRIFT Bundesministerium der Finanzen, 11016 Berlin

HAUSANSCHRIFT Wilhelmstraße 97, 10117 Berlin

Nur per E-Mail

Oberste Finanzbehörden
der Länder

DATUM 7. November 2013

BETREFF **Muster für Zuwendungsbestätigungen (§ 10b EStG)**

ANLAGEN 1

GZ **IV C 4 - S 2223/07/0018 :005**

DOK **2013/0239390**

(bei Antwort bitte GZ und DOK angeben)

Im Einvernehmen mit den obersten Finanzbehörden der Länder sind die in der Anlage beigefügten Muster für Zuwendungen an inländische Zuwendungsempfänger zu verwenden.

Für die Verwendung der aktualisierten Muster für Zuwendungsbestätigungen gilt Folgendes:

1. Die in der Anlage beigefügten Muster für Zuwendungsbestätigungen sind verbindliche Muster (vgl. § 50 Absatz 1 EStDV). Die Zuwendungsbestätigungen können weiterhin vom jeweiligen Zuwendungsempfänger anhand dieser Muster selbst hergestellt werden. In einer auf einen bestimmten Zuwendungsempfänger zugeschnittenen Zuwendungsbestätigung müssen nur die Angaben aus den veröffentlichten Mustern übernommen werden, die im Einzelfall einschlägig sind. Die in den Mustern vorgesehenen Hinweise zu den haftungsrechtlichen Folgen der Ausstellung einer unrichtigen Zuwendungsbestätigung und zur steuerlichen Anerkennung der Zuwendungsbestätigung sind stets in die Zuwendungsbestätigungen zu übernehmen.

2. Die Wortwahl und die Reihenfolge der vorgegebenen Textpassagen in den Mustern sind beizubehalten, Umformulierungen sind unzulässig. Auf der Zuwendungsbestätigung dürfen weder Danksagungen an den Zuwendenden noch Werbung für die Ziele der begünstigten Einrichtung angebracht werden. Entsprechende Texte sind jedoch auf der

Seite 2

Rückseite zulässig. Die Zuwendungsbestätigung darf die Größe einer DIN A 4 - Seite nicht überschreiten.

3. **Gegen optische Hervorhebungen von Textpassagen beispielsweise durch Einrahmungen und/oder vorangestellte Ankreuzkästchen bestehen keine Bedenken. Ebenso ist es zulässig, den Namen des Zuwendenden und dessen Adresse so untereinander anzuordnen, dass die gleichzeitige Nutzung als Anschriftenfeld möglich ist. Fortlaufende alphanumerische Zeichen mit einer oder mehreren Reihen, die zur Identifizierung der Zuwendungsbestätigung geeignet sind, können vergeben werden; die Verwendung eines Briefpapiers mit einem Logo, Emblem oder Wasserzeichen der Einrichtung ist zulässig.**

4. Es bestehen keine Bedenken, wenn der Zuwendungsempfänger in seinen Zuwendungsbestätigungen alle ihn betreffenden steuerbegünstigten Zwecke nennt. Aus steuerlichen Gründen bedarf es keiner Kenntlichmachung, für welchen konkreten steuerbegünstigten Zweck die Zuwendung erfolgt bzw. verwendet wird.

5. Der zugewendete Betrag ist sowohl in Ziffern als auch in Buchstaben zu benennen. Für die Benennung in Buchstaben ist es nicht zwingend erforderlich, dass der zugewendete Betrag in einem Wort genannt wird; ausreichend ist die Buchstabenbenennung der jeweiligen Ziffern. So kann z. B. ein Betrag in Höhe von 1.322 Euro als „eintausenddreihundertzweiundzwanzig“ oder „eins - drei - zwei - zwei“ bezeichnet werden. In diesen Fällen sind allerdings die Leerräume vor der Nennung der ersten Ziffer und hinter der letzten Ziffer in geeigneter Weise (z. B. durch „X“) zu entwerten.

6. Handelt es sich um eine Sachspende, so sind in die Zuwendungsbestätigung genaue Angaben über den zugewendeten Gegenstand aufzunehmen (z. B. Alter, Zustand, historischer Kaufpreis, usw.). Für die Sachspende zutreffende Sätze sind in den entsprechenden Mustern anzukreuzen.

   <u>Sachspende aus dem Betriebsvermögen</u>:
   Stammt die Sachzuwendung nach den Angaben des Zuwendenden aus dessen Betriebsvermögen, **bemisst sich die Zuwendungshöhe nach dem Wert, der bei der Entnahme angesetzt wurde und nach der Umsatzsteuer, die auf die Entnahme entfällt (§ 10b Absatz 3 Satz 2 EStG)**. In diesen Fällen braucht der Zuwendungsempfänger keine zusätzlichen Unterlagen in seine Buchführung aufzunehmen, ebenso sind Angaben über die Unterlagen, die zur Wertermittlung gedient haben, nicht erforderlich. Der Entnahmewert ist grundsätzlich der Teilwert. Der Entnahmewert kann auch der Buchwert sein, wenn das Wirtschaftsgut unmittelbar nach der Entnahme für steuerbegünstigte Zwecke gespendet wird (sog. Buchwertprivileg § 6 Absatz 1 Nummer 4 Satz 4 und 5 EStG).

Seite 3

Sachspende aus dem Privatvermögen:
Handelt es sich um eine Sachspende aus dem Privatvermögen des Zuwendenden, ist der gemeine Wert des gespendeten Wirtschaftsguts maßgebend, wenn dessen Veräußerung im Zeitpunkt der Zuwendung keinen Besteuerungstatbestand erfüllen würde (§ 10b Absatz 3 Satz 3 EStG). Ansonsten sind die fortgeführten Anschaffungs- oder Herstellungskosten als Wert der Zuwendung auszuweisen. Dies gilt insbesondere bei Veräußerungstatbeständen, die unter § 17 oder § 23 EStG fallen (z. B. Zuwendung einer mindestens 1%igen Beteiligung an einer Kapitalgesellschaft (§ 17 EStG), einer Immobilie, die sich weniger als zehn Jahre im Eigentum des Spenders befindet (§ 23 Absatz 1 Satz 1 Nummer 1 EStG), eines anderen Wirtschaftsguts im Sinne des § 23 Absatz 1 Satz 1 Nummer 2 EStG mit einer Eigentumsdauer von nicht mehr als einem Jahr). Der Zuwendungsempfänger hat anzugeben, welche Unterlagen er zur Ermittlung des angesetzten Wertes herangezogen hat. In Betracht kommt in diesem Zusammenhang z. B. ein Gutachten über den aktuellen Wert der zugewendeten Sache oder der sich aus der ursprünglichen Rechnung ergebende historische Kaufpreis unter Berücksichtigung einer Absetzung für Abnutzung. Diese Unterlagen hat der Zuwendungsempfänger zusammen mit der Zuwendungsbestätigung in seine Buchführung aufzunehmen.

7. **Die Zeile: „Es handelt sich um den Verzicht auf die Erstattung von Aufwendungen Ja □ Nein □“ ist stets in die Zuwendungsbestätigungen über Geldzuwendungen/ Mitgliedsbeiträge zu übernehmen und entsprechend anzukreuzen. Dies gilt auch für Sammelbestätigungen und in den Fällen, in denen ein Zuwendungsempfänger grundsätzlich keine Zuwendungsbestätigungen für die Erstattung von Aufwendungen ausstellt.**

8. Werden Zuwendungen an eine juristische Person des öffentlichen Rechts von dieser an andere juristische Personen des öffentlichen Rechts weitergeleitet und werden von diesen die steuerbegünstigten Zwecke verwirklicht, so hat der „Erstempfänger“ die in den amtlichen Vordrucken enthaltene Bestätigung wie folgt zu fassen:
Die Zuwendung wird entsprechend den Angaben des Zuwendenden an
....................[Name des Letztempfängers verbunden mit dem Hinweis auf dessen öffentlich-rechtliche Organisationsform] weitergeleitet.

9. Erfolgt der Nachweis in Form der Sammelbestätigung, so ist der bescheinigte Gesamtbetrag auf der zugehörigen Anlage in sämtliche Einzelzuwendungen aufzuschlüsseln. Es bestehen keine Bedenken, auf der Anlage zur Sammelbestätigung entweder den Namen des Zuwendenden oder ein fortlaufendes alphanumerisches Zeichen anzubringen, um eine sichere Identifikation zu gewährleisten.

Seite 4 10. Für maschinell erstellte Zuwendungsbestätigungen ist R 10b.1 Absatz 4 EStR zu beachten.

11. Nach § 50 Absatz 4 EStDV hat die steuerbegünstigte Körperschaft ein Doppel der Zuwendungsbestätigung aufzubewahren. Es ist in diesem Zusammenhang zulässig, das Doppel in elektronischer Form zu speichern. Die Grundsätze ordnungsmäßiger DV-gestützter Buchführungssysteme (BMF-Schreiben vom 7. November 1995, BStBl I Seite 738) sind zu beachten.

12. Für Zuwendungen nach dem 31. Dezember 1999 ist das Durchlaufspendenverfahren keine zwingende Voraussetzung mehr für die steuerliche Begünstigung von Spenden. Seit 1. Januar 2000 sind alle steuerbegünstigten Körperschaften im Sinne des § 5 Absatz 1 Nummer 9 KStG zum unmittelbaren Empfang und zur Bestätigung von Zuwendungen berechtigt. Dennoch dürfen juristische Personen des öffentlichen Rechts oder öffentliche Dienststellen auch weiterhin als Durchlaufstelle auftreten und Zuwendungsbestätigungen ausstellen (vgl. R 10b.1 Absatz 2 EStR). Sie unterliegen dann aber auch - wie bisher - der Haftung nach § 10b Absatz 4 EStG. Dach- und Spitzenorganisationen können für die ihnen angeschlossenen Vereine dagegen nicht mehr als Durchlaufstelle fungieren.

13. Mit dem Gesetz zur Stärkung des Ehrenamtes vom 21. März 2013 (BGBl. I Seite 556) wurde mit § 60a AO die Feststellung der satzungsmäßigen Voraussetzungen eingeführt. Nach § 60a AO wird die Einhaltung der satzungsmäßigen Voraussetzungen gesondert vom Finanzamt festgestellt. Dieses Verfahren löst die so genannte vorläufige Bescheinigung ab. Übergangsweise bleiben die bislang ausgestellten vorläufigen Bescheinigungen weiterhin gültig und die betroffenen Körperschaften sind übergangsweise weiterhin zur Ausstellung von Zuwendungsbestätigungen berechtigt. Diese Körperschaften haben in ihren Zuwendungsbestätigungen anzugeben, dass sie durch vorläufige Bescheinigung den steuerbegünstigten Zwecken dienend anerkannt worden sind. Die Bestätigung ist wie folgt zu fassen:

Wir sind wegen Förderung (Angabe des begünstigten Zwecks / der begünstigten Zwecke) durch vorläufige Bescheinigung des Finanzamtes(Name), StNr. (Angabe) vom (Datum) ab (Datum) als steuerbegünstigten Zwecken dienend anerkannt.

Außerdem sind die Hinweise zu den haftungsrechtlichen Folgen der Ausstellung einer unrichtigen Zuwendungsbestätigung und zur steuerlichen Anerkennung der Zuwendungsbestätigung folgendermaßen zu fassen:

Wer vorsätzlich oder grob fahrlässig eine unrichtige Zuwendungsbestätigung erstellt oder veranlasst, dass Zuwendungen nicht zu den in der Zuwendungsbestätigung angegebenen steuerbegünstigten Zwecken verwendet werden, haftet für die entgangene

Seite 5 *Steuer (§ 10b Absatz 4 EStG, § 9 Absatz 3 KStG, § 9 Nummer 5 GewStG).*
Diese Bestätigung wird nicht als Nachweis für die steuerliche Berücksichtigung der Zuwendung anerkannt, wenn das Datum der vorläufigen Bescheinigung länger als 3 Jahre seit Ausstellung der Bestätigung zurückliegt (BMF vom 15.12.1994 - BStBl I Seite 884).
In Fällen, in denen juristische Personen des öffentlichen Rechts oder Stiftungen des öffentlichen Rechts Zuwendungen an Körperschaften im Sinne des § 5 Absatz 1 Nummer 9 KStG weiterleiten, ist ebenfalls anzugeben, ob die Empfängerkörperschaft durch vorläufige Bescheinigung als steuerbegünstigten Zwecken dienend anerkannt worden ist. Diese Angabe ist hierbei in den Zuwendungsbestätigungen folgendermaßen zu fassen:
entsprechend den Angaben des Zuwendenden an (Name) weitergeleitet, die/der vom Finanzamt (Name) StNr. (Angabe) mit vorläufiger Bescheinigung (gültig ab: Datum) vom (Datum) als steuerbegünstigten Zwecken dienend anerkannt ist.
Die Hinweise zu den haftungsrechtlichen Folgen der Ausstellung einer unrichtigen Zuwendungsbestätigung und zur steuerlichen Anerkennung der Zuwendungsbestätigung sind dann folgendermaßen zu fassen:
Wer vorsätzlich oder grob fahrlässig eine unrichtige Zuwendungsbestätigung erstellt oder veranlasst, dass Zuwendungen nicht zu den in der Zuwendungsbestätigung angegebenen steuerbegünstigten Zwecken verwendet werden, haftet für die entgangene Steuer (§ 10b Absatz 4 EStG, § 9 Absatz 3 KStG, § 9 Nummer 5 GewStG).
Nur in den Fällen der Weiterleitung an steuerbegünstigte Körperschaften im Sinne von § 5 Absatz 1 Nummer 9 KStG:
Diese Bestätigung wird nicht als Nachweis für die steuerliche Berücksichtigung der Zuwendung anerkannt, wenn das Datum der vorläufigen Bescheinigung länger als 3 Jahre seit Ausstellung der Bestätigung zurückliegt.

14. Ist der Körperschaft, Personenvereinigung oder Vermögensmasse bisher weder ein Freistellungsbescheid noch eine Anlage zum Körperschaftsteuerbescheid erteilt worden und sieht der Feststellungsbescheid nach § 60a AO die Steuerbefreiung erst für den nächsten Veranlagungszeitraum vor (§ 60 Absatz 2 AO), sind Zuwendungen erst ab diesem Zeitpunkt nach § 10b EStG abziehbar. Zuwendungen, die vor Beginn der Steuerbefreiung nach § 5 Absatz 1 Nummer 9 KStG erfolgen, sind steuerlich nicht nach § 10b EStG begünstigt, da die Körperschaft, Personenvereinigung oder Vermögensmasse in diesem Zeitraum nicht die Voraussetzungen des § 10b Absatz 1 Satz 2 Nummer 2 EStG erfüllt. Zuwendungsbestätigungen, die für Zeiträume vor der Steuerbefreiung ausgestellt werden, sind daher unrichtig und können - bei Vorliegen der Voraussetzungen des § 10b Absatz 4 EStG - eine Haftung des Ausstellers auslösen.

Seite 6 15. Die neuen Muster für Zuwendungsbestätigungen werden als ausfüllbare Formulare unter https://www.formulare-bfinv.de zur Verfügung stehen.

16. Für den Abzug steuerbegünstigter Zuwendungen an nicht im Inland ansässige Empfänger wird auf das BMF-Schreiben vom 16. Mai 2011 - IV C 4 - S 2223/07/0005 :008, 2011/0381377 -, (BStBl I Seite 559) hingewiesen.

Das BMF-Schreiben vom 30. August 2012 - IV C 4 - S 2223/07/0018 :005, 2012/0306063 -, (BStBl I Seite 884) wird hiermit aufgehoben.

Es wird seitens der Finanzverwaltung nicht beanstandet, wenn bis zum 31. Dezember 2013 die bisherigen Muster für Zuwendungsbestätigungen verwendet werden.

Dieses Schreiben wird im Bundessteuerblatt I veröffentlicht.

Im Auftrag

Aussteller (Bezeichnung und Anschrift der inländischen Stiftung des öffentlichen Rechts)

Bestätigung über Geldzuwendungen
im Sinne des § 10b des Einkommensteuergesetzes an inländische Stiftungen des öffentlichen Rechts

Name und Anschrift des Zuwendenden:

Betrag der Zuwendung - in Ziffern -	- in Buchstaben -	Tag der Zuwendung:

Es wird bestätigt, dass die Zuwendung nur zur Förderung (Angabe des begünstigten Zwecks / der begünstigten Zwecke)
verwendet wird.

Es handelt sich um den Verzicht auf Erstattung von Aufwendungen Ja ◻ Nein ◻

◻ Die Zuwendung erfolgte **in das zu erhaltende Vermögen (Vermögensstock).**

◻ Es handelt sich **nicht** um Zuwendungen **in das verbrauchbare Vermögen** einer Stiftung.

Die Zuwendung wird

◻ von uns unmittelbar für den angegebenen Zweck verwendet.

◻ entsprechend den Angaben des Zuwendenden an .... weitergeleitet, die/der vom Finanzamt .... StNr .... mit Freistellungsbescheid bzw. nach der Anlage zum Körperschaftsteuerbescheid vom .... von der Körperschaft- und Gewerbesteuer befreit ist.

◻ **entsprechend den Angaben des Zuwendenden an .... weitergeleitet, der/dem das Finanzamt .... StNr................ mit Feststellungsbescheid vom .... die Einhaltung der satzungsmäßigen Voraussetzungen nach § 60a AO festgestellt hat.**

(Ort, Datum und Unterschrift des Zuwendungsempfängers)

Hinweis:
Wer vorsätzlich oder grob fahrlässig eine unrichtige Zuwendungsbestätigung erstellt oder veranlasst, dass Zuwendungen nicht zu den in der Zuwendungsbestätigung angegebenen steuerbegünstigten Zwecken verwendet werden, haftet für die entgangene Steuer (§ 10b Abs. 4 EStG, § 9 Abs. 3 KStG, § 9 Nr. 5 GewStG).

Nur in Fällen der Weiterleitung an steuerbegünstigte Körperschaften im Sinne von § 5 Abs. 1 Nr. 9 KStG:
Diese Bestätigung wird nicht als Nachweis für die steuerliche Berücksichtigung der Zuwendung anerkannt, wenn das Datum des Freistellungsbescheides länger als 5 Jahre bzw. **das Datum der Feststellung der Einhaltung der satzungsmäßigen Voraussetzungen nach § 60a Abs. 1 AO länger als 3 Jahre seit Ausstellung des Bescheides zurückliegt (§ 63 Abs. 5 AO).**

Aussteller (Bezeichnung und Anschrift der inländischen Stiftung des öffentlichen Rechts)

Sammelbestätigung über Geldzuwendungen
im Sinne des § 10b des Einkommensteuergesetzes an inländische Stiftungen des öffentlichen Rechts

Name und Anschrift des Zuwendenden:

Gesamtbetrag der Zuwendung - in Ziffern -	- in Buchstaben -	Zeitraum der Sammelbestätigung:

Es wird bestätigt, dass die Zuwendung nur zur Förderung (Angabe des begünstigten Zwecks / der begünstigten Zwecke)
verwendet wird.

□ Es handelt sich <u>nicht</u> um Zuwendungen **in das verbrauchbare Vermögen** einer Stiftung.

Die Zuwendung wird

□ von uns unmittelbar für den angegebenen Zweck verwendet.

□ entsprechend den Angaben des Zuwendenden an .... weitergeleitet, die/der vom Finanzamt .... StNr ....mit Freistellungsbescheid bzw. nach der Anlage zum Körperschaftsteuerbescheid vom ....von der Körperschaft- und Gewerbesteuer befreit ist.

□ **entsprechend den Angaben des Zuwendenden an .... weitergeleitet, der/dem das Finanzamt .... StNr.......... mit Feststellungsbescheid vom .... die Einhaltung der satzungsmäßigen Voraussetzungen nach § 60a AO festgestellt hat.**

Es wird bestätigt, dass über die in der Gesamtsumme enthaltenen Zuwendungen keine weiteren Bestätigungen, weder formelle Zuwendungsbestätigungen noch Beitragsquittungen oder Ähnliches ausgestellt wurden und werden.

Ob es sich um den Verzicht auf Erstattung von Aufwendungen handelt, ist der Anlage zur Sammelbestätigung zu entnehmen.

Ob die Zuwendung in das zu erhaltende Vermögen (Vermögensstock) erfolgt ist, ist der Anlage zur Sammelbestätigung zu entnehmen.

(Ort, Datum und Unterschrift des Zuwendungsempfängers)

Hinweis:
Wer vorsätzlich oder grob fahrlässig eine unrichtige Zuwendungsbestätigung erstellt oder veranlasst, dass Zuwendungen nicht zu den in der Zuwendungsbestätigung angegebenen steuerbegünstigten Zwecken verwendet werden, haftet für die entgangene Steuer (§ 10b Abs. 4 EStG, § 9 Abs. 3 KStG, § 9 Nr. 5 GewStG).

Nur in den Fällen der Weiterleitung an steuerbegünstigte Körperschaften im Sinne von § 5 Abs. 1 Nr. 9 KStG:
Diese Bestätigung wird nicht als Nachweis für die steuerliche Berücksichtigung der Zuwendung anerkannt, wenn das Datum des Freistellungsbescheides länger als 5 Jahre bzw. **das Datum der Feststellung der Einhaltung der satzungsmäßigen Voraussetzungen nach § 60a Abs. 1 AO länger als 3 Jahre seit Ausstellung des Bescheides zurückliegt (§ 63 Abs. 5 AO).**

Anlage zur Sammelbestätigung

Datum der Zuwendung	Zuwendung erfolgte in das zu erhaltende Vermögen (Vermögensstock) (ja/nein)	Verzicht auf die Erstattung von Aufwendungen (ja/nein)	Betrag

Gesamtsumme ____________________ €

Aussteller (Bezeichnung und Anschrift der inländischen Stiftung des öffentlichen Rechts)

Bestätigung über Sachzuwendungen
im Sinne des § 10b des Einkommensteuergesetzes an inländische Stiftungen des öffentlichen Rechts

Name und Anschrift des Zuwendenden:

Wert der Zuwendung - in Ziffern -	- in Buchstaben -	Tag der Zuwendung:

Genaue Bezeichnung der Sachzuwendung mit Alter, Zustand, Kaufpreis usw.

□ Die Sachzuwendung stammt nach den Angaben des Zuwendenden aus dem Betriebsvermögen. **Die Zuwendung wurde nach dem Wert der Entnahme (ggf. mit dem niedrigeren gemeinen Wert) und nach der Umsatzsteuer, die auf die Entnahme entfällt, bewertet.**

□ Die Sachzuwendung stammt nach den Angaben des Zuwendenden aus dem Privatvermögen.

□ Der Zuwendende hat trotz Aufforderung keine Angaben zur Herkunft der Sachzuwendung gemacht.

□ Geeignete Unterlagen, die zur Wertermittlung gedient haben, z. B. Rechnung, Gutachten, liegen vor.

Es wird bestätigt, dass die Zuwendung nur zur Förderung (Angabe des begünstigten Zwecks / der begünstigten Zwecke)
verwendet wird.

□ Die Zuwendung erfolgte **in das zu erhaltende Vermögen (Vermögensstock).**

□ Es handelt sich **nicht** um Zuwendungen **in das verbrauchbare Vermögen** einer Stiftung.

Die Zuwendung wird

□ von uns unmittelbar für den angegebenen Zweck verwendet.

□ entsprechend den Angaben des Zuwendenden an .... weitergeleitet, die/der vom Finanzamt .... StNr.................................mit Freistellungsbescheid bzw. nach der Anlage zum Körperschaftsteuerbescheid vom ....von der Körperschaft- und Gewerbesteuer befreit ist.

□ **entsprechend den Angaben des Zuwendenden an .... weitergeleitet, der/dem das Finanzamt .... StNr........... mit Feststellungsbescheid vom .... die Einhaltung der satzungsmäßigen Voraussetzungen nach § 60a AO festgestellt hat.**

(Ort, Datum und Unterschrift des Zuwendungsempfängers)

Hinweis:
Wer vorsätzlich oder grob fahrlässig eine unrichtige Zuwendungsbestätigung erstellt oder veranlasst, dass Zuwendungen nicht zu den in der Zuwendungsbestätigung angegebenen steuerbegünstigten Zwecken verwendet werden, haftet für die entgangene Steuer (§ 10b Abs. 4 EStG, § 9 Abs. 3 KStG, § 9 Nr. 5 GewStG).

Nur in Fällen der Weiterleitung an steuerbegünstigte Körperschaften im Sinne von § 5 Abs. 1 Nr. 9 KStG:
Diese Bestätigung wird nicht als Nachweis für die steuerliche Berücksichtigung der Zuwendung anerkannt, wenn das Datum des Freistellungsbescheides länger als 5 Jahre bzw. **das Datum der Feststellung der Einhaltung der satzungsmäßigen Voraussetzungen nach § 60a Abs. 1 AO länger als 3 Jahre seit Ausstellung des Bescheides zurückliegt (§ 63 Abs. 5 AO).**

Aussteller (Bezeichnung und Anschrift der inländischen Stiftung des privaten Rechts)

Bestätigung über Geldzuwendungen

im Sinne des § 10b des Einkommensteuergesetzes an inländische Stiftungen des privaten Rechts

Name und Anschrift des Zuwendenden:

Betrag der Zuwendung - in Ziffern -	- in Buchstaben -	Tag der Zuwendung:

Es handelt sich um den Verzicht auf Erstattung von Aufwendungen Ja □ Nein □

□ Wir sind wegen Förderung (Angabe des begünstigten Zwecks / der begünstigten Zwecke) .... **nach dem** Freistellungsbescheid bzw. nach der Anlage zum Körperschaftsteuerbescheid des Finanzamtes .... StNr......................, vom .... **für den letzten Veranlagungszeitraum** .... nach § 5 Abs. 1 Nr. 9 des Körperschaftsteuergesetzes von der Körperschaftsteuer und nach § 3 Nr. 6 des Gewerbesteuergesetzes von der Gewerbesteuer befreit.

□ **Die Einhaltung der satzungsmäßigen Voraussetzungen nach den §§ 51, 59, 60 und 61 AO wurde vom Finanzamt........................, StNr. .... mit Bescheid vom.......... nach § 60a AO gesondert festgestellt. Wir fördern nach unserer Satzung (Angabe des begünstigten Zwecks / der begünstigten Zwecke) ....**

Es wird bestätigt, dass die Zuwendung nur zur Förderung (Angabe des begünstigten Zwecks / der begünstigten Zwecke)
verwendet wird.

□ Die Zuwendung erfolgte **in das zu erhaltende Vermögen (Vermögensstock).**

□ Es handelt sich <u>**nicht**</u> um Zuwendungen **in das verbrauchbare Vermögen** einer Stiftung.

(Ort, Datum und Unterschrift des Zuwendungsempfängers)

Hinweis:

Wer vorsätzlich oder grob fahrlässig eine unrichtige Zuwendungsbestätigung erstellt oder veranlasst, dass Zuwendungen nicht zu den in der Zuwendungsbestätigung angegebenen steuerbegünstigten Zwecken verwendet werden, haftet für die entgangene Steuer (§ 10b Abs. 4 EStG, § 9 Abs. 3 KStG, § 9 Nr. 5 GewStG).

Diese Bestätigung wird nicht als Nachweis für die steuerliche Berücksichtigung der Zuwendung anerkannt, wenn das Datum des Freistellungsbescheides länger als 5 Jahre bzw. **das Datum der Feststellung der Einhaltung der satzungsmäßigen Voraussetzungen nach § 60a Abs. 1 AO länger als 3 Jahre seit Ausstellung des Bescheides zurückliegt (§ 63 Abs. 5 AO).**

Aussteller (Bezeichnung und Anschrift der inländischen Stiftung des privaten Rechts)

Bestätigung über Sachzuwendungen
im Sinne des § 10b des Einkommensteuergesetzes an inländische Stiftungen des privaten Rechts

Name und Anschrift des Zuwendenden:

Wert der Zuwendung - in Ziffern -	- in Buchstaben -	Tag der Zuwendung:

Genaue Bezeichnung der Sachzuwendung mit Alter, Zustand, Kaufpreis usw.

□ Die Sachzuwendung stammt nach den Angaben des Zuwendenden aus dem Betriebsvermögen. **Die Zuwendung wurde nach dem Wert der Entnahme (ggf. mit dem niedrigeren gemeinen Wert) und nach der Umsatzsteuer, die auf die Entnahme entfällt, bewertet.**

□ Die Sachzuwendung stammt nach den Angaben des Zuwendenden aus dem Privatvermögen.

□ Der Zuwendende hat trotz Aufforderung keine Angaben zur Herkunft der Sachzuwendung gemacht.

□ Geeignete Unterlagen, die zur Wertermittlung gedient haben, z. B. Rechnung, Gutachten, liegen vor.

□ Wir sind wegen Förderung (Angabe des begünstigten Zwecks / der begünstigten Zwecke) .... **nach dem** Freistellungsbescheid bzw. nach der Anlage zum Körperschaftsteuerbescheid des Finanzamtes .... StNr. ...., vom .... **für den letzten Veranlagungszeitraum** .... nach § 5 Abs. 1 Nr. 9 des Körperschaftsteuergesetzes von der Körperschaftsteuer und nach § 3 Nr. 6 des Gewerbesteuergesetzes von der Gewerbesteuer befreit.

□ **Die Einhaltung der satzungsmäßigen Voraussetzungen nach den §§ 51, 59, 60 und 61 AO wurde vom Finanzamt............, StNr. .... mit Bescheid vom.......... nach § 60a AO gesondert festgestellt. Wir fördern nach unserer Satzung (Angabe des begünstigten Zwecks / der begünstigten Zwecke) ....**

Es wird bestätigt, dass die Zuwendung nur zur Förderung (Angabe des begünstigten Zwecks / der begünstigten Zwecke)

verwendet wird.

□ Die Zuwendung erfolgte **in das zu erhaltende Vermögen (Vermögensstock).**

□ Es handelt sich <u>**nicht**</u> um Zuwendungen **in das verbrauchbare Vermögen** einer Stiftung.

(Ort, Datum und Unterschrift des Zuwendungsempfängers)

Hinweis:
Wer vorsätzlich oder grob fahrlässig eine unrichtige Zuwendungsbestätigung erstellt oder veranlasst, dass Zuwendungen nicht zu den in der Zuwendungsbestätigung angegebenen steuerbegünstigten Zwecken verwendet werden, haftet für die entgangene Steuer (§ 10b Abs. 4 EStG, § 9 Abs. 3 KStG, § 9 Nr. 5 GewStG).

Diese Bestätigung wird nicht als Nachweis für die steuerliche Berücksichtigung der Zuwendung anerkannt, wenn das Datum des Freistellungsbescheides länger als 5 Jahre bzw. **das Datum der Feststellung der Einhaltung der satzungsmäßigen Voraussetzungen nach § 60a Abs. 1 AO länger als 3 Jahre seit Ausstellung des Bescheides zurückliegt (§ 63 Abs. 5 AO).**

Aussteller (Bezeichnung und Anschrift der inländischen Stiftung des privaten Rechts)

Sammelbestätigung über Geldzuwendungen
im Sinne des § 10b des Einkommensteuergesetzes an inländische Stiftungen des privaten Rechts

Name und Anschrift des Zuwendenden:

Gesamtbetrag der Zuwendung - in Ziffern -	- in Buchstaben -	Zeitraum der Sammelbestätigung:

□ Wir sind wegen Förderung (Angabe des begünstigten Zwecks / der begünstigten Zwecke) .... **nach dem** Freistellungsbescheid bzw. nach der Anlage zum Körperschaftsteuerbescheid des Finanzamtes .... StNr......................, vom .... **für den letzten Veranlagungszeitraum** .... nach § 5 Abs. 1 Nr. 9 des Körperschaftsteuergesetzes von der Körperschaftsteuer und nach § 3 Nr. 6 des Gewerbesteuergesetzes von der Gewerbesteuer befreit.

□ **Die Einhaltung der satzungsmäßigen Voraussetzungen nach den §§ 51, 59, 60 und 61 AO wurde vom Finanzamt........................., StNr. .... mit Bescheid vom.......... nach § 60a AO gesondert festgestellt. Wir fördern nach unserer Satzung (Angabe des begünstigten Zwecks / der begünstigten Zwecke)** ....

Es wird bestätigt, dass die Zuwendung nur zur Förderung (Angabe des begünstigten Zwecks / der begünstigten Zwecke) verwendet wird.

□ Es handelt sich **nicht** um Zuwendungen in das verbrauchbare Vermögen einer Stiftung.

Es wird bestätigt, dass über die in der Gesamtsumme enthaltenen Zuwendungen keine weiteren Bestätigungen, weder formelle Zuwendungsbestätigungen noch Beitragsquittungen oder Ähnliches ausgestellt wurden und werden.

Ob es sich um den Verzicht auf Erstattung von Aufwendungen handelt, ist der Anlage zur Sammelbestätigung zu entnehmen.

Ob die Zuwendung in das zu erhaltende Vermögen (Vermögensstock) erfolgt ist, ist der Anlage zur Sammelbestätigung zu entnehmen.

(Ort, Datum und Unterschrift des Zuwendungsempfängers)

Hinweis:
Wer vorsätzlich oder grob fahrlässig eine unrichtige Zuwendungsbestätigung erstellt oder veranlasst, dass Zuwendungen nicht zu den in der Zuwendungsbestätigung angegebenen steuerbegünstigten Zwecken verwendet werden, haftet für die entgangene Steuer (§ 10b Abs. 4 EStG, § 9 Abs. 3 KStG, § 9 Nr. 5 GewStG).

Diese Bestätigung wird nicht als Nachweis für die steuerliche Berücksichtigung der Zuwendung anerkannt, wenn das Datum des Freistellungsbescheides länger als 5 Jahre bzw. **das Datum der Feststellung der Einhaltung der satzungsmäßigen Voraussetzungen nach § 60a Abs. 1 AO länger als 3 Jahre seit Ausstellung des Bescheides zurückliegt (§ 63 Abs. 5 AO).**

Anlage zur Sammelbestätigung

Datum der Zuwendung	Zuwendung erfolgte in das zu erhaltende Vermögen (Vermögensstock) (ja/nein)	Verzicht auf die Erstattung von Aufwendungen (ja/nein)	Betrag

Gesamtsumme ____________________ €

Finanzamt Fürstenfeldbruck

82256 Fürstenfeldbruck 08.01.2014
Münchner Str.36
Zi.Nr.:
Tel.: 08141 60-

Ordnungsnummer (Bitte bei Rückfragen angeben)

Finanzamt,PF 1261,82242 Fürstenfeldbruck

DV 01 0,60 Deutsche Post

*B01*08*001509*
Firma
Dr. Otto & Kollegen GmbH
StB, RA
Theatinerstr. 15
80333 München

für Ihre Unterlagen

Eingegangen
10. JAN. 2014
Dr. Otto & Kollegen GmbH
Rechtsanwälte Steuerberater

Bescheinigung

Diese Bescheinigung gilt für Kapitalerträge, die zufließen in der Zeit vom 1.1.2013 bis 31.12.2015.
Der/Dem Stiftung wird hiermit bescheinigt, dass sie eine Körperschaft, Personenvereinigung oder Vermögensmasse im Sinne des (2) § 44a Abs.4 EStG, (3) § 44a Abs.7 EStG ist.

Diese Bescheinigung ist dem Finanzamt zurückzugeben, 1. wenn das Finanzamt sie zurückfordert, 2. wenn Sie erkennen, dass die Voraussetzungen für die Erteilung weggefallen sind (vgl. § 44a Abs. 4 und 5 EStG, § 11 InvStG).

Der Widerruf dieser Bescheinigung bleibt vorbehalten.

BAYERN FINANZAMT

Originalpapier nur, wenn dieser Hinweis im Grundruck erscheint.

001509 BLATT 1 VON 3

Form.Nr. 005875 G 000183001 / 002480 Rt. 23.12.2013 ESt 2013

Negative Beträge mit Minuszeichen.

Öffnungszeiten:
Mo-Mi 7:30-13:00 / Do 7:30-17:30 / Fr -12:30

Telefax:
08141 60-150

Das Finanzamt (Finanzkasse) hat folgende Konten:

Kreditinstitut:	BLZ:	Konto-Nr.:
BBk München	700 000 00	70001511
IBAN: DE64700000000070001511	BIC: MARKDEF1700	
Spk Fürst.f.bruck	700 530 70	8007221
IBAN: DE20700530700008007221	BIC: BYLADEM1FFB	
HypoVereinsbank	700 202 70	10368208
IBAN: DE20700202700010368208	BIC: HYVEDEMMXXX	

Finanzamt Fürstenfeldbruck

FA Fürstenfeldbruck, Münchner Str. 36, 82256 Fürstenfeldbruck

-Stiftung

Bitte Identifikationsnummer(n) und Aktenzeichen angeben: ☎08141 60-0
Identifikationsnummer Unser Aktenzeichen Durchwahl: Bearbeiter(in): Zimmer Datum
27.12.2013

Bescheid nach § 60a Abs. 1 AO über die gesonderte Feststellung der Einhaltung der satzungsmäßigen Voraussetzungen nach den §§ 51, 59, 60 und 61 AO

A. Feststellung

Die Satzung der Körperschaft -Stiftung in der Fassung vom 19.12.2013 (zuletzt geändert am ________) erfüllt die satzungsmäßigen Voraussetzungen nach den §§ 51, 59, 60 und 61 AO.

...

Dienstgebäude	Öffnungszeiten (nur Servicecenter)		Kreditinstitute	Konto-Nr.	Bankleitzahl
Münchner Str. 36	Montag - Mittwoch	7.30 - 13.00 Uhr	Sparkasse Fürstenfeldbruck	800 722 1	700 530 70
82256 Fürstenfeldbruck	Donnerstag	7.30 - 17.30 Uhr	IBAN: DE20 7005 3070 0008 0072 21		
	Freitag	7.30 - 12.30 Uhr	BIC: BYLADEM1FFB		
	E-Mail				
	poststelle@fa-ffb.bayern.de		Deutsche Bundesbank München	700 015 11	700 000 00
Telefax	**Internet**		IBAN: DE64 7000 0000 0070 0015 11		
(08141) 60-150	www.finanzamt-fuerstenfeldbruck.de		BIC: MARKDEF1700		

B. Hinweise zur Feststellung

Eine Anerkennung, dass die tatsächliche Geschäftsführung (§ 63 AO) den für die Anerkennung der Steuerbegünstigung notwendigen Erfordernissen entspricht, ist mit dieser Feststellung nicht verbunden.

Diese Feststellung bindet das Finanzamt hinsichtlich der Besteuerung der Körperschaft und der Steuerpflichtigen, die Zuwendungen in Form von Spenden und Mitgliedsbeiträgen an die Körperschaft erbringen (§ 60a Abs. 1 Satz 2 AO). Die Bindungswirkung dieser Feststellung entfällt ab dem Zeitpunkt, in dem die Rechtsvorschriften, auf denen die Feststellung beruht, aufgehoben oder geändert werden (§ 60a Abs. 3 AO). Tritt bei den für die Feststellung erheblichen Verhältnissen eine Änderung ein, ist die Feststellung mit Wirkung vom Zeitpunkt der Änderung der Verhältnisse aufzuheben (§ 60a Abs. 4 AO).

Bitte beachten Sie, dass die Inanspruchnahme der Steuervergünstigungen auch von der tatsächlichen Geschäftsführung abhängt, die der Nachprüfung durch das Finanzamt – ggf. im Rahmen einer Außenprüfung – unterliegt. Die tatsächliche Geschäftsführung muss auf die ausschließliche und unmittelbare Erfüllung der steuerbegünstigten Zwecke gerichtet sein und den Bestimmungen der Satzung entsprechen.

Dies muss durch ordnungsgemäße Aufzeichnungen (insbesondere Aufstellung der Einnahmen und Ausgaben, Tätigkeitsbericht, Vermögensübersicht mit Nachweisen über Bildung und Entwicklung der Rücklagen) nachgewiesen werden (§ 63 AO). Über die Steuervergünstigungen nach den einzelnen Steuergesetzen wird im Rahmen des Veranlagungsverfahrens entschieden.

In jedem Falle ist die Körperschaft insoweit ertragssteuerpflichtig, als sie einen wirtschaftlichen Geschäftsbetrieb unterhält, der kein Zweckbetrieb ist. Soweit Körperschaftsteuerpflicht gegeben ist, besteht im gleichen Umfang Gewerbesteuerpflicht. Durch die Gewährung der Steuerbefreiung von der Körperschaft- und Gewerbesteuer wird die Umsatzsteuerpflicht grundsätzlich nicht berührt.

Bei Beschäftigung von Arbeitnehmern sind Lohnsteuer, Solidaritätszuschlag und ggf. Kirchensteuer einzubehalten und an das Finanzamt abzuführen.

C. Rechtsbehelfsbelehrung

Gegen diesen Feststellungsbescheid ist der Einspruch gegeben. Ein Einspruch ist jedoch ausgeschlossen, soweit dieser Bescheid einen Verwaltungsakt ändert oder ersetzt, gegen den ein zulässiger Einspruch oder (nach einem zulässigen Einspruch) eine zulässige Klage, Revision oder Nichtzulassungsbeschwerde anhängig ist. In diesem Fall wird der neue Verwaltungsakt Gegenstand des Rechtsbehelfsverfahrens.

Der Einspruch ist beim **Finanzamt Fürstenfeldbruck** schriftlich einzureichen, diesem elektronisch zu übermitteln oder dort zur Niederschrift zu erklären.

Die Frist für die Einlegung des Einspruchs beträgt **einen Monat**. Sie beginnt mit Ablauf des Tages, an dem Ihnen dieser Bescheid bekanntgegeben worden ist. Bei Zusendung durch einfachen Brief oder Zustellung mittels Einschreiben durch Übergabe gilt die Bekanntgabe mit dem dritten Tag nach Aufgabe zur Post als bewirkt, es sei denn, dass der Bescheid zu einem späteren Zeitpunkt zugegangen ist. Bei Zustellung mit Zustellungsurkunde oder durch Einschreiben mit Rückschein oder gegen Empfangsbekenntnis ist Tag der Bekanntgabe der Tag der Zustellung.

- 3 -

D. Hinweise zum Kapitalertragsteuerabzug

Bei Kapitalerträgen, die bis zum 31.12.2015 zufließen, reicht für die Abstandnahme vom Kapitalertragsteuerabzug nach § 44a Abs. 4, 7 und 10 Satz 1 Nr. 3 EStG die Vorlage dieses Feststellungsbescheides oder die Überlassung einer amtlich beglaubigten Kopie dieses Feststellungsbescheides aus. Das Gleiche gilt bis zum o. a. Zeitpunkt für die Erstattung von Kapitalertragsteuer nach § 44b Abs. 6 EStG durch das depotführende Kredit- oder Finanzdienstleistungsinstitut.

Die Vorlage dieses Feststellungsbescheides ist unzulässig, wenn die Erträge in einem wirtschaftlichen Geschäftsbetrieb anfallen, für den die Befreiung von der Körperschaftsteuer ausgeschlossen ist.

E. Hinweise zur Ausstellung von Zuwendungsbestätigungen

Die Körperschaft fördert nach ihrer Satzung

folgende gemeinnützige Zwecke:
Förderung von Kunst und Kultur
(§ 52 Abs. 2 Satz 1 Nr.(n) 5 AO).

Behandlung der Spenden
Die Körperschaft ist berechtigt, für Spenden, die ihr zur Verwendung für diese Zwecke zugewendet werden, Zuwendungsbestätigungen nach amtlich vorgeschriebenem Vordruck (§ 50 Abs. 1 EStDV) auszustellen.
Die amtlichen Muster für die Ausstellung steuerlicher Zuwendungsbestätigungen stehen im Internet unter https://www.formulare-bfinv.de als ausfüllbare Formulare zur Verfügung.

Zuwendungsbestätigungen für Spenden
Zuwendungsbestätigungen für Spenden dürfen nur ausgestellt werden, wenn das Datum des Feststellungsbescheides nicht länger als drei Kalenderjahre zurückliegt und bisher kein Freistellungsbescheid oder keine Freistellung mittels Anlage zum Körperschaftsteuerbescheid erteilt wurden. Die Frist ist taggenau zu berechnen (§ 63 Abs. 5 AO).

F. Haftung bei unrichtigen Zuwendungsbestätigungen

Wer vorsätzlich oder grob fahrlässig eine unrichtige Zuwendungsbestätigung ausstellt oder veranlasst, dass Zuwendungen nicht zu den in der Zuwendungsbestätigung angegebenen steuerbegünstigten Zwecken verwendet werden, haftet für die entgangene Steuer.

Dabei wird die entgangene Einkommensteuer oder Körperschaftsteuer mit 30 %, die entgangene Gewerbesteuer pauschal mit 15 % der Zuwendung angesetzt (§ 10b Abs. 4 EStG, § 9 Abs. 3 KStG, § 9 Nr. 5 GewStG).

Grün umrandete Felder nur vom Finanzamt auszufüllen.

11	St.-Nr.	3	Jahr	Vorgang 1

20

An das Finanzamt

Steuernummer

Erklärung

zur Körperschaftsteuer und Gewerbesteuer von Körperschaften, die gemeinnützigen, mildtätigen oder kirchlichen Zwecken dienen
(§ 5 Abs. 1 Nr. 9 Körperschaftsteuergesetz, § 3 Nr. 6 Gewerbesteuergesetz und §§ 51 bis 68 Abgabenordnung)

für das Kalenderjahr 20
(letztes Jahr des Prüfungszeitraums) ❶

– Eingangsstempel –

A. Allgemeine Angaben

Die mit einem Kreis versehenen Zahlen bezeichnen die Erläuterungen in der Anleitung zur Erklärung zur Körperschaftsteuer und Gewerbesteuer von Körperschaften, die gemeinnützigen, mildtätigen oder kirchlichen Zwecken dienen.

Zeile		
1	Bezeichnung der Körperschaft, Personenvereinigung oder Vermögensmasse (nachfolgend als „Körperschaft" bezeichnet)	
2		
3	Straße, Hausnummer	Postleitzahl / Postfach
4	Postleitzahl / Ort	Telefonisch erreichbar unter Nr.
5	Ort der Geschäftsleitung	Internetadresse
6	Ort des Sitzes	E-Mail
7	Gesetzlicher Vertreter (z. B. Vorsitzender oder Geschäftsführer) (mit Anschrift)	
8		Telefonisch erreichbar unter Nr.
9	Zweck der Körperschaft	
10		
10a	Die Körperschaft verfolgt ☐ kirchliche ☐ mildtätige ☐ folgende gemeinnützige Zwecke.	
11	**Bankverbindung** – Bitte stets angeben – IBAN	
11a	BIC	
12	Geldinstitut (Zweigstelle) und Ort	
13	Name eines von Zeile 1 **abweichenden Kontoinhabers** (Im Fall der Abtretung bitte amtlichen Abtretungsvordruck gesondert übersenden.)	
14	Der Steuerbescheid soll folgendem von den Zeilen 1 bis 8 **abweichenden Empfangsbevollmächtigten/Postempfänger** zugesandt werden.	
15	Empfangsvollmacht ☐ wird gesondert übermittelt.	☐ liegt dem Finanzamt vor.
16	Abschrift der **Satzung** in der zur Zeit gültigen Fassung vom ☐ wird gesondert übermittelt.	☐ liegt dem Finanzamt vor.
17	Abschrift des Beschlusses über die Festsetzung der **Mitgliedsbeiträge, Umlagen und Aufnahmegebühren** für das o.g. Kalenderjahr ☐ wird gesondert übermittelt.	☐ liegt dem Finanzamt vor.

Unterschrift

Ich versichere, dass die tatsächliche Geschäftsführung den satzungsmäßigen Zwecken entspricht.

Bei der Anfertigung dieser Erklärung hat mitgewirkt:
(Name, Anschrift, Tel.-Nr.)

Ort, Datum

(Unterschrift)

Die Steuererklärung muss vom gesetzlichen Vertreter bzw. vom Vertretungsberechtigten der Körperschaft eigenhändig unterschrieben sein.

Hinweis nach den Datenschutzgesetzen : Die mit der Steuererklärung angeforderten Daten werden auf Grund der §§ 149 und 150 AO i.V. mit § 31 KStG, § 14a GewStG und § 25 EStG verlangt.

Gem 1 –Erklärung – Okt. 2013 034086

- 2-

Zeile	B. Einzureichende Unterlagen
	Bitte reichen Sie eine möglichst weitgehend aufgegliederte Gegenüberstellung der Einnahmen und Ausgaben und eine Aufstellung über das Vermögen am 31.12. des letzten Kalenderjahres des Prüfungszeitraums bzw. den Jahresabschluss (Bilanz und Gewinn- und Verlustrechnung) sowie den Geschäfts- oder Tätigkeitsbericht ein. Fügen Sie bitte auch die entsprechenden Unterlagen für die beiden vorangegangenen Jahre bei. ❶

C. Einzelangaben

18 Die **Gesamteinnahmen** (einschließlich Beiträge, Spenden, Zuschüsse, Einnahmen aus der Vermögensverwaltung und aus wirtschaftlichen Betätigungen, Umsatzsteuer) betragen:

☐ nicht mehr als 35 000 € (weiter ab Zeile 29)

☐ mehr als 35 000 € (weiter in Zeile 19)

19 Die **Einnahmen (einschließlich der Umsatzsteuer) aus wirtschaftlichen Geschäftsbetrieben** betragen:

☐ nicht mehr als 35 000 € (weiter ab Zeile 29)

☐ mehr als 35 000 € (weiter ab Zeile 20)

20 Art der steuerpflichtigen wirtschaftlichen Geschäftsbetriebe ❷

Hinweis:

Dazu gehören auch

a) Einnahmen aus sportlichen Veranstaltungen, die nach § 67a Abs. 1 oder 3 Abgabenordnung (AO) ein steuerpflichtiger wirtschaftlicher Geschäftsbetrieb sind, ❸

b) Einnahmen aus geselligen Veranstaltungen,

c) Einnahmen aus der Verwertung von Altmaterial (dies gilt auch dann, wenn beantragt wird, den Überschuss aus der Verwertung von Altmaterial nach § 64 Abs. 5 AO in Höhe des branchenüblichen Reingewinns zu schätzen),

d) Einnahmen aus steuerpflichtigen wirtschaftlichen Geschäftsbetrieben, bei denen der steuerpflichtige Gewinn nach § 64 Abs. 6 AO pauschal mit 15 % der Einnahmen angesetzt wird (z.B. Werbung für Unternehmen, die im Zusammenhang mit der steuerbegünstigten Tätigkeit einschließlich der Zweckbetriebe stattgefunden hat)

und

e) die anteiligen Einnahmen aus Beteiligungen an Personengesellschaften und Gemeinschaften (auch Fest- bzw. Arbeitsgemeinschaften), soweit die Beteiligungen einen steuerpflichtigen wirtschaftlichen Geschäftsbetrieb darstellen.

Zeile		*Einnahmen (einschließlich Umsatzsteuer) EUR*	*Ausgaben EUR*	*Überschuss/ Fehlbetrag EUR*
21	Summe	0,00	0,00	0,00

Zeile	Art der Zweckbetriebe ❷	Einnahmen (einschließlich Umsatzsteuer) EUR
22		
23	Summe	0,00

- 3-

Zeile	
	Nur ausfüllen, wenn die Einnahmen aus steuerpflichtigen wirtschaftlichen Geschäftsbetrieben (siehe Zeile 21) 35 000 € übersteigen und darin Einnahmen aus der Verwertung von Altmaterial enthalten sind.
24	☐ Wir beantragen, den Überschuss aus der Verwertung des Altmaterials nach § 64 Abs. 5 AO in Höhe des branchenüblichen Reingewinns zu schätzen. Wir erklären, dass das Altmaterial nicht im Rahmen einer ständig dafür vorgehaltenen Verkaufsstelle gesammelt und verwertet wurde.
25	Einnahmen aus der Verwertung von — Altpapier: EUR ____ — anderem Altmaterial: ____
26	In den in Zeile 21 angegebenen Ausgaben enthaltene Ausgaben, die mit den Einnahmen aus der Verwertung des Altmaterials in Zusammenhang stehen: EUR ____
	Hinweis: – *Der branchenübliche Reingewinn beträgt bei der Verwertung von Altpapier 5 % und bei der Verwertung von anderem Altmaterial 20 % der Einnahmen. Zu den maßgeblichen Einnahmen gehört nicht die im Bruttopreis enthaltene Umsatzsteuer.* – *Wenn Sie keinen Antrag auf Schätzung des Überschusses aus der Verwertung von Altmaterial nach § 64 Abs. 5 AO stellen, wird der Überschuss nach den allgemeinen Grundsätzen ermittelt (Gegenüberstellung der gesamten Einnahmen und Ausgaben - siehe Zeile 20 - der steuerpflichtigen wirtschaftlichen Geschäftsbetriebe).*
	Nur ausfüllen, wenn die Einnahmen aus steuerpflichtigen wirtschaftlichen Geschäftsbetrieben (siehe Zeile 21) 35 000 € übersteigen und darin Einnahmen aus Werbung für Unternehmen, die im Zusammenhang mit der steuerbegünstigten Tätigkeit einschließlich der Zweckbetriebe stattgefunden hat, aus Totalisatorbetrieben oder aus der Zweiten Fraktionierungsstufe der Blutspendedienste enthalten sind.
27	☐ Wir beantragen, den Gewinn aus dem steuerpflichtigen wirtschaftlichen Geschäftsbetrieb ☐ Werbung für Unternehmen, die im Zusammenhang mit der steuerbegünstigten Tätigkeit einschließlich der Zweckbetriebe stattgefunden hat ☐ Totalisator ☐ Zweite Fraktionierungsstufe nach § 64 Abs. 6 AO pauschal mit 15% der Einnahmen in Höhe von EUR ____ anzusetzen.
28	In den in Zeile 21 angegebenen Ausgaben enthaltene Ausgaben, die mit diesen Einnahmen in Zusammenhang stehen: EUR ____
	Hinweis: *Wenn Sie nicht beantragen, den Gewinn des steuerpflichtigen wirtschaftlichen Geschäftsbetriebs nach § 64 Abs. 6 AO pauschal mit 15 % der Einnahmen anzusetzen, wird er nach den allgemeinen Grundsätzen ermittelt (Gegenüberstellung der gesamten Einnahmen und Ausgaben - siehe Zeile 20 - des steuerpflichtigen wirtschaftlichen Geschäftsbetriebs).*
	Nur für Körperschaften, die mildtätige Zwecke verfolgen ❹
29	☐ Wir erklären, dass wir uns von der Hilfebedürftigkeit (§ 53 Nr. 1 und 2 AO) des von uns betreuten Personenkreises überzeugt haben und Aufzeichnungen darüber vorliegen.
30	Wir haben einen Antrag nach § 53 Nr. 2 Satz 8 AO gestellt. Dieser Antrag wurde bewilligt: vom Finanzamt ____ mit Bescheid vom ____ für den Tätigkeitsbereich ____
31	☐ Die Voraussetzungen liegen noch immer unverändert vor.
	Nur für Einrichtungen der Wohlfahrtspflege ❺
32	☐ Wir erklären, dass mindestens zwei Drittel der Leistungen der Einrichtung hilfebedürftigen Personen (§ 53 Nr. 1 und 2 AO) zugute kommen. Von der Hilfebedürftigkeit haben wir uns überzeugt. Aufzeichnungen darüber liegen vor.
	Nur für Krankenhäuser ❻
33	☐ Wir erklären, dass die Voraussetzungen des § 67 AO für die Annahme eines Zweckbetriebes erfüllt sind.
	Nur für Körperschaften, die Rücklagen gebildet haben ❼ Am Ende des letzten Jahres des Prüfungszeitraums bestanden folgende Rücklagen:
34	Rücklagen nach § 58 Nr. 6 AO / § 62 Abs. 1 Nr. 1 AO * für die folgenden Vorhaben ❽

	EUR

* § 62 AO anzuwenden ab 01.01.2014

- 4-

Zeile

35 Rücklage nach § 62 Abs. 1 Nr. 2 AO* für die beabsichtigte Wiederbeschaffung von Wirtschaftsgütern, die zur Verwirklichung der steuerbegünstigten satzungsmäßigen Zwecke erforderlich sind: ❾

zu ersetzendes Wirtschaftsgut	Voraussichtliche Anschaffungs- oder Herstellungskosten für neues (Ersatz-) Wirtschaftsgut EUR	Zuführung Rücklage: Reguläre Absetzung für Abnutzung für bisheriges Wirtschaftsgut EUR	Zuführung Rücklage: Wenn höhere Zuführung erforderlich: Gesamtbetrag der Zuführung (Nachweis wird gesondert übermittelt) EUR	Auflösung der Rücklage EUR	kumulierte Rücklage EUR

36 Freie Rücklage nach § 58 Nr. 7 Buchstabe a AO / § 62 Abs. 1 Nr. 3 AO *❿ — EUR

37 Rücklage für den Erwerb von Gesellschaftsrechten zur Erhaltung der prozentualen Beteiligung nach § 58 Nr. 7 Buchstabe b AO / § 62 Abs. 1 Nr. 4 AO *⓫

an der

Kapitalgesellschaft	EUR

Hinweis: *Bitte erläutern Sie auf einem gesonderten Blatt, wie sich die Rücklagen nach § 58 Nr. 7 Buchstaben a und b AO / § 62 AO * seit der letzten Erklärung entwickelt haben.*

Zuführung zum Vermögen / Ausstattung anderer Körperschaften

38 Zuführungen zum Vermögen nach § 58 Nr. 11 und 12 AO / § 62 Abs. 3 Nr. 1 bis 4 und Abs. 4 AO * (ggf. 0 € eintragen) ⓬ ⓭ — EUR

39 Nur für Körperschaften, die im Überprüfungszeitraum Mittel nach § 58 Nr. 3 AO [1] weitergegeben oder erhalten haben:⓯

Wir haben einer steuerbegünstigten Körperschaft oder einer juristischen Person des öffentlichen Rechts Mittel zur Vermögensausstattung zugewendet:

Empfängerkörperschaft/Finanzamt/Steuernummer	begünstigter Zweck	EUR

Wir haben von einer steuerbegünstigten Körperschaft Mittel zur Vermögensausstattung erhalten:

Geberkörperschaft/Finanzamt/Steuernummer	begünstigter Zweck	EUR

40 **Zuwendungen** ⓮ Mitglieder, Gesellschafter oder außenstehende Personen haben unentgeltliche Zuwendungen, die nicht in Erfüllung des Satzungszweckes geleistet wurden, erhalten:

☐ Nein ☐ Ja

Grund	Betrag EUR

D. Sonstiges

Es wird darauf hingewiesen, dass dem zuständigen Finanzamt nach § 137 AO die Umstände anzuzeigen sind, die für die steuerliche Erfassung von Bedeutung sind, insbesondere der Erwerb der Rechtsfähigkeit, die Änderung der Rechtsform, die Beschlüsse, durch die für steuerliche Vergünstigungen wesentliche Satzungsbestimmungen geändert werden, die Verlegung der Geschäftsleitung oder des Sitzes und die Auflösung. Mitteilungen dieser Art sind innerhalb eines Monats seit dem meldepflichtigen Ereignis zu erstatten (§ 137 Abs. 2 AO).

1) In der Fassung des Gesetzes zur Stärkung des Ehrenamtes vom 21.03.2013 (BStBl I 2013 S. 339).
* § 62 AO anzuwenden ab 01.01.2014

An das Finanzamt

Antrag

auf Ausstellung einer Bescheinigung gemäß

- ☐ § 43 Abs. 2 Satz 4 EStG
- ☐ § 44a Abs. 4 EStG
- ☐ § 44a Abs. 5 EStG
- ☐ § 44a Abs. 7 EStG
- ☐ § 44a Abs. 8 EStG
- ☐ § 11 Abs. 2 InvStG
- ☐ § 38 Abs. 3 KStG

Zeile			
1	**Die NV-Bescheinigung soll erstmals für das Jahr 20 ___ gelten.**		
	A. Allgemeine Angaben		
2	Bezeichnung der Körperschaft, Personenvereinigung oder Vermögensmasse		
3	Straße, Hausnummer	Postleitzahl	Postfach
4	Postleitzahl / Ort	Telefonisch erreichbar unter Nr.	
5	Geschäftsleitung	Sitz	
6	Gesetzlicher Vertreter oder Vertretungsberechtigter (mit Anschrift)		
7		Telefonisch erreichbar unter Nr.	
8	Gegenstand des Unternehmens oder Zweck der Körperschaft, Personenvereinigung oder Vermögensmasse		
9	**Empfangsbevollmächtigter / Postempfänger** (falls von Zeile 2 abweichend), Name und Anschrift		
10			
11	Empfangsvollmacht ☐ ist beigefügt. ☐ liegt dem Finanzamt vor.		
12	Eine Bescheinigung nach ☐ § 44a Abs. 4 EStG, ☐ § 44a Abs. 5 EStG, ☐ § 44a Abs. 7 EStG, ☐ § 44a Abs. 8 EStG, ☐ § 11 Abs.2 InvStG, ☐ § 38 Abs. 3 KStG [1] ist erteilt worden.		
13	vom Finanzamt	unter der Ordnungs-Nummer	gültig bis 31.12. ___
	B. Angaben zur körperschaftsteuerlichen Behandlung		
14	**Die Körperschaft, Personenvereinigung oder Vermögensmasse ist**	☐ unbeschränkt körperschaftsteuerpflichtig i. S. d. § 1 Abs. 1 Nr. 1 bis 5 KStG.	
15		☐ eine juristische Person des öffentlichen Rechts.	
16	und wird	☐ zur Körperschaftsteuer veranlagt	
17		beim Finanzamt	
18		unter Steuernummer	
19		☐ uneingeschränkt ☐ mit dem / den steuerpflichtigen wirtschaftlichen Geschäftsbetrieb(en).	
20		☐ mit dem / den Betrieb(en) gewerblicher Art (§ 1 Abs. 1 Nr. 6 KStG).	
21		☐ nicht zur Körperschaftsteuer veranlagt.	
22		☐ nach § 11 Abs. 1 Satz 2 InvStG von der Körperschaftsteuer befreit.	

1) In der am 27.12.2007 geltenden Fassung.

NV 2 A
Okt. 2011

–2–

Zeile

Falls ein steuerpflichtiger wirtschaftlicher Geschäftsbetrieb einer von der Körperschaftsteuer befreiten Körperschaft, Personenvereinigung oder Vermögensmasse oder ein Betrieb gewerblicher Art einer juristischen Person des öffentlichen Rechts vorliegt:

31 ☐ Die Kapitalerträge, für die dieser Antrag gestellt wird, entfallen **nicht** auf Anteile, die
- in einem steuerpflichtigen wirtschaftlichen Geschäftsbetrieb, für den die Befreiung von der Körperschaftsteuer ausgeschlossen ist, oder
- in einem steuerpflichtigen Betrieb gewerblicher Art einer juristischen Person des öffentlichen Rechts

gehalten werden.

C. Bei einem Antrag nach § 44a Abs. 5 EStG

32 ☐ Die Kapitalerträge sind Betriebseinnahmen.
Die anzurechnende Kapitalertragsteuer ist aufgrund der Art der Geschäfte auf Dauer höher als die festzusetzende Körperschaftsteuer.

D. Es werden folgende Bescheinigungen benötigt:

Zeile	Bescheinigung i. S. d.	Anzahl der benötigten Bescheinigungen
33	**§ 43 Abs. 2 Satz 4 EStG**	
34	**§ 44a Abs. 4 EStG**	
35	**§ 44a Abs. 5 EStG**	
36	**§ 44a Abs. 7 EStG**	
37	**§ 44a Abs. 8 EStG**	
38	**§ 11 Abs. 2 InvStG**	
39	**§ 38 Abs. 3 KStG** [1]	

E. Fälle des § 11 Abs. 2 InvStG

40 Fragebogen InvSt 7 ☐ ist beigefügt. ☐ liegt dem Finanzamt vor.

Unterschrift

Bei der Anfertigung dieses Antrags hat mitgewirkt:
(Name, Anschrift, Telefon)

Ort, Datum

____________________, __________

____
(Unterschrift)

Dieser Antrag muss von dem in Zeile 6 genannten Vertretungsberechtigten unterschrieben sein.

Hinweis nach den Datenschutzgesetzen: Die mit diesem Antrag angeforderten Daten werden auf Grund der §§ 149 ff. der Abgabenordnung i. V. m. § 43 Abs. 2 Satz 4 EStG, § 44a Abs. 4, 5, 7 und 8 EStG, § 11 Abs. 2 InvStG sowie § 38 Abs. 3 KStG verlangt.

1) In der am 27.12.2007 geltenden Fassung.

An das Finanzamt

Dieser Antrag ist nur erforderlich, wenn Ihre steuerpflichtigen Kapitalerträge 801 € (bei Ehegatten 1602 €) jährlich übersteigen. Ansonsten reicht ein **Freistellungsauftrag** an Ihr Kreditinstitut aus. Eine Bescheinigung wird nicht erteilt in Fällen des Verlustabzugs.

ANTRAG

auf Ausstellung einer Nichtveranlagungs- (NV-) Bescheinigung für unbeschränkt steuerpflichtige und nicht steuerbefreite Körperschaften, Personenvereinigungen und Vermögensmassen (§ 44 a Abs. 2 Satz 1 Nr. 2 EStG in Verbindung mit § 31 KStG)

Zeile				
1	**Die NV-Bescheinigung soll erstmals für das Jahr 20 ____ gelten.**			
	A. Allgemeine Angaben			
2	Bezeichnung der Körperschaft, Personenvereinigung oder Vermögensmasse			
3				
4	Straße, Hausnummer		Postleitzahl	Postfach
5	Postleitzahl	Ort	Telefonisch erreichbar unter Nr.	
6	Geschäftsleitung	Sitz		
7	Gesetzlicher Vertreter oder Vertretungsberechtigter (mit Anschrift)			
8			Telefonisch erreichbar unter Nr.	
9	Gegenstand des Unternehmens oder Zweck der Körperschaft, Personenvereinigung oder Vermögensmasse			
10	**Empfangsbevollmächtigter / Postempfänger** (falls von Zeile 2 abweichend), Name und Anschrift			
11				
12	Empfangsvollmacht	☐ ist beigefügt.	☐ liegt dem Finanzamt vor.	
13	Eine Bescheinigung ist bereits erteilt worden vom Finanzamt	unter der Ordnungs-Nummer	gültig bis 31. 12. ____	
	B. Angaben zur körperschaftsteuerlichen Behandlung			
	Die Körperschaft, Personenvereinigung oder Vermögensmasse ist unbeschränkt körperschaftsteuerpflichtig nach § 1 Abs. 1 Nr. 4, 5 oder 6 KStG			
14	und wird	☐ zur Körperschaftsteuer veranlagt		
15		beim Finanzamt		
16		unter Steuernummer		
17		☐ nicht zur Körperschaftsteuer veranlagt.		

NV 3 A
Okt. 2008

034044/08

- 2 -

Zeile	C. Angaben zum voraussichtlichen zu versteuernden Einkommen	
	(für das in Zeile 1 genannte Jahr) 20 ___	EUR
31	**Einkünfte aus Land- und Forstwirtschaft**	
32	**Einkünfte aus Gewerbebetrieb**	
33	**Einkünfte aus selbständiger Arbeit**	
	Einkünfte aus Kapitalvermögen - Sparer-Pauschbetrag wird vom Finanzamt berücksichtigt -	
34	a) Dividenden, Zinsen usw. (1)	
35	b) Veräußerungsgewinne	
36	**Einkünfte aus Vermietung und Verpachtung**	
37	**Sonstige Einkünfte**	

Weitere Angaben **Voraussichtliche Änderungen in den beiden auf das o. a. Kalenderjahr folgenden Jahren.**

Hinweis: Das Bundeszentralamt für Steuern ist berechtigt, die Höhe Ihrer Kapitalerträge dem für Sie zuständigen Finanzamt und den Sozialleistungsträgern mitzuteilen.

Mir / Uns ist bekannt, dass ich / wir verpflichtet bin / sind, die ausgestellte NV-Bescheinigung an das Finanzamt zurückzugeben, wenn die Voraussetzungen für ihre Erteilung weggefallen sind.

Bei der Anfertigung dieses Antrags hat mitgewirkt:
(Name, Anschrift, Telefon)

Ort, Datum

(Unterschrift)

Dieser Antrag muss von dem in Zeile 7 genannten Vertretungsberechtigten unterschrieben sein.

Hinweis nach den Datenschutzgesetzen: Die angeforderten Daten werden auf Grund der §§ 149 ff. Abgabenordnung in Verbindung mit § 44 a Abs. 2 Satz 1Nr. 2 EStG verlangt.

Sie haben grundsätzlich Anspruch auf die Ausstellung einer NV-Bescheinigung, wenn Ihr Einkommen im Kalenderjahr den Freibetrag nach § 24 KStG nicht übersteigt. Die NV-Bescheinigung wird regelmäßig für drei Jahre ausgestellt.

(1) Anzugeben sind die Bruttoeinnahmen, also einschließlich einer etwa einzubehaltenden Kapitalertragsteuer.

AO [Abgabenordnung] Verkündungsstand: 20.08.2014 in Kraft ab: 31.07.2014 Bund

Anlage 1

zu § 60[1]

Mustersatzung für Vereine, Stiftungen, Betriebe gewerblicher Art von juristischen Personen des öffentlichen Rechts, geistliche Genossenschaften und Kapitalgesellschaften

(nur aus steuerlichen Gründen notwendige Bestimmungen)

§ 1

Der – Die – ... (Körperschaft) mit Sitz in ... verfolgt ausschließlich und unmittelbar – gemeinnützige – mildtätige – kirchliche – Zwecke (nicht verfolgte Zwecke streichen) im Sinne des Abschnitts »Steuerbegünstigte Zwecke« der Abgabenordnung.

Zweck der Körperschaft ist ... (z. B. die Förderung von Wissenschaft und Forschung, Jugend- und Altenhilfe, Erziehung, Volks- und Berufsbildung, Kunst und Kultur, Landschaftspflege, Umweltschutz, des öffentlichen Gesundheitswesens, des Sports, Unterstützung hilfsbedürftiger Personen).

Der Satzungszweck wird verwirklicht insbesondere durch ... (z. B. Durchführung wissenschaftlicher Veranstaltungen und Forschungsvorhaben, Vergabe von Forschungsaufträgen, Unterhaltung einer Schule, einer Erziehungsberatungsstelle, Pflege von Kunstsammlungen, Pflege des Liedgutes und des Chorgesanges, Errichtung von Naturschutzgebieten, Unterhaltung eines Kindergartens, Kinder-, Jugendheimes, Unterhaltung eines Altenheimes, eines Erholungsheimes, Bekämpfung des Drogenmissbrauchs, des Lärms, Förderung sportlicher Übungen und Leistungen).

§ 2

Die Körperschaft ist selbstlos tätig; sie verfolgt nicht in erster Linie eigenwirtschaftliche Zwecke.

§ 3

Mittel der Körperschaft dürfen nur für die satzungsmäßigen Zwecke verwendet werden. Die Mitglieder erhalten keine Zuwendungen aus Mitteln der Körperschaft.

§ 4

Es darf keine Person durch Ausgaben, die dem Zweck der Körperschaft fremd sind, oder durch unverhältnismäßig hohe Vergütungen begünstigt werden.

§ 5

Bei Auflösung oder Aufhebung der Körperschaft oder bei Wegfall steuerbegünstigter Zwecke fällt das Vermögen der Körperschaft

1. an – den – die – das – ... (Bezeichnung einer juristischen Person des öffentlichen Rechts oder einer anderen steuerbegünstigten Körperschaft), – der – die – das –

es unmittelbar und ausschließlich für gemeinnützige, mildtätige oder kirchliche Zwecke zu verwenden hat,
oder

2. an eine juristische Person des öffentlichen Rechts oder eine andere steuerbegünstigte Körperschaft zwecks Verwendung für ... (Angabe eines bestimmten gemeinnützigen, mildtätigen oder kirchlichen Zwecks, z. B. Förderung von Wissenschaft und Forschung, Erziehung, Volks- und Berufsbildung, der Unterstützung von Personen, die im Sinne von § 53 der Abgabenordnung wegen ... bedürftig sind, Unterhaltung des Gotteshauses in ...).

Weitere Hinweise

Bei Betrieben gewerblicher Art von juristischen Personen des öffentlichen Rechts, bei den von einer juristischen Person des öffentlichen Rechts verwalteten unselbständigen Stiftungen und bei geistlichen Genossenschaften (Orden, Kongregationen) ist folgende Bestimmung aufzunehmen:

§ 3 Abs. 2:

Der – die – das ... erhält bei Auflösung oder Aufhebung der Körperschaft oder bei Wegfall steuerbegünstigter Zwecke nicht mehr als – seine – ihre – eingezahlten Kapitalanteile und den gemeinen Wert seiner – ihrer – geleisteten Sacheinlagen zurück.'

Bei **Stiftungen** ist diese Bestimmung nur erforderlich, wenn die Satzung dem Stifter einen Anspruch auf Rückgewähr von Vermögen einräumt. Fehlt die Regelung, wird das eingebrachte Vermögen wie das übrige Vermögen behandelt.

Bei **Kapitalgesellschaften** sind folgende ergänzende Bestimmungen in die Satzung aufzunehmen:

1. § 3 Abs. 1 Satz 2:
   Die Gesellschafter dürfen keine Gewinnanteile und auch keine sonstigen Zuwendungen aus Mitteln der Körperschaft erhalten.'
2. § 3 Abs. 2:
   Sie erhalten bei ihrem Ausscheiden oder bei Auflösung der Körperschaft oder bei Wegfall steuerbegünstigter Zwecke nicht mehr als ihre eingezahlten Kapitalanteile und den gemeinen Wert ihrer geleisteten Sacheinlagen zurück.'
3. § 5:
   Bei Auflösung der Körperschaft oder bei Wegfall steuerbegünstigter Zwecke fällt das Vermögen der Körperschaft, soweit es die eingezahlten Kapitalanteile der Gesellschafter und den gemeinen Wert der von den Gesellschaftern geleisteten Sacheinlagen übersteigt, ...'.

§ 3 Abs. 2 und der Satzteil »soweit es die eingezahlten Kapitalanteile der Gesellschafter und den gemeinen Wert der von den Gesellschaftern geleisteten Sacheinlagen übersteigt,« in § 5 sind nur erforderlich, wenn die Satzung einen Anspruch auf Rückgewähr von Vermögen einräumt.

B. Gesetze und Verordnungen

Auszug aus der Abgabenordnung (AO 1977)

§ 14 AO Wirtschaftlicher Geschäftsbetrieb

Ein wirtschaftlicher Geschäftsbetrieb ist eine selbständige nachhaltige Tätigkeit, durch die Einnahmen oder andere wirtschaftliche Vorteile erzielt werden und die über den Rahmen einer Vermögensverwaltung hinausgeht. Die Absicht, Gewinn zu erzielen, ist nicht erforderlich. Eine Vermögensverwaltung liegt in der Regel vor, wenn Vermögen genutzt, zum Beispiel Kapitalvermögen verzinslich angelegt oder unbewegliches Vermögen vermietet oder verpachtet wird.

Dritter Abschnitt: Steuerbegünstigte Zwecke

§ 51 AO Allgemeines

(1) Gewährt das Gesetz eine Steuervergünstigung, weil eine Körperschaft ausschließlich und unmittelbar gemeinnützige, mildtätige oder kirchliche Zwecke (steuerbegünstigte Zwecke) verfolgt, so gelten die folgenden Vorschriften. Unter Körperschaften sind die Körperschaften, Personenvereinigungen und Vermögensmassen im Sinne des Körperschaftsteuergesetzes zu verstehen. Funktionale Untergliederungen (Abteilungen) von Körperschaften gelten nicht als selbstständige Steuersubjekte.

(2) Werden die steuerbegünstigten Zwecke im Ausland verwirklicht, setzt die Steuervergünstigung voraus, dass natürliche Personen, die ihren Wohnsitz oder ihren gewöhnlichen Aufenthalt im Geltungsbereich dieses Gesetzes haben, gefördert werden oder die Tätigkeit der Körperschaft neben der Verwirklichung der steuerbegünstigten Zwecke auch zum Ansehen der Bundesrepublik Deutschland im Ausland beitragen kann.

(3) Eine Steuervergünstigung setzt zudem voraus, dass die Körperschaft nach ihrer Satzung und bei ihrer tatsächlichen Geschäftsführung keine Bestrebungen im Sinne des § 4 des Bundesverfassungsschutzgesetzes fördert und dem Gedanken der Völkerverständigung nicht zuwiderhandelt. Bei Körperschaften, die im Verfassungsschutzbericht des Bundes oder eines Landes als extremistische Organisation aufgeführt sind, ist widerlegbar davon auszugehen, dass die Voraussetzungen des Satzes 1 nicht erfüllt sind. Die Finanzbehörde teilt Tatsachen, die den Verdacht von Bestrebungen im Sinne des § 4 des Bundesverfassungsschutzgesetzes oder des Zuwiderhandelns gegen den Gedanken der Völkerverständigung begründen, der Verfassungsschutzbehörde mit.

Fußnote
(+++ § 51: Zur Anwendung vgl. Art. 97 § 1d Abs. 2 AOEG 1977 +++)

§ 52 AO Gemeinnützige Zwecke

(1) Eine Körperschaft verfolgt gemeinnützige Zwecke, wenn ihre Tätigkeit darauf gerichtet ist, die Allgemeinheit auf materiellem, geistigem oder sittlichem Gebiet selbstlos zu fördern. Eine Förderung der Allgemeinheit ist nicht gegeben, wenn der Kreis der Per-

sonen, dem die Förderung zugute kommt, fest abgeschlossen ist, zum Beispiel Zugehörigkeit zu einer Familie oder zur Belegschaft eines Unternehmens, oder infolge seiner Abgrenzung, insbesondere nach räumlichen oder beruflichen Merkmalen, dauernd nur klein sein kann. Eine Förderung der Allgemeinheit liegt nicht allein deswegen vor, weil eine Körperschaft ihre Mittel einer Körperschaft des öffentlichen Rechts zuführt.

(2) Unter den Voraussetzungen des Absatzes 1 sind als Förderung der Allgemeinheit anzuerkennen:

1. die Förderung von Wissenschaft und Forschung;
2. die Förderung der Religion;
3. die Förderung des öffentlichen Gesundheitswesens und der öffentlichen Gesundheitspflege, insbesondere die Verhütung und Bekämpfung von übertragbaren Krankheiten, auch durch Krankenhäuser im Sinne des § 67, und von Tierseuchen;
4. die Förderung der Jugend- und Altenhilfe;
5. die Förderung von Kunst und Kultur;
6. die Förderung des Denkmalschutzes und der Denkmalpflege;
7. die Förderung der Erziehung, Volks- und Berufsbildung einschließlich der Studentenhilfe;
8. die Förderung des Naturschutzes und der Landschaftspflege im Sinne des Bundesnaturschutzgesetzes und der Naturschutzgesetze der Länder, des Umweltschutzes, des Küstenschutzes und des Hochwasserschutzes;
9. die Förderung des Wohlfahrtswesens, insbesondere der Zwecke der amtlich anerkannten Verbände der freien Wohlfahrtspflege (§ 23 der Umsatzsteuer-Durchführungsverordnung), ihrer Unterverbände und ihrer angeschlossenen Einrichtungen und Anstalten;
10. die Förderung der Hilfe für politisch, rassisch oder religiös Verfolgte, für Flüchtlinge, Vertriebene, Aussiedler, Spätaussiedler, Kriegsopfer, Kriegshinterbliebene, Kriegsbeschädigte und Kriegsgefangene, Zivilbeschädigte und Behinderte sowie Hilfe für Opfer von Straftaten; Förderung des Andenkens an Verfolgte, Kriegs- und Katastrophenopfer; Förderung des Suchdienstes für Vermisste;
11. die Förderung der Rettung aus Lebensgefahr;
12. die Förderung des Feuer-, Arbeits-, Katastrophen- und Zivilschutzes sowie der Unfallverhütung;
13. die Förderung internationaler Gesinnung, der Toleranz auf allen Gebieten der Kultur und des Völkerverständigungsgedankens;
14. die Förderung des Tierschutzes;
15. die Förderung der Entwicklungszusammenarbeit;
16. die Förderung von Verbraucherberatung und Verbraucherschutz;
17. die Förderung der Fürsorge für Strafgefangene und ehemalige Strafgefangene;
18. die Förderung der Gleichberechtigung von Frauen und Männern;
19. die Förderung des Schutzes von Ehe und Familie;
20. die Förderung der Kriminalprävention;
21. die Förderung des Sports (Schach gilt als Sport);
22. die Förderung der Heimatpflege und Heimatkunde;

23. die Förderung der Tierzucht, der Pflanzenzucht, der Kleingärtnerei, des traditionellen Brauchtums einschließlich des Karnevals, der Fastnacht und des Faschings, der Soldaten- und Reservistenbetreuung, des Amateurfunkens, des Modellflugs und des Hundesports;
24. die allgemeine Förderung des demokratischen Staatswesens im Geltungsbereich dieses Gesetzes; hierzu gehören nicht Bestrebungen, die nur bestimmte Einzelinteressen staatsbürgerlicher Art verfolgen oder die auf den kommunalpolitischen Bereich beschränkt sind;
25. die Förderung des bürgerschaftlichen Engagements zugunsten gemeinnütziger, mildtätiger und kirchlicher Zwecke.

Sofern der von der Körperschaft verfolgte Zweck nicht unter Satz 1 fällt, aber die Allgemeinheit auf materiellem, geistigem oder sittlichem Gebiet entsprechend selbstlos gefördert wird, kann dieser Zweck für gemeinnützig erklärt werden. Die obersten Finanzbehörden der Länder haben jeweils eine Finanzbehörde im Sinne des Finanzverwaltungsgesetzes zu bestimmen, die für Entscheidungen nach Satz 2 zuständig ist.

Fußnote
(+++ § 52: Zur erstmaligen Anwendung ab 1.1.2007 vgl. Art. 97 § 1d AOEG 1977 +++)

§ 53 AO Mildtätige Zwecke

Eine Körperschaft verfolgt mildtätige Zwecke, wenn ihre Tätigkeit darauf gerichtet ist, Personen selbstlos zu unterstützen,
1. die infolge ihres körperlichen, geistigen oder seelischen Zustands auf die Hilfe anderer angewiesen sind oder
2. deren Bezüge nicht höher sind als das Vierfache des Regelsatzes der Sozialhilfe im Sinne des § 28 des Zwölften Buches Sozialgesetzbuch; beim Alleinstehenden oder Alleinerziehenden tritt an die Stelle des Vierfachen das Fünffache des Regelsatzes. Dies gilt nicht für Personen, deren Vermögen zur nachhaltigen Verbesserung ihres Unterhalts ausreicht und denen zugemutet werden kann, es dafür zu verwenden. Bei Personen, deren wirtschaftliche Lage aus besonderen Gründen zu einer Notlage geworden ist, dürfen die Bezüge oder das Vermögen die genannten Grenzen übersteigen. Bezüge im Sinne dieser Vorschrift sind
   a) Einkünfte im Sinne des § 2 Abs. 1 des Einkommensteuergesetzes und
   b) andere zur Bestreitung des Unterhalts bestimmte oder geeignete Bezüge,
   aller Haushaltsangehörigen. Zu berücksichtigen sind auch gezahlte und empfangene Unterhaltsleistungen. Die wirtschaftliche Hilfebedürftigkeit im vorstehenden Sinne ist bei Empfängern von Leistungen nach dem Zweiten oder Zwölften Buch Sozialgesetzbuch, des Wohngeldgesetzes, bei Empfängern von Leistungen nach § 27a des Bundesversorgungsgesetzes oder nach § 6a des Bundeskindergeldgesetzes als nachgewiesen anzusehen. Die Körperschaft kann den Nachweis mit Hilfe des jeweiligen Leistungsbescheids, der für den Unterstützungszeitraum maßgeblich ist, oder mit Hilfe der Bestätigung des Sozialleistungsträgers führen. Auf Antrag der Körperschaft kann auf einen Nachweis der wirtschaftlichen Hilfebedürftigkeit verzichtet werden, wenn auf Grund der besonderen Art der gewährten Unterstützungs-

leistung sichergestellt ist, dass nur wirtschaftlich hilfebedürftige Personen im vorstehenden Sinne unterstützt werden; für den Bescheid über den Nachweisverzicht gilt § 60a Absatz 3 bis 5 entsprechend.

§ 54 AO Kirchliche Zwecke

(1) Eine Körperschaft verfolgt kirchliche Zwecke, wenn ihre Tätigkeit darauf gerichtet ist, eine Religionsgemeinschaft, die Körperschaft des öffentlichen Rechts ist, selbstlos zu fördern.

(2) Zu diesen Zwecken gehören insbesondere die Errichtung, Ausschmückung und Unterhaltung von Gotteshäusern und kirchlichen Gemeindehäusern, die Abhaltung von Gottesdiensten, die Ausbildung von Geistlichen, die Erteilung von Religionsunterricht, die Beerdigung und die Pflege des Andenkens der Toten, ferner die Verwaltung des Kirchenvermögens, die Besoldung der Geistlichen, Kirchenbeamten und Kirchendiener, die Alters- und Behindertenversorgung für diese Personen und die Versorgung ihrer Witwen und Waisen.

§ 55 AO Selbstlosigkeit

(1) Eine Förderung oder Unterstützung geschieht selbstlos, wenn dadurch nicht in erster Linie eigenwirtschaftliche Zwecke – zum Beispiel gewerbliche Zwecke oder sonstige Erwerbszwecke – verfolgt werden und wenn die folgenden Voraussetzungen gegeben sind:

1. Mittel der Körperschaft dürfen nur für die satzungsmäßigen Zwecke verwendet werden. Die Mitglieder oder Gesellschafter (Mitglieder im Sinne dieser Vorschriften) dürfen keine Gewinnanteile und in ihrer Eigenschaft als Mitglieder auch keine sonstigen Zuwendungen aus Mitteln der Körperschaft erhalten. Die Körperschaft darf ihre Mittel weder für die unmittelbare noch für die mittelbare Unterstützung oder Förderung politischer Parteien verwenden.
2. Die Mitglieder dürfen bei ihrem Ausscheiden oder bei Auflösung oder Aufhebung der Körperschaft nicht mehr als ihre eingezahlten Kapitalanteile und den gemeinen Wert ihrer geleisteten Sacheinlagen zurückerhalten.
3. Die Körperschaft darf keine Person durch Ausgaben, die dem Zweck der Körperschaft fremd sind, oder durch unverhältnismäßig hohe Vergütungen begünstigen.
4. Bei Auflösung oder Aufhebung der Körperschaft oder bei Wegfall ihres bisherigen Zwecks darf das Vermögen der Körperschaft, soweit es die eingezahlten Kapitalanteile der Mitglieder und den gemeinen Wert der von den Mitgliedern geleisteten Sacheinlagen übersteigt, nur für steuerbegünstigte Zwecke verwendet werden (Grundsatz der Vermögensbindung). Diese Voraussetzung ist auch erfüllt, wenn das Vermögen einer anderen steuerbegünstigten Körperschaft oder einer juristischen Person des öffentlichen Rechts für steuerbegünstigte Zwecke übertragen werden soll.
5. Die Körperschaft muss ihre Mittel vorbehaltlich des § 62 grundsätzlich zeitnah für ihre steuerbegünstigten satzungsmäßigen Zwecke verwenden. Verwendung in diesem Sinne ist auch die Verwendung der Mittel für die Anschaffung oder Herstellung

von Vermögensgegenständen, die satzungsmäßigen Zwecken dienen. Eine zeitnahe Mittelverwendung ist gegeben, wenn die Mittel spätestens in den auf den Zufluss folgenden zwei Kalender- oder Wirtschaftsjahren für die steuerbegünstigten satzungsmäßigen Zwecke verwendet werden.

(2) Bei der Ermittlung des gemeinen Werts (Absatz 1 Nr. 2 und 4) kommt es auf die Verhältnisse zu dem Zeitpunkt an, in dem die Sacheinlagen geleistet worden sind.

(3) Die Vorschriften, die die Mitglieder der Körperschaft betreffen (Absatz 1 Nr. 1, 2 und 4), gelten bei Stiftungen für die Stifter und ihre Erben, bei Betrieben gewerblicher Art von juristischen Personen des öffentlichen Rechts für die Körperschaft sinngemäß, jedoch mit der Maßgabe, dass bei Wirtschaftsgütern, die nach § 6 Absatz 1 Nummer 4 Satz 4 des Einkommensteuergesetzes aus einem Betriebsvermögen zum Buchwert entnommen worden sind, an die Stelle des gemeinen Werts der Buchwert der Entnahme tritt.

Fußnote
(+++ § 55 Abs. 1 Nr. 5: Anzuwenden ab 1.1.2000 gem. Art. 97 § 1a Abs. 3 AOEG 1977 +++)
(+++ § 55 Abs. 1 Nr. 4 Satz 2 und Abs. 3: Zur Anwendung vgl. Art. 97 § 1d Abs. 3 AOEG 1977 +++)

§ 56 AO Ausschließlichkeit

Ausschließlichkeit liegt vor, wenn eine Körperschaft nur ihre steuerbegünstigten satzungsmäßigen Zwecke verfolgt.

§ 57 AO Unmittelbarkeit

(1) Eine Körperschaft verfolgt unmittelbar ihre steuerbegünstigten satzungsmäßigen Zwecke, wenn sie selbst diese Zwecke verwirklicht. Das kann auch durch Hilfspersonen geschehen, wenn nach den Umständen des Falls, insbesondere nach den rechtlichen und tatsächlichen Beziehungen, die zwischen der Körperschaft und der Hilfsperson bestehen, das Wirken der Hilfsperson wie eigenes Wirken der Körperschaft anzusehen ist.

(2) Eine Körperschaft, in der steuerbegünstigte Körperschaften zusammengefasst sind, wird einer Körperschaft, die unmittelbar steuerbegünstigte Zwecke verfolgt, gleichgestellt.

§ 58 AO Steuerlich unschädliche Betätigungen

Die Steuervergünstigung wird nicht dadurch ausgeschlossen, dass

1. eine Körperschaft Mittel für die Verwirklichung der steuerbegünstigten Zwecke einer anderen Körperschaft oder für die Verwirklichung steuerbegünstigter Zwecke durch eine juristische Person des öffentlichen Rechts beschafft; die Beschaffung von Mitteln für eine unbeschränkt steuerpflichtige Körperschaft des privaten Rechts setzt voraus, dass diese selbst steuerbegünstigt ist,

2. eine Körperschaft ihre Mittel teilweise einer anderen, ebenfalls steuerbegünstigten Körperschaft oder einer juristischen Person des öffentlichen Rechts zur Verwendung zu steuerbegünstigten Zwecken zuwendet,
3. eine Körperschaft ihre Überschüsse der Einnahmen über die Ausgaben aus der Vermögensverwaltung, ihre Gewinne aus den wirtschaftlichen Geschäftsbetrieben ganz oder teilweise und darüber hinaus höchstens 15 Prozent ihrer sonstigen nach § 55 Absatz 1 Nummer 5 zeitnah zu verwendenden Mittel einer anderen steuerbegünstigten Körperschaft oder einer juristischen Person des öffentlichen Rechts zur Vermögensausstattung zuwendet. Die aus den Vermögenserträgen zu verwirklichenden steuerbegünstigten Zwecke müssen den steuerbegünstigten satzungsmäßigen Zwecken der zuwendenden Körperschaft entsprechen. Die nach dieser Nummer zugewandten Mittel und deren Erträge dürfen nicht für weitere Mittelweitergaben im Sinne des ersten Satzes verwendet werden,
4. eine Körperschaft ihre Arbeitskräfte anderen Personen, Unternehmen, Einrichtungen oder einer juristischen Person des öffentlichen Rechts für steuerbegünstigte Zwecke zur Verfügung stellt,
5. eine Körperschaft ihr gehörende Räume einer anderen, ebenfalls steuerbegünstigten Körperschaft oder einer juristischen Person des öffentlichen Rechts zur Nutzung zu steuerbegünstigten Zwecken überlässt,
6. eine Stiftung einen Teil, jedoch höchstens ein Drittel ihres Einkommens dazu verwendet, um in angemessener Weise den Stifter und seine nächsten Angehörigen zu unterhalten, ihre Gräber zu pflegen und ihr Andenken zu ehren,
7. eine Körperschaft gesellige Zusammenkünfte veranstaltet, die im Vergleich zu ihrer steuerbegünstigten Tätigkeit von untergeordneter Bedeutung sind,
8. ein Sportverein neben dem unbezahlten auch den bezahlten Sport fördert,
9. eine von einer Gebietskörperschaft errichtete Stiftung zur Erfüllung ihrer steuerbegünstigten Zwecke Zuschüsse an Wirtschaftsunternehmen vergibt,
10. eine Körperschaft Mittel zum Erwerb von Gesellschaftsrechten zur Erhaltung der prozentualen Beteiligung an Kapitalgesellschaften im Jahr des Zuflusses verwendet. Dieser Erwerb mindert die Höhe der Rücklage nach § 62 Absatz 1 Nummer 3.

Fußnote

(+++ § 58: Zur erstmaligen Anwendung ab 1.1.2007 vgl. Art. 97 § 1d AOEG 1977 +++)
(+++ § 58 Nr. 1: Anzuwenden ab 1.1.2001 gem. Art. 97 § 1a Abs. 1 u. § 1d Abs. 3 AOEG 1977 +++)
(+++ § 58 Abs. 1 Nr. 1 bis 4: Zur Anwendung vgl. Art. 97 § 1d Abs. 3 AOEG 1977 +++)

§ 59 AO Voraussetzung der Steuervergünstigung

Die Steuervergünstigung wird gewährt, wenn sich aus der Satzung, dem Stiftungsgeschäft oder der sonstigen Verfassung (Satzung im Sinne dieser Vorschriften) ergibt, welchen Zweck die Körperschaft verfolgt, dass dieser Zweck den Anforderungen der §§ 52 bis 55 entspricht und dass er ausschließlich und unmittelbar verfolgt wird; die tatsächliche Geschäftsführung muss diesen Satzungsbestimmungen entsprechen.

§ 60 AO Anforderungen an die Satzung

(1) Die Satzungszwecke und die Art ihrer Verwirklichung müssen so genau bestimmt sein, dass auf Grund der Satzung geprüft werden kann, ob die satzungsmäßigen Voraussetzungen für Steuervergünstigungen gegeben sind. Die Satzung muss die in der Anlage 1 bezeichneten Festlegungen enthalten.

(2) Die Satzung muss den vorgeschriebenen Erfordernissen bei der Körperschaftsteuer und bei der Gewerbesteuer während des ganzen Veranlagungs- oder Bemessungszeitraums, bei den anderen Steuern im Zeitpunkt der Entstehung der Steuer entsprechen.

Fußnote
(+++ § 60 Abs. 1 Satz 2: Zur Anwendung vgl. Art. 97 § 1f Abs. 2 AOEG 1977 +++)

§ 60a Feststellung der satzungsmäßigen Voraussetzungen

(1) Die Einhaltung der satzungsmäßigen Voraussetzungen nach den §§ 51, 59, 60 und 61 wird gesondert festgestellt. Die Feststellung der Satzungsmäßigkeit ist für die Besteuerung der Körperschaft und der Steuerpflichtigen, die Zuwendungen in Form von Spenden und Mitgliedsbeiträgen an die Körperschaft erbringen, bindend.

(2) Die Feststellung der Satzungsmäßigkeit erfolgt
1. auf Antrag der Körperschaft oder
2. von Amts wegen bei der Veranlagung zur Körperschaftsteuer, wenn bisher noch keine Feststellung erfolgt ist.

(3) Die Bindungswirkung der Feststellung entfällt ab dem Zeitpunkt, in dem die Rechtsvorschriften, auf denen die Feststellung beruht, aufgehoben oder geändert werden.

(4) Tritt bei den für die Feststellung erheblichen Verhältnissen eine Änderung ein, ist die Feststellung mit Wirkung vom Zeitpunkt der Änderung der Verhältnisse aufzuheben.

(5) Materielle Fehler im Feststellungsbescheid über die Satzungsmäßigkeit können mit Wirkung ab dem Kalenderjahr beseitigt werden, das auf die Bekanntgabe der Aufhebung der Feststellung folgt. § 176 gilt entsprechend, außer es sind Kalenderjahre zu ändern, die nach der Verkündung der maßgeblichen Entscheidung eines obersten Gerichtshofes des Bundes beginnen.

§ 61 AO Satzungsmäßige Vermögensbindung

(1) Eine steuerlich ausreichende Vermögensbindung (§ 55 Abs. 1 Nr. 4) liegt vor, wenn der Zweck, für den das Vermögen bei Auflösung oder Aufhebung der Körperschaft oder bei Wegfall ihres bisherigen Zwecks verwendet werden soll, in der Satzung so genau bestimmt ist, dass auf Grund der Satzung geprüft werden kann, ob der Verwendungszweck steuerbegünstigt ist.

(2) (weggefallen)

(3) Wird die Bestimmung über die Vermögensbindung nachträglich so geändert, dass sie den Anforderungen des § 55 Abs. 1 Nr. 4 nicht mehr entspricht, so gilt sie von Anfang an als steuerlich nicht ausreichend. § 175 Abs. 1 Satz 1 Nr. 2 ist mit der Maßgabe anzuwenden, dass Steuerbescheide erlassen, aufgehoben oder geändert werden können, soweit sie Steuern betreffen, die innerhalb der letzten zehn Kalenderjahre vor der Änderung der Bestimmung über die Vermögensbindung entstanden sind.

Fußnote
(+++ § 61: Zur erstmaligen Anwendung ab 1.1.2007 vgl. Art. 97 § 1d AOEG 1977 +++)

§ 62 Rücklagen und Vermögensbildung

(1) Körperschaften können ihre Mittel ganz oder teilweise
1. einer Rücklage zuführen, soweit dies erforderlich ist, um ihre steuerbegünstigten, satzungsmäßigen Zwecke nachhaltig zu erfüllen;
2. einer Rücklage für die beabsichtigte Wiederbeschaffung von Wirtschaftsgütern zuführen, die zur Verwirklichung der steuerbegünstigten, satzungsmäßigen Zwecke erforderlich sind (Rücklage für Wiederbeschaffung). Die Höhe der Zuführung bemisst sich nach der Höhe der regulären Absetzungen für Abnutzung eines zu ersetzenden Wirtschaftsguts. Die Voraussetzungen für eine höhere Zuführung sind nachzuweisen;
3. der freien Rücklage zuführen, jedoch höchstens ein Drittel des Überschusses aus der Vermögensverwaltung und darüber hinaus höchstens 10 Prozent der sonstigen nach § 55 Absatz 1 Nummer 5 zeitnah zu verwendenden Mittel. Ist der Höchstbetrag für die Bildung der freien Rücklage in einem Jahr nicht ausgeschöpft, kann diese unterbliebene Zuführung in den folgenden zwei Jahren nachgeholt werden;
4. einer Rücklage zum Erwerb von Gesellschaftsrechten zur Erhaltung der prozentualen Beteiligung an Kapitalgesellschaften zuführen, wobei die Höhe dieser Rücklage die Höhe der Rücklage nach Nummer 3 mindert.

(2) Die Bildung von Rücklagen nach Absatz 1 hat innerhalb der Frist des § 55 Absatz 1 Nummer 5 Satz 3 zu erfolgen. Rücklagen nach Absatz 1 Nummer 1, 2 und 4 sind unverzüglich aufzulösen, sobald der Grund für die Rücklagenbildung entfallen ist. Die freigewordenen Mittel sind innerhalb der Frist nach § 55 Absatz 1 Nummer 5 Satz 3 zu verwenden.

(3) Die folgenden Mittelzuführungen unterliegen nicht der zeitnahen Mittelverwendung nach § 55 Absatz 1 Nummer 5:
1. Zuwendungen von Todes wegen, wenn der Erblasser keine Verwendung für den laufenden Aufwand der Körperschaft vorgeschrieben hat;
2. Zuwendungen, bei denen der Zuwendende ausdrücklich erklärt, dass diese zur Ausstattung der Körperschaft mit Vermögen oder zur Erhöhung des Vermögens bestimmt sind;
3. Zuwendungen auf Grund eines Spendenaufrufs der Körperschaft, wenn aus dem Spendenaufruf ersichtlich ist, dass Beträge zur Aufstockung des Vermögens erbeten werden;
4. Sachzuwendungen, die ihrer Natur nach zum Vermögen gehören.

(4) Eine Stiftung kann im Jahr ihrer Errichtung und in den drei folgenden Kalenderjahren Überschüsse aus der Vermögensverwaltung und die Gewinne aus wirtschaftlichen Geschäftsbetrieben nach § 14 ganz oder teilweise ihrem Vermögen zuführen.

§ 63 AO Anforderungen an die tatsächliche Geschäftsführung

(1) Die tatsächliche Geschäftsführung der Körperschaft muss auf die ausschließliche und unmittelbare Erfüllung der steuerbegünstigten Zwecke gerichtet sein und den Bestimmungen entsprechen, die die Satzung über die Voraussetzungen für Steuervergünstigungen enthält.

(2) Für die tatsächliche Geschäftsführung gilt sinngemäß § 60 Abs. 2, für eine Verletzung der Vorschrift über die Vermögensbindung § 61 Abs. 3.

(3) Die Körperschaft hat den Nachweis, dass ihre tatsächliche Geschäftsführung den Erfordernissen des Absatzes 1 entspricht, durch ordnungsmäßige Aufzeichnungen über ihre Einnahmen und Ausgaben zu führen.

(4) Hat die Körperschaft ohne Vorliegen der Voraussetzungen Mittel angesammelt, kann das Finanzamt ihr eine angemessene Frist für die Verwendung der Mittel setzen. Die tatsächliche Geschäftsführung gilt als ordnungsgemäß im Sinne des Absatzes 1, wenn die Körperschaft die Mittel innerhalb der Frist für steuerbegünstigte Zwecke verwendet.

(5) Körperschaften im Sinne des § 10b Absatz 1 Satz 2 Nummer 2 des Einkommensteuergesetzes dürfen Zuwendungsbestätigungen im Sinne des § 50 Absatz 1 der Einkommensteuer-Durchführungsverordnung nur ausstellen, wenn

1. das Datum der Anlage zum Körperschaftsteuerbescheid oder des Freistellungsbescheids nicht länger als fünf Jahre zurückliegt oder
2. die Feststellung der Satzungsmäßigkeit nach § 60a Absatz 1 nicht länger als drei Kalenderjahre zurückliegt und bisher kein Freistellungsbescheid oder keine Anlage zum Körperschaftsteuerbescheid erteilt wurde.

Die Frist ist taggenau zu berechnen.

§ 64 AO Steuerpflichtige wirtschaftliche Geschäftsbetriebe

(1) Schließt das Gesetz die Steuervergünstigung insoweit aus, als ein wirtschaftlicher Geschäftsbetrieb (§ 14) unterhalten wird, so verliert die Körperschaft die Steuervergünstigung für die dem Geschäftsbetrieb zuzuordnenden Besteuerungsgrundlagen (Einkünfte, Umsätze, Vermögen), soweit der wirtschaftliche Geschäftsbetrieb kein Zweckbetrieb (§§ 65 bis 68) ist.

(2) Unterhält die Körperschaft mehrere wirtschaftliche Geschäftsbetriebe, die keine Zweckbetriebe (§§ 65 bis 68) sind, werden diese als ein wirtschaftlicher Geschäftsbetrieb behandelt.

(3) Übersteigen die Einnahmen einschließlich Umsatzsteuer aus wirtschaftlichen Geschäftsbetrieben, die keine Zweckbetriebe sind, insgesamt nicht 35.000 Euro im Jahr,

so unterliegen die diesen Geschäftsbetrieben zuzuordnenden Besteuerungsgrundlagen nicht der Körperschaftsteuer und der Gewerbesteuer.

(4) Die Aufteilung einer Körperschaft in mehrere selbständige Körperschaften zum Zweck der mehrfachen Inanspruchnahme der Steuervergünstigung nach Absatz 3 gilt als Missbrauch von rechtlichen Gestaltungsmöglichkeiten im Sinne des § 42.

(5) Überschüsse aus der Verwertung unentgeltlich erworbenen Altmaterials außerhalb einer ständig dafür vorgehaltenen Verkaufsstelle, die der Körperschaftsteuer und der Gewerbesteuer unterliegen, können in Höhe des branchenüblichen Reingewinns geschätzt werden.

(6) Bei den folgenden steuerpflichtigen wirtschaftlichen Geschäftsbetrieben kann der Besteuerung ein Gewinn von 15 Prozent der Einnahmen zugrunde gelegt werden:
1. Werbung für Unternehmen, die im Zusammenhang mit der steuerbegünstigten Tätigkeit einschließlich Zweckbetrieben stattfindet,
2. Totalisatorbetriebe,
3. Zweite Fraktionierungsstufe der Blutspendedienste.

Fußnote
(+++ § 64: Zur erstmaligen Anwendung ab 1.1.2007 vgl. Art. 97 § 1d AOEG 1977 +++)
(+++ § 64 Abs. 6: Anzuwenden ab 1.1.2000 gem. Art. 97 § 1b AOEG 1977 +++)

§ 65 AO Zweckbetrieb

Ein Zweckbetrieb ist gegeben, wenn
1. der wirtschaftliche Geschäftsbetrieb in seiner Gesamtrichtung dazu dient, die steuerbegünstigten satzungsmäßigen Zwecke der Körperschaft zu verwirklichen,
2. die Zwecke nur durch einen solchen Geschäftsbetrieb erreicht werden können und
3. der wirtschaftliche Geschäftsbetrieb zu nicht begünstigten Betrieben derselben oder ähnlicher Art nicht in größerem Umfang in Wettbewerb tritt, als es bei Erfüllung der steuerbegünstigten Zwecke unvermeidbar ist.

§ 66 AO Wohlfahrtspflege

(1) Eine Einrichtung der Wohlfahrtspflege ist ein Zweckbetrieb, wenn sie in besonderem Maß den in § 53 genannten Personen dient.

(2) Wohlfahrtspflege ist die planmäßige, zum Wohle der Allgemeinheit und nicht des Erwerbs wegen ausgeübte Sorge für notleidende oder gefährdete Mitmenschen. Die Sorge kann sich auf das gesundheitliche, sittliche, erzieherische oder wirtschaftliche Wohl erstrecken und Vorbeugung oder Abhilfe bezwecken.

(3) Eine Einrichtung der Wohlfahrtspflege dient in besonderem Maße den in § 53 genannten Personen, wenn diesen mindestens zwei Drittel ihrer Leistungen zugute kommen. Für Krankenhäuser gilt § 67.

§ 67 AO Krankenhäuser

(1) Ein Krankenhaus, das in den Anwendungsbereich des Krankenhausentgeltgesetzes oder der Bundespflegesatzverordnung fällt, ist ein Zweckbetrieb, wenn mindestens 40 Prozent der jährlichen Belegungstage oder Berechnungstage auf Patienten entfallen, bei denen nur Entgelte für allgemeine Krankenhausleistungen (§ 7 des Krankenhausentgeltgesetzes, § 10 der Bundespflegesatzverordnung) berechnet werden.

(2) Ein Krankenhaus, das nicht in den Anwendungsbereich des Krankenhausentgeltgesetzes oder der Bundespflegesatzverordnung fällt, ist ein Zweckbetrieb, wenn mindestens 40 Prozent der jährlichen Belegungstage oder Berechnungstage auf Patienten entfallen, bei denen für die Krankenhausleistungen kein höheres Entgelt als nach Absatz 1 berechnet wird.

Fußnote
(+++ § 67 Abs. 1: Anzuwenden ab 1.1.1996 bzw. 1.1.1995 gem. Art. 97 § 1c Abs. 2 AOEG 1977 +++)

§ 67a AO Sportliche Veranstaltungen

(1) Sportliche Veranstaltungen eines Sportvereins sind ein Zweckbetrieb, wenn die Einnahmen einschließlich Umsatzsteuer insgesamt 45 000 Euro im Jahr nicht übersteigen. Der Verkauf von Speisen und Getränken sowie die Werbung gehören nicht zu den sportlichen Veranstaltungen.

(2) Der Sportverein kann dem Finanzamt bis zur Unanfechtbarkeit des Körperschaftsteuerbescheids erklären, dass er auf die Anwendung des Absatzes 1 Satz 1 verzichtet. Die Erklärung bindet den Sportverein für mindestens fünf Veranlagungszeiträume.

(3) Wird auf die Anwendung des Absatzes 1 Satz 1 verzichtet, sind sportliche Veranstaltungen eines Sportvereins ein Zweckbetrieb, wenn
1. kein Sportler des Vereins teilnimmt, der für seine sportliche Betätigung oder für die Benutzung seiner Person, seines Namens, seines Bildes oder seiner sportlichen Betätigung zu Werbezwecken von dem Verein oder einem Dritten über eine Aufwandsentschädigung hinaus Vergütungen oder andere Vorteile erhält und
2. kein anderer Sportler teilnimmt, der für die Teilnahme an der Veranstaltung von dem Verein oder einem Dritten im Zusammenwirken mit dem Verein über eine Aufwandsentschädigung hinaus Vergütungen oder andere Vorteile erhält.

Andere sportliche Veranstaltungen sind ein steuerpflichtiger wirtschaftlicher Geschäftsbetrieb. Dieser schließt die Steuervergünstigung nicht aus, wenn die Vergütungen oder andere Vorteile ausschließlich aus wirtschaftlichen Geschäftsbetrieben, die nicht Zweckbetriebe sind, oder von Dritten geleistet werden.

Fußnote
(+++ § 67a: Zur erstmaligen Anwendung ab 1.1.2007 vgl. Art. 97 § 1d AOEG 1977 +++)

§ 68 AO Einzelne Zweckbetriebe

Zweckbetriebe sind auch:

1. a) Alten-, Altenwohn- und Pflegeheime, Erholungsheime, Mahlzeitendienste, wenn sie in besonderem Maß den in § 53 genannten Personen dienen (§ 66 Abs. 3),
   b) Kindergärten, Kinder-, Jugend- und Studentenheime, Schullandheime und Jugendherbergen,
2. a) landwirtschaftliche Betriebe und Gärtnereien, die der Selbstversorgung von Körperschaften dienen und dadurch die sachgemäße Ernährung und ausreichende Versorgung von Anstaltsangehörigen sichern,
   b) andere Einrichtungen, die für die Selbstversorgung von Körperschaften erforderlich sind, wie Tischlereien, Schlossereien,

   wenn die Lieferungen und sonstigen Leistungen dieser Einrichtungen an Außenstehende dem Wert nach 20 Prozent der gesamten Lieferungen und sonstigen Leistungen des Betriebs – einschließlich der an die Körperschaften selbst bewirkten – nicht übersteigen,
3. a) Werkstätten für behinderte Menschen, die nach den Vorschriften des Dritten Buches Sozialgesetzbuch förderungsfähig sind und Personen Arbeitsplätze bieten, die wegen ihrer Behinderung nicht auf dem allgemeinen Arbeitsmarkt tätig sein können,
   b) Einrichtungen für Beschäftigungs- und Arbeitstherapie, in denen behinderte Menschen aufgrund ärztlicher Indikationen außerhalb eines Beschäftigungsverhältnisses zum Träger der Therapieeinrichtung mit dem Ziel behandelt werden, körperliche oder psychische Grundfunktionen zum Zwecke der Wiedereingliederung in das Alltagsleben wiederherzustellen oder die besonderen Fähigkeiten und Fertigkeiten auszubilden, zu fördern und zu trainieren, die für eine Teilnahme am Arbeitsleben erforderlich sind, und
   c) Integrationsprojekte im Sinne des § 132 Abs. 1 des Neunten Buches Sozialgesetzbuch, wenn mindestens 40 Prozent der Beschäftigten besonders betroffene schwerbehinderte Menschen im Sinne des § 132 Abs. 1 des Neunten Buches Sozialgesetzbuch sind,
4. Einrichtungen, die zur Durchführung der Blindenfürsorge und zur Durchführung der Fürsorge für Körperbehinderte unterhalten werden,
5. Einrichtungen über Tag und Nacht (Heimerziehung) oder sonstige betreute Wohnformen,
6. von den zuständigen Behörden genehmigte Lotterien und Ausspielungen, wenn der Reinertrag unmittelbar und ausschließlich zur Förderung mildtätiger, kirchlicher oder gemeinnütziger Zwecke verwendet wird,
7. kulturelle Einrichtungen, wie Museen, Theater, und kulturelle Veranstaltungen, wie Konzerte, Kunstausstellungen; dazu gehört nicht der Verkauf von Speisen und Getränken,
8. Volkshochschulen und andere Einrichtungen, soweit sie selbst Vorträge, Kurse und andere Veranstaltungen wissenschaftlicher oder belehrender Art durchführen; dies

gilt auch, soweit die Einrichtungen den Teilnehmern dieser Veranstaltungen selbst Beherbergung und Beköstigung gewähren,

9. Wissenschafts- und Forschungseinrichtungen, deren Träger sich überwiegend aus Zuwendungen der öffentlichen Hand oder Dritter oder aus der Vermögensverwaltung finanziert. Der Wissenschaft und Forschung dient auch die Auftragsforschung. Nicht zum Zweckbetrieb gehören Tätigkeiten, die sich auf die Anwendung gesicherter wissenschaftlicher Erkenntnisse beschränken, die Übernahme von Projektträgerschaften sowie wirtschaftliche Tätigkeiten ohne Forschungsbezug.

Fußnote

(+++ § 68 F. 18.12.1989: Erstmals anzuwenden ab 1.1.1990 gem. Art. 97 § 1d AOEG 1977 +++)

(+++ § 68 Nr. 3F. 2004–04–23: Anzuwenden ab 1.1.2003; vgl. Art. 97 § 1e Abs. 3 Satz 1 AOEG 1977 F. 2004–04–23 +++)

(+++ § 68 Nr. 3 Buchst. c: Zur Anwendung vgl. Art. 97 § 1e Abs. 3 Satz 2 AOEG 1977 F. 2004–04–23 +++)

Abgabenordnung

– Auszug –

§ 51 Allgemeines

(1) Gewährt das Gesetz eine Steuervergünstigung, weil eine Körperschaft ausschließlich und unmittelbar gemeinnützige, mildtätige oder kirchliche Zwecke (steuerbegünstigte Zwecke) verfolgt, so gelten die folgenden Vorschriften. Unter Körperschaften sind die Körperschaften, Personenvereinigungen und Vermögensmassen im Sinne des Körperschaftsteuergesetzes zu verstehen. Funktionale Untergliederungen (Abteilungen) von Körperschaften gelten nicht als selbständige Steuersubjekte.

(2) Werden die steuerbegünstigten Zwecke im Ausland verwirklicht, setzt die Steuervergünstigung voraus, dass natürliche Personen, die ihren Wohnsitz oder ihren gewöhnlichen Aufenthalt im Geltungsbereich dieses Gesetzes haben, gefördert werden oder die Tätigkeit der Körperschaft neben der Verwirklichung der steuerbegünstigten Zwecke auch zum Ansehen der Bundesrepublik Deutschland im Ausland beitragen kann.

(3) Eine Steuervergünstigung setzt zudem voraus, dass die Körperschaft nach ihrer Satzung und bei ihrer tatsächlichen Geschäftsführung keine Bestrebungen im Sinne des § 4 des Bundesverfassungsschutzgesetzes fördert und dem Gedanken der Völkerverständigung nicht zuwiderhandelt. Bei Körperschaften, die im Verfassungsschutzbericht des Bundes oder eines Landes als extremistische Organisation aufgeführt sind, ist widerlegbar davon auszugehen, dass die Voraussetzungen des Satzes 1 nicht erfüllt sind. Die Finanzbehörde teilt Tatsachen, die den Verdacht von Bestrebungen im Sinne des § 4 des Bundesverfassungsschutzgesetzes oder des Zuwiderhandelns gegen den Gedanken der Völkerverständigung begründen, der Verfassungsschutzbehörde mit.

§ 51 neu gefasst durch JStG 2009 v 19.12.08 (BGBl I, 2794).

§ 52 Gemeinnützige Zwecke

(1) Eine Körperschaft verfolgt gemeinnützige Zwecke, wenn ihre Tätigkeit darauf gerichtet ist, die Allgemeinheit auf materiellem, geistigem oder sittlichem Gebiet selbstlos zu fördern. Eine Förderung der Allgemeinheit ist nicht gegeben, wenn der Kreis der Personen, dem die Förderung zugute kommt, fest abgeschlossen ist, zum Beispiel Zugehörigkeit zu einer Familie oder zur Belegschaft eines Unternehmens, oder infolge seiner Abgrenzung, insbesondere nach räumlichen oder beruflichen Merkmalen, dauernd nur klein sein kann. Eine Förderung der Allgemeinheit liegt nicht allein deswegen vor, weil eine Körperschaft ihre Mittel einer Körperschaft des öffentlichen Rechts zuführt.

(2) Unter den Voraussetzungen des Absatzes 1 sind als Förderung der Allgemeinheit anzuerkennen:

1. die Förderung von Wissenschaft und Forschung;
2. die Förderung der Religion;

3. die Förderung des öffentlichen Gesundheitswesens und der öffentlichen Gesundheitspflege, insbesondere die Verhütung und Bekämpfung von übertragbaren Krankheiten, auch durch Krankenhäuser im Sinne des § 67, und von Tierseuchen;
4. die Förderung der Jugend- und Altenhilfe;
5. die Förderung von Kunst und Kultur;
6. die Förderung des Denkmalschutzes und der Denkmalpflege;
7. die Förderung der Erziehung, Volks- und Berufsbildung einschließlich der Studentenhilfe;
8. die Förderung des Naturschutzes und der Landschaftspflege im Sinne des Bundesnaturschutzgesetzes und der Naturschutzgesetze der Länder, des Umweltschutzes, des Küstenschutzes und des Hochwasserschutzes;
9. die Förderung des Wohlfahrtswesens, insbesondere der Zwecke der amtlich anerkannten Verbände der freien Wohlfahrtspflege (§ 23 der Umsatzsteuer-Durchführungsverordnung), ihrer Unterverbände und ihrer angeschlossenen Einrichtungen und Anstalten;
10. die Förderung der Hilfe für politisch, rassisch oder religiös Verfolgte, für Flüchtlinge, Vertriebene, Aussiedler, Spätaussiedler, Kriegsopfer, Kriegshinterbliebene, Kriegsbeschädigte und Kriegsgefangene, Zivilbeschädigte und Behinderte sowie Hilfe für Opfer von Straftaten; Förderung des Andenkens an Verfolgte, Kriegs- und Katastrophenopfer; Förderung des Suchdienstes für Vermisste;
11. die Förderung der Rettung aus Lebensgefahr;
12. die Förderung des Feuer-, Arbeits-, Katastrophen- und Zivilschutzes sowie der Unfallverhütung;
13. die Förderung internationaler Gesinnung, der Toleranz auf allen Gebieten der Kultur und des Völkerverständigungsgedankens;
14. die Förderung des Tierschutzes;
15. die Förderung der Entwicklungszusammenarbeit;
16. die Förderung von Verbraucherberatung und Verbraucherschutz;
17. die Förderung der Fürsorge für Strafgefangene und ehemalige Strafgefangene;
18. die Förderung der Gleichberechtigung von Frauen und Männern;
19. die Förderung des Schutzes von Ehe und Familie;
20. die Förderung der Kriminalprävention;
21. die Förderung des Sports (Schach gilt als Sport);
22. die Förderung der Heimatpflege und Heimatkunde;
23. die Förderung der Tierzucht, der Pflanzenzucht, der Kleingärtnerei, des traditionellen Brauchtums einschließlich des Karnevals, der Fastnacht und des Faschings, der Soldaten- und Reservistenbetreuung, des Amateurfunkens, des Modellflugs und des Hundesports;
24. die allgemeine Förderung des demokratischen Staatswesens im Geltungsbereich dieses Gesetzes; hierzu gehören nicht Bestrebungen, die nur bestimmte Einzelinteressen staatsbürgerlicher Art verfolgen oder die auf den kommunalpolitischen Bereich beschränkt sind;
25. die Förderung des bürgerschaftlichen Engagements zugunsten gemeinnütziger, mildtätiger und kirchlicher Zwecke.

Sofern der von der Körperschaft verfolgte Zweck nicht unter Satz 1 fällt, aber die Allgemeinheit auf materiellem, geistigem oder sittlichem Gebiet entsprechend selbstlos gefördert wird, kann dieser Zweck für gemeinnützig erklärt werden. Die obersten Finanzbehörden der Länder haben jeweils eine Finanzbehörde im Sinne des Finanzverwaltungsgesetzes zu bestimmen, die für Entscheidungen nach Satz 2 zuständig ist.

§ 53 Mildtätige Zwecke

Eine Körperschaft verfolgt mildtätige Zwecke, wenn ihre Tätigkeit darauf gerichtet ist, Personen selbstlos zu unterstützen,

1. die infolge ihres körperlichen, geistigen oder seelischen Zustands auf die Hilfe anderer angewiesen sind oder
2. deren Bezüge nicht höher sind als das Vierfache des Regelsatzes der Sozialhilfe im Sinne des § 28 des Zwölften Buches Sozialgesetzbuch; beim Alleinstehenden oder Alleinerziehenden tritt an die Stelle des Vierfachen das Fünffache des Regelsatzes. Dies gilt nicht für Personen, deren Vermögen zur nachhaltigen Verbesserung ihres Unterhalts ausreicht und denen zugemutet werden kann, es dafür zu verwenden. Bei Personen, deren wirtschaftliche Lage aus besonderen Gründen zu einer Notlage geworden ist, dürfen die Bezüge oder das Vermögen die genannten Grenzen übersteigen. Bezüge im Sinne dieser Vorschrift sind
   a) Einkünfte im Sinne des § 2 Abs. 1 des Einkommensteuergesetzes und
   b) andere zur Bestreitung des Unterhalts bestimmte oder geeignete Bezüge aller Haushaltsangehörigen. Zu berücksichtigen sind auch gezahlte und empfangene Unterhaltsleistungen. Die wirtschaftliche Hilfebedürftigkeit im vorstehenden Sinne ist bei Empfängern von Leistungen nach dem Zweiten oder Zwölften Buch Sozialgesetzbuch, des Wohngeldgesetzes, bei Empfängern von Leistungen nach § 27a des Bundesversorgungsgesetzes oder nach § 6a des Bundeskindergeldgesetzes als nachgewiesen anzusehen. Die Körperschaft kann den Nachweis mit Hilfe des jeweiligen Leistungsbescheids, der für den Unterstützungszeitraum maßgeblich ist, oder mit Hilfe der Bestätigung des Sozialleistungsträgers führen. [8]Auf Antrag der Körperschaft kann auf einen Nachweis der wirtschaftlichen Hilfebedürftigkeit verzichtet werden, wenn auf Grund der besonderen Art der gewährten Unterstützungsleistung sichergestellt ist, dass nur wirtschaftlich hilfebedürftige Personen im vorstehenden Sinne unterstützt werden; für den Bescheid über den Nachweisverzicht gilt § 60a Absatz 3 bis 5 entsprechend.

§ 54 Kirchliche Zwecke

(1) Eine Körperschaft verfolgt kirchliche Zwecke, wenn ihre Tätigkeit darauf gerichtet ist, eine Religionsgemeinschaft, die Körperschaft des öffentlichen Rechts ist, selbstlos zu fördern.

(2) Zu diesen Zwecken gehören insbesondere die Errichtung, Ausschmückung und Unterhaltung von Gotteshäusern und kirchlichen Gemeindehäusern, die Abhaltung von Gottesdiensten, die Ausbildung von Geistlichen, die Erteilung von Religionsunterricht, die Beerdigung und die Pflege des Andenkens der Toten, ferner die Verwaltung

des Kirchenvermögens, die Besoldung der Geistlichen, Kirchenbeamten und Kirchendiener, die Alters- und Behindertenversorgung für diese Personen und die Versorgung ihrer Witwen und Waisen.

§ 55 Selbstlosigkeit

(1) Eine Förderung oder Unterstützung geschieht selbstlos, wenn dadurch nicht in erster Linie eigenwirtschaftliche Zwecke – zum Beispiel gewerbliche Zwecke oder sonstige Erwerbszwecke – verfolgt werden und wenn die folgenden Voraussetzungen gegeben sind:

1. Mittel der Körperschaft dürfen nur für die satzungsmäßigen Zwecke verwendet werden. Die Mitglieder oder Gesellschafter (Mitglieder im Sinne dieser Vorschriften) dürfen keine Gewinnanteile und in ihrer Eigenschaft als Mitglieder auch keine sonstigen Zuwendungen aus Mitteln der Körperschaft erhalten. [3]Die Körperschaft darf ihre Mittel weder für die unmittelbare noch für die mittelbare Unterstützung oder Förderung politischer Parteien verwenden.
2. Die Mitglieder dürfen bei ihrem Ausscheiden oder bei Auflösung oder Aufhebung der Körperschaft nicht mehr als ihre eingezahlten Kapitalanteile und den gemeinen Wert ihrer geleisteten Sacheinlagen zurückerhalten.
3. Die Körperschaft darf keine Person durch Ausgaben, die dem Zweck der Körperschaft fremd sind, oder durch unverhältnismäßig hohe Vergütungen begünstigen.
4. Bei Auflösung oder Aufhebung der Körperschaft oder bei Wegfall ihres bisherigen Zwecks darf das Vermögen der Körperschaft, soweit es die eingezahlten Kapitalanteile der Mitglieder und den gemeinen Wert der von den Mitgliedern geleisteten Sacheinlagen übersteigt, nur für steuerbegünstigte Zwecke verwendet werden (Grundsatz der Vermögensbindung). Diese Voraussetzung ist auch erfüllt, wenn das Vermögen einer anderen steuerbegünstigten Körperschaft oder einer juristischen Person des öffentlichen Rechts für steuerbegünstigte Zwecke übertragen werden soll.
5. Die Körperschaft muss ihre Mittel vorbehaltlich des § 62 grundsätzlich zeitnah für ihre steuerbegünstigten satzungsmäßigen Zwecke verwenden. Verwendung in diesem Sinne ist auch die Verwendung der Mittel für die Anschaffung oder Herstellung von Vermögensgegenständen, die satzungsmäßigen Zwecken dienen. Eine zeitnahe Mittelverwendung ist gegeben, wenn die Mittel spätestens in den auf den Zufluss folgenden zwei Kalender- oder Wirtschaftsjahren für die steuerbegünstigten satzungsmäßigen Zwecke verwendet werden.

(2) Bei der Ermittlung des gemeinen Werts (Absatz 1 Nr. 2 und 4) kommt es auf die Verhältnisse zu dem Zeitpunkt an, in dem die Sacheinlagen geleistet worden sind.

(3) Die Vorschriften, die die Mitglieder der Körperschaft betreffen (Absatz 1 Nr. 1, 2 und 4), gelten bei Stiftungen für die Stifter und ihre Erben, bei Betrieben gewerblicher Art von juristischen Personen des öffentlichen Rechts für die Körperschaft sinngemäß, jedoch mit der Maßgabe, dass bei Wirtschaftsgütern, die nach § 6 Absatz 1 Nummer 4 Satz 4 des Einkommensteuergesetzes aus einem Betriebsvermögen zum Buchwert entnommen worden sind, an die Stelle des gemeinen Werts der Buchwert der Entnahme tritt.

§ 56 Ausschließlichkeit

Ausschließlichkeit liegt vor, wenn eine Körperschaft nur ihre steuerbegünstigten satzungsmäßigen Zwecke verfolgt.

§ 57 Unmittelbarkeit

(1) Eine Körperschaft verfolgt unmittelbar ihre steuerbegünstigten satzungsmäßigen Zwecke, wenn sie selbst diese Zwecke verwirklicht. Das kann auch durch Hilfspersonen geschehen, wenn nach den Umständen des Falls, insbesondere nach den rechtlichen und tatsächlichen Beziehungen, die zwischen der Körperschaft und der Hilfsperson bestehen, das Wirken der Hilfsperson wie eigenes Wirken der Körperschaft anzusehen ist.

(2) Eine Körperschaft, in der steuerbegünstigte Körperschaften zusammengefasst sind, wird einer Körperschaft, die unmittelbar steuerbegünstigte Zwecke verfolgt, gleichgestellt.

§ 58 Steuerlich unschädliche Betätigungen

Die Steuervergünstigung wird nicht dadurch ausgeschlossen, dass

1. eine Körperschaft Mittel für die Verwirklichung der steuerbegünstigten Zwecke einer anderen Körperschaft oder für die Verwirklichung steuerbegünstigter Zwecke durch eine juristische Person des öffentlichen Rechts beschafft; die Beschaffung von Mitteln für eine unbeschränkt steuerpflichtige Körperschaft des privaten Rechts setzt voraus, dass diese selbst steuerbegünstigt ist,
2. eine Körperschaft ihre Mittel teilweise einer anderen, ebenfalls steuerbegünstigten Körperschaft oder einer juristischen Person des öffentlichen Rechts zur Verwendung zu steuerbegünstigten Zwecken zuwendet,
3. eine Körperschaft ihre Überschüsse der Einnahmen über die Ausgaben aus der Vermögensverwaltung, ihre Gewinne aus den wirtschaftlichen Geschäftsbetrieben ganz oder teilweise und darüber hinaus höchstens 15 Prozent ihrer sonstigen nach § 55 Absatz 1 Nummer 5 zeitnah zu verwendenden Mittel einer anderen steuerbegünstigten Körperschaft oder einer juristischen Person des öffentlichen Rechts zur Vermögensausstattung zuwendet. Die aus den Vermögenserträgen zu verwirklichenden steuerbegünstigten Zwecke müssen den steuerbegünstigten satzungsmäßigen Zwecken der zuwendenden Körperschaft entsprechen. Die nach dieser Nummer zugewandten Mittel und deren Erträge dürfen nicht für weitere Mittelweitergaben im Sinne des ersten Satzes verwendet werden,
4. eine Körperschaft ihre Arbeitskräfte anderen Personen, Unternehmen, Einrichtungen oder einer juristischen Person des öffentlichen Rechts für steuerbegünstigte Zwecke zur Verfügung stellt,
5. eine Körperschaft ihr gehörende Räume einer anderen, ebenfalls steuerbegünstigten Körperschaft oder einer juristischen Person des öffentlichen Rechts zur Nutzung zu steuerbegünstigten Zwecken überlässt,

6. eine Stiftung einen Teil, jedoch höchstens ein Drittel ihres Einkommens dazu verwendet, um in angemessener Weise den Stifter und seine nächsten Angehörigen zu unterhalten, ihre Gräber zu pflegen und ihr Andenken zu ehren,
7. eine Körperschaft gesellige Zusammenkünfte veranstaltet, die im Vergleich zu ihrer steuerbegünstigten Tätigkeit von untergeordneter Bedeutung sind,
8. ein Sportverein neben dem unbezahlten auch den bezahlten Sport fördert,
9. eine von einer Gebietskörperschaft errichtete Stiftung zur Erfüllung ihrer steuerbegünstigten Zwecke Zuschüsse an Wirtschaftsunternehmen vergibt,
10. eine Körperschaft Mittel zum Erwerb von Gesellschaftsrechten zur Erhaltung der prozentualen Beteiligung an Kapitalgesellschaften im Jahr des Zuflusses verwendet. [2]Dieser Erwerb mindert die Höhe der Rücklage nach § 62 Absatz 1 Nummer 3.

§ 59 Voraussetzung der Steuervergünstigung

Die Steuervergünstigung wird gewährt, wenn sich aus der Satzung, dem Stiftungsgeschäft oder der sonstigen Verfassung (Satzung im Sinne dieser Vorschriften) ergibt, welchen Zweck die Körperschaft verfolgt, dass dieser Zweck den Anforderungen der §§ 52 bis 55 entspricht und dass er ausschließlich und unmittelbar verfolgt wird; die tatsächliche Geschäftsführung muss diesen Satzungsbestimmungen entsprechen.

§ 60 Anforderungen an die Satzung

(1) Die Satzungszwecke und die Art ihrer Verwirklichung müssen so genau bestimmt sein, dass auf Grund der Satzung geprüft werden kann, ob die satzungsmäßigen Voraussetzungen für Steuervergünstigungen gegeben sind. Die Satzung muss die in der *Anlage 1* bezeichneten Festlegungen enthalten.

(2) Die Satzung muss den vorgeschriebenen Erfordernissen bei der Körperschaftsteuer und bei der Gewerbesteuer während des ganzen Veranlagungs- oder Bemessungszeitraums, bei den anderen Steuern im Zeitpunkt der Entstehung der Steuer entsprechen.

§ 60a Feststellung der satzungsmäßigen Voraussetzungen

(1) Die Einhaltung der satzungsmäßigen Voraussetzungen nach den §§ 51, 59, 60 und 61 wird gesondert festgestellt. Die Feststellung der Satzungsmäßigkeit ist für die Besteuerung der Körperschaft und der Steuerpflichtigen, die Zuwendungen in Form von Spenden und Mitgliedsbeiträgen an die Körperschaft erbringen, bindend.

(2) Die Feststellung der Satzungsmäßigkeit erfolgt
1. auf Antrag der Körperschaft oder
2. von Amts wegen bei der Veranlagung zur Körperschaftsteuer, wenn bisher noch keine Feststellung erfolgt ist.

(3) Die Bindungswirkung der Feststellung entfällt ab dem Zeitpunkt, in dem die Rechtsvorschriften, auf denen die Feststellung beruht, aufgehoben oder geändert werden.

(4) Tritt bei den für die Feststellung erheblichen Verhältnissen eine Änderung ein, ist die Feststellung mit Wirkung vom Zeitpunkt der Änderung der Verhältnisse aufzuheben.

(5) Materielle Fehler im Feststellungsbescheid über die Satzungsmäßigkeit können mit Wirkung ab dem Kalenderjahr beseitigt werden, das auf die Bekanntgabe der Aufhebung der Feststellung folgt. § 176 gilt entsprechend, außer es sind Kalenderjahre zu ändern, die nach der Verkündung der maßgeblichen Entscheidung eines obersten Gerichtshofes des Bundes beginnen.

§ 61 Satzungsmäßige Vermögensbindung

(1) Eine steuerlich ausreichende Vermögensbindung (§ 55 Abs. 1 Nr. 4) liegt vor, wenn der Zweck, für den das Vermögen bei Auflösung oder Aufhebung der Körperschaft oder bei Wegfall ihres bisherigen Zwecks verwendet werden soll, in der Satzung so genau bestimmt ist, dass auf Grund der Satzung geprüft werden kann, ob der Verwendungszweck steuerbegünstigt ist.

(2) (aufgehoben)

(3) Wird die Bestimmung über die Vermögensbindung nachträglich so geändert, dass sie den Anforderungen des § 55 Abs. 1 Nr. 4 nicht mehr entspricht, so gilt sie von Anfang an als steuerlich nicht ausreichend. 2§ 175 Abs. 1 Satz 1 Nr. 2 ist mit der Maßgabe anzuwenden, dass Steuerbescheide erlassen, aufgehoben oder geändert werden können, soweit sie Steuern betreffen, die innerhalb der letzten zehn Kalenderjahre vor der Änderung der Bestimmung über die Vermögensbindung entstanden sind.

§ 62 Rücklagen und Vermögensbildung

(1) Körperschaften können ihre Mittel ganz oder teilweise

1. einer Rücklage zuführen, soweit dies erforderlich ist, um ihre steuerbegünstigten, satzungsmäßigen Zwecke nachhaltig zu erfüllen;
2. einer Rücklage für die beabsichtigte Wiederbeschaffung von Wirtschaftsgütern zuführen, die zur Verwirklichung der steuerbegünstigten, satzungsmäßigen Zwecke erforderlich sind (Rücklage für Wiederbeschaffung). Die Höhe der Zuführung bemisst sich nach der Höhe der regulären Absetzungen für Abnutzung eines zu ersetzenden Wirtschaftsguts. Die Voraussetzungen für eine höhere Zuführung sind nachzuweisen;
3. der freien Rücklage zuführen, jedoch höchstens ein Drittel des Überschusses aus der Vermögensverwaltung und darüber hinaus höchstens 10 Prozent der sonstigen nach § 55 Absatz 1 Nummer 5 zeitnah zu verwendenden Mittel. Ist der Höchstbetrag für die Bildung der freien Rücklage in einem Jahr nicht ausgeschöpft, kann diese unterbliebene Zuführung in den folgenden zwei Jahren nachgeholt werden;
4. einer Rücklage zum Erwerb von Gesellschaftsrechten zur Erhaltung der prozentualen Beteiligung an Kapitalgesellschaften zuführen, wobei die Höhe dieser Rücklage die Höhe der Rücklage nach Nummer 3 mindert.

(2) Die Bildung von Rücklagen nach Absatz 1 hat innerhalb der Frist des § 55 Absatz 1 Nummer 5 Satz 3 zu erfolgen. Rücklagen nach Absatz 1 Nummer 1, 2 und 4 sind unverzüglich aufzulösen, sobald der Grund für die Rücklagenbildung entfallen ist. Die freigewordenen Mittel sind innerhalb der Frist nach § 55 Absatz 1 Nummer 5 Satz 3 zu verwenden.

(3) Die folgenden Mittelzuführungen unterliegen nicht der zeitnahen Mittelverwendung nach § 55 Absatz 1 Nummer 5:
1. Zuwendungen von Todes wegen, wenn der Erblasser keine Verwendung für den laufenden Aufwand der Körperschaft vorgeschrieben hat;
2. Zuwendungen, bei denen der Zuwendende ausdrücklich erklärt, dass diese zur Ausstattung der Körperschaft mit Vermögen oder zur Erhöhung des Vermögens bestimmt sind;
3. Zuwendungen auf Grund eines Spendenaufrufs der Körperschaft, wenn aus dem Spendenaufruf ersichtlich ist, dass Beträge zur Aufstockung des Vermögens erbeten werden;
4. Sachzuwendungen, die ihrer Natur nach zum Vermögen gehören.

(4) Eine Stiftung kann im Jahr ihrer Errichtung und in den drei folgenden Kalenderjahren Überschüsse aus der Vermögensverwaltung und die Gewinne aus wirtschaftlichen Geschäftsbetrieben nach § 14 ganz oder teilweise ihrem Vermögen zuführen.

§ 63 Anforderungen an die tatsächliche Geschäftsführung

(1) Die tatsächliche Geschäftsführung der Körperschaft muss auf die ausschließliche und unmittelbare Erfüllung der steuerbegünstigten Zwecke gerichtet sein und den Bestimmungen entsprechen, die die Satzung über die Voraussetzungen für Steuervergünstigungen enthält.

(2) Für die tatsächliche Geschäftsführung gilt sinngemäß § 60 Abs. 2, für eine Verletzung der Vorschrift über die Vermögensbindung § 61 Abs. 3.

(3) Die Körperschaft hat den Nachweis, dass ihre tatsächliche Geschäftsführung den Erfordernissen des Absatzes 1 entspricht, durch ordnungsmäßige Aufzeichnungen über ihre Einnahmen und Ausgaben zu führen.

(4) Hat die Körperschaft ohne Vorliegen der Voraussetzungen Mittel angesammelt, kann das Finanzamt ihr eine angemessene Frist für die Verwendung der Mittel setzen.

(5) Körperschaften im Sinne des § 10b Absatz 1 Satz 2 Nummer 2 des Einkommensteuergesetzes dürfen Zuwendungsbestätigungen im Sinne des § 50 Absatz 1 der Einkommensteuer-Durchführungsverordnung nur ausstellen, wenn
1. das Datum der Anlage zum Körperschaftsteuerbescheid oder des Freistellungsbescheids nicht länger als fünf Jahre zurückliegt oder
2. die Feststellung der Satzungsmäßigkeit nach § 60a Absatz 1 nicht länger als drei Kalenderjahre zurückliegt und bisher kein Freistellungsbescheid oder keine Anlage zum Körperschaftsteuerbescheid erteilt wurde.

Die Frist ist taggenau zu berechnen.

§ 64 Steuerpflichtige wirtschaftliche Geschäftsbetriebe

(1) Schließt das Gesetz die Steuervergünstigung insoweit aus, als ein wirtschaftlicher Geschäftsbetrieb (§ 14) unterhalten wird, so verliert die Körperschaft die Steuervergünstigung für die dem Geschäftsbetrieb zuzuordnenden Besteuerungsgrundlagen (Einkünfte, Umsätze, Vermögen), soweit der wirtschaftliche Geschäftsbetrieb kein Zweckbetrieb (§§ 65 bis 68) ist.

(2) Unterhält die Körperschaft mehrere wirtschaftliche Geschäftsbetriebe, die keine Zweckbetriebe (§§ 65 bis 68) sind, werden diese als ein wirtschaftlicher Geschäftsbetrieb behandelt.

(3) Übersteigen die Einnahmen einschließlich Umsatzsteuer aus wirtschaftlichen Geschäftsbetrieben, die keine Zweckbetriebe sind, insgesamt nicht 35000 Euro im Jahr, so unterliegen die diesen Geschäftsbetrieben zuzuordnenden Besteuerungsgrundlagen nicht der Körperschaftsteuer und der Gewerbesteuer.

(4) Die Aufteilung einer Körperschaft in mehrere selbständige Körperschaften zum Zweck der mehrfachen Inanspruchnahme der Steuervergünstigung nach Absatz 3 gilt als Missbrauch von rechtlichen Gestaltungsmöglichkeiten im Sinne des § 42.

(5) Überschüsse aus der Verwertung unentgeltlich erworbenen Altmaterials außerhalb einer ständig dafür vorgehaltenen Verkaufsstelle, die der Körperschaftsteuer und der Gewerbesteuer unterliegen, können in Höhe des branchenüblichen Reingewinns geschätzt werden.

(6) Bei den folgenden steuerpflichtigen wirtschaftlichen Geschäftsbetrieben kann der Besteuerung ein Gewinn von 15 Prozent der Einnahmen zugrunde gelegt werden:
1. Werbung für Unternehmen, die im Zusammenhang mit der steuerbegünstigten Tätigkeit einschließlich Zweckbetrieben stattfindet,
2. Totalisatorbetriebe,
3. Zweite Fraktionierungsstufe der Blutspendedienste.

§ 65 Zweckbetrieb

Ein Zweckbetrieb ist gegeben, wenn
1. der wirtschaftliche Geschäftsbetrieb in seiner Gesamtrichtung dazu dient, die steuerbegünstigten satzungsmäßigen Zwecke der Körperschaft zu verwirklichen,
2. die Zwecke nur durch einen solchen Geschäftsbetrieb erreicht werden können und
3. der wirtschaftliche Geschäftsbetrieb zu nicht begünstigten Betrieben derselben oder ähnlicher Art nicht in größerem Umfang in Wettbewerb tritt, als es bei Erfüllung der steuerbegünstigten Zwecke unvermeidbar ist.

§ 66 Wohlfahrtspflege

(1) Eine Einrichtung der Wohlfahrtspflege ist ein Zweckbetrieb, wenn sie in besonderem Maß den in § 53 genannten Personen dient.

(2) Wohlfahrtspflege ist die planmäßige, zum Wohle der Allgemeinheit und nicht des Erwerbs wegen ausgeübte Sorge für notleidende oder gefährdete Mitmenschen. Die Sorge kann sich auf das gesundheitliche, sittliche, erzieherische oder wirtschaftliche Wohl erstrecken und Vorbeugung oder Abhilfe bezwecken.

(3) Eine Einrichtung der Wohlfahrtspflege dient in besonderem Maße den in § 53 genannten Personen, wenn diesen mindestens zwei Drittel ihrer Leistungen zugute kommen. Für Krankenhäuser gilt § 67.

§ 67 Krankenhäuser

(1) Ein Krankenhaus, das in den Anwendungsbereich des Krankenhausentgeltgesetzes oder der Bundespflegesatzverordnung fällt, ist ein Zweckbetrieb, wenn mindestens 40 Prozent der jährlichen Belegungstage oder Berechnungstage auf Patienten entfallen, bei denen nur Entgelte für allgemeine Krankenhausleistungen (§ 7 des Krankenhausentgeltgesetzes, § 10 der Bundespflegesatzverordnung) berechnet werden.

(2) Ein Krankenhaus, das nicht in den Anwendungsbereich des Krankenhausentgeltgesetzes oder der Bundespflegesatzverordnung fällt, ist ein Zweckbetrieb, wenn mindestens 40 Prozent der jährlichen Belegungstage oder Berechnungstage auf Patienten entfallen, bei denen für die Krankenhausleistungen kein höheres Entgelt als nach Absatz 1 berechnet wird.

§ 67a Sportliche Veranstaltungen

(1) Sportliche Veranstaltungen eines Sportvereins sind ein Zweckbetrieb, wenn die Einnahmen einschließlich Umsatzsteuer insgesamt 45.000 Euro im Jahr nicht übersteigen. Der Verkauf von Speisen und Getränken sowie die Werbung gehören nicht zu den sportlichen Veranstaltungen.

(2) Der Sportverein kann dem Finanzamt bis zur Unanfechtbarkeit des Körperschaftsteuerbescheids erklären, dass er auf die Anwendung des Absatzes 1 Satz 1 verzichtet. Die Erklärung bindet den Sportverein für mindestens fünf Veranlagungszeiträume.

(3) Wird auf die Anwendung des Absatzes 1 Satz 1 verzichtet, sind sportliche Veranstaltungen eines Sportvereins ein Zweckbetrieb, wenn

1. kein Sportler des Vereins teilnimmt, der für seine sportliche Betätigung oder für die Benutzung seiner Person, seines Namens, seines Bildes oder seiner sportlichen Betätigung zu Werbezwecken von dem Verein oder einem Dritten über eine Aufwandsentschädigung hinaus Vergütungen oder andere Vorteile erhält und
2. kein anderer Sportler teilnimmt, der für die Teilnahme an der Veranstaltung von dem Verein oder einem Dritten im Zusammenwirken mit dem Verein über eine Aufwandsentschädigung hinaus Vergütungen oder andere Vorteile erhält.

Andere sportliche Veranstaltungen sind ein steuerpflichtiger wirtschaftlicher Geschäftsbetrieb. Dieser schließt die Steuervergünstigung nicht aus, wenn die Vergütungen oder andere Vorteile ausschließlich aus wirtschaftlichen Geschäftsbetrieben, die nicht Zweckbetriebe sind, oder von Dritten geleistet werden.

§ 68 Einzelne Zweckbetriebe

Zweckbetriebe sind auch:

1. a) Alten-, Altenwohn- und Pflegeheime, Erholungsheime, Mahlzeitendienste, wenn sie in besonderem Maß den in § 53 genannten Personen dienen (§ 66 Abs. 3),
   b) Kindergärten, Kinder-, Jugend- und Studentenheime, Schullandheime und Jugendherbergen,
2. a) landwirtschaftliche Betriebe und Gärtnereien, die der Selbstversorgung von Körperschaften dienen und dadurch die sachgemäße Ernährung und ausreichende Versorgung von Anstaltsangehörigen sichern,
   b) andere Einrichtungen, die für die Selbstversorgung von Körperschaften erforderlich sind, wie Tischlereien, Schlossereien,

   wenn die Lieferungen und sonstigen Leistungen dieser Einrichtungen an Außenstehende dem Wert nach 20 Prozent der gesamten Lieferungen und sonstigen Leistungen des Betriebs – einschließlich der an die Körperschaften selbst bewirkten – nicht übersteigen,
3. a) Werkstätten für behinderte Menschen, die nach den Vorschriften des Dritten Buches Sozialgesetzbuch förderungsfähig sind und Personen Arbeitsplätze bieten, die wegen ihrer Behinderung nicht auf dem allgemeinen Arbeitsmarkt tätig sein können,
   b) Einrichtungen für Beschäftigungs- und Arbeitstherapie, in denen behinderte Menschen aufgrund ärztlicher Indikationen außerhalb eines Beschäftigungsverhältnisses zum Träger der Therapieeinrichtung mit dem Ziel behandelt werden, körperliche oder psychische Grundfunktionen zum Zwecke der Wiedereingliederung in das Alltagsleben wiederherzustellen oder die besonderen Fähigkeiten und Fertigkeiten auszubilden, zu fördern und zu trainieren, die für eine Teilnahme am Arbeitsleben erforderlich sind, und
   c) Integrationsprojekte im Sinne des § 132 Abs. 1 des Neunten Buches Sozialgesetzbuch, wenn mindestens 40 Prozent der Beschäftigten besonders betroffene schwerbehinderte Menschen im Sinne des § 132 Abs. 1 des Neunten Buches Sozialgesetzbuch sind,
4. Einrichtungen, die zur Durchführung der Blindenfürsorge und zur Durchführung der Fürsorge für Körperbehinderte unterhalten werden,
5. Einrichtungen über Tag und Nacht (Heimerziehung) oder sonstige betreute Wohnformen,
6. von den zuständigen Behörden genehmigte Lotterien und Ausspielungen, wenn der Reinertrag unmittelbar und ausschließlich zur Förderung mildtätiger, kirchlicher oder gemeinnütziger Zwecke verwendet wird,
7. kulturelle Einrichtungen, wie Museen, Theater, und kulturelle Veranstaltungen, wie Konzerte, Kunstausstellungen; dazu gehört nicht der Verkauf von Speisen und Getränken,
8. Volkshochschulen und andere Einrichtungen, soweit sie selbst Vorträge, Kurse und andere Veranstaltungen wissenschaftlicher oder belehrender Art durchführen; dies

gilt auch, soweit die Einrichtungen den Teilnehmern dieser Veranstaltungen selbst Beherbergung und Beköstigung gewähren,

9. Wissenschafts- und Forschungseinrichtungen, deren Träger sich überwiegend aus Zuwendungen der öffentlichen Hand oder Dritter oder aus der Vermögensverwaltung finanziert. [2]Der Wissenschaft und Forschung dient auch die Auftragsforschung. [3]Nicht zum Zweckbetrieb gehören Tätigkeiten, die sich auf die Anwendung gesicherter wissenschaftlicher Erkenntnisse beschränken, die Übernahme von Projektträgerschaften sowie wirtschaftliche Tätigkeiten ohne Forschungsbezug.

Einführungsgesetz zur Abgabenordnung (EGAO)

– **Auszug** –

§ 1a Steuerlich unschädliche Betätigungen

(1) § 58 Nr. 1 der Abgabenordnung in der Fassung des Artikels 1 des Gesetzes vom 21. Juli 2004 (BGBl. I S. 1753) ist ab dem 1. Januar 2001 anzuwenden.

(2) Die Vorschrift des § 58 Nr. 10 der Abgabenordnung über steuerlich unschädliche Betätigungen in der Fassung des Artikels 26 des Gesetzes vom 21. Dezember 1993 (BGBl. I S. 2310) ist erstmals ab dem 1. Januar 1993 anzuwenden.

(3) § 55 Abs. 1 Nr. 5, § 58 Nr. 7 Buchstabe a, Nr. 11 und 12 der Abgabenordnung in der Fassung des Gesetzes vom 14. Juli 2000 (BGBl. I S. 1034) sind ab dem 1. Januar 2000 anzuwenden.

§ 1b Steuerpflichtige wirtschaftliche Geschäftsbetriebe

§ 64 Abs. 6 der Abgabenordnung in der Fassung des Artikels 5 des Gesetzes vom 20. Dezember 2000 (BGBl. I S. 1850) ist ab dem 1. Januar 2000 anzuwenden.

§ 1c Krankenhäuser

(1) § 67 Abs. 1 der Abgabenordnung in der Fassung des Steuerbereinigungsgesetzes 1986 ist ab dem 1. Januar 1986 anzuwenden.

(2) § 67 Abs. 1 der Abgabenordnung in der Fassung des Gesetzes vom 20. Dezember 1996 (BGBl. I S. 2049) ist ab dem 1. Januar 1996 anzuwenden. Für Krankenhäuser, die mit Wirkung zum 1. Januar 1995 Fallpauschalen und Sonderentgelte nach § 11 Abs. 1 und 2 der Bundespflegesatzverordnung vom 26. September 1994 (BGBl. I S. 2750) angewandt haben, ist § 67 Abs. 1 der Abgabenordnung in der Fassung des in Satz 1 bezeichneten Gesetzes ab dem 1. Januar 1995 anzuwenden.

(3) § 67 der Abgabenordnung in der Fassung des Artikels 10 des Gesetzes vom 13. Dezember 2006 (BGBl. I S. 2878) ist ab dem 1. Januar 2003 anzuwenden.

§ 1d Steuerbegünstigte Zwecke

(1) Die §§ 52, 58, 61, 64 und 67a der Abgabenordnung in der Fassung des Artikels 5 des Gesetzes vom 10. Oktober 2007 (BGBl. I S. 2332) sind ab 1. Januar 2007 anzuwenden.

(2) § 51 der Abgabenordnung in der Fassung des Artikels 10 des Gesetzes vom 19. Dezember 2008 (BGBl. I S. 2794) ist ab dem 1. Januar 2009 anzuwenden. (3) § 55 Absatz 3 der Abgabenordnung in der Fassung des Artikels 9 des Gesetzes vom 8. Dezember 2010 (BGBl. I S. 1768) ist ab dem 1. Januar 2011 anzuwenden. § 55 Absatz 1 Nummer 4 Satz 2 und § 58 Nummer 1 bis 4 der Abgabenordnung in der Fassung des Artikels 9 des Gesetzes vom 8. Dezember 2010 (BGBl. I S. 1768) sind auch für vor diesem Zeit-

raum beginnende Veranlagungszeiträume anzuwenden, soweit Steuerfestsetzungen noch nicht bestandskräftig sind oder unter dem Vorbehalt der Nachprüfung stehen.

§ 1e Zweckbetriebe

(1) § 68 Abs. 6 der Abgabenordnung in der Fassung des Artikels 5 des Gesetzes vom 20. Dezember 2000 (BGBl. I S. 1850) ist mit Wirkung vom 1. Januar 2000 anzuwenden. Die Vorschrift ist auch für vor diesem Zeitraum beginnende Veranlagungszeiträume anzuwenden, soweit Steuerfestsetzungen noch nicht bestandskräftig sind oder unter dem Vorbehalt der Nachprüfung stehen.

(2) Die Vorschrift des § 68 Nr. 9 der Abgabenordnung über die Zweckbetriebseigenschaft von Forschungseinrichtungen ist ab dem 1. Januar 1997 anzuwenden. Sie ist auch für vor diesem Zeitpunkt beginnende Kalenderjahre anzuwenden, soweit Steuerfestsetzungen noch nicht bestandskräftig sind oder unter dem Vorbehalt der Nachprüfung stehen.

(3) § 68 Nr. 3 der Abgabenordnung in der Fassung des Artikels 1a des Gesetzes vom 23. April 2004 (BGBl. I S. 606) ist ab dem 1. Januar 2003 anzuwenden. § 68 Nr. 3 Buchstabe c der Abgabenordnung ist auch für vor diesem Zeitraum beginnende Veranlagungszeiträume anzuwenden, soweit Steuerfestsetzungen noch nicht bestandskräftig sind oder unter dem Vorbehalt der Nachprüfung stehen.

§ 1f Satzung

(1) § 62 der Abgabenordnung in der Fassung des Artikels 10 des Gesetzes vom 13. Dezember 2006 (BGBl. I S. 2878) gilt für alle staatlich beaufsichtigten Stiftungen, die nach dem Inkrafttreten dieses Gesetzes errichtet werden. § 62 der Abgabenordnung in der am 31. Dezember 2008 geltenden Fassung ist letztmals anzuwenden auf Betriebe gewerblicher Art von Körperschaften des öffentlichen Rechts, bei den von einer Körperschaft des öffentlichen Rechts verwalteten unselbständigen Stiftungen und bei geistlichen Genossenschaften (Orden, Kongregationen), die vor dem 1. Januar 2009 errichtet wurden.

(2) § 60 Abs. 1 Satz 2 der Abgabenordnung in der Fassung des Artikels 10 des Gesetzes vom 19. Dezember 2008 (BGBl. I S. 2794) ist auf Körperschaften, die nach dem 31. Dezember 2008 gegründet werden, sowie auf Satzungsänderungen bestehender Körperschaften, die nach dem 31. Dezember 2008 wirksam werden, anzuwenden.

Ein Service des Bundesministeriums der Justiz und für Verbraucherschutz in Zusammenarbeit mit der juris GmbH – www.juris.de

Auszug aus dem Außensteuergesetz (AStG)

§ 4 AStG Erbschaftsteuer

(1) [1]War bei einem Erblasser oder Schenker zur Zeit der Entstehung der Steuerschuld § 2 Abs. 1 Satz l anzuwenden, so tritt bei Erbschaftsteuerpflicht nach § 2 Abs. 1 Nr. 3 des Erbschaftsteuergesetzes die Steuerpflicht über den dort bezeichneten Umfang hinaus für alle Teile des Erwerbs ein, deren Erträge bei unbeschränkter Einkommensteuerpflicht nicht ausländische Einkünfte im Sinne des § 34c Abs. 1 des Einkommensteuergesetzes wären.

(2) [1]Absatz 1 findet keine Anwendung, wenn nachgewiesen wird, daß für die Teile des Erwerbs, die nach dieser Vorschrift über Satz l des Erbschaftsteuergesetzes hinaus steuerpflichtig wären, im Ausland eine der deutschen Erbschaftsteuer entsprechende Steuer zu entrichten ist, die mindestens 30 vom Hundert der deutschen Erbschaftsteuer beträgt, die bei Anwendung des Absatzes 1 auf diese Teile des Erwerbs entfallen würde.

Fünfter Teil: Familienstiftungen

§ 15 AStG Steuerpflicht von Stiftern, Bezugsberechtigten und Anfallsberechtigten

(1) [1]Vermögen und Einkommen einer Familienstiftung, die Geschäftsleitung und Sitz außerhalb des Geltungsbereichs dieses Gesetzes hat, werden dem Stifter, wenn er unbeschränkt steuerpflichtig ist, sonst den unbeschränkt steuerpflichtigen Personen, die bezugsberechtigt oder anfallsberechtigt sind, entsprechend ihrem Anteil zugerechnet. [2]Dies gilt nicht für die Erbschaftsteuer.

(2) [1]Familienstiftungen sind Stiftungen, bei denen der Stifter, seine Angehörigen und deren Abkömmlinge zu mehr als der Hälfte bezugsberechtigt oder anfallsberechtigt sind.

(3) [1]Hat ein Unternehmer im Rahmen seines Unternehmens oder als Mitunternehmer oder eine Körperschaft, eine Personenvereinigung oder eine Vermögensmasse eine Stiftung errichtet, die Geschäftsleitung und Sitz außerhalb des Geltungsbereichs dieses Gesetzes hat, so wird die Stiftung wie eine Familienstiftung behandelt, wenn der Stifter, seine Gesellschafter, von ihm abhängige Gesellschaften, Mitglieder, Vorstandsmitglieder, leitende Angestellte und Angehörige dieser Personen zu mehr als der Hälfte bezugsberechtigt oder anfallsberechtigt sind.

(4) [1]Den Stiftungen stehen sonstige Zweckvermögen, Vermögensmassen und rechtsfähige oder nichtrechtsfähige Personenvereinigungen gleich.

(5) [1]Die §§ 5 und 12 sind entsprechend anzuwenden. [2]Im übrigen finden, soweit Absatz 1 anzuwenden ist, die Vorschriften des Vierten Teils dieses Gesetzes keine Anwendung.

Auszug aus der Einkommensteuer-Durchführungsverordnung (EStDV)

§ 50 EStDV Zuwendungsnachweis

(1) Zuwendungen im Sinne der §§ **10b** und **34g** des Gesetzes dürfen nur abgezogen werden, wenn sie durch eine Zuwendungsbestätigung nachgewiesen werden, die der Empfänger unter Berücksichtigung des § 63 Absatz 5 der Abgabenordnung nach amtlich vorgeschriebenem Vordruck ausgestellt hat. Dies gilt nicht für Zuwendungen an nicht im Inland ansässige Zuwendungsempfänger nach § 10b Absatz 1 Satz 2 Nummer 1 und 3 des Gesetzes.

(1a) [1]Der Zuwendende kann den Zuwendungsempfänger bevollmächtigen, die Zuwendungsbestätigung der Finanzbehörde nach amtlich vorgeschriebenem Datensatz durch Datenfernübertragung nach Maßgabe der **Steuerdaten-Übermittlungsverordnung** zu übermitteln. [2]Der Zuwendende hat dem Zuwendungsempfänger zu diesem Zweck seine Identifikationsnummer (**§ 139b der Abgabenordnung**) mitzuteilen. [3]Die Vollmacht kann nur mit Wirkung für die Zukunft widerrufen werden. [4]Der Datensatz ist bis zum 28. Februar des Jahres, das auf das Jahr folgt, in dem die Zuwendung geleistet worden ist, an die Finanzbehörde zu übermitteln. [5]Der Zuwendungsempfänger hat dem Zuwendenden die nach Satz 1 übermittelten Daten elektronisch oder auf dessen Wunsch als Ausdruck zur Verfügung zu stellen; in beiden Fällen ist darauf hinzuweisen, dass die Daten der Finanzbehörde übermittelt worden sind.

(2) [1]Als Nachweis genügt der Bareinzahlungsbeleg oder die Buchungsbestätigung eines Kreditinstituts,

wenn

1. die Zuwendung zur Hilfe in Katastrophenfällen:
   a) innerhalb eines Zeitraums, den die obersten Finanzbehörden der Länder im Benehmen mit dem Bundesministerium der Finanzen bestimmen, auf ein für den Katastrophenfall eingerichtetes Sonderkonto einer inländischen juristischen Person des öffentlichen Rechts, einer inländischen öffentlichen Dienststelle oder eines inländischen amtlich anerkannten Verbandes der freien Wohlfahrtspflege einschließlich seiner Mitgliedsorganisationen eingezahlt worden ist oder
   b) bis zur Einrichtung des Sonderkontos auf ein anderes Konto der genannten Zuwendungsempfänger geleistet wird. [2]Wird die Zuwendung über ein als Treuhandkonto geführtes Konto eines Dritten auf eines der genannten Sonderkonten geleistet, genügt als Nachweis der Bareinzahlungsbeleg oder die Buchungsbestätigung des Kreditinstituts des Zuwendenden zusammen mit einer Kopie des Barzahlungsbelegs oder der Buchungsbestätigung des Kreditinstituts des Dritten;
2. die Zuwendung 200 Euro nicht übersteigt und
   a) der Empfänger eine inländische juristische Person des öffentlichen Rechts oder eine inländische öffentliche Dienststelle ist oder
   b) der Empfänger eine Körperschaft, Personenvereinigung oder Vermögensmasse im Sinne des **§ 5 Abs. 1 Nr. 9 des Körperschaftsteuergesetzes** ist, wenn der steuerbegünstigte Zweck, für den die Zuwendung verwendet wird, und die Angaben über die Freistellung des Empfängers von der Körperschaftsteuer auf einem von

ihm hergestellten Beleg aufgedruckt sind und darauf angegeben ist, ob es sich bei der Zuwendung um eine Spende oder einen Mitgliedsbeitrag handelt oder

c) der Empfänger eine politische Partei im Sinne des **§ 2 des Parteiengesetzes** ist und bei Spenden der Verwendungszweck auf dem vom Empfänger hergestellten Beleg aufgedruckt ist.

[2]Aus der Buchungsbestätigung müssen Name und Kontonummer oder ein sonstiges Identifizierungsmerkmal des Auftraggebers und des Empfängers, der Betrag, der Buchungstag sowie die tatsächliche Durchführung der Zahlung ersichtlich sein. [3]In den Fällen des Satzes 1 Nummer 2 Buchstabe b hat der Zuwendende zusätzlich den vom Zuwendungsempfänger hergestellten Beleg vorzulegen.

(2a) Bei Zuwendungen zur Hilfe in Katastrophenfällen innerhalb eines Zeitraums, den die obersten Finanzbehörden der Länder im Benehmen mit dem Bundesministerium der Finanzen bestimmen, die über ein Konto eines Dritten an eine inländische juristische Person des öffentlichen Rechts, eine inländische öffentliche Dienststelle oder eine nach **§ 5 Absatz 1 Nummer 9 des Körperschaftsteuergesetzes** steuerbefreite Körperschaft, Personenvereinigung oder Vermögensmasse geleistet werden, genügt als Nachweis die auf den jeweiligen Spender ausgestellte Zuwendungsbestätigung des Zuwendungsempfängers, wenn das Konto des Dritten als Treuhandkonto geführt wurde, die Spenden von dort an den Zuwendungsempfänger weitergeleitet wurden und diesem eine Liste mit den einzelnen Spendern und ihrem jeweiligen Anteil an der Spendensumme übergeben wurde.

(3) Als Nachweis für die Zahlung von Mitgliedsbeiträgen an politische Parteien im Sinne des **§ 2 des Parteiengesetzes** genügt die Vorlage von Bareinzahlungsbelegen, Buchungsbestätigungen oder Beitragsquittungen.

(4) [1]Eine in § 5 Abs. 1 Nr. 9 des Körperschaftsteuergesetzes bezeichnete Körperschaft, Personenvereinigung oder Vermögensmasse hat die Vereinnahmung der Zuwendung und ihre zweckentsprechende Verwendung ordnungsgemäß aufzuzeichnen und ein Doppel der Zuwendungsbestätigung aufzubewahren. [2]Bei Sachzuwendungen und beim Verzicht auf die Erstattung von Aufwand müssen sich aus den Aufzeichnungen auch die Grundlagen für den vom Empfänger bestätigten Wert der Zuwendung ergeben.

Auszug aus dem SGB XII

§ 71 SGB-XII Altenhilfe

(1) Alten Menschen soll außer den Leistungen nach den übrigen Bestimmungen dieses Buches Altenhilfe gewährt werden. Die Altenhilfe soll dazu beitragen, Schwierigkeiten, die durch das Alter entstehen, zu verhüten, zu überwinden oder zu mildern und alten Menschen die Möglichkeit zu erhalten, am Leben in der Gemeinschaft teilzunehmen.

(2) Als Leistungen der Altenhilfe kommen insbesondere in Betracht:
1. Leistungen zu einer Betätigung und zum gesellschaftlichen Engagement, wenn sie vom alten Menschen gewünscht wird,
2. Leistungen bei der Beschaffung und zur Erhaltung einer Wohnung, die den Bedürfnissen des alten Menschen entspricht,
3. Beratung und Unterstützung in allen Fragen der Aufnahme in eine Einrichtung, die der Betreuung alter Menschen dient, insbesondere bei der Beschaffung eines geeigneten Heimplatzes,
4. Beratung und Unterstützung in allen Fragen der Inanspruchnahme altersgerechter Dienste,
5. Leistungen zum Besuch von Veranstaltungen oder Einrichtungen, die der Geselligkeit, der Unterhaltung, der Bildung oder den kulturellen Bedürfnissen alter Menschen dienen,
6. Leistungen, die alten Menschen die Verbindung mit nahe stehenden Personen ermöglichen.

(3) Leistungen nach Absatz 1 sollen auch erbracht werden, wenn sie der Vorbereitung auf das Alter dienen.

(4) Altenhilfe soll ohne Rücksicht auf vorhandenes Einkommen oder Vermögen geleistet werden, soweit im Einzelfall Beratung und Unterstützung erforderlich sind.

C. Erlasse und Verwaltungsanweisungen

Bundesministerium der Finanzen, IV B 2 – S-2144 – 40/98/IV B 7 – S-0183 – 62/98

Schreiben (koordinierter Ländererlass) vom 18.02.1998

Fundstellen:
BStBl-1998-I-0212

Ertragsteuerliche Behandlung des Sponsoring

Für die ertragsteuerliche Behandlung des Sponsoring gelten – unabhängig von dem gesponserten Bereich (z. B. Sport-, Kultur-, Sozio-, Öko- und Wissenschaftssponsoring) – im Einvernehmen mit den obersten Finanzbehörden der Länder folgende Grundsätze:

I. Begriff des Sponsoring

Unter Sponsoring wird üblicherweise die Gewährung von Geld oder geldwerten Vorteilen durch Unternehmen zur Förderung von Personen, Gruppen und/oder Organisationen in sportlichen, kulturellen, kirchlichen, wissenschaftlichen, sozialen, ökologischen oder ähnlich bedeutsamen gesellschaftspolitischen Bereichen verstanden, mit der regelmäßig auch eigene unternehmensbezogene Ziele der Werbung oder Öffentlichkeitsarbeit verfolgt werden. Leistungen eines Sponsors beruhen häufig auf einer vertraglichen Vereinbarung zwischen dem Sponsor und dem Empfänger der Leistungen (Sponsoring- Vertrag), in dem Art und Umfang der Leistungen des Sponsors und des Empfängers geregelt sind.

II. Steuerliche Behandlung beim Sponsor

Die im Zusammenhang mit dem Sponsoring gemachten Aufwendungen können

– Betriebsausgaben i. S. des § 4 Abs. 4 EStG, – Spenden, die unter den Voraussetzungen der §§ 10b EStG, 9 Abs. 1 Nr. 2 KStG, 9 Nr. 5 GewStG abgezogen werden dürfen, oder – steuerlich nicht abziehbare Kosten der Lebensführung (§ 12 Nr. 1 EStG), bei Kapitalgesellschaften verdeckte Gewinnausschüttungen (§ 8 Abs. 3 Satz 2 KStG) sein.

1. Berücksichtigung als Betriebsausgaben

Aufwendungen des Sponsors sind Betriebsausgaben, wenn der Sponsor wirtschaftliche Vorteile, die insbesondere in der Sicherung oder Erhöhung seines unternehmerischen Ansehens liegen können (vgl. BFH vom 3. Februar 1993, BStBl II S. 441, 445), für sein Unternehmen erstrebt oder für Produkte seines Unternehmens werben will. Das ist insbesondere der Fall, wenn der Empfänger der Leistungen auf Plakaten, Veranstaltungshinweisen, in Ausstellungskatalogen, auf den von ihm benutzten Fahrzeugen oder anderen Gegenständen auf das Unternehmen oder auf die Produkte des Sponsors werbewirksam hinweist. Die Berichterstattung in Zeitungen, Rundfunk oder Fernsehen kann einen wirtschaftlichen Vorteil, den der Sponsor für sich anstrebt, begründen, insbesondere wenn sie in seine Öffentlichkeitsarbeit eingebunden ist oder der Sponsor an

Pressekonferenzen oder anderen öffentlichen Veranstaltungen des Empfängers mitwirken und eigene Erklärungen über sein Unternehmen oder seine Produkte abgeben kann.

Wirtschaftliche Vorteile für das Unternehmen des Sponsors können auch dadurch erreicht werden, daß der Sponsor durch Verwendung des Namens, von Emblemen oder Logos des Empfängers oder in anderer Weise öffentlichkeitswirksam auf seine Leistungen aufmerksam macht.

Für die Berücksichtigung der Aufwendungen als Betriebsausgaben kommt es nicht darauf an, ob die Leistungen notwendig, üblich oder zweckmäßig sind; die Aufwendungen dürfen auch dann als Betriebsausgaben abgezogen werden, wenn die Geld- oder Sachleistungen des Sponsors und die erstrebten Werbeziele für das Unternehmen nicht gleichwertig sind. Bei einem krassen Mißverhältnis zwischen den Leistungen des Sponsors und dem erstrebten wirtschaftlichen Vorteil ist der Betriebsausgabenabzug allerdings zu versagen (§ 4 Abs. 5 Satz 1 Nr. 7 EStG).

Leistungen des Sponsors im Rahmen des Sponsoring-Vertrags, die die oben genannten Voraussetzungen für den Betriebsausgabenabzug erfüllen, sind keine Geschenke i. S. des § 4 Abs. 5 Satz 1 Nr. 1 EStG.

2. Berücksichtigung als Spende

Zuwendungen des Sponsors, die keine Betriebsausgaben sind, sind als Spenden (§ 10b EStG) zu behandeln, wenn sie zur Förderung steuerbegünstigter Zwecke freiwillig oder aufgrund einer freiwillig eingegangenen Rechtspflicht erbracht werden, kein Entgelt für eine bestimmte Leistung des Empfängers sind und nicht in einem tatsächlichen wirtschaftlichen Zusammenhang mit dessen Leistungen stehen (BFH vom 25. November 1987, BStBl II 1988 S. 220; vom 12. September 1990, BStBl II 1991 S. 258).

3. Nichtabziehbare Kosten der privaten Lebensführung oder verdeckte Gewinnausschüttungen

Als Sponsoringaufwendungen bezeichnete Aufwendungen, die keine Betriebsausgaben und keine Spenden sind, sind nicht abziehbare Kosten der privaten Lebensführung (§ 12 Nr. 1 Satz 2 EStG). Bei entsprechenden Zuwendungen einer Kapitalgesellschaft können verdeckte Gewinnausschüttungen vorliegen, wenn der Gesellschafter durch die Zuwendungen begünstigt wird, z. B. eigene Aufwendungen als Mäzen erspart (vgl. Abschnitt 31 Abs. 2 Satz 4 KStR 1995).

III. Steuerliche Behandlung bei steuerbegünstigten Empfängern

Die im Zusammenhang mit dem Sponsoring erhaltenen Leistungen können, wenn der Empfänger eine steuerbegünstigte Körperschaft ist, steuerfrei Einnahmen im ideellen Bereich, steuerfreie Einnahmen aus der Vermögensverwaltung oder steuerpflichtige Einnahmen eines wirtschaftlichen Geschäftsbetriebs sein. Die steuerliche Behandlung der Leistungen beim Empfänger hängt grundsätzlich nicht davon ab, wie die entsprechenden Aufwendungen beim leistenden Unternehmen behandelt werden.

Für die Abgrenzung gelten die allgemeinen Grundsätze (vgl. insbesondere Anwendungserlaß zur Abgabenordnung, zu § 67a, Tz. I/9). Danach liegt kein wirtschaftlicher Geschäftsbetrieb vor, wenn die steuerbegünstigte Körperschaft dem Sponsor nur die Nutzung ihres Namens zu Werbezwecken in der Weise gestattet, daß der Sponsor selbst zu Werbezwecken oder zur Imagepflege auf seine Leistungen an die Körperschaft hinweist. Ein wirtschaftlicher Geschäftsbetrieb liegt auch dann nicht vor, wenn der Empfänger der Leistungen z. B. auf Plakaten, Veranstaltungshinweisen, in Ausstellungskatalogen oder in anderer Weise auf die Unterstützung durch einen Sponsor lediglich hinweist. Dieser Hinweis kann unter Verwendung des Namens, Emblems oder Logos des Sponsors, jedoch ohne besondere Hervorhebung, erfolgen. Ein wirtschaftlicher Geschäftsbetrieb liegt dagegen vor, wenn die Körperschaft an den Werbemaßnahmen mitwirkt. Der wirtschaftliche Geschäftsbetrieb kann kein Zweckbetrieb (§§ 65 bis 68 AO) sein.

Dieses Schreiben ersetzt das BMF-Schreiben vom 9. Juli 1997 (BStBl I S. 726).

Schreiben betr. umsatzsteuerrechtliche Behandlung des Sponsorings aus der Sicht des Zuwendungsempfängers

Vom 13. November 2012 (BStBl. I S. 1169)
(BMF IV D 2 – S 7100/08/10007 :003)

Unter Sponsoring wird üblicherweise die Gewährung von Geld oder geldwerten Vorteilen durch Unternehmen zur Förderung von Personen, Gruppen und/oder Organisationen in sportlichen, kulturellen, kirchlichen, wissenschaftlichen, sozialen, ökologischen oder ähnlich bedeutsamen gesellschaftspolitischen Bereichen verstanden, mit der regelmäßig auch eigene unternehmensbezogene Ziele der Werbung oder Öffentlichkeitsarbeit verfolgt werden. Leistungen eines Sponsors beruhen häufig auf einer vertraglichen Vereinbarung zwischen dem Sponsor und dem Empfänger der Leistungen (Sponsoringvertrag), in dem Art und Umfang der Leistungen des Sponsors und des Empfängers geregelt sind.

Für den Empfänger der vom Sponsor gewährten Zuwendung in Geld oder in geldwerten Vorteilen gilt Folgendes:

Die Besteuerung einer Lieferung oder sonstigen Leistung als Umsatz gegen Entgelt nach § 1 Abs. 1 Nr. 1 Satz 1 UStG setzt das Bestehen eines unmittelbaren Zusammenhangs zwischen der erbrachten Leistung und dem empfangenen Gegenwert voraus. Der Leistungsempfänger muss identifizierbar sein; er muss einen Vorteil erhalten, der einen Kostenfaktor in seiner Tätigkeit bilden könnte und damit zu einem Verbrauch im Sinne des gemeinsamen Mehrwertsteuerrechts führt (vgl. BFH-Urteile vom 21. April 2005 V R 11/03, BStBl. 2007 II S. 63, vom 27. Februar 2008, XI R 50/07, BStBl. 2009 II S. 426, und vom 18. Dezember 2008 V R 38/06, BStBl. 2009 II S. 749). Mit der bloßen Nennung des Sponsors – ohne besondere Hervorhebung – wird diesem vom Zuwendungsempfänger weder ein verbrauchsfähiger Vorteil gewährt, noch werden ihm Kosten erspart, die er sonst hätte aufwenden müssen.

Änderung des Umsatzsteuer-Anwendungserlasses

Unter Bezugnahme auf das Ergebnis der Erörterungen mit den obersten Finanzbehörden der Länder wird der Abschnitt 1.1 des Umsatzsteuer-Anwendungserlasses vom 1. Oktober 2010, BStBl. I S. 846 [1] , der zuletzt durch das BMF-Schreiben vom 24. Oktober 2012 IV D 2 – S 7100 – b/11/10002, DOK 2012/0954863 [2] , geändert worden ist, wie folgt geändert:

Es wird folgender Abs. 23 angefügt:

„(23) [1]Weist der Empfänger von Zuwendungen aus einem Sponsoringvertrag auf Plakaten, in Veranstaltungshinweisen, in Ausstellungskatalogen, auf seiner Internetseite oder in anderer Weise auf die Unterstützung durch den Sponsor lediglich hin, erbringt er insoweit keine Leistung im Rahmen eines Leistungsaustausches. [2]Dieser Hinweis kann unter Verwendung des Namens, Emblems oder Logos des Sponsors, jedoch ohne besondere Hervorhebung oder Verlinkung zu dessen Internetseiten, erfolgen."

Die Grundsätze dieses Schreibens sind in allen ab dem 1. Januar 2013 verwirklichten Sachverhalten anzuwenden.

Bundesministerium der Finanzen, IV C 6 – S-0170 – 35/00

Schreiben (koordinierter Ländererlass) vom 15.05.2000

Fundstelle:
BStBl-2000-I-0814

Gemeinnützigkeitsrecht

1. Erteilung vorläufiger Bescheinigungen über die Gemeinnützigkeit
2. Angemessenheit von Aufwendungen für die Verwaltung und Spendenwerbung

Der BFH hat mit Beschluss vom 23. September 1998 – I B 82/98 – entschieden, dass

I. eine gemeinnützige Körperschaft unter bestimmten Voraussetzungen Anspruch auf Erteilung einer vorläufigen Bescheinigung über die Gemeinnützigkeit hat und

II. eine Körperschaft gegen das Gebot der Selbstlosigkeit (§ 55 AO) verstoßen kann, wenn sie Spendeneinnahmen nicht überwiegend für ihre steuerbegünstigten satzungsmäßigen Zwecke verwendet.

Unter Bezugnahme auf das Ergebnis der Erörterung mit den obersten Finanzbehörden der Länder nehme ich zur Anwendung der Rechtsgrundsätze dieses Beschlusses wie folgt Stellung:

I. Vorläufige Bescheinigungen

1. Nach dem Anwendungserlass zur AO, zu § 59, Nr. 4 und 5, hat das Finanzamt einer Körperschaft, bei der die Voraussetzungen der Steuervergünstigung noch nicht im Veranlagungsverfahren festgestellt worden sind (Neugründungen), auf Antrag eine vorläufige Bescheinigung über die Gemeinnützigkeit zu erteilen, wenn die eingereichte Satzung den Anforderungen des Gemeinnützigkeitsrechts genügt. Die Bescheinigung ist befristet zu erteilen und jederzeit widerruflich. Sie berechtigt die Körperschaft insbesondere zum Empfang steuerbegünstigter Spenden bereits vor Ablauf des ersten Veranlagungszeitraums.

An diesem Verfahren wird festgehalten. Die vorläufige Bescheinigung über die Gemeinnützigkeit ist in diesen Fällen (Neugründungen) mit der Vordruck Gem 5 zu erteilen.

2. Nach dem Beschluss des BFH vom 23. September 1998 kann die Erteilung einer vorläufigen Bescheinigung über die Gemeinnützigkeit auch in Betracht kommen, wenn eine Körperschaft schon längere Zeit existiert und die Gemeinnützigkeit im Veranlagungsverfahren versagt wurde.

a) Eine vorläufige Bescheinigung über die Gemeinnützigkeit ist in diesen Fällen auf Antrag zu erteilen, wenn die Körperschaft die Voraussetzungen für die Gemeinnützigkeit im gesamten Veranlagungszeitraum, der dem Zeitraum der Nichtgewährung folgt, voraussichtlich erfüllen wird. Ihre Geltungsdauer sollte 18 Monate nicht überschreiten.

b) Darüber hinaus kann die Erteilung einer vorläufigen Bescheinigung über die Gemeinnützigkeit auch dann geboten sein, wenn die Körperschaft nach Auffassung des

Finanzamts nicht gemeinnützig ist. In diesen Fällen darf die Bescheinigung nur erteilt werden, wenn die folgenden Voraussetzungen erfüllt sind:

aa) Die Körperschaft muss gegen eine Entscheidung des Finanzamts, mit der die Erteilung einer vorläufigen Bescheinigung über die Gemeinnützigkeit abgelehnt wurde, beim zuständigen Finanzgericht Rechtsschutz begehrt haben.

bb) Es müssen ernstliche Zweifel bestehen, ob die Ablehnung der Gemeinnützigkeit im Klageverfahren bestätigt wird. Dies erfordert, dass die Körperschaft schlüssig darlegt und glaubhaft macht, dass sie die Voraussetzungen für die Gemeinnützigkeit nach ihrer Satzung und bei der tatsächlichen Geschäftsführung erfüllt.

cc) Die wirtschaftliche Existenz der Körperschaft muss in Folge der Nichterteilung der vorläufigen Bescheinigung gefährdet sein. Für die Beurteilung sind die Verhältnisse im jeweiligen Einzelfall maßgeblich. Eine Existenzgefährdung kann nicht allein deshalb unterstellt werden, weil sich die Körperschaft bisher zu einem wesentlichen Teil aus Spenden oder steuerlich abziehbaren Mitgliedsbeiträgen finanziert hat und wegen der Nichtgewährung der Steuervergünstigungen ein erheblicher Rückgang dieser Einnahmen zu erwarten ist. Sie liegt z. B. auch dann nicht vor, wenn die Körperschaft über ausreichendes verwertbares Vermögen verfügt oder sich ausreichende Kredite verschaffen kann. Die Körperschaft muss als Antragsgrund die Existenzgefährdung schlüssig darlegen und glaubhaft machen.

Die vorläufige Bescheinigung über die Gemeinnützigkeit nach der Nummer 2 Buchstabe b ist ggf. formlos zu erteilen. Sie muss die Körperschaft in die Lage versetzen, unter Hinweis auf die steuerliche Abzugsfähigkeit um Zuwendungen zu werben. Ihre Geltungsdauer ist bis zum rechtskräftigen Abschluss des gerichtlichen Verfahrens zu befristen. Ob Auflagen, wie sie der BFH in dem entschiedenen Fall beschlossen hat (u. a. vierteljährliche Einreichung von Aufstellungen über die Einnahmen und Ausgaben), sinnvoll und erforderlich sind, hängt von den Umständen des Einzelfalls ab.

II. Angemessenheit von Verwaltungsausgaben

1. Eine Körperschaft kann nicht als gemeinnützig behandelt werden, wenn ihre Ausgaben für die allgemeine Verwaltung einschließlich der Werbung um Spenden einen angemessenen Rahmen übersteigen (§ 55 Abs. 1 Nr. 1 und 3 AO). Nach dem Beschluss des BFH vom 23. September 1998 wird dieser Rahmen überschritten, wenn eine Körperschaft, die sich weitgehend durch Geldspenden finanziert, diese – nach einer Aufbauphase – überwiegend zur Bestreitung von Ausgaben für Verwaltung und Spendenwerbung statt für die Verwirklichung der steuerbegünstigten satzungsmäßigen Zwecke verwendet. Der BFH hat die Höhe der Verwaltungsausgaben einschließlich Spendenwerbung ins Verhältnis zu den Spendeneinnahmen gesetzt. Dies ist dahingehend zu verallgemeinern, dass die Verwaltungsausgaben einschließlich Spendenwerbung ins Verhältnis zu den gesamten vereinnahmten Mitteln (Spenden, Mitgliedsbeiträge, Zuschüsse, Gewinne aus wirtschaftlichen Geschäftsbetrieben usw.) zu setzen sind.

Der BFH hat mit diesem Beschluss keine allgemeine Grenze von 50 % für die Angemessenheit von Verwaltungsausgaben einschließlich der Spendenwerbung festgelegt. Vielmehr kommt es, wie sich auch aus der Begründung des Beschlusses entnehmen lässt, für die Frage der Angemessenheit dieser Ausgaben entscheidend auf die Umstände des jeweiligen Einzelfalls an. Deshalb kann eine für die Gemeinnützigkeit schädliche Mittelverwendung auch schon bei einem deutlich geringeren prozentualen Anteil der Verwaltungsausgaben vorliegen.

Verwendet eine Körperschaft Mittel für die Werbung neuer Mitglieder, ist es in der Regel nicht zu beanstanden, wenn sie hierfür im Jahr nicht mehr als 10 v. H. der gesamten Mitgliedsbeiträge des Jahres aufwendet.

2. Während der Gründungs- oder Aufbauphase einer Körperschaft kann auch eine überwiegende Verwendung der Mittel für Verwaltungsausgaben und Spendenwerbung unschädlich für die Gemeinnützigkeit sein. Die Dauer der Gründungs- oder Aufbauphase, während der dies möglich ist, hängt von den Verhältnissen des Einzelfalls ab.

In dem entschiedenen Fall hat der BFH es nicht beanstandet, dass die Ausgaben der Körperschaft für Verwaltung und Spendenwerbung in den ersten 4 Jahren nach der Gründung die Grenze von 50 % der eingenommenen Geldspenden weit überschritten haben, und erst ab dem 5. Jahr die Einhaltung dieser Grenze verlangt. Hieraus kann nicht geschlossen werden, dass generell eine Aufbauphase von 4 Jahren, in der höhere anteilige Ausgaben für Verwaltung und Spendenwerbung zulässig sind, zugestanden werden muss. Der BFH hat in dem entschiedenen Fall neben den besonderen Aufgaben und der Struktur der Körperschaft auch noch berücksichtigt, dass nach der Aberkennung der Gemeinnützigkeit und dem dadurch verursachten starken Rückgang der Spendeneinnahmen eine 2. Aufbauphase erforderlich war. Der vom BFH zugestandene Zeitraum von 4 Jahren ist deshalb als Obergrenze zu verstehen. In der Regel ist von einer kürzeren Aufbauphase auszugehen.

3. Es wird darauf hingewiesen, dass die Gemeinnützigkeit auch dann zu versagen ist, wenn das Verhältnis der Verwaltungsausgaben zu den Ausgaben für die steuerbegünstigten Zwecke zwar insgesamt nicht zu beanstanden, eine einzelne Verwaltungsausgabe (z. B. das Gehalt des Geschäftsführers oder der Aufwand für die Mitglieder- und Spendenwerbung) aber nicht angemessen ist (§ 55 Abs. 1 Nr. 3 AO).

4. Nach den Ausführungen des BFH in dem Beschluss vom 23. September 1998 sind Ausgaben für Gehälter und Lohnnebenkosten (Personalkosten) der Verwaltung und der Spendenwerbung entsprechend der für diese Tätigkeiten aufgewendeten Arbeitszeit zuzuordnen. Hierzu wird darauf hingewiesen, dass es sich bei den Kosten für die Beschäftigung eines Geschäftsführers grundsätzlich um Verwaltungsausgaben handelt. Eine Zuordnung der Kosten zu der steuerbegünstigten Tätigkeit ist nur insoweit möglich, als der Geschäftsführer unmittelbar bei gemeinnützigen Projekten mitarbeitet. Entsprechendes gilt für die Zuordnung von Reisekosten.

Dieses Schreiben wird im Bundessteuerblatt Teil I und gleichzeitig der BFH-Beschluss vom 23. September 1998 im Bundessteuerblatt Teil II veröffentlicht.

Schreiben betr. Muster für Zuwendungsbestätigungen (§ 10 b EStG)

Vom 7. November 2013 (BStBl. I S. 1333)
(BMF IV C 4 – S 2223/07/0018 :005)

18 Anlagen

Im Einvernehmen mit den obersten Finanzbehörden der Länder sind die in der Anlage beigefügten Muster für Zuwendungen an inländische Zuwendungsempfänger zu verwenden.

Für die Verwendung der aktualisierten Muster für Zuwendungsbestätigungen gilt Folgendes:

1. Die in der Anlage beigefügten Muster für Zuwendungsbestätigungen sind verbindliche Muster (vgl. § 50 Abs. 1 EStDV). Die Zuwendungsbestätigungen können weiterhin vom jeweiligen Zuwendungsempfänger anhand dieser Muster selbst hergestellt werden. In einer auf einen bestimmten Zuwendungsempfänger zugeschnittenen Zuwendungsbestätigung müssen nur die Angaben aus den veröffentlichten Mustern übernommen werden, die im Einzelfall einschlägig sind. Die in den Mustern vorgesehenen Hinweise zu den haftungsrechtlichen Folgen der Ausstellung einer unrichtigen Zuwendungsbestätigung und zur steuerlichen Anerkennung der Zuwendungsbestätigung sind stets in die Zuwendungsbestätigungen zu übernehmen.
2. Die Wortwahl und die Reihenfolge der vorgegebenen Textpassagen in den Mustern sind beizubehalten, Umformulierungen sind unzulässig. Auf der Zuwendungsbestätigung dürfen weder Danksagungen an den Zuwendenden noch Werbung für die Ziele der begünstigten Einrichtung angebracht werden. Entsprechende Texte sind jedoch auf der Rückseite zulässig. Die Zuwendungsbestätigung darf die Größe einer DIN-A4-Seite nicht überschreiten.
3. Gegen optische Hervorhebungen von Textpassagen beispielsweise durch Einrahmungen und/oder vorangestellte Ankreuzkästchen bestehen keine Bedenken. Ebenso ist es zulässig, den Namen des Zuwendenden und dessen Adresse so untereinander anzuordnen, dass die gleichzeitige Nutzung als Anschriftenfeld möglich ist. Fortlaufende alphanumerische Zeichen mit einer oder mehreren Reihen, die zur Identifizierung der Zuwendungsbestätigung geeignet sind, können vergeben werden; die Verwendung eines Briefpapiers mit einem Logo, Emblem oder Wasserzeichen der Einrichtung ist zulässig.
4. Es bestehen keine Bedenken, wenn der Zuwendungsempfänger in seinen Zuwendungsbestätigungen alle ihn betreffenden steuerbegünstigten Zwecke nennt. Aus steuerlichen Gründen bedarf es keiner Kenntlichmachung, für welchen konkreten steuerbegünstigten Zweck die Zuwendung erfolgt bzw. verwendet wird.
5. Der zugewendete Betrag ist sowohl in Ziffern als auch in Buchstaben zu benennen. Für die Benennung in Buchstaben ist es nicht zwingend erforderlich, dass der zugewendete Betrag in einem Wort genannt wird; ausreichend ist die Buchstabenbenennung der jeweiligen Ziffern. So kann z. B. ein Betrag in Höhe von 1322 Euro als „eintausenddreihundertzweiundzwanzig“ oder „eins – drei – zwei – zwei“ bezeichnet werden. In diesen Fällen sind allerdings die Leerräume vor der Nennung der ersten Ziffer und hinter der letzten Ziffer in geeigneter Weise (z. B. durch „X“) zu entwerten.
6. Handelt es sich um eine Sachspende, so sind in die Zuwendungsbestätigung genaue Angaben über den zugewendeten Gegenstand aufzunehmen (z. B. Alter, Zustand, historischer Kaufpreis usw.). Für die Sachspende zutreffende Sätze sind in den entsprechenden Mustern anzukreuzen.
   Sachspende aus dem Betriebsvermögen:
   Stammt die Sachzuwendung nach den Angaben des Zuwendenden aus dessen Betriebsvermögen, bemisst sich die Zuwendungshöhe nach dem Wert, der bei der Entnahme angesetzt wurde und nach der Umsatzsteuer, die auf die Entnahme entfällt (§ 10 b Abs. 3 Satz 2 EStG). In diesen Fällen braucht der Zuwendungsempfänger keine zusätzlichen Unterlagen in seine Buchführung aufzunehmen, ebenso sind Angaben über die Unterlagen, die zur Wertermittlung gedient haben, nicht erforderlich. Der Entnahmewert ist grundsätzlich der Teilwert. Der Entnahmewert kann auch der Buchwert sein, wenn das Wirtschaftsgut unmittelbar nach der Entnahme für steuerbegünstigte Zwecke gespendet wird (sog. Buchwertprivileg, § 6 Abs. 1 Nr. 4 Satz 4 und 5 EStG).
   Sachspende aus dem Privatvermögen:
   Handelt es sich um eine Sachspende aus dem Privatvermögen des Zuwendenden, ist der gemeine Wert des gespendeten Wirtschaftsguts maßgebend, wenn dessen Veräußerung im Zeitpunkt der Zuwendung keinen Besteuerungstatbestand erfüllen würde (§ 10 b Abs. 3 Satz 3 EStG). Ansonsten sind die fortgeführten Anschaffungs- oder Herstellungskosten als Wert der Zuwendung auszuweisen. Dies gilt insbesondere bei Veräußerungstatbeständen, die unter § 17 oder § 23 EStG fallen (z. B. Zuwendung einer mindestens 1 %igen Beteiligung an einer Kapitalgesellschaft (§ 17 EStG), einer Immobilie, die sich weniger als zehn Jahre im Eigentum des Spenders befindet (§ 23 Abs. 1 Satz 1

Nr. 1 EStG), eines anderen Wirtschaftsguts im Sinne des § 23 Abs. 1 Satz 1 Nr. 2 EStG mit einer Eigentumsdauer von nicht mehr als einem Jahr). Der Zuwendungsempfänger hat anzugeben, welche Unterlagen er zur Ermittlung des angesetzten Wertes herangezogen hat. In Betracht kommt in diesem Zusammenhang z. B. ein Gutachten über den aktuellen Wert der zugewendeten Sache oder der sich aus der ursprünglichen Rechnung ergebende historische Kaufpreis unter Berücksichtigung einer Absetzung für Abnutzung. Diese Unterlagen hat der Zuwendungsempfänger zusammen mit der Zuwendungsbestätigung in seine Buchführung aufzunehmen.

7. Die Zeile: „Es handelt sich um den Verzicht auf die Erstattung von Aufwendungen Ja □ Nein □“ ist stets in die Zuwendungsbestätigungen über Geldzuwendungen/Mitgliedsbeiträge zu übernehmen und entsprechend anzukreuzen. Dies gilt auch für Sammelbestätigungen und in den Fällen, in denen ein Zuwendungsempfänger grundsätzlich keine Zuwendungsbestätigungen für die Erstattung von Aufwendungen ausstellt.
8. Werden Zuwendungen an eine juristische Person des öffentlichen Rechts von dieser an andere juristische Personen des öffentlichen Rechts weitergeleitet und werden von diesen die steuerbegünstigten Zwecke verwirklicht, so hat der „Erstempfänger“ die in den amtlichen Vordrucken enthaltene Bestätigung wie folgt zu fassen:
„Die Zuwendung wird entsprechend den Angaben des Zuwendenden an ....[Name des Letztempfängers verbunden mit dem Hinweis auf dessen öffentlich-rechtliche Organisationsform] weitergeleitet.“
9. Erfolgt der Nachweis in Form der Sammelbestätigung, so ist der bescheinigte Gesamtbetrag auf der zugehörigen Anlage in sämtliche Einzelzuwendungen aufzuschlüsseln. Es bestehen keine Bedenken, auf der Anlage zur Sammelbestätigung entweder den Namen des Zuwendenden oder ein fortlaufendes alphanumerisches Zeichen anzubringen, um eine sichere Identifikation zu gewährleisten.
10. Für maschinell erstellte Zuwendungsbestätigungen ist R 10 b.1 Abs. 4 EStR zu beachten.
11. Nach § 50 Abs. 4 EStDV hat die steuerbegünstigte Körperschaft ein Doppel der Zuwendungsbestätigung aufzubewahren. Es ist in diesem Zusammenhang zulässig, das Doppel in elektronischer Form zu speichern. Die Grundsätze ordnungsmäßiger DV-gestützter Buchführungssysteme (BMF-Schreiben vom 7. November 1995, BStBl. I S. 738) sind zu beachten.
12. Für Zuwendungen nach dem 31. Dezember 1999 ist das Durchlaufspendenverfahren keine zwingende Voraussetzung mehr für die steuerliche Begünstigung von Spenden. Seit 1. Januar 2000 sind alle steuerbegünstigten Körperschaften im Sinne des § 5 Abs. 1 Nr. 9 KStG zum unmittelbaren Empfang und zur Bestätigung von Zuwendungen berechtigt. Dennoch dürfen juristische Personen des öffentlichen Rechts oder öffentliche Dienststellen auch weiterhin als Durchlaufstelle auftreten und Zuwendungsbestätigungen ausstellen (vgl. R 10 b.1 Abs. 2 EStR). Sie unterliegen dann aber auch – wie bisher – der Haftung nach § 10 b Abs. 4 EStG. Dach- und Spitzenorganisationen können für die ihnen angeschlossenen Vereine dagegen nicht mehr als Durchlaufstelle fungieren.
13. Mit dem Gesetz zur Stärkung des Ehrenamtes vom 21. März 2013 (BGBl. I S. 556)[1] wurde mit § 60 a AO die Feststellung der satzungsmäßigen Voraussetzungen eingeführt. Nach § 60 a AO wird die Einhaltung der satzungsmäßigen Voraussetzungen gesondert vom Finanzamt festgestellt. Dieses Verfahren löst die so genannte vorläufige Bescheinigung ab. Übergangsweise bleiben die bislang ausgestellten vorläufigen Bescheinigungen weiterhin gültig und die betroffenen Körperschaften sind übergangsweise weiterhin zur Ausstellung von Zuwendungsbestätigungen berechtigt. Diese Körperschaften haben in ihren Zuwendungsbestätigungen anzugeben, dass sie durch vorläufige Bescheinigung den steuerbegünstigten Zwecken dienend anerkannt worden sind. Die Bestätigung ist wie folgt zu fassen:

   „Wir sind wegen Förderung (Angabe des begünstigten Zwecks/der begünstigten Zwecke) durch vorläufige Bescheinigung des Finanzamtes (Name), StNr. (Angabe) vom (Datum) ab (Datum) als steuerbegünstigten Zwecken dienend anerkannt.“

   Außerdem sind die Hinweise zu den haftungsrechtlichen Folgen der Ausstellung einer unrichtigen Zuwendungsbestätigung und zur steuerlichen Anerkennung der Zuwendungsbestätigung folgendermaßen zu fassen:

   „Wer vorsätzlich oder grob fahrlässig eine unrichtige Zuwendungsbestätigung erstellt oder veranlasst, dass Zuwendungen nicht zu den in der Zuwendungsbestätigung angegebenen steuerbegünstigten Zwecken verwendet werden, haftet für die entgangene Steuer (§ 10 b Abs. 4 EStG, § 9 Abs. 3 KStG, § 9 Nr. 5 GewStG).

   Diese Bestätigung wird nicht als Nachweis für die steuerliche Berücksichtigung der Zuwendung anerkannt, wenn das Datum der vorläufigen Bescheinigung länger als 3 Jahre seit Ausstellung der Bestätigung zurückliegt (BMF vom 15. Dezember 1994 – BStBl. I S. 884).“

   In Fällen, in denen juristische Personen des öffentlichen Rechts oder Stiftungen des öffentlichen Rechts Zuwendungen an Körperschaften im Sinne des § 5 Abs. 1 Nr. 9 KStG weiterleiten, ist ebenfalls anzugeben, ob die Empfängerkörperschaft durch vorläufige Bescheinigung als steuerbegünstigten Zwecken dienend anerkannt worden ist. Diese Angabe ist hierbei in den Zuwendungsbestätigungen folgendermaßen zu fassen:

   „Entsprechend den Angaben des Zuwendenden an (Name) weitergeleitet, die/der vom Finanzamt (Name) StNr. (Angabe) mit vorläufiger

Bescheinigung (gültig ab: Datum) vom (Datum) als steuerbegünstigten Zwecken dienend anerkannt ist."

Die Hinweise zu den haftungsrechtlichen Folgen der Ausstellung einer unrichtigen Zuwendungsbestätigung und zur steuerlichen Anerkennung der Zuwendungsbestätigung sind dann folgendermaßen zu fassen:

„Wer vorsätzlich oder grob fahrlässig eine unrichtige Zuwendungsbestätigung erstellt oder veranlasst, dass Zuwendungen nicht zu den in der Zuwendungsbestätigung angegebenen steuerbegünstigten Zwecken verwendet werden, haftet für die entgangene Steuer (§ 10 b Abs. 4 EStG, § 9 Abs. 3 KStG, § 9 Nr. 5 GewStG)."

Nur in den Fällen der Weiterleitung an steuerbegünstigte Körperschaften im Sinne von § 5 Abs. 1 Nr. 9 KStG:

„Diese Bestätigung wird nicht als Nachweis für die steuerliche Berücksichtigung der Zuwendung anerkannt, wenn das Datum der vorläufigen Bescheinigung länger als 3 Jahre seit Ausstellung der Bestätigung zurückliegt."

14. Ist der Körperschaft, Personenvereinigung oder Vermögensmasse bisher weder ein Freistellungsbescheid noch eine Anlage zum Körperschaftsteuerbescheid erteilt worden und sieht der Feststellungsbescheid nach § 60 a AO die Steuerbefreiung erst für den nächsten Veranlagungszeitraum vor (§ 60 Abs. 2 AO), sind Zuwendungen erst ab diesem Zeitpunkt nach § 10 b EStG abziehbar. Zuwendungen, die vor Beginn der Steuerbefreiung nach § 5 Abs. 1 Nr. 9 KStG erfolgen, sind steuerlich nicht nach § 10 b EStG begünstigt, da die Körperschaft, Personenvereinigung oder Vermögensmasse in diesem Zeitraum nicht die Voraussetzungen des § 10 b Abs. 1 Satz 2 Nr. 2 EStG erfüllt. Zuwendungsbestätigungen, die für Zeiträume vor der Steuerbefreiung ausgestellt werden, sind daher unrichtig und können – bei Vorliegen der Voraussetzungen des § 10 b Abs. 4 EStG – eine Haftung des Ausstellers auslösen.
15. Die neuen Muster für Zuwendungsbestätigungen werden als ausfüllbare Formulare unter https://www.formulare-bfinv.de zur Verfügung stehen.
16. Für den Abzug steuerbegünstigter Zuwendungen an nicht im Inland ansässige Empfänger wird auf das BMF-Schreiben vom 16. Mai 2011 IV C 4 – S 2223/07/0005 :008, DOK 2011/0381377 (BStBl. I S. 559)[2] hingewiesen.

Das BMF-Schreiben vom 30. August 2012 IV C 4 – S 2223/07/0018 :005, DOK 2012/0306063 (BStBl. I S. 884)[3] wird hiermit aufgehoben.

Es wird seitens der Finanzverwaltung nicht beanstandet, wenn bis zum *31. Dezember 2013*[4] die bisherigen Muster für Zuwendungsbestätigungen verwendet werden.

Anlagenverzeichnis:

Anlage 1: Muster für Geldzuwendungen an inländische juristische Personen des öffentlichen Rechts

Anlage 2: Muster für Sachzuwendungen an inländische juristische Personen des öffentlichen Rechts

Anlage 3: Muster für Geldzuwendungen/Mitgliedsbeitrag an eine steuerbegünstigte Einrichtung

Anlage 4: Muster für Sachzuwendungen an eine steuerbegünstigte Einrichtung

Anlage 5: Muster für Geldzuwendungen/Mitgliedsbeitrag an eine Partei

Anlage 6: Muster für Sachzuwendungen an eine Partei

Anlage 7: Muster für Geldzuwendungen/Mitgliedsbeitrag an eine unabhängige Wählervereinigung

Anlage 8: Muster für Sachzuwendungen an eine unabhängige Wählervereinigung

Anlage 9: Muster für Geldzuwendungen an eine inländische Stiftung des öffentlichen Rechts

Anlage 10: Muster für Sachzuwendungen an eine inländische Stiftung des öffentlichen Rechts

Anlage 11: Muster für Geldzuwendungen an eine inländische Stiftung des privaten Rechts

Anlage 12: Muster für Sachzuwendungen an eine inländische Stiftung des privaten Rechts

Anlage 13: Sammelbestätigung für Geldzuwendungen an inländische juristische Personen des öffentlichen Rechts

Anlage 14: Sammelbestätigung für Geldzuwendungen/Mitgliedsbeiträge an eine steuerbegünstigte Einrichtung

Anlage 15: Sammelbestätigung für Geldzuwendungen/Mitgliedsbeiträge an eine Partei

Anlage 16: Sammelbestätigung für Geldzuwendungen/Mitgliedsbeiträge an eine unabhängige Wählervereinigung

Anlage 17: Sammelbestätigung für Geldzuwendungen an eine inländische Stiftung des öffentlichen Rechts

Anlage 18: Sammelbestätigung für Geldzuwendungen an eine inländische Stiftung des privaten Rechts

Anlage 1

Aussteller (Bezeichnung und Anschrift der inländischen juristischen Person des öffentlichen Rechts oder der inländischen öffentlichen Dienststelle)

Bestätigung über Geldzuwendungen

im Sinne des § 10b des Einkommensteuergesetzes an inländische juristische Personen des öffentlichen Rechts oder inländische öffentliche Dienststellen

Name und Anschrift des Zuwendenden

Betrag der Zuwendung - in Ziffern -	- in Buchstaben -	Tag der Zuwendung:

Es wird bestätigt, dass die Zuwendung nur zur Förderung (Angabe des begünstigten Zwecks / der begünstigten Zwecke)
verwendet wird.

Es handelt sich um den Verzicht auf Erstattung von Aufwendungen ☐ Ja ☐ Nein

Die Zuwendung wird

☐ von uns unmittelbar für den angegebenen Zweck verwendet.

☐ entsprechend den Angaben des Zuwendenden an weitergeleitet, die/der vom Finanzamt StNr mit Freistellungsbescheid bzw. nach der Anlage zum Körperschaftsteuerbescheid vom von der Körperschaftsteuer und Gewerbesteuer befreit ist.

☐ entsprechend den Angaben des Zuwendenden an weitergeleitet, der/dem das Finanzamt StNr mit Feststellungsbescheid vom die Einhaltung der satzungsmäßigen Voraussetzungen nach § 60a AO festgestellt hat.

(Ort, Datum und Unterschrift des Zuwendungsempfängers)

Hinweis:
Wer vorsätzlich oder grob fahrlässig eine unrichtige Zuwendungsbestätigung erstellt oder veranlasst, dass Zuwendungen nicht zu den in der Zuwendungsbestätigung angegebenen steuerbegünstigten Zwecken verwendet werden, haftet für die entgangene Steuer (§ 10b Abs. 4 EStG, § 9 Abs. 3 KStG, § 9 Nr. 5 GewStG).

Nur in den Fällen der Weiterleitung an steuerbegünstigte Körperschaften im Sinne von § 5 Abs. 1 Nr. 9 KStG:
Diese Bestätigung wird nicht als Nachweis für die steuerliche Berücksichtigung der Zuwendung anerkannt, wenn das Datum des Freistellungsbescheides länger als 5 Jahre bzw. das Datum der Feststellung der Einhaltung der satzungsmäßigen Voraussetzungen nach § 60a Abs. 1 AO länger als 3 Jahre seit Ausstellung des Bescheides zurückliegt (§ 63 Abs. 5 AO) .

034120 Bestätigung über Geldzuwendung/ juristische Person öffentlichen Rechts **(2013)**

Anlage 2

Aussteller (Bezeichnung und Anschrift der inländischen juristischen Person des öffentlichen Rechts oder der inländischen öffentlichen Dienststelle)

Bestätigung über Sachzuwendungen

im Sinne des § 10b des Einkommensteuergesetzes an inländische juristische Personen des öffentlichen Rechts oder inländische öffentliche Dienststellen

Name und Anschrift des Zuwendenden

Wert der Zuwendung - in Ziffern -	- in Buchstaben -	Tag der Zuwendung:

Genaue Bezeichnung der Sachzuwendung mit Alter, Zustand, Kaufpreis usw.

☐ Die Sachzuwendung stammt nach den Angaben des Zuwendenden aus dem Betriebsvermögen. Die Zuwendung wurde nach dem Wert der Entnahme (ggf. mit dem niedrigeren gemeinen Wert) und nach der Umsatzsteuer, die auf die Entnahme entfällt, bewertet.

☐ Die Sachzuwendung stammt nach den Angaben des Zuwendenden aus dem Privatvermögen.

☐ Der Zuwendende hat trotz Aufforderung keine Angaben zur Herkunft der Sachzuwendung gemacht.

☐ Geeignete Unterlagen, die zur Wertermittlung gedient haben, z. B. Rechnung, Gutachten, liegen vor.

Es wird bestätigt, dass die Zuwendung nur zur Förderung (Angabe des begünstigten Zwecks / der begünstigten Zwecke)
verwendet wird.

Die Zuwendung wird

☐ von uns unmittelbar für den angegebenen Zweck verwendet.

☐ entsprechend den Angaben des Zuwendenden an weitergeleitet, die/der vom Finanzamt StNr mit Freistellungsbescheid bzw. nach der Anlage zum Körperschaftsteuerbescheid vom von der Körperschaftsteuer und Gewerbesteuer befreit ist.

☐ entsprechend den Angaben des Zuwendenden an weitergeleitet, der/dem das Finanzamt StNr mit Feststellungsbescheid vom die Einhaltung der satzungsmäßigen Voraussetzungen nach § 60a AO festgestellt hat.

(Ort, Datum und Unterschrift des Zuwendungsempfängers)

Hinweis:
Wer vorsätzlich oder grob fahrlässig eine unrichtige Zuwendungsbestätigung erstellt oder veranlasst, dass Zuwendungen nicht zu den in der Zuwendungsbestätigung angegebenen steuerbegünstigten Zwecken verwendet werden, haftet für die entgangene Steuer (§ 10b Abs. 4 EStG, § 9 Abs. 3 KStG, § 9 Nr. 5 GewStG).

Nur in den Fällen der Weiterleitung an steuerbegünstigte Körperschaften im Sinne von § 5 Abs. 1 Nr. 9 KStG:
Diese Bestätigung wird nicht als Nachweis für die steuerliche Berücksichtigung der Zuwendung anerkannt, wenn das Datum des Freistellungsbescheides länger als 5 Jahre bzw. das Datum der Feststellung der Einhaltung der satzungsmäßigen Voraussetzungen nach § 60a Abs. 1 AO länger als 3 Jahre seit Ausstellung des Bescheides zurückliegt (§ 63 Abs. 5 AO).

034121 Bestätigung über Sachzuwendung / juristische Person öffentlichen Rechts **(2013)**

Anlage 3

Aussteller (Bezeichnung und Anschrift der steuerbegünstigten Einrichtung)

Bestätigung über Geldzuwendungen/Mitgliedsbeitrag

im Sinne des § 10b des Einkommensteuergesetzes an eine der in § 5 Abs. 1 Nr. 9 des Körperschaftsteuergesetzes bezeichneten Körperschaften, Personenvereinigungen oder Vermögensmassen

Name und Anschrift des Zuwendenden

Betrag der Zuwendung - in Ziffern -	- in Buchstaben -	Tag der Zuwendung:

Es handelt sich um den Verzicht auf Erstattung von Aufwendungen Ja ☐ Nein ☐

☐ Wir sind wegen Förderung (Angabe des begünstigten Zwecks / der begünstigten Zwecke)

nach dem Freistellungsbescheid bzw. nach der Anlage zum Körperschaftsteuerbescheid des Finanzamtes StNr. vom für den letzten Veranlagungszeitraum nach § 5 Abs. 1 Nr. 9 des Körperschaftsteuergesetzes von der Körperschaftsteuer und nach § 3 Nr. 6 des Gewerbesteuergesetzes von der Gewerbesteuer befreit.

☐ Die Einhaltung der satzungsmäßigen Voraussetzungen nach den §§ 51, 59, 60 und 61 AO wurde vom Finanzamt StNr. mit Bescheid vom nach § 60a AO gesondert festgestellt. Wir fördern nach unserer Satzung (Angabe des begünstigten Zwecks / der begünstigten Zwecke)

Es wird bestätigt, dass die Zuwendung nur zur Förderung (Angabe des begünstigten Zwecks / der begünstigten Zwecke)

verwendet wird.

Nur für steuerbegünstigte Einrichtungen, bei denen die Mitgliedsbeiträge steuerlich nicht abziehbar sind

☐ Es wird bestätigt, dass es sich nicht um einen Mitgliedsbeitrag handelt, dessen Abzug nach § 10b Abs. 1 des Einkommensteuergesetzes ausgeschlossen ist.

(Ort, Datum und Unterschrift des Zuwendungsempfängers)

Hinweis:
Wer vorsätzlich oder grob fahrlässig eine unrichtige Zuwendungsbestätigung erstellt oder veranlasst, dass Zuwendungen nicht zu den in der Zuwendungsbestätigung angegebenen steuerbegünstigten Zwecken verwendet werden, haftet für die entgangene Steuer (§ 10b Abs. 4 EStG, § 9 Abs. 3 KStG, § 9 Nr. 5 GewStG).

Diese Bestätigung wird nicht als Nachweis für die steuerliche Berücksichtigung der Zuwendung anerkannt, wenn das Datum des Freistellungsbescheides länger als 5 Jahre bzw. das Datum der Feststellung der Einhaltung der satzungsmäßigen Voraussetzungen nach § 60a Abs. 1 AO länger als 3 Jahre seit Ausstellung des Bescheides zurückliegt (§ 63 Abs. 5 AO).

034122 Bestätigung über Geldzuwendung / steuerbegünstigte Einrichtung / Verein **(2013)**

Anlage 4

Aussteller (Bezeichnung und Anschrift der steuerbegünstigten Einrichtung)

Bestätigung über Sachzuwendungen

im Sinne des § 10b des Einkommensteuergesetzes an eine der in § 5 Abs. 1 Nr. 9 des Körperschaftsteuergesetzes bezeichneten Körperschaften, Personenvereinigungen oder Vermögensmassen

Name und Anschrift des Zuwendenden:

Wert der Zuwendung - in Ziffern -	- in Buchstaben -	Tag der Zuwendung:

Genaue Bezeichnung der Sachzuwendung mit Alter, Zustand, Kaufpreis usw.

☐ Die Sachzuwendung stammt nach den Angaben des Zuwendenden aus dem Betriebsvermögen. Die Zuwendung wurde nach dem Wert der Entnahme (ggf. mit dem niedrigeren gemeinen Wert) und nach der Umsatzsteuer, die auf die Entnahme entfällt, bewertet.

☐ Die Sachzuwendung stammt nach den Angaben des Zuwendenden aus dem Privatvermögen.

☐ Der Zuwendende hat trotz Aufforderung keine Angaben zur Herkunft der Sachzuwendung gemacht.

☐ Geeignete Unterlagen, die zur Wertermittlung gedient haben, z. B. Rechnung, Gutachten, liegen vor.

☐ Wir sind wegen Förderung (Angabe des begünstigten Zwecks / der begünstigten Zwecke)

nach dem Freistellungsbescheid bzw. nach der Anlage zum Körperschaftsteuerbescheid des Finanzamtes

, StNr. , vom für den letzten

Veranlagungszeitraum nach § 5 Abs. 1 Nr. 9 des Körperschaftsteuergesetzes von der

Körperschaftsteuer und nach § 3 Nr. 6 des Gewerbesteuergesetzes von der Gewerbesteuer befreit.

☐ Die Einhaltung der satzungsmäßigen Voraussetzungen nach den §§ 51, 59, 60 und 61 AO wurde vom Finanzamt

, StNr. mit Bescheid vom nach § 60a AO

gesondert festgestellt. Wir fördern nach unserer Satzung (Angabe des begünstigten Zwecks / der begünstigsten Zwecke)

Es wird bestätigt, dass die Zuwendung nur zur Förderung (Angabe des begünstigten Zwecks / der begünstigten Zwecke)
verwendet wird.

(Ort, Datum und Unterschrift des Zuwendungsempfängers)

Hinweis:
Wer vorsätzlich oder grob fahrlässig eine unrichtige Zuwendungsbestätigung erstellt oder veranlasst, dass Zuwendungen nicht zu den in der Zuwendungsbestätigung angegebenen steuerbegünstigten Zwecken verwendet werden, haftet für die entgangene Steuer (§ 10b Abs. 4 EStG, § 9 Abs. 3 KStG, § 9 Nr. 5 GewStG).

Diese Bestätigung wird nicht als Nachweis für die steuerliche Berücksichtigung der Zuwendung anerkannt, wenn das Datum des Freistellungsbescheides länger als 5 Jahre bzw. das Datum der Feststellung der Einhaltung der satzungsmäßigen Voraussetzungen nach § 60a Abs. 1 AO länger als 3 Jahre seit Ausstellung des Bescheides zurückliegt (§ 63 Abs. 5 AO).

034123 Bestätigung über Sachzuwendung / steuerbegünstigte Einrichtung / Verein **(2013)**

Anlage 5

Bezeichnung und Anschrift der Partei

Bestätigung über Geldzuwendungen/Mitgliedsbeitrag

im Sinne des § 34g, § 10b des Einkommensteuergesetzes an politische Parteien im Sinne des Parteiengesetzes

Name und Anschrift des Zuwendenden

Betrag der Zuwendung - in Ziffern -	- in Buchstaben -	Tag der Zuwendung:

Es handelt sich um den Verzicht auf Erstattung von Aufwendungen Ja ☐ Nein ☐

Es wird bestätigt, dass diese Zuwendung ausschließlich für die satzungsgemäßen Zwecke verwendet wird.

(Ort, Datum,Unterschrift(en) und Funktion(en))

Hinweis:
Wer vorsätzlich oder grob fahrlässig eine unrichtige Zuwendungsbestätigung erstellt oder veranlasst, dass Zuwendungen nicht zu den in der Zuwendungsbestätigung angegebenen steuerbegünstigten Zwecken verwendet werden, haftet für die entgangene Steuer (§ 34g Satz 3, § 10b Abs. 4 EStG).

034124 Bestätigung über Geldzuwendung / Mitgliedsbeitrag an eine Partei **(2013)**

Anlage 6

Bezeichnung und Anschrift der Partei

Bestätigung über Sachzuwendungen

im Sinne des § 34g, § 10b des Einkommensteuergesetzes an politische Parteien im Sinne des Parteiengesetzes

Name und Anschrift des Zuwendenden

Wert der Zuwendung - in Ziffern -	- in Buchstaben -	Tag der Zuwendung:

Genaue Bezeichnung der Sachzuwendung mit Alter, Zustand, Kaufpreis usw.

☐ Die Sachzuwendung stammt nach den Angaben des Zuwendenden aus dem Betriebsvermögen. Die Zuwendung wurde nach dem Wert der Entnahme (ggf. mit dem niedrigeren gemeinen Wert) und nach der Umsatzsteuer, die auf die Entnahme entfällt, bewertet.

☐ Die Sachzuwendung stammt nach den Angaben des Zuwendenden aus dem Privatvermögen.

☐ Der Zuwendende hat trotz Aufforderung keine Angaben zur Herkunft der Sachzuwendung gemacht.

☐ Geeignete Unterlagen, die zur Wertermittlung gedient haben, z. B. Rechnung, Gutachten, liegen vor.

Es wird bestätigt, dass diese Zuwendung ausschließlich für die satzungsgemäßen Zwecke verwendet wird.

(Ort, Datum, Unterschrift(en) und Funktion(en))

Hinweis:
Wer vorsätzlich oder grob fahrlässig eine unrichtige Zuwendungsbestätigung erstellt oder veranlasst, dass Zuwendungen nicht zu den in der Zuwendungsbestätigung angegebenen steuerbegünstigten Zwecken verwendet werden, haftet für die entgangene Steuer (§ 34g Satz 3, § 10b Abs. 4 EStG).

034125 Bestätigung über Sachzuwendung an eine Partei **(2013)**

Anlage 7

Bezeichnung und Anschrift der unabhängigen Wählervereinigung

Bestätigung über Geldzuwendungen/Mitgliedsbeitrag
im Sinne des § 34g des Einkommensteuergesetzes an unabhängige Wählervereinigungen

Name und Anschrift des Zuwendenden

Betrag der Zuwendung - in Ziffern -	- in Buchstaben -	Tag der Zuwendung:

Es handelt sich um den Verzicht auf Erstattung von Aufwendungen Ja ☐ Nein ☐

Wir sind ein ☐ rechtsfähiger ☐ nichtrechtsfähiger Verein ohne Parteicharakter

Der Zweck unseres Vereins ist ausschließlich darauf gerichtet, durch Teilnahme mit eigenen Wahlvorschlägen bei der politischen Willensbildung mitzuwirken, und zwar an Wahlen auf

☐ Bundesebene ☐ Landesebene ☐ Kommunalebene

Wir bestätigen, dass wir die Zuwendung nur für diesen Zweck verwenden werden.

☐ Wir sind mit mindestens einem Mandat im Parlament/Rat vertreten.

☐ Wir haben der Wahlbehörde / dem Wahlorgan der am
angezeigt, dass wir uns an der (folgenden Wahl)
am mit eigenen Wahlvorschlägen beteiligen werden.

☐ An der letzten (Wahl) am
haben wir uns mit eigenen Wahlvorschlägen beteiligt.

☐ An der letzten oder einer früheren Wahl haben wir uns nicht mit eigenen Wahlvorschlägen beteiligt und eine Beteiligung der zuständigen Wahlbehörde / dem zuständigen Wahlorgan auch nicht angezeigt.

☐ Wir sind beim Finanzamt StNr erfasst.

☐ Wir sind steuerlich nicht erfasst.

(Ort, Datum, Unterschrift(en) und Funktion(en))

Hinweis:
Wer vorsätzlich oder grob fahrlässig eine unrichtige Zuwendungsbestätigung erstellt oder veranlasst, dass Zuwendungen nicht zu den in der Zuwendungsbestätigung angegebenen steuerbegünstigten Zwecken verwendet werden, haftet für die entgangene Steuer (§ 34g Satz 3, § 10b Abs. 4 EStG).

034126 Bestätigung über Geldzuwendung an unabhängige Wählervereinigung **(2013)**

Anlage 8

Bezeichnung und Anschrift der unabhängigen Wählervereinigung

Bestätigung über Sachzuwendungen

im Sinne des § 34g des Einkommensteuergesetzes an unabhängige Wählervereinigungen

Name und Anschrift des Zuwendenden

Wert der Zuwendung - in Ziffern -	- in Buchstaben -	Tag der Zuwendung:

Genaue Bezeichnung der Sachzuwendung mit Alter, Zustand, Kaufpreis usw.

☐ Die Sachzuwendung stammt nach den Angaben des Zuwendenden aus dem Betriebsvermögen. Die Zuwendung wurde nach dem Wert der Entnahme (ggf. mit dem niedrigeren gemeinen Wert) und nach der Umsatzsteuer, die auf die Entnahme entfällt, bewertet.

☐ Die Sachzuwendung stammt nach den Angaben des Zuwendenden aus dem Privatvermögen.

☐ Der Zuwendende hat trotz Aufforderung keine Angaben zur Herkunft der Sachzuwendung gemacht.

☐ Geeignete Unterlagen, die zur Wertermittlung gedient haben, z. B. Rechnung, Gutachten, liegen vor.

Wir sind ein ☐ rechtsfähiger ☐ nichtrechtsfähiger Verein ohne Parteicharakter

Der Zweck unseres Vereins ist ausschließlich darauf gerichtet, durch Teilnahme mit eigenen Wahlvorschlägen bei der politischen Willensbildung mitzuwirken, und zwar an Wahlen auf

☐ Bundesebene ☐ Landesebene ☐ Kommunalebene

Wir bestätigen, dass wir die Zuwendung nur für diesen Zweck verwenden werden.

☐ Wir sind mit mindestens einem Mandat im Parlament/Rat vertreten.

☐ Wir haben der Wahlbehörde / dem Wahlorgan der am
angezeigt, dass wir uns an der (folgenden Wahl)
am mit eigenen Wahlvorschlägen beteiligen werden.

☐ An der letzten (Wahl) am
haben wir uns mit eigenen Wahlvorschlägen beteiligt.

☐ An der letzten oder einer früheren Wahl haben wir uns nicht mit eigenen Wahlvorschlägen beteiligt und eine Beteiligung der zuständigen Wahlbehörde / dem zuständigen Wahlorgan auch nicht angezeigt.

☐ Wir sind beim Finanzamt StNr erfasst.

☐ Wir sind steuerlich nicht erfasst.

(Ort, Datum, Unterschrift(en) und Funktion(en))

Hinweis:
Wer vorsätzlich oder grob fahrlässig eine unrichtige Zuwendungsbestätigung erstellt oder veranlasst, dass Zuwendungen nicht zu den in der Zuwendungsbestätigung angegebenen steuerbegünstigten Zwecken verwendet werden, haftet für die entgangene Steuer (§ 34g Satz 3, § 10b Abs. 4 EStG).

034127 Bestätigung über Sachzuwendung an unabhängige Wählervereinigung **(2013)**

Anlage 9

Aussteller (Bezeichnung und Anschrift der inländischen Stiftung des öffentlichen Rechts)

Bestätigung über Geldzuwendungen

im Sinne des § 10b des Einkommensteuergesetzes an inländische Stiftungen des öffentlichen Rechts

Name und Anschrift des Zuwendenden:

Betrag der Zuwendung - in Ziffern -	- in Buchstaben -	Tag der Zuwendung:

Es wird bestätigt, dass die Zuwendung nur zur Förderung (Angabe des begünstigten Zwecks / der begünstigten Zwecke)
verwendet wird.

Es handelt sich um den Verzicht auf Erstattung von Aufwendungen Ja ☐ Nein ☐

☐ Die Zuwendung erfolgte in das zu erhaltende Vermögen (Vermögensstock).

☐ Es handelt sich **nicht** um Zuwendungen in das verbrauchbare Vermögen einer Stiftung.

Die Zuwendung wird

☐ von uns unmittelbar für den angegebenen Zweck verwendet.

☐ entsprechend den Angaben des Zuwendenden an weitergeleitet, die/der vom Finanzamt StNr. mit Freistellungsbescheid bzw. nach der Anlage zum Körperschaftsteuerbescheid vom von der Körperschaft- und Gewerbesteuer befreit ist.

☐ entsprechend den Angaben des Zuwendenden an weitergeleitet, der/dem das Finanzamt StNr. mit Feststellungsbescheid vom die Einhaltung der satzungsmäßigen Voraussetzungen nach § 60a AO festgestellt hat.

(Ort, Datum und Unterschrift des Zuwendungsempfängers)

Hinweis:
Wer vorsätzlich oder grob fahrlässig eine unrichtige Zuwendungsbestätigung erstellt oder veranlasst, dass Zuwendungen nicht zu den in der Zuwendungsbestätigung angegebenen steuerbegünstigten Zwecken verwendet werden, haftet für die entgangene Steuer (§ 10b Abs. 4 EStG, § 9 Abs. 3 KStG, § 9 Nr. 5 GewStG).

Nur in Fällen der Weiterleitung an steuerbegünstigte Körperschaften im Sinne von § 5 Abs. 1 Nr. 9 KStG:
Diese Zuwendungsbestätigung darf nur ausgestellt werden, wenn das Datum der Anlage zum Körperschaftsteuerbescheid oder des Freistellungsbescheids nicht länger als fünf Jahre zurückliegt oder die Feststellung der Satzungsmäßigkeit nach § 60a Abs. 1 AO nicht länger als drei Kalenderjahre zurückliegt und bisher kein Freistellungsbescheid oder keine Anlage zum Körperschaftsteuerbescheid erteilt wurde. Die Frist ist taggenau zu berechnen (§ 63 Abs. 5 AO).

034128 Bestätigung über Geldzuwendungen an Stiftung des öffentlichen Rechts **(2013)**

Anlage 10

Aussteller (Bezeichnung und Anschrift der inländischen Stiftung des öffentlichen Rechts)

Bestätigung über Sachzuwendungen

im Sinne des § 10b des Einkommensteuergesetzes an inländische Stiftungen des öffentlichen Rechts

Name und Anschrift des Zuwendenden:

Wert der Zuwendung - in Ziffern -	- in Buchstaben -	Tag der Zuwendung:

Genaue Bezeichnung der Sachzuwendung mit Alter, Zustand, Kaufpreis usw.

☐ Die Sachzuwendung stammt nach den Angaben des Zuwendenden aus dem Betriebsvermögen. Die Zuwendung wurde nach dem Wert der Entnahme (ggf. mit dem niedrigeren gemeinen Wert) und nach der Umsatzsteuer, die auf die Entnahme entfällt, bewertet.

☐ Die Sachzuwendung stammt nach den Angaben des Zuwendenden aus dem Privatvermögen.

☐ Der Zuwendende hat trotz Aufforderung keine Angaben zur Herkunft der Sachzuwendung gemacht.

☐ Geeignete Unterlagen, die zur Wertermittlung gedient haben, z. B. Rechnung, Gutachten, liegen vor.

Es wird bestätigt, dass die Zuwendung nur zur Förderung (Angabe des begünstigten Zwecks / der begünstigten Zwecke)
verwendet wird.

☐ Die Zuwendung erfolgte in das zu erhaltende Vermögen (Vermögensstock).

☐ Es handelt sich **nicht** um Zuwendungen in das verbrauchbare Vermögen einer Stiftung.

Die Zuwendung wird

☐ von uns unmittelbar für den angegebenen Zweck verwendet.

☐ entsprechend den Angaben des Zuwendenden an weitergeleitet, die/der vom Finanzamt StNr mit Freistellungsbescheid bzw. nach der Anlage zum Körperschaftsteuerbescheid vom von der Körperschaft- und Gewerbesteuer befreit ist.

☐ entsprechend den Angaben des Zuwendenden an weitergeleitet, der/dem das Finanzamt StNr mit Feststellungsbescheid vom die Einhaltung der satzungsmäßigen Voraussetzungen nach § 60a AO festgestellt hat.

(Ort, Datum und Unterschrift des Zuwendungsempfängers)

Hinweis:
Wer vorsätzlich oder grob fahrlässig eine unrichtige Zuwendungsbestätigung erstellt oder veranlasst, dass Zuwendungen nicht zu den in der Zuwendungsbestätigung angegebenen steuerbegünstigten Zwecken verwendet werden, haftet für die entgangene Steuer (§ 10b Abs. 4 EStG, § 9 Abs. 3 KStG, § 9 Nr. 5 GewStG).

Nur in Fällen der Weiterleitung an steuerbegünstigte Körperschaften im Sinne von § 5 Abs. 1 Nr. 9 KStG:
Diese Zuwendungsbestätigung darf nur ausgestellt werden, wenn das Datum der Anlage zum Körperschaftsteuerbescheid oder des Freistellungsbescheids nicht länger als fünf Jahre zurückliegt oder die Feststellung der Satzungsmäßigkeit nach § 60a Abs. 1 AO nicht länger als drei Kalenderjahre zurückliegt und bisher kein Freistellungsbescheid oder keine Anlage zum Körperschaftsteuerbescheid erteilt wurde. Die Frist ist taggenau zu berechnen (§ 63 Abs. 5 AO).

034129 Bestätigung über Sachzuwendungen an Stiftung des öffentlichen Rechts **(2013)**

Anlage 11

Aussteller (Bezeichnung und Anschrift der inländischen Stiftung des privaten Rechts)

Bestätigung über Geldzuwendungen
im Sinne des § 10b des Einkommensteuergesetzes an inländische Stiftungen des privaten Rechts

Name und Anschrift des Zuwendenden:

Betrag der Zuwendung - in Ziffern -	- in Buchstaben -	Tag der Zuwendung:

Es handelt sich um den Verzicht auf Erstattung von Aufwendungen Ja ☐ Nein ☐

☐ Wir sind wegen Förderung (Angabe des begünstigten Zwecks / der begünstigten Zwecke)

nach dem Freistellungsbescheid bzw. nach der Anlage zum Körperschaftsteuerbescheid des Finanzamtes , StNr , vom für den letzten Veranlagungszeitraum nach § 5 Abs. 1 Nr. 9 des Körperschaftsteuergesetzes von der Körperschaftsteuer und nach § 3 Nr. 6 des Gewerbesteuergesetzes von der Gewerbesteuer befreit.

☐ Die Einhaltung der satzungsmäßigen Voraussetzungen nach den §§ 51, 59, 60 und 61 AO wurde vom Finanzamt , StNr mit Bescheid vom nach § 60a AO gesondert festgestellt. Wir fördern nach unserer Satzung (Angabe des begünstigten Zwecks / der begünstigten Zwecke)

Es wird bestätigt, dass die Zuwendung nur zur Förderung (Angabe des begünstigten Zwecks / der begünstigten Zwecke)
verwendet wird.

☐ Die Zuwendung erfolgte in das zu erhaltende Vermögen (Vermögensstock).

☐ Es handelt sich **nicht** um Zuwendungen in das verbrauchbare Vermögen einer Stiftung.

(Ort, Datum und Unterschrift des Zuwendungsempfängers)

Hinweis:
Wer vorsätzlich oder grob fahrlässig eine unrichtige Zuwendungsbestätigung erstellt oder veranlasst, dass Zuwendungen nicht zu den in der Zuwendungsbestätigung angegebenen steuerbegünstigten Zwecken verwendet werden, haftet für die entgangene Steuer (§ 10b Abs. 4 EStG, § 9 Abs. 3 KStG, § 9 Nr. 5 GewStG).

Diese Bestätigung wird nicht als Nachweis für die steuerliche Berücksichtigung der Zuwendung anerkannt, wenn das Datum des Freistellungsbescheides länger als 5 Jahre bzw. das Datum der Feststellung der Einhaltung der satzungsmäßigen Voraussetzungen nach § 60a Abs. 1 AO länger als 3 Jahre seit Ausstellung des Bescheides zurückliegt (§ 63 Abs. 5 AO).

034135 Bestätigung über Geldzuwendungen an Stiftung des privaten Rechts **(2013)**

Anlage 12

Aussteller (Bezeichnung und Anschrift der inländischen Stiftung des privaten Rechts)

Bestätigung über Sachzuwendungen

im Sinne des § 10b des Einkommensteuergesetzes an inländische Stiftungen des privaten Rechts

Name und Anschrift des Zuwendenden:

Wert der Zuwendung - in Ziffern -	- in Buchstaben -	Tag der Zuwendung:

Genaue Bezeichnung der Sachzuwendung mit Alter, Zustand, Kaufpreis usw.

☐ Die Sachzuwendung stammt nach den Angaben des Zuwendenden aus dem Betriebsvermögen.Die Zuwendung wurde nach dem Wert der Entnahme (ggf. mit dem niedrigeren gemeinen Wert) und nach der Umsatzsteuer, die auf die Entnahme entfällt, bewertet.

☐ Die Sachzuwendung stammt nach den Angaben des Zuwendenden aus dem Privatvermögen.

☐ Der Zuwendende hat trotz Aufforderung keine Angaben zur Herkunft der Sachzuwendung gemacht.

☐ Geeignete Unterlagen, die zur Wertermittlung gedient haben, z. B. Rechnung, Gutachten, liegen vor.

☐ Wir sind wegen Förderung (Angabe des begünstigten Zwecks / der begünstigten Zwecke)

nach dem Freistellungsbescheid bzw. nach der Anlage zum Körperschaftsteuerbescheid des Finanzamtes , StNr. , vom für den letzten Veranlagungszeitraum nach § 5 Abs. 1 Nr. 9 des Körperschaftsteuergesetzes von der Körperschaftsteuer und nach § 3 Nr. 6 des Gewerbesteuergesetzes von der Gewerbesteuer befreit.

☐ Die Einhaltung der satzungsmäßigen Voraussetzungen nach den §§ 51, 59, 60 und 61 AO wurde vom Finanzamt , StNr. mit Bescheid vom nach § 60a AO gesondert festgestellt. Wir fördern nach unserer Satzung (Angabe des begünstigten Zwecks / der begünstigten Zwecke)

Es wird bestätigt, dass die Zuwendung nur zur Förderung (Angabe des begünstigten Zwecks / der begünstigten Zwecke)
verwendet wird.

☐ Die Zuwendung erfolgte in das zu erhaltende Vermögen (Vermögensstock).

☐ Es handelt sich **nicht** um Zuwendungen in das verbrauchbare Vermögen einer Stiftung.

(Ort, Datum und Unterschrift des Zuwendungsempfängers)

Hinweis:
Wer vorsätzlich oder grob fahrlässig eine unrichtige Zuwendungsbestätigung erstellt oder veranlasst, dass Zuwendungen nicht zu den in der Zuwendungsbestätigung angegebenen steuerbegünstigten Zwecken verwendet werden, haftet für die entgangene Steuer (§ 10b Abs. 4 EStG, § 9 Abs. 3 KStG, § 9 Nr. 5 GewStG).

Diese Bestätigung wird nicht als Nachweis für die steuerliche Berücksichtigung der Zuwendung anerkannt, wenn das Datum des Freistellungsbescheides länger als 5 Jahre bzw. das Datum der Feststellung der Einhaltung der satzungsmäßigen Voraussetzungen nach § 60a Abs. 1 AO länger als 3 Jahre seit Ausstellung des Bescheides zurückliegt (§ 63 Abs. 5 AO).

034131 Bestätigung über Sachzuwendungen an Stiftung des privaten Rechts **(2013)**

Anlage 13

Aussteller (Bezeichnung und Anschrift der inländischen juristischen Person des öffentlichen Rechts oder der inländischen öffentlichen Dienststelle)

Sammelbestätigung über Geldzuwendungen
im Sinne des § 10b des Einkommensteuergesetzes an inländische juristische Personen des öffentlichen Rechts oder inländische öffentliche Dienststellen

Name und Anschrift des Zuwendenden

Gesamtbetrag der Zuwendung - in Ziffern -	- in Buchstaben -	Zeitraum der Sammelbestätigung:
		-

Es wird bestätigt, dass die Zuwendung nur zur Förderung (Angabe des begünstigten Zwecks / der begünstigten Zwecke)
verwendet wird.

Die Zuwendung wird

☐ von uns unmittelbar für den angegebenen Zweck verwendet.

☐ entsprechend den Angaben des Zuwendenden an weitergeleitet, die/der vom Finanzamt StNr. mit Freistellungsbescheid bzw. nach der Anlage zum Körperschaftsteuerbescheid vom von der Körperschaftsteuer und Gewerbesteuer befreit ist.

☐ entsprechend den Angaben des Zuwendenden an weitergeleitet, der/dem das Finanzamt StNr. mit Feststellungsbescheid vom die Einhaltung der satzungsmäßigen Voraussetzungen nach § 60a AO festgestellt hat.

Es wird bestätigt, dass über die in der Gesamtsumme enthaltenen Zuwendungen keine weiteren Bestätigungen, weder formelle Zuwendungsbestätigungen noch Beitragsquittungen oder Ähnliches ausgestellt wurden und werden.

Ob es sich um den Verzicht auf Erstattung von Aufwendungen handelt, ist der Anlage zur Sammelbestätigung zu entnehmen.

(Ort, Datum und Unterschrift des Zuwendungsempfängers)

Hinweis:
Wer vorsätzlich oder grob fahrlässig eine unrichtige Zuwendungsbestätigung erstellt oder veranlasst, dass Zuwendungen nicht zu den in der Zuwendungsbestätigung angegebenen steuerbegünstigten Zwecken verwendet werden, haftet für die entgangene Steuer (§ 10b Abs. 4 EStG, § 9 Abs. 3 KStG, § 9 Nr. 5 GewStG).

Nur in den Fällen der Weiterleitung an steuerbegünstigte Körperschaften im Sinne von § 5 Abs. 1 Nr. 9 KStG:
Diese Bestätigung wird nicht als Nachweis für die steuerliche Berücksichtigung der Zuwendung anerkannt, wenn das Datum des Freistellungsbescheides länger als 5 Jahre bzw. das Datum der Feststellung der Einhaltung der satzungsmäßigen Voraussetzungen nach § 60a Abs. 1 AO länger als 3 Jahre seit Ausstellung des Bescheides zurückliegt (§ 63 Abs. 5 AO).

034155/1 Sammelbestätigung über Geldzuwendungen an inländische Personen des öffentlichen Rechts **(2013)**

Anlage zur Sammelbestätigung

Datum der Zuwendung	Verzicht auf die Erstattung von Aufwendungen (ja/nein)	Betrag

Gesamtsumme ____________________ €

034155/2 Sammelbestätigung über Geldzuwendungen an inländische Personen des öffentlichen Rechts **(2013)**

Anlage 14

Aussteller (Bezeichnung und Anschrift der steuerbegünstigten Einrichtung)

Sammelbestätigung über Geldzuwendungen/Mitgliedsbeiträge

im Sinne des § 10b des Einkommensteuergesetzes an eine der in § 5 Abs. 1 Nr. 9 des Körperschaftsteuergesetzes bezeichneten Körperschaften, Personenvereinigungen oder Vermögensmassen

Name und Anschrift des Zuwendenden:

Gesamtbetrag der Zuwendung - in Ziffern -	- in Buchstaben -	Zeitraum der Sammelbestätigung:
0,00 €		-

☐ Wir sind wegen Förderung (Angabe des begünstigten Zwecks / der begünstigten Zwecke)

nach dem Freistellungsbescheid bzw. nach der Anlage zum Körperschaftsteuerbescheid des Finanzamtes , StNr. , vom für den letzten Veranlagunszeitraum nach § 5 Abs. 1 Nr. 9 des Körperschaftsteuergesetzes von der Körperschaftsteuer und nach § 3 Nr. 6 des Gewerbesteuergesetzes von der Gewerbesteuer befreit.

☐ Die Einhaltung der satzungsmäßigen Voraussetzungen nach den §§ 51, 59, 60 und 61 AO wurde vom Finanzamt , StNr. mit Bescheid vom nach § 60a AO gesondert festgestellt. Wir fördern nach unserer Satzung (Angabe des begünstigten Zwecks / der begünstigten Zwecke)

Es wird bestätigt, dass die Zuwendung nur zur Förderung (Angabe des begünstigten Zwecks / der begünstigten Zwecke)

verwendet wird.

Nur für steuerbegünstigte Einrichtungen, bei denen die Mitgliedsbeiträge steuerlich nicht abziehbar sind

☐ Es wird bestätigt, dass es sich nicht um einen Mitgliedsbeitrag handelt, dessen Abzug nach § 10b Abs. 1 des Einkommensteuergesetzes ausgeschlossen ist.

Es wird bestätigt, dass über die in der Gesamtsumme enthaltenen Zuwendungen keine weiteren Bestätigungen, weder formelle Zuwendungsbestätigungen noch Beitragsquittungen oder Ähnliches ausgestellt wurden und werden.

Ob es sich um den Verzicht auf Erstattung von Aufwendungen handelt, ist der Anlage zur Sammelbestätigung zu entnehmen.

(Ort, Datum und Unterschrift des Zuwendungsempfängers)

Hinweis:
Wer vorsätzlich oder grob fahrlässig eine unrichtige Zuwendungsbestätigung erstellt oder veranlasst, dass Zuwendungen nicht zu den in der Zuwendungsbestätigung angegebenen steuerbegünstigten Zwecken verwendet werden, haftet für die entgangene Steuer (§ 10b Abs. 4 EStG, § 9 Abs. 3 KStG, § 9 Nr. 5 GewStG).

Diese Bestätigung wird nicht als Nachweis für die steuerliche Berücksichtigung der Zuwendung anerkannt, wenn das Datum des Freistellungsbescheides länger als 5 Jahre bzw. das Datum der Feststellung der Einhaltung der satzungsmäßigen Voraussetzungen nach § 60a Abs. 1 AO länger als 3 Jahre seit Ausstellung des Bescheides zurückliegt (§ 63 Abs. 5 AO).

034132/1 Sammelbestätigung über Geldzuwendungen / steuerbegünstigte Einrichtung **(2013)**

Anlage zur Sammelbestätigung

Datum der Zuwendung	Art der Zuwendung (Geldzuwendung/ Mitgliedsbeitrag)	Verzicht auf die Erstattung von Aufwendungen (ja/nein)	Betrag

Gesamtsumme **0,00** €

034132/2 Sammelbestätigung über Geldzuwendungen / steuerbegünstigte Einrichtung **(2013)**

Anlage 15

Bezeichnung und Anschrift der Partei

Sammelbestätigung über Geldzuwendungen/Mitgliedsbeiträge
im Sinne des § 34g, § 10b des Einkommensteuergesetzes an politische Parteien im Sinne des Parteiengesetzes

Name und Anschrift des Zuwendenden:

Gesamtbetrag der Zuwendung - in Ziffern -	- in Buchstaben -	Zeitraum der Sammelbestätigung:
0,00 €		-

Es wird bestätigt, dass diese Zuwendung ausschließlich für die satzungsgemäßen Zwecke verwendet wird.

Es wird bestätigt, dass über die in der Gesamtsumme enthaltenen Zuwendungen keine weiteren Bestätigungen, weder formelle Zuwendungsbestätigungen noch Beitragsquittungen oder Ähnliches ausgestellt wurden und werden.

Ob es sich um den Verzicht auf Erstattung von Aufwendungen handelt, ist der Anlage zur Sammelbestätigung zu entnehmen.

(Ort, Datum,Unterschrift(en) und Funktion(en))

Hinweis:
Wer vorsätzlich oder grob fahrlässig eine unrichtige Zuwendungsbestätigung erstellt oder veranlasst, dass Zuwendungen nicht zu den in der Zuwendungsbestätigung angegebenen steuerbegünstigten Zwecken verwendet werden, haftet für die entgangene Steuer (§ 34g Satz 3, § 10b Abs. 4 EStG).

034133/1 Sammelbestätigung über Geldzuwendungen / Mitgliedsbeitrag / Partei **(2013)**

Anlage zur Sammelbestätigung

Datum der Zuwendung	Art der Zuwendung (Geldzuwendung/Mitgliedsbeitrag)	Verzicht auf die Erstattung von Aufwendungen (ja/nein)	Betrag

Gesamtsumme **0,00** €

034133/2 Sammelbestätigung über Geldzuwendungen / Mitgliedsbeitrag / Partei **(2013)**

Anlage 16

Bezeichnung und Anschrift der unabhängigen Wählervereinigung

Sammelbestätigung über Geldzuwendungen/Mitgliedsbeiträge

im Sinne des § 34g des Einkommensteuergesetzes an unabhängige Wählervereinigungen

Name und Anschrift des Zuwendenden:

Gesamtbetrag der Zuwendung - in Ziffern -	- in Buchstaben -	Zeitraum der Sammelbestätigung:
0,00 €		-

Wir sind ein ☐ rechtsfähiger ☐ nichtrechtsfähiger Verein ohne Parteicharakter

Der Zweck unseres Vereins ist ausschließlich darauf gerichtet, durch Teilnahme mit eigenen Wahlvorschlägen bei der politischen Willensbildung mitzuwirken, und zwar an Wahlen auf

☐ Bundesebene ☐ Landesebene ☐ Kommunalebene

Wir bestätigen, dass wir die Zuwendung nur für diesen Zweck verwenden werden.

☐ Wir sind mit mindestens einem Mandat im (Parlament/Rat) vertreten.

☐ Wir haben der Wahlbehörde / dem Wahlorgan der am
angezeigt, dass wir uns an der (folgenden Wahl)
am mit eigenen Wahlvorschlägen beteiligen werden.

☐ An der letzten (Wahl) am
haben wir uns mit eigenen Wahlvorschlägen beteiligt.

☐ An der letzten oder einer früheren Wahl haben wir uns nicht mit eigenen Wahlvorschlägen beteiligt und eine Beteiligung der zuständigen Wahlbehörde / dem zuständigen Wahlorgan auch nicht angezeigt.

☐ Wir sind beim Finanzamt StNr erfasst.

☐ Wir sind steuerlich nicht erfasst.

Es wird bestätigt, dass über die in der Gesamtsumme enthaltenen Zuwendungen keine weiteren Bestätigungen, weder formelle Zuwendungsbestätigungen noch Beitragsquittungen oder Ähnliches ausgestellt wurden und werden.

Ob es sich um den Verzicht auf Erstattung von Aufwendungen handelt, ist der Anlage zur Sammelbestätigung zu entnehmen.

(Ort, Datum, Unterschrift(en) und Funktion(en))

Hinweis:
Wer vorsätzlich oder grob fahrlässig eine unrichtige Zuwendungsbestätigung erstellt oder veranlasst, dass Zuwendungen nicht zu den in der Zuwendungsbestätigung angegebenen steuerbegünstigten Zwecken verwendet werden, haftet für die entgangene Steuer (§ 34g Satz 3, § 10b Abs. 4 EStG).

034134/1 Sammelbestätigung über Geldzuwendungen/Mitgliedsbeiträge an eine unabhängige Wählervereinigung **(2013)**

Anlage zur Sammelbestätigung

Datum der Zuwendung	Art der Zuwendung (Geldzuwendung/ Mitgliedsbeitrag)	Verzicht auf die Erstattung von Aufwendungen (ja/nein)	Betrag

Gesamtsumme **0,00** €

034134/2 Sammelbestätigung über Geldzuwendungen/Mitgliedsbeiträge an eine unabhängige Wählervereinigung **(2013)**

Anlage 17

Aussteller (Bezeichnung und Anschrift der inländischen Stiftung des öffentlichen Rechts)

Sammelbestätigung über Geldzuwendungen
im Sinne des § 10b des Einkommensteuergesetzes an inländische Stiftungen des öffentlichen Rechts

Name und Anschrift des Zuwendenden:

Gesamtbetrag der Zuwendung - in Ziffern -	- in Buchstaben -	Zeitraum der Sammelbestätigung:
0,00 €		-

Es wird bestätigt, dass die Zuwendung nur zur Förderung (Angabe des begünstigten Zwecks / der begünstigten Zwecke)
verwendet wird.

☐ Es handelt sich **nicht** um Zuwendungen in das verbrauchbare Vermögen einer Stiftung.

Die Zuwendung wird

☐ von uns unmittelbar für den angegebenen Zweck verwendet.

☐ entsprechend den Angaben des Zuwendenden an weitergeleitet, die/der vom Finanzamt StNr. mit Freistellungsbescheid bzw. nach der Anlage zum Körperschaftsteuerbescheid vom von der Körperschaft- und Gewerbesteuer befreit ist.

☐ entsprechend den Angaben des Zuwendenden an weitergeleitet, die/der vom Finanzamt StNr. mit Feststellungsbescheid vom die Einhaltung der satzungsmäßigen Voraussetzungen nach § 60a AO festgestellt hat.

Es wird bestätigt, dass über die in der Gesamtsumme enthaltenen Zuwendungen keine weiteren Bestätigungen, weder formelle Zuwendungsbestätigungen noch Beitragsquittungen oder Ähnliches ausgestellt wurden und werden.

Ob es sich um den Verzicht auf Erstattung von Aufwendungen handelt, ist der Anlage zur Sammelbestätigung zu entnehmen.

Ob die Zuwendung in das zu erhaltende Vermögen (Vermögensstock) erfolgt ist, ist der Anlage zur Sammelbestätigung zu entnehmen.

(Ort, Datum und Unterschrift des Zuwendungsempfängers)

Hinweis:
Wer vorsätzlich oder grob fahrlässig eine unrichtige Zuwendungsbestätigung erstellt oder veranlasst, dass Zuwendungen nicht zu den in der Zuwendungsbestätigung angegebenen steuerbegünstigten Zwecken verwendet werden, haftet für die entgangene Steuer (§ 10b Abs. 4 EStG, § 9 Abs. 3 KStG, § 9 Nr. 5 GewStG).

Nur in den Fällen der Weiterleitung an steuerbegünstigte Körperschaften im Sinne von § 5 Abs. 1 Nr. 9 KStG:
Diese Bestätigung wird nicht als Nachweis für die steuerliche Berücksichtigung der Zuwendung anerkannt, wenn das Datum des Freistellungsbescheides länger als 5 Jahre bzw. das Datum der Feststellung der Einhaltung der satzungsmäßigen Voraussetzungen nach § 60a Abs. 1 AO länger als

034156 Sammelbestätigung über Geldzuwendungen an inländische Stiftungen des öffentlichen Rechts **(2013)**

Anlage zur Sammelbestätigung

Datum der Zuwendung	Zuwendung erfolgte in das zu erhaltende Vermögen (Vermögensstock) (ja/nein)	Verzicht auf die Erstattung von Aufwendungen (ja/nein)	Betrag

Gesamtsumme **0,00** €

034156/2 Sammelbestätigung über Geldzuwendungen an inländische Stiftungen des öffentlichen Rechts **(2013)**

Anlage 18

Aussteller (Bezeichnung und Anschrift der inländischen Stiftung des privaten Rechts)

Sammelbestätigung über Geldzuwendungen

im Sinne des § 10b des Einkommensteuergesetzes an inländische Stiftungen des privaten Rechts

Name und Anschrift des Zuwendenden:

Gesamtbetrag der Zuwendung - in Ziffern -	- in Buchstaben -	Zeitraum der Sammelbestätigung:
0,00 €		-

☐ Wir sind wegen Förderung (Angabe des begünstigten Zwecks / der begünstigten Zwecke)

nach dem Freistellungsbescheid bzw. nach der Anlage zum Körperschaftsteuerbescheid des Finanzamtes , StNr. , vom für den letzten Veranlagungszeitraum nach § 5 Abs. 1 Nr. 9 des Körperschaftsteuergesetzes von der Körperschaftsteuer und nach § 3 Nr. 6 des Gewerbesteuergesetzes von der Gewerbesteuer befreit.

☐ Die Einhaltung der satzungsmäßigen Voraussetzungen nach den §§ 51, 59, 60 und 61 AO wurde vom Finanzamt , StNr. mit Bescheid vom nach § 60a AO gesondert festgestellt. Wir fördern nach unserer Satzung (Angabe des begünstigten Zwecks / der begünstigten Zwecke)

Es wird bestätigt, dass die Zuwendung nur zur Förderung (Angabe des begünstigten Zwecks / der begünstigten Zwecke)
verwendet wird.

☐ Es handelt sich **nicht** um Zuwendungen in das verbrauchbare Vermögen einer Stiftung.

Es wird bestätigt, dass über die in der Gesamtsumme enthaltenen Zuwendungen keine weiteren Bestätigungen, weder formelle Zuwendungsbestätigungen noch Beitragsquittungen oder Ähnliches ausgestellt wurden und werden.

Ob es sich um den Verzicht auf Erstattung von Aufwendungen handelt, ist der Anlage zur Sammelbestätigung zu entnehmen.

Ob die Zuwendung in das zu erhaltende Vermögen (Vermögensstock) erfolgt ist, ist der Anlage zur Sammelbestätigung zu entnehmen.

____

(Ort, Datum und Unterschrift des Zuwendungsempfängers)

Hinweis:
Wer vorsätzlich oder grob fahrlässig eine unrichtige Zuwendungsbestätigung erstellt oder veranlasst, dass Zuwendungen nicht zu den in der Zuwendungsbestätigung angegebenen steuerbegünstigten Zwecken verwendet werden, haftet für die entgangene Steuer (§ 10b Abs. 4 EStG, § 9 Abs. 3 KStG, § 9 Nr. 5 GewStG).

Diese Bestätigung wird nicht als Nachweis für die steuerliche Berücksichtigung der Zuwendung anerkannt, wenn das Datum des Freistellungsbescheides länger als 5 Jahre bzw. das Datum der Feststellung der Einhaltung der satzungsmäßigen Voraussetzungen nach § 60a Abs. 1 AO länger als 3 Jahre seit Ausstellung des Bescheides zurückliegt (§ 63 Abs. 5 AO).

034157/1 Sammelbestätigung über Geldzuwendungen an Stiftungen des privaten Rechts **(2013)**

Anlage zur Sammelbestätigung

Datum der Zuwendung	Zuwendung erfolgte in das zu erhaltende Vermögen (Vermögensstock) (ja/nein)	Verzicht auf die Erstattung von Aufwendungen (ja/nein)	Betrag

Gesamtsumme **0,00** €

034157/2 Sammelbestätigung über Geldzuwendungen an Stiftungen des privaten Rechts **(2013)**

Übergangsfrist und Verwendung der Muster für Zuwendungsbestätigungen nach dem BMF-Schreiben vom 7.11. 2013

BMF Schreiben vom 26. 3. 2014 IV C 4 - S 2223/07/0018 :005

DOK 2014/0288766

Die im BStBl I 2013, 1333 (BMF-Schrb. v. 7. 11. 2013, IV C 4 – S 2223/07/00018:005, BeckVerw 277760) veröffentlichten Muster für Zuwendungsbestätigungen sind grundsätzlich für Zuwendungen ab dem 1. 1. 2014 zu verwenden. Im Einvernehmen mit den obersten Finanzbehörden der Länder bestehen jedoch keine Bedenken, wenn bis zum 31. 12. 2014 noch die nach bisherigem Muster erstellten Zuwendungsbestätigungen (BMF-Schrb. v. 30. 8. 2012, IV C 4 – S 2223/07/00018 :005, BStBl I 2012, 884, DStR 2012, 1809) weiter verwendet werden.

Zur Erläuterung des Haftungshinweises in den veröffentlichten Mustern für Zuwendungsbestätigungen weise ich auf Folgendes hin:

Die tatsächliche Geschäftsführung umfasst auch die Ausstellung steuerlicher Zuwendungsbestätigungen. Zuwendungsbestätigungen dürfen nur dann ausgestellt werden, wenn die Voraussetzungen des § 63 Abs. 5 AO vorliegen:

Die Erlaubnis wird an die Erteilung eines Feststellungsbescheides nach § 60a Abs. 1 AO, eines Freistellungsbescheides oder eine Anlage zum Körperschaftsteuerbescheid geknüpft. Ist der Bescheid nach § 60a AO älter als drei Kalenderjahre oder ist der Freistellungsbescheid – bzw. sind die Anlagen zum Körperschaftsteuerbescheid – älter als fünf Jahre, darf die Körperschaft keine Zuwendungsbestätigungen mehr ausstellen (Nr. 3 AEAO zu § 63).

Dieses Schreiben wird im BStBl I veröffentlicht und ergänzt das BMF-Schreiben vom 7. 11. 2013 (BStBl I 2013, 1333, BeckVerw 277760).

Schreiben betr. umsatzsteuerrechtliche Behandlung der Überlassung von sogenannten VIP-Logen und des Bezugs von Hospitality-Leistungen

Vom 28. November 2006 (BStBl. I S. 791)
(BMF IV A 5 – S 7109 – 14/06)

Im Zusammenhang mit dem Abschluss von Sponsoring-Verträgen werden dem sponsernden Unternehmen neben den üblichen Werbeleistungen häufig auch Eintrittskarten für VIP-Logen überlassen, die neben der Berechtigung zum Besuch der Veranstaltung auch die Möglichkeit der Bewirtung des sponsernden Unternehmers und seiner Gäste beinhalten. Zur umsatzsteuerrechtlichen Behandlung der Nutzung von sogenannten VIP-Logen in Sportstätten durch die sponsernden Unternehmer und des Bezugs von Hospitality-Leistungen gilt unter Bezugnahme auf das Ergebnis der Erörterungen mit den obersten Finanzbehörden der Länder Folgendes: 1

Überlassung von sogenannten VIP-Logen in Sportstätten

Sofern zwischen dem leistenden Unternehmer (Werbender) und dem Leistungsempfänger (sponsernder Unternehmer) ein Paketpreis und keine gesonderte Aufteilung des Entgelts vereinbart wurde, wird es in sinngemäßer Anwendung der Regelung gemäß Randziffer 14 des BMF-Schreibens vom 22. August 2005, BStBl. I S. 845, aus Vereinfachungsgründen nicht beanstandet, wenn das Entgelt wie folgt aufgeteilt wird: 2

- Anteil für die Werbung: 40 %
- Anteil für die Bewirtung: 30 %
- Anteil für die Eintrittsberechtigung: 30 %.

Wird im Einzelfall glaubhaft gemacht, dass auf der Grundlage einer vertraglichen Vereinbarung Räumlichkeiten in der Sportstätte außerhalb der Tage, an denen Sportereignisse stattfinden, mindestens einmal wöchentlich genutzt werden, kann der auf diese Raumnutzung entfallende Anteil am Paketpreis in sinngemäßer Anwendung der Regelung gemäß Randziffer 19 des BMF-Schreibens vom 22. August 2005, BStBl. I S. 845, vorab pauschal mit 15 % des Gesamtbetrags ermittelt werden. Für die weitere Aufteilung des Paketpreises ist in diesen Fällen von dem um den Raumnutzungsanteil gekürzten Betrag auszugehen. Die mit dem Paketpreis abgegoltenen Leistungen stellen jeweils selbstständige sonstige Leistungen dar.

Sofern vom sponsernden Unternehmer nicht eine andere Zuordnung nachgewiesen wird, ist davon auszugehen, dass die auf die Verschaffung der Eintrittsberechtigung und die Bewirtung entfallenden Aufwendungen je zur Hälfte auf Geschäftsfreunde und auf eigene Arbeitnehmer entfallen. 3

In den Fällen, in denen im Gesamtbetrag der Aufwendungen nur die Leistungen für Werbung und Verschaffung der Eintrittsberechtigung enthalten sind und für die Bewirtung eine Einzelabrechnung vorliegt (z. B. bei Vertrag mit externem Caterer), ist die Vereinfachungsregelung der Randziffer 2 zur Aufteilung des Entgelts nicht anwendbar. In diesem Fall ist für den Anteil für die Werbung und den Anteil für die Eintrittsberechtigung im Wege der sachgerechten Schätzung ein angemessener Aufteilungsmaßstab zu ermitteln. Randziffer 3 gilt entsprechend. 4

Die Leistungen des Werbenden unterliegen grundsätzlich dem Regelsteuersatz nach § 12 Abs. 1 UStG. Bei gemeinnützigen und anderen steuerbegünstigten Körperschaften kommt eine Steuerermäßigung nach § 12 Abs. 2 Nr. 8 UStG für die Leistungen in Betracht, die nicht im Rahmen eines wirtschaftlichen Geschäftsbetriebes erbracht werden (vgl. zur Abgrenzung insbesondere Randziffer 9 des BMF-Schreibens vom 18. Februar 1998, BStBl. I S. 212, betreffend Werbeleistungen und *Abschnitt 170 Abs. 6 UStR* betreffend die Verschaffung von Eintrittsberechtigungen zu sportlichen Veranstaltungen). 5

Der sponsernde Unternehmer kann die auf die Aufwendungen für die Nutzung einer VIP-Loge entfallenden Vorsteuern unter den allgemeinen Voraussetzungen des § 15 UStG abziehen. Dies bedeutet insbesondere, dass die im Zusammenhang mit der Nutzung der VIP-Loge bezogenen Leistungen für das Unternehmen des Leistungsempfängers bezogen werden müssen. Sofern diese Leistungen nicht einem bestimmten Ausgangsumsatz zuzurechnen sind, ist für den Vorsteuerabzug das Gesamtbild der Verhältnisse entscheidend. 6

Gibt der sponsernde Unternehmer Eintrittsberechtigungen unentgeltlich an seine Geschäftsfreunde weiter, ist der Vorsteuerabzug aus den betreffenden Aufwendungen nach § 15 Abs. 1 a Nr. 1 UStG nur zulässig, wenn kein Geschenk i. S. des § 4 Abs. 5 Satz 1 Nr. 1 EStG vorliegt (vgl. dazu Randziffern 4 und 5 des BMF-Schreibens vom 22. August 2005, BStBl. I S. 845). Eine Besteuerung als unentgeltliche Wertabgabe nach § 3 Abs. 9 a UStG kommt nicht in Betracht, weil die Abgabe aus unternehmerischen 7

Gründen erfolgt (*Abschnitt 24 c Abs. 1 Satz 3 UStR*).

Zum Vorsteuerabzug aus der Bewirtung von Geschäftsfreunden siehe *BMF-Schreiben vom 23. Juni 2005, BStBl. I S. 816*. Soweit danach der Vorsteuerabzug nach § 15 UStG ausgeschlossen ist, weil die Bewirtungsaufwendungen nach der allgemeinen Verkehrsauffassung als nicht angemessen zu beurteilen sind, gilt dies auch für den Teil der Aufwendungen, der auf die an der Bewirtung teilnehmenden Arbeitnehmer des sponsernden Unternehmers entfällt (vgl. Randziffer 9 des BMF-Schreibens vom 22. August 2005, BStBl. I S. 845). **8**

Die unentgeltliche Weitergabe von Eintrittsberechtigungen an eigene Arbeitnehmer sowie deren Bewirtung sind beim sponsernden Unternehmer als unentgeltliche Wertabgabe nach § 3 Abs. 9 a Nr. 2 UStG zu erfassen, sofern es sich hierbei nicht um Aufmerksamkeiten oder Zuwendungen im überwiegenden betrieblichen Interesse handelt (vgl. dazu *Abschnitt 12 Abs. 2 und 3 UStR*). Eine steuerpflichtige unentgeltliche Wertabgabe liegt auch vor bei der Verwendung von Eintrittsberechtigungen und Bewirtungsleistungen für Zwecke, die außerhalb des Unternehmens liegen. Auf einen vorangegangenen Vorsteuerabzug kommt es dabei nicht an. **9**

Hospitality-Leistungen im Rahmen der Fußballweltmeisterschaft 2006

Hat der Unternehmer im Rahmen der Fußballweltmeisterschaft 2006 sogenannte Hospitality-Leistungen bezogen, die den Eintritt ins Stadion (verbunden mit Logen- oder bevorzugten Sitzplätzen), Parkmöglichkeiten, gesonderten Zugang zum Stadion, Bewirtung, persönliche Betreuung, Erinnerungsgeschenke und Unterhaltungsangebot, nicht jedoch Aufwendungen für Werbung, umfassen, gilt unter sinngemäßer Anwendung der Regelungen des BMF-Schreibens vom 30. März 2006, BStBl. I S. 307, abweichend folgende Aufteilung: **10**

- Anteil für die Bewirtung: 30 %, jedoch begrenzt auf 1000 EUR pro Teilnehmer und Veranstaltung
- Anteil für die Eintrittsberechtigung: restlicher Betrag.

Randziffer 3 gilt entsprechend.

Überlassung von sogenannten „Business-Seats“

Für sogenannte „Business-Seats“, bei denen ein Paketpreis ohne gesonderte Aufteilung des Entgelts vereinbart wurde und bei denen im Gesamtbetrag nur die Aufwendungen für die Verschaffung der Eintrittsberechtigung, das Rahmenprogramm und die Bewirtung enthalten sind, ist das Entgelt in sinngemäßer Anwendung der Regelung in Randziffer 4 des BMF-Schreibens vom 11. Juli 2006, BStBl. I S. 447, wie folgt aufzuteilen: **11**

- Anteil für die Bewirtung: 50 %
- Anteil für die Eintrittsberechtigung: 50 %.

Randziffer 3 gilt entsprechend. Werden im Rahmen der vertraglich vereinbarten Gesamtleistung auch Werbeleistungen erbracht, gelten die Randziffern 3 und 4 entsprechend.

Andere Veranstaltungen in Sportstätten

Die Regelungen der Randziffern 2 bis 4 sind auf andere Veranstaltungen (z. B. kulturelle Veranstaltungen), die in Sportstätten stattfinden, anzuwenden. Voraussetzung ist, dass die Einzelfallprüfung einen gleichartigen Sachverhalt ergibt. **12**

Veranstaltungen außerhalb von Sportstätten

Werden für Veranstaltungen außerhalb einer Sportstätte Leistungspakete, die die Eintrittsberechtigung, Bewirtung und Werbung enthalten (z. B. Operngala), zu einem Pauschalpreis ohne gesonderte Aufteilung des Entgelts angeboten, ist eine pauschale Aufteilung des Entgelts möglich. Der Aufteilungsmaßstab muss sich dabei an den Umständen des Einzelfalls orientieren. **13**

Die vorstehenden Regelungen sind in allen noch offenen Fällen anzuwenden. **14**

Bundesministerium der Finanzen, IV D 2 – S 7100/08/10007: 003

Schreiben (koordinierter Ländererlass) vom 25.07.2014

Fundstellen:

BStBl 2014 I S. 1114

Umsatzsteuerrechtliche Behandlung des Sponsorings aus Sicht des Sponsors

Bezug: BMF, Schreiben v. 13.11.2012 BStBl 2012 I S. 1169

I. Allgemeines

Nach den Grundsätzen des BMF-Schreibens vom 13. November 2012 (BStBl 2012 I S. 1169) ist regelmäßig nicht von einer Leistung des Zuwendungsempfängers an den Sponsor auszugehen, wenn der Empfänger der Zuwendung auf Plakaten, in Veranstaltungshinweisen, in Ausstellungskatalogen, auf seiner Internetseite oder in anderer Weise auf die Unterstützung durch den Sponsor lediglich hinweist. Dieser Hinweis kann unter Verwendung des Namens, Emblems oder Logos des Sponsors, jedoch ohne besondere Hervorhebung oder Verlinkung zu dessen Internetseiten, erfolgen (Abschn. 1.1 Abs. 23 UStAE).

Nach dem Ergebnis der Erörterungen der obersten Finanzbehörden des Bundes und der Länder gilt hierzu ergänzend Folgendes:

Weist umgekehrt der Sponsor auf seine Unterstützung ohne besondere Hervorhebung lediglich hin, liegt ebenfalls kein Leistungsaustauschverhältnis vor. Von einem zu vernachlässigenden Hinweis i. d. S. kann jedoch nicht ausgegangen werden, sofern dem Sponsor das ausdrückliche Recht eingeräumt wird, die Sponsoringmaßnahme im Rahmen eigener Werbung zu vermarkten.

II. Änderung des Umsatzsteuer-Anwendungserlasses

Unter Bezugnahme auf das Ergebnis der Erörterungen mit den obersten Finanzbehörden der Länder werden im Umsatzsteuer-Anwendungserlass vom 1. Oktober 2010 (BStBl 2010 I S. 846), der zuletzt durch das BMF-Schreiben vom 22. Juli 2014 – IV D 3 – S 7168/08/10005 (2014/0648477), BStBl 2014 I S. 1113, geändert worden ist, in Abschnitt 1.1 Abs. 23 nach Satz 2 die folgenden Sätze 3 und 4 angefügt:

»^{3}Dies gilt auch, wenn der Sponsor auf seine Unterstützung in gleicher Art und Weise lediglich hinweist. ^{4}Dagegen ist von einer Leistung des Zuwendungsempfängers an den Sponsor auszugehen, wenn dem Sponsor das ausdrückliche Recht eingeräumt wird, die Sponsoringmaßnahme im Rahmen eigener Werbung zu vermarkten.«

III. Anwendung

Die Grundsätze dieses Schreibens sind in allen ab dem 1. Januar 2013 verwirklichten Sachverhalten anzuwenden.

Auf diese Anweisung wird Bezug genommen in folgenden Verwaltungsanweisungen:

BMF 31.07.2014 (IV A 3 – S0354/14/10001) – Steuerschuldnerschaft des Leistungsempfängers bei Bauleistungen nach § 13b Abs. 5 Satz 2 i. V. m. Abs. 2 Nr. 4 UStG (a. F.); Anwendung des § 27 Abs. 19 UStG

Bundesministerium der Finanzen, IV D 2 – S 7100/08/10007:003

Schreiben (koordinierter Ländererlass) vom 13.11.2012

Fundstellen:

BStBl 2012 I S. 1169

Umsatzsteuerrechtliche Behandlung des Sponsorings aus der Sicht des Zuwendungsempfängers

Unter Sponsoring wird üblicherweise die Gewährung von Geld oder geldwerten Vorteilen durch Unternehmen zur Förderung von Personen, Gruppen und/oder Organisationen in sportlichen, kulturellen, kirchlichen, wissenschaftlichen, sozialen, ökologischen oder ähnlich bedeutsamen gesellschaftspolitischen Bereichen verstanden, mit der regelmäßig auch eigene unternehmensbezogene Ziele der Werbung oder Öffentlichkeitsarbeit verfolgt werden. Leistungen eines Sponsors beruhen häufig auf einer vertraglichen Vereinbarung zwischen dem Sponsor und dem Empfänger der Leistungen (Sponsoringvertrag), in dem Art und Umfang der Leistungen des Sponsors und des Empfängers geregelt sind.

Für den Empfänger der vom Sponsor gewährten Zuwendung in Geld oder in geldwerten Vorteilen gilt Folgendes:

Die Besteuerung einer Lieferung oder sonstigen Leistung als Umsatz gegen Entgelt nach § 1 Absatz 1 Nummer 1 Satz 1 UStG setzt das Bestehen eines unmittelbaren Zusammenhangs zwischen der erbrachten Leistung und dem empfangenen Gegenwert voraus. Der Leistungsempfänger muss identifizierbar sein; er muss einen Vorteil erhalten, der einen Kostenfaktor in seiner Tätigkeit bilden könnte und damit zu einem Verbrauch im Sinne des gemeinsamen Mehrwertsteuerrechts führt (vgl. BFH-Urteile vom 21. April 2005, V R 11/03, BStBl 2007 II S. 63, vom 27. Februar 2008, XI R 50/07, BStBl 2009 II S. 426 und vom 18. Dezember 2008, V R 38/06, BStBl 2009 II S. 749). Mit der bloßen Nennung des Sponsors – ohne besondere Hervorhebung – wird diesem vom Zuwendungsempfänger weder ein verbrauchsfähiger Vorteil gewährt, noch werden ihm Kosten erspart, die er sonst hätte aufwenden müssen.

Änderung des Umsatzsteuer-Anwendungserlasses

Unter Bezugnahme auf das Ergebnis der Erörterungen mit den obersten Finanzbehörden der Länder wird der Abschnitt 1.1 des Umsatzsteuer-Anwendungserlasses vom 1. Oktober 2010, BStBl 2010 I S. 846, der zuletzt durch das BMF-Schreiben vom 24. Oktober 2012 IV D 2 – S 7100-b/11/10002 (2012/0954863) –, BStBl 2012 I S. 1086 geändert worden ist, wie folgt geändert:

Es wird folgender Absatz 23 angefügt:

»(23) [1]Weist der Empfänger von Zuwendungen aus einem Sponsoringvertrag auf Plakaten, in Veranstaltungshinweisen, in Ausstellungskatalogen, auf seiner Internetseite oder in anderer Weise auf die Unterstützung durch den Sponsor lediglich hin, erbringt er insoweit keine Leistung im Rahmen eines Leistungsaustausches. [2]Dieser

Hinweis kann unter Verwendung des Namens, Emblems oder Logos des Sponsors, jedoch ohne besondere Hervorhebung oder Verlinkung zu dessen Internetseiten, erfolgen.«

Die Grundsätze dieses Schreibens sind in allen ab dem 1. Januar 2013 verwirklichten Sachverhalten anzuwenden.

Auf diese Anweisung wird Bezug genommen in folgenden Verwaltungsanweisungen

BMF 25.07.2014 (IV D 2 – S 7100/08/10007: 003) – Umsatzsteuerrechtliche Behandlung des Sponsorings aus Sicht des Sponsors

Oberste Finanzbehörde der Länder 24.03.2014 (O 2000) – Anwendungen von gleich lautenden Erlassen der obersten Finanzbehörden der Länder; Gleich lautende Erlasse, die bis zum 21. März 2014 ergangen sind

BMF 24.03.2014 (IV A 2 – O 2000/13/10002) – Anwendung von BMF-Schreiben; BMF-Schreiben, die bis zum 21. März 2014 ergangen sind

Oberste Finanzbehörde der Länder 09.04.2013 (O 2000) – Anwendungen von gleich lautenden Erlassen der obersten Finanzbehörden der Länder; Gleich lautende Erlasse, die bis zum 21. März 2014 ergangen sind

BMF 09.04.2013 – O 2000, BStBl 2013 I S. 522 (Anwendung von BMF-Schreiben; BMF-Schreiben, die bis zum 21. März 2014 ergangen sind)

BMF 14.11.2012 – S 7200, BStBl 2012 I S. 1170 (Umsatzsteuerrechtliche Behandlung der Gewährung eines Rabattes/Abführung eines Abschlages aufgrund gesetzlicher Verpflichtungen durch pharmazeutische Unternehmen (§ 130a SGB V und § 1 AM-RabG))

Oberfinanzdirektion Karlsruhe, S-7100/17

Verfügung vom 05.03.2001

Fundstellen:

UStK S-7100 Kartel 17 § 1/1/1 UStG

DStR-2001–0853

UR-2001–0317

Umsatzsteuerliche Behandlung des Sponsoring

Das BMF-Schreiben vom 18.2.1998 (BStBl I, 212) behandelt ertragsteuerliche Fragen zum so genannten Sponsoring bei steuerbegünstigten Einrichtungen (§§ 51 bis 68 AO). Für die umsatzsteuerliche Einordnung der Sachverhalte gilt Folgendes:

1. Geldleistungen des Sponsors an steuerbegünstigte Einrichtungen

Bei Zahlungen im Rahmen des Sponsoring handelt es sich grundsätzlich um das Entgelt für steuerpflichtige Leistungen der steuerbegünstigten Einrichtungen an den Sponsor (§ 1 Abs. 1 Nr. 1 UStG). Entweder liegen nach dem jeweiligen Sponsoring-Vertrag **konkrete Werbeleistungen** (z. B. Banden- oder Trikotwerbung, Anzeigen, Vorhalten von Werbedrucken, Lautsprecherdurchsagen usw.) oder **Duldungsleistungen** (z. B. durch Aufnahme des Emblems oder Logos des Sponsors in Verbandsnachrichten, Rechenschaftsberichten, Veranstaltungshinweisen oder Ausstellungskatalogen) vor.

Unabhängig von einer im Einzelfall möglicherweise abweichenden ertragsteuerlichen Behandlung unterliegen Werbeleistungen dem allgemeinen Steuersatz, da es sich um Umsätze im Rahmen eines steuerschädlichen wirtschaftlichen Geschäftsbetriebs handelt (§ 12 Abs. 1 und Abs. 2 Nr. 8 Buchstabe a Satz 1 UStG). Auf Duldungsleistungen, die ohne besondere Hervorhebung des Sponsors oder Nennung von Werbebotschaften vereinbart werden, ist dagegen der ermäßigte Steuersatz anzuwenden, weil kein steuerschädlicher wirtschaftlicher Geschäftsbetrieb vorliegt.

Beispiel:

Die Versicherung B zahlt dem Sportverein A für ein Turnfest einen Zuschuss von 10.000 DM. Es wird vereinbart, dass in der Festschrift und im Festprogramm auf die finanzielle Unterstützung durch den Sponsor B hingewiesen wird (Abdruck des Firmenlogos). Gegenüber der Bank C, die ebenfalls 10.000 DM zahlt, verpflichtet sich A, neben dem Banklogo auch einen allgemein bekannten Werbeslogan auszudrucken.

A erbringt an B steuerpflichtige Duldungsleistungen, die dem ermäßigten Steuersatz unterliegen. An die Bank C wird durch den zusätzlichen Abdruck des Werbeslogans eine Werbeleistung im Rahmen eines steuerschädlichen wirtschaftlichen Geschäftsbetriebs ausgeführt (allgemeiner Steuersatz).

Die steuerbegünstigte Einrichtung ist berechtigt, dem Sponsor eine **Rechnung** mit gesondert ausgewiesener Umsatzsteuer zu erteilen (§ 14 UStG). Eine Rechnungserteilung ist mangels Leistung dagegen nicht zulässig, wenn die Einnahmen ausnahmsweise in den nicht steuerbaren ideellen Vereinsbereich fallen. Indiz für eine nicht auf einen Leistungsaustausch abzielende allgemeine Förderung der Vereinstätigkeit ist die ertragsteuerliche Behandlung der Zahlung als Spende nach § 10b EStG.

2. Sachleistungen des Sponsors an steuerbegünstigte Einrichtungen

Auf Sach- oder Dienstleistungen im Rahmen des Sponsoring (z. B. Zuwendung von Kunstwerken, Überlassung von Fahrzeugen) sind die Ausführungen zu Nr. 1 entsprechend anzuwenden. Als Bemessungsgrundlage für die steuerpflichtige Leistung der steuerbegünstigten Einrichtung ist der gemeine Wert der Sach- oder Dienstleistung des Sponsors anzusetzen (§§ 3 Abs. 12, 10 Abs. 2 UStG). Der gemeine Wert (Abschn. 153 Abs. 1 UStR) ist auch dann anzusetzen, wenn er den Wert der Werbe- oder Duldungsleistung der steuerbegünstigten Einrichtung übersteigt.

Bei einem krassen Missverhältnis zwischen dem Wert der Leistung des Sponsors und dem erstrebten wirtschaftlichen Vorteil ist beim Sponsor der Vorsteuerabzug zu versagen, wenn der Betriebsausgabenabzug nicht zugelassen wird (§ 15 Abs. 1a Nr. 1 UStG i. V. mit § 4 Abs. 5 Satz 1 Nr. 7 EStG)

Der Sponsor und die steuerbegünstigte Einrichtung sind berechtigt, über die Umsätze **Rechnungen** mit gesondert ausgewiesener Umsatzsteuer zu erteilen. Ob und ggf. in welcher Höhe ein Vorsteuerabzug aus der Rechnung des Sponsors zulässig ist, beurteilt sich nach der tatsächlichen Verwendung der Sach- oder Dienstleistung. Eine Verwendung für den ideellen Bereich oder für steuerfreie Umsätze schließt den Vorsteuerabzug aus. Bei Zuwendung eines einheitlichen Gegenstands muss die Verwendung für unternehmerische Zwecke (Nutzung im Rahmen von wirtschaftlichen Geschäftsbetrieben, Zweckbetrieben oder der Vermögensverwaltung) mindestens 10 % der Nutzung betragen (§ 15 Abs. 1 Satz 2 UStG).

Bundesministerium der Finanzen, IV A 5 – S 7109–14/06

Schreiben (koordinierter Ländererlass) vom 28.11.2006

Fundstellen:

BStBl 2006 I S. 791

Umsatzsteuer; Umsatzsteuerrechtliche Behandlung der Überlassung von so genannten VIP-Logen und des Bezugs von Hospitality-Leistungen

1 Im Zusammenhang mit dem Abschluss von Sponsoring-Verträgen werden dem sponsernden Unternehmen neben den üblichen Werbeleistungen häufig auch Eintrittskarten für VIP-Logen überlassen, die neben der Berechtigung zum Besuch der Veranstaltung auch die Möglichkeit der Bewirtung des sponsernden Unternehmers und seiner Gäste beinhalten. Zur umsatzsteuerrechtlichen Behandlung der Nutzung von so genannten VIP-Logen in Sportstätten durch die sponsernden Unternehmer und des Bezugs von Hospitality-Leistungen gilt unter Bezugnahme auf das Ergebnis der Erörterungen mit den obersten Finanzbehörden der Länder Folgendes:

Überlassung von so genannten VIP-Logen in Sportstätten

2 Sofern zwischen dem leistenden Unternehmer (Werbender) und dem Leistungsempfänger (sponsernder Unternehmer) ein Paketpreis und keine gesonderte Aufteilung des Entgelts vereinbart wurde, wird es in sinngemäßer Anwendung der Regelung gemäß Randziffer 14 des BMF-Schreibens vom 22. August 2005, BStBl 2005 I S. 845, aus Vereinfachungsgründen nicht beanstandet, wenn das Entgelt wie folgt aufgeteilt wird:
- Anteil für die Werbung: 40 %
- Anteil für die Bewirtung: 30 %
- Anteil für die Eintrittsberechtigung: 30 %.

Wird im Einzelfall glaubhaft gemacht, dass auf der Grundlage einer vertraglichen Vereinbarung Räumlichkeiten in der Sportstätte außerhalb der Tage, an denen Sportereignisse stattfinden, mindestens einmal wöchentlich genutzt werden, kann der auf diese Raumnutzung entfallende Anteil am Paketpreis in sinngemäßer Anwendung der Regelung gemäß Randziffer 19 des BMF-Schreibens vom 22. August 2005, a. a. O., vorab pauschal mit 15 % des Gesamtbetrags ermittelt werden. Für die weitere Aufteilung des Paketpreises ist in diesen Fällen von dem um den Raumnutzungsanteil gekürzten Betrag auszugehen. Die mit dem Paketpreis abgegoltenen Leistungen stellen jeweils selbstständige sonstige Leistungen dar.

3 Sofern vom sponsernden Unternehmer nicht eine andere Zuordnung nachgewiesen wird, ist davon auszugehen, dass die auf die Verschaffung der Eintrittsberechtigung und die Bewirtung entfallenden Aufwendungen je zur Hälfte auf Geschäftsfreunde und auf eigene Arbeitnehmer entfallen.

4 In den Fällen, in denen im Gesamtbetrag der Aufwendungen nur die Leistungen für Werbung und Verschaffung der Eintrittsberechtigung enthalten sind und für die Bewirtung eine Einzelabrechnung vorliegt (z. B. bei Vertrag mit externem Caterer), ist die Ver-

einfachungsregelung der Randziffer 2 zur Aufteilung des Entgelts nicht anwendbar. In diesem Fall ist für den Anteil für die Werbung und den Anteil für die Eintrittsberechtigung im Wege der sachgerechten Schätzung ein angemessener Aufteilungsmaßstab zu ermitteln. Randziffer 3 gilt entsprechend.

5 Die Leistungen des Werbenden unterliegen grundsätzlich dem Regelsteuersatz nach § 12 Abs. 1 UStG. Bei gemeinnützigen und anderen steuerbegünstigten Körperschaften kommt eine Steuerermäßigung nach § 12 Abs. 2 Nr. 8 UStG für die Leistungen in Betracht, die nicht im Rahmen eines wirtschaftlichen Geschäftsbetriebes erbracht werden (vgl. zur Abgrenzung insbesondere Randziffer 9 des BMF-Schreibens vom 18. Februar 1998, BStBl 1998 I S. 212, betreffend Werbeleistungen und Abschnitt 170 Abs. 6 UStR betreffend die Verschaffung von Eintrittsberechtigungen zu sportlichen Veranstaltungen).

6 Der sponsernde Unternehmer kann die auf die Aufwendungen für die Nutzung einer VIP-Loge entfallenden Vorsteuern unter den allgemeinen Voraussetzungen des § 15 UStG abziehen. Dies bedeutet insbesondere, dass die im Zusammenhang mit der Nutzung der VIP-Loge bezogenen Leistungen für das Unternehmen des Leistungsempfängers bezogen werden müssen. Sofern diese Leistungen nicht einem bestimmten Ausgangsumsatz zuzurechnen sind, ist für den Vorsteuerabzug das Gesamtbild der Verhältnisse entscheidend.

7 Gibt der sponsernde Unternehmer Eintrittsberechtigungen unentgeltlich an seine Geschäftsfreunde weiter, ist der Vorsteuerabzug aus den betreffenden Aufwendungen nach § 15 Abs. 1a Nr. 1 UStG nur zulässig, wenn kein Geschenk i. S. des § 4 Abs. 5 Satz 1 Nr. 1 EStG vorliegt (vgl. dazu Randziffern 4 und 5 des BMF-Schreibens vom 22. August 2005, a. a. O.). Eine Besteuerung als unentgeltliche Wertabgabe nach § 3 Abs. 9a UStG kommt nicht in Betracht, weil die Abgabe aus unternehmerischen Gründen erfolgt (Abschn. 24c Abs. 1 Satz 3 UStR).

8 Zum Vorsteuerabzug aus der Bewirtung von Geschäftsfreunden siehe BMF-Schreiben vom 23. Juni 2005, BStBl 2005 I S. 816. Soweit danach der Vorsteuerabzug nach § 15 UStG ausgeschlossen ist, weil die Bewirtungsaufwendungen nach der allgemeinen Verkehrsauffassung als nicht angemessen zu beurteilen sind, gilt dies auch für den Teil der Aufwendungen, der auf die an der Bewirtung teilnehmenden Arbeitnehmer des sponsernden Unternehmers entfällt (vgl. Randziffer 9 des BMF-Schreibens vom 22. August 2005, a. a. O.).

9 Die unentgeltliche Weitergabe von Eintrittsberechtigungen an eigene Arbeitnehmer sowie deren Bewirtung sind beim sponsernden Unternehmer als unentgeltliche Wertabgabe nach § 3 Abs. 9a Nr. 2 UStG zu erfassen, sofern es sich hierbei nicht um Aufmerksamkeiten oder Zuwendungen im überwiegenden betrieblichen Interesse handelt (vgl. dazu Abschnitt 12 Abs. 2 und 3 UStR). Eine steuerpflichtige unentgeltliche Wertabgabe liegt auch vor bei der Verwendung von Eintrittsberechtigungen und Bewirtungsleistungen für Zwecke, die außerhalb des Unternehmens liegen. Auf einen vorangegangenen Vorsteuerabzug kommt es dabei nicht an.

Hospitality-Leistungen im Rahmen der Fußballweltmeisterschaft 2006

10 Hat der Unternehmer im Rahmen der Fußballweltmeisterschaft 2006 so genannte Hospitality-Leistungen bezogen, die den Eintritt ins Stadion (verbunden mit Logen- oder bevorzugten Sitzplätzen), Parkmöglichkeiten, gesonderten Zugang zum Stadion, Bewirtung, persönliche Betreuung, Erinnerungsgeschenke und Unterhaltungsangebot, nicht jedoch Aufwendungen für Werbung, umfassen, gilt unter sinngemäßer Anwendung der Regelungen des BMF-Schreibens vom 30. März 2006, BStBl 2006 I S. 307, abweichend folgende Aufteilung:

- Anteil für die Bewirtung: 30 %, jedoch begrenzt auf 1.000 EUR pro Teilnehmer und Veranstaltung
- Anteil für die Eintrittsberechtigung: restlicher Betrag.

Randziffer 3 gilt entsprechend.

Überlassung von so genannten »Business-Seats«

11 Für so genannte »Business-Seats«, bei denen ein Paketpreis ohne gesonderte Aufteilung des Entgelts vereinbart wurde und bei denen im Gesamtbetrag nur die Aufwendungen für die Verschaffung der Eintrittsberechtigung, das Rahmenprogramm und die Bewirtung enthalten sind, ist das Entgelt in sinngemäßer Anwendung der Regelung in Randziffer 4 des BMF-Schreibens vom 11. Juli 2006, BStBl 2006 I S. 447, wie folgt aufzuteilen:

- Anteil für die Bewirtung: 50 %
- Anteil für die Eintrittsberechtigung: 50 %.

Randziffer 3 gilt entsprechend. Werden im Rahmen der vertraglich vereinbarten Gesamtleistung auch Werbeleistungen erbracht, gelten die Randziffern 3 und 4 entsprechend.

Andere Veranstaltungen in Sportstätten

12 Die Regelungen der Randziffern 2 bis 4 sind auf andere Veranstaltungen (z. B. kulturelle Veranstaltungen), die in Sportstätten stattfinden, anzuwenden. Voraussetzung ist, dass die Einzelfallprüfung einen gleichartigen Sachverhalt ergibt.

Veranstaltungen außerhalb von Sportstätten

13 Werden für Veranstaltungen außerhalb einer Sportstätte Leistungspakete, die die Eintrittsberechtigung, Bewirtung und Werbung enthalten (z. B. Operngala), zu einem Pauschalpreis ohne gesonderte Aufteilung des Entgelts angeboten, ist eine pauschale Aufteilung des Entgelts möglich. Der Aufteilungsmaßstab muss sich dabei an den Umständen des Einzelfalls orientieren.

14 Die vorstehenden Regelungen sind in allen noch offenen Fällen anzuwenden.

Bundesministerium der Finanzen, IV C 4 – S 2223/07/0018: 005

Schreiben (koordinierter Ländererlass) vom 07.11.2013

Fundstellen:

BStBl 2013 I S. 1333

Muster für Zuwendungsbestätigungen (§ 10b EStG)

Im Einvernehmen mit den obersten Finanzbehörden der Länder sind die in der Anlage beigefügten Muster für Zuwendungen an inländische Zuwendungsempfänger zu verwenden.

Für die Verwendung der aktualisierten Muster für Zuwendungsbestätigungen gilt Folgendes:

1. Die in der Anlage beigefügten Muster für Zuwendungsbestätigungen sind verbindliche Muster (vgl. § 50 Absatz 1 EStDV). Die Zuwendungsbestätigungen können weiterhin vom jeweiligen Zuwendungsempfänger anhand dieser Muster selbst hergestellt werden. In einer auf einen bestimmten Zuwendungsempfänger zugeschnittenen Zuwendungsbestätigung müssen nur die Angaben aus den veröffentlichten Mustern übernommen werden, die im Einzelfall einschlägig sind. Die in den Mustern vorgesehenen Hinweise zu den haftungsrechtlichen Folgen der Ausstellung einer unrichtigen Zuwendungsbestätigung und zur steuerlichen Anerkennung der Zuwendungsbestätigung sind stets in die Zuwendungsbestätigungen zu übernehmen.
2. Die Wortwahl und die Reihenfolge der vorgegebenen Textpassagen in den Mustern sind beizubehalten, Umformulierungen sind unzulässig. Auf der Zuwendungsbestätigung dürfen weder Danksagungen an den Zuwendenden noch Werbung für die Ziele der begünstigten Einrichtung angebracht werden. Entsprechende Texte sind jedoch auf der Rückseite zulässig. Die Zuwendungsbestätigung darf die Größe einer DIN A 4 – Seite nicht überschreiten.
3. **Gegen optische Hervorhebungen von Textpassagen beispielsweise durch Einrahmungen und/oder vorangestellte Ankreuzkästchen bestehen keine Bedenken. Ebenso ist es zulässig, den Namen des Zuwendenden und dessen Adresse so untereinander anzuordnen, dass die gleichzeitige Nutzung als Anschriftenfeld möglich ist. Fortlaufende alphanumerische Zeichen mit einer oder mehreren Reihen, die zur Identifizierung der Zuwendungsbestätigung geeignet sind, können vergeben werden; die Verwendung eines Briefpapiers mit einem Logo, Emblem oder Wasserzeichen der Einrichtung ist zulässig.**
4. Es bestehen keine Bedenken, wenn der Zuwendungsempfänger in seinen Zuwendungsbestätigungen alle ihn betreffenden steuerbegünstigten Zwecke nennt. Aus steuerlichen Gründen bedarf es keiner Kenntlichmachung, für welchen konkreten steuerbegünstigten Zweck die Zuwendung erfolgt bzw. verwendet wird.
5. Der zugewendete Betrag ist sowohl in Ziffern als auch in Buchstaben zu benennen. Für die Benennung in Buchstaben ist es nicht zwingend erforderlich, dass der zugewendete Betrag in einem Wort genannt wird; ausreichend ist die Buchstabenbe-

nennung der jeweiligen Ziffern. So kann z. B. ein Betrag in Höhe von 1.322 Euro als »eintausenddreihundertzweiundzwanzig« oder »eins – drei – zwei – zwei« bezeichnet werden. In diesen Fällen sind allerdings die Leerräume vor der Nennung der ersten Ziffer und hinter der letzten Ziffer in geeigneter Weise (z. B. durch »X«) zu entwerten.

6. Handelt es sich um eine Sachspende, so sind in die Zuwendungsbestätigung genaue Angaben über den zugewendeten Gegenstand aufzunehmen (z. B. Alter, Zustand, historischer Kaufpreis, usw.). Für die Sachspende zutreffende Sätze sind in den entsprechenden Mustern anzukreuzen.
   Sachspende aus dem Betriebsvermögen:
   Stammt die Sachzuwendung nach den Angaben des Zuwendenden aus dessen Betriebsvermögen, **bemisst sich die Zuwendungshöhe nach dem Wert, der bei der Entnahme angesetzt wurde und nach der Umsatzsteuer, die auf die Entnahme entfällt (§ 10b Absatz 3 Satz 2 EStG).** In diesen Fällen braucht der Zuwendungsempfänger keine zusätzlichen Unterlagen in seine Buchführung aufzunehmen, ebenso sind Angaben über die Unterlagen, die zur Wertermittlung gedient haben, nicht erforderlich. Der Entnahmewert ist grundsätzlich der Teilwert. Der Entnahmewert kann auch der Buchwert sein, wenn das Wirtschaftsgut unmittelbar nach der Entnahme für steuerbegünstigte Zwecke gespendet wird (sog. Buchwertprivileg § 6 Absatz 1 Nummer 4 Satz 4 und 5 EStG).
   Sachspende aus dem Privatvermögen:
   Handelt es sich um eine Sachspende aus dem Privatvermögen des Zuwendenden, ist der gemeine Wert des gespendeten Wirtschaftsguts maßgebend, wenn dessen Veräußerung im Zeitpunkt der Zuwendung keinen Besteuerungstatbestand erfüllen würde (§ 10b Absatz 3 Satz 3 EStG). Ansonsten sind die fortgeführten Anschaffungs- oder Herstellungskosten als Wert der Zuwendung auszuweisen. Dies gilt insbesondere bei Veräußerungstatbeständen, die unter § 17 oder § 23 EStG fallen (z. B. Zuwendung einer mindestens 1 %igen Beteiligung an einer Kapitalgesellschaft (§ 17 EStG), einer Immobilie, die sich weniger als zehn Jahre im Eigentum des Spenders befindet (§ 23 Absatz 1 Satz 1 Nummer 1 EStG), eines anderen Wirtschaftsguts im Sinne des § 23 Absatz 1 Satz 1 Nummer 2 EStG mit einer Eigentumsdauer von nicht mehr als einem Jahr). Der Zuwendungsempfänger hat anzugeben, welche Unterlagen er zur Ermittlung des angesetzten Wertes herangezogen hat. In Betracht kommt in diesem Zusammenhang z. B. ein Gutachten über den aktuellen Wert der zugewendeten Sache oder der sich aus der ursprünglichen Rechnung ergebende historische Kaufpreis unter Berücksichtigung einer Absetzung für Abnutzung. Diese Unterlagen hat der Zuwendungsempfänger zusammen mit der Zuwendungsbestätigung in seine Buchführung aufzunehmen.
7. **Die Zeile: »Es handelt sich um den Verzicht auf die Erstattung von Aufwendungen Ja □ Nein □« ist stets in die Zuwendungsbestätigungen über Geldzuwendungen/Mitgliedsbeiträge zu übernehmen und entsprechend anzukreuzen. Dies gilt auch für Sammelbestätigungen und in den Fällen, in denen ein Zuwendungsempfänger grundsätzlich keine Zuwendungsbestätigungen für die Erstattung von Aufwendungen ausstellt.**

8. Werden Zuwendungen an eine juristische Person des öffentlichen Rechts von dieser an andere juristische Personen des öffentlichen Rechts weitergeleitet und werden von diesen die steuerbegünstigten Zwecke verwirklicht, so hat der »Erstempfänger« die in den amtlichen Vordrucken enthaltene Bestätigung wie folgt zu fassen:
   Die Zuwendung wird entsprechend den Angaben des Zuwendenden an .... [Name des Letztempfängers verbunden mit dem Hinweis auf dessen öffentlich-rechtliche Organisationsform] weitergeleitet.
9. Erfolgt der Nachweis in Form der Sammelbestätigung, so ist der bescheinigte Gesamtbetrag auf der zugehörigen Anlage in sämtliche Einzelzuwendungen aufzuschlüsseln. Es bestehen keine Bedenken, auf der Anlage zur Sammelbestätigung entweder den Namen des Zuwendenden oder ein fortlaufendes alphanumerisches Zeichen anzubringen, um eine sichere Identifikation zu gewährleisten.
10. Für maschinell erstellte Zuwendungsbestätigungen ist R 10b.1 Absatz 4 EStR zu beachten.
11. Nach § 50 Absatz 4 EStDV hat die steuerbegünstigte Körperschaft ein Doppel der Zuwendungsbestätigung aufzubewahren. Es ist in diesem Zusammenhang zulässig, das Doppel in elektronischer Form zu speichern. Die Grundsätze ordnungsmäßiger DV-gestützter Buchführungssysteme (BMF-Schreiben vom 7. November 1995, BStBl 1995 I S. 738) sind zu beachten.
12. Für Zuwendungen nach dem 31. Dezember 1999 ist das Durchlaufspendenverfahren keine zwingende Voraussetzung mehr für die steuerliche Begünstigung von Spenden. Seit 1. Januar 2000 sind alle steuerbegünstigten Körperschaften im Sinne des § 5 Absatz 1 Nummer 9 KStG zum unmittelbaren Empfang und zur Bestätigung von Zuwendungen berechtigt. Dennoch dürfen juristische Personen des öffentlichen Rechts oder öffentliche Dienststellen auch weiterhin als Durchlaufstelle auftreten und Zuwendungsbestätigungen ausstellen (vgl. R 10b.1 Absatz 2 EStR). Sie unterliegen dann aber auch – wie bisher – der Haftung nach § 10b Absatz 4 EStG. Dach- und Spitzenorganisationen können für die ihnen angeschlossenen Vereine dagegen nicht mehr als Durchlaufstelle fungieren.
13. **Mit dem Gesetz zur Stärkung des Ehrenamtes vom 21. März 2013 (BGBl 2013 I S. 556) wurde mit § 60a AO die Feststellung der satzungsmäßigen Voraussetzungen eingeführt. Nach § 60a AO wird die Einhaltung der satzungsmäßigen Voraussetzungen gesondert vom Finanzamt festgestellt. Dieses Verfahren löst die so genannte vorläufige Bescheinigung ab. Übergangsweise bleiben die bislang ausgestellten vorläufigen Bescheinigungen weiterhin gültig und die betroffenen Körperschaften sind übergangsweise weiterhin zur Ausstellung von Zuwendungsbestätigungen berechtigt. Diese Körperschaften haben in ihren Zuwendungsbestätigungen anzugeben, dass sie durch vorläufige Bescheinigung den steuerbegünstigten Zwecken dienend anerkannt worden sind. Die Bestätigung ist wie folgt zu fassen:**
   Wir sind wegen Förderung (Angabe des begünstigten Zwecks/der begünstigten Zwecke) durch vorläufige Bescheinigung des Finanzamtes (Name), StNr. (Angabe) vom (Datum) ab (Datum) als steuerbegünstigten Zwecken dienend anerkannt.

Außerdem sind die Hinweise zu den haftungsrechtlichen Folgen der Ausstellung einer unrichtigen Zuwendungsbestätigung und zur steuerlichen Anerkennung der Zuwendungsbestätigung folgendermaßen zu fassen:
Wer vorsätzlich oder grob fahrlässig eine unrichtige Zuwendungsbestätigung erstellt oder veranlasst, dass Zuwendungen nicht zu den in der Zuwendungsbestätigung angegebenen steuerbegünstigten Zwecken verwendet werden, haftet für die entgangene Steuer (§ 10b Absatz 4 EStG, § 9 Absatz 3 KStG, § 9 Nummer 5 GewStG).
Diese Bestätigung wird nicht als Nachweis für die steuerliche Berücksichtigung der Zuwendung anerkannt, wenn das Datum der vorläufigen Bescheinigung länger als 3 Jahre seit Ausstellung der Bestätigung zurückliegt (BMF vom 15.12.1994 – BStBl 1994 I S. 884).
In Fällen, in denen juristische Personen des öffentlichen Rechts oder Stiftungen des öffentlichen Rechts Zuwendungen an Körperschaften im Sinne des § 5 Absatz 1 Nummer 9 KStG weiterleiten, ist ebenfalls anzugeben, ob die Empfängerkörperschaft durch vorläufige Bescheinigung als steuerbegünstigten Zwecken dienend anerkannt worden ist. Diese Angabe ist hierbei in den Zuwendungsbestätigungen folgendermaßen zu fassen:
entsprechend den Angaben des Zuwendenden an (Name) weitergeleitet, die/der vom Finanzamt (Name) StNr. (Angabe) mit vorläufiger Bescheinigung (gültig ab: Datum) vom (Datum) als steuerbegünstigten Zwecken dienend anerkannt ist.
Die Hinweise zu den haftungsrechtlichen Folgen der Ausstellung einer unrichtigen Zuwendungsbestätigung und zur steuerlichen Anerkennung der Zuwendungsbestätigung sind dann folgendermaßen zu fassen:
Wer vorsätzlich oder grob fahrlässig eine unrichtige Zuwendungsbestätigung erstellt oder veranlasst, dass Zuwendungen nicht zu den in der Zuwendungsbestätigung angegebenen steuerbegünstigten Zwecken verwendet werden, haftet für die entgangene Steuer (§ 10b Absatz 4 EStG, § 9 Absatz 3 KStG, § 9 Nummer 5 GewStG).
Nur in den Fällen der Weiterleitung an steuerbegünstigte Körperschaften im Sinne von § 5 Absatz 1 Nummer 9 KStG:
Diese Bestätigung wird nicht als Nachweis für die steuerliche Berücksichtigung der Zuwendung anerkannt, wenn das Datum der vorläufigen Bescheinigung länger als 3 Jahre seit Ausstellung der Bestätigung zurückliegt.

14. **Ist der Körperschaft, Personenvereinigung oder Vermögensmasse bisher weder ein Freistellungsbescheid noch eine Anlage zum Körperschaftsteuerbescheid erteilt worden und sieht der Feststellungsbescheid nach § 60a AO die Steuerbefreiung erst für den nächsten Veranlagungszeitraum vor (§ 60 Absatz 2 AO), sind Zuwendungen erst ab diesem Zeitpunkt nach § 10b EStG abziehbar. Zuwendungen, die vor Beginn der Steuerbefreiung nach § 5 Absatz 1 Nummer 9 KStG erfolgen, sind steuerlich nicht nach § 10b EStG begünstigt, da die Körperschaft, Personenvereinigung oder Vermögensmasse in diesem Zeitraum nicht die Voraussetzungen des § 10b Absatz 1 Satz 2 Nummer 2 EStG erfüllt. Zuwendungsbestätigungen, die für Zeiträume vor der Steuerbefreiung ausgestellt werden, sind daher unrichtig und können – bei Vorliegen der Voraussetzungen des § 10b Absatz 4 EStG – eine Haftung des Ausstellers auslösen.**

15. Die neuen Muster für Zuwendungsbestätigungen werden als ausfüllbare Formulare unter https://www.formulare-bfinv.de zur Verfügung stehen.
16. Für den Abzug steuerbegünstigter Zuwendungen an nicht im Inland ansässige Empfänger wird auf das BMF-Schreiben vom 16. Mai 2011 – IV C 4 – S 2223/07/0005: 008, 2011/0381377 –, (BStBl 2011 I S. 559) hingewiesen.

Das BMF-Schreiben vom 30. August 2012 – IV C 4 – S 2223/07/0018: 005, 2012/0306063 –, (BStBl 2012 I S. 884) wird hiermit aufgehoben.

Es wird seitens der Finanzverwaltung nicht beanstandet, wenn bis zum 31. Dezember 2013 die bisherigen Muster für Zuwendungsbestätigungen verwendet werden.

Anlagenverzeichnis:

Anlage 1: Muster für Geldzuwendungen an inländische juristische Personen des öffentlichen Rechts
Anlage 2: Muster für Sachzuwendungen an inländische juristische Personen des öffentlichen Rechts
Anlage 3: Muster für Geldzuwendungen/Mitgliedsbeitrag an eine steuerbegünstigte Einrichtung
Anlage 4: Muster für Sachzuwendungen an eine steuerbegünstigte Einrichtung
Anlage 5: Muster für Geldzuwendungen/Mitgliedsbeitrag an eine Partei
Anlage 6: Muster für Sachzuwendungen an eine Partei
Anlage 7: Muster für Geldzuwendungen/Mitgliedsbeitrag an eine unabhängige Wählervereinigung
Anlage 8: Muster für Sachzuwendungen an eine unabhängige Wählervereinigung
Anlage 9: Muster für Geldzuwendungen an eine inländische Stiftung des öffentlichen Rechts
Anlage 10: Muster für Sachzuwendungen an eine inländische Stiftung des öffentlichen Rechts
Anlage 11: Muster für Geldzuwendungen an eine inländische Stiftung des privaten Rechts
Anlage 12: Muster für Sachzuwendungen an eine inländische Stiftung des privaten Rechts
Anlage 13: Sammelbestätigung für Geldzuwendungen an inländische juristische Personen des öffentlichen Rechts
Anlage 14: Sammelbestätigung für Geldzuwendungen/Mitgliedsbeiträge an eine steuerbegünstigte Einrichtung
Anlage 15: Sammelbestätigung für Geldzuwendungen/Mitgliedsbeiträge an eine Partei
Anlage 16: Sammelbestätigung für Geldzuwendungen/Mitgliedsbeiträge an eine unabhängige Wählervereinigung
Anlage 17: Sammelbestätigung für Geldzuwendungen an eine inländische Stiftung des öffentlichen Rechts
Anlage 18: Sammelbestätigung für Geldzuwendungen an eine inländische Stiftung des privaten Rechts

Oberfinanzdirektion München, S-7119 – 1 St 434

Verfügung vom 28.05.2001

Fundstellen:

DStR-2001–1800

Umsatzsteuerrechtliche Behandlung der Überlassung von Werbemobilen an soziale Institutionen, Sportvereine und Kommunen

1. Sachverhalt

Oftmals erfüllen Werbefirmen ihre Aufträge gegenüber ihren Kunden durch das Anbringen von Werbeflächen auf Kraftfahrzeugen, die dann im Stadtbild bewegt werden. Hierfür wird verschiedenen Institutionen (sozialen Einrichtungen, Vereinen, Verbänden, Kommunen, Interessenverbänden, Golfclubs etc.) ein entsprechend mit Werbeflächen versehenes Fahrzeug überlassen (sog. Werbemobil). Die Werbefirma übergibt das Fahrzeug der Institution zur Nutzung, behält jedoch den Kfz-Brief bis zum Ende der Vertragslaufzeit, die der betriebsgewöhnlichen Nutzungsdauer entspricht, zurück. Die Institution verpflichtet sich im Gegenzug, das Kfz bis zum Vertragsende möglichst werbewirksam und häufig zu nutzen, sowie die Werbung zu dulden. Für die Gebrauchsüberlassung sind keine Zahlungen an die Werbefirma zu leisten. Die Zulassung sowie die Versicherung des Fahrzeugs erfolgt durch die Institution im eigenen Namen; sie hat auch die laufenden Kfz-Kosten zu tragen. Nach Vertragsende wird das Eigentum an dem Werbemobil ohne Zuzahlung – mit Ausnahme der durch die Werbefirma zu zahlende Umsatzsteuer – an die Institution übertragen, die sodann die Werbeflächen zu beseitigen hat.

2. Umsatzsteuerliche Würdigung der durch die Werbefirma erbrachten Leistungen

2.1 Steuerbarkeit

Die Werbefirma erbringt bereits mit der Übergabe des Fahrzeugs zu Beginn des Nutzungszeitraums eine Lieferung i. S. des § 3 Abs. 1 UStG an die betreffende Institution, da schon zu diesem Zeitpunkt das wirtschaftliche Eigentum an dem Fahrzeug auf die Institution übergeht.

Da der Vorgang bei vertragsgemäßer Erfüllung während der betriebsgewöhnlichen Nutzungsdauer des Fahrzeugs nicht gekündigt werden kann und mit deren Ablauf das bürgerlich-rechtliche Eigentum auf die Institution übergeht, hat diese bereits zu Beginn der Laufzeit die Verfügungsmacht an dem Fahrzeug erlangt. Eine vorgeschaltete sonstige Leistung (Fahrzeugüberlassung) ist daher nicht gegeben.

Die für das Leasing entwickelten Grundsätze sind hierfür entsprechend anzuwenden (vgl. Abschn. 25 Abs. 4 UStR).

Die Lieferung erfolgt im Rahmen eines tauschähnlichen Umsatzes, da das Entgelt in der Werbeleistung besteht, die die Institution mit der Duldung der Anbringung der

Werbeflächen auf dem Fahrzeug und dessen werbewirksamen Einsatzes an die Werbefirma erbringt (§ 3 Abs. 12 S. 2 UStG).

2.2 Bemessungsgrundlage

Beim tauschähnlichen Umsatz gilt der Wert eines jeden Umsatzes als Entgelt für den anderen Umsatz. Die Umsatzsteuer gehört nicht zum Entgelt. Maßgebend für die Bemessungsgrundlage nach § 10 Abs. 2 S. 2 UStG ist der von der Werbefirma gezahlte Einkaufspreis für das Fahrzeug (vgl. EUGH-Urteile vom 23.11.1988, UR 1990, 307; und vom 2.6.1994, UR 1995, 64; BFH-Urteil vom 28.3.1996, HFR 1996, 824). Dies ist der Betrag, den der Empfänger der Werbeleistung, die nicht bar abgegolten wird, zu diesem Zweck aufzuwenden bereit ist.

2.3 Entstehung der Steuer

Die Umsatzsteuer für die Lieferung entsteht bei der Besteuerung nach vereinbarten Entgelten bereits mit Ablauf des Voranmeldungszeitraums, in dem das Werbemobil an die Institution übergeben wurde (Vertragsbeginn), vgl. § 13 Abs. 1 Nr. 1a S. 1 UStG.

3. Umsatzsteuerliche Würdigung der durch die Institution erbrachten Leistungen

3.1 Steuerbarkeit

Die Gegenleistung der nutzenden Institution führt bei **Vereinen**zur ertragsteuerrechtlichen Begründung eines wirtschaftlichen Geschäftsbetriebs, wenn dieser aktiv an der Werbemaßnahme mitwirkt (BMF-Schreiben vom 16.2.1998, BStBl I 1998, 212).

Dies ist dann der Fall, wenn die steuerbegünstigte Körperschaft vertraglich verpflichtet ist, das Fahrzeug über den zu eigenen Zwecken notwendigen Umfang hinaus einzusetzen oder es werbewirksam abzustellen, Pressekonferenzen zu veranstalten und Kontakte zwischen potentiellen Werbeträgern und dem Werbeunternehmen herzustellen (vgl. KSt-Kartei, § 5 Abs. 1 Nr. 9 KStG, Karte 25.1).

Für die Abgrenzung gelten die allgemeinen Grundsätze (vgl. insbesondere Anwendungserlaß zur Abgabenordnung, zu § 67a, Tz. I/9). Wie im Fall der entgeltlichen Überlassung des Rechts zur Nutzung von Werbeflächen auf Sportbekleidung (Trikotwerbung) leistet der Verein durch die o. a. werbewirksame Nutzung des Fahrzeugs einen wesentlichen und aktiven Beitrag zum Erfolg der Werbemaßnahmen, der den Rahmen der Vermögensverwaltung überschreitet.

Bei **juristischen Personen des öffentlichen Rechts (jPdöR)** kann ein Betrieb gewerblicher Art (BgA) begründet werden, wenn diese aktiv an der Werbemaßnahme mitwirkt und somit eine nachhaltige wirtschaftliche Tätigkeit zur Erzielung der Einnahmen ausübt (§ 2 Abs. 3 UStG i. V. m. §§ 1 Abs. 1 Nr. 6, 4 KStG).

Der Betrieb des Werbemobils führt jedoch nur dann zu einem BgA, wenn diese Tätigkeit sich innerhalb der Gesamtbetätigung der jPdöR wirtschaftlich heraushebt und von einigem Gewicht ist (Abschn. 5 Abs. 5 KStR).

Für die Beurteilung der Umsatzgrenzen nach Abschn. 5 Abs. 4 und 5 KStR ist jedoch das einmalig entrichtete Entgelt (Wert des KfZ) auf die Laufzeit der Werbeleistung zu verteilen, da die wirtschaftliche Tätigkeit »Werbeleistung« über die gesamte Laufzeit erbracht wird. § 13 UStG ist insoweit nicht maßgebend.

Die Leistung der Institution besteht in einer sonstigen Leistung nach § 3 Abs. 9 UStG (Werbeleistung gem. § 3a Abs. 4 Nr. 2 i. V. m. Abs. 3 UStG).

3.2 Bemessungsgrundlage

Bemessungsgrundlage für die Werbeleistung ist der Wert der Fahrzeuglieferung, also der Einkaufspreis des Fahrzeugs (§ 10 Abs. 2 S. 2 UStG). Soweit keine Anhaltspunkte für eine abweichende Beurteilung ersichtlich sind, ist davon auszugehen, daß sich Leistung und Eigenleistung gleichwertig gegenüber stehen.

3.3 Entstehung der Steuer

Die Istversteuerung von Anzahlungen kommt auch für Lieferungen in Betracht, die im Rahmen eines tauschähnlichen Umsatzes gegen Entgelt hingegeben werden. Die Umsatzsteuer entsteht somit bei der Besteuerung nach **vereinbarten Entgelten** mit Ablauf des Voranmeldungszeitraums, in dem das Entgelt in Form der Fahrzeuglieferung bereits vor Leistungsausführung vereinnahmt wird (vgl. § 13 Abs. 1 Nr. 1a S. 4 UStG, Abschn. 181 Abs. 1 und 2 UStR).

Die sonstige Leistung der Institution wird erst im Zeitpunkt ihrer Vollendung, also mit Ablauf der Nutzungsdauer des Werbemobils erbracht. Die Werbefirma erwirkt die als Gegenleistung des tauschähnlichen Umsatzes anzusehende Lieferung bereits zu Beginn des Vertrages.

Des weiteren liegen keine Teilleistungen vor, zwar ist der Umsatz »Werbeleistung« wirtschaftlich teilbar, gesonderte Entgeltsvereinbarungen für bestimmte Teile der Leistung wurden jedoch nicht getroffen (§ 13 Abs. 1 Nr. 1a S. 3 UStG).

Bei der Besteuerung nach **vereinnahmten Entgelten** (§ 13 Abs. 1 Nr. 1b S. 1 UStG) entsteht die Umsatzsteuer ohnehin mit Ablauf des Voranmeldungszeitraums der Entgeltsvereinnahmung (Fahrzeuglieferung).

3.4 Vorsteuerabzug

Vorsteuerbeträge aus der Anschaffung und aus den laufenden Kosten stehen grundsätzlich nicht im wirtschaftlichen Zusammenhang mit den Werbeleistungen, da die Aufwendungen für die bezogenen Leistungen kein Kostenelement des ausgeführten Umsatzes »Werbeleistung« werden (vgl. BFH-Urteil vom 15.7.1993, BStBl II 1993, 810 sowie BFH-Urteil vom 10.4.1997, BStBl II 1997, 552). Diese Vorsteuerbeträge stehen vielmehr in Zusammenhang mit den durchgeführten Fahrten. Sofern das Fahrzeug im ideellen Bereich oder für Ausschlussumsätze eingesetzt wird, ist daher ein Vorsteuerabzug nicht möglich. Wird das Fahrzeug auch für steuerpflichtige Umsätze verwendet, sind für nach dem 31.3.1999 erworbene Werbemobile die Regelungen des § 15 Abs. 1 S. 2 UStG und des § 15 Abs. 1b UStG zu beachten.

3.5 Steuersatz

Werden die Leistungen im Rahmen eines wirtschaftlichen Geschäftsbetriebs oder eines Betriebs gewerblicher Art erbracht, unterliegt der Umsatz dem Regelsteuersatz (§ 12 Abs. 1 UStG).

Unterstützung anderer Körperschaften (§ 58 Nrn. 1 bis 4 AO)

OFD Frankfurt/M. Verfügung vom 19. 8. 2013S 0177 A - 6 - St 53

Eine steuerbegünstigte Körperschaft kann ihrer Pflicht, sämtliche Mittel für ihre steuerbegünstigten satzungsmäßigen Zwecke zu verwenden (§ 55 Abs. 1 Nr. 1 AO), auf folgende Arten nachkommen:

- Die Körperschaft muss ihre steuerbegünstigten Zwecke grundsätzlich selbst verwirklichen, also ihre Mittel unmittelbar dafür verwenden (§ 57 Abs. 1 Satz 1 AO), ggfs. durch Einschaltung einer Hilfsperson (§ 57 Abs. 1 Satz 2 AO).

- Die Körperschaft darf unter bestimmten Voraussetzungen ihre Mittel (in vollem Umfang) an eine andere Körperschaft des öffentlichen oder privaten Rechts (s. Tz. 1.1) für die Verwirklichung der steuerbegünstigten Zwecke dieser Körperschaft weitergeben, wenn die Beschaffung von Mitteln für die andere Körperschaft ihr Satzungszweck ist (§ 58 Nr. 1 AO - sog. Förder- oder Spendensammelkörperschaft), s. Tz. 1.

- Wenn die Beschaffung von Mitteln für andere Körperschaften nicht Satzungszweck ist, darf die Körperschaft ihre Mittel teilweise, höchstens zur Hälfte, an eine andere, ebenfalls steuerbegünstigte Körperschaft oder an eine Körperschaft des öffentlichen Rechts zur Verwendung für steuerbegünstigte Zwecke weitergeben (§ 58 Nr. 2 AO), s. Tz. 2.

- Auch ist es gemeinnützigkeitsrechtlich unschädlich, wenn eine Körperschaft sowohl Mittel zur unmittelbaren Zweckerfüllung verwendet als auch Mittel nach § 58 Nr. 1 und 2 AO vergibt.

- Die Körperschaft kann ihre Arbeitskräfte anderen Personen, Unternehmen, Einrichtungen oder einer Körperschaft des öffentlichen Rechts für steuerbegünstigte Zwecke zur Verfügung stellen, s. Tz. 3.

- Es ist auch gemeinnützigkeitsrechtlich unschädlich, wenn eine Körperschaft ihr gehörende Räume einer anderen, ebenfalls steuerbegünstigten Körperschaft oder einer Körperschaft des öffentlichen Rechts zur Nutzung zu steuerbegünstigten Zwecken überlässt, s. Tz. 4.

1. § 58 Nr. 1 AO

1.1 Empfängerkörperschaft

Die Beschaffung und Weiterleitung von Mitteln ist sowohl an Körperschaften des privaten als auch des öffentlichen Rechts zulässig. Die Empfängerkörperschaft muss die Mittel für die Verwirklichung ihrer steuerbegünstigten Zwecke verwenden. Diese Voraussetzung ist auch in den Fällen erfüllt, in denen es sich bei der Empfängerkörperschaft selber um eine steuerbegünstigte sog. Mittelbeschaffungskörperschaft handelt (sog. doppelte Mittelweitergabe). Hier ist bei der ersten Körperschaft, die Mittel beschafft und weiterleitet, kein Verstoß gegen den Grundsatz der Unmittelbarkeit (§ 57 Abs. 1 AO) gegeben, die Ausnahmeregelung des § 58 Nr. 1 AO gilt auch in diesen Fällen. Dieser Grundsatz ist auch auf längere „Weiterleitungsketten" mit mehreren steuerbegünstigten sog. Mittelbeschaffungskörperschaften anzuwenden, soweit die Mittel letztlich bei einer Empfängerkörperschaft ankommen, die diese für die Verwirklichung ihrer steuerbegünstigten Zwecke verwendet.

Die Beschaffung von Mitteln für eine unbeschränkt steuerpflichtige Körperschaft des privaten Rechts setzt voraus, dass die Empfängerkörperschaft selbst steuerbegünstigt ist. Dies bedeutet, dass bereits zu Beginn des Veranlagungszeitraums eine ordnungsgemäße Satzung vorliegen muss.

Die Weiterleitung von Mitteln an eine Körperschaft des öffentlichen Rechts zur Verwendung in einem steuerpflichtigen Betrieb gewerblicher Art (BgA) ist unschädlich, wenn die Mittel in dem BgA für einen steuerbegünstigten Zweck verwendet werden. Dies gilt auch für die Weiterleitung von freien sowie gebundenen Zuwendungen, wobei im letzteren Fall die Zuwendung für den bestimmten Zweck verwendet werden muss. Besondere Anforderungen sind an den BgA nicht zu stellen. Entscheidend ist die Verwendung der Zuwendung für einen begünstigten Zweck.

Für die Steuerbegünstigung der Förderkörperschaften eines BgA, z. B. Bibliotheken, Kindergärten, Museen, ist die Steuerbegünstigung der Empfängerkörperschaft nicht Voraussetzung. Die BgA als Empfängerkörperschaften benötigen demzufolge keine eigene Satzung.

An eine nicht unbeschränkt steuerpflichtige ausländische Körperschaft ist die Weitergabe von Mitteln zulässig, wenn die Mittel tatsächlich für steuerbegünstigte Zwecke verwendet werden. Auf die Verfügung OFD Frankfurt vom 20. 7. 1998 (S 0177 A – 2 – St 53, nunmehr LfSt Bayern v. 14. 9. 2012, S 2223.1.1 – 23/5 St 32, BeckVerw 264616) wird hingewiesen.

1.2 Wechsel der Verwendungsarten

Zu der Frage, ob die Mittelverwendungsarten jährlich wechseln dürfen, wird gebeten, die Auffassung zu vertreten, dass es grundsätzlich nicht schädlich ist für die Steuerbegünstigung einer Körperschaft, die mehrere steuerbegünstigte Satzungszwecke hat und in jedem Jahr mindestens einen davon verfolgt, wenn sie einen oder mehrere andere Satzungszwecke auch über einen längeren Zeitraum hinweg nicht fördert. Als steuerbegünstigter Satzungszweck ist dabei auch die Beschaffung von Mitteln i. S. des § 58 Nr. 1 AO anzusehen. Eine Satzungsänderung ist erst dann erforderlich, wenn die Körperschaft einen Zweck auf Dauer (endgültig) aufgibt.

1.3 Benennung der Körperschaft

Eine Förderkörperschaft i. S. des § 58 Nr. 1 AO braucht die Körperschaft, für die sie Mittel beschafft, nicht namentlich in ihrer Satzung zu nennen. Die Angabe des Zwecks, für dessen Verwirklichung (durch andere Körperschaften) die Mittel beschafft werden, reicht aus. Wenn die unterstützte Körperschaft allerdings in der Satzung angegeben ist, darf die Förderkörperschaft ihre Mittel erst nach einer entsprechenden Satzungsänderung an eine andere oder weitere Körperschaft weitergeben.

2. § 58 Nr. 2 AO

2.1. Zuwendungsabzug

Eine teilweise Weitergabe von Mitteln entsprechend § 58 Nr. 2 AO ist grundsätzlich für alle nach §§ 52 bis 54 AO steuerbegünstigten Zwecke möglich. Dies gilt auch für Förderkörperschaften.

Weder die Weitergabe der Mittel noch der steuerbegünstigte Zweck, für den die Mittel von der Empfängerkörperschaft verwendet werden, braucht Satzungszweck der Körperschaft, die die Mittel weitergibt, zu sein.

Einschränkungen bestehen insoweit nur wegen der unterschiedlichen Behandlung von Mitgliedsbeiträgen: Es muss sichergestellt sein, dass Mitgliedsbeiträge, die beim Zuwendenden steuerlich abziehbar sind, auch bei der Weitergabe an eine andere Körperschaft für einen Zweck verwendet werden, der zum Abzug von Mitgliedsbeiträgen berechtigt. Dies kann durch eine Kopie des Freistellungsbescheides der Empfängerkörperschaft nachgewiesen werden. Weitere Nachweise über die zweckentsprechende Verwendung der Zuwendung durch die andere Körperschaft brauchen vom Erstempfänger nicht erbracht zu werden.

Bei Verwendung der weitergeleiteten Mittel durch die andere Körperschaft für Zwecke, die nicht zum Abzug von Mitgliedsbeiträgen berechtigen, ist der Körperschaft, die die Mittel weitergegeben hat, nicht zwangsläufig die Steuerbegünstigung zu versagen. Hierbei handelt es sich nicht um einen schwerwiegenden Verstoß gegen die Vorschriften des Gemeinnützigkeitsrechts, wie z. B. bei der Ausstellung von Gefälligkeitsbestätigungen (vgl. AEAO Tz. 2 zu § 63), der für sich allein zur Versagung der Steuerbegünstigung führt. Von der Frage der Steuerbegünstigung losgelöst ist allerdings die Haftungsinanspruchnahme nach § 10 b Abs. 4 EStG zu prüfen.

2.2. Teilweise Mittelweitergabe

Nach § 58 Nr. 2 AO wird die Steuervergünstigung nicht dadurch ausgeschlossen, dass eine Körperschaft ihre Mittel teilweise einer begünstigten Empfängerkörperschaft zur Verwendung zu steuerbegünstigten Zwecken zuwendet. Der Begriff „Mittel" beschränkt sich nicht nur auf die der Körperschaft in dem jeweiligen Veranlagungszeitraum zufließenden Mittel. Vielmehr sind sämtliche Vermögenswerte der Körperschaft in die

Berechnung mit einzubeziehen. Grundsätzlich ist mithin die Weitergabe von 50 v. H. des Kapitals der Körperschaft, das nicht durch gesellschafts- und/oder stiftungsrechtliche Regelungen (z. B. Dotationskapital, Rücklagen nach § 58 Nr. 6 AO) gebunden ist, in jedem Veranlagungszeitraum gestattet.

3. § 58 Nr. 3 AO

Die Körperschaft kann ihre Arbeitskräfte anderen Personen, Unternehmen, Einrichtungen oder einer Körperschaft des öffentlichen Rechts zur Verfügung stellen. Es ist nicht Voraussetzung, dass diese ihrerseits steuerbegünstigt sind. Die überlassenen Arbeitskräfte dürfen jedoch nur für steuerbegünstigte Zwecke eingesetzt werden.

Erfolgt die Überlassung der Arbeitskräfte gegen Entgelt, bedeutet die Beurteilung als steuerunschädliche Betätigung nicht, dass diese zwangsläufig als steuerbegünstigter Zweckbetrieb zu beurteilen ist. Die Vorschrift des § 58 Nr. 3 AO begründet weder einen eigenständigen steuerbegünstigten Zweck noch eine Rechtsnorm für die Einstufung als Zweckbetrieb. Die Überlassung ist vielmehr als steuerpflichtiger wirtschaftlicher Geschäftsbetrieb zu beurteilen (vgl. AEAO Tz. 23 zu § 58).

4. § 58 Nr. 4 AO

Die Steuerunschädlichkeit setzt voraus, dass die Räume einer anderen, ebenfalls steuerbegünstigten Körperschaft oder einer Körperschaft des öffentlichen Rechts überlassen werden. Die Räume dürfen von der Empfängerkörperschaft nur für steuerbegünstigte Zwecke genutzt werden.

Erfolgt die Überlassung der Räume gegen Entgelt, bedeutet die Beurteilung als steuerunschädliche Betätigung nicht, dass diese zwangsläufig als steuerbegünstigter Zweckbetrieb zu beurteilen ist. Die Vorschrift des § 58 Nr. 4 AO begründet weder einen eigenständigen steuerbegünstigten Zweck noch eine Rechtsnorm für die Einstufung als Zweckbetrieb. Die Überlassung ist vielmehr als steuerpflichtiger wirtschaftlicher Geschäftsbetrieb oder Vermögensverwaltung zu beurteilen (vgl. AEAO Tz. 23 zu § 58).

Oberfinanzdirektion Frankfurt am Main, S 0181 A – 2 – St 53

Verfügung vom 13.02.2014

Fundstellen:

DStR-2014-803

Rücklagen und Vermögensbildung bei steuerbegünstigten Körperschaften

Regelung ab dem 01.01.2014

Als Ausnahmeregelung zum Gebot der zeitnahen Mittel Verwendung (§ 55 Abs. 1 Nr. 5 AO) lässt § 62 Abs. 1 AO zu, dass eine Körperschaft unter bestimmten Voraussetzungen ihre Mittel ganz oder teilweise einer Rücklage zuführt. § 62 Abs. 3 und 4 AO stellt die Fälle der zulässigen Vermögenszuführung dar.

1. Rücklagenbildung

Ergänzend zu AEAO zu § 62 Abs. 2 Tz. 14 und 15 weise ich daraufhin, dass bilanzierende Körperschaften die Rücklagen in ihrer Bilanz offen (getrennt vom übrigen Kapital) ausweisen sollten. Es ist allerdings ausreichend, wenn sich die Rücklagen aus einer Nebenrechnung zum Jahresabschluss ergeben. Nicht bilanzierende Körperschaften haben die Rücklagen neben ihren Aufzeichnungen über ihre Einnahmen und Ausgaben (§ 63 Abs. 3 AO) in einer gesonderten Nebenrechnung auszuweisen.

Hat die Körperschaft, ohne dass die Voraussetzungen des § 62 Abs. 1 AO vorliegen, Mittel angesammelt, so entspricht die tatsächliche Geschäftsführung nicht dem Erfordernis des § 55 Abs. 1 Nr. 5 AO. Das Finanzamt kann der Körperschaft gemäß § 63 Abs. 4 AO eine Frist für die Verwendung der Mittel setzen. Die Frist ist nach den Umständen des Einzelfalles zu bemessen, sollte jedoch regelmäßig 2 bis 3 Jahre nicht übersteigen (vgl. auch AEAO zu § 63 Tz. 2).

1.1 Rücklagen i. S. d. § 62 Abs. 1 Nr. 1 AO

Die Mittel müssen bei der sogenannten »zweckgebundenen Rücklagen« i. S. d. § 62 Abs. 1 Nr. 1 AO für bestimmte Zweckverwirklichungsmaßnahmen angesammelt werden. Für die Durchführung müssen konkrete Zeitvorstellungen bestehen. Kann für ein bestimmtes Vorhaben noch kein genauer Zeitpunkt für die Durchführung festgelegt werden, ist eine Rücklagenbildung nur zulässig, wenn die Durchführung glaubhaft und bei den finanziellen Verhältnissen der Körperschaft in einem angemessenen Zeitraum möglich ist (AEAO zu § 62 Abs. 1 Nr. 1 Tz. 4). Grundsätzlich sollte ein Zeitraum von 6 Jahren nicht überschritten werden. Das Merkmal »erforderlich« ist – hinsichtlich Grund, Höhe und zeitlichem Umfang – nach objektiven Kriterien des konkreten Falles zu überprüfen (vgl. BFH-Urteil vom 13.09.1989 I R 19/85, BStBl 1990 II S. 28). Nicht ausreichend ist das Bestreben, ganz allgemein TU die Leistungsfähigkeit der Körperschaft zu erhalten. Desgleichen ist die erstmalige Bildung einer ertragbringenden Vermögenssubstanz aus den Mitteln der Körperschaft zur nachhaltigen Zweckerfüllung nicht erforderlich (vgl. BFH-Urteil vom 13.09.1989, a. a. O.). Die

Frist des § 55 Abs. 1 Nr. 5 AO für die zeitnahe Verwendung von Mitteln kann nicht mit der Begründung verlängert werden, die Überlegungen zur Verwendung der Mittel seien noch nicht abgeschlossen. Dementsprechend kommt mit einer solchen Begründung auch die Bildung einer Rücklage nach § 62 Abs. 1 Nr. 1 AO nicht in Betracht (AEAO zu § 62 Abs. 1 Tz. 3).

Zu den nach § 62 Abs. 1 Nr. 1 AO zulässigen Rücklagen gehört auch die sog. **Betriebsmittelrücklage** für periodisch wiederkehrende Ausgaben in Höhe des Mittelbedarfs für eine angemessene Zeitspanne. Die Berechnung der Höhe der Rücklage ist davon abhängig, in welchem Umfang die Körperschaft regelmäßige Einnahmen erzielt. Insoweit bestimmt sich die Zeitspanne (höchstens bis zu einem Geschäftsjahr) nach den Verhältnissen des jeweiligen Einzelfalles.

Soweit die Körperschaft mehrere Vorhaben gleichzeitig beabsichtigt, sind nebeneinander mehrere Rücklagen nach § 62 Abs. 1 Nr. 1 AO zulässig. Desgleichen gilt, wenn neben einer Rücklage nach § 62 Abs. 1 Nr. 1 AO eine Rücklage nach § 62 Abs. 1 Nr. 3 AO gebildet wird.

Die Voraussetzungen für die Rücklage nach § 62 Abs. 1 Nr. 1 AO sind in jedem Prüfungszeitraum erneut zu prüfen.

1.2 Wiederbeschaffungsrücklage i. S. d. § 62 Abs. 1 Nr. 2 AO

Die Regelung des § 62 Abs. 1 Nr. 2 AO wurde mit dem Gesetz zur Stärkung des Ehrenamtes zum 01.01.2014 eingeführt, zuvor war allerdings eine entsprechende Vorgehensweise in AEAO zu § 58 Nr. 6 Tz. 10 geregelt. Nach AEAO zu § 62 Abs. 1 Nr. 2 Tz. 6 ist es erforderlich, dass tatsächlich eine Neuanschaffung des einzelnen Wirtschaftsguts geplant und in einem angemessenen Zeitraum möglich ist. Eine Einstellung von Mitteln in Höhe der Abschreibungen in die Rücklage wäre z. B. dann nicht gerechtfertigt, wenn ein Fuhrpark verkleinert oder ein Gebäude während unabsehbar langer Zeit nicht durch einen Neubau ersetzt werden soll.

Die Zuführung von Mitteln in Höhe der Abschreibungen dürfte z. B. dann nicht ausreichen, wenn das vorhandene Wirtschaftsgut entweder frühzeitig oder durch ein besseres, größeres und teureres Wirtschaftsgut ersetzt werden soll. Die Zuführung dürfte z. B. dann überhöht sein, wenn die steuerlich zulässigen (Sonder-)Abschreibungen nicht mit dem tatsächlichen Wertverlust übereinstimmen.

1.3 Freie Rücklagen i. S. d. § 62 Abs. 1 Nr. 3 AO

Die Rücklagenbildung nach § 62 Abs. 1 Nr. 3 AO ist für alle Körperschaften möglich.

Die Rücklagenbildung in Höhe bis zu einem Drittel des Überschusses aus Vermögensverwaltung setzt voraus, dass entsprechende Einnahmen erzielt werden. Auf § 14 Satz 3 AO wird hingewiesen. Zu den Einnahmen zählen z. B. neben Zinserträgen aus Spareinlagen und Dividenden aus Wertpapieren auch Miet- und Pachteinnahmen der Körperschaft. Für die Ermittlung der Bemessungsgrundlage sind die Ergebnisse aus den einzelnen Bereichen der Vermögensverwaltung zusammenzurechnen. Ergibt sich hierbei ein Kostenüberhang (Unterdeckung), ist eine Rücklagenbildung in diesem Jahr nicht zulässig. Darüber hinaus ist der Unkostenüberschuss in nachfolgende Jahre vorzutragen und dort zunächst mit Überschüssen aus Vermögensverwaltung zu verrechnen, so dass eine Unterdeckung auch die Möglichkeiten der Bildung freier Rücklagen in den nachfolgenden Jahren einschränkt.

Darüber hinaus ist die Bildung oder Aufstockung einer freien Rücklage bis zu 10 % der sonstigen nach § 55 Abs. 1 Nr. 5 AO zeitnah zu verwendenden Mittel zulässig. Zu den sonstigen Mitteln zählen Überschüsse bzw. Gewinne aus steuerpflichtigen wirtschaftlichen Geschäftsbetrieben und Zweckbetrieben sowie die Bruttoeinnahmen aus dem ideellen Bereich (AEAO zu § 62 Abs. 1 Nr. 3 Tz. 10). Zur Vermeidung einer doppelten Begünstigung dürfen die Mittel aus der Vermögensverwaltung nicht in die Bemessungsgrundlage einbezogen werden.

Die Gesamthöhe der freien Rücklage ist unbegrenzt. Während der Dauer des Bestehens braucht die Körperschaft die freie Rücklage nicht aufzulösen. Die angesammelten Mittel unterliegen zwar nicht dem Gebot der zeitnahen Mittelverwendung, sind jedoch auf Dauer für steuerbegünstigte Zwecke zu verwenden. Eine Verwendung im Rahmen eines steuerpflichtigen wirtschaftlichen Geschäftsbetriebes ist gemeinnützigkeitsschädlich. Hiervon unberührt bleibt die Möglichkeit, die freien Rücklagen für die Errichtung eines steuerpflichtigen wirtschaftlichen Geschäftsbetriebes einzusetzen Die Mittel können jedoch – solange die Rücklage fortbesteht – im Rahmen der Vermögensverwaltung angelegt werden und stehen für Vermögensumschichtungen zur Verfügung. Die in die Rücklage eingestellten Mittel können auch dem eigenen Vermögen zugeführt werden, bzw. Ausstattungskapital für eine andere steuerbegünstigte Körperschaft sein (vgl. AEAO zu § 58 Nr. 2 Tz. 2 und zu § 62 Abs. 1 Nr. 4 Tz. 12).

1.4 Rücklagen zum Erwerb von Gesellschaftsrechten i. S. d. § 62 Abs. 1 Nr. 4 AO

§ 58 Nr. 7b AO wurde durch das Gesetzt zur Stärkung des Ehrenamtes mit Wirkung zum 01.01.2014 aufgespalten in § 58 Nr. 10 AO für die Fälle, in denen im Jahr des Zuflusses eines entsprechende Verwendung stattfindet und in § 62 Abs. 1 Nr. 4 AO für die Fälle, in denen zunächst Mittel angesammelt werden. Inhaltlich haben sich hierdurch aber keine Änderungen ergeben.

Nicht von § 62 Abs. 1 Nr. 4 AO (und § 58 Nr. 10 AO) erfasst ist der erstmalige Erwerb eines Anteils an einer Kapitalgesellschaft sowie der Erwerb von Anteilen zur Erhöhung der prozentualen Beteiligung an einer Kapitalgesellschaft. Eine steuerbegünstigte Körperschaft darf aber ihr Vermögen, das nicht dem Gebot der zeitnahen Mittelverwendung unterliegt (z. B. die in der freien Rücklage nach § 62 Abs. 1 Nr. 3 AO angesammelten Beträge), für eine Erhöhung der Beteiligungsquote verwenden (AEAO zu § 62 Abs. 1 Nr. 4 Tz. 12/AEAO zu § 58 Nr. 10 Tz. 12).

Für die Rücklagenbildung stehen sämtliche Mittel der Körperschaft zur Verfügung. Die Herkunft der Mittel ist unbedeutend. Die Bildung der Rücklage ist jedoch nur zulässig, wenn ein hinreichend konkreter Anlass für eine Kapitalerhöhung gegeben ist. Die Kapitalerhöhung muss sich daher bereits konkret abzeichnen.

Die Ansammlung (bzw. Verwendung) von Mitteln i. S. d. § 62 Abs. 1 Nr. 4 AO (§ 58 Nr. 10 AO) ist der Höhe nach grundsätzlich unbegrenzt möglich, findet ihre Grenze jedoch in dem zu erwartenden Anteil am Kapitalerhöhungsbetrag. Darüber hinaus ist zu beachten, dass der Betrag i. S. d. § 62 Abs. 1 Nr. 4 AO (§ 58 Nr. 10 AO) auf die nach § 62 Abs. 1 Nr. 3 AO in demselben Jahr oder künftig zulässigen Rücklagen anzurechnen ist. Übersteigt der für die Erhaltung der Beteiligungsquote bereitgestellte (bzw. verwendete) Betrag die Höchstgrenze für die Bildung der Rücklage nach § 62 Abs. 1 Nr. 3 AO des laufenden Jahres, ist auch in den Folgejahren eine Zuführung erst wieder möglich, wenn die für eine freie Rücklage verwendbaren Mittel insgesamt die für die Erhaltung der Beteiligungsquote bereitgestellten (bzw. verwendeten) Mittel übersteigen (AEAO zu § 62 Abs. 1 Nr. 4 Tz. 13/AEAO zu § 58 Nr. 10 Tz. 12)

1.5 Sonstige Rücklagen

1.5.1 Rücklagen im steuerpflichtigen wirtschaftlichen Geschäftsbetrieb

Ergänzend zu AEAO zu § 62 Tz. 1 weise ich daraufhin, dass die Mittel, die in diese Rücklage eingestellt werden aus dem steuerpflichtigen wirtschaftlichen Geschäftsbetrieb stammen müssen.

2. Vermögensbildung/Vermögenszuführungen

2.1 Vermögenszuführungen bei Stiftungen i. S. d. § 62 Abs. 4 AO

Die Regelung ist auf Stiftungen begrenzt. Auf die Bezeichnung der Körperschaft als Stiftung kommt es dabei nicht an, entscheidend ist die tatsächliche Rechtsform. Dabei ist es unmaßgeblich, ob es sich um eine rechtsfähige oder nichtrechtsfähige Stiftung handelt.

3. Konsequenzen

Ich bitte, die Rücklagenbildung und Vermögenszuführung bei den steuerbegünstigten Körperschaften regelmäßig nach den vorstehenden Grundsätzen zu überprüfen und ggfs. die notwendigen Konsequenzen (Fristsetzung nach § 63 Abs. 4 AO, Versagung der Steuerbefreiung) zu ziehen.

Bundesministerium der Finanzen, IV C 4 – S-0171 – 6/03

Schreiben (koordinierter Ländererlass) vom 21.01.2003

Fundstellen:

BStBl-2003-I-0107

Gemeinnützigkeitsrecht; Erfüllung des Merkmals der Unmittelbarkeit bei einer Tätigkeit als Hilfsperson

Bezug: BMF-Schreiben vom 17. Dezember 2002 – IV C 4 – S-0171 – 119/02 –

Nach dem Anwendungserlass zur Abgabenordnung, Nr. 2 Abs. 2 Satz 2 zu § 57 AO, in der Fassung meines Schreibens vom 10. September 2002 (BStBl I S. 867) begründet ein Handeln als Hilfsperson keine eigene steuerbegünstigte Tätigkeit. Diese Auffassung ist neu. Im Hinblick darauf gilt im Einvernehmen mit den obersten Finanzbehörden der Länder zur Anwendung dieser Anweisung Folgendes:

Bei Körperschaften, die bisher ausschließlich aufgrund einer Tätigkeit als Hilfsperson im Sinne des § 57 Abs. 1 Satz 2 AO nach § 5 Abs. 1 Nr. 9 KStG von der Körperschaftsteuer befreit waren, reicht die Tätigkeit als Hilfsperson bis zum Veranlagungszeitraum 2003 einschließlich zur Begründung der Steuerbegünstigung aus. Vom Veranlagungszeitraum 2004 an ist auch bei diesen Körperschaften nach der o. a. Anweisung im Anwendungserlass zur Abgabenordnung zu verfahren.

Oberfinanzdirektion Frankfurt am Main, S-2223 A – 22 – St II 2.06

Verfügung vom 06.11.2003

Fundstellen:

EStK § 10b EStG Fach 1 Karte 14

DStR-2004–0180

DStZ-2004–0096

Voraussetzungen für die Anerkennung von Zuwendungsbestätigungen bei Sachspenden

Bei Sachspenden muss aus der Zuwendungsbestätigung der Wert und die genaue Bezeichnung der gespendeten Sache im Sinne des § 10b Abs. 3 EStG ersichtlich sein (BFH-Urteil vom 22.10.1971, BStBl 1972 II S. 55; H 111 -Gebrauchte Kleidung als Sachspende – Abziehbarkeit und Wertermittlung – EStH 2002).

Werden mehrere Gegenstände zugewendet, muss der Aussteller der Zuwendungsbestätigung die Gegenstände einzeln auf ihren Wert untersuchen, denn nach § 10b Abs. 3 Satz 3 EStG ist die Höhe der Zuwendung mit dem gemeinen Wert, d. h. dem Einzelveräußerungspreis (§ 9 Abs. 12 BewG) anzusetzen. Zu diesem Zweck ist der Marktwert jedes einzelnen Gegenstandes zu ermitteln (BFH-Urteil vom 23.05.1989, BStBl 1989 II S. 879) und in der Zuwendungsbestätigung auszuweisen, sofern jedes einzelne Wirtschaftsgut einen Wert beinhaltet und es sich nicht um Massenware handelt.

Nicht zulässig ist eine unabhängig vom Alter und Neuwert durchgeführte Gruppenbewertung (Pauschalbewertung) der zugewendeten Gegenstände; eine Bewertung anhand von Preisgruppen reicht nicht aus (BFH-Urteil vom 23.05.1989, a. a. O.).

Beispiel: Ein Universitätsprofessor spendet seine Fachbüchersammlung an seine Universität. Seines Erachtens hat diese Zuwendung einen Wert von ca. 40.000 €.

Die Universität hat nun zwei Möglichkeiten für die Ausstellung von Zuwendungsbestätigungen:

a. Sie stellt für jedes einzelne Buch eine Zuwendungsbestätigung aus.
b. Sie stellt eine Sammelzuwendungsbestätigung aus; dieser muss dann aber eine Anlage beigefügt sein, aus welcher der Titel und die Bewertung jedes einzelnen Buchs ersichtlich ist.

Eine Sammelzuwendungsbestätigung ohne eine detaillierte Auflistung und ohne Bewertung der einzelnen zugewendeten Gegenstände kann nicht anerkannt werden.

Wurde die Sachspende aus dem Privatvermögen des Zuwendenden getätigt, so hat der Zuwendungsempfänger anzugeben, welche Unterlagen er zur Ermittlung des angesetzten Werts herangezogen hat. In Betracht kommt in diesem Zusammenhang z. B. ein Gutachten über den aktuellen Kaufpreis unter Berücksichtigung einer Absetzung für Abnutzung. Diese Unterlagen hat der Zuwendungsempfänger zusammen mit der Zuwendungsbestätigung in seine Buchführung aufzunehmen.

Stammt die Sachzuwendung nach den Angaben des Zuwendenden aus dessen Betriebsvermögen, so ist sie mit dem Entnahmewert anzusetzen; dies ist grds. der Teilwert. Wird ein Wirtschaftsgut jedoch unmittelbar nach der Entnahme für steuerbegünstigte Zwecke gespendet, kann die Entnahme auch mit dem Buchwert angesetzt werden (sog. Buchwertprivileg, § 6 Abs. 1 Nr. 4 EStG). In diesem Fall muss der Zuwendungsempfänger zur Wertermittlung keine zusätzlichen Unterlagen in seine Buchführung aufnehmen, ebenso sind Angaben über die Unterlagen, die zur Wertermittlung gedient haben, nicht erforderlich.

Sind die zur steuerlichen Berücksichtigung einer Spende erforderlichen Angaben in der Zuwendungsbestätigung nicht enthalten, so ist eine nachträgliche Bescheinigung der fehlenden Angaben in einem formlosen Schreiben nicht ausreichend. Ein Abzug als Spende wäre nur möglich, wenn der Stpfl. eine geänderte und hinreichend aufgeschlüsselte Zuwendungsbestätigung nachreicht. Anderenfalls hat der Stpfl. den Nachteil der Nichterweislichkeit des gemeinen Werts der Spende zu tragen (BFH-Urteil vom 23.05.1989, a. a. O., unter 2b).

Bundesministerium der Finanzen, IV C 4 – S-0171 – 120/04

Schreiben vom 17.11.2004

Fundstellen:

BStBl-2004-I-1059

Gemeinnützigkeitsrecht; Vertrauensschutz für geprüfte Satzungen

Eine Körperschaft kann nur dann als steuerbegünstigt behandelt werden, wenn bereits in ihrer Satzung festgelegt ist, welchen steuerbegünstigten Zweck sie verfolgt, dass dies selbstlos, ausschließlich und unmittelbar geschieht und auf welche Art der Zweck verwirklicht wird (§§ 59 und 60 AO). Die Satzung muss während des ganzen Kalenderjahres diesen Anforderungen genügt haben. Bei Neugründungen wird die vorläufige Bescheinigung über die Gemeinnützigkeit nur auf der Grundlage der Satzung erteilt.

Wegen ihrer großen Bedeutung für die Steuervergünstigung einer Körperschaft ist deren Satzung vor der erstmaligen, auch vorläufigen Anerkennung der Steuervergünstigung sorgfältig zu prüfen. Wird eine vorläufige Bescheinigung über die Gemeinnützigkeit erteilt oder die Steuervergünstigung anerkannt, bei einer späteren Überprüfung der Körperschaft aber festgestellt, dass die Satzung doch nicht den Anforderungen des Gemeinnützigkeitsrechts genügt, dürfen aus Vertrauensschutzgründen hieraus keine nachteiligen Folgerungen für die Vergangenheit gezogen werden. Die Körperschaft ist trotz der fehlerhaften Satzung für abgelaufene Veranlagungszeiträume und für das Kalenderjahr, in dem die Satzung beanstandet wird, als steuerbegünstigt zu behandeln. Dies gilt nicht, wenn bei der tatsächlichen Geschäftsführung gegen Vorschriften des Gemeinnützigkeitsrechts verstoßen wurde.

Die Vertreter der Körperschaft sind aufzufordern, die zu beanstandenden Teile der Satzung so zu ändern, dass die Körperschaft die satzungsmäßigen Voraussetzungen für die Steuervergünstigung erfüllt. Hierfür ist eine angemessene Frist zu setzen. Vereinen soll dabei in der Regel eine Beschlussfassung in der nächsten ordentlichen Mitgliederversammlung ermöglicht werden. Wird die Satzung innerhalb der gesetzten Frist entsprechend den Vorgaben des Finanzamts geändert, ist die Steuervergünstigung für das der Beanstandung der Satzung folgende Kalenderjahr auch dann anzuerkennen, wenn zu Beginn des Kalenderjahres noch keine ausreichende Satzung vorgelegen hat.

Die vorstehenden Grundsätze gelten nicht, wenn die Körperschaft die Satzung geändert hat und eine geänderte Satzungsvorschrift zu beanstanden ist. In diesen Fällen fehlt es an einer Grundlage für die Gewährung von Vertrauensschutz.

Oberfinanzdirektion Frankfurt am Main, S-0180 A – 3 – St II 1.03

Verfügung vom 20.09.2005

Fundstellen:

DStR-2005–1774

KStK § 5 KStG Karte H 177

Satzungsmäßige Vermögensbindung
Gemeinnützigkeitsrechtliche Einordnung einer sog. Treuhandklausel

In letzter Zeit treten vermehrt Fälle auf, in denen die Vermögensbindungsklausel i. S. d. § 55 Abs. 1 Nr. 4 AO für den Fall der Auflösung der Körperschaft eine sog. treuhänderische Übertragung vorsieht, z. B. »Verbleibendes Vermögen wird dem ... (steuerbegünstigte Körperschaft) zur treuhänderischen Verwaltung übergeben, das bei Neugründung eines vergleichbaren Vereins verwendet werden muss. Sollte die Steuerbegünstigung des ... entfallen, ist das verbleibende Vermögen einer anderen steuerbegünstigten Körperschaft zuzuführen«.

Hierzu bitte ich folgende Auffassung zu vertreten:

Nach § 61 Abs. 1 AO liegt eine steuerlich ausreichende Vermögensbindung i. S. d. § 55 Abs. 1 Nr. 4 AO nur vor, wenn der Zweck, für den das Vermögen bei Auflösung oder Aufhebung der Körperschaft oder bei Wegfall ihres bisherigen Zweckes verwendet werden soll, in der Satzung so genau bestimmt ist, dass auf Grund der Satzung geprüft werden kann, ob der Verwendungszweck steuerbegünstigt ist. Die zukünftige Verwendung muss daher im Sinne eines sog. »Buchnachweises« (vgl. BFH-Urteil vom 21.07.1999, BFH/NV 2000, S. 297 ff. u. 301 ff.) genau bestimmt sein. Weder die allgemein gehaltene Formulierung »zur treuhänderischen Verwaltung« noch die allgemeine Bestimmung »Zuführung an eine andere Körperschaft« gewährleisten eine konkrete steuerbegünstigte Verwendung des Vermögens.

Darüber hinaus verstößt ein treuhänderisches »Vorhalten« der Mittel für eine etwaige Neugründung eines Vereins gegen das Gebot der zeitnahen Mittelverwendung i. S. d. § 55 Abs. 1 Nr. 5 AO.

Bayerisches Staatsministerium der Finanzen, 32 – S-2223 – 292 – 11406/06
bek. Bayerisches Landesamt für Finanzen S-2223 – 15 St32/St33 vom 19.06.2006

Erlass (koordinierter Ländererlass) vom 05.04.2006

Fundstellen:

DB-2006–1528

EStK § 10b EStG Karte 8.1

Spenden zu steuerbegünstigten Zwecken; BFH-Urteil vom 03.08.2005 – XI R 76/03, BStBl 2006 II S. 121

Mit Urteil vom 03.08.2005 (BStBl 2006 II S. 121) hat der BFH entschieden, dass der zusätzliche Abzugshöchstbetrag des § 10b Abs. 1 S. 3 EStG in Höhe von 20.450 € bei zusammen veranlagten Ehegatten jedem Ehegatten einzeln zusteht.

Nach zwischen Bund und Ländern abgestimmter Auffassung steht auch der Höchstbetrag nach § 10b Abs. 1a EStG bei zusammen veranlagten Ehegatten jedem Ehegatten einzeln zu.

Hinweis des Bayerischen Landesamtes für Steuern:

Eine Verdoppelung der Abzugshöchstbeträge nach § 10b Abs. 1 S. 3 EStG und § 10b Abs.1a EStG bei zusammenveranlagten Ehegatten tritt nur dann ein, wenn auch jeder der Ehegatten eine maßgebliche Zuwendung geleistet hat. Auf die Grundsätze des BFH-Urteils vom 03.08.2005 wird hingewiesen.

Steuerbegünstigte Zwecke (§ 10b EStG); Gesetz zur Stärkung des Ehrenamtes (Ehrenamtsstärkungsgesetz) vom 21.3.2013 – Anwendungsschreiben zu § 10b Abs. 1a EStG

BMF, Schrb. v. 15.9.2014 – IV C 4 - S 2223/07/0006 :005, DOK 2014/0761691

Unter Bezugnahme auf das Ergebnis der Erörterungen mit den obersten Finanzbehörden der Länder gilt für die Anwendung des § 10b Abs. 1a EStG ab dem Veranlagungszeitraum 2013 Folgendes:

1. Spenden in das zu erhaltende Vermögen

a) Zu erhaltendes Vermögen (Vermögensstock)

aa) Definition

Zum zu erhaltenden Vermögen einer Stiftung zählen insbesondere:

- Vermögenswerte, die anlässlich der Errichtung der Stiftung zugewendet werden und die nicht zum Verbrauch bestimmt sind,

- Zuwendungen nach Errichtung der Stiftung mit der ausdrücklichen Bestimmung, dass die Zuwendung der Vermögensausstattung zugute kommen soll (Zustiftungen).

Entscheidend ist die Zweckbestimmung zur dauerhaften Ausstattung bzw. Erhöhung des Stiftungsvermögens.

bb) Verbrauchsstiftung

Verbrauchsstiftungen verfügen nicht über zu erhaltendes Vermögen i. S. des § 10b Abs. 1a EStG, da das Vermögen der Stiftung zum Verbrauch innerhalb eines vorgegebenen Zeitraums bestimmt ist.

Spenden in das Vermögen einer Verbrauchsstiftung sind nach den allgemeinen Grundsätzen des § 10b Abs. 1 EStG zu behandeln.

cc) Besonderheiten

Gliedert sich das Vermögen einer Stiftung in einen Teil, der zu erhalten ist, und einen Teil, der verbraucht werden kann, dann gilt Folgendes:

Die Spenden in den Teil des Vermögens, der zu erhalten ist und nicht für den Verbrauch bestimmt ist, sind nach § 10b Abs. 1a EStG abziehbar. Die Spenden in den Teil des Vermögens, der verbraucht werden kann, sind dagegen nach § 10b Abs. 1 EStG abziehbar. Der Spender muss daher gegenüber der Stiftung deutlich machen, für welchen Teil des Vermögens seine Zuwendung erfolgt.

Enthält die Satzung der Stiftung eine Klausel, nach der das zu erhaltende Vermögen in Ausnahmefällen vorübergehend zur Verwirklichung der steuerbegünstigten Zwecke verwendet werden kann, aber der Betrag dem zu erhaltenden Vermögen unverzüglich wieder zugeführt werden muss, liegt kein verbrauchbares Vermögen vor. Das gilt auch dann, wenn die Stiftungsaufsicht den Verbrauch des Vermögens unter der Bedingung des unverzüglichen Wiederaufholens genehmigt.

Sind in der Stiftungssatzung Gründe verankert, die eine Auflösung der Stiftung und den anschließenden Verbrauch des Vermögens für die steuerbegünstigten satzungsmäßigen Zwecke der Stiftung bestimmen, so liegt kein verbrauchbares Vermögen vor.

b) Zuwendungen von Ehegatten/Lebenspartnern

Werden Ehegatten/Lebenspartner nach §§ 26, 26b EStG zusammenveranlagt, gilt für diese ein Höchstbetrag von 2 Mio. €. Es muss dabei nicht nachgewiesen werden, dass die Spende von beiden wirtschaftlich getragen wurde.

Wird innerhalb des Zehnjahreszeitraums zur Einzelveranlagung gewechselt, dann ist der verbleibende Spendenvortrag aufzuteilen. Maßgeblich ist dabei, wer die Spende wirtschaftlich getragen hat. Die bisher abgezogenen Beträge werden dem Ehegatten/Lebenspartner zugerechnet, der die Spende wirtschaftlich getragen hat. Überstieg die Spende den Höchstbetrag für Einzelveranlagte, ist der davon noch verbleibende Anteil nach § 10b Abs. 1 EStG abzuziehen.

Steuerbegünstigte Zwecke (§ 10b EStG); Gesetz zur Stärkung des Ehrenamtes (Ehrenamtsstärkungsgesetz) vom 21.3.2013 – Anwendungsschreiben zu § 10b Abs. 1a EStG (DStR 2014, 1970)

2. Anwendungsregelung

Dieses Schreiben ist ab dem Veranlagungszeitraum 2013 anzuwenden.

Bundesministerium der Finanzen, IV A 5 – S-7200 – 59/06

Schreiben (koordinierter Ländererlass) vom 15.08.2006

Fundstellen:

BStBl-2006-I-0502

Abgrenzung zwischen nicht steuerbarem Zuschuss und Entgelt; Umsatzsteuerrechtliche Beurteilung von Zuwendungen aus öffentlichen Kassen zur Projektförderung sowie zur institutionellen Förderung

Bezug: BMF-Schreiben vom 1. Februar 1994, BStBl I S. 187 und vom 26. August 1999, BStBl I S. 828; BMF-Schreiben vom 6. Juli 2006 – IV A 5 – S 7200 – 43/06 –

Nach dem Ergebnis der Erörterungen mit den obersten Finanzbehörden der Länder gilt bei der Anwendung der allgemeinen Grundsätze (vgl. Abschnitt 1 sowie Abschnitt 150 Absätze 1 bis 7 UStR) hinsichtlich der Beurteilung von Zuwendungen aus öffentlichen Kassen zur Projektförderung sowie zur institutionellen Förderung, z. B. zu Forschungs- und Entwicklungsvorhaben, Folgendes:

I. Zuwendungen aus öffentlichen Kassen, die ausschließlich auf der Grundlage des Haushaltsrechts und den dazu erlassenen Allgemeinen Nebenbestimmungen vergeben werden, sind grundsätzlich echte Zuschüsse. Die in den Nebenbestimmungen normierten Auflagen reichen für die Annahme eines Leistungsaustauschverhältnisses nicht aus (vgl. Abschnitt 150 Abs. 8 UStR). Zuwendungen, die auf der Grundlage folgender Nebenbestimmungen gewährt werden, sind grundsätzlich als nicht der Umsatzsteuer unterliegende echte Zuschüsse zu beurteilen:
   1. Nebenbestimmungen für Zuwendungen auf Kostenbasis des Bundesministeriums für Bildung und Forschung an Unternehmen der gewerblichen Wirtschaft für Forschungs- und Entwicklungsvorhaben (NKBF 98) – gelten z. B. auch im Geschäftsbereich des Bundesministeriums für Wirtschaft (BMWi) und des Bundesministeriums für Umwelt, Naturschutz und Reaktorsicherheit (BMU),
   2. Allgemeine Nebenbestimmungen für Zuwendungen zur Projektförderung (ANBest-P) – Anlage 2 der VV zu § 44 BHO,
   3. Allgemeine Nebenbestimmungen für Zuwendungen zur Projektförderung an Gebietskörperschaften und Zusammenschlüsse von Gebietskörperschaften (ANBest-GK) – Anlage 3 der VV zu § 44 BHO,
   4. Besondere Nebenbestimmungen für Zuwendungen des Bundesministeriums für Bildung und Forschung zur Projektförderung auf Ausgabenbasis (BNBest-BMBF 98) – gelten z. B. auch im Geschäftsbereich des Bundesministeriums für Wirtschaft (BMWi) und des Bundesministeriums für Umwelt, Naturschutz und Reaktorsicherheit (BMU),
   5. Allgemeine Nebenbestimmungen für Zuwendungen zur Projektförderung auf Kostenbasis (ANBest-P-Kosten) – Anlage 4 der VV zu § 44 BHO,
   6. Allgemeine Nebenbestimmungen für Zuwendungen zur institutionellen Förderung (ANBest-I) – Anlage 1 der VV zu § 44 BHO,
   7. Finanzstatut für Forschungseinrichtungen der Hermann von Helmholtz-Ge-

meinschaft Deutscher Forschungszentren e. V. (FinSt-HZ).
Entsprechendes gilt für Zuwendungen, die nach Richtlinien und Nebenbestimmungen zur Förderung bestimmter z. B. Forschungs- und Entwicklungsvorhaben gewährt werden, die inhaltlich den o. a. Förderbestimmungen entsprechen (z. B. Zuwendungen im Rahmen der Programme der Biotechnologie- und Energieforschung sowie zur Förderung des FuE-Personals in der Wirtschaft).

II. Diese Beurteilung schließt im Einzelfall eine Prüfung nicht aus, ob aufgrund zusätzlicher Auflagen oder Bedingungen des Zuwendungsgebers oder sonstiger Umstände ein steuerbarer Leistungsaustausch zwischen dem Zuwendungsgeber und dem Zuwendungsempfänger begründet worden ist. Dabei ist bei Vorliegen entsprechender Umstände auch die Frage des Entgelts von dritter Seite zu prüfen. Eine Prüfung kommt insbesondere in Betracht, wenn die Tätigkeit zur Erfüllung von Ressortaufgaben des Zuwendungsgebers durchgeführt wird und deshalb z. B. folgende zusätzliche Vereinbarungen getroffen wurden (vgl. auch BFH-Urteile vom 23. Februar 1989, V R 141/84, BStBl II S. 638, und vom 28. Juli 1994, V R 19/92, BStBl 1995 II S. 86):
- Vorbehalt von Verwertungsrechten für den Zuwendungsgeber,
- Zustimmungsvorbehalt des Zuwendungsgebers für die Veröffentlichung der Ergebnisse,
- fachliche Detailsteuerung durch den Zuwendungsgeber,
- Vollfinanzierung bei Zuwendungen an Unternehmen der gewerblichen Wirtschaft.

Die Vorbehalte sprechen nicht für einen Leistungsaustausch, wenn sie lediglich dazu dienen, die Tätigkeit zu optimieren und die Ergebnisse für die Allgemeinheit zu sichern.

III. Nach den vorstehenden Grundsätzen ist auch bei der umsatzsteuerlichen Beurteilung von Zuwendungen zur Projektförderung sowie zur institutionellen Förderung aufgrund entsprechender Bestimmungen der Bundesländer zu verfahren.

Dieses Schreiben tritt an die Stelle der BMF-Schreiben vom 1. Februar 1994, BStBl I S. 187, und vom 26. August 1999, BStBl I S. 828. Es wird im Bundessteuerblatt Teil I veröffentlicht.

Bundesministerium der Finanzen, IV B 7 – S-2252 – 4/06

Schreiben (koordinierter Ländererlass) vom 27.06.2006

Fundstellen:

BStBl-2006-I-0417

Anwendung des § 20 Abs. 1 Nr. 9 EStG auf Auskehrungen von Stiftungen

Bezug: BMF-Schreiben vom 9. Mai 2006

Nach § 20 Abs. 1 Nr. 9 EStG gehören zu den Einkünften aus Kapitalvermögen auch die Einnahmen aus Leistungen einer nicht von der Körperschaftsteuer befreiten Körperschaft im Sinne des § 1 Abs. 1 Nr. 3 bis 5 KStG, die Gewinnausschüttungen im Sinne des § 20 Abs. 1 Nr. 1 EStG wirtschaftlich vergleichbar sind.

Unter Bezugnahme auf das Ergebnis der Erörterungen mit den obersten Finanzbehörden der Länder nehme ich zur Anwendung des § 20 Abs. 1 Nr. 9 EStG auf Auskehrungen von Stiftungen wie folgt Stellung:

Unter § 20 Abs. 1 Nr. 9 EStG fallen alle wiederkehrenden oder einmaligen Leistungen einer Stiftung, die von den beschlussfassenden Stiftungsgremien aus den Erträgen der Stiftung an den Stifter, seine Angehörigen oder deren Abkömmlinge ausgekehrt werden. Der Stifter, seine Angehörigen oder deren Abkömmlinge erzielen entsprechende Einkünfte aus Kapitalvermögen. Dies gilt auch, wenn die Leistungen anlässlich der Auflösung der Stiftung erbracht werden.

D. Jahresabschluss/Prüfungsbericht

Wesentliche Inhalte eines Berichtes über die Prüfung des Jahresabschlusses einer gemeinnützigen Stiftung

A. AUFTRAG UND AUFTRAGSDURCHFÜHRUNG
B. GRUNDSÄTZLICHE FESTSTELLUNGEN
   I. Stellungnahme zur Lagebeurteilung im Tätigkeitsbericht des Stiftungsvorstandes
   II. Entwicklungsbeeinträchtigende und bestandsgefährdende Tatsachen
   III. Prüfung auf Unrichtigkeiten und Verstöße
C. ANALYSE UND ERLÄUTERUNG DES JAHRESABSCHLUSSES
   I. Ertragslage und unmittelbare Zweckerfüllung
   II. Vermögens- und Finanzlage
   III. Mittelverwendung
D. GEGENSTAND, ART UND UMFANG DER PRÜFUNG
   I. Gegenstand der Prüfung
   II. Art und Umfang der Prüfung
E. FESTSTELLUNGEN UND ERLÄUTERUNGEN ZUR RECHNUNGSLEGUNG
   I. Buchführung und weitere geprüfte Unterlagen
   II. Ordnungsmäßigkeit des Jahresabschlusses
F. ZWECKERFÜLLUNG UND STIFTUNGSVERMÖGEN
   I. Zweckerfüllung
   II. Stiftungsvermögen
G. BESTÄTIGUNGSVERMERK
H. ANLAGEN
   Bilanz zum ...
   Gewinn- und Verlustrechnung für die Zeit vom ...
   Anlagenspiegel
   Tätigkeitsbericht, zugleich Bericht über die Erfüllung des Stiftungszwecks
   Bestätigungsvermerk
   Rechtliche Grundlagen
   Erläuterungen zum Jahresabschluss
   Mittelverwendungsrechnung
   Allgemeine Auftragsbedingungen

Bilanz zum

Stiftung, Ort

AKTIVA

	EUR	EUR	Vorjahr EUR
A. ANLAGEVERMÖGEN			
I. SACHANLAGEN			
Grundstücke, grundstücksgleiche Rechte und Bauten einschließlich der Bauten auf fremden Grundstücken			
Summe Sachanlagen Betriebs- und Geschäftsausstattung			
II. FINANZANLAGEN			
Wertpapiere des Anlagevermögens			
Summe Finanzanlagen			
Summe Anlagevermögen			
B. UMLAUFVERMÖGEN			
I. SCHECKS, KASSENBESTAND, BUNDESBANK- UND POSTGIROGUTHABEN, GUTHABEN BEI KREDITINSTITUTEN			
Summe Umlaufvermögen			
C. AKTIVE RECHNUNGSABGRENZUNG			
SUMME AKTIVA			

			PASSIVA
			Vorjahr
	EUR	EUR	EUR
A. STIFTUNGSKAPITAL			
I. STIFTUNGSKAPITAL FESTGESCHRIEBEN			
II. ERGEBNISSE AUS VERMÖGENSUMSCHICH-TUNG			
1. Kapital variabel-Differenz Wertpapiere An-/Verkaufveränderung Kurswert			
2. Kapital variabel aus realisierten Kursgewinnen und Verlusten			
Summe Ergebnisse aus Vermögensumschichtung			
III. KAPITALERHALTUNGSRÜCKLAGEN			
1. Gesetzliche Rücklagen gem. § 58 Nr. 7a AO			
2. Gesetzliche Rücklagen gem. § 58 Nr. 12 AO			
3. Mittelverwendungsvortrag Summe Rücklagen			
Summe Eigenkapital			
SUMME PASSIVA			

ERLÄUTERUNGEN ZUM JAHRESABSCHLUSS ZUM ...; ZUM VERMÖGENSSTAND UND ZUR ERTRAGSVERWENDUNG

ERLÄUTERUNGEN ZUR BILANZ

AKTIVA

A. **ANLAGEVERMÖGEN**	
I. SACHANLAGEN	EUR
	(EUR)
...	
Summe Sachanlagen	**EUR**
II. FINANZANLAGEN	EUR
	(EUR)
Summe Finanzanlagen	**EUR**
B. **UMLAUFVERMÖGEN**	
I. SCHECKS, KASSENBESTAND, BUNDESBANK- UND POSTGIROGUTHABEN, GUTHABEN BEI KREDITINSTITUTEN	EUR
	(EUR)
C. **AKTIVE RECHNUNGSABGRENZUNGSPOSTEN**	EUR
	(EUR)

PASSIVA

A. **STIFTUNGSKAPITAL**	
I. Stiftungskapital festgeschrieben	EUR
	(EUR)
II. ERGEBNISSE AUS VERMÖGENSUMSCHICHTUNG	EUR
	(EUR)
III. KAPITALERHALTUNGSRÜCKLAGEN	EUR
	(EUR)
1. Gesetzliche Rücklagen gem. § 58 Nr. 7a AO Die Rücklage hat sich im Berichtsjahr wie folgt entwickelt, Stand ...	EUR
Zuführung ...	EUR
Stand	EUR
2. Gesetzliche Rücklage gem. § 58 Nr. 12 AO	EUR
	(EUR)
3. Mittelverwendungsvortrag	EUR

	(EUR)
Vortrag	EUR
Zugang	EUR
Ausschüttung	EUR
Gesamt	EUR
Stiftungskapital zum … gesamt	**EUR**

Erläuterungen zur Gewinn- und Verlustrechnung

Die einzelnen Positionen der Gewinn- und Verlustrechnung ergeben sich bereits aus der Darstellung in der Gewinn- und Verlustrechnung.

Ermittlung des Überschusses der Einnahmen über die Kosten aus der Vermögensverwaltung für die Zeit vom

A. ERTRÄGE

	Jahr EUR	Vorjahr EUR
Zins- und Dividendenerträge		
Kontozinsen		
Stückzinsen		
Mieterträge		
Sonstige Haus- und Grundstückserträge		

B. AUFWAND

Fernspechgebühren

Bürokosten

Grundsteuer

Haftpflichtversicherung

Strom, Wasser, Energie

Abschreibung Anlagevermögen

Werbungskosten Kapitalvermögen

Allgemeine Verwaltungskosten

Reisekosten

Rechts- und Beratungskosten

Nebenkosten Geldverkehr

C. ÜBERSCHUSS

D. MITTELVERWENDUNG

	EUR
a) Freie Rücklage gem. § 58 Nr. 7a AO	
b) Mittelverwendung lt. Satzungszweck	
§ der Satzung	
Summe	

E. AUS DER MITTELVERWENDUNG GEM. DER SATZUNG ERHALTEN

a) 50 %

b) 50 %

MITTELVERWENDUNGSRECHNUNG ...

Für das Berichtsjahr wurden folgende Mittelverwendungen veranlasst:

...	EUR
...	EUR

Verwendung des Jahresergebnisses

Die Stiftung hat in der Zeit vom ... bis ... einen Jahresüberschuss von Mittelverwendung in Höhe von EUR ... erzielt. Dieser wurde wie folgt verwendet:

Jahresüberschuss vor Mittelverwendung	EUR
davon im lfd. Geschäftsjahr zugeflossen	EUR
abzüglich Rücklage gem. § 58 Nr. 6 AO	
abzüglich Freie Rücklage gem. § 58 Nr. 7a AO	EUR
abzüglich Rücklage gem. § 58 Nr. 7b AO	
abzüglich Mittelverwendung laut Satzungszweck	
§ ... Satzung	EUR
Ergebnis	EUR

RECHTLICHE GRUNDLAGEN …

Die von den gesetzlichen Vertretern der … Stiftung in … vorgelegte Satzung für die … Stiftung wurde am … durch die Stiftungsaufsichtsbehörde … in … (Aktenzeichen …) anerkannt.

Mit Freistellungsbescheid vom … hat das Finanzamt … die Stiftung als ausschließlich und unmittelbar steuerbegünstigten gemeinnützigen und mildtätigen Zwecken dienend eingestuft.

Zweck der Stiftung ist …. Der Stiftungszweck wird durch folgende Maßnahmen verwirklicht:

a) …
b) …
c) Sollte … nicht mehr bestehen oder die Steuerbegünstigung entfallen, ist … Ersatzbedachte mit der Auflage, die Stiftungsausschüttung für … zu verwenden. Das Stiftungskapital besteht aus … in … sowie … in Höhe von.

Gemäß § … der Stiftungssatzung besteht der Stiftungsvorstand aus … Personen. Im Jahr … waren es: …

…

Tätigkeitsbericht sowie Bericht über die Erfüllung des Stiftungszweckes für das Jahr ...

Im Geschäftsjahr waren

Stiftungsvorstand:

Die Stiftung hat das eingebrachte Vermögen verwaltet und zwar im Wesentlichen in ....

Die Kurserhöhungen im Jahr ... haben sich auch auf das Depot positiv ausgewirkt. Neuanlagen werden nur noch gewählt; ... insbesondere wurden und werden ... erworben. Verkäufe von Aktien wurden nur bei entsprechender Kurserhöhung vorgenommen.

...

Im Berichtsjahr konnten Erträge in Höhe von EUR (Vorjahr: EUR) erwirtschaftet werden. Dieser Betrag soll für die steuerliche Rücklage (über EUR) sowie satzungsgemäß an ...(EUR) und den ... (EUR) aufgeteilt werden. Der Stiftungszweck wurde durch ... erfüllt. Insbesondere hat die Stiftung das Gebot der zeitnahen Mittelverwendung beachtet, indem sie ...

Der Stiftungsrat hat am ... getagt.

Für das laufende Geschäftsjahr ... wird eine kontinuierliche Fortführung der bisherigen Einnahmen und Ausgaben erwartet.

...

....

Stiftungsvorstand

E. Fachliche Verlautbarungen

Institut der Wirtschaftsprüfer - Hauptfachausschuß (HFA)
Stellungnahme vom 25.02.2000

IDW-PS-740 - IDW Prüfungsstandard: Prüfung von Stiftungen (IDW PS 740)* (Stand: 25.02.2000) [1]

---

1. Vorbemerkungen

(1) Das Institut der Wirtschaftsprüfer in Deutschland e. V. (IDW) legt in diesem IDW Prüfungsstandard die Berufsauffassung dar, nach der Wirtschaftsprüfer unbeschadet ihrer Eigenverantwortlichkeit die Prüfung von Stiftungen durchführen und Bestätigungsvermerke bzw. Bescheinigungen über derartige Prüfungen erteilen oder versagen. Dieser IDW Prüfungsstandard gilt auch für freiwillige Prüfungen.

(2) Dieser IDW Prüfungsstandard verdeutlicht zugleich gegenüber der Öffentlichkeit Inhalt und Grenzen derartiger Prüfungen.

(3) Er basiert auf der IDW Stellungnahme zur Rechnungslegung: Rechnungslegung von Stiftungen (IDW RS HFA 5) [2] sowie auf dem IDW Prüfungsstandard: Grundsätze für die ordnungsmäßige Erteilung von Bestätigungsvermerken bei Abschlußprüfungen (IDW PS 400) [3] und dem IDW Prüfungsstandard: Grundsätze ordnungsmäßiger Berichterstattung bei Abschlußprüfungen (IDW PS 450) [4].

* Entnommen der Loseblattausgabe "IDW Prüfungsstandards IDW Stellungnahmen zur Rechnungslegung" mit Genehmigung der IDW Verlag GmbH

2. Prüfungsgegenstand und Prüfungspflicht

(4) Die Pflicht zur Prüfung von Stiftungen ist in den einzelnen Landesstiftungsgesetzen unterschiedlich geregelt. Ausdrücklich erwähnt wird die Prüfungspflicht der eingereichten Rechnungslegungsunterlagen durch die Stiftungsaufsichtsbehörden in Artikel 25 Abs. 1 Satz 2 StiftG Bay. Aber auch in den übrigen Bundesländern werden den Aufsichtsbehörden Prüfungsrechte im Rahmen ihrer Rechtsaufsicht eingeräumt, wobei der Prüfungsgegenstand unterschiedlich umschrieben wird. Er reicht von der allgemeinen Befugnis, sich über alle Angelegenheiten der Stiftung unterrichten zu lassen und Prüfungen an Ort und Stelle vornehmen zu dürfen (§ 32 StiftG RP) bzw. der Prüfung der Verwaltung der Stiftung (§ 9 Abs. 3 StiftG BW, Artikel 20 Abs. 1 StiftG Bay, § 12 Abs. 1 StiftG Bremen, § 15 Abs. 1 StiftG MV, § 11 Abs. 3 StiftG Saar) bis zur Prüfung der Geschäfts- und Kassenführung (Artikel 20 Abs. 3 StiftG Bay, § 12 StiftG Hess).

(5) Aus der in vielen Stiftungsgesetzen enthaltenen Pflicht, Bücher zu führen und Rechnungslegungsunterlagen bei der Stiftungsaufsicht einzureichen (Artikel 25 Abs. 1 Satz 1 StiftG Bay, § 8 Abs. 1 Ziff. 2 StiftG Berlin, § 19 Abs. 1 StiftG Bbg, § 12 Abs. 2 Ziff. 2 StiftG Bremen, § 13 Abs. 1 lit. c) Hamb. AGBGB, § 7 Ziff. 2 StiftG Hess, § 15 Abs. 2 Ziff. 2 StiftG MV, § 11 Abs. 2 Ziff. 2 StiftG Nds, § 11 Abs. 2 Ziff. 2 StiftG Saar, § 10 Abs. 1 Ziff. 1 StiftG SH) ist jedoch zu schließen, daß die Prüfung der Rechnungslegungsunterlagen Bestandteil der staatlichen Stiftungsaufsicht ist.

(6) Einige Stiftungsgesetze sehen für die Stiftungsaufsicht die Möglichkeit vor, eine Prüfung durch Dritte vornehmen zu lassen; derartige Prüfungen erstrecken sich auf die Verwaltung der Stiftung (§ 9 Abs. 3 StiftG BW, § 12 Abs. 1 StiftG Bremen, § 15 Abs. 1 StiftG MV, § 11 Abs. 3 StiftG Saar), auf die Geschäfts- und Kassenführung bzw. Wirtschaftsführung (§ 12 StiftG Hess, § 11 Abs. 1 StiftG Nds, § 33 Abs. 2 StiftG RP) oder auf die Rechnungslegung, Erhaltung des Stiftungsvermögens und die satzungsgemäße Verwendung der Stiftungsmittel (Artikel 25 Abs. 3 StiftG Bay, § 8 Abs. 2 Satz 3 StiftG Berlin, § 10 Abs. 3 StiftG SH). Als Abschlußprüfer kommen Wirtschaftsprüfer bzw. Wirtschaftsprüfungsgesellschaften in Betracht. Teilweise werden weitere Prüfungsberechtigungen ausgesprochen. Des weiteren finden Prüfungen nach Maßgabe einer satzungsgemäßen Verpflichtung oder einer freiwilligen Beauftragung statt.

(7) Stiftungen, die (auch) ein Gewerbe betreiben, unterliegen insoweit einer Pflichtprüfung durch Wirtschaftsprüfer bzw. Wirtschaftsprüfungsgesellschaften, als auf sie die Größenmerkmale des PublG zutreffen oder sie von der Vorschrift des § 10 StiftG NW erfaßt werden.

(8) Soweit Landesstiftungsgesetze neben der Prüfung der Rechnungslegung auch vorsehen, daß sich die Abschlußprüfung der Stiftung auf weitere Sachverhalte (z. B. Erhaltung des Stiftungsvermögens, satzungsgemäße Verwendung der Stiftungsmittel) erstreckt, wird der Prüfungsgegenstand entsprechend erweitert.

(9) Schließt die auftraggebende Stiftung gesetzlich vorgegebene Prüfungsinhalte aus, kann keine Abschlußprüfung durchgeführt und allenfalls eine Bescheinigung über die geprüften Sachverhalte erteilt werden.

(10) Soweit die Prüfung nicht durch Gesetze geregelt ist, ist der Prüfungsgegenstand und -umfang (auch in bezug auf die Einhaltung steuerlicher Vorschriften) zwischen dem Abschlußprüfer und dem Auftraggeber festzulegen und in die Auftragsvereinbarung aufzunehmen.

(11) Soll eine Abschlußprüfung freiwillig durchgeführt werden, muß diese dem Mindestumfang gesetzlicher Abschlußprüfungen entsprechen (vgl. IDW Prüfungsstandard: Ziele und allgemeine Grundsätze der Durchführung von Abschlußprüfungen (IDW PS 200) [5], Tz. 5). Die Abschlußprüfung einer Stiftung schließt die Buchführung, den Jahresabschluß sowie einen ggf. zu erstellenden Lagebericht mit ein. Gleiches gilt entsprechend für einen Konzernabschluß und Konzernlagebericht. Ist die Stiftung zur Aufstellung eines Berichts über den Stiftungszweck verpflichtet, und macht sie die dort aufzunehmenden Angaben ganz oder teilweise im Lagebericht (vgl. IDW RS HFA 5, Tz. 72), so erstreckt sich die Abschlußprüfung auch auf diese Angaben.

(12) Erstellt die Stiftung anstatt eines Anhangs und/oder Lageberichts einen Bericht über die Erfüllung des Stiftungszweckes (Stiftungsbericht) und fügt diesen dem geprüften Jahresabschluß bei, so hat der Abschlußprüfer diese zusätzlichen Informationen, die nicht Gegenstand der Abschlußprüfung sind, kritisch zu lesen, um ggf. Unstimmigkeiten mit dem geprüften Jahresabschluß festzustellen (vgl. im einzelnen IDW Prüfungsstandard: Die Beurteilung von zusätzlichen Informationen, die von Unternehmen zusammen mit dem Jahresabschluß veröffentlicht werden (IDW PS 202) [6].

(13) Eine Kapitalflußrechnung ist Gegenstand der Prüfung, wenn sie Bestandteil der Jahres(ab)rechnung ist; anderenfalls gelten die Grundsätze des IDW PS 202.

(14) Auch die Prüfung von Einnahmen-/Ausgaben-Rechnungen und Vermögensrechnungen kann nicht ohne eine Prüfung der zugrunde liegenden Buchführung erfolgen.

(15) Der Abschlußprüfer hat ausreichende und geeignete Prüfungsfeststellungen zu treffen, um die Einhaltung solcher steuerlicher Vorschriften hinreichend sicher beurteilen zu können, aus denen sich aus Sicht des Abschlußprüfers im allgemeinen wesentliche Auswirkungen auf den Abschluß ergeben können. Ohne einen ergänzenden Auftrag erstreckt sich die Abschlußprüfung jedoch nicht darüber hinaus auf Feststellungen, ob von der Stiftung die Vorschriften des Steuerrechts eingehalten worden sind [7].

(16) Ergeben sich insbesondere aus dem steuerlichen Gemeinnützigkeitsrecht wesentliche Auswirkungen auf den Abschluß, hat der Abschlußprüfer darüber zu berichten. Soweit wesentlichen Auswirkungen im Abschluß nicht oder nicht ausreichend Rechnung getragen wurde (z. B. durch Bildung einer Rückstellung im Jahresabschluß oder ordnungsgemäße Mittelsperrung in der Einnahmen-/Ausgaben-Rechnung und Vermögensrechnung), ist der Bestätigungsvermerk bzw. die Bescheinigung einzuschränken oder zu versagen.

(17) Ein Auftrag, der sich lediglich auf die Prüfung der Rechnungslegung erstreckt, umfaßt nur insoweit die Prüfung der Erhaltung des Stiftungsvermögens, der Ordnungsmäßigkeit der Geschäftsführung sowie die Prüfung der satzungs- und bestimmungsgemäßen Mittelverwendung, als solche Prüfungshandlungen wegen möglicher wesentlicher Rückwirkungen aus diesen Bereichen auf die Rechnungslegung erforderlich sind oder sich bei der Durchführung der Prüfung Anhaltspunkte für Verstöße gegen diese Bestimmungen ergeben [8]. In diesem Zusammenhang kommt auch die Prüfung von In-sich-Geschäften des Stiftungsvorstands in Betracht. Stellt der Abschlußprüfer bei der Durchführung der Abschlußprüfung Unrichtigkeiten oder Verstöße gegen gesetzliche Vorschriften sowie Tatsachen fest, die schwerwiegende Verstöße von gesetzlichen Vertretern oder von Arbeitnehmern gegen Gesetz oder Satzung darstellen, so hat er nach (oder in entsprechender Anwendung von) § 321 Abs. 1 Satz 3 HGB auch hierüber zu berichten (vgl. IDW PS 450, Tz. 42 ff.).

(18) Für den Fall, daß landesstiftungsrechtliche Regelungen eine Erweiterung der Abschlußprüfung nicht vorsehen (vgl. Tz. 8), kommen als sachgerechte, dem Stifterwillen im Regelfall entsprechende Erweiterungen des Prüfungsauftrags für Stiftungen vor allem folgende Prüfungsgegenstände in Betracht:

- Erhaltung des Stiftungsvermögens

Der Abschlußprüfer hat sich zu überzeugen, ob der Stiftungsvorstand einen plausiblen Plan zur dauerhaften Erhaltung des Stiftungsvermögens verfolgt. In diesem Zusammenhang kommen Prüfungshandlungen im Hinblick auf die Art der Vermögensanlagen unter Rendite- und Risikogesichtspunkten, die Vermehrung des nominalen bzw. realen Vermögens und die Maßnahmen der Kapitalerhaltung (Rücklagenbildung) in Betracht.

- Satzungsgemäße Verwendung der Stiftungsmittel

Die laufenden Dispositionen sind daraufhin zu prüfen, ob sich die einzelnen Förderprojekte und/oder Zuwendungen mit den in der Satzung festgelegten Stiftungszwecken decken. Der Abschlußprüfer hat dabei nicht die Zweckmäßigkeit von Entscheidungen der Stiftungsorgane zu beurteilen.

In diesem Zusammenhang wird auch die Richtigkeit der Angaben in dem ggf. nach Landesstiftungsrecht jährlich aufzustellenden Bericht über die Erfüllung des Stiftungszwecks zu prüfen sein.

Wendet die Stiftung anderen Organisationen Mittel zu (mittelbare Förderung), so erstreckt sich der Prüfungsauftrag auch auf den diesbezüglichen Nachweis der ordnungsgemäßen Verwendung nach dem in der Satzung festgelegten Stifterwillen.

- Ordnungsmäßigkeit der Geschäftsführung

Neben einer Prüfung des Geschäftsablaufs und der laufenden Dispositionen ist insbesondere zu prüfen, ob der Stiftungsvorstand seine Aufgaben sorgfältig und gewissenhaft erfüllt hat, ob der Stiftungsvorstand ordnungsgemäß besetzt ist und seine Aufgabenverteilung und Befugnisse sachgerecht geregelt sind, ob die Organisation der Stiftungsverwaltung sowie das Rechnungswesen im Hinblick auf die Stiftungsziele zweckentsprechend ausgestaltet sind und ob die Stiftung über ein geeignetes internes Kontrollsystem verfügt. Grundsätzlich soll festgestellt werden, ob offensichtliche Mängel vorliegen und ob eingehendere Untersuchungen notwendig sind.

Die Prüfung kann sich allerdings nur darauf erstrecken, die Angemessenheit der Verwaltungsorganisation und die Plausibilität der getätigten Stiftungsgeschäfte (Vermögensverwaltung und Ertragsverwendung) zu untersuchen. Es ist nicht Aufgabe des Abschlußprüfers, die Zweckmäßigkeit stiftungspolitischer Entscheidungen zu beurteilen; lediglich die wesentlichen Ergebnisse stiftungspolitischer Entscheidungen sind darzustellen (vgl. IDW Prüfungsstandard: Fragenkatalog zur Prüfung nach § 53 HGrG (IDW PS 720) [9].

- Einhaltung steuerrechtlicher Vorschriften der Abgabenordnung

Die Überprüfung der steuerlichen Situation einer gemeinnützigen Stiftung wird neben der satzungsgemäßen und zeitnahen Mittelverwendung insbesondere die Höhe der Rücklagendotierung sowie die Behandlung von Zweckbetrieben und wirtschaftlichen Geschäftsbetrieben bzw. deren Abgrenzung zur steuerlich zulässigen Vermögensverwaltung zum Inhalt haben. In diesem Zusammenhang kann auch die Überleitung von Posten des Abschlusses bzw. der Einnahmen-/Ausgaben-Rechnung auf steuerliche Kategorien (z. B. Berechnung zur Zusammensetzung und Entwicklung von Rücklagen nach § 58 Nr. 6 und 7

AO), eine Spartenrechnung sowie die Ausstellung von Spendenbescheinigungen Gegenstand der Prüfung sein. Der Abschlußprüfer kann steuerlich relevante Sachverhalte allerdings nur im Hinblick auf erkennbare Mängel untersuchen, aber keine Wertungen etwa des Inhaltes treffen, daß eine Stiftung alle Voraussetzungen für die Anerkennung der Gemeinnützigkeit erfüllt. Solche Wertungen obliegen nur der Finanzverwaltung.

3. Prüfungsdurchführung

(19) Für die Durchführung der Prüfung von Stiftungsabschlüssen, für die auf gesetzlicher Grundlage oder auftragsgemäß ein Bestätigungsvermerk entsprechend § 322 HGB erteilt werden soll, gelten die sich aus dem Fachgutachten 1/1988: Grundsätze ordnungsmäßiger Durchführung von Abschlußprüfungen [10] ergebenden Grundsätze unmittelbar. Sofern Einnahmen-/Ausgaben-Rechnungen und Vermögensrechnungen einer Prüfung unterliegen, sind diese Grundsätze in entsprechender Anwendung heranzuziehen. Bei abweichend vereinbartem Prüfungsumfang für gesetzlich nicht vorgeschriebene Prüfungen müssen die Prüfungshandlungen nach Art und Umfang dem Abschlußprüfer eine hinreichend sichere Einschätzung über den zu bescheinigenden Sachverhalt ermöglichen.

(20) Da für Stiftungen die Form der Rechnungslegung gesetzlich nicht vorgeschrieben ist, hat der Abschlußprüfer zunächst zu beurteilen, ob aufgrund der Größe der Stiftung und der Komplexität ihrer Vermögensverhältnisse die Aufstellung eines kaufmännischen Jahresabschlusses i.S.d. HGB oder einer Einnahmen-/Ausgaben-Rechnung mit Vermögensrechnung sachgerecht ist. Die in Tz. 31 ff. der IDW RS HFA 5 dargestellten Kriterien sind zu beachten. Hält der Abschlußprüfer abweichend vom verantwortlichen Stiftungsorgan eine kaufmännische Rechnungslegung für erforderlich, so ist - unbeschadet weiterer Prüfungsfeststellungen - zu prüfen, ob mit einer Einnahmen-/Ausgaben-Rechnung den Grundsätzen ordnungsmäßiger Rechnungslegung von Stiftungen entsprochen wird.

(21) Das interne Kontrollsystem ist in die Prüfung einzubeziehen, um aus der Einschätzung des Kontrollrisikos Anhaltspunkte für Art und Umfang von erforderlichen Prüfungshandlungen zu gewinnen. Der Abschlußprüfer muß sich daher im Rahmen der Systemprüfung von der Gestaltung und der Wirksamkeit solcher Regelungen und Abläufe überzeugen, mit der die Stiftung die Erhaltung des Stiftungsvermögens sowie die satzungsgemäße Mittelverwendung sicherstellt. Je höher er das Kontrollrisiko einschätzt (z. B. bei häufigen Vermögensumschichtungen, schwer nachvollziehbarer Auswahl und ungenügender Überwachung von Zuwendungsempfängern sowie wenig geregelten Fördermaßnahmen gemeinnütziger Stiftungen), desto mehr aussagebezogene Prüfungshandlungen wird der Abschlußprüfer vornehmen müssen.

(22) Bei Stiftungen, die sich im wesentlichen auf die Verwaltung ihres Vermögens beschränken, wird es zur Prüfung der Einnahmen in der Regel genügen, die Genehmigungs- und Überwachungsprozesse bei Vermögensanlagen bzw. -umschichtungen festzustellen und die Einhaltung bestehender Anweisungen und Kontrollen zu untersuchen.

(23) Bei der Prüfung der Ausgaben ist eine Untersuchung der regelmäßigen Abläufe von der Planung der Projekte bis zur Verwendung der Mittel erforderlich, um eventuelle Schwachstellen festzustellen. Gespräche mit den zuständigen Stiftungsorganen, Einsichtnahme in Protokolle der zuständigen Stiftungsgremien, Dokumentationen über Zuwendungsempfänger, Projektanträge und sonstige Unterlagen ermöglichen dem Abschlußprüfer eine Beurteilung der Ordnungsmäßigkeit des Ausweises von Einnahmen und

Ausgaben und - soweit im Prüfungsauftrag eingeschlossen - der stiftungszweckgemäßen Verwendung der Erträge sowie zum Verbrauch bestimmter Zuschüsse.

(24) In einfach gelagerten Fällen kann es sich anbieten, Systemprüfungen im Rahmen eines mehrjährigen Prüfungsplans nur im zwei- bis dreijährigen Rhythmus durchzuführen und sich im übrigen auf analytische Prüfungshandlungen (z. B. der Rendite-Entwicklung bei der Prüfung der Einnahmen) bzw. auf die Prüfung einzelner Geschäftsvorfälle und Bestände zu beschränken, um die Ordnungsmäßigkeit der Ermittlung des Stiftungsvermögens, der Ertragserzielung und der Verwendung der Erträge bestätigen zu können.

(25) In komplexen Fällen, insbesondere bei gewerblichen Aktivitäten der Stiftung sowie bei automatisierten Geschäftsvorfällen und bei umfangreicherem Einsatz elektronischer Datenverarbeitung, wird eine jährliche Systemprüfung unumgänglich sein. Dies gilt auch dann, wenn der Abschlußprüfer aufgrund einer unzureichend erscheinenden Organisation der Stiftung und mangelhafter interner Kontrollen in der Vergangenheit eine hohe Anfälligkeit für Fehler, Täuschungen und Vermögensschädigungen vermutet [11]

(26) Im Rahmen der Einzelfallprüfung von Zuwendungsverpflichtungen kann es erforderlich werden, von den Empfängern Bestätigungen über Mittelanforderungen einzuholen, insbesondere wenn unklar ist, warum beschlossene und zugesagte Mittel nicht zur Auszahlung gelangen.

4. Prüfungsbericht

(27) Bei der Berichterstattung über die Prüfung der Rechnungslegung von Stiftungen sind die Grundsätze des IDW PS 450 zu beachten.

4.1. Allgemeine Grundsätze für die Erstellung eines Prüfungsberichts

(28) Im Interesse einer klaren Berichterstattung wird empfohlen, den Prüfungsbericht entsprechend IDW PS 450, Tz. 12 wie folgt zu gliedern:

- Prüfungsauftrag
- grundsätzliche Feststellungen
- Gegenstand, Art und Umfang der Prüfung
- Feststellungen und Erläuterungen zur Rechnungslegung
- Feststellungen aus Erweiterungen des Prüfungsauftrags
- Ergebnis der Prüfung.

(29) Im Prüfungsbericht ist auch über das Ergebnis von Prüfungen aufgrund von Erweiterungen des Prüfungsauftrags (vgl. Tz. 8 und Tz. 18) zu berichten, die gesetzlich vorgesehen sind oder vom Auftraggeber freiwillig erteilt werden. Wird der Umfang der Abschlußprüfung durch den Auftraggeber über Abschluß (und Lagebericht) bzw. Einnahmen-/Ausgaben-Rechnung mit Vermögensrechnung hinaus erweitert, so ist die Berichterstattung über das Ergebnis der Erweiterung der Abschlußprüfung in die Berichterstattung über die Abschlußprüfung nach §§ 316 ff. HGB aufzunehmen.

(30) Wenn für freiwillige Prüfungen, die nach Art und Umfang einer Pflichtprüfung gemäß §§ 316 ff. HGB entsprechen, ein Bestätigungsvermerk erteilt wird, ist auch ein Prüfungsbericht

nach den in IDW PS 450 festgelegten Grundsätzen zu erstellen. In diesen Fällen kann mit dem Auftraggeber keine Berichterstattung mit einem geringeren Umfang vereinbart werden.

4.2. Grundsätzliche Feststellungen

(31) Die Ausführungen des IDW PS 450, Tz. 26 ff. zu den im Prüfungsbericht zu treffenden grundsätzlichen Feststellungen über die von den gesetzlichen Vertretern im Jahresabschluß und Lagebericht vorgenommenen Einschätzungen zur Lage des Unternehmens sowie die Ausführungen zur Feststellung von Unrichtigkeiten gelten für die Abschlußprüfung von Stiftungen sinngemäß.

(32) Dabei ist insbesondere auf Tatsachen hinzuweisen, die der Abschlußprüfer bei Wahrnehmung seiner Aufgaben feststellt und die den Bestand der geprüften Stiftung gefährden oder ihre Entwicklung wesentlich beeinträchtigen können oder die schwerwiegende Verstöße der gesetzlichen Vertreter gegen Gesetz, Gesellschaftsvertrag oder Satzung erkennen lassen. In diesem Zusammenhang ist auch auf eine verweigerte Genehmigung des Vorjahresabschlusses durch die Stiftungsaufsicht einzugehen.

Diese Redepflicht (vgl. IDW PS 450, Tz. 35 ff.) ist Ausfluß der allgemeinen Treuepflicht des Abschlußprüfers gegenüber dem Auftraggeber. Es kann auch erforderlich sein, der Redepflicht vorab in einem gesonderten Schreiben außerhalb des Prüfungsberichtes nachzukommen. Im Rahmen der Redepflicht ist insbesondere auf Verstöße gegen die Stiftungssatzung und eine Gefährdung der steuerlichen Anerkennung als steuerbegünstigte Körperschaft hinzuweisen. Auf die Anmerkungen im IDW PS 450, Tz. 42 ff. wird verwiesen.

4.3. Feststellungen und Erläuterungen zur Rechnungslegung

(33) Im Prüfungsbericht ist die Ordnungsmäßigkeit der Buchführung und der weiteren geprüften Unterlagen sowie des Jahresabschlusses bzw. der Einnahmen-/Ausgaben-Rechnung und Vermögensrechnung festzustellen (vgl. hierzu IDW PS 450, Tz. 63 ff.).

(34) Zur Buchführung ist auszuführen, ob diese - unabhängig von der angewandten Form der Rechnungslegung - vollständig, richtig, zeitgerecht und geordnet erstellt worden ist (§ 239 Abs. 2 HGB) und ob sie als ausreichende Grundlage für die Abschlußerstellung dienen kann. Der Kontenrahmen ist daraufhin zu beurteilen, ob er zur zweckmäßigen Aufzeichnung der Geschäftsvorfälle geeignet ist. Auch Ausführungen zur Beachtung steuerrechtlicher Vorschriften (z. B. umsatzsteuerliche Aufzeichnungsvorschriften) können zweckmäßig sein.

(35) Zur Erläuterung sowohl der Bilanz als auch der Vermögensrechnung ist darzustellen, auf welcher Grundlage der Nachweis, der Ausweis und die Bewertung des Vermögens und der Schulden erfolgen. Hier ist auch auf die Erhaltung des Vermögens der Stiftung einschließlich eventueller Zustiftungen einzugehen. Auf die allgemeinen Grundsätze zur Erläuterung des Jahresabschlusses, die entsprechend auf stiftungsrechtliche Abschlüsse sowie die Einnahmen-/Ausgaben-Rechnung und die Vermögensrechnung anzuwenden sind, wird verwiesen (vgl. IDW PS 450, Tz. 72 ff.).

Schwerpunkte der Erläuterung können insbesondere sein:

- Rechnungslegung über Zustiftungen und erhaltene Zuwendungen
- Ansatz und Bewertung des Grundstockvermögens
- Fristigkeit der Vermögensanlagen

- Behandlung der Gewinne und Verluste aus Vermögensumschichtungen
- Zusammensetzung und Entwicklung des Stiftungskapitals
- Verpflichtungen, die über den Stichtag hinausgehen.

(36) Ausführungen im Prüfungsbericht zur Vermögens-, Finanz- und Ertragslage sowie zur Mittelverwendung dienen in entsprechender Anwendung von IDW PS 450, Tz. 15 ff. der Darstellung der wirtschaftlichen Grundlagen der Stiftung. Im Rahmen der Prüfung werden bei Stiftungen in überschaubaren Fällen die Erläuterungen zur Vermögensrechnung unter besonderer Berücksichtigung periodenfremder Einnahmen und Ausgaben ausreichend für die Darstellung der Vermögenslage sein; die Finanz- und Ertragslage ist insbesondere im Hinblick auf eine bestehende Überschuldung, auf eine Bedrohung der Zahlungsfähigkeit oder auf das Entstehen nachhaltiger Verluste sowie auf Verpflichtungen durch Vorgriff auf zukünftige Einnahmen zu untersuchen.

(37) Eine Kapitalflußrechnung (vgl. Stellungnahme HFA 1/1995: Die Kapitalflußrechnung als Ergänzung des Jahres- und Konzernabschlusses [12]) kann ergänzend zur Darstellung der Mittelherkunft und -verwendung zweckmäßig sein; satzungsgemäße Ausgaben sollten gesondert ausgewiesen werden.

4.4. Feststellungen aus Erweiterungen des Prüfungsauftrags

(38) Über das Ergebnis aus Erweiterungen des Auftrags zur Abschlußprüfung, z. B. Prüfung der Erhaltung des Stiftungsvermögens, der satzungsmäßigen Verwendung der Stiftungsmittel, der Ordnungsmäßigkeit der Geschäftsführung sowie der Einhaltung steuerrechtlicher Vorschriften (Gemeinnützigkeit), ist in einem gesonderten Abschnitt des Prüfungsberichts zu berichten.

In Bayern sind auch Ausführungen zum Bericht über die Erfüllung des Stiftungszwecks zu machen; dieser Bericht ist ferner in die Anlagen zum Prüfungsbericht aufzunehmen (vgl. § 4 Abs. 3 Ziff. 3 AV StiftG Bay).

4.5. Anlagen zum Prüfungsbericht

(39) Der geprüfte Abschluß und Lagebericht/Stiftungsbericht bzw. die geprüfte Einnahmen-/Ausgaben-Rechnung und Vermögensrechnung sind dem Prüfungsbericht als Anlage beizufügen. Dies empfiehlt sich auch für die der Abschlußprüfung zugrunde gelegten Auftragsbedingungen (vgl. hierzu IDW PS 450, Tz. 24).

(40) Weitere Anlagen können aufgrund eines entsprechend ergänzten Auftrags an den Abschlußprüfer oder aufgrund bisheriger Übung in den Prüfungsbericht aufgenommen werden.

(41) Es wird empfohlen, eine Darstellung der rechtlichen und der wirtschaftlichen Verhältnisse bzw. deren Veränderungen, Aufgliederungen und Erläuterungen der Posten des Jahresabschlusses oder eine weitergehende Analyse der wirtschaftlichen Lage durch den Abschlußprüfer auf der Grundlage der bei der Prüfung gewonnenen Erkenntnisse in die Anlagen aufzunehmen, soweit diese Darstellungen unter Beachtung des Grundsatzes der Klarheit nicht bereits im Hauptteil des Prüfungsberichts enthalten sind.

(42) Die Darstellung der rechtlichen Verhältnisse umfaßt insbesondere Angaben zur rechtlichen Struktur der Stiftung. Hierzu gehören u.a. folgende Angaben:

- Genehmigung der Stiftung

- wesentlicher Inhalt des Stiftungsgeschäfts und der Stiftungssatzung
- Stiftungsorgane sowie Art und Umfang der Vertretungsbefugnisse
- Stiftungsaufsicht, Genehmigung der eingereichten Jahres(ab)rechnung
- Mitgliedschaft in einem Spitzenverband
- besondere Beschlüsse der Stiftungsorgane (z. B. bezüglich langfristiger Verpflichtungen, genehmigungsbedürftige Geschäfte)
- besondere Vertragsverhältnisse (z. B. Grundstücksverträge).

(43) Das Eingehen auf steuerliche Anforderungen ist im Zusammenhang mit der Darstellung der rechtlichen Verhältnisse nur geboten, soweit sie sich auf die stiftungsrechtliche Rechnungslegung beziehen. Im Hinblick auf die ausgewiesenen Steuerverpflichtungen ist beispielsweise der letzte steuerliche Freistellungsbescheid und die letzte steuerliche Außenprüfung zu berücksichtigen.

(44) Im Rahmen einer Analyse der wirtschaftlichen Lage der Stiftung kommen folgende Angaben in Betracht:

- wesentliche Stiftungsaktivitäten
- Tätigkeitsbericht der Stiftungsorgane
- Mittelverwendungsrechnung
- Kennzahlen zur Bilanzstruktur
- Erfolgs- und Finanzierungskennzahlen.

5. Bestätigungsvermerk

(45) Die Erteilung eines Bestätigungsvermerks zu einem Abschluß einer Stiftung richtet sich grundsätzlich nach dem IDW PS 400.

(46) Der Bestätigungsvermerk beinhaltet ausschließlich ein auf die Rechnungslegung bezogenes Gesamturteil des Abschlußprüfers, sofern der Bestätigungsvermerk nicht aufgrund gesetzlicher Vorschriften gemäß den Landesstiftungsgesetzen zu erweitern ist (vgl. hierzu IDW PS 400, Tz. 11). Eine Beurteilung weiterer Prüfungsgegenstände der Abschlußprüfung im Bestätigungsvermerk ist nur dann zulässig, wenn eine gesetzliche Regelung die Aussage im Bestätigungsvermerk vorsieht (z. B. § 10 Abs. 2 StiftG SH zur Erhaltung des Stiftungsvermögens, zur satzungsgemäßen Verwendung der Erträge des Stiftungsvermögens sowie der Zuwendungen von Dritten). Regelmäßig wird dies der Fall sein, wenn die zweckentsprechende Mittelverwendung und die Erhaltung des Stiftungsvermögens nach den gesetzlichen Vorschriften geprüft wurde.

(47) Darüber hinaus kann sich das Gesamturteil des Abschlußprüfers ergänzend auf solche Erweiterungen beziehen, die zwar das anwendbare Landesstiftungsrecht nicht vorsieht, die aber parallel zu gesetzlichen Vorschriften in anderen Bundesländern zum Gegenstand des Auftrags der Jahresabschlußprüfung gemacht wurden (vgl. IDW PS 400, Tz. 11). In diesen Fällen ist der einleitende Abschnitt des Bestätigungsvermerks entsprechend zu ergänzen.

(48) Die Formulierungsempfehlung gemäß IDW PS 400, Tz. 46 kann nur dann unverändert übernommen werden, wenn der Abschluß bezüglich Ansatz, Bewertung, Gliederung und Anhangangaben unter Beachtung der Grundsätze ordnungsmäßiger Buchführung ein den tatsächlichen Verhältnissen entsprechendes Bild der Vermögens-, Finanz- und Ertragslage der Gesellschaft vermittelt oder die Auswirkungen der von den Regelungen für

Kapitalgesellschaften abweichenden Bewertungsvorschriften auf die Vermögens- und Ertragslage im Anhang oder in einer Erläuterung zum Abschluß dargelegt sind. Erfüllt der Abschluß diese Anforderungen nicht, kann sich das Prüfungsurteil nur auf die Einhaltung der für die Stiftung geltenden gesetzlichen Vorschriften einschließlich der Grundsätze ordnungsmäßiger Buchführung erstrecken.

(49) Bei Stiftungen kann die Vermittlung eines unter Beachtung der Grundsätze ordnungsmäßiger Buchführung den tatsächlichen Verhältnissen entsprechenden Bildes der Vermögens-, Finanz- und Ertragslage nur bestätigt werden, wenn im Grundsatz die für Kapitalgesellschaften vergleichbarer Größe (§ 267 HGB) geltenden entsprechenden Anforderungen der IDW RS HFA 5 an die Rechnungslegung erfüllt werden. Für Kapitalgesellschaften geforderte Angaben im Anhang sind erforderlich, wenn erst dadurch ein den tatsächlichen Verhältnissen entsprechendes Bild der Vermögens-, Finanz- und Ertragslage der Gesellschaft vermittelt wird. Wird kein Anhang erstellt, so sind diese Angaben unter dem Jahresabschluß in Fußnoten zu geben. Hat die Stiftung in wesentlichem Umfang Abschreibungen nach § 253 Abs. 4 HGB vorgenommen, setzt eine Bestätigung, daß der Abschluß unter Beachtung der Grundsätze ordnungsmäßiger Buchführung ein den tatsächlichen Verhältnissen entsprechendes Bild der Vermögens-, Finanz- und Ertragslage vermittelt, zumindest voraus, daß im Anhang oder unter dem Abschluß entsprechende betragsmäßige Angaben zum Umfang der Abschreibungen gemacht werden (vgl. IDW PS 400, Tz. 49).

Die Bestätigung, daß der Lagebericht eine zutreffende Vorstellung von der Lage der Stiftung vermittelt und die Risiken der künftigen Entwicklung zutreffend darstellt, ist nur dann zulässig, wenn der Lagebericht die diesbezüglichen Anforderungen von § 289 HGB erfüllt.

(50) Die allgemeinen Grundsätze über die Einschränkung, Versagung oder Ergänzung von Bestätigungsvermerken gelten entsprechend (vgl. IDW PS 400, Tz. 50 ff., Tz. 65 ff., Tz. 70 ff.).

(51) Auf die Stiftungssatzung kann nur verwiesen werden, wenn diese Regelungen zum Abschluß, zur Kapitalerhaltung und zur Mittelverwendung enthält. [13] Im Bestätigungsvermerk kann auf die Grundsätze ordnungsmäßiger Rechnungslegung nach dem Stiftungsgesetz des jeweiligen Landes hingewiesen werden.

(52) Für die Prüfung einer Einnahmen-/Ausgaben-Rechnung und Vermögensrechnung kann, wenn sich keine Beanstandungen ergeben haben, anstelle einer an die handelsrechtlichen Vorschriften angelehnten Formulierung des Bestätigungsvermerks die folgende Formulierung einer Bescheinigung verwendet werden:

"Die Buchführung, die Einnahmen-/Ausgaben-Rechnung sowie die Vermögensrechnung der Stiftung entsprechen nach meiner/unserer pflichtgemäßen Prüfung den Grundsätzen einer ordnungsmäßigen Rechnungslegung, den gesetzlichen Vorschriften und der Satzung. Die Prüfung der Erhaltung des Stiftungsvermögens und der satzungsgemäßen Verwendung der Erträge des Stiftungsvermögens hat keine Einwendungen ergeben."

(53) Erstellt der Wirtschaftsprüfer die Jahres(ab)rechnung der Stiftung selbst, so gelten für die Erteilung einer Bescheinigung die Grundsätze der Stellungnahme HFA 4/1996: Grundsätze für die Erstellung von Jahresabschlüssen durch Wirtschaftsprüfer, Abschn. F. [14]

Anhang: Formulierungsbeispiel für den Bestätigungsvermerk bei der Abschlußprüfung einer Stiftung

Nachfolgend wird eine Formulierung für den uneingeschränkten Bestätigungsvermerk bei einer Stiftung wiedergegeben, wobei je nach den der Prüfung zugrunde liegenden Vorschriften (§§ 316 ff. HGB, landesstiftungsrechtliche Vorschriften) entsprechende Modifikationen des Bestätigungsvermerks vorzunehmen sind.

Für den Fall einer nach den handelsrechtlichen Vorschriften für Kapitalgesellschaften rechnungslegenden Stiftung, bei der eine Abschlußprüfung nach den §§ 316 ff. HGB vorgenommen wurde und eine Erweiterung des Prüfungsgegenstandes nach Landesstiftungsrecht (z. B. StiftG Bay) erfolgt, wird für einen uneingeschränkten Bestätigungsvermerk eine Formulierung entsprechend nachfolgendem Beispiel empfohlen:

Bestätigungsvermerk des Abschlußprüfers

Ich habe/Wir haben den Jahresabschluß unter Einbeziehung der Buchführung und den Lagebericht der Stiftung ... für das Geschäftsjahr vom ... bis ... geprüft. Durch Artikel 25 Abs. 2 StiftG Bay wurde der Prüfungsgegenstand erweitert. Die Prüfung erstreckt sich daher auch auf die Erhaltung des Stiftungsvermögens und die satzungsgemäße Verwendung der Erträge des Stiftungsvermögens und der sonstigen Stiftungsmittel [15]. Die Buchführung und die Aufstellung von Jahresabschluß und Lagebericht nach den deutschen handelsrechtlichen Vorschriften (und den ergänzenden Regelungen in der Satzung) liegen in der Verantwortung der gesetzlichen Vertreter der Stiftung. Meine/Unsere Aufgabe ist es, auf der Grundlage der von mir/uns durchgeführten Prüfung eine Beurteilung über den Jahresabschluß unter Einbeziehung der Buchführung, den Lagebericht sowie über den erweiterten Prüfungsgegenstand abzugeben.

Ich habe meine/Wir haben unsere Jahresabschlußprüfung nach § 317 HGB und Artikel 25 StiftG Bay unter Beachtung der vom Institut der Wirtschaftsprüfer (IDW) festgestellten Grundsätze ordnungsmäßiger Abschlußprüfung vorgenommen. Danach ist die Prüfung so zu planen und durchzuführen, daß Unrichtigkeiten und Verstöße, die sich auf die Darstellung des durch den Jahresabschluß unter Beachtung der Grundsätze ordnungsmäßiger Buchführung und des durch den Lagebericht vermittelten Bildes der Vermögens-, Finanz- und Ertragslage wesentlich auswirken, mit hinreichender Sicherheit erkannt werden und daß mit hinreichender Sicherheit beurteilt werden kann, ob die Anforderungen, die sich aus der Erweiterung des Prüfungsgegenstandes nach Artikel 25 Abs. 2 StiftG Bay ergeben, erfüllt wurden. Bei der Festlegung der Prüfungshandlungen werden die Kenntnisse über die Geschäftstätigkeit und über das wirtschaftliche und rechtliche Umfeld der Stiftung sowie die Erwartungen über mögliche Fehler berücksichtigt. Im Rahmen der Prüfung werden die Wirksamkeit des internen Kontrollsystems sowie Nachweise für die Angaben in Buchführung, Jahresabschluß und Lagebericht überwiegend auf der Basis von Stichproben beurteilt. Die Prüfung umfaßt die Beurteilung der angewandten Bilanzierungsgrundsätze und der wesentlichen Einschätzungen der gesetzlichen Vertreter sowie die Würdigung der Gesamtdarstellung des Jahresabschlusses und des Lageberichts. Ich bin/Wir sind der Auffassung, daß meine/unsere Prüfung eine hinreichend sichere Grundlage für meine/unsere Beurteilung bildet.

Meine/Unsere Prüfung hat zu keinen Einwendungen geführt.

Nach meiner/unserer Überzeugung vermittelt der Jahresabschluß unter Beachtung der Grundsätze ordnungsmäßiger Buchführung ein den tatsächlichen Verhältnissen entsprechendes Bild der Vermögens-, Finanz- und Ertragslage der Stiftung. Der Lagebericht gibt insgesamt eine zutreffende Vorstellung von der Lage der Stiftung und stellt die Risiken der künftigen Entwicklung zutreffend dar.

Die Prüfung der Erhaltung des Stiftungsvermögens und der satzungsgemäßen Verwendung der Erträge des Stiftungsvermögens und der sonstigen Stiftungsmittel nach Artikel 25 Abs. 2 StiftG Bay hat keine Einwendungen ergeben.

(Ort)

(Datum)

(Unterschrift)

Wirtschaftsprüfer

Fußnoten:

[1] Verabschiedet vom HFA am 25.02.2000.

[2] WPg 2000, S. 391 ff.

[3] WPg 1999, S. 641 ff.

[4] WPg 2003, S. 1127 ff.

[5] WPg 2000, S. 706 ff.

[6] WPg 2001, S. 121 ff.

[7] Vgl. IDW-Prüfungsstandard: Zur Aufdeckung von Unregelmäßigkeiten im Rahmen der Abschlussprüfung (IDW PS 210), in: WPg 2003, S. 655 ff.

[8] Vgl. IDW PS 210.

[9] WPg 2000, S. 326 ff.

[10] WPg 1989, S. 9 ff.; vgl. auch die IDW Prüfungsstandards und Entwürfe von IDW Prüfungsstandards, die Teile des Fachgutachtens 1/1988 ersetzen.

[11] Vgl. IDW PS 210.

[12] WPg 1995, S. 210 ff.

[13] Zusatz: Bei steuerbegünstigten Stiftungen trifft dies stets zu.

[14] WPg 1997, S. 67.

[15] Die sonstigen Stiftungsmittel enthalten auch die Zuwendungen von Dritten, die entsprechend den Stiftungsgesetzen in anderen Bundesländern alternativ zu nennen sind.

Fundstellen:

WPG-2000-0385

IDW Stellungnahme zur Rechnungslegung: Rechnungslegung von Stiftungen (IDW RS HFA 5)*

(Stand: 06.12.2013)[1]

---

* Entnommen der Loseblattausgabe "IDW Prüfungsstandards IDW Stellungnahmen zur Rechnungslegung" mit Genehmigung der IDW Verlag GmbH

[1] Vorbereitet vom Arbeitskreis „Rechnungslegung und Prüfung von Non-Profit-Unternehmen". Verabschiedet vom Hauptfachausschuss (HFA) am 25.02.2000. Überarbeitet aufgrund umfangreicher Änderungen der Landesstiftungsgesetze sowie des Bilanzrechtsmodernisierungsgesetzes vom Arbeitskreis „Rechnungslegung und Prüfung von Non-Profit-Unternehmen". Überarbeitete Fassung verabschiedet vom HFA am 06.12.2013.

1. Vorbemerkungen

1 Die Organisationsform der Stiftung soll die Verwirklichung des Willens eines Stifters durch die Verwendung des gestifteten Vermögens dauerhaft gewährleisten. Die Rechnungslegung von Stiftungen ist weder durch Bundes- noch durch Landesrecht hinreichend geregelt. Gegenstand dieser *IDW Stellungnahme zur Rechnungslegung* ist deshalb die zweckentsprechende Ausgestaltung der Rechnungslegung für Stiftungen nach deutschen Vorschriften. Sie schließt eine Rechnungslegung nach internationalen Rechnungslegungsgrundsätzen nicht aus, geht darauf jedoch nicht näher ein. Die Prüfung dieser Rechnungslegung durch Wirtschaftsprüfer ist Gegenstand von *IDW PS 740*[2].

2 Diese *IDW Stellungnahme zur Rechnungslegung* bezieht sich ausschließlich auf rechtsfähige Stiftungen des bürgerlichen Rechts. Sofern Gesetz oder Satzung nicht etwas anderes vorsehen, sollten Stiftungen des öffentlichen Rechts sie entsprechend anwenden; auf die Besonderheiten dieser Form der Stiftungen wird nicht eingegangen. Bei rechtlich unselbstständigen Stiftungen (vgl. Tz. 73) wird die Rechnungslegung durch den bürgerlich-rechtlichen bzw. öffentlich-rechtlichen Bezug bestimmt.

3 Stiftungen können sowohl steuerbegünstigt als auch nicht steuerbegünstigt sein. Diese *IDW Stellungnahme zur Rechnungslegung* behandelt die Rechnungslegung unabhängig von der steuerlichen Qualifizierung einer Stiftung.

2. Grundlagen

2.1. Rechtliche Grundlagen

4 Die Stiftung i.S.d. §§ 80 ff. BGB ist eine mit Rechtsfähigkeit ausgestattete, nicht verbandsmäßig organisierte Einrichtung, die einen vom Stifter bestimmten Zweck mithilfe eines dazu gewidmeten Vermögens dauerhaft fördern soll.

5 Die rechtsfähige Stiftung des bürgerlichen Rechts entsteht durch Stiftungsgeschäft und staatliche Anerkennung. Rechtsgrundlagen – auch für die Rechnungslegung – sind die Bestimmungen der §§ 80 bis 88 BGB sowie die jeweiligen Landesstiftungsgesetze. Für kirchliche Stiftungen gelten ergänzend kirchliche Stiftungsordnungen und einschlägige Bestimmungen des Kirchenrechts.

2.2. Stiftungsorganisation

6 Die Stiftung unterscheidet sich von den übrigen juristischen Personen des Privatrechts durch ihre fehlende Verbandsstruktur. Sie hat keine Mitglieder oder Eigentümer. Im Rechtsverkehr handelt sie durch ihren Stiftungsvorstand. Weitere durch die Satzung vorgesehene Organe der Stiftung können bspw. Stiftungsrat, Verwaltungsrat, Kuratorium und Stiftungsversammlung sein.

---

2 *IDW Prüfungsstandard: Prüfung von Stiftungen (IDW PS 740)* (Stand: 25.02.2000).

2.3. Stiftungszweck

7 Wesentliches Element der Stiftung ist der durch den Stifter festgesetzte Stiftungszweck, der steuerbegünstigt (gemeinnützig, mildtätig und/oder kirchlich), aber auch nicht steuerbegünstigt sein kann, jedoch grundsätzlich auf Dauer angelegt sein muss. Eine Ausnahme hiervon stellt die sog. Verbrauchsstiftung dar. Eine Verbrauchsstiftung ist dadurch gekennzeichnet, dass neben den Erträgen auch das Grundstockvermögen (vgl. Tz. 9) vollumfänglich oder teilweise für den Stiftungszweck eingesetzt werden kann.[3] Die Stiftung ist an den Willen des Stifters gebunden. Dieser Wille schlägt sich im Stiftungsgeschäft und der Satzung der Stiftung nieder. Sofern der Wille des Stifters aus dem Stiftungsgeschäft und der Stiftungssatzung nicht eindeutig hervorgeht, ist der mutmaßliche Stifterwille bei Entstehen der Stiftung, ggf. unter Berücksichtigung seitdem geänderter Verhältnisse, zu ergründen.

8 Stiftungen mit Unternehmensbezug werden gegründet, um mit den Unternehmenserträgen den Stiftungszweck zu fördern und/oder den Erhalt des Unternehmens über den „Generationswechsel" hinaus zu sichern. Sie treten in zwei Ausprägungen auf, die untereinander kombinierbar sind: Zum einen kann die Stiftung selbst ein Unternehmen betreiben (Unternehmensträgerstiftung); zum anderen kann die Stiftung sich auf die Verwaltung von Beteiligungen an einem oder mehreren Unternehmen beschränken (Unternehmensbeteiligungsstiftung).

2.4. Stiftungsvermögen und Kapitalerhaltung

9 Der dauerhaften Verwirklichung des Stiftungszwecks dient das Stiftungsvermögen, das zugleich die Eigenständigkeit der Stiftung ermöglicht.[4] Dementsprechend schreiben die Stiftungsgesetze fast aller Länder grundsätzlich die (ungeschmälerte) Erhaltung des Bestands des Stiftungsvermögens vor, es sei denn, dass die Satzung eine Ausnahme zulässt oder der Stifterwille nicht anders zu verwirklichen ist.[5] Sofern die Satzung dies vorsieht, kann auch eine gegenständliche Erhaltung des Stiftungsvermögens oder einzelner Vermögensgegenstände geboten sein (Vermögens-/Substanzerhaltung, z.B. Denkmal). Das zu erhaltende Vermögen, das der Stifter der Stiftung im Rahmen ihrer Gründung zugewendet hat, zzgl. später erfolgter Vermögenszuwendungen in Form von Zustiftungen, wird als Grundstockvermögen bezeichnet. Die Erhaltung des Grundstockvermögens lässt sich, sofern sie nicht gegenständlich, sondern wertmäßig zu erfolgen hat, konzeptionell durch die Erhaltung des Stiftungskapitals (Kapitalerhaltung) nachweisen. Das Konzept der Kapitalerhaltung liegt der vorliegenden *IDW Stellungnahme zur Rechnungslegung* zugrunde.

---

[3] Vgl. § 80 Abs. 2 Satz 2 BGB.

[4] Zur Ausnahme der Verbrauchsstiftung vgl. Tz. 7.

[5] Vgl. § 7 Abs. 2 StiftG BW, Artikel 6 Abs. 2 BayStG, § 3 StiftG Bln, § 7 Abs. 1 StiftG Bremen, § 4 Abs. 2 Hamb. StiftG, § 6 Abs. 1 StiftG Hess, § 6 Abs. 1 NStiftG, § 4 Abs. 2 StiftG NRW, § 7 Abs. 2 StiftG RP, § 6 Abs. 1 StiftG Saar, § 4 Abs. 3 SächsStiftG, § 7 Abs. 2 StiftG LSA, § 4 Abs. 2 StiftG SH, § 8 Abs. 2 ThürStiftG. Lediglich die Stiftungsgesetze der Länder Brandenburg und Mecklenburg-Vorpommern enthalten keine entsprechende Regelung.

10 Dem Stiftungsvorstand obliegen die langfristige Planung und der Nachweis der Erhaltung des Stiftungskapitals. Die Landesstiftungsgesetze enthalten keine Vorgaben, wie das Kapital zu erhalten ist. Sofern weder durch den Stifterwillen noch durch die Satzung die Art der Kapitalerhaltung konkretisiert ist, sollte der Stiftungsvorstand bestrebt sein, unter Berücksichtigung der Stiftungszwecke das Stiftungskapital real[6] zu erhalten, da ansonsten die Ertragskraft unter Berücksichtigung von Preissteigerungen im Zeitablauf abnimmt. Zumindest ist eine nominale Erhaltung des Stiftungskapitals erforderlich, sofern das Stiftungskapital nicht ganz oder teilweise zum Verbrauch vorgesehen ist.[7] In jedem Fall sollte ein für die Stiftung zu präzisierendes und zu dokumentierendes, auf mehrere Jahre angelegtes Kapitalerhaltungskonzept zugrunde gelegt werden. Eine nur kurzfristige Minderung des Stiftungskapitals steht dem nicht entgegen, wenn die Planung erkennen lässt, dass das Ziel der Kapitalerhaltung innerhalb des festgelegten Konzeptes mittelfristig erreicht wird.

3. Rechnungslegung

3.1. Grundlagen der Rechnungslegung

11 Nachfolgend werden die gesetzlichen Vorschriften dargestellt, die bei der Rechnungslegung von Stiftungen zu berücksichtigen sind. In der Stiftungssatzung können weitergehende Regelungen zur Rechnungslegung und zu den Zuständigkeiten sowie den Verantwortlichkeiten hierfür erlassen werden, sofern nicht gesetzliche Vorschriften dem entgegenstehen.

3.1.1. Vorschriften zur Rechnungslegung

3.1.1.1. Bürgerliches Gesetzbuch und Landesstiftungsrecht

12 Die Vorschriften des Bürgerlichen Gesetzbuchs (BGB) regeln die Grundzüge der Rechenschaftslegung für Stiftungen. Über § 86 i.V.m. § 27 Abs. 3 BGB gelten grundsätzlich die Vorschriften des BGB bzgl. rechtsfähiger Vereine. Damit finden auch die dortigen Vorschriften zur Rechnungslegung (§§ 259, 260, 666 BGB) Anwendung. Nach § 666 BGB ist der Beauftragte verpflichtet, „dem Auftraggeber die erforderlichen Nachrichten zu geben, auf Verlangen über den Stand des Geschäfts Auskunft zu erteilen und nach der Ausführung des Auftrags Rechenschaft abzulegen".[8] Die gesetzliche Norm gibt zum Inhalt des Rechenschaftsberichts keine weiteren Vorgaben, sodass hier die allgemeine Verkehrsauffassung anzuwenden ist. In wörtlicher Auslegung des § 666 BGB kann die Rechenschaft mündlich abgelegt werden.[9]

---

6 Ausführungen zum Nachweis der realen Kapitalerhaltung enthält Tz. 58.

7 Wenn demgegenüber eine Vermögens-/Substanzerhaltung (Tz. 9) vorgesehen ist, sind die einzelnen Vermögensgegenstände als solche zu erhalten.

8 Die Landesstiftungsgesetze konkretisieren diese Norm durch die Verpflichtung zur Abgabe eines Rechenschaftsberichts durch den Vorstand der Stiftung. Vgl. Tz. 15.

9 Vgl. aber für steuerliche Zwecke § 63 Abs. 3 AO, wonach der Nachweis der ausschließlichen und unmittelbaren Erfüllung steuerbegünstigter Zwecke durch ordnungsmäßige Aufzeichnungen geführt werden muss. Vgl. Tz. 23.

13 Für die Rechnungslegung wird ergänzend auf die §§ 259, 260 BGB verwiesen, die lediglich Mindestanforderungen darstellen. Danach hat ein Rechenschaftspflichtiger (hier: der Stiftungsvorstand) dem Berechtigten eine die geordnete Zusammenstellung der Einnahmen und der Ausgaben enthaltende Rechnung schriftlich mitzuteilen und ggf. ein Bestandsverzeichnis vorzulegen. Das Gesetz enthält keine Regelungen über den Turnus der Rechenschaftslegung. Regelmäßig werden diese Normen heute als Pflicht zur periodischen Rechenschaftslegung verstanden, welche jährlich erfolgen sollte. Weder für die geordnete Zusammenstellung der Einnahmen und Ausgaben noch für das Bestandsverzeichnis bestimmt das BGB besondere Form- und Gliederungsvorschriften. Ergänzend zu den Vorschriften des BGB muss die Feststellbarkeit sowohl einer Zahlungsunfähigkeit als auch einer Überschuldung gewährleistet sein, um die Anforderungen der §§ 86 Satz 1, 42 Abs. 2 Satz 1 BGB i.V.m. §§ 17 und 19 InsO (Insolvenzantragspflicht) erfüllen zu können.

14 Die Landesstiftungsgesetze enthalten konkretisierende Regelungen zur Rechnungslegung. Eine ausdrückliche Verpflichtung der Stiftung zur ordnungsmäßigen Buchführung enthalten die landesgesetzlichen Regelungen in Baden-Württemberg, Bayern, Hamburg, Mecklenburg-Vorpommern, Saarland sowie in Sachsen.[10]

15 Alle Landesstiftungsgesetze verlangen, dass die Stiftungen nach Ablauf des Geschäftsjahres einen Rechenschaftsbericht, bestehend aus einer Jahres(ab)rechnung verbunden mit einer Vermögensübersicht und einem Bericht über die Erfüllung des Stiftungszwecks (Tätigkeitsbericht), aufstellen.[11]

16 Die Landesstiftungsgesetze enthalten keine Legaldefinitionen der in ihnen enthaltenen Begriffe. In Sachsen und Thüringen wird der Begriff „Rechnungsabschluss"[12] bzw. „Jahresbericht"[13] verwendet, im Übrigen werden die Begriffe „Jahresrechnung" und „Jahresabrechnung" verwendet, die im Folgenden als inhaltsgleich interpretiert werden. Die Landesstiftungsgesetze fordern als Mindeststandard die Erstellung einer Jahresrechnung, bestehend aus einer Einnahmen-/Ausgaben-Rechnung mit Vermögensübersicht.[14] Den Anforderungen der Landesstiftungsgesetze entspricht auch ein nach den kaufmännischen Grundsätzen aufgestellter Jahresabschluss.

17 Für die Stiftung als Ganzes ist unabhängig davon, ob bei ihr für einen Teilbereich spezifische Rechnungslegungsvorschriften anzuwenden sind (vgl. Tz. 22), eine Jahresrechnung (vgl. Tz. 75) oder ein nach kaufmännischen Grundsätzen aufgestellter Jahresabschluss zu erstellen.

---

10 Vgl. § 7 Abs. 3 StiftG BW, Artikel 16 Abs. 1 BayStG, § 4 Abs. 4 Hamb. StiftG, § 4 Abs. 1 StiftG M-V, § 5 Abs. 1 StiftG Saar, § 4 Abs. 2 SächsStiftG.

11 Vgl. § 9 Abs. 2 Ziff. 3 StiftG BW, Artikel 16 Abs. 1 BayStG, § 8 Abs. 1 Ziff. 2 StiftG Bln, § 6 Abs. 2 StiftG Bbg, § 12 Abs. 2 Ziff. 2 StiftG Bremen, § 4 Abs. 4 Hamb. StiftG, § 7 Ziff. 2 StiftG Hess, § 4 Abs. 2 Ziff. 2 StiftG M-V, § 11 Abs. 3 NStiftG, § 7 Abs. 1 StiftG NRW, § 7 Abs. 4 StiftG RP, § 11 Abs. 2 Ziff. 2 StiftG Saar, § 6 Abs. 2 SächsStiftG, § 7 Abs. 5 StiftG LSA, § 10 Abs. 1 StiftG SH, § 8 Abs. 4 ThürStiftG.

12 Vgl. § 6 Abs. 2 SächsStiftG.

13 Vgl. § 8 Abs. 4 ThürStiftG.

14 Verschiedentlich wird die Einnahmen-/Ausgaben-Rechnung entsprechend kameralistischer Übung mit einem Haushaltsplan (Etat) verbunden. Eine solche Verbindung ist auch im Zusammenhang mit einer kaufmännischen Bilanzierung möglich. Der Haushaltsplan ist nicht Gegenstand dieser *IDW Stellungnahme zur Rechnungslegung*. Dies gilt auch für den „Voranschlag" gemäß Artikel 16 Abs. 1 Satz 3 BayStG.

3.1.1.2. Handelsrecht und andere gesetzliche Vorschriften zur kaufmännischen Rechnungslegung

18 Unternehmensbeteiligungsstiftungen (vgl. Tz. 8) unterliegen als Kaufleute den handelsrechtlichen Rechnungslegungsvorschriften (§§ 238 bis 263 HGB), wenn der von ihnen verwaltete Anteilsbesitz so umfangreich ist, dass seine Verwaltung nach Art und Umfang einen in kaufmännischer Weise eingerichteten Geschäftsbetrieb erfordert (§ 1 HGB).[15]

19 Eine Unternehmensträgerstiftung (vgl. Tz. 8) hat im unternehmerischen Bereich die handelsrechtlichen Rechnungslegungspflichten (§§ 238 ff. HGB) einzuhalten, wenn sie mit einem von ihr unterhaltenen Geschäftsbetrieb Kaufmann ist. Dies gilt auch für steuerbegünstigte Stiftungen, die einen Geschäftsbetrieb (steuerpflichtiger wirtschaftlicher Geschäftsbetrieb, Zweckbetrieb, Betrieb gewerblicher Art) führen, der nach Art und Umfang ein kaufmännisches Gewerbe darstellt.

20 Sofern eine Stiftung als ein Unternehmen i.S.d. Publizitätsgesetzes zu qualifizieren ist (§ 1 Abs. 1, § 3 Abs. 1 Nr. 4 PublG), finden die §§ 265, 266, 268 bis 275, 277, 278, 284, 285 Nr. 1 bis 4, 7 bis 13, 17 bis 29, 286, 289 HGB sinngemäß Anwendung (vgl. § 5 PublG). Auf Stiftungen, die Mutterunternehmen eines Konzerns i.S.d. Publizitätsgesetzes sind, sind zusätzlich die §§ 290 bis 315a HGB weitgehend sinngemäß anzuwenden (vgl. §§ 11 bis 13 PublG).

21 Ferner kann sich eine Verpflichtung zur Anwendung der handelsrechtlichen Vorschriften oder zur Rechnungslegung nach bestimmten anderen Vorschriften aus Spezialgesetzen bzw. -verordnungen ergeben (z.B. Krankenhausbuchführungsverordnung, Pflegebuchführungsverordnung, Werkstättenverordnung, Heimgesetz, Rettungsdienstgesetz, Kindergartengesetz).

22 Sofern eine Stiftung aufgrund handelsrechtlicher oder besonderer Vorschriften (vgl. Tz. 21) mit einem Teilbereich den handelsrechtlichen Rechnungslegungspflichten (§§ 238 ff. HGB) unterliegt, empfiehlt es sich im Interesse einer einheitlichen Abbildung, die Rechnungslegung der Stiftung insgesamt nach kaufmännischen Grundsätzen zu führen.

3.1.1.3. Steuerrecht

23 Verfolgt eine Stiftung steuerbegünstigte Zwecke nach den Bestimmungen der Abgabenordnung, schreibt § 63 Abs. 3 AO „ordnungsgemäße Aufzeichnungen" über Einnahmen und Ausgaben vor, um den Nachweis der ausschließlichen und unmittelbaren Erfüllung steuerbegünstigter Zwecke zu führen. Dabei sind die Vorschriften der Abgabenordnung über die Führung von Büchern und Aufzeichnungen (§§ 140 ff. AO) zu beachten.

---

[15] Bei Einzelkaufleuten hat der Gesetzgeber eine kaufmännische Buchführung und Bilanzierung vorgesehen, wenn an den Abschlussstichtagen von zwei aufeinanderfolgenden Geschäftsjahren die Grenzen von 500.000 EUR Umsatzerlöse oder 50.000 EUR Jahresüberschuss überschritten sind (§ 241a HGB).

24 Nach der abgeleiteten Buchführungspflicht (§ 140 AO) haben die Stiftungen, die Buchführungs- und Aufzeichnungspflichten nach anderen Gesetzen als den Steuergesetzen (vgl. Tz. 18 ff.) unterliegen, diese auch für steuerliche Zwecke zu erfüllen. Ferner ergibt sich beim Überschreiten der Grenzen des § 141 AO die Verpflichtung zur weitgehend entsprechenden Anwendung der §§ 238 bis 263 HGB (originäre Buchführungspflicht), sofern die Stiftung nicht schon aufgrund des Handelsrechts (vgl. Tz. 18 ff.) zur Anwendung der kaufmännischen Rechnungslegungsvorschriften verpflichtet ist. In erster Linie hat § 141 AO Bedeutung für steuerpflichtige, wirtschaftliche Geschäftsbetriebe von Stiftungen, die steuerbegünstigte Zwecke nach den Bestimmungen der Abgabenordnung verfolgen.

25 Unabhängig von den Rechnungslegungsvorschriften des BGB und ggf. HGB verlangt der Anwendungserlass zur Abgabenordnung für steuerbegünstigte Körperschaften i.S.v. § 51 AO einen gesonderten Ausweis der Rücklagen nach § 62 AO in der steuerlichen Rechnungslegung.[16] Dieser sollte in einer Nebenrechnung für steuerliche Zwecke erfolgen. Des Weiteren ist zum Nachweis der zeitnahen Mittelverwendung nach § 55 Abs. 1 Nr. 5 AO eine Mittelverwendungsrechnung aufzustellen, ohne dass deren Inhalt im Einzelnen vorgegeben ist.[17]

3.1.2. Verantwortlichkeit für die Rechnungslegung

26 Für die Rechnungslegung einer Stiftung ist grundsätzlich der Vorstand nach § 86 i.V.m. §§ 27 Abs. 3, 259, 260, 666 BGB verantwortlich (vgl. Tz. 12). Es wird empfohlen, dass der Vorstand die Rechnungslegungsunterlagen in entsprechender Anwendung des § 245 HGB unter Angabe des Datums unterzeichnet. Hat die Stiftung einen Vertreter i.S.d. § 30 BGB, kann die Unterzeichnung auch durch diesen erfolgen, sofern dies der erteilten Befugnis entspricht. Unabhängig von der Vorlage der Rechnungslegung bei der Stiftungsaufsicht sollte jährlich ein von der Satzung dafür vorgesehenes Organ (vgl. Tz. 6) die Rechnungslegung feststellen.

3.1.3. Zwecke der Rechnungslegung

27 Die Rechnungslegung von Stiftungen hat eine Dokumentations-, eine Rechenschafts- und eine Informationsfunktion sowie eine Gläubigerschutzfunktion. Die Dokumentationsfunktion dient dem vollständigen, zweckmäßigen und übersichtlichen Festhalten aller Geschäftsvorfälle. Der Stiftungsvorstand, der als Beauftragter fremde Angelegenheiten ausführt, hat über die dem Stiftungszweck entsprechende Verwendung der anvertrauten Mittel Rechenschaft abzulegen. Unter dem Aspekt der Informationsfunktion sollen durch die Rechnungslegung von Stiftungen in erster Linie die Stiftungsorgane und die Stiftungsaufsicht informiert werden. Als Adressaten

---

[16] Vgl. AEAO i.d.F. vom 31.01.2013 zu § 58, Tz. 18.

[17] Vgl. AEAO i.d.F. vom 31.01.2013 zu § 55, Tz. 26.

kommen ferner die Stifter, die Zustifter, die Spender[18], die Empfänger von Stiftungsleistungen, die Finanzverwaltung sowie die interessierte Öffentlichkeit in Betracht.

28 Da die Stiftung ihren Gläubigern nur mit dem Vermögen haftet, hat die Rechnungslegung im Interesse der Gläubiger auch den Zweck des Nachweises der Schuldendeckungsfähigkeit. Hierzu ist es notwendig, dass der Stiftungsvorstand durch die Rechnungslegung Anzeichen einer etwaigen Überschuldung und Zahlungsunfähigkeit erkennen kann.

29 Eine weitere wesentliche Funktion der Rechnungslegung von Stiftungen ist ferner der Nachweis sowohl der satzungsgemäßen Mittelverwendung als auch der Kapitalerhaltung. Diese Zwecke werden ausdrücklich in den Landesstiftungsgesetzen genannt.

3.1.4. Grundsätze der Rechnungslegung von Stiftungen

30 Die Rechnungslegung von Stiftungen nach dieser *IDW Stellungnahme zur Rechnungslegung* hat sich an den folgenden allgemeinen Grundsätzen auszurichten:

- Richtigkeit und Willkürfreiheit
- Klarheit und Übersichtlichkeit
- Vollständigkeit und Saldierungsverbot
- Einzelbewertung der Vermögens- und Schuldposten
- vorsichtige Bewertung von Vermögen und Schulden
- Ansatz-, Bewertungs- und Ausweisstetigkeit
- Fortführung der Tätigkeit.

31 Diese Grundsätze sind gesetzlich nur für Kaufleute ausdrücklich vorgeschrieben; sie entsprechen aber den Anforderungen an eine getreue Rechenschaft und sind insoweit auch für andere Formen der Rechnungslegung (z.B. Einnahmen-/Ausgaben-Rechnung mit Vermögensübersicht) maßgeblich.

32 Die Einnahmen-/Ausgaben-Rechnung stellt grundsätzlich die der Stiftung zugeflossenen und abgeflossenen Zahlungsmittel in der betrachteten Periode dar (vgl. Tz. 78). Aus ihr wird nicht erkennbar, ob Zahlungen für mehrere Perioden geleistet oder empfangen wurden. Sie kann deshalb nur für leicht zu überschauende Verhältnisse angemessen und ausreichend sein, in denen sich die Zufälligkeiten der Zahlungszeitpunkte nicht wesentlich auswirken.

33 Aufgrund der beschränkten Aussagekraft von Einnahmen-/Ausgaben-Rechnungen mit Vermögensübersicht und wegen der zusätzlichen Sicherheit einer nach der Doppik geführten kaufmännischen Buchführung und Bilanzierung sowie im Interesse einer Vergleichbarkeit zutreffend abgegrenzter Stiftungsergebnisse ist es sachgerecht, dass Stiftungen, die in einem wesentlichen Umfang abnutzbares Anlage-

[18] Sofern eine Stiftung neben ihrer gewöhnlichen Stiftungstätigkeit auch in nicht unwesentlichem Umfang Spenden sammelt und verwendet, sind für diesen Bereich die in der *IDW Stellungnahme zur Rechnungslegung: Besonderheiten der Rechnungslegung Spenden sammelnder Organisationen (IDW RS HFA 21)* (Stand: 11.03.2010) dargestellten Grundsätze zu beachten.

vermögen, Forderungen, Verbindlichkeiten, Rückstellungen und Abgrenzungsposten zu verzeichnen haben oder deren Stiftungstätigkeit nicht durch einen gleichmäßigen Geschäftsverlauf geprägt ist (z.B. durch Investitionen in unregelmäßigen Zeitabständen), auf freiwilliger Grundlage ihre Rechnungslegung nach den Grundsätzen einer kaufmännischen Buchführung und Bilanzierung ausgestalten.

34 Legt eine Stiftung nach den handelsrechtlichen Grundsätzen Rechnung und ist sie an einem oder mehreren Tochterunternehmen beteiligt, empfiehlt sich die entsprechende Anwendung der Vorschriften zur Konzernrechnungslegung von Kapitalgesellschaften (§§ 290 bis 315a HGB). Dies gilt insb. dann, wenn ein starker Lieferungs- und Leistungsverkehr zwischen der Stiftung und den Tochterunternehmen besteht oder wesentliche Vermögensteile oder Stiftungsaktivitäten in die Tochterunternehmen ausgegliedert wurden.

3.1.5. Beginn und Ende der Rechnungslegungspflicht

35 Zivilrechtlich entsteht die Stiftung mit dem Tag der Anerkennung durch die zuständige Behörde. Die Pflicht zur Rechnungslegung beginnt mit der Aufnahme der Geschäftstätigkeit, spätestens jedoch mit dem Tag der Anerkennung. Bei Stiftungserrichtung von Todes wegen gilt die Stiftung gemäß § 84 BGB für die Zuwendungen als schon vor dem Tod des Stifters entstanden. In diesem Fall beginnt die Pflicht zur Rechnungslegung mit der fingierten Entstehung der Stiftung.

36 Stiftungen werden entweder kraft Gesetzes (durch Eröffnung des Insolvenzverfahrens oder Erlangung der Rechtskraft des Bescheids zur Ablehnung mangels Masse, vgl. § 42 Abs. 1 Satz 1 BGB), aufgrund von Satzungsvorschriften, durch Organbeschluss oder durch Hoheitsakt (§ 87 BGB) aufgelöst. Wird über das Vermögen der Stiftungen nicht das Insolvenzverfahren eröffnet, findet i.d.R. eine Liquidation statt (§ 88 i.V.m. §§ 46 bis 53 BGB). Liquidatoren werden bestellt, die das Stiftungsvermögen veräußern und die Schulden tilgen und anschließend das verbleibende Stiftungsvermögen an die Anfallberechtigten auszahlen. Die Auflösung ist öffentlich bekannt zu machen (§ 50 BGB). Nach § 51 BGB darf das Vermögen erst nach Ablauf eines Jahres, gerechnet ab der Bekanntmachung der Auflösung, an die Anfallberechtigten ausgekehrt werden; solange bleibt die Rechnungslegungspflicht bestehen.

3.2. Jahresabschluss und Lagebericht

37 Für Stiftungen, die aufgrund gesetzlicher Vorschriften, ihrer Satzung oder aufgrund der in dieser *IDW Stellungnahme zur Rechnungslegung* gegebenen Empfehlung einen handelsrechtlichen Jahresabschluss aufstellen, ergeben sich die nachstehenden Grundsätze und Besonderheiten.

38 Der Jahresabschluss muss zumindest aus Bilanz und Gewinn- und Verlustrechnung bestehen, wobei die Anwendung der Vorschriften des Ersten Abschnitts des Dritten Buchs des HGB (§§ 238 bis 263 HGB), die für alle Kaufleute Geltung haben, erfor-

derlich ist. Der Jahresabschluss hat den Grundsätzen ordnungsmäßiger Buchführung zu entsprechen.

39 Unabhängig von der Größe der Stiftung sollte ein Anhang unter sinngemäßer Anwendung der handelsrechtlichen Vorschriften (§§ 284 ff. HGB) aufgestellt werden. Dies dient dem besseren Verständnis der Bilanz sowie der Gewinn- und Verlustrechnung. Zudem wird die aufgrund der Pflicht zur Erhaltung des Stiftungskapitals (vgl. Tz. 9) besonders bedeutsame Nachvollziehbarkeit der angewendeten Bilanzierungs- und Bewertungsmethoden gewährleistet. Zudem sollten weitere Angaben, die für das Verständnis der Aktivitäten der Stiftung von Bedeutung sind, in den Anhang aufgenommen werden, bspw. Hinweis auf das Kapitalerhaltungskonzept oder auf nicht bilanzierte Leistungszusagen, die unter dem Vorbehalt ausreichender Stiftungsmittel erteilt werden.

40 Darüber hinaus sollten Stiftungen als Körperschaften die ergänzenden handelsrechtlichen Vorschriften für den Jahresabschluss von Kapitalgesellschaften (§§ 264 ff. HGB) anwenden. Dies gilt insbesondere, sofern die Stiftung die Größenkriterien des § 267 Abs. 2 oder 3 HGB erfüllt und die Komplexität der Tätigkeit dies erfordert. Dabei sollte anstelle der Umsatzerlöse auf den Gesamtbetrag der Erträge aus Umsatzerlösen, Spenden, laufenden Zuwendungen sowie aus Vermögensverwaltung abgestellt werden.

41 Ferner wird empfohlen, einen Lagebericht aufzustellen. In diesem Fall ist § 289 HGB sinngemäß anzuwenden und der Geschäftsverlauf einschließlich des Geschäftsergebnisses und die Lage der Stiftung so darzustellen, dass ein den tatsächlichen Verhältnissen entsprechendes Bild vermittelt wird. Dabei hat er eine ausgewogene und umfassende, dem Umfang und der Komplexität der Stiftungstätigkeit entsprechende Analyse des Geschäftsverlaufs und der Lage der Stiftung zu enthalten. In die Analyse sind die für die Stiftungstätigkeit bedeutsamsten finanziellen Leistungsindikatoren einzubeziehen und unter Bezugnahme auf die im Jahresabschluss ausgewiesenen Beträge und Angaben zu erläutern. Bei Stiftungen kann es sinnvoll sein, auch nichtfinanzielle Leistungsindikatoren in die Analyse einzubeziehen, soweit sie für das Verständnis des Geschäftsverlaufs oder der Lage von Bedeutung sind. Ferner ist im Lagebericht u.a. die voraussichtliche Entwicklung mit ihren wesentlichen Chancen und Risiken zu beurteilen und zu erläutern; zugrunde liegende Annahmen sind anzugeben.

42 Die in den Bericht über die Erfüllung des Stiftungszwecks aufzunehmenden Angaben können ganz oder teilweise im Lagebericht gegeben werden. Beispielsweise kann entweder im Lagebericht oder im Bericht über die Erfüllung des Stiftungszwecks über die satzungsgemäßen Leistungen berichtet werden. Zum Inhalt des Berichts über die Erfüllung des Stiftungszwecks vgl. Tz. 94.[19]

---

[19] Sofern Stiftungen eine Vielzahl von Projekten verfolgen, kann es sinnvoll sein, eine Projektberichterstattung nach den Grundsätzen von *IDW RS HFA 21*, Tz. 53 ff., in den Lagebericht bzw. den Bericht über die Erfüllung des Stiftungszwecks aufzunehmen.

3.2.1. Ansatz

43 Stiftungen, die nach handelsrechtlichen Grundsätzen Rechnung legen, haben die allgemeinen Ansatzvorschriften nach §§ 246 bis 251 HGB zu berücksichtigen. Stiftungen sollten im Interesse der Vermeidung einer künftigen Belastung des Stiftungsvermögens durch in der Vergangenheit verursachte Aufwendungen von der Anwendung des Passivierungswahlrechts nach Artikel 28 Abs. 1 Satz 1 EGHGB für vor dem 01.01.1987 rechtsverbindlich zugesagte Pensionsleistungen absehen.

3.2.2. Bewertung

44 Stiftungen, die nach handelsrechtlichen Grundsätzen Rechnung legen, haben die allgemeinen Bewertungsgrundsätze nach §§ 252 ff. HGB zu berücksichtigen. Dabei kommt den Regelungen zur Vornahme außerplanmäßiger Abschreibungen auf den niedrigeren beizulegenden Wert nach § 253 Abs. 3 Satz 3 und 4, Abs. 4 HGB bei Stiftungen besondere Bedeutung zu, um einen zutreffenden Einblick in die Vermögenslage zu gewähren.

45 Für die Auslegung der Frage, wann eine Wertminderung von Finanzanlagen im Jahresabschluss von Stiftungen voraussichtlich dauernd ist (§ 253 Abs. 3 Satz 3 HGB), können die in *IDW RS VFA 2*[20] genannten Kriterien herangezogen werden.[21]

46 Unentgeltlich erworbene, aktivierungspflichtige Vermögensgegenstände (insb. durch Stiftungsakt und bei Zustiftungen übertragenes Sachvermögen sowie Sachspenden) sollten zum Erwerbszeitpunkt mit dem vorsichtig geschätzten beizulegenden Wert (angenommene Anschaffungskosten) angesetzt werden, um einen vollständigen wertmäßigen Nachweis des Zugangs und der Verwendung der unentgeltlich erhaltenen Vermögensgegenstände zu erreichen. Der beizulegende Wert ist i.d.R. mit demjenigen Betrag identisch, welchen die Stiftung bei einem entgeltlichen Erwerb der Vermögensgegenstände hätte ausgeben müssen, wenn diese ihr nicht unentgeltlich zugewendet worden wären.

3.2.3. Gliederung der Bilanz und der Gewinn- und Verlustrechnung

47 Es empfiehlt sich, die Bilanz und Gewinn- und Verlustrechnung nach den Gliederungsschemata der §§ 266, 275 HGB aufzustellen. Dabei ist den Strukturmerkmalen von Stiftungen ggf. durch Weglassen von Leerposten (§ 265 Abs. 8 HGB), durch Hinzufügung neuer Posten (§ 265 Abs. 5 HGB) oder Änderungen von Gliederungs- und Postenbezeichnungen (§ 265 Abs. 6 HGB) Rechnung zu tragen.

48 Sofern Stiftungen nicht nach den Grundsätzen für Kapitalgesellschaften (§§ 264 ff. HGB) Rechnung legen, erfordert eine ordnungsmäßige Rechnungslegung, in der Bilanz (§§ 246 Abs. 1, 247 HGB) zumindest das Anlage- und Umlaufvermögen, das

---

[20] *IDW Stellungnahme zur Rechnungslegung: Auslegung des § 341b HGB (neu) (IDW RS VFA 2)* (Stand: 08.04.2002).

[21] Siehe ergänzend die Konkretisierung dieser Kriterien in der Ergebnisberichterstattung zur 149. Sitzung des Versicherungsfachausschusses (VFA), FN-IDW 2002, S. 667.

Eigenkapital, die Schulden sowie die Rechnungsabgrenzungsposten gesondert auszuweisen und hinreichend aufzugliedern.

49 Vermögensgegenstände, die der Stiftung im Rahmen der Errichtung oder einer späteren Zustiftung zugewandt wurden, können dem Anlage- oder dem Umlaufvermögen zuzuordnen sein. Die Zuordnung richtet sich nach den allgemeinen handelsrechtlichen Grundsätzen. Sofern der Stifterwille vorsieht, dass einzelne Vermögensgegenstände gegenständlich zu erhalten sind (vgl. Tz. 9), ist dies zu dokumentieren. Ferner sollte eine Kennzeichnung in der Bilanz (Davon-Vermerk) oder eine entsprechende Angabe im Anhang erfolgen.

50 Die Aufwendungen und Erträge sind in einer Gewinn- und Verlustrechnung (§ 242 Abs. 2 HGB) gegenüberzustellen. Obgleich gesetzliche Vorschriften zur Gliederung der Gewinn- und Verlustrechnung für Nicht-Kapitalgesellschaften nicht bestehen, ist auch hier eine sachgerechte Aufgliederung der Aufwendungen und Erträge erforderlich. Dabei sollte die Gliederung des Jahresabschlusses einen so vollständigen, klaren und zutreffenden Einblick in die Stiftungstätigkeit geben, dass sich der Adressat ein Urteil über die Verwendung des eingesetzten Vermögens und der damit erzielten Erträge bilden kann.

51 Je nach Art der Stiftungstätigkeit empfiehlt es sich, die Gewinn- und Verlustrechnung nach dem Umsatzkostenverfahren zu gliedern, sofern es den Informationsbedürfnissen in Bezug auf die satzungsgemäße Verwendung der Mittel besser Rechnung trägt als das Gesamtkostenverfahren. Anstelle der Kategorien „Herstellungskosten der zur Erzielung der Umsatzerlöse erbrachten Leistungen“ und „Vertriebskosten“ sollte eine Gliederung nach Projektaufwendungen sowie Werbeaufwand (z.B. Aufwendungen für Öffentlichkeitsarbeit und Mitteleinwerbung) gewählt werden.[22] In entsprechender Anwendung des § 285 Nr. 8 HGB sind der Materialaufwand des Geschäftsjahres, gegliedert nach § 275 Abs. 2 Nr. 5 HGB, und der Personalaufwand des Geschäftsjahres, gegliedert nach § 275 Abs. 2 Nr. 6 HGB, im Anhang anzugeben. Wird kein Anhang aufgestellt, sollten diese Angaben in der Gewinn- und Verlustrechnung vermerkt werden.

52 Der Ausweis von unmittelbar und mittelbar der Aufgabenerfüllung dienenden Aufwendungen richtet sich danach, ob die Gewinn- und Verlustrechnung nach dem Umsatzkosten- oder dem Gesamtkostenverfahren (§ 275 Abs. 2 bzw. Abs. 3 HGB) gegliedert wird. Dabei kann nach § 265 Abs. 5 HGB eine weitere Untergliederung der Posten in der Gewinn- und Verlustrechnung nach Verwendungszwecken sachgerecht sein. Bei Anwendung des Gesamtkostenverfahrens empfiehlt es sich aus Transparenzgründen, in den Anhang eine zusätzliche Aufgliederung der entstandenen Projekt- und Verwaltungsaufwendungen aufzunehmen und diese zu erläutern.[23] Eine Vermischung von Elementen des Gesamtkostenverfahrens und des Umsatzkostenverfahrens bzw. von einer Gliederung nach Kostenarten und Kostenstellen ist nicht zulässig.

---

[22] Vgl. *IDW RS HFA 21*, Tz. 53 ff.

[23] Vgl. *IDW RS HFA 21*, Tz. 53 ff.

53 Nach Maßgabe des § 246 Abs. 2 Satz 1 HGB dürfen grundsätzlich Posten der Aktivseite nicht mit Posten der Passivseite, Aufwendungen nicht mit Erträgen verrechnet werden.

54 In Anlehnung an § 265 Abs. 2 HGB sollten auch Stiftungen, die ansonsten lediglich nach den Vorschriften für alle Kaufleute (§§ 238 bis 263 HGB) Rechnung legen, in der Bilanz und Gewinn- und Verlustrechnung zu jedem Posten den entsprechenden Betrag des vorhergehenden Geschäftsjahres angeben.

3.2.4. Eigenkapitalausweis und Kapitalerhaltung

55 Das Eigenkapital der Stiftung sollte wie folgt gegliedert werden:

A. Eigenkapital:

- I. Stiftungskapital
  1. Errichtungskapital
  2. Zustiftungskapital
- II. Rücklagen
  1. Kapitalrücklage
  2. Ergebnisrücklagen
- III. Umschichtungsergebnisse
- IV. Ergebnisvortrag.

56 Das Errichtungskapital entspricht dem Wert des Vermögens, das der Stiftung im Rahmen der Errichtung durch Stiftungsakt vom Stifter übertragen worden ist. Wird die Stiftung zu einem späteren Zeitpunkt entweder vom ursprünglichen Stifter oder von einem anderen mit Vermögen dauerhaft ausgestattet, so ist dieses Zustiftungskapital ebenfalls gesondert auszuweisen.

57 Das Stiftungskapital (Errichtungs- und Zustiftungskapital) zeigt grundsätzlich den Nominalwert des zu erhaltenden Kapitals der Stiftung. Ist das Vermögen einer Stiftung ganz oder teilweise zum Verbrauch bestimmt, sollte dies durch einen Davon-Vermerk beim Stiftungskapital kenntlich gemacht werden.

58 Zum Nachweis der Kapitalerhaltung auf den Abschlussstichtag ist dem zu erhaltenden Kapital das der Stiftung dauerhaft zur Verfügung stehende Eigenkapital gegenüberzustellen. Im Falle der nominalen Kapitalerhaltung entspricht das zu erhaltende Kapital dem Stiftungskapital. Im Falle der realen Kapitalerhaltung ist zur Ermittlung des zu erhaltenden Kapitals das Stiftungskapital zu indexieren, um das zu erhaltende Kapital zu ermitteln.[24] Diese Indexierung sollte im Anhang oder – sofern ein solcher nicht aufgestellt wird – unter der Bilanz oder in einer separaten Anlage dargestellt werden. Das der Stiftung dauerhaft zur Verfügung stehende Kapital entspricht

---

[24] Dabei sollte grundsätzlich der harmonisierte Verbraucherpreisindex verwendet werden, es sei denn, dass im Einzelfall ein Branchenindex sachgerechter erscheint.

unabhängig von der Art der Kapitalerhaltung der Summe folgender bilanzieller Eigenkapitalbestandteile zzgl. wesentlicher stiller Reserven abzüglich wesentlicher stiller Lasten: Stiftungskapital (sofern nicht ganz oder teilweise zum Verbrauch bestimmt), Kapitalrücklage, Teile der Ergebnisrücklagen (Kapitalerhaltungsrücklage und Rücklagen ohne Zweckbindung)[25] und Umschichtungsergebnisse.

59 In der Regel kann der Erhalt des Stiftungskapitals allein aus der Bilanz nicht nachvollzogen werden. In diesen Fällen sind Zusatzangaben im Anhang oder – sofern ein solcher nicht aufgestellt wird – unter der Bilanz oder in einer separaten Anlage über die Zeitwerte der Vermögensgegenstände und Schulden der Stiftung sachgerecht.

60 In den Fällen, in denen der Nachweis der Kapitalerhaltung zum Stichtag (Tz. 58) nicht gelingt, hat der Vorstand zusätzlich zu erläutern, wie die Kapitalerhaltung im Rahmen seines Kapitalerhaltungskonzeptes (Tz. 10) mittelfristig erreicht wird.

61 Werden einer Stiftung im Nachgang zu ihrer Errichtung Mittel zugewendet, ist die Formulierung des Stifterwillens bzw. des Zuwenders in der Praxis in vielen Fällen nicht ausreichend präzise, um eine Abgrenzung zwischen einer Zustiftung und einer Spende an die Stiftung vornehmen zu können. Sofern der eindeutige Wille des Zuwenders hinsichtlich einer dauerhaften Vermögensmehrung der Stiftung (Zustiftung oder sonstige Zuwendungen, die unter der Kapitalrücklage zu erfassen sind (Tz. 63), nicht erkennbar ist, sollte das zugewendete Vermögen als Spende qualifiziert und entsprechend ausgewiesen werden. Abweichend von der vorgenannten Regelung kann auch eine Zuführung in das Stiftungskapital (Zustiftung) oder die Kapitalrücklage (Tz. 63) vorgenommen werden, wenn die Zuwendung entweder von Todes wegen erfolgt, ohne dass ein eindeutiger Wille des Erblassers erkennbar ist, oder der zugewendete Vermögensgegenstand seiner Art nach dazu geeignet ist, dauerhaft zum Vermögen der Stiftung zu gehören.

62 Erfolgt die Einbringung des einer Stiftung zu deren Errichtung gemäß Stiftungsakt zuzuführenden Vermögens ratierlich, so ist der Betrag des noch nicht eingebrachten Vermögens offen vom Errichtungskapital abzusetzen. Sofern aus Zustiftungen eine ratierliche Vermögenszuführung erfolgt, ist das Zustiftungskapital korrespondierend zur Vermögenszuführung aufzustocken.

63 Unter der Kapitalrücklage werden sonstige Zuwendungen erfasst, die der Stifter oder ein Dritter zur Stärkung des Kapitals (z.B. zur Erfüllung des zugrunde liegenden Kapitalerhaltungskonzeptes, Tz. 10) leistet und die weder dem Errichtungskapital noch den Zustiftungen zuzuordnen sind.

64 Bei den Ergebnisrücklagen handelt es sich um Eigenkapitalbestandteile, die i.d.R. in Analogie zu den satzungsmäßigen Gewinnrücklagen nach § 272 Abs. 3 HGB aus dem Ergebnis gebildet werden. Die Höhe der Rücklagenzuführung ist begrenzt auf den handelsrechtlichen Jahresüberschuss der Rechnungsperiode sowie einen ggf. vorhandenen Ergebnisvortrag des Vorjahres.

---

[25] Siehe Tz. 65.

65 Die Ergebnisrücklagen können weiter aufgegliedert werden, z.B. nach Projekten oder anderen Zweckbindungen (vgl. Tz. 69). Erfolgt eine weitere Aufgliederung, ist auch die weitere Verwendung entsprechend der Rücklagenbildung darzustellen. Sofern aus den handelsrechtlichen Überschüssen Mittel für größere Investitionen angespart werden, können auch solche Ansparrücklagen unter zweckgebundenen Ergebnisrücklagen erfasst werden. Bei Erwerb und Aktivierung der betreffenden Vermögensgegenstände empfiehlt es sich, den entsprechenden Betrag innerhalb der Ergebnisrücklagen als längerfristig gebundene Rücklage auszuweisen. Korrespondierend zu den Abschreibungen kann in Folgejahren eine Entnahme erfolgen. Soweit zur realen Kapitalerhaltung aus den Ergebnissen eine entsprechende (Kapitalerhaltungs-)Rücklage gebildet wird, ist diese offen in den Ergebnisrücklagen auszuweisen.

66 Umschichtungsergebnisse sollten als separater Posten ausgewiesen werden. Dies dient u.a. dem Nachweis über die Wertentwicklung des Grundstockvermögens. Sofern ein solcher Posten ausgewiesen wird, sind darin sämtliche Aufwendungen oder Erträge aus Umschichtungen des Grundstockvermögens zu erfassen. Unter die Aufwendungen und Erträge fallen auch (außer-)planmäßige Abschreibungen und daraus ggf. später resultierende Zuschreibungen des Grundstockvermögens. Insofern kann der Posten „Umschichtungsergebnisse“ auch negativ werden. Da unter dem Posten „Umschichtungsergebnisse“ nur Ergebnisse aus der Umschichtung des Grundstockvermögens (vgl. Tz. 9) ausgewiesen werden, bedingt eine Dotierung, dass das Grundstockvermögen auf der Aktivseite durch „Davon-Vermerke“ oder durch eine entsprechende Angabe im Anhang gekennzeichnet ist.

67 Vorschriften der Abgabenordnung (insb. § 62 AO) sind für die Rücklagenbildung aus Sicht der an das Handelsrecht angelehnten Rechnungslegung grundsätzlich unbeachtlich. Die Zusammensetzung der Rücklagen aus steuerlicher Sicht sollte in eine erläuternde Anlage aufgenommen werden. Rücklagen i.S.d. Abgabenordnung dürfen nur dann auch in der handelsrechtlichen Rechnungslegung als Ergebnisrücklagen gezeigt werden, wenn sie den handelsrechtlichen Vorschriften entsprechen (vgl. Tz. 64).

3.2.5. Ergebnisverwendung

68 Um die Entwicklung der ergebnisabhängigen Bestandteile des Eigenkapitals nachvollziehbar zu gestalten, sollte die Gewinn- und Verlustrechnung um eine Darstellung der Ergebnisverwendung ergänzt werden. Diese sollte wie folgt gegliedert werden:

Jahresergebnis

+/- Ergebnisvortrag aus dem Vorjahr

-/+ Einstellungen in den/Entnahmen aus dem Posten Umschichtungsergebnisse

-/+ Einstellungen in die/Entnahmen aus den Ergebnisrücklagen

= Ergebnisvortrag.

69 Sofern die Satzung keine Regelung vorsieht, erfordern Entnahmen aus bzw. Einstellungen in die Ergebnisrücklagen einen Beschluss des zuständigen Stiftungsorgans. Dieser Beschluss muss spätestens mit der Feststellung des Jahresabschlusses gefasst werden, sofern eine solche durch die Satzung vorgesehen ist (vgl. Tz. 26). Die Einstellung in eine zweckgebundene Ergebnisrücklage ist erst dann möglich, wenn die Zweckbestimmung der Mittel feststeht. Stiftungsmittel, die weder einer bestimmten Verwendung zugeführt werden noch in die Ergebnisrücklagen eingestellt bzw. aus diesen entnommen werden, sind als „Ergebnisvortrag" auszuweisen.

3.2.6. Bilanzierung satzungsgemäßer Leistungszusagen

70 Leistungszusagen i.S. dieser *IDW Stellungnahme zur Rechnungslegung* sind finanzielle, personelle oder materielle Förderzusagen gegenüber Dritten (z.B. Zusage einer Stiftungsprofessur, Entsendung von Entwicklungshelfern oder von Medikamenten). Zusagen satzungsgemäßer Leistungen sollten in der Bilanz gesondert ausgewiesen werden, sofern sie nicht einem anderen Posten zuzuordnen sind. Aufwendungen für satzungsgemäße Leistungszusagen gegenüber Dritten sollten in der Gewinn- und Verlustrechnung gesondert ausgewiesen werden. Wird die Gewinn- und Verlustrechnung in Anlehnung an das Gesamtkostenverfahren gegliedert, sollten diese Aufwendungen in einem gesonderten Posten gezeigt werden, sofern sie nicht ihrer Art nach einem anderen Posten zuzuordnen sind.

71 Diese Leistungszusagen sind in der Bilanz nach den allgemeinen handelsrechtlichen Grundsätzen zu erfassen. Eine dem Grunde und der Höhe nach bestimmte und verpflichtende Zusage an Leistungsempfänger ist als Verbindlichkeit zu erfassen. Sind Leistungszusagen dem Grunde nach gegeben, hinsichtlich ihrer Höhe jedoch ungewiss, so ist eine Rückstellung nach allgemeinen handelsrechtlichen Grundsätzen zu bilden (§ 249 HGB) und gemäß § 253 Abs. 2 Satz 1 HGB bei Verpflichtungen mit einer Restlaufzeit von mehr als einem Jahr mit dem ihrer Restlaufzeit entsprechenden durchschnittlichen Marktzinssatz der vergangenen sieben Jahre abzuzinsen.

72 Wird eine Leistungszusage unter einer aufschiebenden Bedingung (z.B. unter einem zeitraumbezogenen Haushaltsvorbehalt oder unter dem Vorbehalt, dass zur Leistungserbringung genügend finanzielle Mittel zur Verfügung stehen) erteilt, so entsteht die Verbindlichkeit rechtlich erst dann, wenn die Bedingung eingetreten ist (z.B. Erwirtschaftung bzw. Vorhandensein der finanziellen Mittel). Sofern jedoch der Eintritt der Bedingung bereits zu einem früheren Abschlussstichtag hinreichend wahrscheinlich ist und wirtschaftlich in der Vergangenheit verursacht wurde, ist dem durch die Passivierung einer Rückstellung für ungewisse Verbindlichkeiten Rechnung zu tragen. Für demnach nicht zu passivierende Verpflichtungen empfiehlt es sich, diese, sofern kein Anhang aufgestellt wird, unter der Bilanz anzugeben. Für die Beurteilung der Gesamtsituation der Stiftung wesentliche Beträge und die zugrunde liegenden Sachverhalte sind darüber hinaus im Lagebericht, sofern ein solcher aufgestellt wird, bzw. im Bericht über die Erfüllung des Stiftungszwecks anzugeben. Für geplante künftige Leistungszusagen, die aus dem Ergebnis des Geschäftsjahres fi-

nanziert werden sollen, kommt die Bildung entsprechender Ergebnisrücklagen in Betracht.

3.2.7. Unselbstständige Stiftungen

73 Unselbstständige Stiftungen besitzen keine eigene Rechtspersönlichkeit. Sie bestehen aus Vermögensgegenständen, deren sich der Stifter zugunsten eines uneigennützigen auf Dauer angelegten Zwecks entäußert, der nach seinem Willen durch einen anderen (Träger) zu erfüllen ist. Das Vermögen einer unselbstständigen Stiftung geht in das Eigentum des Trägers über und ist als Sondervermögen von dessen übrigem Vermögen getrennt zu halten.

74 In der Bilanz des Trägers empfiehlt sich der Ausweis in einem gesonderten Posten in der Bilanz als jeweils letzter Posten der Aktiv- und Passivseite mit der Kennzeichnung als Sondervermögen und Sonderverpflichtung; alternativ kann der Ausweis unter der Bilanz erfolgen. Der gesonderte Posten sollte in der Bilanz bzw. unter der Bilanz oder im Anhang – entsprechend der Gliederung der Bilanz des Trägers – aufgegliedert werden. Verwaltet der Träger mehrere unselbstständige Stiftungen, so können die Posten der jeweiligen unselbstständigen Stiftungen in der Bilanz und der Gewinn- und Verlustrechnung in dem gesonderten Gliederungsposten zusammengefasst werden. Für Zwecke der Kapitalerhaltung ist jedoch auf jede unselbstständige Stiftung separat abzustellen. Die Bewertung der einzelnen Bilanzposten der unselbstständigen Stiftung sollte aufgrund des engen Bezugs zum Träger in entsprechender Anwendung der Bewertungsmethoden des Trägers erfolgen. Bei einem Ausweis in der Bilanz sind die Erträge und Aufwendungen der unselbstständigen Stiftung in der Gewinn- und Verlustrechnung ebenfalls als letzter Posten gesondert zu erfassen. Die weitere Untergliederung innerhalb dieses Postens sollte unter Berücksichtigung der besonderen Erfordernisse der unselbstständigen Stiftung in Anlehnung an die Gliederung der Gewinn- und Verlustrechnung des Trägers erfolgen.

3.3. Einnahmen-/Ausgaben-Rechnung und Vermögensübersicht

75 Legt eine Stiftung weder nach den vorgenannten Grundsätzen noch nach IFRS Rechnung, muss sie eine Einnahmen-/Ausgaben-Rechnung und eine Vermögensübersicht aufstellen. Einnahmen-/Ausgaben-Rechnung und Vermögensübersicht[26] werden zusammen in Abgrenzung zum Jahresabschluss nach handelsrechtlichen Grundsätzen als Jahresrechnung bezeichnet.

76 In Anlehnung an § 265 Abs. 2 HGB sollten auch Stiftungen, die eine Jahresrechnung aufstellen, zu jedem Posten den entsprechenden Betrag des vorhergehenden Geschäftsjahres angeben.

77 Aufgrund der Pflicht zur Erhaltung des Stiftungskapitals (vgl. Tz. 9) kommt der Nachvollziehbarkeit der angewendeten Rechnungslegungsmethoden eine besonde-

[26] In dieser *IDW Stellungnahme zur Rechnungslegung* wird der Begriff „Vermögensübersicht" in Anlehnung an die Landesstiftungsgesetze verwendet. Er ist inhaltsgleich zum Begriff „Vermögensrechnung".

re Bedeutung zu. Um diese Nachvollziehbarkeit zu gewährleisten sowie zum besseren Verständnis der Jahresrechnung sollten die Rechnungslegungsgrundsätze z.B. in einer Anlage erläutert werden (vgl. Tz. 27 f.). Darüber hinaus können weitere Angaben, die für das Verständnis der Aktivitäten der Stiftung von Bedeutung sind, in diese Erläuterungen aufgenommen werden, bspw. das Kapitalerhaltungskonzept oder noch nicht zahlungswirksame Leistungszusagen, die unter dem Vorbehalt ausreichender Stiftungsmittel erteilt werden.

3.3.1. Einzelfragen zur Einnahmen-/Ausgaben-Rechnung

78 Diese *IDW Stellungnahme zur Rechnungslegung* definiert die Einnahmen und Ausgaben grundsätzlich als Zu- und Abflüsse an Zahlungsmitteln und Zahlungsmitteläquivalenten. In Anlehnung an den Deutschen Rechnungslegungs Standard Nr. 2 (DRS 2) – Kapitalflussrechnung – vom 29.10.1999[27] sollten in den Finanzmittelfonds, der den Bestand an Zahlungsmitteln und Zahlungsmitteläquivalenten umfasst, jederzeit fällige Bankverbindlichkeiten, soweit sie zur Disposition der liquiden Mittel gehören, einbezogen werden. Sachzuwendungen gelten im Zeitpunkt der Zuwendung als Einnahmen und zugleich als Ausgaben aus ihrer Verwendung. Als mögliche Form einer solchen zahlungsstromorientierten Einnahmen-/Ausgaben-Rechnung kommt neben einer Kapitalflussrechnung eine Einnahmen-/Ausgaben-Rechnung i.S.v. § 63 Abs. 3 AO in Betracht.

79 Alternativ zu der Abgrenzung der Einnahmen und Ausgaben in Tz. 78 kommt auch eine Abgrenzung i.S. einer Einnahmenüberschussrechnung in Anlehnung an § 4 Abs. 3 EStG in Betracht. Besonderheiten dieser Form der Einnahmen-/Ausgaben-Rechnung in Anlehnung an § 4 Abs. 3 EStG sind nicht Gegenstand dieser *IDW Stellungnahme zur Rechnungslegung.*

80 Geldbewegungen aus reinen Finanzierungsvorgängen – wie z.B. aus der Aufnahme und Tilgung von Fremdkapital – und aus Investitionsvorgängen, die auch Umschichtungen des Grundstockvermögens enthalten, stellen Einnahmen und Ausgaben dar und sollten gesondert ausgewiesen werden. Als Einnahmen und Ausgaben sind auch für im Namen und für Rechnung eines Dritten, z.B. als Treuhandvermögen, vereinnahmte und verausgabte Beträge zu erfassen; diese sollten als Davon-Vermerk gesondert angegeben werden. Gleiches gilt für im eigenen Namen, aber für Rechnung eines Dritten empfangene oder geleistete Beträge.

81 In der Einnahmen-/Ausgaben-Rechnung sind sämtliche Einnahmen und Ausgaben gegenüberzustellen und hinreichend aufzugliedern. Soweit die Satzung keine besondere Form der Einnahmen-/Ausgaben-Rechnung vorschreibt, wird mangels gesetzlicher Vorgaben empfohlen, dass die Mittelbewegungen nach folgendem Grundschema – getrennt nach laufender Tätigkeit, Investitions- und Finanzie-

---

[27] Vgl. DRS 2, Tz. 19, Bundesanzeiger Nr. 103 vom 31.05.2000, S. 10189, geändert durch den Deutschen Rechnungslegungs Änderungsstandard Nr. 1 (DRÄS 1), Bundesanzeiger Nr. 121a vom 02.07.2004, durch den Deutschen Rechnungslegungs Änderungsstandard Nr. 3 (DRÄS 3), Bundesanzeiger Nr. 164 vom 31.08.2005 sowie durch den Deutschen Rechnungslegungs Änderungsstandard Nr. 4 (DRÄS 4), Bundesanzeiger Nr. 27 vom 18.02.2010.

rungstätigkeit – dargestellt werden, wobei die Summe der Mittelbewegungen aus diesen drei Bereichen der Änderung des Finanzmittelfonds in der Berichtsperiode entspricht:

	Einnahmen aus laufender Tätigkeit
–	Ausgaben aus laufender Tätigkeit
=	Einnahmen-/Ausgabenüberschuss aus laufender Tätigkeit (a)
	Einnahmen aus Abgängen von Gegenständen des Anlagevermögens
–	Ausgaben für Investitionen in das Anlagevermögen
=	Einnahmen-/Ausgabenüberschuss aus der Investitionstätigkeit (b)
	Einnahmen aus der Finanzierungstätigkeit
–	Ausgaben aus der Finanzierungstätigkeit
=	Einnahmen-/Ausgabenüberschuss aus der Finanzierungstätigkeit (c)
	Erhöhung/Verminderung des Finanzmittelfonds (d) = (a) + (b) + (c)
+	Finanzmittelfonds am Anfang der Periode (e)
=	Finanzmittelfonds am Ende der Periode (f) = (d) + (e)

82 Sachspenden sollten als Einnahmen und Ausgaben aus laufender Tätigkeit ausgewiesen werden. Sachzuwendungen, die zur dauerhaften Vermögensausstattung der Stiftung erfolgen oder Zustiftungen darstellen, sollten als Einnahmen aus Finanzierungstätigkeit und gleichzeitig als Ausgaben aus Investitionstätigkeit ausgewiesen werden.

83 Einnahmen und Ausgaben aus laufender Tätigkeit sollten weiter untergliedert werden. Im Einzelfall ist zu entscheiden, ob die in den Tz. 84 bis 86 vorgeschlagene Gliederung sachgerecht ist oder ob Posten zu ergänzen sind oder weggelassen werden können.

84 Einnahmen aus laufender Tätigkeit sollten – sofern vorhanden und wesentlich – unterteilt werden in:

- Einnahmen aus Umsätzen
- Einnahmen aus Spenden
- laufende Zuwendungen
- Einnahmen aus Vermögensverwaltung
- sonstige Einnahmen.

Einnahmen aus Vermögensverwaltung sollten bei betragsmäßiger Bedeutung ggf. weiter untergliedert werden. Als mögliche Posten kommen Zinseinnahmen, Einnahmen aus Vermietung und Verpachtung sowie Einnahmen aus Beteiligungen und Wertpapieren in Betracht.

85 Es wird empfohlen, Ausgaben aus laufender Tätigkeit – sofern vorhanden und wesentlich – mindestens zu unterteilen in:

- Projektausgaben
- Werbeausgaben (z.B. Ausgaben für Öffentlichkeitsarbeit und Mitteleinwerbung)
- allgemeine Verwaltungsausgaben
- sonstige Ausgaben.

Dabei ist es sachgerecht, als Projektausgaben nur solche Ausgaben zu erfassen, die den einzelnen Projekten unmittelbar zugeordnet werden können.

86 Alternativ zur Unterteilung der Ausgaben in Tz. 85 können Ausgaben aus laufender Tätigkeit auch kostenartenbezogen gegliedert werden. In diesem Fall sollten die Ausgaben – sofern vorhanden und wesentlich – mindestens unterteilt werden in:

- Personalausgaben
- Sachausgaben
- sonstige Ausgaben.

3.3.2. Einzelfragen zur Vermögensübersicht

87 Eine Vermögensübersicht i.S. dieser *IDW Stellungnahme zur Rechnungslegung* muss alle Vermögensgegenstände und Schulden der Stiftung enthalten. Der Ansatz der Vermögensgegenstände und Schulden ist grundsätzlich in entsprechender Anwendung der einschlägigen Vorschriften des HGB vorzunehmen.

88 Eine ordnungsmäßige Rechnungslegung nach dieser *IDW Stellungnahme zur Rechnungslegung* erfordert, dass Vermögensgegenstände und Schulden in der Vermögensübersicht hinreichend aufgegliedert werden. Soweit Landesstiftungsgesetze oder die Satzung keine besondere Form der Vermögensübersicht vorschreiben, wird empfohlen, unter Beachtung der Gegebenheiten der Stiftung mindestens folgende Vermögensgegenstände und Schulden gesondert auszuweisen:

Vermögensgegenstände

- immaterielle Vermögensgegenstände
- Sachanlagen
- Finanzanlagen
- Zahlungsmittel
- übrige Vermögensgegenstände

Eigenkapital und Schulden

- Eigenkapital
- Verbindlichkeiten gegenüber Kreditinstituten
- übrige Verpflichtungen.

89 Darüber hinaus sind weitere Vermögensgegenstände und Schulden gesondert auszuweisen, sofern sie wesentlich sind. Die Differenz zwischen dem Wert der Vermögensgegenstände und der Schulden, unabhängig von ihrem gesonderten Ausweis, stellt das Eigenkapital dar, welches ebenfalls gesondert ausgewiesen werden sollte. Sofern das Eigenkapital Rücklagen enthält, sollten diese als Davon-Vermerk angegeben und erläutert werden.

90 Zum Nachweis der Kapitalerhaltung ist Tz. 58 sinngemäß anzuwenden. Sofern die Satzung auch eine gegenständliche Erhaltung des Stiftungsvermögens oder einzelner Vermögensgegenstände vorsieht (vgl. Tz. 9), sollten diese Vermögensgegenstände in der Vermögensübersicht entsprechend gekennzeichnet werden. Es wird empfohlen, das Eigenkapital zu untergliedern (z.B. Stiftungskapital, Rücklagen), zumindest sollten in einem Davon-Vermerk das Errichtungskapital sowie Zustiftungen angegeben werden. Veränderungen des Eigenkapitals zur realen Erhaltung des Stiftungskapitals, z.B. als reale Werterhaltung bei einer Inflationssituation, sollten in eine Kapitalerhaltungsrücklage (vgl. Tz. 65) eingestellt werden.

91 Für die Wertansätze der Vermögensgegenstände und Schulden sollte grundsätzlich eine Anwendung der Vorschriften über den handelsrechtlichen Jahresabschluss (§§ 252 ff. HGB) erfolgen. Für Vermögensgegenstände, für die Börsen- oder Marktwerte verlässlich ermittelbar sind, ist auch eine Bewertung zu Zeitwerten zulässig. Dieses Bewertungswahlrecht darf nur einheitlich für alle betroffenen Vermögensgegenstände ausgeübt werden. Sofern eine Bewertung zu Zeitwerten erfolgt, die über den (fortgeführten) Anschaffungs-/Herstellungskosten nach § 255 HGB liegen, sollte der Differenzbetrag in einer gesonderten Rücklage im Rahmen des Eigenkapitals ausgewiesen werden. Bei Anwendung solcher von den Anschaffungs-/Herstellungskosten nach § 255 HGB abweichender Bewertungsmethoden ist dies zudem durch einen Fußnotenvermerk oder in einer Anlage anzugeben.

92 Die angewandten Ansatz- und Bewertungsgrundlagen sollten durch einen Fußnotenvermerk oder in einer Anlage angegeben werden. Es empfiehlt sich, in geeigneter Weise, insb. auch die Bewertungsmethoden bei einem Ansatz von Vermögensgegenständen, die nicht entgeltlich erworben wurden (z.B. verwendete Sachspenden), zu erläutern. Änderungen der Ansatz- und Bewertungsgrundlagen gegenüber dem Vorjahr sind ebenfalls anzugeben.

93 Verwaltet eine Stiftung Vermögen treuhänderisch, sollte dieses angegeben bzw. gekennzeichnet werden, sofern ein Ausweis in der Vermögensübersicht der Stiftung erfolgt. Sofern kein Ausweis in der Vermögensübersicht erfolgt, ist das Treuhandvermögen zumindest durch einen Fußnotenvermerk oder in einer Anlage anzugeben.

3.4. Bericht über die Erfüllung des Stiftungszwecks

94 Alle Landesstiftungsgesetze schreiben die Erstattung eines Berichts über die Erfüllung des Stiftungszwecks vor.[28] Inhalt und Form dieses Berichts sind zwar gesetzlich nicht geregelt; er sollte jedoch folgende Inhalte umfassen:

- eine Erläuterung der geförderten Zwecke (ggf. weiter untergliedert nach geplanten, durchgeführten und abgewickelten einzelnen Projekten oder Tätigkeiten)

[28] Vgl. § 9 Abs. 2 Ziff. 3 StiftG BW, Artikel 16 Abs. 1 BayStG, § 8 Abs. 1 Ziff. 2 StiftG Bln, § 6 Abs. 2 StiftG Bbg, § 12 Abs. 2 Ziff. 2 StiftG Bremen, § 4 Abs. 4 Hamb. StiftG, § 7 Ziff. 2 StiftG Hess, § 4 Abs. 2 Ziff. 2 StiftG M-V, § 11 Abs. 3 NStiftG, § 7 Abs. 1 StiftG NRW, § 7 Abs. 4 StiftG RP, § 11 Abs. 2 Ziff. 2 StiftG Saar, § 6 Abs. 2 SächsStiftG, § 7 Abs. 5 StiftG LSA, § 10 Abs. 1 StiftG SH, § 8 Abs. 4 ThürStiftG.

- eine Erläuterung der Höhe der entsprechend verplanten, bewilligten und ausgezahlten Mittel sowie den Leistungsempfänger
- Ausführungen zur Kapitalerhaltung (falls besondere Umstände dazu führen, dass eine planmäßige Kapitalerhaltung nicht erreicht werden kann, muss auch hierüber berichtet werden)
- besondere Auflagen, z.B. Vermögenserhaltung, Nachlassverbindlichkeiten sowie die Unterhaltung des Stifters und seiner nächsten Angehörigen
- wesentliche Beschlüsse der Organe sowie
- einen Ausblick auf künftige Entwicklungen.

4. Offenlegung und Einreichung

95 Stiftungen sind nur dann in weitgehend sinngemäßer Anwendung der §§ 325 ff. HGB zur Offenlegung ihrer Jahresrechnung verpflichtet, wenn sie unter das Publizitätsgesetz fallen (§§ 3, 9, 11, 15 PublG) oder wenn andere gesetzliche Vorschriften (z.B. EnWG) oder die Stiftungssatzung dies vorsehen.

96 Die meisten Landesstiftungsgesetze sehen ausdrücklich vor, dass bestimmte Rechnungslegungsunterlagen (Jahresabschluss bzw. Jahresrechnung, Bericht über die Erfüllung des Stiftungszwecks, Haushaltsplan) vollständig oder teilweise innerhalb bestimmter Fristen nach Ende eines jeden Geschäftsjahres bei der Stiftungsaufsicht einzureichen sind. Fehlt eine Regelung zur Einreichung der Unterlagen in dem Stiftungsgesetz eines Landes, folgt Entsprechendes aus dem Gesamtzusammenhang der Überwachung von Stiftungen.

97 In einigen Bundesländern sind Stiftungen verpflichtet, den ggf. vorliegenden Prüfungsbericht des Abschlussprüfers der Aufsichtsbehörde vorzulegen, die dann regelmäßig von einer weiteren Prüfung absieht.[29] In anderen Ländern können durch freiwillige Einreichung des Prüfungsberichts bei der Stiftungsaufsicht mit deren Zustimmung oder auf deren Veranlassung die von der Stiftung einzureichenden Unterlagen (vgl. Tz. 96) ganz oder teilweise ersetzt werden.[30]

---

[29] Vgl. Artikel 16 Abs. 3 BayStG, § 8 Abs. 2 StiftG Bln, § 6 Abs. 3 StiftG Bbg, § 7 Abs. 6 StiftG LSA.

[30] Vgl. § 5 Abs. 2 Hamb. StiftG, § 12 Abs. 2 StiftG Hess, § 11 Abs. 4 NStiftG, § 7 Abs. 1 StiftG NRW, § 9 Abs. 2 StiftG RP, § 11 Abs. 3 StiftG Saar, § 6 Abs. 3 SächsStiftG, § 10 Abs. 3 StiftG SH, § 12 Abs. 2 ThürStiftG. Die Stiftungsgesetze der Länder Baden-Württemberg, Bremen und Mecklenburg-Vorpommern enthalten keine entsprechende Regelung.

F. Sonstiges

Stiftungsaufsichtsbehörden

Baden-Württemberg

Oberste Stiftungsbehörde
Referat 21
Dorotheenstraße 6
70173 Stuttgart
Tel.: 0711–231 32 12
Fax: 0711–231 50 00
www.im.baden-wuerttemberg.de
Informationen zur Stiftungserrichtung

Regierungspräsidium Stuttgart
Ruppmannstraße 21
70565 Stuttgart
Tel.: 0711–904 11 400
Fax: 0711–904 11 190
www.rp-stuttgart.de
Informationen zur Stiftungserrichtung

Regierungspräsidium Freiburg
Kaiser-Joseph-Straße 167
79093 Freiburg i. Br.
Tel.: 0761–208 10 49
Fax: 0761–208 10 80
www.rp-freiburg.de
Informationen zur Stiftungserrichtung

Regierungspräsidium Karlsruhe
Schloßplatz 1–3
71630 Karlsruhe
Tel.: 0721–926 62 56
Fax: 0721–929 62 11
www.rp-karlsruhe.de
Informationen zur Stiftungserrichtung

Regierungspräsidium Tübingen
Konrad-Adenauer-Straße 20
72072 Tübingen
Tel.: 07071–757 36 55
Fax: 07071–757 31 900
www.rp-tuebingen.de

Bayern

Bayerisches Staatsministerium des Inneren
Odeonsplatz 3
80524 München
Tel: 089–2192 01
Fax: 089–2192 122–25
www.stmi.bayern.de
Informationen zur Stiftungserrichtung

Bayerisches Staatsministerium für Unterricht und Kultus, sowie Wissenschaft, Forschung und Kunst
Salvatorstraße 2
80327 München
Tel.: 089 2186–0
Fax: 089–2186 28 00
www.stmukwk.bayern.de

Regierung von Schwaben
Fronhof 10
86146 Augsburg
Tel.: 0821–327 25–42
Fax: 0821–327 125–42
www.regierung.schwaben.bayern.de
Informationen zur Stiftungserrichtung

Regierung von Oberfranken
Ludwigstraße 20
95444 Bayreuth
Tel.: 0921–604–1239 (- 1728)
Fax: 0921–604–4239 (- 4728)
www.regierung.oberfranken.bayern.de
Informationen zur Stiftungserrichtung

Regierung von Mittelfranken
Promenade 27
91522 Ansbach
Tel.: 0981–53 16 18 od. – 619
Fax: 0981–53–56 18 od. – 619
www.regierung.mittelfranken.bayen.de
Informationen zur Stiftungserrichtung

Regierung von Unterfranken
Peterplatz 9
97070 Würzburg
Tel.: 0931–380 15–36
Fax: 0931–380 2536
www.regierung.unterfranken.bayern.de
Informationen zur Stiftungserrichtung

Regierung von Oberbayern
Maximilianstraße 39
80538 München
Tel.: 089–21762–0
Fax: 089–2176–2914
www.regierung.oberbayern.bayern.de
Informationen zur Stiftungserrichtung

Regierung von Niederbayern
Regierungsplatz 540
84028 Landshut
Tel.: 0871–808–1230
Fax: 0871–808–1002
www.regierung.niederbayern.bayern.de
Informationen zur Stiftungserrichtung

Regierung der Oberpfalz
Emmeramsplatz 8
93047 Regensburg
Tel.: 0941–5680–0
Fax: 0941–5680–199
www.regierung.oberpfalz.bayern.de
Informationen zur Stiftungserrichtung

Berlin

Senatsverwaltung für Justiz
Salzburger Straße 21–25
10825 Berlin
Tel.: 030–9013 33 82 (-33 48)
Fax: 030–9028–3782
www.berlin.de/sen.justiz/
Informationen zur Stiftungserrichtung

Brandenburg

Ministerium des Innern des Landes Brandenburg
Henning-v.-Tresckow-Straße 9–13
14467 Potsdam
Tel.: 0331–866 2248 (-2246) (-2245)
Fax: 0331–866 2 75 48 31 56
www.mi.brandenburg.de
Informationen zur Stiftungserrichtung

Hansestadt Bremen

Der Senator für Inneres, Kultur und Sport
Contrescarpe 22/24
28203 Bremen
Tel.: 0421–361 90 47
Fax: 0421–496 90 47
www.inneres.bremen.de
Informationen zur Stiftungserrichtung

Hansestadt Hamburg

Justizbehörde Hamburg
Drehbahn 36
Justizamt
20354 Hamburg
Tel.: 040–42 843 5246
Fax: 040–42 843 5276
www.hamburg.de/justizbehoerde/stiftungen/
Informationen zur Stiftungserrichtung

Hessen

Hessisches Ministerium des Innern und für Sport
Friedrich-Ebert-Allee 12
68185 Wiesbaden
Tel: 0611–353 0
Fax: 0611–353 1608
www.hmdi.hessen.de

Regierungspräsidium Kassel
Dezernat 21.1
Steinweg 6
34117 Kassel
Tel.: 05 61–106 21 26
Fax: 05 61–106 16 11
www.rp-kassel.de
Information zur Stiftungserrichtung

Regierungspräsidium Darmstadt
Luisenplatz 2
64283 Darmstadt
Tel.: 06151–12 54 01
Fax: 06151–12 68 21
Informationen zur Stiftungserrichtung

Regierungspräsidium Gießen
Landgraf-Philipp-Platz 1–7
35390 Gießen
Tel.: 0641–303 0
www.rp-giessen.de
Informationen zur Stiftungserrichtung

Mecklenburg-Vorpommern

Innenministerium
Arsenal am Pfaffenteich
Karl-Marx-Straße 15
19053 Schwerin
Tel.: 0385–588 22 20
www.regierung-mv.de
Informationen zur Stiftungserrichtung

Niedersachsen

Niedersächsisches Ministerium für Inneres und für Sport
Lavesallee 6
30169 Hannover
Tel.: 0511–120 0
Fax: 0511–120 68 55
www.mi.niedersachsen.de
Informationen zur Stiftungserrichtung

Niedersächsisches Ministerium für Inneres und Sport
Regierungsvertretung Braunschweig
Bohlweg 38
38100 Braunschweig
Tel: 0531/484–0

Niedersächsisches Ministerium für Inneres und Sport
Regierungsvertretung Hannover
Clemensstr. 17
30002 Hannover
Tel.: 0511/120–0

Niedersächsisches Ministerium für Inneres und Sport
Regierungsvertretung Lüneburg
Auf der Hude 2
21339 Lüneburg
Tel.: 04131/15–0

Niedersächsisches Ministerium für Inneres und Sport
Regierungsvertretung Oldenburg
Theodor-Tantzen-Platz 8
26106 Oldenburg
Tel.: 04 41/7 99–0

Nordrhein-Westfalen

Ministerium für Inneres und Kommunales Nordrhein-Westfalen
Haroldstr. 5
40213 Düsseldorf
Tel.: 0211–871 25 80
Fax: 0211–871 33 55
www.mik.nrw.de
Informationen zur Stiftungserrichtung

Bezirksregierung Arnsberg
Seibertzstraße 1
59817 Arnsberg
Tel.: 02931–82 (-26 98), (-25 29)
Fax: 02931–82 40 (-389), (-330)
www.bezreg-arnsberg.nrw.de
Informationen zur Stiftungserrichtung

Bezirksregierung Detmold
Leopoldstraße 13–15
32756 Detmold
Tel.: 05231–71 21 00
Fax: 05231–71 12 95
www.bezreg-detmold.nrw.de
Informationen zur Stiftungserrichtung

Bezirksregierung Köln
Zeughausstraße 2–10
50667 Köln
Tel.: 0221–147 33 58
Fax: 0221–147 28 78
www.bezreg-koeln.nrw.de
email: 2305@fax.nrw.de
Informationen zur Stiftungserrichtung

Bezirksregierung Düsseldorf
Cecilienallee 2
40474 Düsseldorf
Tel.: 0211–475 22 84
Fax: 0211–475 20 40
www.bezreg-duesseldorf.nrw.de
Informationen zur Stiftungserrichtung

Bezirksregierung Münster
Am Domplatz 1–3
48143 Münster
Tel.: 0251–411 11 49
Fax: 0251–411 8 11 49
www.bezreg-muenster.nrw.de
Informationen zur Stiftungserrichtung

Rheinland-Pfalz

Ministerium des Innern des Landes Rheinland-Pfalz
Schillerplatz 3–5
55116 Mainz
Tel.: 06131–16 0
Fax: 06131–16 35 95
www.ism.rlp.de
Informationen zur Stiftungserrichtung

Aufsichts- und Dienstleistungsdirektion Trier
Referat 23
Postfach 13 20
54203 Trier
Tel.: 0651–94 94 802
Fax: 0651–94 94 77 802
www.add.rlp.de
Informationen zur Stiftungserrichtung

Saarland

Ministerium für Inneres und Sport
Mainzer Straße 163
66121 Saarbrücken
Tel.: 0681–501 26 60
Fax: 0681–501 26 69
www.innen.saarland.de
Informationen zur Stiftungserrichtung

Sachsen

Sächsisches Staatsministerium des Innern
Wilhelm-Buck-Straße 2–4
01079 Dresden
Tel.: 0351–564 32 16
Fax: 0351–564 32 09
www.smi.sachsen.de
Informationen zur Stiftungserrichtung

Regierungspräsidium Chemnitz
Altchemnitzer Str. 41
09120 Chemnitz
Tel.: 0371–532 0
Fax: 0371–532 19 29
www.lds.sachsen.de
Informationen zur Stiftungserrichtung

Regierungspräsidium Dresden
Stauffenbergallee 2
01099 Dresden
Tel.: 0351–825 21 15
Fax: 0351–825 92 18
www.rp-dresden.de

Regierungspräsidium Leipzig
Braustraße 2
04107 Leipzig
Tel.: 0341–977 21 40
Fax: 0341–977 14 99
www.rpl.sachsen.de

Sachsen-Anhalt

Ministerium des Inneren des Landes Sachsen-Anhalt
Halberstädterstraße 2/am »Platz des 17. Juni«
39112 Magdeburg
Tel.: 0391–567 5402
Fax: 0391–567 5490
www.mi.sachsen-anhalt.de

Landesverwaltungsamt Referat Stiftungen
Ernst-Kamieth-Straße 2
06112 Halle (Saale)
Postfach 200256
06003 Halle (Saale)
Tel.: 0345–514 0
Fax: 0345–514 14 44
www.sachsen-anhalt.de
Informationen zur Stiftungserrichtung

Schleswig Holstein

Innenministerium von Schleswig-Holstein
Düstenbrooker Weg 92
24105 Kiel
Tel.: 0431–988 0
Fax: 0431–988 28 33
www.schleswig-holstein.de/IM/DE/IM_node.html
Informationen zur Stiftungserrichtung

Thüringen

Thüringer Innenministerium
Referat 20b – Verwaltungsrecht
Steigerstraße 24
99096 Erfurt
Tel.: 0361–37 900
Fax: 0361–37 93 123
www.thueringen.de/de/tim/index

Thüringer Landesverwaltungsamt
Abteilung Inneres – Referat Hoheitsangelegenheiten
Postfach 2249
99403 Weimar
Tel.: 0361–37 70–0
www.thueringen.de/th3/tlvwa/

Ausgewählte Internetlinks:

Aufsichtsbehörden → F. Sonstiges, Aufsichtsbehörden

Bayerisches Staatsministerium des Inneren
http://www.stmi.bayern.de

Bertelsmann Stiftung
http://www.bertelsmann-stiftung.de

Bosch Stiftung GmbH
http://www.bosch-stiftung.de

Bundesverband Deutscher Stiftungen
http://www.stiftungen.org

Bürgerstiftungen
http://www.buergerstiftungen.de

Deutsche Bank Stiftung
http://www.deutsche-bank-stiftung.de

Deutsche Bundesstiftung Umwelt
http://www.dbu.de

Dietmar-Hopp-Stiftung, GmbH
http://www.dietmar-hopp-stiftung.de

filia.die Frauenstiftung
http://www.filia-frauenstiftung.de

Gemeinnützige Hertie-Stiftung
http://www.ghst.de

Hilfe für die bedrohte Tierwelt
http://www.zgf.de

Initiativkreis Stuttgarter Stiftungen
http://www.stuttgarter-stiftungen.de

Innenministerium des Landes Nordrhein-Westfahlen
http://www.mik.nrw.de

Klaus Tschira Stiftung gGmbH
http://www.klaus-tschira-stiftung.de

Kulturportal Deutschland (Stiftungen einschl. Landesstiftungsverzeichnisse und Aufsichtsbehörden der einzelnen Bundesländer)
http://www.kulturportal-deutschland.de

Landesstiftung Baden-Württemberg gGmbH
http://www.bwstiftung.de

Maecenata Institut für Dritter-Sektor-Forschung
http://www.maecenata.eu

Regine Sixt Kinderhilfe Stiftung
http://www.regine-sixt-kinderhilfe.de

Robert Bosch Stiftung GmbH
http://www.bosch-stiftung.de

Roland Berger Stiftung
http://www.rolandbergerstiftung.org

Software AG-Stiftung
http://www.software-ag-stiftung.de

Stiftung und Sponsoring
http://www.stiftung-sponsoring.de

Stifterverband für die Deutsche Wissenschaft
http://www.stifterverband.de

Volkswagen-Stiftung
http://www.volkswagenstiftung.de

Wegweiser-Bürgergesellschaft
http://www.wegweiser-buergergesellschaft.de/praxishilfen/stiftungen/index.php

ZEIT-Stiftung Ebelin und Gerd Bucerius
http://www.zeit-stiftung.de

Stiftungsverzeichnisse der Bundesländer

Bundesland	Stiftungsverzeichnis
Baden-Württemberg	
RP Freiburg	http://www.rp-freiburg.de/servlet/PB/menu/1110460/index.html
RP Karlsruhe	http://www.rp-karlsruhe.de/servlet/PB/menu/1103220/index.html
RP Stuttgart	http://www.rp-stuttgart.de/servlet/PB/menu/1188231/index.html
RP Tübingen	http://www.rp-tuebingen.de/servlet/PB/menu/1191088/index.html
Bayern	http://www.stiftungen.bayern.de
Berlin	http://www.berlin.de/sen/justiz/struktur/a2_stiftung_idx.html
Brandenburg	http://www.mi.brandenburg.de/sixcms/detail.php/bb1.c.243051.de
Bremen	http://www.inneres.bremen.de/sixcms/detail.php?gsid=bremen52.c.2121.de
Hamburg	http://gateway.hamburg.de/hamburggateway/fvp/fv/Justiz/Stiftungsdatenbank/?sid=55
Hessen	http://www.stiftungen-hessen.de/dynasite.cfm?dsmid=10012
Mecklenburg-Vorpommern	http://www.mv-regierung.de/im/frame_stiftung.htm
Niedersachsen	http://www.mi.niedersachsen.de/master/C6633921_N13784_L20_D0_I522.html
RV Braunschweig	http://www.mi.niedersachsen.de/master/C10116370_N9086224_L20_D0_I522.html
RV Hannover	http://www.mi.niedersachsen.de/master/C8466534_L20_D0_I522.html
RV Lüneburg	http://www.mi.niedersachsen.de/master/C10676607_L20_D0_I522.html
RV Oldenburg	http://www.mi.niedersachsen.de/master/C10357862_N8810242_L20_D0_I522.html
Nordrhein-Westfalen	http://www.mik.nrw.de/stiftungsverzeichnis-fuer-das-land-nrw/stiftungen-suchen.html

Bundesland	Stiftungsverzeichnis
Rheinland-Pfalz	http://addinter.service24.rlp.de/cgi-bin-inter/stiftung1.mbr/start
Saarland	http://www.saarland.de/4402.htm
Sachsen	http://www.lvwa.sachsen-anhalt.de/bildung-kultur/stiftungen/stiftungsverzeichnis
Sachsen-Anhalt	http://www.mi.sachsen-anhalt.de/themen/stiftungen/stiftungsverzeichnis.de
Schleswig-Holstein	http://www.schleswig-holstein.de/IM/DE/Service/Stiftungen/Stiftungsdatenbank/Stiftungsdatenbank.html
Thüringen	http://www.abbe-institut.de/stiftungen.php

Stichwortverzeichnis